金融企业会计丛书

商业银行会计实务

COMMERCIAL BANK ACCOUNTING

王保平　金　鑫　柳元首　著

中国财经出版传媒集团
中国财政经济出版社

图书在版编目（CIP）数据

商业银行会计实务 / 王保平，金鑫，柳元首著．--
北京：中国财政经济出版社，2020.6
（金融企业会计丛书）
ISBN 978－7－5095－7214－6

Ⅰ．①商…　Ⅱ．①王…②金…③柳…　Ⅲ．①商业银行－银行会计　Ⅳ．①F830.42

中国版本图书馆 CIP 数据核字（2017）第 008505 号

责任编辑：李　磊　　　　责任印制：党　辉
责任校对：徐艳丽　　　　封面设计：耕　者

中国财政经济出版社 出版

URL：http：//www.cfeph.cn
E－mail：cfeph@cfeph.cn

社址：北京市海淀区阜成路甲 28 号　邮政编码：100142
营销中心电话：010－88191537
天猫网店：中国财政经济出版社旗舰店
网址：https://zgczjjcbs.tmall.com
北京密兴印刷有限公司印刷
710×1000 毫米　16 开　35.75 印张　573 000 字
2020 年 6 月第 1 版　2020 年 6 月第 1 次印刷
定价：128.00 元
ISBN 978－7－5095－7214－6
（图书出现印装问题，本社负责调换）
本社质量投诉电话：010－88190744
打击盗版举报热线：010－88190414　QQ：447268889

金融企业会计丛书专家组

组　长：

王君彩　中央财经大学　　教授、博士生导师

成　员：

余应敏	中央财经大学会计学院	博士、教授、博导
罗　乐	中央财经大学会计学院	博士、副教授、博导
朱莲美	中国矿业大学管理学院	博士、教授、博导
金　鑫	中国银行总行	博士
赵会军	工银资本管理有限公司	博士、副总经理
程六满	中国银河金融控股有限责任公司	博士、总监级经理
潘前进	中粮信托有限责任公司	博士后、高级经理

总 序

好像就是一晃功夫，金融业就大摇大摆地走进了我们的生活。从改革开放初期只有一家银行，到如今商业银行、保险公司、证券公司、基金公司、期货公司、信托公司、租赁公司和财务公司等各类金融机构五彩缤纷、各显其能，金融监管机构也经历了“一行”裂变出“三会”，再由“三会”整合成“两会”了。可以说，过去三十多年的中国金融业，由“一枝独秀”到“八仙过海”的演绎进程历历在目，处处都彰显着金融业的无穷魅力，金融网络的影响力正越来越强地辐射到经济发展和社会生活的方方面面。

几乎与此同时，中国会计业也发生了翻天覆地的变化，从传统的会计制度已经进化为全新的会计准则，实现了会计准则的国际化趋同，并逐步实现等效。进一步地，伴随着经济的演进，包括金融会计准则在内的众多准则也在持续的嬗变之中。

就在我们承接历史积蓄、凭借内在驱动力持续前行之时，十年前的美国金融危机在将美国长期积蓄的金融帝国面纱撕得粉碎的同时，也给世界许多国家带来了致命的冲击。金融会计也未能独善其身。尽管由于中国金融业有序开放的“防火墙”使其还不至于对我们形成致命的伤害，但是，影响不可谓不大、教训不可谓不深。不容置疑，此次金融危机也将改变世界金融格局、洗刷金融理念、重建金融体系。十年轮回，制度涅槃。面对这样一种新的金融环境，对金融风险的认识与控制、对金融产品的创新与监管、对金融公司的营运与管控，甚至于金融业务的分业与混业，都需要进行理性认知和规范操作。从这个意义上说，我们又将面临一个全新的金融时代。

过去三十多年来的沉浸，让我们感受了中国金融的发展与会计的进步，经历了金融行业的发展高潮与艰辛低谷，我们还体会了金融产品的日新月异与管理核算的相对滞后。随着商品市场、资本市场、金融市场的纵横交流和内外一体，我们也越来越认识到，会计作为一种商业语言，既存在着国家之间交流沟通的必要性，也存在着国内企业统一遵循的现实基础，对于任何一个企业，都需要在商业活动中忠实地执行，这对处于全球互动时代的中国金融企业来说，显得更为重要。

本套丛书立足于整体统一框架下，视其内容的信息含量多少分为五个分册：将商业银行、保险公司各自独立成书；将证券公司与基金公司这两个存在紧密关系的行业组合一书；将期货公司与信托公司划为一组，构成一个分册；将租赁公司和财务公司也结合为一体。这样，在2009版《商业银行会计实务》《保险公司会计实务》《证券公司与基金会计实务》《期货公司与信托公司会计实务》《租赁公司与财务公司会计实务》的基础上，根据实践养份和2017年新金融会计准则的变革，新一版的金融企业会计丛书就诞生了。

从感知新准则、传播新准则，感悟新金融、传导新金融的使命出发，本系列专著的作者们以严谨、认真的专业眼光和执着、奉献的职业修炼，承担了本套丛书的创新性修缮活动。他们的目标是选其精华，择其要点，通过精心打造，使之能融合先导和现实，兼容理论与实战，真正演绎为一个个金融企业的会计宝典，为读者提供按图索骥、内容规范、形式新颖的专业会计读本。

书卷多情似故人，晨昏忧乐每相亲。没有食物和水，人们的物质生活将难以为继；而没有读书和领悟，我们也将失去诸多智慧和策略！在各种各样的金融机构遍布大街、时时刻刻可能发生的风险需要我们随时预防的金融时代，希望这套金融企业会计丛书能够像一支正在燃烧的知识明灯，陪伴你走过新的金融岁月，使你在轻松的阅读中找到准则的神采，在联动的管理中悟出金融会计核算与精算文化的真谛。

中央财经大学　教授、博士生导师　王君彩

2019 年 4 月

再版说明

从本丛书上一次出版到现在算起来已经过去差不多八年的时光了。本次再版是对相关内容的调整修缮。再版意念衍生久远，真正动手则前后两年有余。

金融与经济鱼水相依，会计与经济血肉相连。回首过去十余载，加入WTO、国企改革、银行股改上市、培育房地产市场等等，这一个个市场热点先后激发了中国改革开放以来持续时间最长的一个经济增长周期，到2007年达到了周期高点，随后在2008年因美国次贷危机而陡然回落，而随后的“4万亿”刺激政策带来V型反转，不过，刺激力度逐步减弱、经济增长逐级回落探底，中国经济进入了新常态。这是一个经济结构转换时期，也是经济增长新动力形成和旧动力逐渐弱化这两股力量双重交织的过渡时期。在经济政策重心转向供给侧改革，去产能、去库存、去杠杆、降成本、补短板等成为必然趋势之时，特别需要关注金融与经济的联动。此外，不论是互联网技术在金融领域的嫁接神速，还是资产管理与财富管理的市场效应，都将金融行业置身于整体经济、社会的热点话题中，如何持续创新？如何管理风险？如何在既有基础上实现行业的精耕细作？等等。这些都无疑是一个个全新的时代使命，也给各个金融企业的会计核算与财务管理提出了相应的探索主题。

因此，在金融宏观调控和金融监管不断加强、金融市场功能显著增强、金融改革取得突破性进展的背景下，金融企业会计也自然而然地担当着相应的核算与管理使命。在规范核算、科学管理的同时，进一步探索行业创新发展的财务机制、提升内部风险管理能力，这是本丛书作者们持续追求的专业境界。经过近两年的具体动手打磨之后，修正与完善的手稿已经成型并付梓，也就是您面前的这套金融企业会计丛书。期待您手中这散发着金融企业会计时代气息的书卷，能够带给您新的知识营养。

这次修订，主要在四个方面推进：一是会计确认、计量和报告进一步体现近年来国内金融行业持续的强化监管理念；二是全面适应金融会计理论建设的突飞猛进，对原书部分章节和内容进行了必要的修改，其中，最重要、最核心的指导性文献，就是根据2017年4月财政部重新修订的《企业会计准则第22号——金融工具确认和计量》等金融准则以及2018年7月陆续编写的应用指南；三是根据近年来相关财税政策的持续调整，对案例作了相应更新，保持与此书出版时最新政策的一致；四是对近年来金融创新活动所带来的会计新业务，如面广量大的企业都可能参与的新兴业务核算进行了必要阐述，从而尽可能保持与金融行业会计现实的全面对接。

《商业银行会计实务》一书的本次修订工作，由王保平（应用经济学博士后）、金鑫（中国银行管理学学博士）、柳元首（中国农业银行高级经济师）等同志负责完成。由于作者水平有限、加之时间比较仓促，书中错谬之处敬请读者批评指正。

作者

2019年8月

目 录
Contents

第四篇 财务报告篇 /405

第五篇 管理视角篇 /515

第一篇

会计基础篇

开篇有益

尽管商业银行在整个经济运行中的角色定位与自身态势持续不断地发生变化，但是，其基本框架却始终保持着相对稳定。作为商业银行经营与管理中的会计核算，通常基于会计理论起步，这是会计人的专业历练所决定的。

本篇是商业银行会计在其自有轨道上阔步前行的理论基础篇章。读者将重点感悟会计基本理论与准则精华如何与商业银行业务运行实现全方位接轨。理论源于实践并高于实践，同时理论会指导实践的进一步拓展。

有比较才有鉴别，有比较方知进退。学习本篇，务必在掌握与往昔的区别和对比中，充分吸收相关的新视点，比如会计目标、会计假设、会计信息质量特征、会计要素、会计科目和会计确认、会计计量与报告等貌似抽象苦涩，实为高度概括总结的科学理论，并利用这些会计理论来为具体会计业务提供指导。

本篇先感悟精华理论，之后逐章解读商业银行的“资产”“负债”“损益”和“股东权益”等主题。密切结合商业银行的交易与事项，来谱写商业银行会计的常规性基础框架。

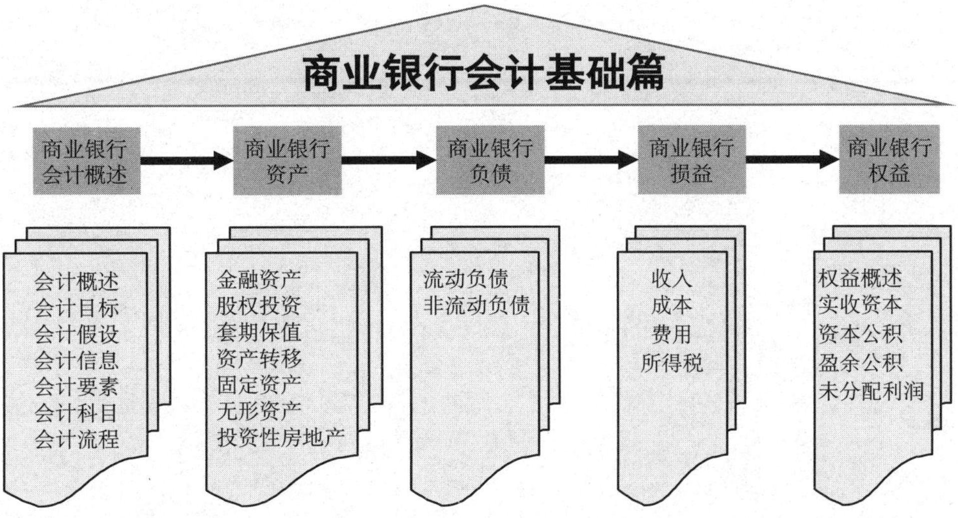

第一章 商业银行会计核算概述

本章精要

银行是金融业的先驱。置身于日益激烈的市场竞争环境中，银行业、保险业、证券业，以及基金业、期货业、信托业，甚至租赁业和财务公司，既与整个宏观经济相依为命、相伴而生，又与企业自身运行水平相映成趣、相得益彰。在这种风险与收益"一半是火焰，一半是海水"的情景下，每一个商业银行所面临的风险和不确定性对会计的敏感度大大增强，会计环境和会计处理对象也日趋复杂。高楼万丈根基为先，商业银行会计的征途便是从本章开始的。

商业银行会计是在何种现实态势下运行的？这是本章首先值得一提的问题；我们知道，目标是一个导向，会计目标能够引导着会计的价值倾向，所以，必须对会计目标进行适当的探讨；当然，对会计确认、计量与报告所赖以存在的基本前提与假设进行解读也是情理之中的事，这种表面有些枯燥的内容其实是会计大师们长期萃取的精神食粮；围绕着会计信息真实性的问题，如何通过原则规范与质量标准来确保所生成的会计信息能够真实可信，也是一个基础性的革命工程，值得分析；结合商业银行会计，将会计对象归结为哪几类同样需要关注；从理论上看，会计确认、会计计量和会计报告的日常流程是如何布局的？这同样也是本章的重要构成内容之一。

本章是跨进整个商业银行会计领域的初始印象，需要在共同理论的基础上衍生出新的"火花"。

第一节　商业银行会计概述

一、商业银行的地位特征

《中华人民共和国商业银行法》第二条规定，“商业银行是指依照本法和《中华人民共和国公司法》设立的吸收公众存款、发放贷款、办理结算等业务的企业法人，从而明确了商业银行的企业法人地位”。该法还规定，“商业银行以其全部法人财产独立承担民事责任”，此乃商业银行作为企业法人的题中之义。可见，商业银行是企业，具有企业的一般特征，同时，商业银行是特殊的企业，是一个金融企业，它所经营的对象不是普通商品，而是货币资金，商业银行业务活动的范围不是生产流通领域，而是货币信用领域，商业银行不是直接从事商品生产和流通的企业，而是为从事商品生产和流通的企业提供金融服务的企业；进一步地，商业银行是特殊的银行，商业银行作为特殊银行，首先在经营性质和经营目标上，商业银行与中央银行和政策性金融机构不同，商业银行以营利为目的，在经营过程中讲求营利性、安全性和流动性原则，不受政府行政干预。其次商业银行与各类专业银行和非银行金融机构也不同，商业银行的业务范围广泛、功能齐全、综合性强，尤其是商业银行能够经营活期存款业务，它可以借助于支票及转账结算制度创造存款货币，使其具有信用创造的功能。

为了更加深入地认识商业银行，我们还是先总览一下金融吧！金融业是指经营金融商品的特殊行业。金融业在国民经济中处于“牵一发而动全身”的地位，关系到经济发展和社会稳定的“血液”系统，具有优化资源配置、调节经济运行的作用。金融业的独特地位和固有特点，使得世界各国政府都非常重视本国金融业的发展。从1979年起，中国开始推进金融业改革。经过几十年的改革与发展，中国金融业已经形成一个以中央银行为核心，专业银行为主体，银行业、保险业、证券业、基金业、期货业、信托业、租赁业和财务公司8类商业银行渐进发育、同时并存的现代金融体系（见图1-1）。近年来，随着互联网技术的推广，互联网金融也突飞猛进，未来也必将成为新的金融业态。

经过持续的金融改革，中国商业银行作为经营货币和信用业务的特殊企

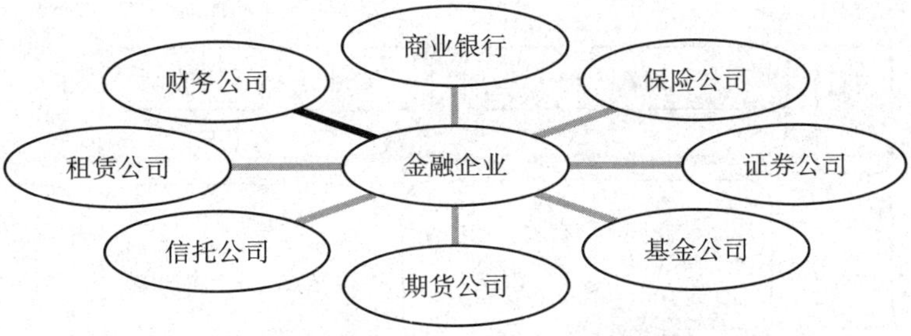

图 1－1　中国金融企业主要类别构成

业，已经形成了两大门类并存的重要行业，一类是银行机构，一类是非银行金融机构。两类商业银行的主要区别表现在各自的资金来源渠道和资金运用方向的明显差异：商业银行以吸收存款为主要资金来源，非银行金融机构主要依靠发行股票、债券等筹集资金；商业银行的资金投放以发放贷款为主，非银行金融机构主要从事非贷款的其他金融业务，如保险、信托、租赁等。

商业银行（Commercial Bank）是现代金融体系的主体，是依法设立的，通过吸收存款、发放贷款、办理结算等金融服务而获取利润的企业法人。商业银行的经营业务主要有：吸收公众存款、发放各种短中长期贷款、办理国内外结算、办理票据贴现、发行金融债券、买卖政府债券、从事同业拆借、进行买卖外汇、提供信用证服务及担保、代理保险业务、提供保险箱服务以及经政府银行监管机构批准的其他业务。

二、商业银行的基本业务

客观来看，商业银行的经营目标与一般工商企业相同，即追求利润最大化。而这一目标的实现在很大程度上取决于其经常性的基本业务活动。因此，为深度认知商业银行会计的活动规律，必须植根于商业银行所承担的基本业务活动，所以，我们需要全面地了解一下商业银行的基本业务活动内容。如图 1－2 所示。

三、商业银行会计的特点

与一般企业经营有形商品不同，商业银行是从事货币信用、风险业务的特殊企业，其经营业务时时刻刻都涉及货币资金的收入与付出、增加与减少、流入与流出，这使得商业银行会计天然地存在着与其他企业不同的特点，其

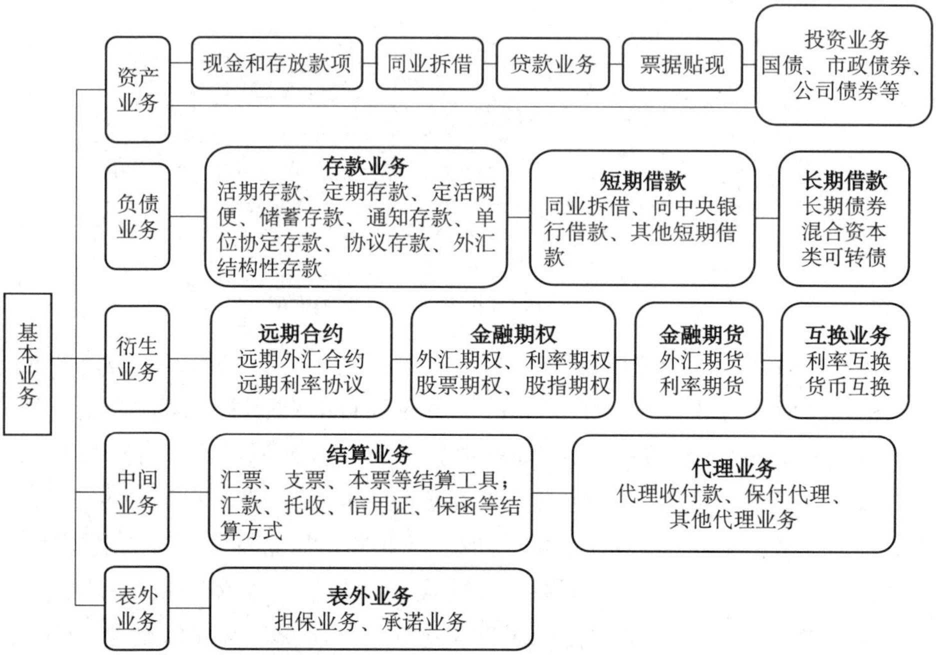

图 1－2　商业银行基本业务活动内容

特征十分明显。

1. 银行会计核算同银行的各项业务关系十分密切。

银行的很多业务过程同会计过程合二为一，例如存款业务的一系列程序，既是业务活动过程，又是会计核算过程。

2. 银行会计有显著的宏观性和社会性。

银行会计与国民经济各部门活动紧密联系，国民经济各部门、各单位和个人均可在商业银行开设账户，办理资金收付业务。商业银行会计通过开户单位账户资金的增减变化和来龙去脉，可以反映和监督他们的经营状况、财务状况和资金流向、流量，充当社会总会计，为有关部门提供各种经济信息和统计资料。

3. 银行会计涉及面广、影响力大、政策性强。

银行在办理各项业务时，必须认真贯彻执行国家的金融政策、贷款政策、现金管理制度等有关政策法规。

4. 银行具有严密的内部监督机制和制度。

由于货币资金具有极强的流动性，这就决定了商业银行在管理上必须有严密的监督机制和制度，例如双人临柜制度。

四、商业银行会计的体系

探析我国商业银行的发展步伐，需要循着历史的脚印来解析。商业银行会计所遵循的标准始终是随着我国金融改革的步伐而渐进式推向现代的金融会计体系。粗略地看，我国商业银行会计制度的变迁经历了四个基本阶段：

第一阶段：全国银行统一会计基本制度时期（1978～1992年）。1978年以前，我国金融体系基本上是中国人民银行大一统的格局。1979年2月，中国农业银行重新建立；1980年中国银行从人民银行分设出来，1982年中国人民保险公司独立出来，1984年中国工商银行成立，1985年中国人民建设银行的信贷收支计划全部纳入国家综合信贷计划。不久，中国国际信托投资公司、中国投资银行、中信实业银行相继成立；交通银行重新组建；中央和地方设置了近600家信托投资公司，在试办的基础上，发展了1 000多家城市信用合作社，恢复了集体所有制的农村信用合作社的群众性、民主性、灵活性。到1987年，初步形成了以中央银行为领导、国家银行为主体、保险公司以及其他金融机构并存和分工协作的金融体系。

为统一全国银行制度，充分发挥银行会计在各项业务、财务活动中的核算、监督和管理作用，依据《会计法》和《银行管理暂行条例》的规定，中国人民银行于1987年4月11日发布了《全国银行统一会计基本制度》。其主要特点一是会计制度实行“统一领导、分级管理”的原则；二是会计恒等式，采用“资金平衡理论”；三是全国银行统一会计科目名称和代号、基本凭证和跨系统凭证的规格；四是明确规定“会计部门是银行财务管理的职能部门”，要求会计部门必须严格遵守《金融保险企业成本管理实施细则》和《财务管理制度》的有关规定；五是其他金融机构（包括信托投资公司、财务公司、农村和城市信用合作社等）比照全国银行统一会计基本制度的规定，结合实际情况，制定本系统（或本单位）的会计制度，并报当地中国人民银行核备。

第二阶段：金融企业会计制度时期（1993～2001年）。财政部于1992年11月30日颁布了《企业会计准则》，1993年7月1日施行。在《企业会计准则》的基础上，1993年3月17日，财政部、中国人民银行联合颁布了《金融企业会计制度》。此制度既考虑了金融会计信息服务于宏观经济决策的需要，又肯定了投资者、债权人以及社会公众对会计信息的需求，并确立了金融企业资产、负债、所有者权益、收入、费用和利润等会计要素体系，有以下主要特点：一是采用了国际通用的借贷记账法；二是建立了资本金核算体系；三是扩大了金融企业使用会计科目和会计报表的自主权；四是规范了金融企业基本业务的会计核算标准和损益的计算；五是分别对银行业、金融性公司的会计科目及使用说明作出了明确规定；六是体现了一定程度的会计稳健原则。

第三阶段：新金融企业会计制度时期（2002～2006 年）。2002 年，继新《会计法》和《企业财务会计报告条例》颁布实施之后，财政部又发布了《企业会计制度》，并重新颁布了新的《金融企业会计制度》，这是提高会计信息质量的又一重大举措。修订后的《金融企业会计制度》有以下主要变化：一是对会计要素的确认、计量、记录和报告全过程作出了规定；二是明确了会计政策的审批权限；三是增加了新的会计原则；四是对谨慎性原则的运用更加充分、彻底。2005 年 9 月财政部发布《金融工具确认和计量暂行规定》。鉴于加入 WTO 之后的国内国际经济环境，财政部紧锣密鼓地筹划制定与国际会计准则全面趋同的会计准则，2006 年 2 月 15 日，财政部正式发布了由 1 个基本准则和 38 个具体准则组成的新《企业会计准则》体系，所有商业银行陆续开始执行这一整套会计准则。

第四阶段：企业会计准则时期（2007 年开始至今）。根据财政部的统一要求，所有商业银行也分期分批地执行企业会计准则。从此，中国企业会计准则在各行业之间实现了基本准则的统一与具体准则的分工配合。2017 年，又对其中的金融工具会计准则进行了修订，这种整体稳健、局部完善的态势确保了企业会计准则的与时俱进。

现将上述四个阶段描绘如图 1－3 所示。

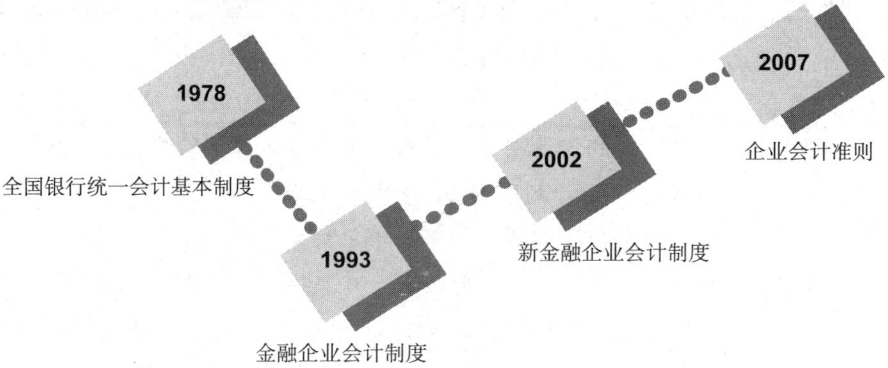

图 1－3　商业银行会计制度演变轨迹

在新的会计准则时代，会计制度的痕迹将渐渐淡化，会计制度相应地退出其曾经的“席位”。由准则条款、准则应用指南和陆续推出的公告将组成新时期完整的企业会计准则体系。

置身新环境熏陶出新金融，面对新准则孕育出新会计。我们需要在回顾金融业会计所走过历程的基础上，在认知商业银行所依据的相关会计准则持续演化的基础上，更加高瞻远瞩地解析金融业会计的基本构架，全面、系统、科学地理解商业银行会计的基础理论，必须首先对商业银行会计的基本框架与逻辑关系进行相应的认知。只有这样，才能比较准确地掌握商业银行会计的台前幕后，从而避免只见“树叶”，不见“树林”，只见“描述”，不见“解释”，只见“传统”，不见“走向”的局限，真正使本书能够超越经验，转换视角，准确把握丰富多彩的商业银行会计业务的原理解释。

显然，会计首先要解决其目标何在的问题，这是一个现实的选择，会计作为现实条件下确认、计量与报告经济交易与事项的专业技术，是建立在什么假设基础之上？同时，会计信息作为一种会计产品，必须确保其哪些基本信息质量特征才能是“合格”产品？在这样一些学科理论基础上，会计需要界定其对象的类别，包括主要类别和各类的具体项目，这是日常账务处理的依据所在；同时，还要应用规范、专业的名称来概括这些对象，从而形成会计科目体系；在经历这些阶段后，就能够正式开始每一个商业银行的会计流程了。如图 1－4 所示的商业银行会计入门理论框架值得关注，六个支柱、环环紧扣，六个步骤、步步为营，这便是进入商业银行会计知识殿堂的“金钥匙”。

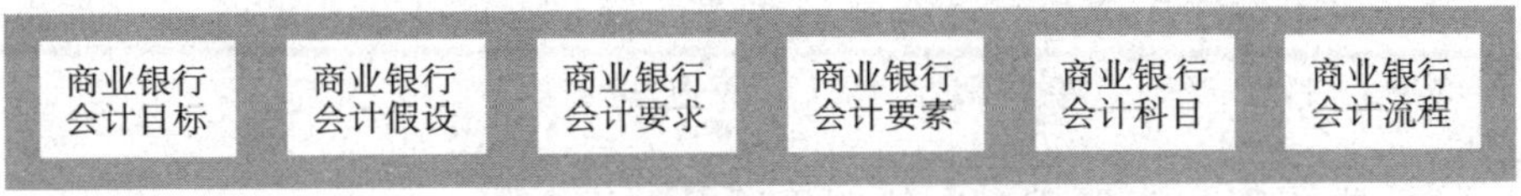

图 1－4　商业银行会计入门理论框架

其实，从实战技术出发，会计核算的各种方法，在实际工作中并不是彼此孤立、互不联系的，而应将这些方法结合在一起，形成一个能够连续、系统、全面、综合的对各商业银行的经济活动进行会计核算和监督的系统，只有如此，才能开展商业银行的会计核算工作。账务处理程序是指会计凭证、账簿组织、记账程序和记账方法相互结合的步骤和方法，也必然与上述六大要素相融会贯通。

第二节 商业银行会计目标

我们知道，商业银行会计将会计学的基本原理、专业方法和处理流程应用于商业银行业务和财务活动，是以货币为主要计量形式，采用特定方法，对商业银行的经营活动内容、过程和结果进行核算与监督的行业会计，是商业银行管理活动的重要组成部分。

商业银行会计的目标定位是什么？可以明确地说，会计目标是财务会计工作总体的目的性要求，它是会计职能的具体化，往往作为会计研究的逻辑起点。由于会计目标和会计职能的内在联系，西方会计学界强调会计目标，我国会计学界过去常常注重分析会计职能，现在也开始强调会计目标了。职能与目标，这是由于基于不同的视角来观察会计运行的目的所造成的，即是期望达到主观要求还是发挥客观功能。目前会计界普遍接受会计目标的概念，但不同学派对会计目标的理解也有不同。如“决策有用性学派”，认为会计目标是向信息使用者提供有用的信息，而“经济责任学派”则认为会计目标是反映和报告受托经济责任及其履行情况。

关于我国企业会计目标，根据与国际趋同的准则理念，集中起来看，就是向财务报告使用者提供与企业财务状况、经营成果和现金流量等有关的会计信息，并反映企业管理层受托责任履行情况，有助于财务报告使用者作出经济决策。

结合我国经济环境与会计改革的持续性进步，商业银行会计的目标定位已经越来越趋于统一，集中概括为以下两点。

一、提供对报表使用者决策有用的会计信息

任何企业，包括商业银行在内，其会计的根本目标是为了满足财务报告使用者的信息需要。财务报告使用者主要包括投资者、债权人、政府及其有关部门和社会公众等。如果企业在财务报告中提供的会计信息与投资者决策无关，那么财务报告就失去了其向投资者报送的真正价值与内在意义。对于商业银行来说，会计报表的可能使用对象主要包括商业银行的投资者、商业银行的债权人、商业银行的商品和劳务提供者、商业银行的管理团队、商业

银行的客户、商业银行的雇员、商业银行的管理部门、社会公众以及商业银行的竞争对手。当然，基于会计信息的“经济后果”特征，在商业银行运行中可以存在三种侧重点不同的报表：其一就是准则所指报表，也是本书将要专门阐述的报表范畴，其二是商业银行内部管理者报表，其三是商业银行监管报表。

根据投资者决策有用性目标，财务报告所提供的信息应当如实反映企业所拥有或者控制的经济资源、对经济资源的要求权以及经济资源及其要求权的变化情况；如实反映企业活动的各项收入、费用、利得和损失的金额及其变动情况；如实反映企业各项经营活动、投资活动和筹资活动等所形成的现金流入和现金流出情况等。凭借这些能够体现企业经营过程与成果的会计信息，有助于现在的或者潜在的投资者正确、合理地评价企业的资产质量、偿债能力、盈利能力和营运效率等；有助于投资者根据相关会计信息作出理性的投资决策；有助于投资者评估与投资有关的未来现金流量的金额、时间和风险等。

除了投资者之外，企业财务报告的使用者还有债权人、政府监管机构及有关部门、社会公众等。财务报告中提供有关企业发展前景及其能力、经营效益及其效率等方面的信息，可以满足社会公众的信息需要。这些使用者拥有许多共同的信息需求，由于投资者是企业资本的主要提供者与最终利害关系人，在通常情况下，如果财务报告能够满足这一群体的会计信息需求，也可以满足其他使用者的大部分信息需求。

二、反映企业经营者受托责任的履行情况

现代企业制度强调企业所有权和经营权相分离，企业管理层是受委托人之托经营管理企业所有的资产，负有受托责任。即企业管理层所经营管理的企业各项资产基本上均为投资者投入的资本（包括留存收益再投资）或者向债权人借入的资金所形成的，企业管理层有责任妥善保管并合理、有效运用这些资产。企业投资者和债权人等需要及时或者经常性地了解企业管理层保管、使用资产的情况，以便于评价企业管理层的责任情况和业绩情况，并决定是否需要调整投资或者信贷政策、是否需要加强企业内部控制和其他制度建设、是否需要加强和更换管理层等。因此，作为会计最终产品的财务报告，应当反映企业管理层受托责任的履行情况，以有助于相关方面评价企业的经

营管理责任的履行情况和资源使用的有效性。

第三节　商业银行会计假设

商业银行会计面对的是变化不定的社会经济环境，必须对所依附主体的交易或事项作出基于特定理念下的专业判断，即务必规定商业银行会计确认、计量和报告所依赖的一系列基本的前提条件，才能使会计确认、计量与报告工作正常进行。这种前提是基于一种专业的科学性判断，又称为会计假设。会计假设的科学、全面、完整，决定着会计理论框架的科学、全面、完整，决定着会计确认、计量和报告的整体水准和对会计实践的指导能力。概括而言，会计假设包括 4 个方面。

一、会计主体假设

商业银行要对其本身发生的交易或者事项进行会计确认、计量和报告，就要明确边界线，即会计主体假设。主体假设就是会计确认、计量和报告是用来说明特定企业个体所发生的交易或事项的，对该特定个体的各项经营活动的记录和反映应当与其他相关主体的活动严格区分，包括与所有者的活动、债权人的活动以及交易对手的活动相分离。只有这样，才能明确特定会计主体的态势。在商业银行中，通常是以独立法人主体为会计主体的，在同一法人主体之下的分支机构则不作为完全独立核算的会计主体（如商业银行总行下属的省分行、市支行），而是作为内部报账的核算单位与考核主体，不对外提供会计报告。

二、持续经营假设

商业银行会计确认、计量和报告应当以持续经营为前提，即持续经营假设。其基本含义是指会计主体的经营活动将按照现在的形式和既定的目标无限期地继续下去，在可以预见的将来，会计主体不会进行清算，它所持有的资产将在正常经营过程中被耗用、出售或转让，它所承担的债务也将如期偿还。

持续经营假设是整个权责发生制“会计大厦”所赖以建立的基础。例如，资产的计量尺度有历史成本、重置成本、现行市价、变现价值等多种形式。在一份财务报表中究竟采用哪一种计量尺度，就与企业是否能够持续经营下去这个前提有密切的关系。

三、会计分期假设

商业银行应当划分会计期间，分期结算账目和编制会计报告。会计期间分为年度和中期，中期是指短于一个完整会计年度的报告期间。会计期间假设的基本含义是：连续不断的经营过程可以被划分为特定、相等的时间单位，以便对企业的经营状况进行及时、连续的反映。这种为了会计核算的需要而人为划分的相等时间单位，就称为会计期间。

四、货币计量假设

商业银行会计应当以货币进行计量。货币之所以成为会计信息的计量工具，是因为其具有下列功能：一是货币的价值尺度，无论实物、劳动还是其他财富形式，大多可以用货币来表示；二是货币的交易媒介功能，货币是对经济交易从价值方面进行记录的最通用的单位；三是货币可以作为信用的衡量尺度和延期支付的标准，它是借贷合同或者其他契约赖以产生和顺利履行的基础；四是货币作为财富的一种标志，是企业组织投入与产出的最终表现形式。可见，货币天然是计量、描述企业经营活动和财务成果的工具。

第四节　商业银行会计信息

前文已经提到，会计信息就是企业会计经过科学的流程、专业的加工、严格的审查、精心的编排之后，奉献给会计报表使用者的“产品”。这个“产品”的质量是众目睽睽的焦点问题。正因为会计信息相当复杂、相当敏感，所以从会计理论到会计实践层面，都极为关注会计信息的质量问题，这也是会计准则总是将这些主题作为基本准则条款的现实理由。根据决策有用理论，会计的首要目标是提供对信息使用者决策有用的会计信息，而“有用的会计信息必须具备可靠性和相关性两个特点；相关性和可靠性是使会计信息对决策有用的两个主要因素”。我国 2006 年颁布的《企业会计准则——基本准则》

（CAS 基本准则[①]）经过修改完善，将权责发生制作为会计处理基础，将“实际成本计价”作为计量属性，并取消了配比原则[②]、划分收益性支出和资本性支出原则，同时将“一贯性”和“可比性”统一为“可比性”。由此产生了八条关于会计信息质量的要求：即客观性、相关性、明晰性、可比性、实质重于形式、重要性、谨慎性和及时性。以下分别介绍这八条会计信息质量标准的基本内涵。

一、客观性

客观性要求企业应当以实际发生的交易或者事项为依据进行会计确认、计量和报告，如实反映符合确认和计量要求的各项会计要素及其他相关信息，保证会计信息真实可靠、内容完整。坚持客观性原则，就应当在会计核算时客观地反映企业的财务状况、经营成果和现金流量，保证会计信息的真实性，或者说会计提供的信息应具有可验证性，经得起检验。

二、可比性

可比性要求企业提供的会计信息应当具有可比性。可比性包括两个方面：同一企业不同时期发生的相同或者相似的交易或者事项，应当采用一致的会计政策，不得随意变更；不同企业发生的相同或者相似的交易或者事项，应当采用规定的会计政策确保会计信息口径一致、相互可比。

三、相关性

相关性要求企业提供的会计信息应当与财务报告使用者的经济决策需要相关，有助于财务会计报告使用者对企业过去、现在或者未来的情况作出评价或者预测。信息的价值在于其与决策相关，为决策提供参考。会计信息通过释放其效力，有助于会计信息使用者评价过去的决策，证实或修正某些预测，从而具有反馈价值；有助于会计信息使用者作出预测和决策，从而具有预测价值。在会计核算中坚持相关性原则，就要求在收集、加工、

---

① 为叙述简便，本书将以企业会计准则之英文（Chinese Accounting Standards）缩写 CAS 与准则编号来表示具体准则，如《企业会计准则第 1 号——存货》简写为 CAS1 号存货准则，以此类推。

② 取消配比原则主要是基于强调资产负债观、淡化了利润观的考虑，由此也导致了原制度体制下长期存在的待摊费用和预提费用两个科目的寿终正寝。

处理和提供会计信息过程中，充分考虑使用者的信息需求，面向用户，注重实效。

四、及时性

及时性要求企业对于已经发生的经济交易或相关事项，应当及时进行会计确认、计量和报告，不得提前或者延后。在会计确认、计量和报告过程中坚持及时性原则。一是要求及时收集会计信息，即在经济业务发生后，及时收集整理各种原始单据，缩短会计与业务的时间距离与空间跨度；二是及时处理会计信息，及时编制财务报告，使会计专业处理流程能够迅速高效；三是及时传递会计信息，始终保持财务报告编制者与财务报告使用者畅通无阻地使用会计信息。

五、明晰性

明晰性要求企业提供的会计信息应当清晰明了，便于财务报告使用者理解和使用。在会计确认、计量过程中，坚持明晰性原则，就是要求会计记录准确、清晰，填制会计凭证、登记会计账簿必须做到依据合法、账户对应关系清楚、文字摘要完整；在编制会计报表时，坚持明晰性原则就是要求项目勾稽关系清楚、项目完整、数字准确。

六、谨慎性

谨慎性要求企业对交易或者事项进行会计确认、计量和报告应当保持应有的谨慎，不应高估资产或者收益、低估负债或者费用。企业的经营活动充满着风险和不确定性，在会计确认、计量和报告中坚持谨慎性原则，要求企业会计人员在面临不确定性因素需要作出职业判断时，应当保持必要的谨慎，充分估计各种风险和损失，做到既不高估资产或收益，也不低估负债或费用。需要注意的是，谨慎性原则并不意味着企业可以任意设置各种秘密准备，否则就属于滥用谨慎性原则，将被作为重大会计差错进行处理。

七、重要性

重要性要求企业提供的会计信息应当反映与企业财务状况、经营成果和现金流量等有关的所有重要交易或者事项。凡对资产、负债、损益等有较大影响，并进而影响使用者作出合理判断的重要会计事项，必须按规定的会计方法和程序进行处理，并在财务报告中单独予以充分披露；而对于次要的会计事项，在不影响会计信息真实性和不至于误导使用者作出正确判断的前提下，可适当合并、简化处理。重要性原则与会计信息的成本效益直接相关。

八、实质重于形式

实质重于形式，要求企业应当按照交易或者事项的经济实质进行会计确认、计量和报告，不应仅以交易或者事项的法律形式为依据。在实际工作中，交易或事项的外在法律形式或人为形式并不总能完全反映其实质内容。所以，会计信息要想反映实质交易或事项，就必须根据交易或事项的实质和经济现实，而不能仅仅根据其法律形式进行核算和反映。

上述8条会计信息质量特征，是在理性总结、不断反思的基础上，基于众多会计信息领域真与假、善与恶的对抗抽象而来的精华，需要结合会计实战来深刻理解和准确执行。

第五节　商业银行会计要素

会计要素是以会计前提为基础而对会计对象的基本分类，是会计用于反映会计主体财务状况、确定经营成果的基本单位。商业银行会计的核算对象是经济资源的来龙去脉，而财务状况就是某一时点各种资源的来源及对其占用、运用的情况。要表明企业的财务状况，就需要按一定标准对各种经济资源的占用和来源进行分类，并体现在会计报表中。

商业银行应当按照交易或者事项的经济特征确定会计要素：第一类是资产、负债、权益，是反映一定时点如资产负债表日财务状况的会计要素，即处于这一时点的资本运动的相对静止状态；第二类包括收入、费用和利润，是反映一定时期如一个会计年度经营成果的会计要素，即这一时期的资金运动显著变化状态。从逻辑关系上看，前者的时点数处于一个新的会计期间开幕之前的静态初始基础，或者说是经历了某一个完整会计期间之后的结果状况，而后者则始终是处于两个时点之间的一个动态过程，二者就是结果与过程的关系。现对上述六类会计要素进行具体阐述（见图1-5）。

图1-5 会计要素构成

一、资产

（一）资产的定义及基本特征

资产是指企业过去的交易或者事项形成的、由企业拥有或者控制的、预期会给企业带来经济利益的资源。资产具有以下几个基本特征：

1. 资产的实质是经济资源。资产是商业银行通过当前或过去的交易、事项而取得的对它的使用和支配权利，并且通过对它的使用，能够为商业银行带来经济利益。

2. 资产是为商业银行所拥有的，或者即使不为商业银行所拥有，也受商业银行控制。会计对资产归属的确认遵循的是实质重于形式的原则，法律上所有权的概念尽管可作为会计确认资产归属的一个依据，但不能作为唯一的依据，判断资产归属还应当以特定主体是否能够排他性地获取资产的未来经济利益为依据。

3. 商业银行资产必须是过去交易或事项的结果，或者是导致商业银行能获得这项资源的交易或其他事项已经发生，并且商业银行对该资源的使用权利或服务潜能具有合法的要求权。

4. 商业银行资产包括各项财产、债权和其他权利，并不限于有形资产，也就是说商业银行的资产既包括有形资产，也包括无形资产。无形资产包括专利权、商标权、特许权等，其价值在于能够为商业银行提供超额利润，有助于商业银行品牌效应和竞争优势的形成和发展。

5. 作为资产的经济资源必须能够用货币计量，这也是财务会计的重要特征。

（二）资产的分类

一般说来，商业银行资产分为金融资产和非金融资产两个部分。

1. 金融资产部分。金融资产是指企业持有的现金、其他方的权益以及符合特定条件的资产。金融资产可以按照不同的分类标准而进行多个维度的类别划分，而依照2017版金融工具会计准则之标准，依据金融资产管理模式和金融资产合同现金流量特征，商业银行所拥有的金融资产可以划分为三类：以摊余成本计量的金融资产、以公允价值计量且其变动计入其他综合收益的金融资产、以公允价值计量且其变动计入当期损益的金融资产。

2. 非金融资产部分。是指除金融资产以外的其他资产，包括固定资产、无形资产、投资性房地产等。

二、负债

（一）负债的定义及特征

负债是指企业过去的交易或者事项形成的、预期会导致经济利益流出企业的现时义务。负债具有以下几个特征：

1. 负债的清偿预期会导致经济利益流出企业。清偿负债导致经济利益流出企业的形式具有多样性，例如，可用现金偿还或以实物资产偿还；以劳务形式来偿还；采取部分转移资产和部分提供劳务形式来偿还；将负债转为所有者权益，等等。

2. 负债是由过去的交易或事项形成的。作为现时义务，负债是由过去已经发生的交易或事项所产生的结果，属于现实的经济义务，即指企业在现行条件下依法承担的义务。未来发生的交易或者事项形成的义务不属于现时义务，不应当确认为负债。只有过去发生的交易或事项才能增加或者减少企业的负债，而不能根据谈判的交易或事项或计划中的经济业务来确认负债。

3. 负债是能用货币确切计量或合理估价的债务责任。负债通常具有一个可确定的到期偿付金额，或虽然没有确切金额，但是有一个能够合理判断的估计金额。

（二）负债的分类

商业银行的负债为金融负债，按持有目的划分可分为以公允价值计量且其变动计入当期损益的金融负债和其他负债。

1. 以公允价值计量且其变动计入当期损益的金融负债。金融负债满足准则所明确的特定条件之时，应当划分为流动性的金融负债。

2. 其他金融负债。指除以公允价值计量且其变动计入当期损益的金融负债以外的金融债务。商业银行其他金融负债包括：客户存款、发行长期债券等。

三、所有者权益

所有者权益是指企业资产扣除负债后由所有者享有的剩余权益。商业银行的所有者权益，是商业银行投资者对企业净资产的所有权。所有者权益来源于公司股东投入的资本以及公司在持续经营中形成的经营积累，主要包括实收资本（或股本）、资本公积、盈余公积和未分配利润等。此外，商业银行计提的一般准备作为所有者权益的组成部分。对于股份制商业银行，由于其自有资金来源于股东投入，因此，所有者权益又称为股东权益。

1. 实收资本（股份制银行称为股本）。商业银行的实收资本是指投资者按照企业章程或合同、协议的约定，实际投入商业银行的资本。实收资本按照其所属对象可分为国家资本、法人资本和个人资本。对于股份制商业银行，实收资本也称为股本。

2. 资本公积。它作为商业银行资本的储备形式，是指与银行经营收益无关而与资本相关而形成的资本增值。商业银行资本公积主要包括：资本（或股本）溢价、接受非现金资产捐赠准备、接受现金捐赠、股权投资准备、外币资本折算差额、关联交易差价、其他资本公积等。

3. 盈余公积。它是商业银行从税后利润中提取的公积金，按其用途可以分为法定盈余公积、任意盈余公积、法定公益金。

4. 未分配利润。它是商业银行留待以后年度进行分配的结存利润。如果商业银行有未弥补的亏损，则应当作为所有者权益的减项在账面反映。

此外，商业银行所有者权益可能还有其他权益工具、其他综合收益、一般风险准备等。

在上述三个会计要素中，资产表示商业银行拥有或控制的经济资源，而负债和所有者权益是从价值形式方面反映商业银行资金的来源渠道，分别表示债权人和投资者对商业银行资产的要求权，即权益。它们在数量上存在如下关系：

资产 = 负债 + 所有者权益

这一公式称为会计恒等式，反映了商业银行的资产、负债、所有者权益等三个会计要素在某一个时点上的数量关系，而这也正是编制商业银行资产负债表的理论依据。通过这三个会计要素能反映商业银行在某一时点上静态的财务状况，从而构成了商业银行资产负债表的各个具体项目。

四、收入

（一）收入的定义与特征

收入是指企业在日常活动中形成的、会导致所有者权益增加的、与所有者投入资本无关的经济利益的总流入。收入不包括为第三方或客户代收的款项。它具有如下特征：

1. 收入是从企业的日常经营活动中产生，而不是从偶发的交易或事项中产生。所谓日常活动，是指企业为实现其经营目标而从事的所有活动，以及与之相关的其他活动。例如，工业企业的产品制造和销售活动、商业企业的商品销售活动、金融企业的贷款业务等。对于一些交易或事项，虽然它们能够为企业带来经济利益，但是由于不属于企业的日常经营活动，因此，其流入的经济利益不能作为收入，而应当作为利得来处理。例如，工业企业出售固定资产获得的净收益。

2. 收入可能表现为企业资产的增加，或者表现为负债的减少，或者两者兼而有之。

3. 收入能够引起企业所有者权益的增加。企业取得收入能导致所有者权益的增加。但是，当收入与相关的成本费用配比之后，既可能导致所有者权益的增加，也可能引起所有者权益的减少。而由于收入是经济利益的总流入，因此，收入能够导致所有者权益的增加。

4. 《企业会计准则——基本准则》中进一步明确了收入的确认条件："收入只有在经济利益很有可能流入从而导致企业资产增加或者负债减少、且经济利益的流入额能够可靠计量时才能予以确认。"

（二）商业银行收入的类型

商业银行的收入是银行在经营各项金融业务中所取得的各项收入，包括利息收入、金融企业往来收入、中间业务收入和其他营业收入等。收入不包括为第三方或者客户代收的款项。

五、费用

（一）费用的定义与特征

费用是指企业在日常活动中发生的、会导致所有者权益减少的、与向所有者分配利润无关的经济利益的总流出。费用具有以下特征：

1. 费用是企业在日常活动中发生的经济利益的流出，而不是从偶发的交易或事项中发生的经济利益的流出。

2. 费用可能表现为资产的减少，或负债的增加，或者是两者兼而有之。

3. 费用将导致所有者权益的减少。

《企业会计准则——基本准则》对费用要素确认条件进行了补充规定，“费用只有在经济利益很可能流出从而导致企业资产减少或者负债增加、且经济利益的流出额能够可靠计量时才能予以确认”。

（二）费用的构成

从广义上讲，商业银行的费用就是商业银行开展经营活动的支出，即营业支出，具体包括营业成本和营业费用两部分。

商业银行的营业成本，是指在业务经营过程中发生的与业务经营有关的支出，包括利息支出、金融企业往来支出、手续费支出、汇兑损失、其他营业支出等。

商业银行的营业费用，是指商业银行在业务经营及管理工作中发生的不具有明确归属对象的各项支出，具体包括：固定资产折旧、业务宣传费、业务招待费、业务管理费、公杂费、职工工资等。

商业银行应当合理地划分营业费用和营业成本的界限。营业费用应当直接计入当期损益；营业成本应当计入所提供的相应劳务当中，与相应的营业收入相配比。此外，商业银行应当分清本期成本、费用与下期成本、费用的界限，不得任意预提和摊销费用。

六、利润

商业银行的利润是指企业在一定会计期间的经营成果，包括收入减去费用后的净额、直接计入当期利润的利得和损失等。利润包括营业利润、利润总额和净利润三个层次。

第一层次，营业利润 = 营业收入 − 营业支出

第二层次，利润总额 = 营业利润 + 营业外收入 − 营业外支出

第三层次，净利润 = 利润总额 − 所得税费用

《企业会计准则——基本准则》将利得和损失纳入利润要素的构成中，规定：“利润金额取决于收入和费用、直接计入当期利润的利得和损失金额的计

量”“直接计入当期利润的利得和损失，是指应当计入当期损益、会导致所有者权益发生增减变动的、与所有者投入资本或者向所有者分配利润无关的利得或者损失。”因此，收入、费用、利得和损失等要素及项目之间的数量关系共同决定了商业银行在某一特定期间的经营业绩，即利润 = 收入 - 费用 + 利得 - 损失。

在准确理解上述会计利润计算过程后，我们可以从更一般、更宽泛的原理来分析六大会计要素之间的相互关系。即如果将利得视为收入、将损失视为费用，那么，广义的收入、费用和利润等三个要素通过如下等式形成了相互之间的数量关系，进而反映商业银行在某一特定期间的经营业绩。

收入 - 费用 = 利润

这一等式动态地描述了商业银行在一定期间内资产及对资产要求权的变动和变动的结果，描述了其利润、收入、费用三要素之间的关系，是编制利润表的理论依据。正因为这些会计要素的动态演绎构成了利润表的具体项目，因此，可认为利润表是对这一等式的扩展和具体体现。此外，如果撇开利润分配和资本增减业务，在利润表要素和资产负债表要素之间，存在着明显的勾稽关系。在一定期间内，净利润额必然与净资产的增加额，即与所有者权益的期末增加数相等；亏损必然与净资产的减少数，即所有者权益的期末减少数相等。

总结商业银行六类会计要素之间的逻辑关系如下：

资产 - 负债 = 权益

收入 - 费用 = 利润

这两组逻辑关系结合在一起，就形成了商业银行会计报表的完整体系。

第六节　商业银行会计科目

商业银行会计科目是对金融会计对象的具体内容所作的科学分类，也就是对商业银行资产、负债、权益和商业银行的财务收支所进行的抽象性分类。同时，必须注意，商业银行与一般企业、一般金融机构相比，在会计科目的设置上，既有普遍适用的相同科目，也有各自不同的特殊科目。

仔细阅读 2017 年金融工具会计准则修订版及其指南，可以看出，为了与金融资产分类变化相适应，会计科目也发生了变化：体现原分类特征的科目不复存在，而新设了若干科目，如："1501 债权投资""1502 债权投资减值准备""1503 其他债权投资""1504 其他权益工具投资"，并在原"交易性金融资产"科目的基础上新设"指定为公允价值计量的金融资产"科目、在原"交易性金融负债"科目的基础上新设"指定为公允价值计量的金融负债"科目，也增设了"信用减值损失"科目，等等。为了方便各类商业银行的会计读者分类快捷地查找使用，我们根据 CAS 应用指南（2006 版）及（2017 版）对会计科目的规定，进行了系统的综合梳理与分类整理，现列示如下：

一、各类企业通用类科目

这是基本部分，属于各种企业（包括并不限于金融机构）普遍适用的会计科目，包括 78 个，其具体情况如下：

资产类：现金、银行存款、其他货币资金、交易性金融资产、指定为以公允价值计量的金融资产、债权投资、其他债权投资、其他权益工具投资、应收票据、应收账款、预付账款、应收股利、应收利息、其他应收款、坏账准备、代理业务资产、债权投资减值准备、资产减值准备、长期股权投资、投资性房地产、长期应收款、未实现融资收益、固定资产、累计折旧、在建工程、工程物资、固定资产清理、无形资产、累计摊销、无形资产减值准备、商誉、长期待摊费用、递延所得税资产、待处理财产损溢，共 34 个科目。

负债类：短期借款、交易性金融负债、指定为以公允价值计量的金融负债、应付票据、应付票据、应付账款、预收账款、应付职工薪酬、应交税费、应付股利、应付利息、其他应付款、代理业务负债、预计负债、递延收益、长期借款、应付债券、长期应付款、未确认融资费用、专项应付款、递延所得税负债，共 21 个科目。

共同类：衍生工具、套期工具、被套期项目、套期损益、净敞口套期损益，共 5 个科目。

权益类：实收资本、资本公积、盈余公积、本年利润、利润分配、库存股，共 6 个科目。

损益类：主营业务收入、其他业务收入、公允价值变动损益、投资收益、营业外收入、主营业务成本、其他业务支出、信用减值损失、税金及附加、销售费用、管理费用、财务费用，共 12 个科目。

二、金融企业通用类科目

金融企业通用类科目属于各种商业银行普遍适用的会计科目，即商业银行、保险公司、证券公司、基金公司、期货公司、信托公司、租赁公司、财务公司，只要发生了相应的交易或事项，就可以使用此类会计科目，其具体情况如下：

资产类：存出保证金、拆出资金、买入返售金融资产、贵金属、抵债资产，共5个科目。

负债类：存入保证金、拆入资金、卖出回购金融资产款，共3个科目。

共同类：货币兑换，共1个科目。

权益类：一般风险准备，共1个科目。

损益类：利息收入、手续费及佣金收入、汇兑损益、利息支出、手续费及佣金支出，共5个科目。

三、银行证券共享类科目

这一类别，属于商业银行和证券公司两类企业共同适用的会计科目，包括3个，其具体情况如下：

资产类：代理兑付证券。

负债类：代理承销证券款、代理兑付证券款。

四、商业银行专用类科目

这一类别，属于商业银行专用的会计科目，包括11个，其具体情况如下：

资产类：存放中央银行款项、存放同业、贴现资产、贷款、贷款损失准备、贵金属。

负债类：向中央银行借款、同业存放、吸收存款、贴现负债。

共同类：清算资金往来。

关于会计科目的设置，通常需要严格遵循上述统一规定。同时，根据企业会计准则之相关规定，商业银行在不违反会计准则中关于确认、计量和报告的规定的前提下，可以根据本单位的实际情况自行增设、分拆、合并会计科目。商业银行不存在的交易或者事项，可不设置相关会计科目。对于明细科目，商业银行可以酌情自行设置。

第七节　商业银行会计流程

商业银行会计流程是将商业银行会计的各个构成要件，按照其内在关系，科学、高效地组织起来，使得商业银行会计能够有条不紊地推进的系统工程。也就是说，流程是在会计凭证、会计账簿、会计报告三个载体之间，通过设置会计科目、采用复式记账、登记会计账簿、计算成本费用、进行财产清查、编制会计报表等方法构成有机的处理系统。本书所谓会计流程，就是会计这一系统工程正常运行所依赖的诸个主体骨架，即会计确认、计量与报告三步曲。从确认到计量，最后形成报告，会计三步曲，必须环环紧扣，缺一不可。

一、会计确认

作为会计流程的第一项重要程序，确认是指依照准则规范来确定某一项目、交易或事项应否、应在何时以及如何列作一项会计要素（如资产、负债、所有者权益、收入、费用或利润）正式地记入会计账内、列入会计报表的过程。广义的会计确认包括在记录中的初始确认与在报表中的最终确认两个方面，而通常意义上的会计确认仅指会计报表的确认，因会计记录最终是为会计报表披露有用信息服务的。显然，会计确认要解决的问题是“应否确认”“何时确认”以及“如何确认”三个问题。美国财务会计准则委员会（FASB）指出：确认一个项目和有关的信息要符合四个标准：一是符合要素定义，二是可计量性，三是相关性，四是可靠性。只要符合这些标准就应在成本效益与重要性前提下予以确认。国际会计准则委员会（IASC）提出的确认标准有三条，即：一要满足要素定义，二要与该项目有关的任何未来经济利益可能流入或流出企业，三要确保该项目具有能够可靠计量的成本或价值。综合两者，我们可以获得确认的一般标准为“符合要素定义”与“能够可靠计量”，两者缺一不可。

二、会计计量

会计计量是指用数量尤其是用金额对列入报表的各项会计要素加以描述

的基本方式，会计计量通常被认为是会计的核心问题①。基于已经拥有了货币计量的会计假设，会计计量则主要意味着会计计量属性的选择问题，计量属性是指会计要素可用货币计量的各种特征。会计计量实际上也是一个动态过程，往往不能一次性完成，除了初始计量，还有后续计量，多数情况下，随着业务的进行，计量属性随计量模式会持续地发生改变。如期末资产价值的减损、物资盘盈盘亏或资产价值重估等，这些因素均会导致会计计量模式的调整。CAS 基本准则第四十一条规定：企业在将符合确认条件的会计要素登记入账并列报于会计报表及其附注时，应当按照规定的会计计量属性进行计量，确定其金额。会计计量属性主要包括历史成本、重置成本、可变现净值、现值、公允价值等 5 种方式。

1. 历史成本。在历史成本计量模式下，资产按照购买时支付的现金或者现金等价物的金额，或者按照购置资产时所付出对价的公允价值计量；负债按照因承担现时义务而实际收到的款项或者资产的金额，或者承担现时义务的合同金额、或者按照日常活动中为偿还负债预期需要支付的现金或者现金等价物的金额计量。

2. 重置成本，在重置成本计量下，资产按照现在购买相同或者相似资产所需支付的现金或者现金等价物的金额计量；负债按照现在偿付该项债务所需支付的现金或者现金等价物的金额计量。

3. 可变现净值。在可变现净值计量下，资产按照其正常对外销售所能收到现金或者现金等价物的金额扣减该资产至完工时估计将要发生的成本、估计的销售费用以及相关税费后的金额计量。

4. 现值。在现值计量下，资产按照预计从其持续使用和最终处置中所产生的未来净现金流入量的折现金额计量。负债按照预计期限内需要偿还的未来净现金流出量的折现金额计量。

5. 公允价值。在公允价值计量下，资产和负债按照在公平交易中，熟悉情况的交易双方自愿进行资产交换或者债务清偿的金额计量。

企业在对会计要素进行计量时，一般应当采用历史成本。需要采用重置成本、可变现净值、现值、公允价值计量的，应当保证所确定的会计要素金额能够取得并可靠计量。因此，历史成本依然是通常情况下的主流计量模式，

---

① 汤云为、钱逢胜著：《会计理论》，上海财经大学出版社，1997 年版。

其可检验性决定了这是一种最为可靠、最为方便的计量模式，而确实需要采用其他计量模式时，则需要确保相应的配套环境，以保证其计量产生的会计信息具备必要的可靠性。

三、会计报告

商业银行会计确认、计量的最终目的是编制财务会计报告，通常也可称财务会计报告为财务报告，有时又等同于会计报表。会计报告是商业银行对外提供的反映企业某一特定日期的财务状况和某一会计期间的经营成果、现金流量等会计信息的文件。投资者、债权人等使用者主要是通过会计报告来了解企业当前的财务状况、经营成果和现金流量等情况，从而预测未来的发展趋势。因此，会计报告是向各类会计报告使用者提供对决策有用的信息的媒介和渠道，是投资者、债权人等会计报告使用者与企业管理层之间信息沟通的桥梁和纽带。随着我国改革开放的深入和市场经济体制的完善，编制和使用会计报告的作用也越来越突出。国家通过《会计法》《公司法》《证券法》等相关法律，出于保护投资者、债权人等利益的需要，明确规定了企业应当定期编报会计报告的法定义务。

会计报告包括会计报表和其他应当披露的相关信息和资料。而会计报表又由报表本身及其附注两部分构成，附注是财务报表的有机组成部分，而报表至少应当包括资产负债表、利润表、现金流量表和所有者权益变动情况表等报表。因此，我们通常可以将会计报表简称为“四表一注”。

1. 资产负债表。这是商业银行会计报表的总表，反映商业银行在某一特定日期的财务状况的会计报表。商业银行编制资产负债表的目的是通过如实反映商业银行的资产、负债、所有者权益金额及其结构情况，从而有助于使用者评价商业银行资产的质量以及短期偿债能力、长期偿债能力、利润分配能力等。

2. 利润表。这是反映商业银行在一定会计期间的经营成果的会计报表。商业银行编制利润表的目的是通过如实反映商业银行实现的收入、发生的费用以及应当计入当期利润的利得和损失等金额及其结构情况，从而有助于使用者分析评价商业银行的盈利能力及其构成与质量。

3. 现金流量表。这是反映商业银行在一定会计期间的现金和现金等价物流入和流出的会计报表。商业银行编制现金流量表的目的是通过如实反映商业银行各项活动的现金流入、流出情况，从而有助于使用者评价商业银行的现金流和资金周转情况。

4. 所有者权益变动情况表。这是反映构成所有者权益的各组成部分在一定会计期间的增减变动情况的报表。对影响所有者权益的当期损益、直接计入所有者权益的利得和损失、与所有者的资本交易导致的所有者权益的变动，应当分别列示。

5. 会计报表附注。这是对在会计报表中列示项目所作的进一步说明，以及对未能在这些报表中列示项目的说明等。商业银行编制附注的目的是通过对财务报表本身作补充说明，以更加全面、系统地反映商业银行财务状况、经营成果和现金流量的全貌，从而有助于向使用者提供更为有用的信息、作出更加科学合理的决策。

财务报表是会计报告的核心内容，但是除了财务报表之外，会计报告还应当包括其他相关信息，具体可以根据有关法律法规的规定和外部使用者的信息需求而定。如商业银行可以在会计报告中披露其承担的社会责任、对社区的贡献、可持续发展能力等信息，这些信息对于使用者的决策也是相关的，尽管属于非财务信息，无法包括在财务报表中，但是如果有规定或者使用者有需求的，商业银行应当在财务报告中予以披露，有时商业银行也可以自愿在财务报告中披露相关信息。

第二章 商业银行资产要素核算

本章精要

从初始的本源意义看，商业银行的资产表现为一定时点所拥有的全部资产形态，即对应于负债及权益而生的全部资产，包括对外金融资产投资、长期股权投资等多项资产，也包括所拥有的各类固定资产、无形资产和投资性房地产等。

金融类资产的确认与计量，需要依次展开：第一是金融投资资产。这是最为普遍、最为主导，也是最为复杂的一种金融类资产。根据2017年版金融工具会计准则的分类标准，此类金融资产包括以摊余成本计量的金融资产、以公允价值计量且其变动计入其他综合收益的金融资产、以公允价值计量且其变动计入当期损益的金融资产等；第二是长期股权类投资。要在全面理解企业会计准则指定的四类股权投资环境下，根据金融企业的具体情况，探析通过合并、非合并方式取得长期股权投资的初始计量，并掌握持有期间的成本法和权益法核算方法；第三是套期保值，需要理解公允价值套期、现金流量套期和境外经营净投资套期等三种方式下的处理；第四是关于金融资产转移。

关于固定资产的确认与计量，需要在对比中掌握固定资产的精华与要点，在明确无形资产的概念和特征的前提下，关注不同类型的无形资产，尤其是细化解读土地使用权的核算、判断投资性房地产的范围，并掌握投资性房地产初始成本的计量、投资性房地产的后续计量，分别掌握在采用成本模式和公允价值模式下核算投资性房地产的方法。

第一节 金融资产核算

商业银行的资产配置、管理与核算是一个相对复杂、多样化的问题。对于金融工具涉入程度较高的企业，其管理与核算都是巨大的系统工程，包括财务会计、风险管理、信息系统、业务部门等的参与和整合。商业银行的资产配置也有广义和狭义之分，广义是指对外权益性投资和债权性投资等，以及对内固定资产投资等；狭义则主要是指对外金融投资，并不包括对内投资。商业银行对外金融投资，可分为金融资产投资、长期股权投资、套期保值和衍生金融工具，本章将分别对这些投资进行阐述。

金融资产是一种高级形态的资产，其认知、处理和监管都比较复杂。《企业会计准则第 22 号——金融工具确认和计量》统领着金融资产和金融负债的确认和计量、嵌入衍生工具的会计处理、金融工具的减值，以及金融资产和金融负债所产生的相关利得和损失的会计处理。金融资产分类是基础，金融资产的“业务模式”和“合同现金流量特征”是分类的标杆。金融资产重分类有章可循，而金融负债的分类一经确定不得变更。

在分类基础上，初始确认应当按照公允价值计量，而后续计量则与其分类密切相关。同时，还需要考虑金融资产和信贷承诺等的未来预期信用损失情况，及时、足额地计提减值准备，更加有效防控和反映金融工具的信用风险。

一、金融工具会计准则的演绎过程

伴随着中国融入国际经济环境后的开放互动交融、依托互联网信息技术带来的资金流动效率提升与商业模式创新，作为金融活动核心主体的商业银行，其业务活动也不再局限于往昔的存款、贷款和结算三块业务了，各种各样的创新活动已经构成了传统与创新彼此不可或缺的格局。与此相匹配，关于金融业务、金融工具的会计准则也不能不体现相关国际准则与金融环境的变化了，可以说金融工具的业务与准则一直处于彼此交融与持续变化过程中。

（一）金融工具、金融资产与金融负债的基本概念

在金融会计领域，经常会碰到“金融工具”这一术语，其实，金融工具

是指形成一方的金融资产并形成其他方的金融负债或权益工具的合同。简单而言，金融工具就是一份合同，是一份体现交易双方权益与义务关系的合同。这种合同主要是约定双方各种显性与隐含权责的条款。这是因为金融产品并不像其他实物产品一样可以通过实物形态而体现其存在感，它更加关注高度抽象、高度概括的主体间权属对应关系即资产负债关系的存在，通常是通过合同来鉴定彼此连载的双方（资产方或负债方）利益所在，即同时存在资产一方与负债一方。在金融工具框架下，将金融资产进一步划分为债务工具和权益工具两类，权益工具是指从发行人角度满足"权益"定义的工具，其最简单明了的例证就是股权、股票、认股权证。债务工具是指形成债权债务关系，约定到期后可清结或滚动循环发行，其最简单明了的一个例证就是债券。

金融资产，是指企业持有的现金、其他方的权益工具以及符合下列条件之一的资产：一是从其他方收取现金或其他金融资产的合同权利；二是在潜在有利条件下，与其他方交换金融资产或金融负债的合同权利；三是将来须用或可用企业自身权益工具进行结算的非衍生工具合同，且企业根据该合同将收到可变数量的自身权益工具；四是将来须用或可用企业自身权益工具进行结算的衍生工具合同，但以固定数量的自身权益工具交换固定金额的现金或其他金融资产的衍生工具合同除外。其中，企业自身权益工具不包括应当按照《企业会计准则第 37 号——金融工具列报》分类为权益工具的可回售工具或发行方仅在清算时才有义务向另一方按比例交付其净资产的金融工具，也不包括本身就要求在未来收取或交付企业自身权益工具的合同。

金融负债，是指企业符合下列条件之一的负债：一是向其他方交付现金或其他金融资产的合同义务；二是在潜在不利条件下，与其他方交换金融资产或金融负债的合同义务；三是将来须用或可用企业自身权益工具进行结算的非衍生工具合同，且企业根据该合同将交付可变数量的自身权益工具；四是将来须用或可用企业自身权益工具进行结算的衍生工具合同，但以固定数量的自身权益工具交换固定金额的现金或其他金融资产的衍生工具合同除外。企业对全部现有同类别非衍生自身权益工具的持有方同比例发行配股权、期权或认股权证，使之有权按比例以固定金额的任何货币换取固定数量的该企业自身权益工具的，该类配股权、期权或认股权证应当分类为权益工具。其中，企业自身权益工具不包括应当按照《企业会计准则第 37 号——金融工具列报》分类为权益工具的可回售工具或发行方仅在清算时才有义务向另一方按比例交付其净资产的金融工具，也不包括本身就要求在未来收取或交付企业自身权益工具的合同。

衍生工具，是指属于《企业会计准则第22号——金融工具确认和计量》范围并同时具备下列特征的金融工具或其他合同：一是其价值随特定利率、金融工具价格、商品价格、汇率、价格指数、费率指数、信用等级、信用指数或其他变量的变动而变动，变量为非金融变量的，该变量不应与合同的任何一方存在特定关系；二是不要求初始净投资，或者与对市场因素变化预期有类似反应的其他合同相比，要求较少的初始净投资；三是在未来某一日期结算。常见的衍生工具包括远期合同、期货合同、互换合同和期权合同等。

本节为阐述方便，主要讲金融资产核算，而将金融负债并入第三章讲解。

（二）金融工具会计准则的导向与变化

2006年，基于与国际会计准则全面趋同的需求，财政部发布《企业会计准则第22号——金融工具确认和计量》《企业会计准则第23号——金融资产转移》《企业会计准则第24号——套期保值》等金融工具会计准则，这是一个巨大的历史性跨越。不过，2008年美国次贷危机又一次点燃了金融市场对会计准则的痛点之辩，改革呼声高涨。加之，国内多层次资本市场的建设、金融创新的发展和对外开放的深化，使得原有金融准则也衍生出一些新情况和新问题。当国际会计准则理事会于2014年7月发布了《国际财务报告准则第9号——金融工具》之后，我国新金融工具会计准则也开始酝酿改进，并已经于2017年春天公布了上述三个准则的修改版本了（2017版）。

对比分析，2017版金融工具准则的管理价值观出现新态势：第一是金融资产分类标准变化，新的分类标准强化资产负债管理意识，突出了企业持有金融资产的“业务模式”和金融资产的“合同现金流量特征”，将原“四类”再造为“三类”；第二是强化风险管理意识，为有效防范和化解金融风险，要求基于过去、现在和前瞻性信息，按照“预期损失法”计提金融资产减值准备，将推动企业建立以信用数据和评价为基础的信用风险管理体系，提升应对信用风险事件和信用损失的能力；第三是促进企业战略、业务、风控和会计管理的有机结合，全面提升企业管理水平和效率。

概括而言，2017版金融工具准则的修订，涉及内容较多，主要包括以下几个方面：

第一个变化点，是金融资产分类由原来“四分类”改为“三分类”。

2006 版准则按照持有金融资产的意图和目的将金融资产分为四类（即以公允价值计量且其变动计入当期损益的金融资产、持有至到期投资、贷款和应收款项、可供出售金融资产），这种分类较为复杂，存在一定的主观性，在一定程度上影响了会计信息的可比性。2017 版准则规定以企业持有金融资产的“业务模式”和“金融资产合同现金流量特征（SPPI）”① 作为金融资产分类的判断依据，将金融资产分成三类，分别为：“以摊余成本计量的金融资产（AC）”②“以公允价值计量且其变动计入其他综合收益的金融资产（FVOCL）”③“以公允价值计量且其变动计入当期损益的金融资产（FVTPL）”④。

第二个变化点，是金融资产减值会计由“已发生损失法”改为“预期损失法”。2006 版准则对于金融资产减值的会计处理采用“已发生损失法”，即只有在客观证据表明金融资产已经发生损失时，才对相关金融资产计提减值准备。2017 版准则将金融资产减值会计处理由“已发生损失法”修改为“预期损失法”，要求考虑金融资产未来预期信用损失情况，从而更加及时、足额地计提金融资产减值准备，便于揭示和防控金融资产信用风险。

第三个变化点，套期会计更加如实地反映企业的风险管理活动。2006 版准则对套期会计规定了严格的适用条件，导致实务中企业开展的大量套期业务无法通过套期会计在财务报表中予以反映。2017 版准则更加强调套期会计与企业风险管理活动的有机结合，在拓宽套期工具和被套期项目的范围、以定性的套期有效性要求取代现行准则的定量要求、允许通过调整套期工具和被套期项目的数量实现套期关系的“再平衡”等方面实现诸多突破，从而有助于套期会计更好地反映企业的风险管理活动。

除此之外，2017 版金融工具准则还在以下方面作了调整和完善：简化嵌入衍生工具的会计处理、调整非交易性权益工具投资的会计处理、进一步明确金融资产转移的判断原则及其会计处理、增加套期会计中期权时间价值的

---

① 合同现金流量特征测试，旨在确定金融资产的合同现金流量是否仅为本金及未偿付本金金额之利息的支付，英文为 Solely payments of principal and interest on the principal amount outstanding，英文缩写为“SPPI 测试”。

② 以摊余成本计量的金融资产，英文为 Amortized cost，英文缩写为“AC”。

③ 以公允价值计量且其变动计入其他综合收益的金融资产，英文为 Fair value through other comprehensive income，英文缩写为“FVOCI”。

④ 以公允价值计量且其变动计入当期损益的金融资产，英文为 Fair value through profit and loss，英文缩写“FVTPL”。

会计处理方法、增加套期会计中信用风险敞口的公允价值选择权。

二、金融资产投资概念和分类

关于金融资产投资的概念，目前尚无公认的统一认识。本书认为，金融资产投资是泛指通过资本市场和金融市场上广泛存在的各类金融工具所进行的投资，即商业银行作为投资方，利用金融合约形成双方股权或债权关系的非实业项目性投资。

不同的金融资产，其特征与运行管理、会计核算等互不相同，所以，金融资产投资的分类是一个基础。综合各种分类方法，最为常见的分类就是依照其管制与会计确认、计量和报告的要求来进行分类。这里，本书先提供一个基本的概念性分类，之后再进一步针对前三类金融资产进行详细的陈述。

（一）金融资产的基本分类

基于上述标准，并结合实际应用的方便性，可以将金融资产投资划分为以摊余成本计量的金融资产、以公允价值计量且其变动计入其他综合收益的金融资产、以公允价值计量且其变动计入当期损益的金融资产、长期股权投资、套期保值、衍生金融工具六个大类，如图 2－1 所示。

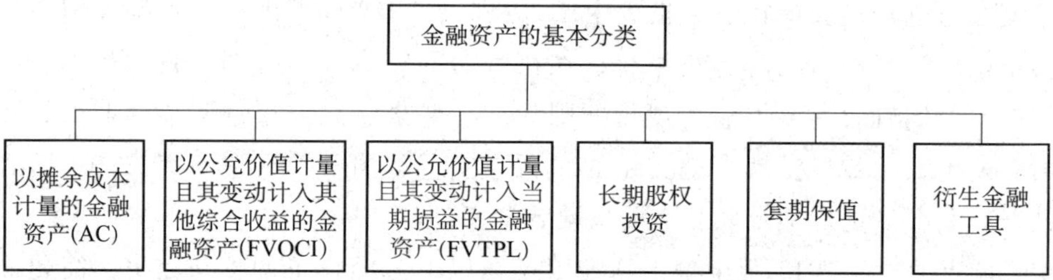

图 2－1　金融资产的基本分类

其中，前三类是按新准则的狭义分类，而后三类则是基于实际方便的一般分类。

基于“主体管理金融资产的业务模式”和“金融资产合同现金流量特征（SPPI）”可以将金融资产分成三类：

1. 以摊余成本计量的金融资产。
2. 以公允价值计量且其变动计入其他综合收益的金融资产（FVOCI）。
3. 以公允价值计量且其变动计入当期损益的金融资产（FVTPL）。

上述三类金融资产（简称“三分类”）与原准则所谓四类金融资产（简称

“四分类”）存在着一定的转化关系，可以大体将其归类转换描绘如图 2－2 所示。

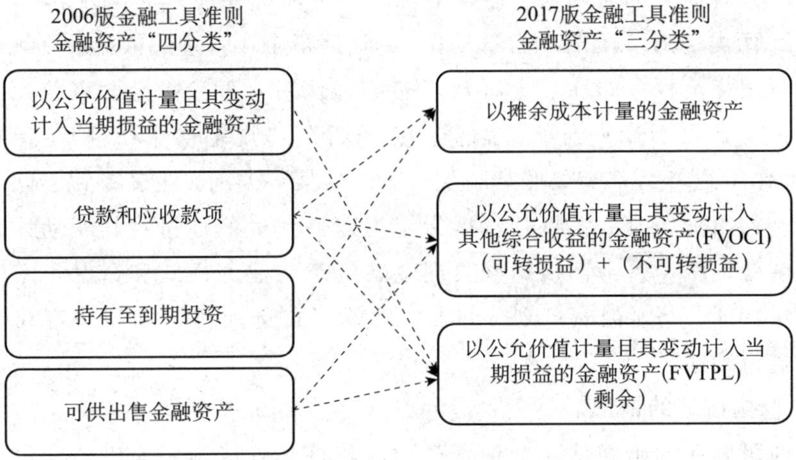

图 2－2　金融资产新准则与原准则分类对比

此外，从商业银行实际拥有的金融资产来看，除了上述三类之外，还有其他一些金融资产，并受到其他相关会计准则的规范，包括长期股权投资、套期保期、衍生工具。

4. 长期股权投资。

长期股权投资是指持有时间准备超过一年（不含一年）的各种股权性质的投资，包括长期股票投资和其他长期股权投资。这种投资主要是为了达到控制其他单位或对其他单位实施重大影响，或出于其他长期性质的目的而进行的投资。

5. 套期保值。

套期保值，是指商业银行为规避外汇风险、利率风险、商品价格风险、股票价格风险、信用风险等，指定一项或一项以上套期工具，使套期工具的公允价值或现金流量变动，预期抵销被套期项目全部或部分公允价值或现金流量变动。

6. 衍生工具。

衍生工具（即衍生金融工具）是指同时具有下列特征的金融工具或其他合同：其一，其价值随相关参数变动而变动；其二，不要求初始净投资或要求很少初始净投资；其三，在未来某一日期结算。

鉴于金融资产的具体内容十分复杂，下面分别进行阐述。

（二）金融资产主要类别的具体阐述

对于金融资产如何列入上述三类资产，可以说存在“自选动作”和“规定动作”两类情形。所谓“自选动作”，就是指企业管理层依照准则规定的条件行使自主指定权，即在某金融资产初始确认时，直接指定为以公允价值计量且其变动计入当期损益的金融资产；而所谓“规定动作”，则是指除上述“自行动作”之外，都需要照章归入三类中的某一类别。也就是说，除非在某金融资产初始确认时，就将其直接指定为以公允价值计量且其变动计入当期损益的金融资产，否则，根据该管理金融资产的业务模式和金融资产的合同现金流量特征，将金融资产划分归类。现就“自选动作”和“规定动作”两类情形进行阐述。

1. 直接指定的情形。

企业可以在初始确认某金融资产时，就将其直接指定为以公允价值计量且其变动计入当期损益的金融资产。但直接指定须符合某些条件，具体而言，在初始确认时，如果能够消除或显著减少会计错配，就可以将该金融资产指定为以公允价值计量且其变动计入当期损益的金融资产。该指定一经做出，不得撤销。此处所指的“会计错配”，是指当企业以不同的会计确认方法和计量属性对在经济上相关的资产或负债进行确认或计量由此产生利得或损失时，可能导致的会计确认和计量上的不一致。设立此项条件，目的在于通过直接指定为以公允价值计量并将其变动计入当期损益，以消除或减少会计上可能存在的错配现象。

需要注意是，按照金融工具会计准则的规定，还有一些不是为解决会计错配而进行的直接指定。比如，对于包括一项或多项嵌入衍生工具的混合工具，如果主合同不是金融工具会计准则规范的资产，且不是以下两种情况，那么就可以将其直接指定为以公允价值计量且其变动计入当期损益的金融资产或金融负债：（1）嵌入衍生工具对混合工具的现金流量没有产生重大改变；（2）在初次确定类似的混合合同是否需要分拆时，几乎不需分析就能明确其包含的嵌入衍生工具不应分拆。如嵌入贷款的提前偿还选择权，允许持有人以接近摊余成本的金额提前偿还贷款，该提前偿还选择权不需要分拆。此外，依照准则将某嵌入衍生工具从混合工具中分拆，但分拆时或后续的资产负债表无法对其进行单独计量的，将整个混合工具直接指定为以公允价值计量且其变动计入当期损益的金融资产或金融负债。

2. 直接指定之外的情形。

除上述“自选动作”之外，金融资产还需要具体根据准则规定来判断分类。对于某金融资产在初始确认时不是直接指定为以公允价值计量且其变动计入当期损益的，则通过两个维度或条件的分析以对其分类作出判断：

第一个维度，是管理金融资产的业务模式（即业务模式测试）。业务模式是指企业如何管理其金融资产以产生现金流量。业务模式决定企业所管理金融资产现金流量的来源是收取合同现金流量、出售金融资产还是两者兼有。企业管理金融资产的业务模式，以企业关键管理人员决定对金融资产进行管理的特定业务目标为基础确定。企业确定管理金融资产的业务模式，应当以客观事实为依据，不得以按照合理预期不会发生的情形为基础确定。

第二个维度，是金融资产的合同现金流量特征（即合同现金流量特征测试）。这是指金融工具合同约定的、反映相关金融资产经济特征的现金流量属性。企业将某金融资产分为以摊余成本计量类或以公允价值计量且其变动计入其他综合收益类的，其合同现金流量特征，与基本借贷安排（比如，商业银行与企业之间的一般借贷合同）相一致。即，相关金融资产在特定日期产生的合同现金流量仅为对本金和以未偿付本金金额为基础的利息的支付。

其中，本金是指金融资产在初始确认时的公允价值，本金金额可能因提前偿付等原因在金融资产的存续期内发生变动；利息包括对货币时间价值、与特定时期未偿付本金金额相关的信用风险以及其他基本借贷风险、成本和利润的对价。此处，货币时间价值是利息要素中仅因为时间流逝而提供对价的部分，不包括为所持有金融资产的其他风险或成本提供的对价，但货币时间价值要素有时可能存在修正。在货币时间价值要素存在修正的情况下，企业对相关修正进行评估，以确定其是否满足上述合同现金流量特征的要求。此外，金融资产包含可能导致其合同现金流量的时间分布或金额发生变更的合同条款（如包含提前偿付特征）的，企业对相关条款进行评估（如评估提前偿付特征的公允价值是否非常小），以确定其是否满足上述合同现金流量特征的要求。

按照上述两个维度，可以作进一步的分析判断：

情形 1：金融资产同时符合下列条件的，分类为以摊余成本计量的金融资产：条件之一是企业管理该金融资产的业务模式是以收取合同现金流量为目标；条件之二是该金融资产的合同条款规定，在特定日期产生的现金流量，仅为对本金和以未偿付本金金额为基础的利息的支付。

企业在具体评估业务模式时，首先，要注重收取金融资产合同的现金流量而不是在合同到期前通过处置该金融资产实现其公允价值；其次，这种评估不以企业对单个工具的意图或单个工具层面为基础，而是适用于较高的汇总水平（如组合层面）；再次，评估结果取决于企业关键管理人员确定的业务模式目标，而该类目标有客观性和长时期保持稳定的特点，其可通过企业的经营策略、经营计划、预算和操作实践等观察得到。

情形2：金融资产同时符合下列条件的，分类为以公允价值计量且其变动计入其他综合收益的金融资产：条件之一是企业管理该金融资产的业务模式既以收取合同现金流量为目标又以出售该金融资产为目标；条件之二是该金融资产的合同条款规定，在特定日期产生的现金流量，仅为对本金和以未偿付本金金额为基础的利息的支付。

情形3：对于分类为以摊余成本计量的金融资产和分类为以公允价值计量且其变动计入其他综合收益的金融资产之外的金融资产，企业将其分类为以公允价值计量且其变动计入当期损益的金融资产。也就是说，这是一种前两类不能包括的剩余归类。

需要注意的是：第一，在初始确认时，企业可以将非交易性权益工具投资直接指定为以公允价值计量且其变动计入其他综合收益的金融资产，但该权益工具形成的股利收入仍确认为当期损益。该指定一经做出，不得撤销；第二，企业在非同一控制下的企业合并中确认的或有对价构成金融资产的，该金融资产分类为以公允价值计量且其变动计入当期损益的金融资产，不得指定为以公允价值计量且其变动计入其他综合收益的金融资产。

综上，金融资产分类可用图2－3的流程图简示。

（三）金融资产初始归类后的重分类

企业初始确认金融资产的类别划分后，是否允许对其进行重分类，按照金融工具会计准则的规定，重分类是允许的，但须符合严格的条件。主要规定如下：

1. 企业改变其管理金融资产的业务模式时，应当按照金融工具会计准则相关规定对所有受影响的相关金融资产进行重分类。

2. 企业对金融资产进行重分类，当自重分类日起采用未来适用法进行相

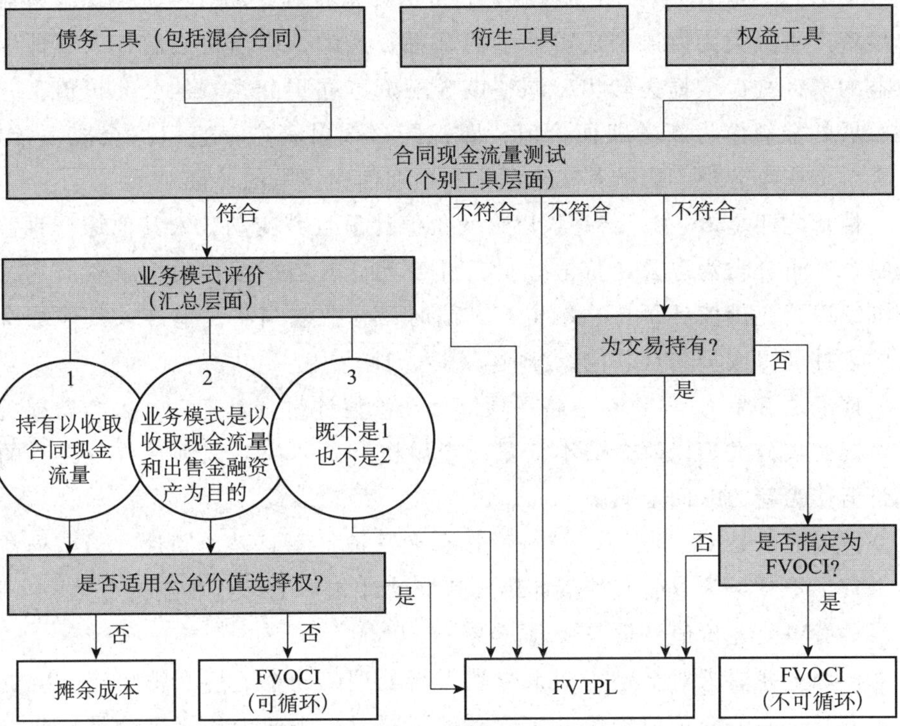

图 2－3　金融资产分类之判断与推理

关会计处理，不得对以前已经确认的利得、损失（包括减值损失或利得）或利息进行追溯调整。重分类日，是指导致企业对金融资产进行重分类的业务模式发生变更后的首个报告期间的第一天。

3. 金融资产重分类的具体规定。如果将三类金融资产分别命名为 A、B、C，其重分类就逻辑而言，则包括 A—B、A—C、B—A、B—C、C—A、C—B 六种情形。

情形之一是 A—B：将一项以摊余成本计量的金融资产重分类为以公允价值计量且其变动计入其他综合收益的金融资产的，应当按照该金融资产在重分类日的公允价值进行计量。原账面价值与公允价值之间的差额计入其他综合收益。该金融资产重分类不影响其实际利率和预期信用损失的计量。

情形之二是 A—C：将一项以摊余成本计量的金融资产重分类为以公允价值计量且其变动计入当期损益的金融资产的，应当按照该资产在重分类日的公允价值进行计量。原账面价值与公允价值之间的差额计入当期损益。

情形之三是B—A：将一项以公允价值计量且其变动计入其他综合收益的金融资产重分类为以摊余成本计量的金融资产的，应当将之前计入其他综合收益的累计利得或损失转出，调整该金融资产在重分类日的公允价值，并以调整后的金额作为新的账面价值，即视同该金融资产一直以摊余成本计量。该金融资产重分类不影响其实际利率和预期信用损失的计量。

情形之四是B—C：将一项以公允价值计量且其变动计入其他综合收益的金融资产重分类为以公允价值计量且其变动计入当期损益的金融资产的，应当继续以公允价值计量该金融资产。同时，企业应当将之前计入其他综合收益的累计利得或损失从其他综合收益转入当期损益。

情形之五是C—A：企业将一项以公允价值计量且其变动计入当期损益的金融资产重分类为以摊余成本计量的金融资产的，应当以其在重分类日的公允价值作为新的账面余额。

情形之六是C—B：企业将一项以公允价值计量且其变动计入当期损益的金融资产重分类为以公允价值计量且其变动计入其他综合收益的金融资产的，应当继续以公允价值计量该金融资产。

按照上述要求对金融资产重分类进行处理的，企业应当根据该金融资产在重分类日的公允价值确定其实际利率。同时，企业应当自重分类日起对该金融资产适用关于金融资产减值的相关规定，并将重分类日视为初始确认日。

（四）金融资产分类与科目的设置

实施金融资产三分类之后，其相应的会计核算科目也有所调整：

“以公允价值计量且其变动计入当期损益的金融资产”“以摊余成本计量的金融投资”“以公允价值计量且其变动计入当期损益的金融负债”分别纳入“交易性金融资产”“债权投资”“交易性金融负债”科目核算。

“以公允价值计量且其变动计入其他综合收益的金融投资”项目中的债务工具和权益工具分别纳入“其他债权投资”和“其他权益工具投资”科目核算。

三、以摊余成本计量的金融资产的核算

（一）以摊余成本计量的金融资产的基本特征

金融资产（或金融负债，系同一事物的彼此对应角度，下同。不再具体解释，直接并列显示）的摊余成本，是指该金融资产或金融负债的初始确认

金额经下列调整后的结果：(1) 扣除已偿还的本金；(2) 加上或减去采用实际利率法将该初始确认金额与到期日金额之间的差额进行摊销形成的累计摊销额；(3) 扣除已发生的减值损失（仅适用于金融资产）。

（二）摊余成本法体系下的实际利率法要点

实际利率法，是指按照金融资产或金融负债（含一组金融资产或金融负债）的实际利率计算其摊余成本及各期利息收入或利息费用的方法。实际利率，是指将金融资产或金融负债在预期存续期间或适用的更短期间内的未来现金流量，折现为该金融资产或金融负债当前账面价值所使用的利率。在确定实际利率时，应当在考虑金融资产或金融负债所有合同条款（包括提前还款权、看涨期权、类似期权等）的基础上预计未来现金流量，但不应当考虑未来信用损失。

金融资产或金融负债合同各方之间支付或收取的、属于实际利率组成部分的各项收费、交易费用及溢价或折价等，应当在确定实际利率时予以考虑。金融资产或金融负债的未来现金流量或存续期间无法可靠预计时，应当采用该金融资产或金融负债在整个合同内的合同现金流量。

因此，实际利率法在设定计算公式时，需要注意：

第一点，以摊余成本计量的金融资产之摊余成本 = 期初摊余成本 + 到期收益率计算的利息收益 - 票面利率计算的票面利息 - 已发生的减值准备 = 期初摊余成本 + 前期摊余成本 × 实际利率 - 面值 × 票面利率 - 已发生的减值准备。

第二点，溢价摊销额 = 票面利率计算的票面利息 - 到期收益率计算的利息收益。

第三点，折价摊销额 = 到期收益率计算的利息收益 - 票面利率计算的票面利息。

第四点，债券的溢价是投资者为了以后获得高于市场利率的利息而在购买时必须预先付出的代价，有溢价的债券实际利率低于票面利率；债券的折价则是投资人为了以后弥补低于市场利率的利息而在购买时必须预先获得的补偿，有折价的债券实际利率高于票面利率。

此外，原来所说的债券的溢折价在新准则中全部放入“以摊余成本计量的金融资产——利息调整”科目内，这是一项显著的进步。新准则中存在溢价以正数、借方发生额和余额的形式在此科目内核算，存在折价以负数、贷方发生额和余额的形式在此科目内核算。其实质是调整债券的票面利率与实际利率的差额。

（三）以摊余成本计量的金融资产的确认与计量

1. 以摊余成本计量的金融资产的初始计量。

CAS22 号准则规定：以摊余成本计量的金融资产应当按取得时的公允价值和相关交易费用之和作为初始确认金额。支付的价款中包含的已到付息期但尚未领取的债券利息，应单独确认为应收项目。

为了核算商业银行以摊余成本计量的金融资产的价值，应设置"债权投资"科目。该科目属于资产类科目。借方登记以摊余成本计量的金融资产的面值、溢价金额、到期一次还本付息债券投资按票面利率计算的应收未收利息以及折价的摊销；贷方登记以摊余成本计量的金融资产的折价金额、溢价的摊销金额，以及处置以摊余成本计量的金融资产时转出的账面余额；期末余额在借方，反映商业银行以摊余成本计量的金融资产的摊余成本。本科目应当按照以摊余成本计量的金融资产的类别和品种，分为"成本""利息调整""应计利息"进行明细核算。

商业银行取得的以摊余成本计量的金融资产，应按该投资的面值，借记"债权投资——成本"科目，按支付的价款中包含的已到付息期但尚未领取的利息，借记"应收利息"科目，按实际支付的金额，贷记"存放中央银行款项"等科目，按其差额借记或贷记"债权投资——利息调整"科目。

【例 2-1】 20×2 年 1 月 3 日，富通商业银行购买了乙公司 20×1 年 1 月 1 日发行的债券 800 张，该债券剩余年限 5 年，划分为以摊余成本计量的金融资产，该债券的面值每张为 100 元，票面利率为 12%，按年付息，付息日为每年的 1 月 10 日。成交价为每张 114 元，其中 12 元为已到付息期但尚未收取的利息。交易费用共为 2 400 元。

20×2 年 1 月 3 日，取得该以摊余成本计量的金融资产时，应作如下会计分录：

借：债权投资——成本	82 400	
应收利息	9 600	
债权投资——利息调整	1 600	
贷：存放中央银行款项		93 600

20×2 年 1 月 10 日，收到债券利息时，应作如下会计分录：

借：存放中央银行款项　　9 600

　　贷：应收利息　　9 600

2. 以摊余成本计量的金融资产的后续计量。

通常，以摊余成本计量的金融资产，其后续计量在实际利率法框架下将计算各个会计期间的摊余成本，并将利息收入、利息费用分摊计入各个会计期间。

【例2-2】 承接上述【例2-1】资料，在初始确认时，计算实际利率如下：

$$9\,600(1+r)^{-1}+9\,600(1+r)^{-2}+9\,600(1+r)^{-3}+9\,600(1+r)^{-4}+89\,600(1+r)^{-5}=84\,000$$

采用内插法，计算出本例资料中的的实际利率为10.66%。

各年的摊余成本、利息收益以及应收利息的计算如表2-1所示：

表2-1　债券存续期各年摊余成本、利息收益以及应收利息计算表

时间	各年期初的余成本（1）	利息收益（2）=（1）×10.66%	应收利息（3）=面值×12%	各年期末的摊余成本（4）=（1）+（2）-（3）
20×2.12.31	84 000	8 954	9 600	83 354
20×3.12.31	83 354	8 886	9 600	82 640
20×4.12.31	82 640	8 809	9 600	81 849
20×5.12.31	81 849	8 725	9 600	80 974
20×6.12.31	80 974	8 626	9 600	80 000

注：按照上述公式计算的金额应为8 632元（80 974×10.66%），差额6元（8 632-8 626），这是由于计算时小数点保留位数造成的，在最后一年调整。

根据表2-1的计算结果，各年的会计分录如下：

20×2年12月31日，核算利息收入时，作如下会计分录：

借：应收利息　　9 600

　　贷：投资收益　　8 954

　　　　债权投资——利息调整　　646

20×3年1月10日，收到利息时，作如下会计分录：

借：存放中央银行款项　　9 600

　　贷：应收利息　　9 600

20×3年12月31日，核算利息收入时，作如下会计分录：

借：应收利息 9 600

　　贷：投资收益 8 886

　　　　债权投资——利息调整 714

20×4 年 1 月 10 日，收到利息时，作如下会计分录：

借：存放中央银行款项 9 600

　　贷：应收利息 9 600

20×4 年 12 月 31 日，核算利息收入时，作如下会计分录：

借：应收利息 9 600

　　贷：投资收益 8 809

　　　　债权投资——利息调整 791

20×5 年 1 月 10 日，收到利息时，作如下会计分录：

借：存放中央银行款项 9 600

　　贷：应收利息 9 600

20×5 年 12 月 31 日，核算利息收入时，作如下会计分录：

借：应收利息 9 600

　　贷：投资收益 8 725

　　　　债权投资——利息调整 875

20×6 年 1 月 10 日收到利息时，作如下会计分录：

借：存放中央银行款项 9 600

　　贷：应收利息 9 600

20×6 年 12 月 31 日，核算利息收入时，作如下会计分录：

借：应收利息 9 600

　　贷：投资收益 8 626

　　　　债权投资——利息调整 974

20×7 年 1 月 10 日收到利息时，作如下会计分录：

借：存放中央银行款项 9 600

　　贷：应收利息 9 600

3. 以摊余成本计量的金融资产处置的核算。

出售以摊余成本计量的金融资产时或到期时，应按收到的金额，借记“存放中央银行款项”等科目，已计提减值准备的，贷记“债权投资减值准备”科目，按其账面余额，贷记“债权投资（成本、利息调整、应计利息）”

科目，按其差额，贷记或借记“投资收益”科目。

商业银行根据金融工具确认和计量准则将以摊余成本计量的金融资产重分类为可供出售金融资产的，应在重分类日按该项以摊余成本计量的金融资产的公允价值，借记“可供出售金融资产”科目，已计提减值准备的，借记“债权投资减值准备”科目，按其账面余额，贷记“债权投资（成本、利息调整、应计利息）”科目，按其差额，贷记或借记“资本公积——其他资本公积”科目。

值得注意的是，商业银行将尚未到期的某项以摊余成本计量的金融资产在本会计年度内出售或重分类为可供出售金融资产的金额，相对于该类投资在出售或重分类前的总额较大时，应当将该类投资的剩余部分重分类为可供出售金融资产，且在本会计年度及以后两个完整的会计年度内不得再将该金融资产划分为以摊余成本计量的金融资产。但是，下列情况除外：

（1）出售日或重分类日距离该项投资到期日或赎回日较近（如到期前三个月内），市场利率变化对该项投资的公允价值没有显著影响；

（2）根据合同约定的定期偿付或提前还款方式收回该投资几乎所有初始本金后，将剩余部分予以出售或重分类；

（3）出售或重分类是由于商业银行无法控制、预期不会重复发生且难以合理预计的独立事项所引起。此种情况主要包括：一是因被投资单位信用状况严重恶化，将以摊余成本计量的金融资产予以出售；二是因相关税收法规取消了以摊余成本计量的金融资产的利息税前可抵扣政策，或显著减少了税前可抵扣金额，将以摊余成本计量的金融资产予以出售；三是因发生重大商业银行合并或重大处置，为保持现行利率风险头寸或维持现行信用风险政策，将以摊余成本计量的金融资产予以出售；四是因法律、行政法规对允许投资的范围或特定投资品种的投资限额作出重大调整，将以摊余成本计量的金融资产予以出售；五是因监管部门要求大幅度提高资产流动性，或大幅度提高以摊余成本计量的金融资产在计算资本充足率时的风险权重，将以摊余成本计量的金融资产予以出售。

【例 2 -3】 假设因被投资单位信用严重恶化，A 银行将其拥有的以摊余成本计量的金融资产 B 公司债券出售，实际得到价款 140 000 元，已存入银行。在出售前该以摊余成本计量的金融资产的账面余额为 140 500 元：其中“以摊余成本计量的金融资产——成本”为 100 000 元，“以摊余成本计量的金融资产——应计利息”为50 000元，“以摊余成本计量的金融资产——利息调整”为贷方余额9 500元。根据以上资料应作会计分录如下：

借：存出保证金　　140 000
　　投资收益　　500
　　债权投资——利息调整　　9 500
　　贷：债权投资——成本　　100 000
　　　　债权投资——应计利息　　50 000

【例2-4】20×0年1月1日富通商业银行购买剩余期限为5年期债券，票面利率6%，分期付息，购入200 000 000元，每百元债券购入价格为102.1（单位净价）+0（单位利息）=102.1（全价），到期收益率5.515%，溢价购入债券；204 200 000（净价）+0（应计利息）=204 200 000（元）（结算金额）；实际利率法溢价摊销表如表2-2所示。

表2-2　债券存续期溢价摊销表（实际利率法）　单位：万元

年度	年初摊余成本	利息收入	现金流量	年末摊余成本	年摊销额
		摊余成本×实际利率	面值×票面利率	年初摊余成本+利息收入-现金流量	现金流量-利息收入
20×0	20 420.00	1 126.16	1 200.00	20 346.16	73.84
20×1	20 346.16	1 122.09	1 200.00	20 268.25	77.91
20×2	20 268.25	1 117.79	1 200.00	20 186.04	82.21
20×3	20 186.04	1 113.26	1 200.00	20 099.30	86.74
20×4	20 099.30	1 100.69	21 200.00	0.00	99.30
合计			21 200.00		420.00

1. 20×0年1月1日，购入时会计分录：

借：债权投资——成本　　200 000 000
　　债权投资——利息调整　　4 200 000
　　贷：银行存款　　204 200 000

显然，年初摊余成本+购入成本净价
当溢价发行时，=面值+购入的溢价
当折价发行时，=面值-购入的折价

2. 20×0年12月31日，溢价摊销时会计分录：

借：投资收益 738 400

贷：债权投资——利息调整 738 400

同时计提当年利息收入，会计分录如下：

借：应收利息——债权投资应收利息 12 000 000

贷：投资收益 12 000 000

每年实际收到利息收入（现金或银行存款）冲销已计提的应收利息。

3. 20×1 年 1 月 1 日收到利息（现金或银行存款），以后每年收到利息都做此分录。

借：银行存款 12 000 000

贷：应收利息——债权投资应收利息 12 000 000

20×1 年 12 月 31 日溢价摊销，其会计分录如下：

借：投资收益 779 100

贷：债权投资——利息调整 779 100

同时计提当年利息收入，会计分录如下：

借：应收利息——债权投资应收利息 12 000 000

贷：投资收益 12 000 000

4. 20×2 年 12 月 31 日，溢价摊销会计分录如下：

借：投资收益 822 100

贷：债权投资——利息调整 822 100

同时计提当年利息收入，会计分录如下：

借：应收利息——债权投资应收利息 12 000 000

贷：投资收益 12 000 000

5. 20×3 年 12 月 31 日，溢价摊销如下：

借：投资收益 867 400

贷：债权投资——利息调整 867400

同时计提当年利息收入：

借：应收利息——债权投资应收利息 12 000 000

贷：投资收益 12 000 000

6. 20×4 年 12 月 31 日，溢价摊销并到期收回本金的会计分录如下：

借：应收利息——债权投资应收利息 12 000 000

贷：投资收益 12 000 000

借：投资收益　　993 000
　　贷：债权投资——利息调整　　993 000
借：银行存款　　200 000 000
　　贷：债权投资——成本　　200 000 000

【例2-5】20×0年1月1日甲商业银行购买剩余期限为5年的债券，票面利率5%，分期付息，债券面值50 000 000元，购入每百元面值债券价格为：88.02（单位净价）+0（单位利息）=88.02（元），到期收益率8%，折价购入债券；44 010 000（净价）+0（应计利息）=44 010 000（元）（结算金额）；实际利率法折价摊销表如表2-3所示。

表2-3　债券存续期折价摊销表（实际利率法）　单位：元

年度	年初摊余成本	利息收入	现金流量	年末摊余成本	年摊销额
		摊余成本×实际利率	面值×票面利率	年初摊余成本+利息收入-现金流量	现金流量-利息收入
20×0	44 010 000	3 520 800	2 500 000	45 030 800	1 020 800
20×1	45 030 800	3 602 464	2 500 000	46 133 264	1 102 464
20×2	46 133 264	3 690 661	2 500 000	47 323 925	1 190 661
20×3	47 324 925	3 785 914	2 500 000	48 609 839	1 285 914
20×4	48 609 839	3 890 161	52 500 000	0	1 390 161
合计					5 990 000

1. 购入时的会计分录。
借：债权投资——成本　　50 000 000
　　贷：银行存款　　44 010 000
　　　　债权投资——利息调整　　5 990 000

2. 20×0年12月31日，折价摊销会计分录如下：
借：债权投资——利息调整　　1 020 800
　　贷：投资收益　　1 020 800
同时计提当年利息收入，会计分录如下：
借：应收利息——债权投资应收利息　　2 500 000
　　贷：投资收益　　2 500 000
折价摊销增加利润1 020 800元。

3. 20×1年12月31日折价摊销，20×2年1月1日收到利息（现金或银行存款)。

借：银行存款　　　　2 500 000

　　贷：应收利息——债权投资应收利息　　　　2 500 000

每年收到实际的利息收入冲销已计提的应收利息，以后每年收到利息都做此分录。

借：债权投资——利息调整　　　　1 102 464

　　贷：投资收益　　　　1 102 464

同时计提当年利息收入，会计分录如下：

借：应收利息——债权投资应收利息　　　　2 500 000

　　贷：投资收益　　　　2 500 000

4. 20×2 年 12 月 31 日折价摊销。

借：债权投资——利息调整　　　　1 190 661

　　贷：投资收益　　　　1 190 661

同时计提当年利息收入，会计分录如下：

借：应收利息——债权投资应收利息　　　　2 500 000

　　贷：投资收益　　　　2 500 000

5. 20×3 年 12 月 31 日折价摊销。

借：债权投资——利息调整　　　　1 285 914

　　贷：投资收益　　　　1 285 914

同时计提当年利息收入，会计分录如下：

借：应收利息——债权投资应收利息　　　　2 500 000

　　贷：投资收益　　　　2 500 000

6. 20×4 年 12 月 31 日折价摊销，会计分录如下：

借：债权投资——利息调整　　　　1 390 161

　　贷：投资收益　　　　1 390 161

同时计提当年利息收入，会计分录如下：

借：应收利息——债权投资应收利息　　　　2 500 000

　　贷：投资收益　　　　2 500 000

到期收回本金，会计分录如下：

借：银行存款　　　　50 000 000

　　贷：债权投资——成本　　　　50 000 000

四、以公允价值计量且其变动计入其他综合收益的金融资产的核算

（一）以公允价值计量且其变动计入其他综合收益的金融资产的基本特征

根据2017版金融工具准则的规定，金融资产同时符合下列条件的，分类为以公允价值计量且其变动计入其他综合收益的金融资产：一是业务模式既以收取合同现金流量为目标又以出售该金融资产为目标；二是约定在特定日期产生的现金流量，仅为对本金和以未偿付本金金额为基础的利息的支付。

据此分析，在目前比较活跃的金融市场上，就股票、债券、基金等大类投资而言，简单分析如下：

股票投资方面，只有非交易性权益工具才可以被特殊指定为以公允价值计量且其变动计入其他综合收益的金融资产，基于其限制和信息披露要求高，且持续期间浮盈和卖出收益均无法体现在损益中。因此股票投资将会被越来越多地划入第三类（FVTPL）。

基金投资方面，也无法通过SPPI测试，多数基金将可供出售资产划入以公允价值计量且其变动计入当期损益的金融资产；保本基金、封闭式基金可能被分类为以公允价值计量且其变动计入其他综合收益的金融资产。

在另类投资方面，不保本不保息的理财产品、债权计划、资管产品等非标产品也将无法通过SPPI测试，而划入到以公允价值计量且其变动计入当期损益的金融资产核算。

进一步讲公司持有金融资产的目的是为了满足每日流动性需要，在实际操作时，因应市场变化，导致频繁的金融资产出售且相关金额较大，此外，由于很少能够准确地预测每日流动性需求，预期此类业务操作会持续下去。公司业务模式的目标是满足每日流动性需求，其通过既收取合同现金流量又出售金融资产来实现这些目标，这表明收取合同现金流量又出售金融资产这两者对于实现业务模式的目标而言，都是不可或缺的。基于此，如果该金融资产的合同条款还规定，在特定日期产生的现金流量，仅为对本金和以未偿付本金金额为基础的利息的支付，那么该金融资产满足分类为以公允价值计量且其变动计入其他综合收益类金融资产的条件。

（二）以公允价值计量且其变动计入其他综合收益的金融资产之管理办法

针对上述基本原则，结合商业银行实际情况，许多银行对此类资产的管理也拟定出相应的办法，主要规范如下方面：

第一，划分为以公允价值计量且其变动计入其他综合收益的金融资产的债券必须符合以公允价值计量且其变动计入其他综合收益的金融资产的定义。金融机构划分为以公允价值计量且其变动计入其他综合收益的金融资产的债券必须具有收益率高、流动性好、有活跃市场并能找出相应的公允价值的债券。金融机构的目的是为了赚取差价、近期出售、回购、用于做市、做买断式回购交易、为增加交易量、为衍生金融产品交易而持有的债券应划分为以公允价值计量且其变动计入其他综合收益的金融资产。

第二，为解决“会计不匹配”的问题，并且是基于金融机构风险管理的需要消除或明显减少由于采用不同的计量基础所造成的损益计量方式不一致的情况（比如：交易性负债不能对应持有至到期投资），应将该金融资产在初始确认时直接指定为以公允价值计量且其变动计入当期损益的金融资产。

第三，混合工具（如可转债、混合债）可以指定为以公允价值计量且其变动计入当期损益的金融资产或金融负债，下列除外：一是嵌入衍生工具对混合工具的现金流量没有重大改变。二是类似混合工具所嵌入的衍生工具，明显不应当从相关混合工具中分拆。

第四，金融机构划入以公允价值计量且其变动计入其他综合收益的金融资产的债券总额不得超过规定金额（比如 85 亿元人民币），或以公允价值计量且其变动计入其他综合收益的金融资产总额不得高于表内、表外总资产的规定比例（比如 10%。因其计入市场风险资本，如果高于规定比例会大幅度增加资本充足率的分母，降低资本充足率）。

第五，金融机构风险管理报告书和债券运作部门的投资策略报告书的正式书面文件已载明，该金融资产组合、金融负债组合、金融资产和金融负债组合，拟以公允价值为基础进行管理、计量和评价，形成每月金融资产风险资产管理衡量表（即浮动盈亏表）及相关报表，并向董事会及高级管理层报告，可以将该债券在初始确认时直接指定为以公允价值计量且其变动计入当期损益的金融资产。

第六，对划分为以公允价值计量且其变动计入其他综合收益的金融资产的债券，金融机构应按照中央国债登记结算有限责任公司信息部提供的公允价值净价每日至少重估一次价值，当市场出现政策调整、资金紧张、回购利率上升、大盘股的 IPO、突发事件等重大事项时，应在 1 天内进行两次估值。

第七，每日日终中台须作出以公允价值计量且其变动计入其他综合收益的金融资产的风险管理衡量表，估值由与前台交易相独立的中台负责（不得由前台交易员自行评估），并保证前台、中台、后台和计划财务部记账所用的估值均一致。

第八，对以公允价值计量且其变动计入其他综合收益的金融资产以购入净价（指首次购入的成本）的 +10% 为止盈点，以购入净价的 -5% 为止损点，止盈点和止损点的价格在“以公允价值计量且其变动计入其他综合收益的金融资产盈亏止损点管理表”中反映。当以公允价值计量且其变动计入其他综合收益的金融资产债券价格达到止盈点或止损点时，立即按照审批程序予以卖出（这是保证金融机构控制主观风险最直接、最有效的措施）。

第九，金融机构还应设定“止损限额”指标，逐日监控限额执行情况，金融机构同一债券每次最低止损限额为该债券持债量的30%（例：当达到止损点价格时最低止损限额为持债量1亿元的30%即3 000万元，最低也需出售3 000万元债券，或者全部卖出）。

第十，全国银行间债券市场中没有成交与报价、公允价值不能可靠计量、中央国债登记结算有限责任公司信息部也没有对其以模型进行估值的债券，三项条件不能达到其中之一的不得划分为以公允价值计量且其变动计入其他综合收益的金融资产。

（三）以公允价值计量且其变动计入其他综合收益的金融资产的核算实例

【例2-6】 20×0年8月29日甲商业银行从乙商业银行购入债券，债券名称为20澜沧江CP01，债券代码为2081171，期限为1年，票面利率为4.85%，发行价格为100元/百元面值，起息日20×0年3月5日，到期日20×1年3月5日。

该笔交易在全国银行间债券市场形成的成交单如表2-4所示。

表2-4　全国银行间同业拆借中心银行间债券买卖买入成交通知单

成交日期：20×0年8月29日

买入方	甲商业银行		
卖出方	乙商业银行		
债券名称	20澜沧江CP01	债券代码	2081171
净价（元/百元面值）	100.294 4	应计利息（元/百元面值）	0.013 29
全价（元/百元面值）	100.307 7	券面总额（元）	30 000 000
净价金额（元）	30 088 320.00	应计利息总额（元）	3 986.30
全金额（元）	30 092 306.30	手续费（元）	75
交割日	20×0年8月29日	结算方式	券款对付

1. 20×0年8月29日，甲商业银行买入债券时，作会计分录如下：

100.294 4（单位净价）+0.013 29（单位应计利息）=100.307 7（单位全价）；30 000 000元（面值）+88 320（溢价）+3 986.30（应计利息）=30 092 306.30（全价金额）；

借：其他债权投资——成本　　30 000 000

　　　　　　　　——应计利息　　3 986.30

　　　　　　　　——利息调整　　88 395.00

　贷：银行存款　　30 092 306.30

　　　其他应付款　　75.00

2. 交易手续费的会计处理。

目前全国银行间债券市场债券的交易手续费在成交单上显示，但当天不支付，按季向中央国债登记结算有限责任公司、全国银行间同业拆借中心实际缴纳手续费。因此，将债券交易手续费先挂账在其他应付款科目，待季末实际支付时再予以冲销。

初始确认金融资产或金融负债，应当按照公允价值计量。对于以公允价值计量且其变动计入当期损益的金融资产或金融负债，相关交易费用应当直接计入当期损益；对于其他类别的金融资产或金融负债，相关交易费用应当计入初始确认金额。

一笔现券买卖或回购成交单发生的手续费75元，以公允价值计量且其变动计入其他综合收益的金融资产的手续费会计分录为：

借：其他债权投资——利息调整　　75

　贷：其他应付款　　75

假设在一个季度内发生了1万笔交易，一个季度的手续费共计75万元，按季向中央国债登记结算有限责任公司实际缴纳时会计分录为：

借：其他应付款　　750 000

　贷：银行存款　　750 000

3. 20×0年8月31日公允价值为100.294 4元/百元面值，即公允价值与成本相同，会计分录为：

借：其他债权投资——公允价值变动　　0

　贷：其他综合收益　　0

4. 在资产负债表日按分期付息、一次还本债券投资的票面利率计算应收利息，本实例中以当月买入于次月开始计提应收利息（因实际工作中一个月内的债券买卖相当频繁，为保证余额准确，故次月开始计提，无论当月计提还是次月计提，方法一经确定不应再改变）。

应收利息 = 30 000 000 × 4.85% × 1/12 = 121 250（元）。

20×0 年 9 月 30 日计提应收利息会计分录为：

借：应收利息——其他债权投资应收利息　　121 250

　贷：投资收益　　121 250

假设本例中所采用的公允价值为中央国债登记结算有限责任公司信息部所提供的按照全国银行间债券市场的成交价、报价以及利用估值模型按照收益率曲线提供的公允价值（净价，元/百元面值），如表 2－5 所示。

表 2－5　　单位：元

日期	20×0.8.29	20×0.8.31	20×0.9.31	20×0.10.25
公允价值（净价）	100.294 4（成本）	100.294 4	101	102（卖出）

5. 20×0 年 9 月 30 日公允价值为 101 元/百元面值，公允价值较成本上涨。

公允价值变动正变动 = 101 × 30 000 000/100 － 30 000 000 － 88 320 － 75 = 211 605（元）

或 =（101 － 100.294 4）× 30 000 000/100 － 75 = 211 605（元）；

借：其他债权投资——公允价值变动　　211 605

　贷：其他综合收益　　211 605

20×0 年 9 月 30 日账面价值 = 30 088 320 + 211 680 = 30 300 000（元）

单位账面价值：30 300 000/300 000 000 × 100 = 101（元/百元面值），若跌价了做相反会计分录：

借：公允价值变动损益

　贷：其他债权投资——公允价值变动

6. 20×0 年 10 月 25 日卖出，卖出净价为 102 元/百元面值，获资金 30 831 205.48元，102（单位净价）+0.770 684 93（单位计利息）= 102.770 684 93（单位全价）；30 600 000（净价）+ 231 205.48（应计利息）= 30 831 205.48（元）（全价）。

借：银行存款　　30 831 205.48

　贷：其他债权投资——成本　　30 000 000.00

　　　　　　　　——应计利息　　3 986.30

——利息调整 88 395.00

——公允价值变动 211 605.00

应收利息——其他债权投资应收利息 121 250.00

投资收益 405 969.18

7. 卖出后将“公允价值变动损益”转入“其他综合收益”科目内，会计分录为：

借：其他综合收益 211 680

贷：投资收益 211 680

8. 20×0 年 12 月 31 日资产负债表日，结转本年利润，会计分录为：

借：投资收益 738 824.18

贷：本年利润 738 824.18

验证：利润 =（卖出净价 − 买入净价）× 券面额/100 − 手续费 + 利息收入

=（102 − 100.294 4） ×30 000 000/100 − 75 + 227 219.18

= 511 680（溢价）− 75（买入手续费）+ 227 219.18（利息收入）

= 738 824.18（元）（利润）

9. 2081171 债券划分为以公允价值计量且其变动计入其他综合收益的金融资产，从买入之日起到债券完全卖出，各科目余额如表 2－6 所示。

五、以公允价值计量且其变动计入当期损益的金融资产的核算

根据 2017 版金融工具准则的规定，对于分类为以摊余成本计量的金融资产和分类为以公允价值计量且其变动计入其他综合收益的金融资产之外的金融资产，企业将其分类为以公允价值计量且其变动计入当期损益的金融资产。也就是说，面对金融资产的归类，除了依照准则前述条款应该归入第一类（AC）、第二类（FVOCL）的之外，统统纳入第三类（FVTPL）。

在实际金融资产归类方面，下列投资产品比较有代表性，通常应当分类为以公允价值计量且其变动计入当期损益的金融资产。

（1）股票。股票的合同现金流量源自收取被投资企业未来股利分配以及其清算时获得剩余收益的权利。由于股利及获得剩余收益的权利均不符合本准则关于本金和利息的定义，因此股票的合同现金流量不符合本金加利息的合同现金流量特征。在不考虑 2017 版金融工具准则第十九条特殊指定的情况下，企业持有的股票应当分类为以公允价值计量且其变动计入当期损益的金融资产。

表 2-6　以公允价值计量且其变动计入其他综合收益的金融资产各科目余额表　单位：元

日期	摘要	投资收益	其他综合收益	以公允价值计量且其变动计入其他综合收益的金融资产——成本	以公允价值计量且其变动计入其他综合收益的金融资产——公允价值变动损益	以公允价值计量且其变动计入其他综合收益的金融资产——利息调整	应收利息余额	结算金额余额
20×0.8.29	买入债券			30 000 000.00		88 395.00	3 986.30	30 092 381.30
20×0.9.30	计提、摊销	121 250.00	211 605.00	30 000 000.00	211 605.00	88 395.00	21 250.00	30 425 236.30
20×0.10.25	卖出债券	617 649.18						结清
	合计	738 824.18	211 605.00					738 824.18

（2）基金。常见的股票型基金、债券型基金、货币基金或混合基金，通常投资于动态管理的资产组合，投资者从该类投资中所取得的现金流量既包括投资期间基础资产产生的合同现金流量，也包括处置基础资产的现金流量。因此，基金的合同现金流量一般情况下不符合本金加利息的合同现金流量特征。企业持有的基金应当分类为以公允价值计量且其变动计入当期损益的金融资产。

（3）可转换债券。可转换债券除按一般债权类投资的特性到期收回本金、获取约定利息或收益外，还嵌入了一项转股权。可转债等不能通过 SPPI 测试的含权债券将划入以公允价值计量且其变动计入当期损益的金融资产。比如，商业银行从市场上购入某公司发行的可转换债券，约定其可以在特定日期之后以固定价格转换为发行方的股权。商业银行对该可转换债券整体进行分析，判断该可转换债券的合同现金流量不是本金及未付本金利息的付款额，因为利率体现的并不只是货币的时间和信用风险债务工具（包括混合合同）的对价，相关回报还与发行方的权益的价值相关联。因此，企业应当将该可转换债券分类为以公允价值计量且其变动计入当期损益的金融资产。

为了总括地核算和监督企业以公允价值计量且其变动计入当期损益的金融资产的增减变动和结存情况，企业应设置“交易性金融资产”账户。该账户属于资产类账户，其借方登记企业以公允价值计量且其变动计入当期损益的金融资产的增加数；贷方登记以公允价值计量且其变动计入当期损益的金融资产的减少数；期末借方余额反映企业持有的以公允价值计量且其变动计入当期损益的金融资产的本息和未摊销的溢折价金额。企业应在“交易性金融资产”账户下，分别按照类别和品种设置“成本”和“公允价值变动”等明细账进行明细核算。

同时，对于直接指定为以公允价值计量且其变动计入当期损益的金融资产，应当专门设置“1102 指定为以公允价值计量的金融资产”这样一个科目进行核算。

（一）可转换债券取得的核算

企业购入长期持有的债券时，有的按债券面值购入，有的按高于债券面值的价格（即溢价）购入，有的按低于债券面值的价格（即折价）购入。溢价或折价购入是由于债券的票面利率（名义利率）与市场利率（实际利率）不同而引起的。当债券票面利率等于市场利率时，因债券发行单位每期按与市场利率相等的票面利率支付债券利息，所以可以按债券面值发行债券，即平价发行，投资者按面值购入。当债券票面利率高于市场利率，因债券发行单位每期要以比市场利率为高的票面利率支付债券利息，所以可以以高于债券面值的价格发行债券，即溢价发行，对投资者而言是溢价购入。当债券的票面利率低于市场利率，因债券发行单位每期要以比市场利率为低的票面利率支付债券利息，所以必须以低于债券面值的价格发行债券，即折价发行，对投资者而言是折价购入。

长期债券投资的溢价或折价可按下列公式计算：

长期债券投资的溢价或折价 =（债券初始投资成本 - 包含在投资成本中的相关费用 - 应收利息）- 债券面值

这里的“相关费用”是指取得债券投资时构成债券初始投资成本的费用；这里的“应收利息”是指构成债券初始投资成本的债券利息。

企业购入长期债券时，应按债券的票面价值，借记“债权投资——债券投资（面值）”账户；支付的税金、手续费等各项附加费用，如果金额较大，借记“债权投资——债券投资（债券费用）”账户，如果金额较小，借记“投资收益”账户；实际支付价款中包含的利息，应分别不同情况进行处理：对于到期一次还本付息的债券，由于其利息不能在一年内收回，应计入投资成本，借记“债权投资——债券投资（应计利息）”账户；对于分期付息的债券，其利息一般在一年内能够收回，可以视为短期债权，借记“应收利息”账户，不计入投资成本；按实际支付的价款，贷记“银行存款”账户；按借贷方差额借记或贷记“债权投资——债券投资（溢折价）”账户。

现举例说明可转债取得的核算如下：

【例 2 - 7】 某商业银行股份有限公司发生了如下业务：

1. A 公司于 20×3 年 7 月 1 日购入甲公司同年 1 月 1 日发行的、三年期、到期一次还本付息的债券一批，进行长期投资，该批债券面值为 1 000 000 元，年利率 6%，支付有关税金和手续费 12 000 元（因数额较大，计入初始投资成本），以银行存款支付全部价款 1 042 000 元。应作会计分录如下：

借：债权投资——债券投资（面值）	1 000 000	
债权投资——债券投资（债券费用）	12 000	
债权投资——债券投资（应计利息）	30 000	
贷：银行存款		1 042 000

2. B 公司于 20×3 年 1 月 1 日购入乙公司同年 1 月 1 日发行的五年期债券

一批，票面利率为12%，债券面值为100 000元，企业按107 579.6元的价格购入，另支付有关税费400元（因数额较小，计入当期损益），该债券每年付息一次，每年年初付息。购入债券进行投资时，应作会计分录如下：

借：债权投资——债券投资（面值）	100 000
债权投资——债券投资（溢价）	7 579.6
投资收益	400
贷：银行存款	107 979.6

3. C公司于20×3年1月1日购入丙公司同年1月1日发行的五年期债券一批，票面利率为9%，债券面值为100 000元，企业按96 207.2元的价格购入，另支付有关税费400元（因数额较小，计入当期损益），该债券每年付息一次。应作会计分录如下：

借：债权投资——债券投资（面值）	100 000
投资收益	400
贷：债权投资——债券投资（折价）	3 792.8
银行存款	96 607.2

如果此类债券在初始购买时，即作为随时准备二级市场上出售的，也可列入“交易性金融资产”科目。

（二）可转换债券溢（折）价的摊销及利息的会计处理

1. 长期债券投资溢（折）价的性质与摊销。如前所述，当债券的票面利率大于市场利率时，投资者溢价购入债券。但溢价金额并不是投资者购入当期的损失，而是投资者对发行债券的公司每期多付利息的一种补偿。相反，当债券的票面利率小于市场利率时，投资者折价购入债券。但折价金额并不是投资者购入当期的收益，而是发行债券的公司对每期向投资者少付利息的一种补偿。正是由于这种性质，长期债券投资的溢（折）价应在债券购入后至到期前的期间内予以摊销。长期债券投资溢（折价）的摊销通常与确认相关债券利息收入同时进行，并调整各期的投资收益。长期债券投资溢（折）价的摊销方法主要采用实际利率法计算。

实际利率法是指根据各期期初债券投资的账面价值和实际利率（或市场利率）计算的实际利息收入，与按债券面值和票面利率计算的利息之间的差额，来确定各期溢价或折价摊销额的一种方法。由于债券投资的账面价值随着债券溢价或折价的摊销而减少或增加，所计算出的实际利息收入也随之逐期减少或增加，因此各期的溢价或折价摊销额也不相等。用公式表示为：

当期债券投资实得利息 = 该期期初债券投资账面价值 × 实际利率（市场利率）

溢价摊销额 = 当期票面利息 − 当期债券实得利息

折价摊销额 = 当期债券实得利息 − 当期票面利息

2. 长期债券投资利息的处理。长期债券投资利息，应根据不同情况分别处理：

（1）长期债券投资应当按期计提利息，计提的利息按债券面值以及适用的利率计算，并计入当期的投资收益（假如不考虑溢价或折价）。

（2）持有的一次还本付息的债券投资，应计未收利息于确认投资收益时增加投资的账面价值；分期付息的债券投资，应计未收利息于确认投资收益时作为应收利息单独核算，不增加投资的账面价值。

（3）实际收到的分期付息长期债券投资利息，冲减已计的应收利息，实际收到的一次还本付息债券利息，冲减长期债券投资的账面价值。

长期债券投资溢价或折价的摊销，应与确认的相关债券利息收入同时进行，调整各期的投资收益。当期按债券面值和票面利率计算的应收利息扣除当期摊销的溢价和债券费用，或当期按债券面值和票面利率计算利息与摊销的折价的合计扣除摊销的债券费用，确认为当期投资收益。

现举例说明长期债券投资溢（折）价的摊销及利息的会计处理如下：

【例 2－8】 承【例 2－7】

1. A 公司于 20×3 年 12 月 31 日计提 6 个月的利息和摊销债券投资的费用时，应作会计分录如下：

借：债权投资——债券投资（应计利息）　　30 000
　　贷：债权投资——债券投资（债券费用）　　2 400
　　　　投资收益　　27 600

以后各年年末利息和摊销债券投资的费用时，应作会计分录如下：

借：债权投资——债券投资（应计利息）　　60 000
　　贷：债权投资——债券投资（债券费用）　　4 800
　　　　投资收益　　55 200

2. 假设 B 公司按实际利率法摊销长期债券投资的溢价（7 579.6 元），编制“债券投资溢价摊销表”如表 2－7 所示：

表 2－7　　债券投资存续期溢价摊销表（实际利率法）　　单位：元

计息日期	应收利息（1）	实际利息收入（2）	溢价摊销额（3）	未摊销溢价（4）	面值和未摊销溢价之和（5）
	（1）＝面值×票面利率	（2）＝上期（5）×实际利率	（3）＝（1）－（2）	（4）＝上期（4）－（3）	（5）＝上期（5）－（3）
20×3.1.1				7 579.6	107 579.6
20×3.12.31	12 000	10 757.96	1 242.04	6 337.56	106 337.56
20×4.12.31	12 000	10 633.76	1 336.24	4 971.32	104 971.32
20×5.12.31	12 000	10 497.13	1 502.89	3 468.45	103 468.45
20×6.12.31	12 000	10 346.85	1 653.15	1 815.3	101 815.3
20×7.12.31	12 000	10 184.7	1 815.3	0	100 000

注：因保留小数点而发生的计算误差在最后一年调整。误差为（12 000－101 815.3×0.1）－1 815.3＝3.17（元）

简便起见，将购入债券时的溢价（或折价）按债券存续期平均分配，即在直线法下每个期间的摊销金额相等。而实际利率法的计算程序和这种简单的直线法相反，先计算长期债券投资各期的实际利息收入，然后按其与票面利息之差确定溢价摊销额，而且溢价摊销额是逐期增加的。与直线法相同，到债券到期时，债券投资的账面价值正好调整到票面价值。

对于每年年末计息、摊销溢价和年初付息的会计分录，实际利率法与直线法大致相同，只是金额不同。

3. 假设 C 公司按实际利率法摊销长期债券投资的折价（3 792.8 元），编制“债券投资折价摊销表”如表 2－8 所示：

表 2－8　　债券投资折价摊销表（实际利率法）　　单位：元

计息日期	实际利息收入（1）	应收利息（2）	折价摊销额（3）	未摊销折价（4）	面值和未摊销折价之差（5）
	（1）＝上期（5）×实际利率	（2）＝面值×票面利率	（3）＝（1）－（2）	（4）＝上期（4）－（3）	（5）＝上期（5）＋（3）
20×3.1.1				3 792.8	96 207.2
20×3.12.31	9 620.72	9 000	620.72	3 172.08	96 827.92
20×4.12.31	9 682.79	9 000	682.79	2 489.29	97 510.71
20×5.12.31	9 751.07	9 000	751.07	1 738.22	98 261.78
20×6.12.31	9 826.18	9 000	826.18	912.04	99 087.96
20×7.12.31	9 912.04	9 000	912.04	0	100 000

注：因保留小数点而发生的计算尾差在最后一年调整，误差为 912.04－（99 087.96×10%－9 000）＝3.24（元）。

从表 2-8 可知，因债券投资的账面价值（债券投资的面值和未摊销折价之差）随折价的摊销逐期增加，折价摊销额是逐期增加的。与直线法相同，随着折价的摊销，到第五年年末该批债券到期时，债券投资的账面价值（债券投资的面值和未摊销折价之差）正好调整到票面价值。

对于每年年末计息、摊销折价和下年年初付息的会计分录，实际利率法与直线法大致相同，只是金额不同。

（三）长期债券投资到期收回本息的核算

无论是到期一次还本付息债券还是分期付息债券，长期债券投资到期时，债券溢（折）价和债券投资费用已摊销完毕。长期债券投资到期时，只需按实际收到的本息，借记“银行存款”账户，按长期债券投资的面值，贷记其明细科目“面值”，按已计未收利息，贷记其明细科目“长期债券投资——应计利息”账户或“应收利息”账户。

当上述可转债满足一定条件时，可以转作对发行可转债公司的相应股权，会计上可以根据折算股份数进行相应的转股处理，即借记“长期股权投资”账户，而贷记“长期债券投资”。

第二节　长期股权投资核算

一、长期股权投资的概念和类型

商业银行的长期股权投资是指通过投资取得被投资单位的股权，作为被投资单位的股东，投资者按所持股份比例享有权利并承担责任。长期股权投资的期限一般较长，不准备随时出售。长期股权投资可以通过在证券市场上以货币资金购买其他单位的股票的方式获得，也可以直接以资产（包括货币资金、无形资产和其他实物资产）投资于其他单位获得。

按照 CAS2 号长期股权投资准则的规定，商业银行的长期股权投资分为以下四种类型：

（一）商业银行持有的能够对被投资单位实施控制的权益性投资，即对子公司的投资

能够对被投资单位实施控制的投资是指持有投资的商业银行有权确定被

投资企业的财务和经营政策，并能据以从该被投资企业的经营活动中获取利益。这里的控制包括：

（1）持有投资的商业银行直接拥有被投资企业50%以上（不含50%）的表决权资本；

（2）持有投资的商业银行虽然持股50%（或50%以下），但具有实质控制权的。

持有投资的商业银行对被投资企业是否具有实质性控制权，可以通过以下一项或若干项情况判断：①通过与其他投资者的协议，持有投资的商业银行拥有被投资企业50%以上表决权资本的控制权；②根据章程或协议，持有投资的商业银行有权控制被投资企业的财务和经营政策；③持有投资的商业银行有权任免被投资企业董事会等类似权力机构的多数成员；④持有投资的商业银行在董事会或类似权力机构会议上有半数以上投票权。

（二）商业银行持有的能够与其他合营方一同对被投资单位实施共同控制的权益性投资，即对合营企业投资

共同控制，是指按照合同约定对某项经济活动所共有的控制，仅在与该项经济活动相关的重要财务和经营决策需要分享控制权的投资方一致同意时存在。持有投资的商业银行与其他方对被投资单位实施共同控制的，被投资单位为其合营企业。

（三）商业银行持有的能够对被投资单位施加重大影响的权益性投资，即对联营商业银行投资

重大影响，是指对一个企业的财务和经营政策有参与决策的权力，但并不能够控制或者与其他方一起共同控制这些政策的制定。持有投资的商业银行能够对被投资单位施加重大影响的，被投资单位为其联营企业。

当持有投资的商业银行直接拥有被投资企业20%以上至50%表决权资本时，一般认为对被投资企业有重大影响。此外，尽管持有投资的商业银行直接拥有被投资企业20%以下的表决权资本，但符合准则规定情况之一的，实质上对被投资企业的财务和经营政策的决策有重大影响，也应确认为具有重大影响：如在被投资企业的董事会或类似权利机构中派有代表、参与被投资企业政策的制订过程、向被投资企业派出管理人员、依赖投资企业的技术资料，以及其他足以证明持有投资的商业银行对被投资企业有重大影响的情形。

除上述三种投资外，商业银行可能还存在其他类投资，是对被投资单位不具有控制、共同控制或重大影响、在活跃市场中没有报价、公允价值不能可靠计量的权益性投资。包括：一是商业银行直接拥有被投资企业20%以下的表决权资本，且不存在对被投资企业实施其他重大影响的途径；二是商业银行直接拥有被投资企业20%或以上的表决权资本，但实质上对被投资企业不具有控制、共同控制和重大影响。根据CAS2号（2014版）、CAS22号（2017版）的规定，此类长期股权投资适用金融工具会计准则进行核算。

对长期股权投资的类型，我们依照控制程度为标杆总结如图2-4所示。

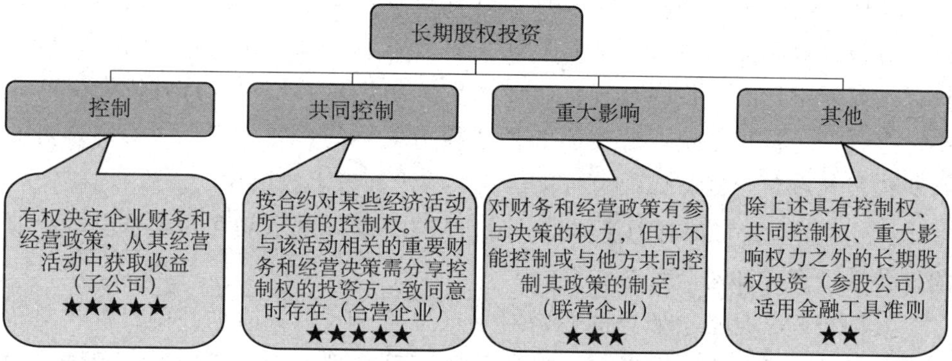

图2-4　长期股权投资类型

二、商业银行合并取得的长期股权投资的确认与初始计量

在商业银行合并形成的长期股权投资中，还可进一步分为同一控制下的企业合并和非同一控制下的企业合并。

1. 同一控制下的企业合并取得的长期股权投资。

（1）初始成本的确认。同一控制下的企业合并是指参与合并的企业在合并前后均受同一方或相同的多方最终控制且该控制并非暂时性的。

同一方，是指对参与合并的企业在合并前后均实施最终控制的投资者，如企业集团的母公司等。相同的多方，通常是指根据投资者之间的协议约定，在对被投资单位的经营决策行使表决权时发表一致意见的两个或两个以上的投资者。控制并非暂时性，是指参与合并各方在合并前后较长的时间内受同一方或相同的多方最终控制，控制时间通常在1年以上（含1年）。

根据CAS2号长期股权投资准则的规定，同一控制下的企业合并，合并方以支付现金、转让非现金资产或承担债务方式作为合并对价的，应当在合并日按照取得被合并方所有者权益账面价值的份额作为长期股权投资的初始投资成本。长期股权投资初始投资成本与支付的现金、转让的非现金资产以及所承担债务账面价值之间的差额，应当调整资本公积；资本公积不足冲减的，调整留存收益。

（2）账务处理。为了总括地核算和监督长期股权投资的增减变动和结存情况，商业银行应设置“长期股权投资”科目，它属于资产类科目，用来核算企业期限在一年以上（不含一年）的各种股权性质的投资，包括购入的股票和其他股权投资等。其借方登记长期股权投资的增加数；贷方登记长期股权投资的减少数；期末借方余额反映商业银行持有的长期股权投资的价值。本科目应按被投资单位进行明细核算。长期股权投资核算采用权益法的，应当分别“成本”“损益调整”“其他权益变动”进行明细核算。

同一控制下企业合并形成的长期股权投资，应在合并日按取得被合并方所有者权益账面价值的份额，借记“长期股权（投资成本）”科目，按享有被投资单位已宣告但尚未收取的现金股利或利润，借记“应收股利”科目，按支付的合并对价的账面价值，贷记有关资产或借记有关负债科目，按其差额，贷记“资本公积——资本溢价或股本溢价”科目；如果为借方差额，则借记“资本公积——资本溢价或股本溢价”科目，资本公积（资本溢价或股本溢价）不足冲减的，应依次借记“盈余公积”“利润分配——未分配利润”科目。

现举例说明同一控制下企业合并取得的长期股权投资的核算。

【例2-9】 乙银行和丙公司同为甲金融集团的子公司，20×2年1月2日，乙银行和丙公司达成合并协议，乙银行以存放中央银行款项5 000万元作为对价，取得同一集团内丙公司60%的股权。合并日丙公司的账面所有者权益总额为8 000万元。假定乙银行合并时“资本公积——股本溢价”科目的余额为500万元。

根据以上资料，乙银行应作如下会计分录：

借：长期股权投资——丙公司（成本）	48 000 000	
资本公积——股本溢价	2 000 000	
贷：存放中央银行款项		50 000 000

2. 非同一控制下的企业合并形成的长期股权投资。

（1）初始投资成本的确定。非同一控制下的企业合并是指参与合并的各方在合并前后不属于同一方或相同的多方最终控制的情况下进行的合并。非同一控制下的合并一般以市价为基础，交易作价相对公平合理，因此，非同一控制下商业银行合并取得的长期股权投资以公允价值为基础计价。

根据 CAS2 号长期股权投资准则的规定，非同一控制下的企业合并，购买方在购买日应当按照 CAS20 号企业合并准则确定的合并成本作为长期股权投资的初始投资成本。即购买方应当区别下列情况确定合并成本：一次交换交易实现的企业合并，合并成本为购买方在购买日为取得对被购买方的控制权而付出的资产、发生或承担的负债以及发行的权益性证券的公允价值；通过多次交换交易分步实现的企业合并，合并成本为每一单项交易成本之和；购买方为进行企业合并发生的各项直接相关费用也应当计入企业合并成本；在合并合同或协议中对可能影响合并成本的未来事项作出约定的，购买日如果估计未来事项很可能发生并且对合并成本的影响金额能够可靠计量的，购买方应当将其计入合并成本。

购买方在购买日对作为企业合并对价付出的资产、发生或承担的负债应当按照公允价值计量，公允价值与其账面价值的差额，计入当期损益。

（2）账务处理。非同一控制下企业合并形成的长期股权投资，应在购买日按企业合并成本不含应向被投资单位收取的现金股利（或利润），借记“长期股权投资——成本”科目，按享有被投资单位已宣告但尚未发放的现金股利或利润，借记“应收股利”科目，按支付合并对价的账面价值，贷记有关资产或借记有关负债科目，按发生的直接相关费用，贷记“存放中央银行款项”等科目，按其差额，贷记“营业外收入”或借记“营业外支出”等科目。非同一控制下涉及以库存商品等作为合并对价的，应按库存商品的公允价值，贷记“主营业务收入”科目，并同时结转相关的成本。涉及增值税的还应进行相应的处理。

【例 2-10】 20×3 年 8 月 1 日，甲银行与乙公司达成合并协议，约定甲银行以一项专利权向乙公司投资，占乙公司股份总额的 60%。该专利权的账面原价为 1 000 万元，已累计摊销 200 万元，已计提无形资产减值准备 50 万元，公允价值为 900 万元，转让该专利权的增值税简易征收率为 3%。假定甲银行和乙公司在此之前不存在任何投资关系。根据以上资料，甲银行应作如下会计分录：

借：长期股权投资——乙公司（成本）　　　　9 270 000

累计摊销——专利权　　2 000 000
资产减值准备——无形资产减值准备　　500 000
贷：无形资产——专利权　　10 000 000
　　应交税费——应交增值税——销项税额　　270 000
　　营业外收入　　1 500 000

三、其他方式取得的长期股权投资的确认和初始计量

在商业银行，除了合并形成的长期股权投资以外，如果其他方式取得的长期股权投资，应当按照下列规定确定其初始投资成本：

1. 以支付现金取得的长期股权投资，应当按照实际支付的购买价款作为初始投资成本。初始投资成本包括与取得长期股权投资直接相关的费用、税金及其他必要支出。

2. 以发行权益性证券取得的长期股权投资，应当按照发行权益性证券的公允价值作为初始投资成本。

3. 投资者投入的长期股权投资，应当按照投资合同或协议约定的价值作为初始投资成本，但合同或协议约定价值不公允的除外。

4. 通过非货币性资产交换取得的长期股权投资，其初始投资成本应当按照 CAS7 号非货币性资产交换准则确定。

5. 通过债务重组取得的长期股权投资，其初始投资成本应当按照 CAS12 号债务重组准则确定。

四、长期股权投资的后续计量

商业银行对外进行的长期股权投资，应当根据不同的情况采用成本法和权益法核算。

（一）长期股权投资核算的成本法

1. 成本法的含义。

成本法是指长期股权投资按投资成本计价核算的方法。在成本法下，长期股权投资以取得股权时的初始投资成本计价，其后，除了持有投资的商业银行追加投资，收到被投资单位分派的属于投资前累积盈余的分配额，或收回投资外，长期股权投资的账面价值一般应当保持不变。即长期股权投资的价值一经入账，无论被投资单位的经营情况如何，是实现利润还是发生亏损，

净资产是增加还是减少，投资商业银行均不改变其长期股权投资的账面价值，仍以初始投资成本反映商业银行的长期股权投资。

2. 成本法的适用范围。

根据 CAS2 号长期股权投资准则的规定，商业银行持有的长期股权投资，在下列情况应采用成本法核算：持有投资的商业银行能够对被投资单位实施控制的长期股权投资，即对子公司适用成本法。

请注意，持有投资的商业银行对被投资单位不具有共同控制或重大影响，并且在活跃市场中没有报价、公允价值不能可靠计量的权益性投资，适用 CAS22 号来进行会计核算。

（二）成本法的核算方法

采用成本法核算长期股权投资的一般程序如下：

（1）商业银行初始投资或追加投资时，按照初始投资或追加投资时的初始投资成本增加长期股权投资的账面价值。

（2）被投资企业宣告分派的利润或现金股利，持有投资的商业银行按应享有的部分，确认为当期投资收益，但持有投资的商业银行确认的投资收益，仅限于所获得的被投资企业在接受投资后产生的累积净利润的分配额，所获得的被投资企业宣告分派的利润或现金股利超过被投资企业在接受投资后产生的累积净利润的部分，作为清算股利，冲减投资的账面价值。

在具体处理时，应按投资年度和以后年度分别进行处理：

（1）投资年度的利润或现金股利的处理。企业当年实现的盈余通常于下一年发放利润或现金股利。因此，持有投资的商业银行对外投资当年分得的利润或现金股利，一般不作为当期的投资收益，而作为初始投资成本的收回。如果投资当年分回来的利润或现金股利，有一部分是来自投资后被投资单位实现的盈余的分配，则应作为持有投资的商业银行在投资年度的投资收益。在具体计算时，若能分清投资前或投资后被投资单位实现的净利润情况的，应当分投资前和投资后计算确认哪些应确认为投资收益、哪些应冲减初始投资成本的金额；如果不能分清投资前和投资后被投资单位实现的净利润情况的，可按以下公式计算确认投资收益或冲减初始投资成本的金额：

应享有的投资收益 = 投资当年被投资企业每股盈余 × 当年投资持有月份/全年月份

或

应享有的投资收益 = 投资当年被投资企业实现的净收益 × 商业银行持股比例 × 当年投资持有月份/全年月份

应冲减投资成本的金额 = 被投资企业分派的利润或现金股利 × 商业银行持股比例 − 持有投资的商业银行投资年度应享有的投资收益

（2）投资年度以后的利润或现金股利的处理。持有投资的商业银行在投资年度以后获得的利润或现金股利，哪些应确认为投资收益，哪些应冲减初始投资成本的金额，可按下列公式计算：

应冲减的初始投资成本金额 = 投资后至本年末止被投资企业累积分派的利润或现金股利 − 投资后至上年末止被投资企业累积实现的净损益 × 投资方持股比例 − 持有投资的商业银行已冲减的初始投资成本

应确认的投资收益 = 投资持有的商业银行当年获得的利润或现金股利 − 应冲减的初始投资成本金额

商业银行在具体运用上述公式时还应注意以下几点：

第一，在“应冲减初始投资成本的金额”的公式中，如果投资后至本年末止被投资单位累积分派的利润或现金股利，大于投资后至上年末被投资单位累积实现的净损益，则按上述公式计算应冲减初始投资成本的金额；如果投资后至本年末止被投资单位累积分派的利润或现金股利，等于或小于投资后至上年末止被投资单位累积实现的净损益，则被投资单位当期分派的利润或现金股利中应由持有投资的商业银行享有的部分，应于当期确认为持有投资的商业银行的投资收益。另外，如果已冲减初始投资成本的股利，又由投资后被投资单位实现的未分配的净利润弥补，应将原已冲减初始投资成本的金额、以后又由被投资单位实现的未分配的净利润弥补的部分予以转回，并确认为当期投资收益。在按上述公式计算时，如果“应冲减的初始投资成本的金额”公式中，前者小于后者，应将原已冲减的初始投资成本再恢复，增加长期股权投资的账面价值，但恢复增加数不能大于原冲减数。

第二，如果被投资单位在年度中间宣告分派利润或现金股利的，持有投资的商业银行无法取得被投资单位投资后至本年末止累积分派的利润或现金股利，应当用投资后至本次发放股利止累积分派的利润或现金股利计算。

第三，采用成本法时，获得的属于投资前被投资单位累积盈余的分配冲减初始投资成本的部分，待被投资单位用以后年度未分配的利润弥补时，再恢复原冲减的初始投资成本。商业银行按上述公式计算的冲减初始投资成本及以后恢复的金额，应在备查簿中详细登记。

第四，如果被投资单位当期未分派股利，即使被投资单位以前各期分派的股利小于投资后被投资单位实现的净利润，也不能按上述公式计算恢复初始投资成本和确认当期投资收益。

【例 2-11】 A 商业银行 20×2 年 4 月 1 日购入 B 公司股份 40 000 股，每股价格 7 元，另支付相关税费 2 500 元，A 商业银行购入 B 公司股份占 B 公司有表决权资本的 6%，并准备长期持有，款项已用存放中央银行款项支付。B 公司于 20×2 年 5 月 8 日宣告分派 20×1 年度的现金股利，每股 0.25 元。A 银行应作如下会计处理：

(1) 计算初始投资成本：

成交价　40 000×7=280 000（元）

加：相关税费　2 500

投资成本　282 500

(2) 购入时应作如下会计分录：

借：长期股权投资——B 公司（成本）　282 500

　贷：存放中央银行款项　282 500

(3) B 公司宣告分派现金股利时，A 银行应作会计分录如下：

借：应收股利　10 000（40 000×0.25）

　贷：长期股权投资——B 公司（成本）　10 000

【例 2-12】 承【例 2-11】，若 B 公司于 20×3 年 4 月 27 日宣告分派 20×2 年度的现金股利，每股 0.35 元。若 B 公司 20×2 年度每股盈余 0.40 元，A 银行作会计处理如下：

(1) 计算 20×2 年度应享有的每股盈余：

每股盈余 = 20×2 年度每股盈余×当年投资持有月份÷全年月份 = 0.4×9÷12 = 0.3（元）

(2) 计算投资收益：

投资收益 = 0.3×40 000 = 12 000（元）

应冲减投资成本数额 = (0.35 − 0.3)×40 000 = 2 000（元）

(3) B 公司宣告分派股利时应编制如下会计分录：

借：应收股利——B 公司　14 000

　贷：长期股权投资——B 公司（成本）　2 000

　　投资收益——股票投资收益　12 000

（三）长期股权投资核算的权益法

1. 权益法的含义。

长期股权投资的权益法是指投资最初以初始投资成本计价，以后根据持有投资的商业银行享有被投资单位所有者权益份额的变动对投资的账面价值进行调整的方法。在权益法下，长期股权投资的账面价值反映的不是商业银行的初始投资成本，而是商业银行占被投资企业所有者权益的份额。

2. 权益法的适用范围。

根据CAS2号长期股权投资准则的规定，投资商业银行对被投资单位具有共同控制或重大影响的长期股权投资，应当采用权益法核算，即对联营企业和合营企业适用权益法核算。

3. 权益法的核算方法。

商业银行的长期股权投资采用权益法核算的，应当分下列情况进行处理：

（1）长期股权投资的初始投资成本大于投资时应享有被投资单位可辨认净资产公允价值份额的，不调整已确认的初始投资成本；长期股权投资的初始投资成本小于投资时应享有被投资单位可辨认净资产公允价值份额的，应按其差额，借记“长期股权投资（成本）”，贷记“营业外收入”科目。

（2）资产负债表日，商业银行应根据被投资单位实现的净利润或经调整的净利润计算应享有的份额，借记“长期股权投资（损益调整）”科目，贷记“投资收益”科目。被投资单位发生亏损的应作相反的会计分录。但以长期股权投资的账面价值减记至零为限；还应承担的投资损失，应将其他实质上构成对被投资单位净投资的“长期应收款”等的账面价值减记至零为限。除按以上步骤已确认的损失外，按照投资合同或协议约定将承担的损失，确认为预计负债。发生亏损的被投资单位以后实现净利润的，应按与上述相反的顺序进行处理。

需注意的是，持有投资的商业银行在确认应享有被投资单位净损益的份额时，应当以取得投资时被投资单位各项可辨认资产等的公允价值为基础，对被投资单位的净利润进行调整后确认。

被投资单位采用的会计政策及会计期间与持有投资的商业银行不一致的，应当按照投资商业银行的会计政策及会计期间对被投资单位的财务报表进行调整，并据以确认投资损益。

（3）被投资单位以后宣告发放现金股利或利润时，商业银行计算应分得的部分，借记“应收股利”科目，贷记“长期股权投资（损益调整）”科目。收到被投资单位发放的股票股利，不进行账务处理，但应在备查簿中登记。

（4）在持股比例不变的情况下，被投资单位除净损益以外所有者权益的其他变动，商业银行按持股比例计算应享有的份额，借记“长期股权投资（其他权益变动）科目”，贷记“资本公积——其他资本公积”科目。

【例2-13】 20×2年1月1日，甲公司以存放中央银行款项600万元向乙公司投资，占乙公司有表决权股份的30%，采用权益法进行核算。投资当日，乙公司可辨认净资产的账面价值为1 400万元，公允价值为1 800万元，该差异是由于无形资产的公允价值和账面价值的差额造成的，该无形资产的预计摊销年限为10年，预计净残值为零。假设乙公司所得税税率为40%。在本例中，甲公司的投资成本600万元大于在乙公司可辨认净资产公允价值中占有的份额540万元，则甲公司应作如下会计分录：

借：长期股权投资——乙公司（成本）　　6 000 000
　　贷：存放中央银行款项　　6 000 000

【例2-14】 承【例2-13】，假设20×2年乙公司实现净利润500万元，20×3年3月3日宣告发放现金股利，共100万元，发放日为20×3年4月10日。

因为被投资单位当期利润表中的利润是扣除按无形资产的账面价值计算的摊销费用计算的，如果按无形资产的公允价值计算摊销费用，则应多摊销40万元。考虑所得税的影响，那么，以可辨认资产的公允价值为基础，2012年被投资单位的净利润应减少24即40×（1-40%）万元，净利润为476即500-24万元。甲公司按照持股比例计算应确认的当期投资收益为142.8即476×30%万元，应作如下会计分录：

借：长期股权投资——乙公司（损益调整）　　1 428 000
　　贷：投资收益　　1 428 000

20×3年3月3日乙公司宣告分配现金股利时，应作如下会计分录：

借：应收股利　　300 000
　　贷：长期股权投资——乙公司（损益调整）　　300 000

20×3年4月10日收到现金股利时作如下会计分录：

借：存放中央银行款项　　300 000
　　贷：应收股利　　300 000

【例 2-15】 承【例 2-13】，假设乙公司 20×3 年发生亏损 100 万元，以可辨认资产的公允价值为基础，甲公司 20×3 年的亏损应增加 24 即 40×(1-40%) 万元，合计亏损为 124 即 100+24 万元。甲公司按照持股比例计算应确认的当期投资损失为 37.2 即 124×30% 万元，应作如下会计分录：

借：投资收益　　　　　　　　　　　　　　　　　372 000

　　贷：长期股权投资——乙公司（损益调整）　　　　　372 000

在以上具体阐述的基础上，将商业银行长期投资核算方法适用范围粗略地归纳成图 2-5 所示：

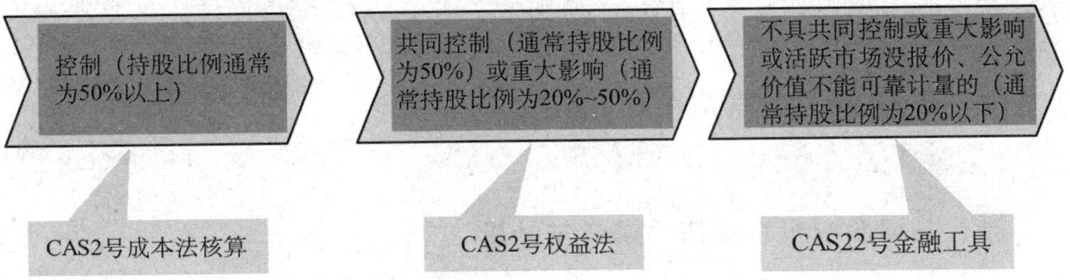

图 2-5　商业银行对外股权投资核算方法（成本法与权益法）适用范围对比

五、长期股权投资的处置

处置长期股权投资，其账面价值与实际取得价款的差额，应当计入当期损益。采用权益法核算的长期股权投资，因被投资单位除净损益以外所有者权益的其他变动而计入所有者权益的，处置该项投资时应当将原计入所有者权益的部分按相应比例转入当期损益。具体的账务处理如下：

出售长期股权投资时，应按实际收到的金额，借记“存放中央银行款项”等科目，原已计提减值准备的，借记“长期股权投资减值准备”科目，按其账面余额，贷记“长期股权投资”各明细科目，按尚未领取的现金股利或利润，贷记“应收股利”科目，按其差额，贷记或借记“投资收益”科目。

出售采用权益法核算的长期股权投资时，还应按处置长期股权投资的投资成本比例结转原记入“资本公积——其他资本公积”科目的金额，借记或贷记“资本公积——其他资本公积”科目，贷记或借记“投资收益”科目。

【例 2-16】 假设丙公司将持有的对乙公司的长期股权投资予以出售，出售前按权益法核算，“长期股权投资”各明细科目均为贷方余额，分别为：成本 250 000 元，损益调整 50 000 元，其他权益变动 20 000 元，计提的长期股权投资减值准备为15 000元。出售实际得到的价款为380 000元，已存入银行。根据以上资料作如下会计分录：

借：存放中央银行款项 380 000
　　长期股权投资减值准备 15 000
　　贷：长期股权投资——成本 250 000
　　　　　　　　　　——损益调整 50 000
　　　　　　　　　　——其他权益变动 20 000
　　　　投资收益 75 000

同时将原计入"资本公积——其他资本公积"的部分转为出售当期的投资收益：

借：资本公积——其他资本公积 20 000
　　贷：投资收益 20 000

六、长期股权投资减值的确认与计量

长期股权投资的减值，是指长期股权投资未来可收回金额低于账面价值所发生的损失。商业银行应对长期股权投资的账面价值定期地逐项进行检查，至少于每年年末检查一次。如果由于市价持续下跌或被投资单位经营状况变化等原因导致可收回金额低于投资的账面价值，应当计提减值准备。

商业银行持有的长期股权投资，有的在活跃市价中有报价，有的在活跃的市场中没有报价。对持有的长期投资是否计提减值准备，可以根据下列迹象判断：

1. 在活跃市场中有报价的长期股权投资。

在活跃市场中有报价的长期股权投资是否应计提减值准备，可以根据下列迹象判断：

（1）市价持续2年低于账面价值；

（2）该项投资暂停交易1年或1年以上；

（3）被投资单位当年发生严重亏损；

（4）被投资单位持续2年发生亏损；

（5）被投资单位进行清理整顿、清算或出现其他不能持续经营的迹象。

2. 在活跃市场中没有报价的长期股权投资。

如果商业银行持有的长期股权投资在活跃的市场中没有报价，是否应当计提减值准备，可以根据下列迹象判断：

（1）影响被投资单位经营的政治或法律环境的变化，如税收、贸易等法规的颁布或修订，可能导致被投资单位出现巨额亏损。

（2）被投资单位所供应的商品或提供的劳务因产品过时或消费者偏好改变而使市场的需求发生变化，从而导致被投资单位财务状况发生严重恶化。

（3）被投资单位所在行业的技术等发生重大变化，被投资单位已失去竞争能力，从而导致财务状况发生严重恶化，如进行清理整顿、清算等。

（4）有证据表明该项投资实质上已经不能再给商业银行带来经济利益的其他情形。

在核算长期股权投资的减值时，应将长期股权投资分为两类：一类是按成本法核算的、在活跃市场中没有报价、公允价值不能可靠计量的长期股权投资，其减值应当按照 CAS22 号金融工具确认和计量准则处理。由于公允价值不能可靠计量，所以期末应将这类长期股权投资的账面价值，与按照类似金融资产当时市场收益率对未来现金流量折现确定的现值之间的差额，确认为减值损失，计入当期损益；对于除此以外的其他长期股权投资，其减值应当按照 CAS8 号资产减值准则处理，期末，将长期股权投资的账面价值与可收回金额之间的差额，确认为减值损失，计入当期损益，这里的“可收回金额”是指长期股权投资的公允价值减去处置费用与预期从该资产的持有和投资到期处置中形成的预计未来现金流量的现值两者中的较高者。

为了核算长期股权投资减值准备的计提情况，应设置“长期股权投资减值准备”科目。本科目属于资产类科目，是“长期股权投资”的备抵调整科目。其贷方登记长期股权投资减值准备的计提；借方登记处置长期股权投资时转出的长期股权投资减值准备；期末余额在贷方，反映商业银行已计提但尚未转销的长期股权投资减值准备。该科目按被投资单位进行明细核算。

计提长期股权投资的减值时，借记“资产减值损失”科目，贷记“长期股权投资减值准备”科目。根据 CAS8 号资产减值准则和 CAS22 号金融工具确认和计量准则的规定，长期股权投资确认减值损失后，原确认的减值损失不得转回。

【例 2－17】 20×2 年 12 月 31 日，甲银行持有的乙上市公司的普通股股票的账面价值为 850 000 元，该投资采用权益法进行核算。由于乙公司连年经营不善，资金周转发生困难，使得其股票市价下跌，甲银行持有的乙公司普通股的可收回金额为570 000元，短期内难以恢复，20×2年12月31日甲银行应作如下会计分录：

借：资产减值损失 280 000

　　贷：长期股权投资减值准备——乙公司 280 000

第三节 套期保值业务核算

企业经营总会面临风险，许多风险是可以规避的。套期就是通过利用金融工具产生反向的风险敞口来进行风险管理活动。套期会计的目标是在财务报告中反映企业采用金融工具管理因特定风险引起的风险敞口的风险管理活动的影响。套期应该分为公允价值套期、现金流量套期和境外经营净投资套期，并分门别类地进行会计处理。套期关系的评估与再平衡，也是需要有序推进的。

一、套期保值的概述

套期保值（又简称套期）是指商业银行为规避外汇风险、利率风险、商品价格风险、股票价格风险、信用风险等，指定一项或一项以上套期工具，使套期工具的公允价值或现金流量变动，预期抵销被套期项目全部或部分公允价值或现金流量变动。

（一）套期保值的一般原则与基本方式

1. 套期保值的一般规则。

既然是套期保值，必定应该遵守相应的规则。这主要包括：一是种类相同或相关原则，在做套划保值交易时，所选择的期货品种通常要和套期保值者将在现货市场中买进或卖出的现货商品或资产在种类上相同或有较强的相关性；二是数量相等或相当原则，在做套期保值交易时，买卖期货合约的规模通常要与套期保值者在现货市场上所买卖的商品或资产的规模相等或相当；三是交易方向相反原则，在做套期保值交易时，套期保值者通常要同时或相近时间内在现货市场上和期货市场上采取相反的买卖行动，即进行反向操作；四是月份相同或相近原则，在做套期保值交易时，所选用的期货合约的交割月份最好与交易者将来在现货市场上实际买进或卖出现货商品的时间相同或相近。

上述四项原则是建立在完美假设基础上的风险对冲原则。为适应复杂多变的市场变化，除了“交易方向相反原则”外，其他三项原则根据实际进行适当调整，使套划保值操作更好地发挥防范企业经营风险的作用。此外，具体实务中还应考虑风险可控和可对冲原则。风险可控，是指企业的套期保值方案设计及操作管理，都应使保值行动处于明确的风险可承度以内，甚至要做到风险可测，并采取相应的防范措施。

2. 套期保值的基本方式。

第一种方式：买入套期保值（即多头套期保值或买期保值）。套期保值者为了回避价格上涨的风险，先在期货市场上买入与其将在现货市场上买入的现货商品或资产数量相等、交割日期相同或相近的以该商品或资产为标的的期货合约，当该套期保值者在现货市场上买入现货商品或资产的同时，将原买进的期货合约对冲平仓，从而为其在现货市场上买进现货商品或资产的交易进行保值。

买入套期保值适用于准备在将来某一时间内购进某种商品或资产，防止实际买入现货商品或资产时价格上涨，使价格仍能维持在目前自己认可的水平的机构和个人。如：加工制造业为防止日后原料价格上涨；供货方已经与需求方签订好现货供货合同，将来交货，但供货方此时尚未购进货源，防止日后购进货源价格上涨的情况；需求方由于资金不足、缺少外汇、仓库已满等不能立即买进现货，防止日后购入现货价格上涨的情形。

第二种方式：卖出套期保值（即空头套期保值或卖期保值）。套期保值者为回避价格下跌的风险，先在期货市场上卖出与其将在现货市场上卖出的现货商品或资产数量相等，交割日期相同或相近的以该商品或资产为标的的期货合约，当该套期保值者在现货市场上卖出现货商品或资产的同时，将原卖出的期货合约对冲平仓，从而为其在现货市场上卖出现货商品或资产的交易进行保值。

卖出套期保值适用于准备在将来某一时间内卖出某种商品或资产，防止实际卖出现货商品或资产时价格下跌，使价格仍能维持在目前自己认可的水平的机构和个人。如：生产厂家有库存商品尚未销售，防止日后出售时价格下跌的情况；储运商、贸易商有库存现货尚未出售或已签订将来以特定价格买进某一商品但尚未转售，防止日后出售时价格下跌的情况；加工制造企业防止库存原材料价格下跌的情况。

（二）套期保值的基本类型

从目前套期保值的模式看，套期分为公允价值套期、现金流量套期和境外经营净投资套期三种模式。

公允价值套期，是指对已确认资产或负债、尚未确认的确定承诺，或该资产或负债、尚未确认的确定承诺中可辨认部分的公允价值变动风险进行的套期。该类价值变动源于某类特定风险，且将影响商业银行的损益。

现金流量套期，是指对现金流量变动风险进行的套期。该类现金流量变动源于与已确认资产或负债、很可能发生的预期交易有关的某类特定风险，且将影响商业银行的损益。

境外经营净投资套期，是指对境外经营净投资外汇风险进行的套期。境外经营净投资，是指商业银行在境外经营净资产中的权益份额。

被套期项目，是指使商业银行面临公允价值或现金流量变动风险，且被指定为被套期对象的下列项目：其一，单项已确认资产、负债、确定承诺、很可能发生的预期交易，或境外经营净投资；其二，一组具有类似风险特征的已确认资产、负债、确定承诺、很可能发生的预期交易，或境外经营净投资；其三，分担同一被套期利率风险的金融资产或金融负债组合的一部分（仅适用于利率风险公允价值组合套期）。

对于满足条件的套期，商业银行可运用套期会计方法进行处理。所谓套期会计方法，是指在相同会计期间将套期工具和被套期项目公允价值变动的抵销结果计入当期损益的方法。

（三）套期保值的有效性

套期有效性，是指套期工具的公允价值或现金流量变动能够抵销被套期风险引起的被套期项目公允价值或现金流量变动的程度。2006 版准则曾经规定如果在套期开始及以后期间，该套期预期会高度有效地抵销套期指定期间被套期风险引起的公允价值或现金流量变动，该套期的实际抵销结果在 80% 至 125% 的范围内，则该套期保值是高度有效的。不过，2017 版准则更加强调定性分析与再平衡评估。也就是说，对于套期保值关系而言，需要确保套期关系符合套期有效性要求，对此，套期会计运用条件强调以下几点说明：

一是套划有效性。它是指套期工具的公允价值或现金流量变动能够抵销被套期风险引起的被套期项目公允价值或现金流量变动的程度。套期工具的公允价值或现金流量变动大于或小于被套划项目的公允价值或现金流量变动的部分为套期无效部分。

套期同时满足下列条件的，企业应当认定套期关系符合套期有效性要求：(1) 被套期项目和套期工具之间存在经济关系。该经济关系使得套期工具和被套期项目的价值因面临相同的被套期风险而发生方向相反的变动。(2) 被套期项目和套期工具经济关系产生的价值变动中，信用风险的影响不占主导地位。(3) 套期关系的套期比率，应当等于企业实际套期的被套期项目数量与对其进行套期的套期工具实际数量之比，但不应当反映被套期项目和套期工具相对权重的失衡，这种失衡会导致套期无效，并可能产生与套期会计目标不一致的会计结果。例如，企业确定拟采用的套期比率是为了避免确认现金流量套期的套期无效部分，或是为了创造更多的被套期项目进行公允价值调整以达到增加使用公允价值会计的目的，可能会产生与套期会计目标不一致的会计结果。

二是套期关系评估。企业应当在套期开始日及以后期间持续地对套期关系是否符合套期有效性要求进行评估，尤其应当分析在套期剩余期限内预期将影响套期关系的套期无效部分产生的原因。企业至少应当在资产负债表日及相关情形发生重大变化将影响套期有效性要求时对套期关系进行评估。

三是套期关系再平衡。是指对已经存在的套期关系中被套期项目或套期工具的数量进行调整，以使套期比率重新符合套期有效性要求。基于其他目的对被套期项目或套期工具所指定的数量进行变动，非此处所指套期关系再平衡。

套期关系由于套期比率的原因而不再符合套期有效性要求，但指定该套期关系的风险管理目标没有改变的，企业应当进行套期关系再平衡。企业在套期关系再平衡时，应当首先确认套期关系调整前的套期无效部分，并更新在套期剩余期限内预期将影响套期关系的套期无效部分产生原因的分析，同时相应更新套期关系的书面文件。

二、套期保值的确认与计量

套期会计方法是指在相同会计期间将套期工具和被套期项目公允价值变动的抵销结果计入当期损益的方法。比如，某商业银行拟对 6 个月之后很可能发生的贵金属销售进行现金流量套期，为规避相关贵金属价格下跌的风险，该商业银行可于现在卖出相同数量的该种贵金属期货合同并指定为套期工具，同时指定预期的贵金属销售为被套期项目。资产负债表日（假定预期贵金属销售尚未发生），期货合同的公允价值上涨了100万元，对应的贵金属预期销售价格的现值下降了100万元。假定上述套期符合运用套期会计方法的条件，该商业银行应将期货合同的公允价值变动计入所有者权益（资本公积），待预期销售交易实际发生时，再转出调整销售收入。

（一）套期会计处理方法的确认条件

公允价值套期、现金流量套期或境外经营净投资套期同时满足下列条件的，才能运用套期会计方法进行处理：

1. 在套期开始时，商业银行对套期关系（即套期工具和被套期项目之间的关系）有正式指定，并准备了关于套期关系、风险管理目标和套期策略的正式书面文件。该文件至少载明了套期工具、被套期项目、被套期风险的性质以及套期有效性评价方法等内容。套期必须与具体可辨认并被指定的风险有关，且最终影响商业银行的损益。

2. 该套期预期高度有效，且符合商业银行最初为该套期关系所确定的风险管理策略。

3. 对预期交易的现金流量套期，预期交易应当很可能发生，且必须使商业银行面临最终将影响损益的现金流量变动风险。

4. 套期有效性能够可靠地计量。

5. 商业银行应当持续地对套期有效性进行评价，并确保该套期在套期关系被指定的会计期间内高度有效。

（二）套期保值的会计处理

1. 公允价值套期满足运用套期会计方法条件的，应当按照下列规定处理：

（1）套期工具为衍生工具的，套期工具公允价值变动形成的利得或损失应当计入当期损益；套期工具为非衍生工具的，套期工具账面价值因汇率变动形成的利得或损失应当计入当期损益。

（2）被套期项目因被套期风险形成的利得或损失应当计入当期损益，同时调整被套期项目的账面价值。

【例2-18】 公允价值套期。假设20×8年3月1日某商业银行与供应商签订协议，承诺6月1日以前以7 600美元/吨的价格收购3 000吨铜，当日铜价为7 550美元/吨。为了应对原材料价格下滑的影响，该银行对铜采用了期货套期的办法，在期货市场上以7 600美元/吨的价格出售了3 000吨铜的标准合约。假设5月1日铜的市场价为7 400美元/吨。

3月1日对承诺出售的远期合约进行确认：

借：其他应收款　　22 800 000

　　贷：衍生金融工具——期货远期合约　　22 800 000

在套期中指定套期关系时：

借：衍生工具——期货远期合约　　22 800 000

　　贷：套期工具——期货远期合约　　22 800 000

5月1日铜的市场价为7 400美元/吨，确认套期工具和被套项目公允价值变动形成的利得和损失

借：被套项目　　600 000

　　贷：应付账款　　600 000

借：公允价值变动损益　　600 000

　　贷：套期工具——期货远期合约　　600 000

2. 现金流量套期满足运用套期会计方法条件的，应当按照下列规定处理：

（1）套期工具利得或损失中属于有效套期的部分，应当直接确认为所有者权益，并单列项目反映。该有效套期部分的金额，按照套期工具自套期开始的累计利得或损失与被套期项目自套期开始的预计未来现金流量现值的累计变动额的绝对额较低者确定。

（2）套期工具利得或损失中属于无效套期的部分即扣除直接确认为所有者权益后的其他利得或损失，应当计入当期损益。

（3）在风险管理策略的正式书面文件中，载明了在评价套期有效性时将排除套期工具的某部分利得或损失或相关现金流量影响的，被排除的该部分利得或损失的处理适用CAS22号金融工具确认和计量准则。

对确定承诺的外汇风险进行的套期，商业银行可以作为现金流量套期或公允价值套期处理。

【例2－19】 现金流量套期。长城银行20×8年4月1日向中央银行取得8 000万美元的3年期贷款，其年贷款利率为LIBOR＋0.05%，规定每年付息一次，本金到期一次偿还，当日的LIBOR为4.5%。为了控制利率变动带来的现金流量风险，长城银行与国内一家金融机构签订了一项名义本金为8 000万美元，期限3年的利率互换协议，并规定在每年支付LIBOR＋0.05%浮动利息的同时，支付4.6%的利息，以此将浮动利率应付利息锁定为固定利率利

息。相关资料如下：20×9 年 4 月 1 日 LIBOR 为 4.7%，根据借款合同，应付利息 380 万美元；根据利率互换协议，应收利息为 380 即 8 000×(4.7% + 0.05%) 万美元，应付利息 368 即 8 000×4.6% 万美元。

20×8 年 4 月 1 日：

借：存放中央银行款项　　8 000

　　贷：长期借款——本金　　8 000

签订利率互换协议时进行初始确认：

借：衍生工具——利率互换　　1 104

　　贷：应付账款　　1 104

借：套期工具——利率互换　　1 104

　　贷：衍生金融工具——利率互换　　1 104

20×9 年 4 月 1 日 LIBOR 为 4.7%，确认套期工具产生的利得：

借：套期工具　　12

　　贷：资本公积——其他资本公积　　12

3. 对境外经营净投资的套期，应当按照类似于现金流量套期会计的规定处理：

(1) 套期工具形成的利得或损失中属于有效套期的部分，应当直接确认为所有者权益，并单列项目反映。

处置境外经营时，上述在所有者权益中单列项目反映的套期工具利得或损失应当转出，计入当期损益。

(2) 套期工具形成的利得或损失中属于无效套期的部分，应当计入当期损益。

【例 2-20】 境外经营投资套期。某境内金融机构在英国收购了一家保险公司。为对 20×8 年 12 月 31 日的预期年终净资产额 1.8 亿英镑进行套期保值，在 11 月 1 日与中国银行按60 天期的远期汇率 GBP1/RMB14.8，签订了一项卖出 1.8 亿英镑的远期合同。当日即期汇率为 GBP1/RMB14.6。12 月 31 日的即期汇率 GBP1/RMB14.4。英国子公司 20×8 年 12 月 31 日资产负债表的实际净投资额为 1.95 亿英镑。

11 月 1 日对远期合同进行初始确认：

借：其他应收款　　266 400

　　贷：衍生工具　　266 400

指定套期关系时：

借：衍生工具　　262 800

　　贷：套期工具　　262 800

12 月 31 日确认套期工具公允价值变动的收益：

借：套期工具　　3 600

　　贷：资本公积——其他资本公积　　3 600

（三）套期关系再平衡

套期关系由于套期比率的原因而不再符合套期有效性要求，但指定该套期关系的风险管理目标没有改变的，企业应当进行套期关系再平衡。这种套期关系再平衡，就是指对已经存在的套期关系中被套期项目或套期工具的数量进行调整，以使套期比率重新符合套期有效性要求。基于其他目的对被套期项目或套期工具所指定的数量进行变动，例如仅对特定风险敞口更多或更少的数量进行套期以符合企业的风险管理策略，不构成本准则所称的套期关系再平衡。

调整套期比率使得企业可以应对由于基础变量或风险变量而引起的套期工具和被套期项目之间关系的变动。例如，当套期关系中的套期工具和被套期项目具有不同但是相关的基础变量（如不同但相关的指数、比率或价格）时，套期关系会随着这两个基础变量之间关系的变动而发生变化。当套期工具和被套期项目之间关系发生的变动能通过调整套期比率得以弥补时，再平衡将可以使得套期关系得到延续。但是，在套期工具与被套期项目之间的关系变动不能通过调整套期比率来弥补的情况下，再平衡并不能促使套期关系得到延续。

【例 2－21】 2×20 年 1 月 1 日，甲商业银行股份有限公司（简称为甲公司）预计在未来 12 个月内采购 100 万桶西德克萨斯中质原油（简称为 WTI 原油）。甲公司采用现金流量套期，并指定一份 105 万桶布伦特原油（简称为 Brent 原油）的期货合约，以对极可能发生的 100 万桶 WTI 原油的预期采购进行套期（套期比率为 1∶1.05）。该期货合约在指定日的公允价值为 0。

2×20 年 6 月 30 日，被套期项目 WTI 原油的公允价值累计上涨了 200 万美元，套期工具的公允价值累计下降了 229 万美元。甲公司通过分析发现，Brent 原油相对 WTI 原油的经济关系与预期不同，因此考虑对套期关系进行再平衡。甲公司通过分析决定将套期比率重新设定为 1∶0.98。

为了在 2×20 年 6 月 30 日进行再平衡，甲公司可以指定更大的被套期风险敞口或终止指定部分套期工具。甲公司决定选择后者，即终止指定 7 万桶 Brent 原油期货合同的套期工具。

假定甲公司的上述套期满足运用套期会计方法的所有条件，不考虑其他因素。

甲公司的账务处理如下（假设美元兑人民币的汇率为 1∶6）（单位：人民币元）。

（1）2×20 年 1 月 1 日，甲公司不作账务处理。

（2）2×20 年 6 月 30 日：

借：其他综合收益——套期储备　　12 000 000
　　公允价值变动损益　　1 740 000
　　贷：套期工具——期货合同　　13 740 000

在总计 105 万桶 Brent 原油期货合约衍生工具中，7 万桶不再属于该套期关系。因此，甲公司需将 7/105 的套期工具重分类为以公允价值计量且其变动计入当期损益的金融工具，有关套期文件的书面记录应当相应更新。

甲公司进行再平衡时的会计处理如下：

借：套期工具——期货合同　　916 000
　　贷：衍生工具——期货合同　　916 000

（再平衡时，重分类的套期工具的公允价值为 13 740 000 × 7/105 = 916 000 元人民币）

第四节　衍生金融工具核算

随着商业交易的推陈出新，在传统金融工具的基础上，衍生出更多的金融工具来实现人们对商业交易中的权利期待和风险锁定，这也注定了会计需要进一步阐释衍生金融的基本内涵、确认标准等会计处理。

一、衍生金融工具概述

（一）基本特征与类别

衍生工具，是指属于《企业会计准则第 22 号——金融工具确认和计量》

规范之范围并同时具备下列三个特征的金融工具或其他合同：特征之一是其价值随特定利率、金融工具价格、商品价格、汇率、价格指数、费率指数、信用等级、信用指数或其他变量的变动而变动（变量为非金融变量，如特定城市气温指数的，该变量不应与合同的任何一方存在特定关系）；特征之二是不要求初始净投资或者与对市场因素变化预期有类似反应的其他合同相比，要求较少的初始净投资；特征之三是在未来某一特定日期结算或在未来多个日期结算。衍生工具包括远期合同、期货合同、互换和期权，以及具有远期合同、期货合同、互换和期权中一种或一种以上特征的工具。

衍生工具通常是独立存在的，但也可能被嵌入到非衍生金融工具或其他合同（主合同）中，这种衍生工具被称为嵌入衍生工具。

（二）嵌入衍生工具的分析

嵌入衍生工具与主合同构成混合合同（如企业持有的可转换公司债券），它对混合合同的现金流量产生影响的方式，应当与单独存在的衍生工具类似，且该混合合同的全部或部分现金流量随特定利率、汇率、金融工具价格、商品价格、价格指数、费率指数、信用等级、信用指数或其他变量变动而变动。主合同通常包括租赁合同、保险合同、服务合同、特许权合同、债务工具合同、合营合同等。在混合合同中，嵌入衍生工具通常以具体合同条款体现的，如常见的按 CPI 指数调整租金的长期租房合同，首年租金合同约定，次年开始按上年 CPI 指数上涨，其主合同是租赁合同，而嵌入衍生工具体现为一般物价指数调整条款；再比如：可转换公司债券中嵌入的股份转换选择权条款，与权益工具挂钩的本金或利息支付条款、与商品或其他非金融项目挂钩的本金或利息支付条款、看涨期权条款、看跌期权条款、提前还款权条款、信用违约支付条款，等等，都体现着嵌入衍生工具的合同条款。

嵌入衍生工具的核算有两种模式，从混合合同中分拆或不分拆。通常，主合同涉及标的资产的，不分拆出嵌入衍生工具，而作为一个整体处理。主合同并非涉及资产时，应合理地判断其与主合同的关系，看其经济特征和风险是否与主合同的经济特征和风险紧密相关，并结合其他条件决定是否分拆。二者之间在经济特征和风险方面是不是拥有紧密相关度？应当重点关注嵌入衍生工具与主合同的风险敞口是否相似，以及嵌入衍生工具是否可能会对混合合同的现金流量产生重大改变。除准则特殊规定外，一般情况下，如果二者风险敞口不同或者嵌入衍生工具可能对混合合同的现金流量产生重大改变，则其经济特征和风险很可能不紧密相关。

二、衍生金融工具的确认与计量

（一）嵌入衍生工具的分拆条件

混合合同包含的主合同不属于《企业会计准则第22号——金融工具确认和计量》规范的资产，且同时符合下列条件的，应当从混合合同中分拆嵌入衍生工具，将其作为单独存在的衍生工具处理：（1）嵌入衍生工具的经济特征和风险与主合同的经济特征和风险不紧密相关；（2）与嵌入衍生工具具有相同条款的单独工具符合衍生工具的定义；（3）该混合合同不是以公允价值计量且其变动计入当期损益进行会计处理（即嵌在以公允价值计量且其变动计入当期损益的金融负债中的衍生工具不予分拆）。

比如某公司发行了一项可回售可转换优先股。该优先股条款约定，当甲公司5年内未能成功上市，则投资者有权在第5年末将该优先股按照约定的收益率回售给甲公司。此外，投资者可以随时将该优先股转换成甲公司的普通股，初始转股价格固定，但当甲公司后续发行新股的价格低于初始转股价格时，投资者有权要求将初始转股价格下调，且下调后不再转回。此例中，股份转换权属于嵌入衍生工具，与主债务合同不紧密相关。如果混合合同整体没有被指定为以公允价值计量且其变动计入当期损益的金融负债，则应将其分拆为单独的衍生工具核算。

当企业在成为混合合同的一方时，即应评价嵌入衍生工具是否应分拆出来作为单独的衍生工具处理。随后，除非混合合同条款的变化将对原混合合同现金流量产生重大影响，否则企业不应对是否分拆重新进行评估。混合合同条款的变化导致原混合合同现金流量发生重大改变的，应重新评估嵌入衍生工具是否应分拆。企业在确定现金流量调整是否重大时，应当分析判断与嵌入衍生工具、主合同或两者相关的预计未来现金流量发生改变的程度，以及相对于合同以前预计现金流量是否有重大的改变。但是，在同一控制和非同一控制下的企业合并以及合营企业成立中，企业在并购日或成立日可能需要重新评估购入的合同中的嵌入衍生工具是否需要分拆。

嵌入衍生工具从混合合同中分拆的，企业应当按照适用的会计准则规定，对混合合同的主合同进行会计处理。根据本准则规定，单独存在的衍生工具，通常应采用公允价值进行初始计量和后续计量。

（二）将混合合同指定为以公允价值计量且其变动计入当期损益的条件

当企业成为混合合同的一方，而主合同不属于本准则规范的资产且包含一项或多项嵌入衍生工具，本准则要求企业识别所有此类嵌入衍生工具、评估其是否需要与主合同分拆、并且对于需与主合同分拆的嵌入衍生工具，应以公允价值进行初始确认和后续计量。与整项金融工具均以公允价值计量且其变动计入当期损益相比，上述要求可能更为复杂或导致可靠性更差，为此拟将整项混合合同指定为以公允价值计量且其变动计入当期损益的金融资产，但下列情况除外：（1）嵌入衍生工具不会对混合合同的现金流量产生重大改变；（2）在初次确定类似的混合合同是否需要分拆时，几乎不需分析就能明确其包含的嵌入衍生工具不应分拆。如嵌入贷款的提前还款权，允许持有人以接近摊余成本的金额提前偿还贷款，该提前还款权不需要分拆。

此外，企业无法根据嵌入衍生工具的条款和条件对嵌入衍生工具的公允价值进行可靠计量的，该嵌入衍生工具的公允价值应当根据混合合同公允价值和主合同公允价值之间的差额确定。使用了上述方法后，该嵌入衍生工具在取得日或后续资产负债表日的公允价值仍然无法单独计量的，企业应当将该混合合同整体指定为以公允价值计量且其变动计入当期损益的金融工具。

（三）嵌入衍生工具的会计处理（以可转换公司债券为例）

1. 初始确认。

上市公司发行具有债权和股权双重属性、利率一般比债券利率低、发行人赎回性和投资人回售性等特征的可转换公司债券时，在进行初始确认时，要将其包含的负债和权益成分进行分拆，负债成分确认为“应付债券——可转换公司债券”，权益成分确认为“资本公积——其他资本公积”。在分拆时，应该对负债成分的未来现金流量进行折现确定为负债成分的初始确认金额；再按发行价格总额扣除负债成分初始确认金额后的价值为权益成分初始确认金额。可转换公司债券的发行费用应该在负债成分和权益成分之间按照各自相对公允价值进行分摊。

【例 2-22】某银行于 20×0 年 1 月 1 日，发行面值为 40 000 万元的可转换公司债券，发行价格为 41 000 万元。该债券期限为 4 年，票面年利率为 4%，利息按年支付；债券持有者可在债券发行 1 年后转换股份，转换条件为每 100 元面值的债券转换 40 股该公司普通股。该公司发行该债券时，二级市场上与之类似但没有转股权的债券的市场利率为 6%. 债券已发行完毕，发行费用为15万元，扣除发行费用后的款项均已收入银行。

相应的分析与计算过程如下：

负债成分应确认的金额 = 40 000 × 4% × P/A（6%，4）+ 40 000 × P/F（6%，4）= 37 228.16（万元）

权益成分应确认的金额 = 41 000 − 37 228.16 = 3 771.84（万元）

负债应分配的发行费用 = 15/（37 228.16 + 3 771.84）× 37 228.16 = 13.62（万元）

权益应分配的发行费用 = 15 − 13.62 = 1.38（万元）

因此，其会计处理如下：

借：银行存款　　40 985

　　应付债券——可转换公司债券（利息调整）　　2 785.46

　　贷：应付债券——可转换公司债券（面值）　　40 000

　　　　资本公积——其他资本公积　　3 770.46

2. 转股前的持续确认。

在转股前，可转公司债券负债成分应按照一般公司债券进行相同的会计处理，即根据债券摊余成本乘上实际利率确定利息费用，记入“财务费用”或相关资产账户，根据债券面值乘上票面利率确定实际应支付的利息，记入“应付债券——可转换公司债券（应计利息）”或者“应付利息”账户，二者之间的差额作为利息调整进行摊销，记入“应付债券——可转换公司债券（利息调整）”账户。

【例2－23】承【例2－22】20×0年12月31日应对负债成分计提一年的债券利息。

会计处理如下：

应付利息 = 40 000 × 4% = 1 600（万元）

财务费用 =（40 000 − 2 785.46）× 6% = 2 232.87（万元）

利息调整 = 2 232.87 − 1 600 = 632.87（万元）

借：财务费用　　2 232.87

　　贷：应付利息　　1 600

　　　　应付债券——可转换公司债券（利息调整）　　632.87

3. 转股处理。

投资人到期行使债券的转换权，债权发行方应按合同约定的条件计算转换的股份数，确定股本的金额，记入“股本”账户，同时结转债券账面价值，二者之间的差额记入“资本公积——股本溢价”账户；此外，还要把可转换公司债券初始核算分拆确认的“资本公积——其他资本公积”金额一同转入“资本公积——股本溢价”账户。

【例2－24】 承【例2－22】，20×1年6月30日，债券持有者将面值为40 000万元的可转换公司债券申请转换股份，并于当日办妥相关手续。假定转换部分债券未支付的应付利息不再支付。相关手续已于当日办妥。

则20×1年6月30日转换股份时会计处理如下：

其一，计提20×1年1月1日至20×1年6月30日

应付利息＝40 000×4%×6/12＝800（万元）

财务费用＝(40 000－2 785.46＋632.87)×6%×6/12＝1 135.42（万元）

利息调整＝1 135.42－800＝335.42（万元）

借：财务费用　　1 135.42

　　贷：应付利息　　800

　　　　应付债券——可转换公司债券（利息调整）　　335.42

其二，编制转股分录如下：

借：应付债券——可转换公司债券（面值）　　40 000

　　应付利息　　800

　　贷：应付债券——可转换公司债券（利息调整）　　1 817.17

　　　　股本　　16 000

　　　　资本公积——股本溢价　　22 982.83

借：资本公积——其他资本公积　　3 770.46

　　贷：资本公积——股本溢价　　3 770.46

4. 赎回业务。

如果企业发行附有赎回选择权的可转换公司债券，其在赎回日可能支付的利息补偿金，应当在债券发行日至债券约定赎回届满日期间计提应付利息，计提的应付利息，分别计入相关资产成本或财务费用。根据这一规定，对于附有回售或回购条件的可转换公司债券，应做如下的账务处理：（1）在债券发行日至债券约定赎回或回售日期间按包含利息补偿金的利率进行利息的计提，计提的利息记入“财务费用”或“在建工程”账户。（2）在发行企业回购或可转换债券持有人回售时，发行企业再作如下会计处理：一是计提尚未

计提的利息，并将未摊销的利息调整一次性摊销完毕。二是按约定价格赎回时，结转“应付债券”的账面价值，并按支付的款项贷记“银行存款”科目。

【例 2－25】其他资料如【例 2－24】，合同中补充规定利息补偿金为 3%，20×1 年 6 月 30 日，债券持有者将面值为 40 000 万元的可转换公司债券申请转换股份，并于当日办妥相关手续。假定转换部分债券未支付的应付利息不再支付。相关手续已于当日办妥。则相关账务处理如下：

20×0 年 12 月 31 日应按包括利息补偿金的利率计提一年的债券利息。

借：财务费用　　2 332.87
　贷：应付利息　　1 600
　　应付债券——可转换公司债券（利息调整）　　632.87
　　　　——可转换公司债券（利息补偿金）　　100

20×1 年 6 月 30 日转换股份时的账务处理如下：

其一，计提 20×1 年 1 月 1 日至 20×1 年 6 月 30 日利息

借：财务费用　　1 185.42
　贷：应付利息　　800
　　应付债券——可转换公司债券（利息调整）　　335.42
　　应付债券——可转换公司债券（利息补偿金）　　50

其二，编制转股分录如下：

借：应付债券——可转换公司债券（面值）　　40 000
　应付利息　　800
　贷：应付债券——可转换公司债券（利息调整）　　1 817.17
　　应付债券——可转换公司债券（利息补偿金）　　50
　　股本　　16 000
　　资本公积——股本溢价　　22 932.83
借：资本公积——其他资本公积　　3 770.46
　贷：资本公积——股本溢价　　3 770.46

新会计准则下，可转换公司债券进行债权和股权的拆分处理，使得该业务的会计核算更能体现可转换公司债券的经济实质，但对于其中部分内容的规定还需作进一步的完善。比如利息补偿金的核算：一是在各期利息费用的计提中应该按包含利息补偿金的利率来考虑，那么在初始确认时，是否应该

按这一利率来进行债券和股权的拆分？二是如果没有实现转股，计提的利息补偿金，在债券到期时又该如何处理？如果新会计准则能对相关问题作更细致的规定，将更有助于提高新准则的可操作性。

第五节 金融资产转移核算

金融资产是可以在不同经济主体之间转移的，这种转移的实现就是以金融资产所有权上所嵌套的几乎所有风险和报酬为标志的。终止确认、继续确认，既有相应的判断标杆，也有不同的财务处理要求。

一、金融资产转移概述

金融资产（含单项或一组类似金融资产）转移，是指商业银行将其拥有的金融资产让与或交付给该金融资产发行方以外的另一方（转入方）。比如，商业银行将持有的未到期商业票据向中央银行贴现，就属于金融资产转移。

商业银行的金融资产转移，包括下列两种情形：

一是将收取金融资产现金流量的权利转移给另一方，比如前述的将未到期票据向中央银行贴现；

二是将金融资产转移给另一方，但保留收取金融资产现金流量的权利并承担将收取的现金流量支付给最终收款方的义务，同时还应满足以下条件：其一，从该金融资产收到对等的现金流量时，才有义务将其支付给最终收款方。商业银行发生短期垫付款，但有权全额收回该垫付款并按照市场上同期银行贷款利率计收利息的，视同满足本条件；其二，根据合同约定，不能出售该金融资产或作为担保物，但可以将其作为对最终收款方支付现金流量的保证；其三，有义务将收取的现金流量及时支付给最终收款方。商业银行无权将该现金流量进行再投资，但按照合同约定在相邻两次支付间隔期内将所收到的现金流量进行现金或现金等价物投资的除外。商业银行按照合同约定进行再投资的，应当将投资受益按照合同约定支付给最终收款方。

二、金融资产转移的常见类型

实务中，金融资产转移的类型包括但不限于以下方面：

一是应收账款保理。通常是指企业将因销售商品、提供劳务等形成的应收账款转移给商业银行，由商业银行为其提供贸易融资等相关服务，其实质是应收账款质押取得借款和应收账款出售。根据商业银行是否保留对交易对手的追索权可分为附追索权应收账款保理和不附追索权应收账款保理。出于谨慎性考虑，商业银行从事的保理业务通常要求附追索权。

二是应收票据贴现。指企业以未到期应收票据，通过背书手续向商业银行融通资金，商业银行按照贴现率自票据价值中扣除贴现日至到期日的贴现息后，将余额兑付给企业的筹资行为。此类应收票据贴现可分为不附追索权应收票据贴现和附追索权应收票据贴现。实务中，贴现企业应当分析这一经济业务的实质：如果与该应收票据所有权有关的风险和报酬已经发生转移，则贴现企业的会计处理应当终止确认应收票据，实际收到的金额与应收票据账面价值之间的差额计入当期损益；如果与该应收票据所有权有关的风险和报酬没有转移，其实质是贴现企业以应收票据为质押取得银行借款，贴现企业不应终止确认应收票据，实际收到的金额确认为一项负债。

三是应收票据背书转让。持票人在票据背面或者粘单上记载有关事项并签章的票据行为。签字人称为背书人，背书人对票据的到期付款承担连带还款责任。企业将持有的应收票据背书转让以取得所需物资，与该应收票据所有权有关的风险和报酬通常已经发生转移，贴现企业应当终止确认应收票据。

四是金融资产证券化。在我国金融业，资产证券化最初主要是指信贷资产证券化，即被证券化的金融资产主要是信贷资产，包括住房抵押贷款和其他信贷资产。近年来，被证券化的金融资产已不再局限于金融机构的信贷资产，而是延展到工商企业的应收款项。目前企业应收账款资产支持证券，是指证券公司、基金管理公司子公司作为管理人，通过设立资产支持专项计划开展资产证券化业务，以企业应收账款债权为基础资产或基础资产现金流来源所发行的资产支持证券。按照被证券化的金融资产（即基础资产）的不同，金融资产证券化可以分为住房抵押贷款证券化（MBS）和资产支持证券化（ABS）两大类，其中，前者的基础资产是住房抵押贷款，后者的基础资产是除住房抵押贷款以外的其他金融资产。

三、金融资产转移的确认和计量

（一）金融资产整体转移和部分转移的区别

金融资产转移涉及的会计处理，核心是金融资产转移是否符合终止确认条件。其中，终止确认是指将金融资产或金融负债从商业银行的账户和资产负债表内予以转销。

鉴于金融资产转移交易的复杂性，商业银行要在分析判断金融资产转移是否符合金融资产终止条件前，着重关注两个方面：一是金融资产转移的转出方能否对转入方实施控制。如果能够实施控制，则表明转入方是转出方的子公司，从而应纳入转出方合并财务报表。从合并财务报表的视角看，这种情况下的金融资产转移属于内部交易，不存在终止确认问题。因此，在判断金融资产转移是否符合终止确认条件时，应首先判断转入方是否是转出方的子公司。二是金融资产是整体转移还是部分转移。如为整体转移，则应将金融资产终止确认的判断条件运用于整体金融资产；如为部分转移，则只需将金融资产终止确认判断条件运用于发生转移的部分金融资产。

金融资产部分转移，包括下列三种情形：一是将金融资产所产生现金流量中特定、可辨认部分转移，如商业银行将一组类似贷款的应收利息转移等；二是将金融资产所产生全部现金流量的一定比例转移，如商业银行将一组类似贷款的本金和应收利息合计的一定比例转移等；三是将金融资产所产生现金流量中特定、可辨认部分的一定比例转移。如商业银行将一组类似贷款的应收利息的一定比例转移等。

（二）符合终止确认条件的情形

1. 符合终止确认条件的判断。

商业银行收取金融资产现金流量的合同权利终止的，应当终止确认该金融资产。此外，商业银行已将金融资产所有权上几乎所有的风险和报酬转移给转入方的，也应当终止确认该金融资产。

金融资产转移是否符合终止确认条件，有时比较容易判断。比如，下列情况就表明已将金融资产所有权上几乎所有风险和报酬转移给了转入方，因而应当终止确认相关金融资产：（1）商业银行以不附追索权方式出售金融资产；（2）商业银行将金融资产出售，同时与买入方签订协议，在约定期限结束时按当日该金融资产的公允价值回购；（3）商业银行将金融资产出售，同时与买入方签订看跌期权合约（即买入方有权将该金融资产返售给商业银行），但从合约条款判断，该看跌期权是一项重大价外期权（即期权合约的条款设计使得金融资产的买方极小可能会到期行权）。

对于其他一些复杂的金融资产转移，判断其是否符合终止确认条件，应当比较转移前后该金融资产未来现金流量净现值及时间分布的波动使其面临的风险。商业银行面临的风险因金融资产转移发生实质性改变的，表明该商业银行已将金融资产所有权上几乎所有的风险和报酬转移给了转入方，从而应终止确认该金融资产。

商业银行需要通过计算判断是否已将金融资产所有权上几乎所有的风险和报酬转移给了转入方的，在计算金融资产未来现金流量净现值时，应当考虑所有合理、可能的现金流量波动，并采用适当的现行市场利率作为折现率。

2. 符合终止确认条件时的计量。

符合终止确认条件的，需要分成整体转移和部分转移两种前提来处理。

（1）整体转移满足终止条件时，相关金融资产转移损益应按如下公式计算：

因转移收到的对价 + 原直接计入所有者权益的公允价值变动累计利得（如为累计损失应为减项）－所转移金融资产的账面价值 = 金融资产整体转移损益

理解以上公式时，应注意下面两点：

第一，因金融资产转移获得了新金融资产或承担了新金融负债的，应当在转移日按照公允价值确认该金融资产或金融负债（包括看涨期权、看跌期权、担保负债、远期合同、互换等），并将该金融资产扣除金融负债后的净额作为上述对价的组成部分。

商业银行与金融资产转入方签订服务合同提供相关服务的（包括收取该金融资产的现金流量，并将所收取的现金流量交付给指定的资金保管机构等），应当就该服务合同确认一项服务资产或服务负债。服务负债应当按照公允价值进行初始计量，并作为上述对价的组成部分。

也就是说，因转移收到的对价 = 因转移交易收到的价款 + 新获得金融资产的公允价值 + 因转移获得服务资产的公允价值 - 新承担金融负债的公允价值 - 因转移承担的服务负债的公允价值。

第二，原直接计入所有者权益的公允价值变动累计利得或损失，是指所转移金融资产（可供出售金融资产）转移前公允价值变动直接计入所有者权益的累计额。

（2）部分转移满足终止确认条件的，应当将所转移金融资产整体的账面价值，在终止确认部分和未终止确认部分（在此种情况下，所保留的服务资产应当视同未终止确认金融资产的一部分）之间，按照各自的相对公允价值进行分摊，并将终止确认部分的对价，与原直接计入所有者权益的公允价值变动的累计额中对应终止确认部分的金额（涉及转移的金融资产为可供出售金融资产的情形）之和，扣除终止确认部分的账面价值后的差额，确认为金融资产转移的损益。

原直接计入所有者权益的公允价值变动的累计额中对应终止确认部分的金额，按照金融资产终止确认部分和未终止确认部分的相对公允价值，对该累计额进行分摊后确定。

在金融资产部分转移满足终止确认条件的情况下，商业银行将所转移金融资产整体的账面价值按相对公允价值在终止确认部分和未终止确认部分之间进行分摊，未终止确认部分的公允价值按照下列原则确定：

第一，商业银行出售过与未终止确认部分类似的金融资产，或发生过与未终止确认部分有关的其他的市场交易的，应当按照最近实际交易价格确定。

第二，未终止确认部分在活跃市场上没有报价，且最近市场上也没有与其有关的实际交易价格的，应当按照所转移金融资产整体的公允价值扣除终止确认部分的对价后的余额确定。该金融资产整体的公允价值确实难以合理确定的，按照金融资产整体的账面价值扣除终止确认部分的对价后的余额确定。

（三）不符合终止确认条件的情形

1. 不符合终止确认条件的判断。

金融资产转移后，商业银行（转出方）仍保留了该金融资产所有权上几乎所有的风险和报酬的，则不应当终止确认该金融资产。

对于相对简单的金融资产转移，比较容易判断其是否符合终止确认条件。比如，下列情况就表明商业银行保留了金融资产所有权上几乎所有的风险和报酬，不应当终止确认相关金融资产：（1）商业银行采用附追索权方式出售金融资产；（2）商业银行将金融资产出售，同时与买入方签订协议，再约定期限结束时按固定价格将该金融资产回购，如采用买断式回购、质押式回购交易卖出债券等；（3）商业银行将金融资产出售，同时与买入方签订看跌期权合约（即买入方有权将该金融资产返售给商业银行），但从合约条款判断，该看跌期权是一项重大价内期权（即期权合约的条款设计，使得金融资产的买方很可能会到期行权）；（4）商业银行将信贷资产整体转移，同时保证对金融资产买方可能发生的信用损失进行全额补偿。

而对于相对复杂的金融资产转移，应当像判断是否符合终止确认条件那样，通过分析计算来判断。如果分析计算表明，商业银行面临的风险没有因金融资产转移发生实质性改变，则表明该商业银行仍保留了金融资产所有权上几乎所有的风险和报酬，从而不应当终止确认该金融资产。

2. 不符合终止确认时的计量。

商业银行仍保留与所转移金融资产所有权上几乎所有的风险和报酬的，应当继续确认所转移金融资产整体，并将收到的对价确认为一项金融负债。

该金融资产与确认的相关金融负债不得相互抵销，在随后的会计期间商业银行应当继续确认该金融资产产生的收入和该金融负债产生的费用。所转移的金融资产以摊余成本计量的，确认的相关负债不得指定为以公允价值计量且其变动计入当期损益的金融负债。

（四）继续涉入的情形

1. 继续涉入的判断。

商业银行既没有转移也没有保留金融资产所有权上几乎所有的风险和报酬的，应当分别下列情况处理：（1）放弃了对该金融资产控制的，应当终止确认该金融资产；（2）未放弃对该金融资产控制的，应当按照其继续涉入所转移金融资产的程度确认有关金融资产，并相应确认有关金融负债。继续涉入所转移金融资产的程度，是指该金融资产价值变动使商业银行面临的风险水平。

比如，在采用保留次级权益或提供信用担保等进行信用增级的金融资产转移中，转出方只保留了所转移金融资产所有权上的部分（非几乎所有）风险和报酬且能控制所转移金融资产的，应当按照其继续涉入所转移金融资产的程度确认相关资产和负债。

判断是否已放弃对所转移金融资产的控制，应当重点关注转入方出售该金融资产的实际能力。如果转入方能够单独将转入的金融资产整体出售给与其不存在关联方关系的第三方，且没有额外条件对此项出售加以限制，说明转入方有出售该金融资产的实际能力，同时表明商业银行（转出方）已放弃对该金融资产的控制，从而应终止确认所转移的金融资产。

转入方是否能够将转入的金融资产整体出售给与其不存在关联方关系的第三方，应当关注该金融资产是否存在活跃市场。如果不存在活跃市场，即使合同约定转入方有权处置金融资产，也不表明转入方有实际能力。

转入方是否能够单独出售所转入的金融资产且没有额外条件对此销售加以限制（是否可以自由地处置所转入的金融资产），主要关注是否存在与出售密切相关的约束性条款。比如，转入方出售转入的金融资产时附有一项看涨期权，且该看涨期权是重大价内期权，以至于可以认定转入方将来很可能会行权，在这种情况下，不表明转入方有出售所转入的金融资产的实际能力。

2. 继续涉入的计量。

商业银行既没有转移也没有保留金融资产所有权上几乎所有的风险和报酬，且未放弃对该金融资产控制的，应当按照其继续涉入所转移金融资产的程度，在充分反映保留的权利和承担的义务的基础上，确认有关金融资产，并相应确认有关负债。

通过对所转移金融资产提供财务担保方式继续涉入的，应当在转移日按照金融资产的账面价值和财务担保金额两者之中的较低者，确认继续涉入形成的资产，同时按照财务担保金额和财务担保合同的公允价值（提供担保的取费）之和确认继续涉入形成的负债。财务担保金额，是指商业银行所收到的对价中，将被要求偿还的最高金额。

在后续期间，财务担保合同的初始确认金额应当在该财务担保合同期间内按照时间比例摊销，确认为各期收入。因担保形成的资产账面价值，应当在资产负债表日进行减值测试。

商业银行应当对因继续涉入所转移金融资产形成的有关资产确认相关收入，对继续涉入形成的有关负债确认相关费用。继续涉入所形成的相关资产和负债不应当相互抵销。

商业银行仅继续涉入所转移金融资产一部分的，应当将该部分金融资产视作一个整体，并在此基础上运用上述继续涉入会计处理原则，并通过专设“1518 继续涉入资产”和“2504 继续涉入负债”两个科目进行核算。

四、金融资产转移的会计处理

前已述及，金融资产转移分为整体转移和部分转移。当转移了部分，且该被转移部分满足终止确认条件的，应当将原整体账面价值，在终止确认与继续确认之间，按照转移日各自的相对公允价值进行分摊，并将转移部分所对应的原账面价值与收到的对价金额的差额计入当期损益。

【例 2－26】 兴华商业银行与乙银行签订一笔贷款转让协议，兴华商业银行将该笔贷款 90% 的收益权转让给乙银行，该笔贷款公允价值为 110 万元，账面价值为 100 万元，该转让对价为 99 万元。假定不存在其他服务资产或负债，所转让部分贷款（即贷款未来现金流量的 90%）的相关债权债务关系由乙银行继承，当借款人不能偿还该笔贷款时，乙银行也不能向兴华商业银行追索。不考虑减值准备、税费等其他因素，则兴华商业银行应作如下账务处理：

（1）判断是否适用金融资产的一部分以及是否应终止确认。

由于兴华商业银行将贷款产生现金流量完全成比例的部分 90% 转移给乙银行，并且转移后该部分的风险和报酬不再由兴华商业银行承担，因此，符合本准则中规定的部分转移的情形，也符合将所转移部分终止确认的条件。

（2）计算终止确认部分和继续确认部分各自的公允价值。

由于兴华商业银行将该笔贷款 90% 的收益权转让给乙银行，根据例题所述情况，兴华商业银行应将该出售的 90% 贷款的公允价值确认为 99 万元人民币（110 万元 × 90%），保留的 10% 贷款收益权公允价值为 11 万元。

（3）将贷款整体的账面价值在终止确认部分和继续确认部分之间进行分摊。

由于所转移贷款整体的账面价值为 100 万元，终止确认部分和继续确认部分各自公允价值为 99 万元和 11 万元，应将贷款整体账面价值进行如下分摊，如表 2－9 所示。

表 2－9 单位：万元

项目	各自公允价值	占整体公允价值的百分比	分摊的账面价值
终止确认部分	99	90%	90
继续确认部分	11	10%	10
合计	110	100%	100

经上述分摊后，终止确认的贷款部分应分摊的账面价值为 90 万元，即贷款应转出 90 万元。

（4）此项转移应确认的损益。

兴华商业银行应确认的转移收益 = 99 － 90 = 9（万元）

（5）兴华商业银行应作如下账务处理：

借：存放中央银行款项 990 000

贷：贷款 900 000

贷款处置损益 90 000

【例 2－27】新达商业银行股份有限公司采用买断式逆回购，首期买入债券，到期卖出债券。拟用已划入交易性金融资产的 1881056 债券与西部商业银行做买断式逆回购交易。债券名称为“18 中电信 CP01”，债券代码为 1881056，期限为 1 年，票面利率为 2.4%，起息日为 20×8 年 4 月 12 日，到期日为 20×9 年 4 月 11 日，信用评级：A－1＋。该笔交易在全国银行间债券市场形成的成交单如表 2－10 所示。

表 2－10　银行间同业拆借中心买断式（回购逆回购）成交通知单

成交日期：20×9 年 4 月 24 日

逆回购方	新达商业银行股份有限公司		
正回购方	西部商业银行		
债券名称	18 中电信 CP01	券面总额（万元）	10 000
回购期限（天）	16	回购利率（%）	2.007 6
首日交易净价（元/百元面值）	100.68	到期交易净价（元/百元面值）	100.635
首期结算日应计利息（元/百元面值）	0.108 63	到期结算日应计利息（元/百元面值）	0.242 33
首期交易全价（元/百元面值）	100.788 6	到期交易全价（元/百元面值）	100.873 73
首期资金支付额	100 788 630.14	到期资金支付额	100 877 328.77
首期结算日	20×9 年 4 月 9 日	到期结算日	20×9 年 5 月 10 日
首期结算方式	券款对付	到期结算方式	券款对付

（1）20×9 年 4 月 24 日买断式逆回购首期表现为买入，甲商业银行将其列入买入返售金融资产，甲商业银行会计分录：

借：买入返售金融资产——买断式逆回购　　100 788 630.14
　　贷：银行存款　　100 788 630.14

如有交易手续费支出，作相应冲减利息收入的会计分录。

（2）每月计提应收利息，按回购利率 2.007 6% 计提利息收入，100 788 630.14×2.007 6%×7 天/365＝38 805.56（元），20×7 年 4 月 30 日计提应收利息会计分录如下：

借：应收利息——买入返售金融资产应收利息　　38 805.56
　　贷：利息收入——买入返售金融资产利息收入　　38 805.56

（3）20×9 年 5 月 10 日买断式逆回购到期（卖出），88 698.63（总利息）－38 805.56（已计提利息）＝49 893.07（元），会计分录如下：

借：银行存款　　100 877 328.77
　　贷：买入返售金融资产——买断式逆回购　　100 788 630.14

应收利息——买入返售金融资产应收利息　　38 805.56
利息收入——买入返售金融资产利息收入　　49 893.07

(4) 20×9年12月31日年终结转本年利润，会计分录如下：

借：利息收入——买入返售金融资产利息收入　　88 698.63
　贷：本年利润　　88 698.63

第六节　固定资产核算

一、固定资产的概念与特征

固定资产是指商业银行为开展经营活动而持有的、使用寿命超过一个会计年度的有形资产。固定资产具有以下主要特征：(1) 使用期限超过一年或长于一年的一个经营周期，且在使用过程中保持其原有的实物形态。(2) 固定资产的使用寿命是有限的（土地除外）。(3) 商业银行拥有固定资产的目的是供经营活动使用而不是为了出售。(4) 商业银行拥有固定资产可以给商业银行带来可衡量的未来经济利益，否则，这项资产就不应列入固定资产中，比如报废的固定资产应予转销。

作为固定资产，需要同时满足下列条件，才能予以确认：(1) 需要符合固定资产的定义；(2) 需要符合固定资产确认条件：一是与该固定资产有关的经济利益很可能流入；二是该固定资产的成本能够可靠地计量。

在实际工作中，为了便于管理，商业银行应当根据相关会计准则，结合本单位的实际情况，制定固定资产目录，包括每类或每项固定资产的使用寿命、预计净残值、折旧方法等并编制成册，经股东大会或董事会、行长办公会议或类似机构批准，按照法律、行政法规等的规定报送有关各方备案。公开发行股票的上市银行，需要同时备案置于商业银行所在地，以供投资者等有关各方查阅。

二、固定资产的分类

按固定资产的经济用途和使用情况综合分类，分为7类：

(1) 经营用固定资产。

(2) 非经营用固定资产。

（3）租出固定资产。指在经营性租赁方式下出租给外单位使用的固定资产。

（4）不需用固定资产。

（5）未使用固定资产。

（6）土地。在我国，土地所有权归国家所有，不参与市场商品流通。这里作为固定资产的土地是指过去已经估价单独入账的土地使用权。因征地而支付的补偿费，应计入与土地有关的房屋、建筑物的价值内，不单独作为土地价值入账。商业银行单独取得的土地使用权不能作为固定资产管理，而列为无形资产，并在法定使用年限内摊销。

（7）融资租入固定资产。指商业银行以融资租赁方式租入的固定资产，在租赁期内，应视同自有固定资产进行管理。

三、固定资产的初始计量

固定资产的初始计量，是指确定固定资产的取得成本。固定资产应当按照成本进行初始计量。固定资产取得时的成本，应根据具体情况分别确定。

商业银行对于购置的不需要经过建造过程即可使用的固定资产，其外购固定资产的成本，包括购买价款、相关税费、使固定资产达到预定可使用状态前所发生的可归属于该项资产的运输费、装卸费、安装费和专业人员服务费等。以一笔款项购入多项没有单独标价的固定资产，应当按照各项固定资产公允价值比例对总成本进行分配，分别确定各项固定资产的成本。购买固定资产的价款超过正常信用条件延期支付，实质上具有融资性质的，固定资产的成本以购买价款的现值为基础确定。实际支付的价款与购买价款的现值之间的差额，除按照借款费用准则规定应予资本化的以外，应当在信用期间内计入当期损益。

商业银行对于自行建造的固定资产，由建造该项资产达到预定可使用状态前所发生的必要支出构成，其中，对于建造过程中符合资本化原则的借款费用，应将其计入固定资产成本。

商业银行对于投资者投入的固定资产，应当按照投资合同或协议约定的价值确定，但合同或协议约定价值不公允的除外。

商业银行对于融资租入的固定资产，按租赁开始日租赁资产的原始账面价值与最低租赁付款额的现值两者中的较低者作为入账价值。

商业银行在原有固定资产基础上进行改建、扩建的，按原固定资产的账面价值，加上由于改建、扩建而使该项资产达到预定可使用状态前发生的支出，减去改建、扩建过程中发生的变价收入作为入账价值。

商业银行通过债务重组、非货币性资产交换方式取得的固定资产，其成本应当分别按照 CAS7 号非货币性资产交换准则、CAS12 号债务重组准则等规定确定。但是，该项固定资产的后续计量和披露应当执行固定资产准则的规定。

商业银行接受捐赠的固定资产，捐赠方提供了有关凭据（如发票、报关单、有关协议）的，按凭据上表明的金额加上应支付的相关税费，确认为实际成本。如果捐赠方没有提供有关凭据的，按以下顺序确定其实际成本：（1）同类或类似固定资产存在活跃市场的，按同类或类似固定资产的市场价格估计的金额，加上应支付的相关税费，作为实际成本；（2）同类或类似固定资产不存在活跃市场的，按该接受捐赠的固定资产的预计未来现金流量现值，作为实际成本。

商业银行盘盈的固定资产，以同类或类似固定资产的市场价格减去按该项资产的新旧程度估计的价值损耗后的余额作为入账价值。

商业银行经批准无偿调入的固定资产，按调出单位固定资产的账面净值加上发生的运输费、安装费等相关费用作为入账价值。固定资产的入账价值中，还应当包括商业银行为取得固定资产而交纳的契税、耕地占用税、车辆购置税等相关税费。

特别需要强调的是，商业银行的固定资产通常没有弃置费用的发生，其固定资产的报废清理费，应在实际发生时作为固定资产清理费用处理，而不属于弃置费用。如果万一由于某些情况商业银行拥有了必须考虑未来弃置费用的特定行业的特定固定资产，则应当按照现值计算确定应计入固定资产原价的金额和相应的预计负债。

四、固定资产增加的计量

商业银行增加的固定资产按来源方式主要分为购置的、自行建造的、投资者投入的、租入的和接受捐赠的固定资产等。由于来源方式不同，其账务处理也不尽相同。为了反映固定资产的增减变动情况，应设置“固定资产”科目，该科目为资产类科目，用来核算商业银行持有固定资产的原始价值，总括反映商业银行固定资产的增减变动和结存情况，其借方发生额反映由于各种原因增加的固定资产的原始价值，贷方发生额反映由于各种原因减少的固定资产的原始价值，余额在借方，表示现有固定资产原始价值的总额。为了获得固定资产的详细资料，商业银行应设置“固定资产卡片”和“固定资产登记簿”，按其类别、使用部门等进行明细核算。

（一）购置固定资产的核算

1. 购入不需要安装的固定资产。

购入不需要安装固定资产，按实际支付的全部价款加上包装费、运杂费等支出，借记“固定资产”科目，贷记“存放中央银行款项”等科目。

2. 购入需要安装的固定资产。

购入需要安装的固定资产，按实际支付的价款（包括买价、支付的税金、包装费、运输费等）借记“在建工程”科目，贷记“存放中央银行款项”科目；发生的安装费用、专业人员服务费等，借记“在建工程”科目，贷记“存放中央银行款项”等科目；安装完毕经过验收达到可使用状态时，按其实际成本，借记“固定资产”科目，贷记“在建工程”科目。

（二）自行建造固定资产的核算

自行建造固定资产，是商业银行为了新建、改建、扩建固定资产或对固定资产进行改造、设备更新而由商业银行自行建造的固定资产。自行建造的固定资产按实施方式的不同可以分为自营工程和出包工程两种。

1. 自营工程的核算。

商业银行自营的基建工程，在领用工程用材料物资时，应按实际成本，借记“在建工程”科目（建筑工程或安装工程——××工程），贷记“工程物资”科目。

2. 出包工程的核算。

商业银行采用出包方式进行的自建固定资产工程，其工程的具体支出在承包单位核算，在这种方式下，“在建工程”科目实际成为商业银行与承包单位的结算科目，商业银行将与承包单位结算的工程价款作为工程成本，通过“在建工程”科目核算。商业银行发包的基建工程，应于按合同规定向承包商业银行预付工程款、备料款时，按实际支付的价款，借记“在建工程”（建筑工程或安装工程——××工程）科目，贷记“存放中央银行款项”科目；以拨付给承包商业银行的材料抵作预付备料款的，应按工程物资的实际成本，借记“在建工程”（建筑工程或安装工程——××工程）科目，贷记“工程物资”科目；将需要安装设备交付承包商业银行进行安装时，应按设备的成本，借记“在建工程”（在安装设备）科目，贷记“工程物资”科目；与承包商业银行办理工程价款结算时，补付的工程款，借记“在建工程”（建筑工程或安装工程——××工程）科目，贷记“存放中央银行款项”“应付账款”等科目。

其他增加固定资产情况的核算，不再一一介绍。不过，由于从2016年5月1日起，金融业实行了营改增，并对2016年5月1日后取得并在会计制度上按固定资产核算的不动产或者2016年5月1日后取得的不动产在建工程，其进项税额应自取得之日起分两年从销项税额中抵扣，第一年抵扣比例为60%，第二年抵扣比例为40%，其相应的会计核算也需要适当调整。

（三）固定资产盘盈的核算

商业银行应当定期对固定资产盘点清查，在编制年度决算报表前至少要进行一次全面清查。通过固定资产盘点清查，一方面，可以掌握固定资产的实有数及其分布情况，检查账实是否相符，从而加强对固定资产的管理，保证商业银行财产的安全完整；另一方面，可以了解固定资产的使用和维护修理情况，检查固定资产有无使用不当或长期闲置等情况，以便充分挖掘商业银行固定资产的潜力。

在固定资产盘点清查过程中，如发现有盘盈固定资产，应及时查明原因，编制“固定资产盘盈报告表”，以便进行账务处理。对盘盈的固定资产，经查确属商业银行所有的，应根据盘盈凭证填制“固定资产交接单”，经有关人员签字后，送交会计部门，为盘盈固定资产开立固定资产卡片，并按重置价值和估计已提折旧登记入账。盘盈的固定资产作为前期差错处理，在按管理权限报经批准处理前，应通过“以前年度损益调整”科目核算。

五、固定资产折旧的核算

（一）折旧的概念

固定资产折旧，是指在固定资产使用寿命内，按照确定的方法对应计折旧额进行系统分摊。应计折旧额，是指应当计提折旧的固定资产的原价扣除其预计净残值后的金额。已计提减值准备的固定资产，还应当扣除已计提的固定资产减值准备累计金额。预计净残值，是指假定固定资产预计使用寿命已满并处于使用寿命终了时的预期状态，从该项资产处置中获得的扣除预计处置费用后的金额。

（二）固定资产折旧的范围

在我国，按照 CAS4 号固定资产准则的规定，除以下情况外，商业银行应对所有固定资产计提折旧：（1）已提足折旧仍继续使用的固定资产；（2）按规定单独估价作为固定资产入账的土地。

对已达到预定可使用状态的固定资产，如果尚未办理竣工决算的，应按估计值暂估入账，并计提折旧；待办理了竣工决算手续后，再按照实际成本调整原来的暂估价值，同时调整原已计提的折旧额，当期计提的折旧额，对原折旧额的调整，均作为当期的成本、费用处理。

商业银行不得不提或少提折旧。商业银行一般应当按月提取折旧，当月增加的固定资产，当月不提折旧，从下月起计提折旧；当月减少的固定资产，当月照提折旧，从下月起停止计提折旧。固定资产提足折旧后，不论是否继续使用，均不再提取折旧；提前报废的固定资产，也不计提折旧。

（三）固定资产折旧的方法

我国 CAS4 号固定资产准则规定，商业银行应当根据与固定资产有关的经济利益的预期实现方式，合理选择固定资产折旧方法。可选用的折旧方法包括平均年限法、双倍余额递减和年数总和法等。固定资产的折旧方法一经确定，不得随意变更。

1. 平均年限法。

平均年限法也称直线法，是将一项固定资产的应计成本在其预计年限内平均分摊的方法。计算公式如下：

固定资产年折旧额 =（固定资产原始价值 - 预计净残值）÷ 固定资产预计折旧年限

固定资产月折旧额 = 固定资产年折旧额 ÷12

在实际工作中，每月计提的折旧额是根据固定资产的原始价值乘以固定资产折旧率来计算的。固定资产折旧率是指固定资产在一定时期内的折旧额占其原始价值的比重，计算公式如下：

固定资产年折旧率 = 固定资产年折旧额 ÷ 固定资产原始价值 ×100%

固定资产月折旧率 = 固定资产年折旧率 ÷12

2. 双倍余额递减法。

双倍余额递减法，是按净残值为零时直线折旧率的两倍计算的，当每期计提折旧时，使用该折旧率乘以固定资产的折余价值（净值）。折旧率和折旧额的计算公式为：

年折旧率 =（固定资产原始价值 - 0）÷ 折旧年限 × 固定资产原始价值 × 2 × 100% $= \frac{2}{\text{折旧年限}} \times 100\%$

月年旧率 = 年折旧率 ÷ 12

月折旧额 = 固定资产账面净值 × 月折旧率

由于双倍余额递减法不考虑固定资产的净残值，因此，在应用这种方法时，必须注意：不能使固定资产的账面折余价值降低到它的预计净残值以下。因此，当按双倍余额递减法计算的折旧金额小于这时用固定资产的折余价值扣除预计净残值后在剩余使用年限内平均摊销算得的折旧金额时，就要将固定资产折余价值（净值）扣除预计净残值后的净额在剩余使用年限内平均摊销。在实际工作中，在最后两年平均摊销。

3. 年数总和法。

年数总和法又称折旧年限积数法或级数递减法，它是用一个递减的分数乘以某项固定资产的原始价值减去预计净残值后的净额计算折旧的一种方法。这一递减分数的分子代表尚可使用的年数（包括当年），分母代表预计折旧年数的逐年数字之总和。折旧的计算公式为：

年折旧率 =（折旧年限 - 已使用年数）÷ 预计使用寿命的年数总和 × 100%

月折旧率 = 年折旧率 ÷ 12

月折旧额 =（固定资产原值 - 预计净残值）× 月折旧率

（四）固定资产折旧的总分类核算

为了核算固定资产的折旧，应设置“累计折旧”科目，该科目为“固定资产”科目备抵科目，贷方反映计提的固定资产折旧额和增加固定资产时相应增加的折旧额；贷方反映因出售、报废清理、盘亏等原因减少固定资产时所转销的已提折旧额，余额表示现有固定资产的累计折旧额。

商业银行每月计提的折旧额，应按固定资产使用部门和用途分别处理，其中管理部门使用的固定资产所提取的折旧额，应记入“管理费用”科目。经营部门的固定资产所提取的折旧额，应记入“营业费用”科目。

六、固定资产减少的会计处理

商业银行固定资产除了随着经营规模的扩大而不断地增加外，也会由于多种原因出现减少现象。减少的原因主要有：投资转出固定资产；捐赠转出固定资产；以非现金抵偿债务方式转出固定资产；无偿调出固定资产；盘亏固定资产；出售、报废、毁损固定资产；非货币性资产交换；债务重组等。除去盘亏以外，固定资产减少的核算，均应通过设置“固定资产清理”科目核算。该科目核算因出售、报废和毁损等原因转入清理的固定资产净值及其在清理过程中所发生的清理费用和收入。本科目借方反映转入清理的固定资产的净值以及发生的清理费用，贷方反映出售固定资产的价款、残料价值和变价收入以及由保险公司或过失人赔偿的损失。出售、报废、毁损的固定资产转入清理时，按固定资产账面净值，借记“固定资产清理”科目，按已提折旧，借记“累计折旧”科目，按已提的减值准备，借记“固定资产减值准备”科目，按固定资产原价，贷记“固定资产”科目。

清理过程中发生的费用以及应交的税金，借记“固定资产清理”科目，贷记“存放中央银行款项”“应交税费——应交增值税”等科目；收回出售固定资产的价款、残料价值和变价收入等，借记“存放中央银行款项”“原材料”等科目，贷记“固定资产清理”科目；应由保险公司或过失人赔偿的损失，借记“其他应收款”等科目，贷记“固定资产清理”科目。

固定资产满足下列条件之一的，应当予以终止确认：一是该固定资产处于处置状态；二是该固定资产预期通过使用或处置不能产生经济利益。

商业银行出售、转让、报废固定资产或发生固定资产毁损，应当将处置收入扣除账面价值和相关税费后的金额计入当期损益。固定资产的账面价值是固定资产成本扣减累计折旧和累计减值准备后的金额。固定资产盘亏造成的损失，应当计入当期损益。

（一）固定资产的出售、报废、毁损

固定资产经过长时间的使用后，会由于某些原因发生报废或毁损，如使用期满丧失其功能、遭受意外或责任事故以及由于技术进步必须由先进设备代替等。对报废的固定资产，要经技术部门鉴定，并填制“固定资产报废单”，报经有关部门批准后进行清理。

1. 固定资产因出售而减少的账务处理。

商业银行将多余、闲置不用的固定资产出售给其他单位，业务发生时，首先应注销被出售固定资产的原值和已提折旧额。按固定资产净值借记“固定资产清理”科目，按已提折旧额借记“累计折旧”科目，按已提的减值准备，借记“固定资产减值准备”科目，按固定资产原值，贷记“固定资产”科目；出售固定资产所获得的实际收入，借记“存放中央银行款项”等科目，贷记“固定资产清理”科目，有关税金借记“固定资产清理”科目，贷记“应交税费”科目；如果为收益，借记“固定资产清理”科目，贷记“营业外收入——处理固定资产净收益”科目；如果为损失，应借记“营业外支出——处理固定资产损失”科目，贷记“固定资产清理”科目。

2. 固定资产报废、毁损的账务处理。

（1）转入清理时，注销报废、毁损固定资产的原值和已提折旧额，按固定资产净值借记“固定资产清理”科目，按已提折旧，借记“累计折旧”科目，按已提减值准备，借记“固定资产减值准备”科目，按固定资产原价，贷记“固定资产”科目。

（2）支付清理费用。按发生的清理费用和应交税费，借记“固定资产清理”科目，贷记“存放中央银行款项”“应交税费”等科目。

（3）结转残料价值和变价收入。按收回的残料价值和变价收入，借记“存放中央银行款项”“低值易耗品”等科目，贷记“固定资产清理”科目。

（4）应由保险公司或过失人赔偿的损失，借记“其他应收款”或“存放中央银行款项”等科目，贷记“固定资产清理”科目。

（5）结转清理后的净收益或净损失，应区别情况进行处理：对固定资产清理后的净收益，属于筹建期间的，冲减长期待摊费用，借记“固定资产清理”科目，贷记“长期待摊费用”科目。属于经营期间的，计入损益，借记“固定资产清理”科目，贷记“营业外收入——处置固定资产净收益”科目。对固定资产清理后的净损失，属于筹建期间的，借记“长期待摊费用”科目，贷记“固定资产清理”科目，属于自然灾害等非正常原因造成的损失，借记“营业外支出——非常损失”科目，贷记“固定资产清理”科目；属于经营期间正常的处理损失，借记“营业外支出——处置固定资产净损失”科目，贷记“固定资产清理”科目。

（二）固定资产的盘亏

商业银行应当定期对固定资产盘点清查，在编制决算报表前至少要进行一次全面清查。在固定资产的盘点清查过程中，如发现有盘亏的固定资产，应及时查明原因，编制“固定资产盘亏报告表”，以便进行账务处理。

由于固定资产清查盘点的结果不同，其账务处理也不同。对盘亏的固定资产，商业银行应及时办理固定资产注销手续；在按规定的程序批准以前，应将固定资产卡片从原来的归档中抽出，另行保管。同时按盘亏固定资产的账面价值，借记“待处理财产损溢”科目，按已提折旧额借记“累计折旧”科目，按该项固定资产已计提的减值准备，借记“固定资产减值准备”科目，按账面原值贷记“固定资产”科目。在按规定程序批准后，应按盘亏固定资产的原值扣除累计折旧、过失人及保险公司赔偿后的差额借记“营业外支出”科目，同时按过失人及保险公司应赔偿的金额借记“其他应收款”等科目，按盘亏固定资产的净值贷记“待处理财产损溢”科目。

七、固定资产后续支出和减值准备

（一）固定资产后续支出

固定资产在使用中还会发生各种支出，这些支出有的是为了扩建、更新改造，有的是为了维护、改进固定资产功能等。一般来说，为了维护固定资产的正常使用而发生的修理、保养费用，这种后续支出与当期的收入相关，应作为收益性支出，计入当期损益。为了提高固定资产的性能、质量或延长其使用寿命而发生的后续支出，应作为资本性支出，计入固定资产价值。在会计准则中，一般称为资本化后续支出和费用化后续支出。在会计实务中，一般有技术改造工程和维护修理后续支出。

1. 技术改造工程。

商业银行的固定资产技术改造工程是指对固定资产的技术改良、装饰、装修等工程。固定资产更新改造支出一般数额较大，受益期较长，而且通常会使固定资产的性能、质量等都有较大的改进。

商业银行为固定资产发生的支出符合下列条件之一的，应确认为固定资产技术改造支出：（1）使固定资产的使用年限延长；（2）使固定资产的能力提高；（3）使运营服务质量提高；（4）使成本降低；（5）使产品品种、性能、规格等发生良好的变化；（6）使商业银行经营管理环境或条件改善。在会计实务中，技改后的固定资产成本，应按原有固定资产的原价减去技改过程中发生的变价收入，加上技改过程中发生的支出，计入技术改造后的固定资产原价。因改良而延长了使用年限的固定资产，应对其原使用年限和折旧率进行调整。

商业银行进行技术改造工程所发生的实际成本通过设置“在建工程——技术改造工程”科目核算。该科目借方反映需要更新改造的固定资产净值以及发生的各项支出，贷方反映工程完工后交付使用的固定资产成本，期末余额表示商业银行尚未完工的更新改造工程中发生的各项实际支出。该科目按单项工程进行明细核算。

商业银行交付需进行技术改造的固定资产时，应按其净值借记“在建工程——技术改造工程”“累计折旧”等科目，贷记“固定资产”科目；商业银行进行技术改造工程所领用的工程物资、发生的工程人员的工资、出包工程所支付的工程价款、应由工程负担的借款费用、税金以及其他有关费用，借记“在建工程——技术改造工程”科目，贷记“工程物资”“应付职工薪酬”“存放中央银行款项”“长期借款”等科目；工程完工交付使用时，借记“固定资产”等科目，贷记“在建工程——技术改造工程”科目。

2. 维护和修理。

商业银行的固定资产，由于长期使用、自然侵蚀和意外事故等原因会发生故障或部分损坏，从而影响它的有效使用期限和使用效率。为了保证固定资产的正常能力，发挥它应有的工作效能，商业银行必须加强对固定资产的维护和修理。发生的这些支出只是确保固定资产的正常工作状况，它并不导致固定资产性能的改变或固定资产未来经济效益的增加。因此，应在发生时一次性直接计入当期费用，不再通过预提或待摊方式进行核算。

（二）固定资产的减值

资产减值，是指资产的可收回金额低于其账面价值，这里的资产包括单项资产和资产组。可收回金额是根据资产的公允价值减去处置费用后的净额与资产预计未来现金流量的现值两者之间的较高者确定。当资产可收回金额低于其账面价值时，应当将资产的账面价值减记至可收回金额，减记的金额确认为资产减值损失，计入当期损益，同时计提相应的资产减值准备，即借记“资产减值损失”科目，贷记“固定资产减值准备”科目。

商业银行应当在资产负债表日判断资产是否存在可能发生减值的迹象。如不存在减值迹象，不应估计资产的可回收金额，也不必确认减值损失。资产只有在存在减值迹象的情况下，才要求估计其可收回金额。当存在以下迹象时，表明资产可能发生了减值：

（1）资产的市价当期大幅度下跌，其跌幅明显高于因时间推移或者正常使用而预计的下跌；

（2）商业银行经营所处的经济、技术或者法律等环境以及资产所处的市场在当期或者将在近期发生重大变化，从而对商业银行产生不利影响；

（3）市场利率或者其他市场投资报酬率在当期已经提高，从而影响商业银行计算资产预计未来现金流量现值的折现率，导致资产可收回金额大幅度下跌；

（4）有证据表明资产已经陈旧过时或者其实体已经损坏；

（5）资产已经或者将被闲置、终止使用或者计划提前处置；

（6）商业银行内部报告的证据表明资产的经济绩效已经低于或者将低于预期，如资产所创造的净现金流量或者实现的营业利润（或者亏损）远远低于（或者高于）预计金额等；

（7）其他表明资产可能已经发生减值的迹象。

根据 CAS4 号固定资产准则的规定，资产减值损失一经确认，在以后会计期间不得转回。

第七节 无形资产核算

一、无形资产概述

（一）无形资产的概念和特征

根据 CAS6 号无形资产准则的规定，无形资产是指商业银行拥有或者控制的没有实物形态的可辨认非货币性资产。

无形资产的这一概念明确了其内涵规定与外延边界，也相应衍生了无形资产不同于其他资产项目的专属特征。为了更加准确地认识和理解无形资产的内涵与外延，现具体分析无形资产的基本特征如下：

（1）无形资产没有实物形态；

（2）无形资产属于非货币性长期资产；

（3）无形资产是为自用而非出售的资产；

（4）无形资产的获利性具有不确定性；

（5）无形资产具有可辨认性。

当然，在认识上述特征的基础上，还需要特别强调，为了谨慎起见，CAS6号无形资产准则规定，对商业银行自行创造的商誉、内部产生的品牌、报刊名称等，不论其是否具有市场价值，均不作为无形资产进行会计确认。

（二）无形资产的主要类别

无形资产按其具体形式划分，主要有以下几类：（1）专利权；（2）商标权；（3）专有技术；（4）知识产权；（5）土地使用权；（6）专营权。

二、无形资产的确认

（一）无形资产的确认条件

无形资产确认是指将符合无形资产确认条件的项目，作为商业银行无形资产加以记录并将其列入商业银行资产负债表的过程。根据CAS6号无形资产准则规定，无形资产在满足以下条件时，商业银行才能加以确认：一是符合无形资产的定义；二是与该无形资产有关的经济利益很可能流入；三是该无形资产的成本能够可靠地计量。因此，在如何把握无形资产的确认问题时，我们需要先分析其是否符合无形资产的定义，再分析掌握其是否符合经济效益流入和成本可靠计量的两项条件：

所谓符合无形资产的定义，就是指根据CAS6号无形资产准则关于“无形资产是指企业拥有或者控制的没有实物形态的可辨认非货币性资产”的定义，商业银行能够“拥有”或“控制”，“无实物形态”但是“可辨认”，这些特征是判断是否符合无形资产的重要表现；所谓与该无形资产有关的经济利益很可能流入，就是指根据通常法规或市场惯例，与该无形资产相关的经济利益所对应的款项收回可能性的概率区间应该大于50%小于等于95%；所谓该无形资产的成本能够可靠地计量，就是指与该无形资产相关的成本是能够计量的，既包括已经发生的成本是可以可靠计量的，也包括将发生的成本是能够合理地预计的。总之，无形资产的范畴是根据会计谨慎性原则来界定的。

（二）研发类无形资产的确认

1. 研究阶段与开发阶段的功能。

随着国家建设创新型社会的政策进一步配套与落实，商业银行作为自主创新的重要主体，已经出现了全局性创新的浪潮。为了会计确认、计量与报告系统，能够科学合理、实事求是地推进创新活动，进一步确认和支持商业银行的研发活动，CAS6号无形资产准则将商业银行内部研究开发活动，区分为研究阶段和开发阶段两个阶段，同时，各个阶段的项目支出也采取了有所区别的会计处理原则：

（1）研究阶段的基本特征。研究是指为获取并理解新的科学或技术知识而进行的独创性的有计划调查。例如，以获取新知识为目的的活动，研究成果或者其他知识的应用、评价或者最终选择等。研究阶段的特点在于探索性，它为进一步的开发活动进行资料及相关方面的准备，从已经进行的研究活动看，将来是否会转入开发、开发后是否会形成无形资产等具有较大的不确定性。所以，在会计处理上，需要将研发阶段的支出在发生时计入当期损益。

企业实际出现的研究活动，常常表现为：获取知识而进行的调查分析活动；研究成果或其他知识的应用研究、评价和最终选择；新的或经改进的材料、设备、产品、工序、系统或服务的可能替代品的配制、设计、评价和最终选择等。

（2）开发阶段的基本特征。开发是指在进行商业性应用之前，将研究成果或其他知识应用于某项计划或设计，以产出新的或具有实质性改进的材料、装置、产品等。开发阶段相对研究阶段而言，应当是在完成研究阶段基础上的后续性工作，在很大程度上形成一项新产品或新技术的基本条件已经具备。所以，开发阶段的支出在同时满足相关条件时，可以予以资本化。

2. 研究与开发费用的区别处理。

从以上分析可以看出，尽管研究阶段和开发阶段是研发活动所不可分割的组成部分，但是，二者在财务运行的风险程度、投资回报的关联程度方面，存在着明显的差异。因此，CAS6号无形资产准则采取了区别对待的处理办法：

（1）对于商业银行内部研究开发项目在起始进程中的研究阶段的支出，应当于发生时计入当期损益。

（2）对于商业银行内部研究开发项目开发阶段的支出，同时满足下列条件的，才能确认为无形资产：一是完成该无形资产以使其能够使用或出售在技术上具有可行性；二是具有完成该无形资产并使用或出售的意图；三是无形资产具有产生经济利益的方式；四是有足够的技术、财务资源和其他资源支持，以完成该无形资产的开发，并有能力使用或出售该无形资产；五是归属于该无形资产开发阶段的支出能够可靠地计量。

在实际工作中，需要根据这些规定来判断商业银行的开发阶段支出是否应该纳入到形成无形资产的相应成本进行核算，结合商业银行研发活动来具体处理；而对于不符合上述资本化条件的开发支出，则应当计入当期损益(管理费用)。

如果无法区分研究阶段支出和开发阶段支出，应当将其所发生的研发支出全部费用化，计入当期损益（管理费用）。

三、无形资产的计量

（一）无形资产的初始计量

商业银行的无形资产应当按照成本计量模式进行初始计量。即在通常情况下，当某项具备无形资产特性的资产项目，其所产生的经济利益很可能流入商业银行，并且其资产成本能够可靠地计量时，就被确认为无形资产。这种确认，应该遵循历史成本原则，按照取得无形资产时所发生的实际成本入账。

1. 外部购置无形资产的入账。

外购无形资产的成本，包括购买价款、相关税费以及直接归属于使该项资产达到预定用途所发生的其他支出。购买无形资产的价款超过正常信用条件延期支付，实质上具有融资性质的，无形资产的成本以购买价款的现值为基础确定。实际支付的价款与购买价款的现值之间的差额，除按照 CAS17 号借款费用准则应予资本化的以外，应当在信用期间内计入当期损益。

2. 自行开发无形资产的入账。

通过自行研究和开发形成的无形资产，在开发阶段符合前述相关条件的情况下，可构成无形资产价值，其初始成本包括自行开发阶段发生的符合规定条件的支出总额。但是对于以前期间已经费用化的支出不再划转调整，对于不符合规定条件的支出也不作为无形资产开发成本。

（二）无形资产的后续计量

无形资产后续计量主要是围绕无形资产摊销和无形资产减值而产生的相关问题。

1. 无形资产摊销。

无形资产是商业银行的一种长期资产，通常存在着一定的有效期限，随着使用期限终结时点的逐渐临近，其所具有价值的权利或特权总会趋于终结或消失。

无形资产摊销主要涉及无形资产成本、摊销开始月份、摊销方法、摊销年限、残值等因素。无形资产成本即为入账价值，无形资产的成本应自取得当月起在预计使用寿命内分期摊销。也就是说，无形资产摊销的开始月份为取得当月，摊销年限为无形资产的预计使用寿命。

（1）使用寿命。商业银行应当于取得无形资产时分析判断其使用寿命。会计准则将无形资产划分为有限寿命和寿命不确定的两类：

无形资产的使用寿命为有限的，应当估计该使用寿命的年限或者构成使用寿命周期内的产量等类似计量单位数量；无法预见无形资产为商业银行带来经济利益期限的，应当视为使用寿命不确定的无形资产。使用寿命有限的无形资产，其应摊销金额应当在使用寿命内合理摊销。

商业银行摊销无形资产，应当自无形资产可供使用时起至不再作为无形资产确认时止。

商业银行持有的无形资产，通常来源于合同性权利或是其他法定权利，而且合同规定或法律规定有明确的使用年限。来源于合同性权利或其他法定权利的无形资产，其使用寿命不应超过合同性权利或其他法定权利的期限；如果合同性权利或其他法定权利能够在到期时因续约等延续，且有证据表明商业银行续约不需要付出大额成本，续约期应当计入使用寿命。

合同或法律没有规定使用寿命的，商业银行应当综合各方面情况，聘请相关专家进行论证，或与同行业的情况进行比较，以及参考历史经验等，确定无形资产为商业银行带来未来经济的期限。

经过上述努力仍无法合理确定无形资产为商业银行带来经济利益期限的，才能将其作为使用寿命不确定的无形资产。

无形资产摊销年限一经确定，不能随意变更。在执行过程中，因为客观经济环境改变确实需要变更摊销年限的，应将变更作为会计估计变更处理；否则，应视作滥用会计估计变更，按重大会计差错处理。

（2）摊销方法。商业银行选择的无形资产摊销方法，应当反映与该项无形资产有关的经济利益的预期实现方式。无法可靠确定预期实现方式的，应当采用直线法摊销，而对于使用寿命不确定的无形资产，不应摊销。此外，无形资产的摊销金额一般应当计入当期损益。

（3）残值处理。使用寿命有限的无形资产的残值应当为零。但是如果出现以下情况，则应当考虑无形资产残值不为零的情况：一是有第三方承诺在无形资产使用寿命结束时购买该无形资产；二是可以根据活跃市场得到预计残值信息，并且该市场在无形资产使用寿命结束时很可能存在。

（4）摊销的复核。商业银行至少应当于每年年度终了，对使用寿命有限的无形资产的使用寿命及摊销方法进行复核。无形资产的使用寿命及摊销方法与以前估计不同的，应当改变摊销期限和摊销方法。

2. 无形资产减值。

与固定资产一样，无形资产也存在减值的问题。因此，商业银行应对无形资产的账面价值进行定期检查。根据 CAS8 号资产减值准则的相关规定，商业银行至少应于每年年末对无形资产的账面价值进行检查。如果无形资产可收回金额低于其账面价值，说明商业银行的无形资产发生了减值，应计提无形资产的减值准备。

（1）检查账面价值。商业银行应在资产负债表日对无形资产的账面价值进行检查，至少于每年年末检查一次。在检查时，如果发现以下情况，则应对无形资产的可收回金额进行估计，并将该无形资产的账面价值超过可收回金额的部分确认为减值准备：①该无形资产已被其他新技术等所替代，使其为商业银行创造经济利益的能力受到重大不利影响；②该无形资产的市价在当期大幅下跌，并在剩余摊销年限内可能不会回升；③其他足以表明该无形资产的账面价值已超过可收回金额的情形。

（2）确定可收回金额。无形资产的可收回金额指以下两项金额中的较大者：①无形资产的公允价值，即该无形资产的销售价格减去因出售该无形资产所发生的律师费和其他相关税费后的余额；②预期从无形资产的持续使用和使用年限结束时的处置中产生的预计未来现金流量的现值。

（3）计提减值准备。如果由于技术进步或其他经济原因等导致无形资产可收回金额低于其账面价值，商业银行就应将可收回金额低于无形资产账面价值的差额作为无形资产价值的减值准备，并将其差额计入当期资产减值损失。此外，对于已经计提减值准备的无形资产，在摊销中还要扣除减值准备累计金额，以此在剩余使用寿命中分摊。

必须强调指出，对于已确认减值的无形资产，在其后的会计期间，不论是否存在相应的证据表明其减值又得以恢复，一律不得将前期已经计提的减值准备予以冲回。

（三）无形资产的处置和报废

无形资产的处置和报废包括出售、出租、转销等项目。

1. 无形资产出售。

商业银行外购或自创的无形资产，在持有自用一段时间后，可能将无形资产出售，即商业银行放弃其所有权。商业银行出售无形资产时，应将所得价款与该无形资产的账面价值之间的差额计入当期损益，通过“营业外收入”或者“营业外支出”进行核算。由于出售无形资产所得不符合 CAS14 号收入准则中的关于收入的定义，因此，出售无形资产所得应以其相关净额核算和反映。

2. 无形资产出租。

无形资产出租是指企业将所拥有的无形资产的使用权让渡给他人，并收取租金。根据收入准则的规定，这类交易属于商业银行让渡资产使用权，因而相关所得应作为收入核算。为确保收入与费用相配比，在确认租金收入的同时，还应确认相关费用。无形资产的出租收入应在符合以下条件时予以确认：①与出租交易相关的经济利益能够流入；②租金收入的金额能够可靠地计量。对无形资产租金收入应按合同或协议规定计算确定。

3. 无形资产转销。

对于无形资产转销，CAS 6 号无形资产准则规定，如果无形资产预期不能为商业银行带来经济利益，从而不再符合无形资产的定义，则应将其转销。商业银行在判断无形资产是否预期不能为商业银行带来经济利益时，应根据以下迹象加以判断：一是该无形资产是否已被其他新技术等所替代，且已不能为商业银行带来经济利益；二是该无形资产是否不再受法律的保护，且不能给商业银行带来经济利益。

四、无形资产的核算

为了适应商业银行对其所拥有或控制的无形资产管理与核算的要求，商业银行需要设置相应的会计科目。通常，商业银行可以设置“无形资产”“累计摊销”“无形资产减值准备”科目，对于从事研究与开发活动的商业银行，需要设置“研发支出”科目。

1. “无形资产”科目。

“无形资产”科目核算商业银行持有的无形资产，包括专利权、非专利技术、商标权、著作权、土地使用权等。商业银行应当按照无形资产项目进行明细核算。采用成本模式计量的已出租的土地使用权和持有并准备增值后转让的土地使用权，在“投资性房地产”科目核算，不在本科目核算。

对于外购的无形资产，按应计入无形资产成本的金额，借记本科目，贷记“存放中央银行款项”等科目。购入无形资产超过正常信用条件延期支付价款，实质上具有融资性质的，应按所购无形资产购买价款的现值，借记本科目，按应支付的金额，贷记“长期应付款”科目，按其差额，借记“未确认融资费用”科目；对于自行开发的无形资产，借记本科目，贷记“研发支出”科目；对于商业银行合并中取得的无形资产，应按其在购买日的公允价值，借记本科目，贷记有关科目；对于其他方式取得的无形资产，按不同方式下确定应计入无形资产成本的金额，借记本科目，贷记有关科目。

当无形资产预期不能为商业银行带来经济利益的，应按已计提的累计摊销，借记“累计摊销”科目，已计提减值准备的，借记“无形资产减值准备”科目，按其账面余额，贷记本科目，按其差额，借记“营业外支出”科目。

当处置无形资产时，应按实际收到的金额，借记“存放中央银行款项”等科目，按已计提的累计摊销，借记“累计摊销”科目，已计提减值准备的，借记“无形资产减值准备”科目，按应支付的相关税费，贷记“应交税费”等科目，按其账面余额，贷记本科目，按其差额，贷记“营业外收入——处置非流动资产利得”科目或借记“营业外支出——处置非流动资产损失”科目。

“无形资产”科目的期末借方余额，反映商业银行无形资产的成本。

2. “累计摊销”科目。

“累计摊销”科目核算商业银行对使用寿命有限的无形资产计提的累计摊销。采用成本模式计量的作为投资性房地产的土地使用权计提的累计摊销，可以单独设置“投资性地产累计摊销”科目，比照本科目进行核算。本科目应按无形资产项目进行明细核算。商业银行按月计提无形资产摊销，借记“管理费用”“其他业务支出”等科目，贷记本科目。

“累计摊销”科目期末贷方余额，反映商业银行无形资产累计摊销额。

3. “无形资产减值准备”科目。

“无形资产减值准备”科目核算商业银行无形资产发生减值时计提的减

值准备。采用成本模式计量的作为投资性房地产的土地使用权计提的减值准备，可以单独设置“投资性地产减值准备”科目，比照本科目进行核算。本科目应按无形资产项目进行明细核算。资产负债表日，商业银行根据资产减值准则确定无形资产发生减值的，按应减记的金额，借记“资产减值损失”科目，贷记本科目。处置无形资产时，应同时结转已计提的无形资产减值准备。

“无形资产减值准备”科目期末贷方余额，反映商业银行已计提但尚未转销的无形资产减值准备。

4. “研发支出”科目。

“研发支出”科目核算商业银行进行研究与开发无形资产过程中发生的各项支出。本科目应当按照研究开发项目，分别“费用化支出”与“资本化支出”进行明细核算。

研发支出的主要账务处理：

对于商业银行自行开发无形资产发生的研发支出，不满足无形资产准则规定的资本化条件的，借记本科目（费用化支出）；满足无形资产准则规定的资本化条件的，借记本科目（资本化支出），贷记“存放中央银行款项”“应付职工薪酬”等科目。

对于商业银行以其他方式取得的正在进行中研究开发项目，应按确定的金额，借记本科目（资本化支出），贷记“存放中央银行款项”等科目。以后发生的研发支出，应当比照上述条款规定进行处理。

当研究开发项目达到预定用途形成无形资产的，应按本科目（资本化支出）的余额，借记“无形资产”科目，贷记本科目（资本化支出）。期末，商业银行应将本科目归集的费用化支出金额转入“管理费用”科目，借记“管理费用”科目，贷记本科目（费用化支出）。

“研发支出”科目期末借方余额，反映商业银行正在进行中的研究开发项目中满足资本化条件的支出。

【例 2－28】 某商业银行 20×2 年 1 月 1 日向东方宏源公司购入一项银行卡专利权，买价为 300 000 元，支付的注册登记费等费用为 10 000 元，该专利权的法定使用年限还剩 4 年。若银行用了 2 年后于 20×4 年 1 月 1 日将该专利权的所有权转让给丙公司，取得转让收入为 180 000 元，应交增值税 5 400 元。则银行应编制如下会计分录：

1. 20×2 年 1 月 1 日取得专利权时：

借：无形资产——专利权　　310 000

　　贷：存放中央银行款项　　310 000

2. 20×2 年末摊销时：

借：管理费用——无形资产摊销　　77 500

　　贷：无形资产——专利权　　77 500

3. 20×3 年末摊销同 2012 年

4. 20×4 年 1 月 1 日转让取得转让收入时：

借：存放中央银行款项　　180 000

　　贷：无形资产　　155 000

　　　　应交税费——应交增值税——销项税额　　5 400

　　　　营业外收入　　19 600

第八节　投资性房地产核算

一、投资性房地产的内容

根据 CAS 3 号投资性房地产准则的规定，投资性房地产是指为赚取租金或资本增值，或两者兼有而持有的房地产，投资性房地产应当能够单独计量和出售。投资性房地产主要包括：已出租的建筑物、已出租的土地使用权、持有并准备增值后转让的土地使用权。

二、投资性房地产的确认条件

根据 CAS3 号投资性房地产准则的规定，投资性房地产同时满足下列条件的，才能予以确认；一是与该投资性房地产有关的经济利益很可能流入；二是该投资性房地产的成本能够可靠地计量。

这两个条件是成为商业银行资产具备的基本特征，只有既符合投资性房地产的定义又同时具备这两个条件的，才能确认为投资性房地产。

三、投资性房地产初始成本的计量

投资性房地产应当按照成本进行初始计量。投资性房地产的取得方式不同，其初始成本的计量也各不相同：

（1）商业银行外购的投资性房地产应当以购买价款、相关税费和可直接归属于该资产的其他支出入账；

（2）自行建造投资性房地产的成本，由建造该项资产达到预定可使用状态前所发生的必要支出构成；

（3）以其他方式取得的投资性房地产的成本，按照相关会计准则的规定确定。

四、投资性房地产的后续计量

（一）设置会计科目

为了核算投资性房地产的价值，包括采用成本模式计量的投资性房地产和采用公允价值模式计量的投资性房地产，应设置“投资性房地产”科目，该科目属于资产类科目。当采用成本模式计量时，该科目借方登记取得的投资性房地产的成本；贷方登记处置时转出的投资性房地产的成本。当采用公允价值计量模式时，该科目借方登记取得的投资性房地产的成本和拥有投资性房地产期间公允价值变动收益；贷方登记拥有投资性房地产期间公允价值变动损失以及处置时转出的投资性房地产的价值。该账户的期末余额在借方，反映商业银行拥有的投资性房地产的价值。当投资性房地产采用成本模式计量时，商业银行应当按照投资性房地产类别和项目进行明细核算；投资性房地产采用公允价值模式计量的，商业银行应当按照投资性房地产类别和项目并分别“成本”和“公允价值变动”进行明细核算。

（二）采用成本模式核算投资性房地产

商业银行通常应当采用成本模式对投资性房地产进行后续计量，也可采用公允价值模式对投资性房地产进行后续计量。但是，商业银行应当采用一种模式对投资性房地产进行后续计量，不得同时采用两种计量模式。商业银行对投资性房地产的计量模式一经确定，不得随意变更。成本模式转为公允价值模式的，应当作为会计政策变更，按照 CAS 28 号会计政策、会计估计变更和差错更正准则处理。已采用公允价值模式计量的投资性房地产，不得从公允价值模式转为成本模式。

在成本模式下，应当按照 CAS 4 号固定资产准则和 CAS 6 号无形资产准则的规定，对已出租的建筑物和土地使用权进行计量，计提折旧或摊销；如果存在减值迹象的，应当按照 CAS 8 号资产减值准则的规定进行处理。具体来说，当取得投资性房地产时，按取得时的成本借记“投资性房地产”科目，贷记“存放中央银行款项”等科目；投资性房地产中建筑物的折旧政策与固定资产一致，在计提折旧时，借记“其他业务支出”等科目，贷记“累计折旧”科目；对于投资性房地产中的土地使用权，其摊销政策与无形资产一致，在摊销时，借记“其他业务支出”等科目，贷记“累计摊销”科目；在计提投资性房地产的减值准备时，借记“资产减值损失——计提的投资性房地产减值准备”科目，贷记“投资性房地产减值准备”科目。

【例 2－29】 20×2 年 1 月 2 日，某银行购入一幢建筑物用于出租，取得时实际支付的价款为 1 500 000 元，已支付。假定该建筑物的预计净残值率为 4%，预计使用年限为 50 年，采用平均年限法计提折旧。

（1）购入建筑物时，作如下会计分录：

借：投资性房地产——××建筑物　　　　1 500 000

　　贷：存放中央银行款项　　　　1 500 000

（2）20×2 年 2 月底应计提折旧 2 400 元，即 1 500 000×（1－4%）÷50÷12，作如下会计分录：

借：其他业务支出　　　　2 400

　　贷：累计折旧　　　　2 400

【例 2－30】 承【例 2－29】，假设 20×2 年底，该建筑物的可收回金额为 1 350 000 元，账面净额为 1 473 600 元，即（1 500 000－2 400×11），应计提 123 600 元的减值，作会计分录如下：

借：资产减值损失——计提的投资性房地产减值准备　　123 600

　　贷：投资性房地产减值准备——××建筑物　　123 600

（三）采用公允价值模式核算投资性房地产

根据 CAS 3 号投资性房地产准则的规定，当存在确凿证据表明投资性房地产的公允价值能够持续可靠取得时，可以采用公允价值计量模式。采用公允价值模式计量的投资性房地产，应当同时满足下列条件：

（1）投资性房地产所在地有活跃的房地产交易市场；

（2）商业银行能够从活跃的房地产交易市场上取得同类或类似房地产的市场价格及其他相关信息，从而对投资性房地产的公允价值作出科学合理的估计。

用公允价值模式计量的，不对投资性房地产计提折旧或进行摊销，应当以资产负债表日投资性房地产的公允价值为基础调整其账面价值，公允价值与原账面价值之间的差额计入当期损益。

采用公允价值模式计量的投资性房地产的，其主要账务处理如下：

（1）商业银行外购、自行建造等取得的投资性房地产，应按投资性房地产准则确定的成本，借记“投资性房地产（成本）”科目，贷记“存放中央银行款项”“在建工程”等科目。

（2）将自用土地使用权或建筑物转换为采用公允价值模式计量的投资性房地产，按该项土地使用权或建筑物在转换日的账面价值，借记“投资性房地产（成本）”科目，按已计提的累计摊销或累计折旧，借记“累计摊销”“累计折旧”科目，已计提减值准备的，借记“无形资产减值准备”“固定资产减值准备”科目，按其账面余额，贷记“无形资产”“固定资产”科目。同时，按该项土地使用权或建筑物在转换日的公允价值与其账面价值的差额，借记“投资性房地产（公允价值变动）”科目，贷记“资本公积——其他资本公积”科目，或借记“公允价值变动损益”科目，贷记“投资性房地产（公允价值变动）”科目。

（3）投资性房地产进行改良或装修时，应按该项投资性房地产的账面余额，借记“在建工程”科目，按该项投资性房地产的成本，贷记“投资性房地产（成本）”科目，按该项投资性房地产的公允价值变动，贷记或借记“投资性房地产（公允价值变动）”科目。

（4）资产负债表日，投资性房地产的公允价值高于其账面余额的差额，借记“投资性房地产（公允价值变动）”科目，贷记“公允价值变动损益”科目；公允价值低于其账面余额的差额，作相反的会计分录。

（5）将采用公允价值模式计量的投资性房地产转为自用时，应按该项投资性房地产在转换日的公允价值，借记“固定资产”“无形资产”科目，按该项投资性房地产的成本，贷记“投资性房地产（成本）”科目，按该项投资性房地产的公允价值变动，贷记或借记“投资性房地产（公允价值变动）”科目，按其差额，贷记或借记“公允价值变动损益”科目。

（6）处置投资性房地产时，应按实际收到的金额，借记“存放中央银行款项”等科目，按该项投资性房地产的成本，贷记“投资性房地产（成本）”科目，按该项投资性房地产的公允价值变动，贷记或借记“投资性房地产

(公允价值变动)”科目，按其差额，贷记或借记“投资收益”科目。同时，按该项投资性房地产的公允价值变动，借记或贷记“公允价值变动损益”“资本公积——其他资本公积”科目，贷记或借记“投资收益”科目。

【例2-31】 20×3年1月2日，某商业银行将一自用建筑物转为投资性房地产，并打算采用公允价值的计量模式。该建筑物的原值为2 200 000元，累计计提折旧余额为200 000元，已计提减值准备50 000元，在转换日公允价值为2 500 000元。

根据以上资料编制会计分录如下：

(1) 根据转换日该建筑物的账面价值作会计分录如下：

借：投资性房地产——××建筑物（成本）　1 950 000
　　累计折旧　200 000
　　固定资产减值准备　50 000
　　贷：固定资产　2 200 000

(2) 同时，按该项建筑物在转换日的公允价值与其账面价值的差额，作会计分录如下：

借：投资性房地产——××建筑物（公允价值变动）　550 000
　　贷：资本公积——其他资本公积　550 000

【例2-32】 承【例2-31】，假定在20×3年12月31日该建筑物的公允价值为2 800 000元，根据公允价值的变动作会计分录如下：

借：投资性房地产——××建筑物（公允价值变动）　300 000
　　贷：公允价值变动损益　300 000

【例2-33】 承【例2-32】，假设20×4年2月公司将该建筑物出售，收到款项为3 000 000元。根据以上资料编制会计分录如下：

借：存放中央银行款项　3 000 000
　　贷：投资性房地产——××建筑物（成本）　1 550 000
　　　　　　　　　——××建筑物（公允价值变动）　1 250 000
　　　　投资收益　200 000

同时，将该项投资性房地产的公允价值变动转为投资收益。

借：公允价值变动损益　300 000
　　资本公积——其他资本公积　950 000
　　贷：投资收益　1 250 000

第三章
商业银行负债要素核算

本章精要

从某种意义上看，金融企业其实就是一个经营负债的特种企业，通常拥有比一般企业高得多的负债。因此，应该积极关注本章的内容。

首先是负债的基本分类。对于负债而言，分类不同，其确认和计量的要求也自然有所不同。除了按照负债的流动性来区分短期负债和长期负债之外，还存在着负债金额是不是可确定、是不是属于金融合同所规范的对象。对这些分类应该掌握和应用。在此基础上，针对金融合同引起的金融负债，则是一个重点和难点。因此，本章专门就金融负债的分类、确认和计量问题进行阐述。

后面分三节来分别阐述应付债券、其他金融类负债、其他负债等负债业务的确认、计量。其中第二节是应付债券。重点掌握应付债券的核算，包括面值发行、溢价发行或折价发行的具体环境处理。对其他非流动负债，如长期借款、预计负债、递延所得税负债也要一一进行透彻的解读。第三节是其他金融类负债。对短期借款、拆入资金、交易性金融负债、卖出回购金融资产款等，需要分别认知其常见内容、基本特征、处理要求。第四节是其他负债的确认、计量。如应交税费、应付股利、应交城市维护建设税、应交房产税、土地使用税、车船税和印花税、应交个人所得税。在职工薪酬中，要特别关注其全新的经济内涵与外延，尤其需要关注与传统管理制度的根本性变化，还必须关注非货币性福利、辞退福利和股份支付的账务处理。

第一节 负债的基本分类

一、负债分类：基于流动性视角

流动性（liquidity）是一个既简单又复杂的问题。其原始意义直指微观经济下的企业偿还短期负债的能力，而如今也经常被用来表示宏观经济的货币投放量多少，甚至还会在证券市场用来表示一个股票买卖活动的难易程度。经济学家认为，人们之所以偏好保持现金而不愿持有资产去获取收益，主要是出于交易、谨慎或者投机取利的动机。在公司经营中，流动性、收益性和风险性存在着动态均衡的选择关系。流动性管理已经成为中国企业面临的重大挑战，商业银行也不例外。因此，基于流动性特征对负债进行科学的管理显然是防范流动性风险的重中之重。因此，按照负债的流动性对商业银行的负债进行分类并区别对待，是会计核算的一项基础工作。

（一）流动负债的核算

流动负债通常是指在一年或者超过一年的一个营业周期内偿还的债务。从理论上说，流动负债与流动资产是密切相关的，通过两者的比较可以大致了解物流企业的短期偿债能力和清算能力。流动负债包括：短期借款、应付账款、应付票据、应付职工薪酬、应付福利费、应交税费、应付股利、预提费用、其他应付款、其他应交款等。

为了保证会计信息的质量，应对负债进行正确计价。由于负债是商业银行现在承担但将来偿付的经济义务，从理论上说，应当考虑货币的时间价值，在其发生时按照未来应偿付金额的现值计价入账。但是，由于短期负债涉及的期间一般较短（通常少于 1 年），其到期价值与现值往往差别不大，而长期负债则会出现由于货币时间价值引发的巨大差异。

（二）非流动负债的核算

非流动负债是指流动负债以外的负债，主要包括长期借款、应付债券、长期应付款等。

非流动负债除具有负债的共同特征外，与流动负债相比，一般还具有债务金额大、偿还期限长、可以分期偿还等特点。

我国商业银行的非流动负债主要包括向其他银行或其他金融机构借入的

长期借款、发行的公司债券即应付债券等。这些非流动负债按归还方式可分为一次性归还的非流动负债和分期归还的非流动负债；按使用的结果分为形成固定资产的非流动负债和形成流动资产的非流动负债。对于非流动负债而言，应关注在其持续期间的有关计量问题则成为一个主要事项，必须认真核算。

二、负债分类：基于金额可确定性视角

负债一般根据其不确定性程度的大小，划分为金额可确定和金额酌情而定的两类。

（一）金额可确定的负债

这类负债一般在确认一项义务的同时，根据合同、契约或法律的规定具有确切的金额、债权人和付款日，到期必须偿还。

（二）金额视经营情况而定的负债

这类负债需待商业银行在资产负债表日，视该经营期的经营情况才能确定负债金额，在该经营期末结束前，负债金额不能用货币计量。比如，随着不同月份、不同年度的企业经营情况变化而随机确定其金额多少，即必须到一定的会计期间终了计算出经营损益后才能确定的负债项目，如：应交税费、职工薪酬和应付股利等。

三、负债分类：基于金融合同的视角

金融是以提供资金为主的组织，金融合同主要围绕资金而定的权利与义务。基于金融合同的视角，可以将负债分为金融负债和非金融负债两类进行管理。

（一）金融负债

金融负债就是因为金融工具合同而产生的负债。包括以公允价值计量且其变化计入当期损益的负债和其他金融负债。而以公允价值计量且其变化计入当期损益的负债又分为交易性金融负债和指定为以公允价值计量且其变动计入当期损益的金融负债。

（二）非金融合同引起的负债

非金融负债（non-financial liabilities）是指企业在经营过程中除金融工具外的其他事项所承担的负债，主要包括应付职工薪酬、应交税费、专项应付款等。

基于这种理由，有一种情况需要注意，这便于我们理解金融合同与非金融合同的某一个区别点：当企业成为金融工具合同的一方，并因此拥有收取现金

的权利或承担支付现金的义务时，应将无条件的应收款项或应付款项确认为金融资产或金融负债。与此相区别，因买卖商品或劳务的确定承诺而将获得的资产或将承担的负债，通常直到至少合同一方履约才予以确认。例如，收到订单的企业通常不在承诺时确认一项资产（发出订单的企业也不在承诺时确认一项负债），而是直到所定购的商品或劳务已装运、交付或提供时才予以确认。

四、金融负债的分类、确认和计量

（一）金融负债的分类

金融负债的分类同样是其确认和计量的基础。类似地，金融负债的分类大致也有“直接指定”和“直接指定之外”两种分类方法：所谓“直接指定的情形”，是指企业可以在初始确认某金融负债时，就将其直接指定为以公允价值计量且其变动计入当期损益的金融负债。但直接指定须符合某些条件：或者是能够消除或显著减少会计错配；或者是企业风险管理规则或投资策略载明，以公允价值为基础对金融负债组合或金融资产和金融负债组合进行管理和绩效考核与报告。该指定一经做出，不得撤销。所谓“直接指定之外的情形”，是除下列情况外，企业应当将金融负债分类为以摊余成本计量的金融负债：一是以公允价值计量且其变动计入当期损益的金融负债，包括交易性金融负债（含属于金融负债的衍生工具）和指定为以公允价值计量且其变动计入当期损益的金融负债；二是金融资产转移不符合终止确认条件或继续涉入被转移金融资产所形成的金融负债；三是不属于以上情况之一的财务担保合同，以及不属于第一款的以低于市场利率贷款的贷款承诺。

与金融资产重分类不同，金融负债不允许在初始确认后进行重分类。

根据金融负债的内涵规定，应该对各种金融负债进行辨析确认。比如：某公司发行了一批短期债券。对于该批债券，该公司将根据其公允价值变动情况择期回购。在此例中，该公司在该批债券发行时，即有意图对其进行回购，说明该批债券是为交易而持有的债券，从而应当分类为以公允价值计量且其变动计入当期损益的金融负债。比如：乙公司发行了一批股票期权，该股票期权的标的资产并非乙公司自身股票。在此例中，股票期权属于衍生金融工具，须以公允价值计量。对于乙公司而言，该股票期权在初始确认时，应确认为金融负债，且被分类为以公允价值计量且其变动计入当期损益的金融负债。比如：一家商业银行为某项目筹集资金而向市场发行了一批结构化理财产品，约定该产品持有方将根据某市场价格指数变化取得回报，同时持有方的本金不予保证。在此例中，该商业银行发行的实际上是一项非保本理财，且须纳入表内核算。在初始确认该产品时，该商业银行应当将其分类为以公允价值计量且其变动计入当期损益的金融负债。再比如，一公司发行了一批3年期公司债券，约定持有方将按固定利率于债券持有期每年末收取利息，到期收回本金。在此例中，该公司如果不直接指定该公司债券为以公允价值计量且其变动计入当期损益的金融负债，则可将其分类为按摊余成本计量的金融负债。

（二）金融负债的确认

当企业成为金融工具合同的一方时，就应当确认一项金融资产或金融负债。当然，对于发行权益工具的交易，在初始确认该交易时，发行方确认一项权益工具。

初始确认后的金融负债，应当满足准则规定的特定条件才能终止确认。

就金融负债而言，只有该金融负债（或其一部分）的现时义务已经解除，才能终止确认该金融负债（或该部分金融负债）。金融负债（或其一部分）终止确认的，企业应当将其账面价值与支付的对价（包括转出的非现金资产或承担的负债）之间的差额，计入当期损益。

实际操作中，以下情形应予注意：（1）企业（借入方）与借出方之间签订协议，以承担新金融负债方式替换原金融负债，且新金融负债与原金融负债的合同条款实质上不同的，企业应当终止确认原金融负债，同时确认一项新金融负债。（2）企业对原金融负债（或其一部分）的合同条款做出实质性修改的，应当终止确认原金融负债，同时按照修改后的条款确认一项新金融负债。（3）企业回购金融负债一部分的，应当按照继续确认部分和终止确认部分在回购日各自的公允价值占整体公允价值的比例，对该金融负债整体的账面价值进行分配。分配给终止确认部分的账面价值与支付的对价（包括转出的非现金资产或承担的负债）之间的差额，当计入当期损益。

（三）金融负债的计量

在交易发展的初始计量阶段，企业初始确认金融资产或金融负债时，按照公允价值计量。对于以公允价值计量且其变动计入当期损益的金融负债，相关交易费用直接计入当期损益；对于其他类别的金融负债，相关交易费用计入初始确认金额。

在后续计量阶段，金融负债后续计量的总体原则如下：第一，对于金融负债，在初始确认后，也应当按不同类别，分别以摊余成本、以公允价值计量且其变动计入当期损益或其他适当方法进行后续计量。第二，金融负债被指定为被套期项目的，应当根据套期会计准则规定进行后续计量。

第二节　应付债券的核算

一、应付债券的定义和内容

应付债券是指商业银行为筹集长期使用资金而实际发行的一种书面凭证。这里的应付债券是指发行期限在 1 年以上（不含 1 年）的应付长期债券，从而构成了商业银行的一项非流动负债。

商业银行需要发行债券时，应先由董事会等作出决定，将发行债券的具体事宜提请股东大会等类似机构批准，再报请政府有关部门核准，方可印制和发行商业银行债券。商业银行债券的发行必须以债券契约为依据。债券契约是明确商业银行债券发行与持有人相互关系的书面文件，其中规定了对商业银行债券发行的各种限制条款，主要有：核准发行的金额、利率、到期日、利息支付方式、收回债券的条件等。单个的债券购买者，将会得到书面的债券凭证，在其中除载明发行商业银行的名称与住所、发行日期与编号、发行商业银行的印记和法定代表人的签章、审批机关批准发行的文号、日期等，还包括债券面值、债券利率、付息日、到期日等内容。

二、应付债券的分类

应付债券可按不同的标准进行分类，主要有以下几种分类：

按发行方式可分为记名公司债券和无记名公司债券：记名公司债券是指公司发行债券时，债券票面上注明债券持有者姓名，债券持有者须凭债券和本人印鉴方能领取本息；无记名公司债券是指公司发行债券时，债券票面上不记载债券持有者姓名，债券持有人凭债券所附息票按期领取利息，所以也称为息票债券，到期则凭债券领回本金。

按有无担保可分为有抵押公司债券、保证债券和信用公司债券：有抵押公司债券是指举债公司需以不动产或动产作抵押以保证商业银行按期还本付息的债券；保证债券是指未提供任何财产作担保，而由第三者提供保证的债券。信用公司债券是指没有特定的担保品和保证人，全凭发行公司的信用的债券。

按还本方式可分为一次还本债券、分期还本债券和提前还本债券：一次还本债券是指同一日期发行的债券全部在同一到期日偿还本金的债券；分期还本债券是指同一日期发行的债券本金在不同到期日分期偿还的债券。提前还本债券是指举债公司按契约规定，可在债券到期日前通知债券持有者提前还本的债券。

按可否转换可分为可转换债券和不可转换债券：可转换债券是指债券持有者有权按约定的时间和转换比例向债务人转换其发行的其他证券（通常为普通股股票）的债券；不可转换债券是指没有上述转换权利的债券。

三、债券发行价格的确定

由于货币是有时间价值的，时间越长，货币时间价值越大。公司债券的偿还期通常较长，因而货币时间价值的作用也比较明显。债券的面值实际上就是在债券到期日收回的本金与定期支付的各期利息按债券票面利率贴现的现值之和。债券的发行价格是在债券到期日收回的本金与定期支付的各期利息按实际利率贴现的现值之和。票面利率是指商业银行发行债券上记载的利率，通常是以年利率表示的，一般固定不变，也称为名义利率。实际利率是指债券发行商业银行实际负担的利率，也是债券持有人实际获得的利率。实际利率是债券发行当时的市场利率，也就是金融市场上风险和期限与所发行的债券类似的借贷资本的利率。债券的发行价格受同期存放中央银行款项利率（相当于市场利率）的影响较大。经常会出现市场利率大于或小于票面利率，或者说是实际利率大于或小于名义利率的情况。在这种情况下，债券发行就要按高于或低于市场利率的票面利率支付债券利息，即按高于或低于债券面值的价格出售。当债券的票面利率高于同期存放中央银行款项利率时，可按超过债券票面价值的价格发行，称为溢价发行。溢价发行表明商业银行以后各期多付利息而事先得到的补偿；如果债券的票面利率低于同期存放中央银行款项利率的，可按低于债券票面价值的价格发行，称为折价发行。折价发行表明商业银行以后各期少付利息而预先给投资者的补偿；如果债券的票面利率与同期存放中央银行款项利率一致，可按票面价值发行，称为面值发行。商业银行在发行债券时，应将待发行债券的票面金额、债券票面利率、还本期限与方式、发行总额、发行日期和编号、委托代售部门、转换股份等情况在备查簿中进行登记。债券发行价格的计算公式如下：

$$\text{债券发行价格} = \text{到期偿还本金按市场利率计算的现值} + \text{各期票面利息按市场利率计算的现值}$$

$$= \text{债券面值} \times \text{现值系数} + \text{债券面值} \times \text{票面利率} \times \text{年金现值系数}$$

$$= F \times (1+i)^{-n} + A \times [1-(1+i)^{-n}] / i$$

公式中，F 表示债券面值；A 表示按债券票面利率计算的各期发行的利息；i 表示市场利率；n 表示期数。

【例 3-1】 远大银行 20×2 年 1 月 1 日发行面值 100 000 元，期限 5 年，到期还本的债券，票面利率为 8%，每年付息一次。

假定债券发行时市场利率为 8%，则上述债券发行时的价格计算如下：

（1）债券面值按市场利率 8% 折算的现值。

5 年后一次还本的 100 000 元票面金额的现值，应按 8% 计算 5 年复利的现值，即

$100\ 000 \times (1+8\%)^{-5} = 100\ 000 \times 0.680\ 58 = 68\ 058$（元）

（2）债券利息按市场利率 8% 折算的现值。

每年付息一次，每年付息额为 8 000 即（100 000×8%）元，共 5 期，按市场利率 8% 折算的年金现值即

$8\ 000 \times [1-(1+8\%)^{-5}]/8\% = 8\ 000 \times 3.992\ 75 = 31\ 942$（元）

（3）债券发行价格 $= 68\ 058 + 31\ 942 = 100\ 000$（元）

四、债券发行的会计处理

为了核算和监督商业银行债券的发行和本金的偿还情况，商业银行应设置“应付债券”科目，该科目属于负债类，其贷方登记商业银行发行债券时收到的款项和应支付的债券利息以及摊销的债券折价，借方登记实际支付的债券本息以及摊销的债券溢价，贷方期末余额反映尚未偿还的债券本息。该科目应按发行的债券种类分设二级科目，并且应进一步设置“债券面值”“利息调整”“应计利息”等明细科目。

无论是按面值发行，还是溢价发行或折价发行，均按债券面值记入“应付债券”科目的“面值”明细科目，实际收到的款项与面值的差额，记入“利息调整”明细科目。商业银行发行债券时，按实际收到的款项，借记“存放中

央银行款项”“库存现金”等科目，按债券票面价值，贷记“应付债券——面值”科目，按实际收到的款项与票面价值之间的差额，贷记或借记“应付债券——利息调整”科目。

债券按面值发行时，债券的发行价格即其面值，商业银行应按实收款项，借记“存放中央银行款项”科目，贷记“应付债券——债券面值”科目。

【例3－2】 根据【例3－1】，假设债券发行时市场利率为8%，等于票面利率，则公司债券的发行价格即其面值。应编制如下会计分录：

借：存放中央银行款项　　100 000

　　贷：应付债券——债券面值　　100 000

债券按折价发行时，发行债券的实收款项小于债券的面值，商业银行应按实收款项，借记“存放中央银行款项”科目，按债券面值，贷记“应付债券——债券面值”科目，按实收款项小于债券面值的差额，借记“应付债券——利息调整”科目。

债券按溢价发行时，发行债券的实收款项大于债券的面值，商业银行应按实收款项，借记“存放中央银行款项”科目，按债券面值，贷记“应付债券——债券面值”科目，按实收款项大于债券面值的差额，贷记“应付债券——利息调整”科目。

五、公司债券应计利息及利息调整摊销的会计处理

利息调整的摊销，有直线法和实际利率法两种。直线法是将债券的利息调整平均摊销于各期的一种摊销方法。实际利率法是以实际利率乘以各期期初应付债券的现值计算各期利息费用，并将该利息费用与按票面利率支付利息的差额，作为该期应摊销的利息调整。会计准则规定，商业银行在债券发行后，应按实际利率法计算各期摊销额，编制“利息调整”，并进行会计处理。

在公司债券按面值发行的情况下，不涉及利息调整的摊销，商业银行按期计算债券应计利息时，应按应计利息，借记“利息支出”科目，贷记“应付债券——应计利息”或“应付利息”科目。商业银行在实际支付利息时，应按实际支付金额，借记“应付债券——应计利息”或“应付利息”科目，贷记“存放中央银行款项”科目。

【例3－3】 根据【例3－2】，假设债券发行时市场利率为8%，等于票面利率，每年付息一次。应编制如下会计分录：

借：利息支出　　8 000

　　贷：应付利息　　8 000

付息时：

借：应付利息　　8 000

　　贷：存放中央银行款项　　8 000

在债券按溢价发行的情况下，商业银行按期计算债券应计利息时，按应摊销的利息调整额借记“应付债券——利息调整”科目，按应计利息与利息调整摊销额的差额，借记“利息支出”科目，按应计利息，贷记“应付债券——应计利息”或“应付利息”科目。商业银行在实际支付利息时，也应按实际支付金额，借记“应付债券——应计利息”或“应付利息”科目，贷记“存放中央银行款项”科目。

在公司债券按折价发行的情况下，商业银行按期计算债券应计利息时，按应计利息与利息调整摊销额之和，借记“利息支出”科目，按应摊销的利息调整额，贷记“应付债券——利息调整”科目，按应计利息，贷记“应付债券——应计利息”或“应付利息”科目。商业银行在实际支付利息时，应按实际支付金额，借记“应付债券——应计利息”或“应付利息”科目，贷记“存放中央银行款项”科目。

六、债券偿还的会计处理

发行的债券应根据债券发行时订立合同条款偿还本金及利息。债券本金的偿还，可能是到期日，也可能在到期日之前或之后，其偿还的方式有债券到期时一次偿还、提前偿还、举借新债偿还旧债和分期偿还等。在我国实务中，大多数为债券到期时一次偿还。如果债券到期时一次偿还，债券到期时，无论债券当初发行是按照债券面值、债券折价或债券溢价，由于债券折价或溢价在每期期末通过“应付债券——利息调整”科目逐次摊销，到最后一期支付利息时，都已降至零。因此，在到期日，应付债券的摊余成本必然等于它的面值，举债公司即可按债券面值还本。

【例 3－4】 接【例 3－3】，某商业银行于 5 年后债券到期时用存放中央银行款项一次性偿还本金，应编制如下会计分录：

借：应付债券——债券面值　　100 000

　　贷：存放中央银行款项　　100 000

第三节 交易性金融负债的核算

一、交易性金融负债的定义和特征

交易性金融负债，主要是指商业银行为了近期出售或回购的金融负债。

金融工具确认和计量准则范围的衍生工具，不作为有效套期工具的，也可划分为交易性金融负债。

二、交易性金融负债的账务处理

商业银行应设置“交易性金融负债”科目核算商业银行承担的交易性金融负债的公允价值。商业银行持有的直接指定为以公允价值计量且其变动计入当期损益的金融负债，也在本科目核算。

“交易性金融负债”科目可按交易性金融负债类别，分别“本金”“公允价值变动”等进行明细核算。

（1）商业银行承担的交易性金融负债，应按实际收到的金额，借记“存放中央银行款项”“结算备付金”等科目，按发生的交易费用，借记“投资收益”科目，按交易性金融负债的公允价值，贷记本科目（本金）。

（2）资产负债表日，按交易性金融负债票面利率计算的利息，借记“投资收益”科目，贷记“应付利息”科目。

资产负债表日，交易性金融负债的公允价值高于其账面余额的差额，借记“公允价值变动损益”科目，贷记本科目（公允价值变动）；公允价值低于其账面余额的差额做相反的会计分录。

（3）处置交易性金融负债，应按该金融负债的账面余额，借记本科目，按实际支付的金额，贷记“存放中央银行款项”“结算备付金”等科目，按其差额，贷记或借记“投资收益”科目。同时，按该金融负债的公允价值变动，借记或贷记“公允价值变动损益”科目，贷记或借记“投资收益”科目。

“交易性金融负债”科目期末贷方余额，反映商业银行承担的交易性金融负债的公允价值。

商业银行应设置“交易性金融负债”和“2102 指定为公允价值计量的金

融负债”两个科目来进行核算。其中，“交易性金融负债”科目核算企业承担的交易性金融负债的公允价值。企业持有的指定为以公允价值计量且其变动计入当期损益的金融负债，也在本科目核算。本科目可按交易性金融负债类别，分别“本金”“公允价值变动”进行明细核算。而“2102 指定为公允价值计量的金融负债”科目则核算企业持有的直接指定为以公允价值计量且其变动计入当期损益的金融负债。

衍生金融负债在“衍生工具”科目核算。

【例 3-5】 以公允价值计量且其变动计入当期损益的金融负债。2×18 年 7 月 1 日，甲公司经批准在全国银行间债券市场公开发行 10 亿元人民币短期融资券，期限为 1 年，票面年利率 5.58%，每张面值为 100 元，到期一次还本付息。所募集资金主要用于公司购买生产经营所需的原材料及配套件等。公司将该短期融资券指定为以公允价值计量且其变动计入当期损益的金融负债。假定不考虑发行短期融资券相关的交易费用以及企业自身信用风险变动。

2×18 年 12 月 31 日，该短期融资券市场价格每张 120 元（不含利息）；2×19年 6 月 30 日，该短期融资券到期兑付完成。

据此，甲公司账务处理如下（金额单位：万元）：

(1) 2×18 年 7 月 1 日，发行短期融资券。

借：银行存款	100 000	
贷：指定为公允价值计量的金融负债		100 000

(2) 2×18 年 12 月 31 日，年末确认公允价值变动和利息费用。

借：公允价值变动损益	20 000	
贷：指定为公允价值计量的金融负债		20 000
借：财务费用	2 790	
贷：应付利息		2 790

(3) 2×19 年 6 月 30 日，短期融资券到期。

借：财务费用	2 790	
贷：应付利息		2 790
借：指定为公允价值计量的金融负债	120 000	
应付利息	5 580	
贷：银行存款		105 580
公允价值变动损益		20 000

【例 3－6】以摊余成本计量的金融负债。甲公司发行公司债券为建造专用生产线筹集资金。有关资料如下：

(1) 2×18 年 12 月 31 日，委托证券公司以 7 755 万元的价格发行 3 年期分期付息公司债券。该债券面值为 8 000 万元，票面年利率 4.5%，实际年利率 5.64%，每年付息一次，到期后按面值偿还。假定不考虑发行公司债券相关的交易费用。

(2) 生产线建造工程采用出包方式，于 2×19 年 1 月 1 日开始动工，发行债券所得款项当日全部支付给建造承包商，2×20 年 12 月 31 日所建造生产线达到预定可使用状态。

(3) 假定各年度利息的实际支付日期均为下年度的 1 月 10 日；2×22 年 1 月 10 日支付 2×21 年度利息，一并偿付面值。

(4) 所有款项均以银行存款支付。

据此，甲公司计算得出该债券在各年末的摊余成本、应付利息金额、当年应予资本化或费用化的利息金额、利息调整的本年摊销和年末余额。有关结果见表 3－1（金额单位：万元）：

表 3－1

时间		2×18 年 12 月 31 日	2×19 年 12 月 31 日	2×20 年 12 月 31 日	2×21 年 12 月 31 日
年末摊余成本	面值	8 000	8 000	8 000	8 000
	利息调整	－245	－167.62	－85.87	0
	合计	7 755	7 832.38	7 914.13	8 000
当年应资本化或费用化利息金额			437.38	441.75	445.87
年末应付利息金额			360	360	360
“利息调整”本年摊销额			77.38	81.75	85.87

相关账务处理如下：

(1) 2×18 年 12 月 31 日，发行债券。

借：银行存款　77 550 000

　　应计债券——利息调整　2 450 000

　　贷：应付债券——面值　80 000 000

(2) 2×19 年 12 月 31 日，确认和结转利息。

借：在建工程　4 373 800

　　贷：应付利息　3 600 000

应付债券——利息调整　773 800

借：应付利息　3 600 000

贷：银行存款　3 600 000

（3）2×20年12月31日，确认利息。

借：在建工程　4 417 500

贷：应付利息　3 600 000

应付债券——利息调整　817 500

借：应付利息　3 600 000

贷：银行存款　3 600 000

（4）2×21年12月31日，确认债券利息。

借：财务费用　4 458 700

贷：应付利息　3 600 000

应付债券——利息调整　858 700

借：应付利息　3 600 000

贷：银行存款——利息调整　3 600 000

（5）2×22年1月10日，债券到期兑付。

借：应付利息　3 600 000

应付债券——面值　80 000 000

贷：银行存款　83 600 000

第四节　其他金融类负债的核算

在商业银行，除了发行债券筹集必要的资金外，也存在众多其他金融负债业务，如短期借款、长期借款、拆入资金、卖出回购金融资产款等。本节将一一阐述。

一、短期借款

1. 短期借款的定义。

短期借款是商业银行向其他银行或其他金融机构等借入的期限在1年以下（含1年）的各种借款。短期借款的利息，应作为利息支出计入当期损益。

2. 短期借款的账务处理。

为了核算和监督商业银行向其他银行或其他金融机构借入的期限在1年以内（含1年）的各种借款，商业银行应设置“短期借款”科目。“短期借款”科目属于负债类科目，其贷方登记商业银行取得的各种短期借款，借方登记商业银行归还的各种短期借款，期末余额一般在贷方，表示商业银行尚未偿还的各种短期借款的本金。商业银行的短期借款应当按照不同的债权人分别设置明细账，并且按照借款种类进行明细核算。

商业银行在借入各种短期借款时，借记“存放中央银行款项”科目，贷记“短期借款”科目。

发生的短期借款利息，作为一项筹资费用，应计入利息支出，在会计核算上分别以下情况进行处理：

（1）如果商业银行的短期借款利息按月支付，或者利息是在借款到期归还本金时一并支付，且数额不大，可以在实际支付或收到银行的计息通知时，直接计入当期损益，借记“利息支出”科目，贷记“存放中央银行款项”科目。

（2）如果短期借款的利息是按季度或半年度支付的，或者利息是在借款到期时连同本金一并归还，并且数额较大的，应按月计提计入当期损益。计提时，借记“利息支出”科目，贷记“应付利息”科目；实际支付时，按已经计提的利息金额，借记“应付利息”科目，按实际支付的利息金额与已经计提的利息金额的差额（即尚未计提的部分），借记“利息支出”科目，按实际支付的利息金额，贷记“存放中央银行款项”科目。

短期借款到期，商业银行应及时归还。归还借款本金时，借记“短期借款”科目，贷记“存放中央银行款项”科目。

二、长期借款

长期借款是指商业银行从其他银行或其他金融机构借入的期限在1年以上（不含1年）的各项借款。与短期借款相比，长期借款除借款期限较长外，其不同点还体现在对借款利息费用的处理上。“长期借款”科目不仅核算借款的本金，还包括应计利息；而“短期借款”科目只核算借款的本金，不包括利息费用。

为了核算商业银行向其他银行或其他金融机构借入的期限在1年以上（不含1年）的各项长期借款，商业银行应当设置“长期借款”科目。该科目的借方登记商业银行归还的各项借款，贷方登记商业银行借入的各项借款。期末贷方余额，反映商业银行尚未偿还的长期借款本息。该科目应按贷款的单位和贷款种类设置明细科目，进行明细核算。

商业银行借入各种长期借款时，按实际收到的款项，借记“存放中央银行款项”科目，按借款本金，贷记“长期借款——本金”科目，若借贷双方存在差额，借记“长期借款——利息调整”科目。

在资产负债表日，商业银行应按长期借款的摊余成本和实际利率计算确定的利息费用，借记“利息支出”等科目，按合同利率计算确定的应付未付利息，贷记“应付利息”科目，按其差额，贷记“长期借款——利息调整”科目。

商业银行归还长期借款，按归还的借款本金，借记“长期借款——本金”科目，按转销的利息调整金额，贷记“长期借款——利息调整”科目，按实际归还的款项，贷记“存放中央银行款项”科目，按借贷双方之间的差额，借记“利息支出”等科目。

三、拆入资金

1. 拆入资金的定义和特征。

拆入资金是指商业银行从境内外金融机构拆入的款项。其重要特征必须是从其他金融机构拆入的资金。

2. 拆入资金的账务处理。

商业银行应设置“拆入资金”科目核算商业银行从境内、境外金融机构拆入的款项。本科目可按拆入资金的金融机构进行明细核算。

商业银行应按实际收到的金额，借记“存放中央银行款项”等科目，贷记本科目；归还拆入资金做相反的会计分录。

资产负债表日，应按计算确定的拆入资金的利息费用，借记“利息支出”科目，贷记“应付利息”科目。

“拆入资金”科目期末贷方余额，反映商业银行尚未归还的拆入资金余额。

四、卖出回购金融资产款

1. 卖出回购金融资产款的定义和内容。

卖出回购金融资产是指商业银行按照回购协议先卖出再按固定价格买入的票据、证券、贷款等金融资产所融入的资金。

2. 卖出回购金融资产款的账务处理。

商业银行应设置“卖出回购金融资产款”科目进行核算，按卖出回购金融资产的类别和融资方进行明细核算。

卖出回购金融资产款的主要账务处理如下：

（1）商业银行根据回购协议卖出票据、证券、贷款等金融资产，应按实际收到的金额，借记“存放中央银行款项”“结算备付金”等科目，贷记本科目。

（2）资产负债表日，按照计算确定的卖出回购金融资产的利息费用，借记“利息支出”科目，贷记“应付利息”科目。

（3）回购日，按其账面余额，借记本科目、“应付利息”科目，按实际支付的金额，贷记“存放中央银行款项”“结算备付金”等科目，按其差额，借记“利息支出”科目。

“卖出回购金融资产款”科目期末贷方余额，反映商业银行尚未到期的卖出回购金融资产款。

第五节　其他负债的核算

本节将阐述各类企业（包括商业银行）都普遍存在的一些负债业务之核算。

一、应交税费

商业银行在一定时期内取得的营业收入、实现的利润以及从事其他应税项目，都要按照规定向国家交纳各种税费。这些应交的税费在尚未交纳之前暂时停留在商业银行，形成商业银行的一项负债。包括商业银行按照税法等规定计算应交纳的各种税费，包括增值税、消费税、所得税、资源税、土地增值税、城市维护建设税、房产税、土地使用税、车船税、教育费附加、以及代扣代交的个人所得税等。这些税费大多数要视商业银行的经营状况才能确定。如应交的商业银行所得税，其金额必须要到商业银行会计期间终了，计算出商业银行利润总额（或亏损总额）之后才能确定。

为了总括地核算和监督商业银行应交税费的计算和交纳情况，应设置

“应交税费”科目进行核算，该科目的贷方登记商业银行应交纳的各种税费，借方登记商业银行已交纳的各种税费，期末贷方余额表示商业银行尚未交纳的税费，期末借方余额表示商业银行多交的税费。该科目按各种税费分别设置明细科目进行核算。但商业银行交纳的印花税、耕地占用税，因不存在与税务部门发生结算或清算的问题，因此，不需要通过“应交税费”科目核算。

商业银行的应交税费主要包括如下几种：

1. 应交增值税。

对于商业银行而言，税金及附加是指经营过程中依法缴纳的流转税及其附加。以前是营业税及其附加，从2016年5月1日开始实行金融业营改增之后，流转税从价内的营业税改成价外的增值税，但根据流转税计征附加税的办法依然有效。增值税从其计税原理上而言是就金融服务环节的新增价值而征收的一种价外税。通常，在取得一般纳税人资格后，根据当期销项税额与进项税额之差来计算，即一般计税方法。部分特定项目可以选择简易计税方法来计算征收增值税，即可按照销售额和征收率计算应纳税额，同时不得抵扣进项税额。根据财政部2016年《增值税会计处理规定》对增值税会计核算进行了专门规范，公司应据此进行相应的财务处理。

增值税一般纳税人应当在“应交税费”科目下设置“应交增值税”“未交增值税”“预交增值税”“待抵扣进项税额”“待认证进项税额”“待转销项税额”“增值税留抵税额”“简易计税”“转让金融商品应交增值税”等明细科目。并在“应交税费——应交增值税”明细账内设置“进项税额”“销项税额抵减”“已交税金”“转出未交增值税”“减免税款”“销项税额”“进项税额转出”“转出多交增值税”等专栏。

对商业银行业务活动所涉及的进项税额扣除、销项税额计征等具体规定，必须按照税务机构的针对性规定执行。从会计核算的专业技术看，对取得资产或接受劳务等业务所取得的增值税进项税额，以及发生销售等业务所实现的销项税额，均需要按照税务部门相应的具体规定，进行各种项目征与不征、扣与不扣等口径问题的判断，并进行相应的财务处理。

【例3-7】 华新商业银行20×9年发生了如下一些有关增值税的业务，假设其增值税率为13%。请分别进行财务处理。

1. 5月10日，华新商业银行购买工程物资，取得增值税专用发票，价税合计113万元，其中一半用于简易计税项目，一半用于一般计税项目。

借：应交税费——待认证进项税额　　130 000

　　工程物资　　1 000 000

　　贷：应付账款　　1 130 000

2. 5月28日登录发票选择确认系统进行勾选（即进行了认证）。

借：应交税费——应交增值税（进项税额）　　65 000

　　工程物资　　65 000

　　贷：应交税费——待认证进项税额　　130 000

3. 5月30日发生了如下业务：(1) 销售符合规定的计税保险产品并开具发票，价税合计106万元；(2) 当期买入返售金融资产利息收入53万元；(3) 债券基金等金融商品转让差价50万元；(4) 保本型资产管理产品收益40万元，简易征收率为3%。(5) 同日，公司就地预交2.5万元。

(1) 对保险服务收入，保险产品销项税额＝实际收取的保费收入106/(1+6%)×6%＝6（万元）。

借：银行存款　　1 060 000

　　贷：主营业务收入　　1 000 000

　　　　应交税费——应交增值税（销项税额）　　60 000

(2) 对贷款服务收入，买入返售金融资产利息收入销项税额＝实际收取的保费收入53/(1+6%)×6%＝3（万元）。

借：银行存款　　530 000

　　贷：投资收益（利息）　　500 000

　　　　应交税费——应交增值税（销项税额）　　30 000

(3) 对金融商品转让收入，金融商品转让应交增值税额＝(卖出价4 370－买入价4 317)/(1+6%)×6%＝3（万元）。

先按转让收益确认投资收益53万元，贷记“投资收益”，再按投资收益和适用的征收税率确定转让金融商品应交的增值税金额。

借：银行存款　　530 000

　　贷：投资收益　　530 000

借：投资收益（转让）　　30 000

　　贷：应交税费——应交增值税（销项税额）　　30 000

(4) 保本型资产管理产品收益40万元，简易征收率为3%。

征税额＝40/(1+3%)×3%＝11 650.49（元）

借：投资收益（保本收益）　11 650.49
　　贷：应交税费——应交增值税（销项税额）　11 650.49

（5）对增值税预交款项。

借：应交税费——预交增值税　25 000
　　贷：银行存款　25 000

4. 月末，将“应交税费——应交增值税”下各专栏的借贷相抵后的贷方余额转入“应交税费——未交增值税”，金额 = 60 000 + 30 000 + 30 000 - 65 000 + 11 650.49 = 66 650.49（元）。

借：应交税费——应交增值税（转出未交增值税）　66 650.49
　　贷：应交税费——未交增值税　66 650.49

5. 月末，通常应将预交增值税转入“未交增值税”。

借：应交税费——预交增值税　25 000
　　贷：应交税费——未交增值税　25 000

6. 月末，“应交税费——未交增值税”借贷方相抵后余额为（66 650.49 - 25 000 = 31 650.49），次月初，进行交纳。

借：应交税费——未交增值税　31 650.49
　　贷：银行存款　31 650.49

2. 应交所得税。

商业银行所得税是国家对商业银行的经营所得和其他所得，依照有关所得税暂行条例及其细则的规定征收的一种税，这也是国家以社会管理者的身份参与商业银行经营成果分配的一种形式。当期应计入损益的所得税，作为一项费用，在净收益前扣除。为了核算商业银行应交纳的所得税，商业银行应在“应交税费”科目下设置“应交所得税”明细科目。

3. 应交城市维护建设税。

为了核算商业银行应交纳的城市维护建设税，商业银行应在“应交税费”科目下设置“应交城市维护建设税”明细科目。商业银行按规定计算出应交纳的城市维护建设税，借记“税金及附加”等科目，贷记“应交税费——应交城市维护建设税”科目。交纳城市维护建设税时，借记“应交税费——应交城市维护建设税”科目，贷记“存放中央银行款项”科目。

4. 应交房产税、土地使用税、车船税和印花税。

房产税是国家对在城市、县城、建制镇和工矿区征收的由产权所有人缴纳的一种税。房产税依照房产原值一次减除10%至30%后的余额计算交纳。没有房产原值作为依据的，由房产所在地税务机关参考同类房产核定。土地使用税是国家为了合理利用城镇土地，调节土地级差收入，提高土地使用效益，加强土地管理而开征的一种税。土地使用税以纳税人实际占用的土地面积为计税依据，依照规定税额计算征收。车船税由拥有并且使用车船的单位和个人交纳。车船税按照适用税额计算交纳。

为了核算商业银行应交纳的房产税、土地使用税、车船税，商业银行应在“应交税费”科目下分别设置“应交房产税”“应交土地使用税”“应交车船税”明细科目。商业银行按规定计算出应交的房产税、土地使用税、车船税，借记“管理费用”科目，贷记“应交税费——应交房产税、应交土地使用税、应交车船税”科目。实际上缴时，借记“应交税费——应交房产税、应交土地使用税、应交车船税”科目，贷记“存放中央银行款项”科目。

印花税是对经济活动和经济交往中书立、使用、领受具有法律效力的凭证的单位和个人征收的一种税。商业银行交纳的印花税，是由纳税人根据规定自行计算应纳税额以购买并一次贴足印花税票的方法交纳的税款。即一般情况下，商业银行需要预先购买印花税票，待发生应税行为时，再根据凭证的性质和规定的比例税率或者按件计算应纳税额，将已购买的印花税票粘贴在应纳税凭证上，并在每枚税票的骑缝处盖戳注销或者划销，办理完税手续。商业银行交纳的印花税不需要通过“应交税费”科目核算，而是于购买印花税票时，直接借记“管理费用”，贷记“存放中央银行款项”科目。

5. 应交个人所得税。

个人所得税是对个人（自然人）取得的各项应税所得征收的一种税。个人所得税按照规定的税率计算交纳。为了核算商业银行应代扣代交的个人所得税，商业银行应在“应交税费”科目下设置“应交个人所得税”明细科目。商业银行按规定计算应代扣代交的职工个人所得税，借记“应付职工薪酬”科目，贷记“应交税费——应交个人所得税”科目。实际交纳的个人所得税，借记“应交税费——应交个人所得税”科目，贷记“存放中央银行款项”科目。

二、应付职工薪酬

职工薪酬，是指商业银行为获得职工提供的服务而给予各种形式的报酬以及其他相关支出，包括职工在职期间和离职后提供给职工的全部货币性薪酬和非货币性福利。商业银行提供给职工配偶、子女或其他被赡养人的福利等，也属于职工薪酬。其中，职工是指与商业银行订立劳动合同的所有人员，含全职、兼职和临时职工；也包括虽未与商业银行订立正式劳动合同但由商业银行正式任命的人员，如董事会成员、监事会成员和内部审计委员会成员等。在商业银行的计划和控制下，虽未与商业银行订立正式劳动合同或未由其正式任命，但为商业银行提供与职工类似服务的人员，如劳务用工合同人员，也视同商业银行职工。具体来说，职工薪酬主要包括以下内容：职工工资、奖金、津贴和补贴；职工福利费；社会保险费；住房公积金；工会经费和职工教育经费；非货币性福利；辞退福利；股份支付。

为了核算和监督职工薪酬发生和支付情况，商业银行应设置“应付职工薪酬”科目，并按照“工资”“职工福利”“社会保险费”“住房公积金”“工会经费”“职工教育经费”“解除职工劳动关系补偿”“股份支付”等应付职工薪酬项目进行明细核算。

商业银行按照有关规定向职工支付工资、奖金、津贴等，借记“应付职工薪酬”科目，贷记“存放中央银行款项”“现金”等科目；商业银行从应付职工薪酬中扣还的各种款项（代垫的家属药费、个人所得税等），借记“应付职工薪酬”科目，贷记“其他应收款”“应交税费——应交个人所得税”等科目；商业银行向职工支付职工福利费，借记“应付职工薪酬”科目，贷记“存放中央银行款项”“现金”等科目；商业银行支付工会经费和职工教育经费用于工会运作和职工培训，借记“应付职工薪酬”科目，贷记“存放中央银行款项”等科目；商业银行按照国家有关规定缴纳社会保险费和住房公积金，借记“应付职工薪酬”科目，贷记“存放中央银行款项”科目；商业银行因解除与职工的劳动关系向职工给予的补偿，借记“应付职工薪酬”科目，贷记“存放中央银行款项”“现金”等科目；在行权日，商业银行以现金与职工结算股份支付，借记“应付职工薪酬”科目，贷记“存放中央银行款项”“现金”等科目。

对发生的职工薪酬，商业银行应当根据职工提供服务的受益对象，分别以下情况进行处理：管理部门人员的职工薪酬，借记“业务及管理费”科目，贷记“应付职工薪酬”科目；营业人员的职工薪酬，借记“业务及管理费”科目，贷记“应付职工薪酬”科目；应由在建工程、研发支出负担的职工薪酬，借记“在建工程”“研发支出”科目，贷记“应付职工薪酬”科目；因解除与职工的劳动关系给予的补偿，借记“业务及管理费”科目，贷记“应付职工薪酬”科目；无偿向职工提供住房等资产使用的，按应计提的折旧额，借记“业务及管理费”等科目，贷记“应付职工薪酬”科目，同时，借记“应付职工薪酬”科目，贷记“累计折旧”科目；租赁住房等资产供职工无偿使用的，每期应支付的租金，借记“管理费用”等科目，贷记“应付职工薪酬”科目；在等待期内每个资产负债表日，根据股份支付准则确定的金额，借记“业务及管理费”等科目，贷记“应付职工薪酬”科目；在可行权日之后，根据股份支付准则确定的金额，借记或贷记“公允价值变动损益”科目，贷记或借记“应付职工薪酬”科目。

三、应付股利

应付股利是商业银行经股东大会或类似机构审议批准分配的现金股利或利润。为了核算应付给投资者的现金股利，商业银行应当设置“应付股利”科目。该科目的借方登记商业银行实际支付的现金股利或利润，贷方登记商业银行应支付的现金股利或利润，期末余额在贷方，反映商业银行尚未支付的现金股利或利润。商业银行按规定计算出应付投资者的现金股利或利润，借记“利润分配”科目，贷记“应付股利”科目。在实际支付现金股利或利润时，借记“应付股利”科目，贷记“现金”等科目。

四、预计负债

预计负债指商业银行确认的对外提供担保、未决诉讼、重组义务、亏损性合同等负债。商业银行应设置“预计负债”科目，该科目可按形成预计负债的交易或事项进行明细核算。

商业银行由对外提供担保、未决诉讼、重组义务产生的预计负债，应按确定的金额，借记“营业外支出”等科目，贷记本科目。

实际清偿或冲减的预计负债，借记本科目，贷记“存放中央银行款项”等科目。

根据确凿证据需要对已确认的预计负债进行调整的，调整增加的预计负债，借记有关科目，贷记本科目；调整减少的预计负债做相反的会计分录。

“预计负债”科目期末贷方余额，反映商业银行已确认尚未支付的预计负债。

五、递延所得税负债

递延所得税负债指商业银行确认的应纳税暂时性差异产生的所得税负债。商业银行应设置递延所得税负债科目，该科目可按应纳税暂时性差异的项目进行明细核算。

资产负债表日，商业银行确认的递延所得税负债，借记“所得税费用——递延所得税费用”科目，贷记本科目。资产负债表日递延所得税负债的应有余额大于其账面余额的，应按其差额确认，借记“所得税费用——递延所得税费用”科目，贷记本科目；资产负债表日递延所得税负债的应有余额小于其账面余额的做相反的会计分录。

与直接计入所有者权益的交易或事项相关的递延所得税负债，借记“资本公积——其他资本公积”科目，贷记本科目。

商业银行合并中取得资产、负债的入账价值与其计税基础不同形成应纳税暂时性差异的，应于购买日确认递延所得税负债，同时调整商誉，借记“商誉”等科目，贷记本科目。

递延所得税负债科目期末贷方余额，反映商业银行已确认的递延所得税负债。

第四章 商业银行损益要素核算

本章精要

损益是形成权益的“天使”与“恶魔”。商业银行损益又与银行经营收支息息相关。要在新准则理念下，对商业银行的成本和费用进行科学、深刻的认识与分析，并深刻理解费用、成本、支出的关系。

首先，全面认知商业银行利润。明确商业银行利润是企业在一定会计期间的经营成果。利润包括收入减去费用后的净额、直接计入当期利润的利得和损失等。新准则下企业的利润通常由营业利润、利润总额、净利润三个层面组成。这一节极具综合性、政策性、系统性，需要全面系统地掌握运用。利润的形成有两种方法可以采用，即账结法和表结法。

本章的难点是对企业所得税的全面认知。新的所得税会计中，所得税的核算采用资产负债表债务法，与国际会计准则趋同。资产负债表债务法是从资产负债表出发，通过比较资产负债表上列示的资产、负债按照会计准则规定确定的账面价值与按照税法规定确定的计税基础，对于两者之间的差额分别应纳税暂时性差异与可抵扣暂时性差异，确认相关的递延所得税负债与递延所得税资产。也就是说，从资产负债表出发核算所得税。在此基础上，明确所得税会计核算的一般程序：先确定账面价值，后确定计税基础，再将资产、负债的账面价值与其计税基础进行比较，最后计算当期应交所得税，确认所得税费用及递延所得税费用。在计税基础上，需要分别确定固定资产、无形资产等资产和负债的计税基础，还要掌握特殊项目产生的暂时性差异。此后，递延所得税负债及递延所得税资产的确认和计量。最后是所得税费用的确认和计量，包括当期所得税、递延所得税和所得税费用。

需要注意的是，利润表中的所得税费用由两个部分组成：当期所得税费用和递延所得税。即所得税费用 = 当期所得税 + 递延所得税。

第一节 商业银行经营性收入核算

一、收入的定义与特征

（一）收入的定义

收入是指商业银行在日常经营活动中形成的、会导致所有者权益增加的、与所有者投入资本无关的经济利益的总流入。其中“日常经营活动”是指商业银行为完成其经营目标所从事的经常性业务以及与之相关的业务。包括销售商品收入、提供劳务收入和让渡资产使用权收入。比如，商业银行提供贷款就属于商业银行为完成其经营目标所从事的经常性活动，由此产生的经济利益的总流入构成收入。

商业银行处置固定资产、无形资产等活动，不是商业银行为完成其经营目标所从事的经常性活动，也不属于与经常性活动相关的活动，由此产生的经济利益的总流入不构成收入，应当确认为营业外收入。

（二）收入的特征

收入的特征可以集中归纳为以下四个方面：

（1）收入从日常活动中产生，而不是从偶发的交易或事项中产生；

（2）收入可能表现为资产的增加；也可能表现为负债的减少；或者二者兼而有之；

（3）收入能导致所有者权益的增加；

（4）收入只包括自身经济利益的流入，不包括为第三方或客户代收的款项。

二、收入的确认

商业银行对外提供服务或者提供特殊的金融产品（如资金等）而取得的收入，必须同时符合以下两个条件才能确认：

条件之一，收入的金额能够可靠计量。收入能否可靠地计量，是确认收入的基本前提，收入不能可靠计量，则无法确认收入。商业银行在销售特殊的金融商品（如资金）时，售价（如利率）通常已经确定。但销售过程中由于某种不确定因素，也可能出现售价变动的情况，则新的售价未确定前不应确认为收入。

条件之二，相关的经济利益很可能流入。经济利益是指直接或间接流入商业银行的现金或现金等价物，例如，在商业银行借出资金的交易中，经济利益的流入就是商业银行在收回本金的同时能按时收回利息，如果商业银行估计本息收回的可能性不大，就不能将其确认为利息收入。

三、收入的会计处理

（一）利息收入的账务处理

商业银行主要的收入来源于利息收入。商业银行在发放贷款时，应采用实际利率法按资金占用时期计提利息确认为收入。

实际利率法，是指按照贷款的实际利率计算其摊余成本及各期利息收入的方法，利息收入的计算公式如下：

利息收入 = 摊余成本 × 实际利率

其中，贷款的摊余成本是指该贷款的初始确认金额经下列调整后的结果：

（1）扣除已偿还的本金；

（2）加上或者减去采用实际利率法，将该初始确认金额与到期日金额之间的差额进行摊销形成的累计摊销额；

（3）扣除已发生的减值损失。

贷款的初始确认金额，应当按照公允价值计量，相关的交易费用应当计入初始确认金额。

实际利率，是指将贷款在预期存续期间或适用的更短时间内的未来现金流量折现为该贷款当前账面价值所使用的利率。

商业银行应设置“利息收入”科目核算商业银行确认的利息收入，包括发放的各类贷款（银团贷款、贸易融资、贴现和转贴现融出资金、协议透支、信用卡透支、转贷款、垫款等）、与其他金融机构（中央银行、同业等）之间发生资金往来业务、买入返售金融资产等实现的利息收入等。本科目可按业务类别进行明细核算。资产负债表日，商业银行应按合同利率计算确定的应收未收利息，借记“应收利息”等科目，按摊余成本和实际利率计算确定的利息收入，贷记本科目，按其差额，借记或贷记“贷款——利息调整”等科目。

实际利率与合同利率差异较小的，也可以采用合同利率计算确定利息收入。

【例 4－1】 20×1 年 12 月 31 日，某商业银行发放给丁公司 3 年期、一次还本付息的商业贷款 2 000 万元。

分析计算如下：

交易成本 $=2\ 000\times 2.75\%=55$

贷款的初始确认金额 $=2\ 000-55=1\ 945$

设实际利率为 i，则：$1\ 945=2\ 000\times(1+5\%)^3/(1+i)^3$

解得：$i=6\%$

发放贷款的会计分录如下：

借：贷款——本金　　2 000

　　贷：吸收存款——丁公司　　1 945

　　　　贷款——利息调整　　55

在持有贷款的持续期间，商业银行应按贷款合同本金和合同利率计算确定的应收未收利息，借记“应收利息”科目，按贷款摊余成本和实际利率计算确定的利息收入，贷记“利息收入”科目，按其差额，借记或贷记本科目（利息调整）。

（二）手续费及佣金收入的账务处理

商业银行应设置“手续费及佣金收入”科目核算商业银行确认的手续费及佣金收入。如结算手续费收入、佣金收入、业务代办手续费收入、基金托管收入、咨询服务收入、担保收入、受托贷款手续费收入、代保管收入，代理买卖证券、代理承销证券、代理兑付证券、代理保管证券、代理保险业务等代理业务以及其他相关服务实现的手续费及佣金收入等。商业银行可按手续费及佣金收入类别进行明细核算。

商业银行确认的手续费及佣金收入，按应收的金额，借记“代理承销证券款”等科目，贷记本科目。

实际收到手续费及佣金，借记“存放中央银行款项”“结算备付金”“吸收存款”等科目，贷记“应收手续费及佣金”等科目。

（三）汇兑损益的账务处理

商业银行应设置“汇兑损益”科目核算商业银行发生的外币交易因汇率变动而产生的汇兑损益。

采用统账制核算的，各外币货币性项目的外币期（月）末余额，应当按照期（月）末汇率折算为记账本位币金额。按照期（月）末汇率折算的记账本位币金额与原账面记账本位币金额之间的差额，如为汇兑收益，借记有关科目，贷记本科目；如为汇兑损失做相反的会计分录。

采用分账制核算的，期（月）末将所有以外币表示的“货币兑换”科目余额按期（月）末汇率折算为记账本位币金额，折算后的记账本位币金额与“货币兑换——记账本位币”科目余额进行比较，为贷方差额的，借记“货币兑换——记账本位币”科目，贷记“汇兑损益”科目；为借方差额的做相反的会计分录。

（四）公允价值变动损益的账务处理

商业银行应设置“公允价值变动损益”科目核算商业银行拥有的交易性金融资产、交易性金融负债，以及采用公允价值模式计量的投资性房地产、衍生工具、套期保值业务等公允价值变动形成的应计入当期损益的利得或损失。

指定为以公允价值计量且其变动计入当期损益的金融资产或金融负债公允价值变动形成的应计入当期损益的利得或损失，也在本科目核算。

商业银行开展套期保值业务的，有效套期关系中套期工具或被套期项目的公允价值变动，也可以单独设置“套期损益”科目核算。

“公允价值变动损益”科目可按交易性金融资产、交易性金融负债、投资性房地产等资产项目进行明细核算。

公允价值变动损益的主要账务处理：

1. 资产负债表日，商业银行应按交易性金融资产的公允价值高于其账面余额的差额，借记“交易性金融资产——公允价值变动”科目，贷记本科目；公允价值低于其账面余额的差额做相反的会计分录。

出售交易性金融资产时，应按实际收到的金额，借记“存放中央银行款项”等科目，按该金融资产的账面余额，贷记“交易性金融资产”科目，按其差额，借记或贷记“投资收益”科目。同时，将原计入该金融资产的公允价值变动转出，借记或贷记本科目，贷记或借记“投资收益”科目。

2. 资产负债表日，交易性金融负债的公允价值高于其账面余额的差额，借记本科目，贷记“交易性金融负债”等科目；公允价值低于其账面余额的差额做相反的会计分录。

处置交易性金融负债，应按该金融负债的账面余额，借记“交易性金融负债”科目，按实际支付的金额，贷记“存放中央银行款项”“结算备付金”等科目，按其差额，贷记或借记“投资收益”科目。同时，按该金融负债的公允价值变动，贷记或借记本科目，借记或贷记“投资收益”科目。

3. 采用公允价值模式计量的投资性房地产、衍生工具、套期工具、被套期项目等形成的公允价值变动，按照“投资性房地产”“衍生工具”“套期工具”“被套期项目”等科目的相关规定进行处理。

【例 4－2】 某银行一项交易性金融资产的取得成本为 2 000 万元，资产负债表日的公允价值为 1 800 万元；一项交易性金融负债的取得成本为 1 000 万元，资产负债表日的公允价值为 1 100 万元。

会计分录如下：

借：公允价值变动损益　　300

　贷：交易性金融资产——公允价值变动损益　　200

　　　交易性金融负债——公允价值变动损益　　100

（五）投资收益的账务处理

商业银行应设置“投资收益”科目核算商业银行确认的投资收益或投资损失。本科目可按投资项目进行明细核算。

投资收益的主要账务处理：

1. 长期股权投资采用成本法核算的，商业银行应按被投资单位宣告发放的现金股利或利润中属于本商业银行的部分，借记“应收股利”科目，贷记本科目；属于被投资单位在取得本商业银行投资前实现净利润的分配额，应作为投资成本的收回，借记“应收股利”等科目，贷记“长期股权投资”科目。

长期股权投资采用权益法核算的，应按根据被投资单位实现的净利润或经调整的净利润计算应享有的份额，借记“长期股权投资——损益调整”科目，贷记本科目。被投资单位发生净亏损的，比照“长期股权投资”科目的相关规定进行处理。

处置长期股权投资时，应按实际收到的金额，借记“存放中央银行款项”

等科目，按其账面余额，贷记“长期股权投资”科目，按尚未领取的现金股利或利润，贷记“应收股利”科目，按其差额，贷记或借记本科目。已计提减值准备的，还应同时结转减值准备。

处置采用权益法核算的长期股权投资，除上述规定外，还应结转原记入资本公积的相关金额，借记或贷记“资本公积——其他资本公积”科目，贷记或借记本科目。

2. 商业银行持有交易性金融资产、持有至到期投资、可供出售金融资产在持有期间取得的投资收益，在处置交易性金融资产、交易性金融负债、指定为以公允价值计量且其变动计入当期损益的金融资产或金融负债、持有至到期投资、可供出售金融资产等所实现的损益，按实际收到的款项借记“存放中央银行款项”等科目，按照账面余额贷记“交易性金融资产”“持有至到期投资”“可供出售金融资产”等科目，按照两者之间的差额借记或贷记本科目。

（六）其他业务收入的账务处理

商业银行应设置“其他业务收入”科目核算商业银行确认的除主营业务活动以外的其他经营活动实现的收入，包括出租固定资产、出租无形资产、债务重组等实现的收入。商业银行经营受托管理业务收取的管理费收入，也通过本科目核算。

商业银行确认的其他业务收入，借记“存放中央银行款项”“其他应收款”等科目，贷记本科目等。

（七）营业外收入的账务处理

商业银行应设置“营业外收入”科目核算商业银行发生的各项营业外收入，主要包括非流动资产处置利得、非货币性资产交换利得、债务重组利得、政府补助、盘盈利得、捐赠利得等。本科目可按营业外收入项目进行明细核算。

商业银行确认处置非流动资产利得、非货币性资产交换利得、债务重组利得，按实际收到的款项借记“存放中央银行款项”等科目，按照账面余额贷记“固定资产清理”“无形资产”等科目，按照两者之间的差额借记或贷记本科目。

商业银行确认的政府补助利得，借记“存放中央银行款项”“递延收益”等科目，贷记本科目。

第二节 商业银行经营支出核算

一、费用的管制

商业银行在经营过程中为了取得一定的收入，必然要发生各种各样的支出，这些支出哪些应形成本期的费用，即如何确认本期费用？是必须规范考虑的问题。费用只有在经济利益很可能流出从而导致商业银行资产减少或者负债增加、且经济利益的流出额能够可靠计量时才能予以确认。

1. 费用确认的匹配标杆。

（1）商业银行为销售金融产品、提供劳务等发生的可归属于产品、劳务成本等的费用，应当在确认金融产品收入、劳务收入同时，将已销售金融产品、已提供劳务的成本等计入当期损益。

（2）商业银行发生的支出不产生经济利益的，或者即使能够产生经济利益但不符合或者不再符合资产确认条件的，应当在发生时确认为费用，计入当期损益。

（3）商业银行发生的交易或者事项导致其承担了一项负债而又不确认为一项资产的，应当在发生时确认为费用，计入当期损益；符合费用定义和费用确认条件的项目，应当列入利润表。

2. 费用确认的时点标准。

确认费用应考虑两个问题：一是费用与收入的关系；二是费用的归属期。具体而言，确认费用的标准有以下几种。

（1）按其与营业收入的直接联系确认费用。如果资产的减少与负债的增加与取得本期的营业收入有直接联系，就应确认为本期的营业费用；凡不是以取得营业收入为目的的各项耗费都不作费用，如罚没款支出等。

（2）采用一定分配方式确认费用。如果资产的减少或负债的增加与取得营业收入没有直接联系，但能够为若干个会计期间带来效益，则应采用一定的分配方式，分别确认为各期的营业费用。例如，管理部门使用的固定资产成本，需要采用一定的折旧方法，分别确认为各期的折旧费用。

（3）在支出发生时立即确认为费用。如果资产的减少或负债的增加与取得营业收入没有直接联系，且只能为一个会计期间带来效益或受益期间难以合理估计，则应确认为当期的营业费用。

二、成本的确认与计量

（一）利息支出

商业银行应设置“利息支出”科目核算商业银行发生的利息支出，包括吸收的各种存款（单位存款、个人存款、信用卡存款、特种存款、转贷款资金等）、与其他金融机构（中央银行、同业等）之间发生资金往来业务、卖出回购金融资产等产生的利息支出。本科目可按利息支出项目进行明细核算。

资产负债表日，商业银行应按摊余成本和实际利率计算确定的利息费用金额，借记本科目，按合同利率计算确定的应付未付利息，贷记“应付利息”科目，按其差额，借记或贷记“吸收存款——利息调整”等科目。

实际利率与合同利率差异较小的，也可以采用合同利率计算确定利息费用。

【例 4－3】 乙银行接到通知，已转来存放中央银行款项利息 5 679 元。会计分录为：

借：存放中央银行款项　　　　5 679

　　贷：利息支出　　　　　　　　5 679

（二）手续费及佣金支出

商业银行应设置“手续费及佣金支出”科目核算商业银行发生的与其经营活动相关的各项手续费、佣金等支出。本科目可按支出类别进行明细核算。

商业银行发生的与其经营活动相关的手续费、佣金等支出，借记本科目，贷记“存放中央银行款项”“存放同业”“库存现金”等科目。

（三）税金及附加

商业银行应设置“税金及附加”科目核算商业银行经营活动发生的消费税、城市维护建设税、资源税和教育费附加等相关税费。

房产税、车船税、土地使用税、印花税在“管理费用”科目核算，但与投资性房地产相关的房产税、土地使用税在本科目核算。

商业银行按规定计算确定的与经营活动相关的税费，借记本科目，贷记“应交税费”科目。

（四）其他业务成本

商业银行应设置“其他业务成本”科目核算商业银行确认的除主营业务

活动以外的其他经营活动所发生的支出，包括出租固定资产的折旧额、出租无形资产的摊销额等。本科目可按其他业务成本的种类进行明细核算。

除主营业务活动以外的其他经营活动发生的相关税费，在“税金及附加”科目核算。

采用成本模式计量投资性房地产的，其投资性房地产计提的折旧额或摊销额，也通过本科目核算。

商业银行发生的其他业务成本，借记本科目，贷记“应付职工薪酬”“存放中央银行款项”等科目。

（五）业务及管理费

为了核算和监督管理费用的发生和结转情况，商业银行应设置“业务及管理费”科目。它属于损益类科目。借方登记发生的各项业务及管理费；贷方登记期末转入“本年利润”科目的业务及管理费。结转后本科目应无余额。本科目应按业务及管理费用项目进行明细核算。

1. 商业银行在筹建期间内发生的开办费，包括人员工资、办公费、培训费、差旅费、印刷费、注册登记费以及不计入固定资产价值的借款费用等在实际发生时，借记本科目，贷记“存放中央银行款项”等科目。

2. 行政管理部门人员的职工薪酬，借记本科目，贷记“应付职工薪酬”科目。

3. 行政管理部门计提的固定资产折旧，借记本科目，贷记“累计折旧”科目。

4. 发生的办公费、水电费、业务招待费、聘请中介机构费、咨询费、诉讼费、技术转让费、研究费用等，借记本科目，贷记“存放中央银行款项”“研发支出”等科目。

5. 按规定计算确定的应交的房产税、车船税、土地使用税、印花税等，借记本科目，贷记“应交税费”科目。

【例4-4】乙商业银行11月份管理费用发生了如下经济业务，其编制的会计分录如下：

（1）本月计提管理部门的固定资产折旧费为8 000元。会计分录为：

借：业务及管理费	8 000	
贷：累计折旧		8 000

(2) 根据本月工资分配计算，行政管理人员的工资为16 000元，提取职工福利费2 240元。会计分录为：

借：业务及管理费　　18 240
　　贷：应付职工薪酬——工资　　16 000
　　　　应付职工薪酬——职工福利　　2 240

(3) 本月按规定计算确定应交车船税2 000元。

借：业务及管理费　　2 000
　　贷：应交税费　　2 000

(六) 资产减值损失

商业银行应设置“资产减值损失”科目核算商业银行计提各项资产减值准备所形成的损失。本科目可按资产减值损失的项目进行明细核算。

商业银行的应收款项、长期股权投资、持有至到期投资、固定资产、无形资产、贷款等资产发生减值的，按应减记的金额，借记本科目，贷记“坏账准备”“长期股权投资减值准备”“持有至到期投资减值准备”“固定资产减值准备”“无形资产减值准备”“贷款损失准备”等科目。

在建工程、工程物资、商誉、抵债资产、损余物资、采用成本模式计量的投资性房地产等资产发生减值的，应当设置相应的减值准备科目，比照上述规定进行处理。

商业银行计提坏账准备、持有至到期投资减值准备、贷款损失准备等，相关资产的价值又得以恢复的，应在原已计提的减值准备金额内，按恢复增加的金额，借记“坏账准备”“持有至到期投资减值准备”“贷款损失准备”等科目，贷记本科目。

(七) 营业外支出

商业银行应设置“营业外支出”科目核算商业银行发生的各项营业外支出，包括非流动资产处置损失、非货币性资产交换损失、债务重组损失、公益性捐赠支出、非常损失、盘亏损失等。本科目可按支出项目进行明细核算。

商业银行确认处置非流动资产损失、非货币性资产交换损失、债务重组损失，比照“固定资产清理”“无形资产”“应付账款”等科目的相关规定进行处理。

盘亏、毁损的资产发生的净损失，按管理权限报经批准后，借记本科目，贷记“待处理财产损溢”科目。

第三节 商业银行经营利润的核算

一、商业银行利润的组成

商业银行利润是商业银行在一定会计期间的经营成果。利润包括收入减去费用后的净额、直接计入当期利润的利得和损失等。利润金额取决于收入和费用、直接计入当期利润的利得和损失金额的计量。直接计入当期利润的利得和损失，是指应当计入当期损益、会导致所有者权益发生增减变动的、与所有者投入资本或者向所有者分配利润无关的利得或者损失。

根据我国 2006 年 2 月份财政部颁布的新会计准则的规定，商业银行的利润通常由营业利润、利润总额、净利润三个层面组成。

（一）营业利润

营业利润是商业银行在一定会计期间内从事经营活动取得的利润，等于营业收入与营业支出的差额，公式如下：

营业利润 = 营业收入 − 营业成本

其中，营业收入和营业支出又分别是由多个相关项目计算而来的：

营业收入 = 利息净收入 + 手续费及佣金净收入 +（−）投资收益 +（−）公允价值变动损益 + 汇兑收益 + 其他业务收入；

营业支出 = 税金及附加 + 业务及管理费 + 资产减值损失 + 其他业务成本

在营业收入的具体构成项目方面，需要关注的是：

1. 利息净收入。商业银行的利息净收入是利息收入减去利息支出之后的差额。

2. 手续费及佣金净收入。商业银行的手续费及佣金净收入是手续费及佣金收入减去手续费及佣金净支出之后的差额。

3. 投资收益。投资收益是指商业银行对外投资所取得的收益，减去投资发生的损失。

4. 公允价值变动损益。公允价值变动损益是指交易性金融资产、交易性金融负债，以及采用公允价值模式计量的投资性房地产、衍生工具、套期保值业务等公允价值变动形成的应计入当期损益的利得或损失。

5. 汇兑收益。汇兑收益是商业银行发生的外币交易因汇率变动而产生的汇兑收益，如为汇兑损失则需扣除。

6. 其他业务收入。其他业务收入是商业银行确认的除主营业务活动以外的其他经营活动实现的收入，包括出租固定资产、出租无形资产、出租包装物和商品、销售材料、用材料进行非货币性交换（非货币性资产交换具有商业实质且公允价值能够可靠计量）或债务重组等实现的收入。

同时，在营业支出的具体构成项目方面，需要关注：

1. 税金及附加。税金及附加是指商业银行经营活动发生的消费税、城市维护建设税、资源税和教育费附加以及与投资性房地产相关的房产税、土地使用税等。

2. 业务及管理费。业务及管理费是指商业银行为组织和管理商业银行经营所发生的费用。具体包括：商业银行在筹建期间内发生的开办费、董事会和行政管理部门在商业银行的经营管理中发生的或者应由商业银行统一负担的公司经费（包括行政管理部门职工薪酬、物料消耗、低值易耗品摊销、办公费和差旅费等）、工会经费、董事会费（包括董事会成员津贴、会议费和差旅费等）、聘请中介机构费、咨询费（含顾问费）、诉讼费、业务招待费、房产税、车船税、土地使用税、印花税等。

3. 信用减值损失。是根据 2017 年版金融工具会计准则“预期信用损失法”计提的金融工具减值损失，即当金融工具（或金融工具组合）预期信用损失大于该工具（或组合）当前减值准备的账面金额，企业应当将其差额确认为减值损失。

4. 资产减值损失。资产减值损失是指因资产的账面价值高于其可收回金额而造成的损失。新会计准则规定资产减值范围主要是固定资产、无形资产以及除特别规定外的其他资产减值的处理。资产减值损失一经确认，不得转回。资产减值损失在会计核算中属于损益类科目。商业银行的固定资产、无形资产、在建工程、工程物资、商誉、抵债资产、损余物资，以及采用成本模式计量的投资性房地产等资产发生的减值，也属于资产减值损失。

5. 其他业务成本。其他业务成本是商业银行确认的除主营业务活动以外的其他经营活动所发生的支出，包括销售材料的成本、出租固定资产的折旧额、出租无形资产的摊销额、出租包装物的成本或摊销额等。

（二）利润总额

利润总额是指商业银行在缴纳所得税费用之前实现的利润。它包括：营业利润、营业外收入、营业外支出。其计算公式如下：

利润总额 = 营业利润 + 营业外收入 − 营业外支出

1. 营业外收入。

营业外收入是指与商业银行的经营活动没有直接关系的各项收入，包括非流动资产处置利得、非货币性资产交换利得、债务重组利得、政府补助、盘盈利得、捐赠利得等。

2. 营业外支出。

营业外支出是指与商业银行的经营活动没有直接关系的各项支出，包括非流动资产处置损失、非货币性资产交换损失、债务重组损失、公益性捐赠支出、非常损失、盘亏损失等。

（三）净利润

净利润是指商业银行在一定的会计期间内实现的利润总额扣除应计入当期损益的所得税费用后的余额。其计算公式如下：

净利润 = 利润总额 − 所得税费用

二、利润形成的会计处理

（一）主要会计科目

商业银行在进行利润核算时，应该根据核算工作的需要分别设置如下几类会计科目：

第一类，对于构成营业收入的科目，主要包括："利息收入""利息支出""手续费及佣金收入""手续费及佣金支出""投资收益""公允价值变动损益""汇兑损益"和"其他业务收入"等科目。

"利息收入"科目核算商业银行确认的利息收入，贷方登记其本期发生的收入数额，借方登记本期转入"本年利润"科目的数额，结转后本科目应无余额。

"利息支出"科目核算商业银行发生的利息支出，借方登记本期发生的利息支出，贷方登记本期转入"本年利润"科目的数额，结转后本科目应无余额。

"手续费及佣金收入"核算商业银行确认的与其经营活动相关的各项手续费、佣金等收入，贷方登记其本期发生的收入数额，借方登记本期转入"本年利润"科目的数额，结转后本科目应无余额。

“手续费及佣金支出”科目核算商业银行发生的与其经营活动相关的各项手续费、佣金等支出，借方登记本期发生的手续费及佣金，贷方登记本期转入“本年利润”科目的数额，结转后本科目应无余额。

“投资收益”科目核算商业银行确认的投资收益或投资损失，贷方登记其本期实现的投资收入数额，如为投资损失则做相反分录，借方分别登记本期转入“本年利润”科目的数额，结转后本科目应无余额。

“公允价值变动损益”科目核算商业银行拥有的交易性金融资产、交易性金融负债，以及采用公允价值模式计量的投资性房地产、衍生工具、套期保值业务等公允价值变动形成的应计入当期损益的利得或损失。贷方登记其本期较上期增加的价值额，如为价值减少则做相反分录，借方登记本期转入“本年利润”科目的数额，结转后本科目应无余额。

“汇兑损益”科目核算商业银行发生的外币交易因汇率变动而产生的汇兑损益，为贷方差额的，贷记本科目，期末，应将本科目的余额转入“本年利润”科目，结转后本科目应无余额。

“其他业务收入”科目核算商业银行确认的除主营业务活动以外的其他经营活动实现的收入，包括出租固定资产、出租无形资产、出租包装物和商品、销售材料、用材料进行非货币性资产交换（非货币性资产交换具有商业实质且公允价值能够可靠计量）或债务重组等实现的收入。贷方记录已经确认的其他业务收入，期末，应将本科目余额转入“本年利润”科目，结转后本科目应无余额。

第二类，对于构成营业支出的科目，主要包括：“税金及附加”“业务及管理费”“信用减值损失”“资产减值损失”“其他业务成本”等科目。

“税金及附加”科目核算商业银行经营活动发生的消费税、城市维护建设税、资源税和教育费附加等相关税费，借方登记本期发生的税金及附加数额，贷方登记本期转入“本年利润”科目的数额，结转后本科目应无余额。

“业务及管理费”科目核算商业银行为组织和管理商业银行经营所发生的费用。借方登记本期发生的费用数额，贷方登记本期转入“本年利润”科目的数额，结转后本科目应无余额。

“信用减值损失”“资产减值损失”科目核算商业银行计提各项资产减值准备所形成的损失。期末，应将本科目余额转入“本年利润”科目，结转后本科目无余额。

"其他业务成本"核算企业确认的除主营业务活动以外的其他经营活动所发生的支出，包括销售材料的成本、出租固定资产的折旧额、出租无形资产的摊销额、出租包装物的成本或摊销额等。借方登记本期发生的各项其他业务支出，贷方登记商业银行本期转入"本年利润"科目的营业外支出数，结转后本科目应无余额。

第三类，还存在"营业外收入""营业外支出"和"所得税费用"科目。

"营业外收入"科目商业银行发生的各项营业外收入，主要包括非流动资产处置利得、非货币性资产交换利得、债务重组利得、政府补助、盘盈利得、捐赠利得等。贷方登记本期所发生的营业外收入，借方登记商业银行本期转入"本年利润"科目的营业外收入数额，结转后本科目应无余额。

"营业外支出"科目核算商业银行发生的各项营业外支出，包括非流动资产处置损失、非货币性资产交换损失、债务重组损失、公益性捐赠支出、非常损失、盘亏损失等。借方登记本期发生的各项营业外支出，贷方登记商业银行本期转入"本年利润"科目的营业外支出数，结转后本科目应无余额。

"所得税费用"核算企业确认的应从当期利润总额中扣除的所得税费用。借方登记发生的按规定从当期损益中扣除的所得税，贷方登记期末结转"本年利润"科目的数额。结转后本科目无余额。

同时，商业银行在核算利润时，还需要设置"本年利润"科目。"本年利润"科目的贷方登记"利息收入""手续费及佣金收入""投资收益""公允价值变动损益""汇兑损益""其他业务收入""营业外收入"等科目的期末结转额，借方登记"利息支出""手续费及佣金支出""税金及附加""业务及管理费""资产减值损失""其他业务支出成本""营业外支出""所得税费用"等科目的期末结转数额，结转后"本年利润"科目如为贷方余额即为本期净利润数，如为借方余额则为本期亏损数。

年度终了，应将本年实现的净利润转入利润分配科目，借记"本年利润"，贷记"利润分配——未分配利润"科目；如为亏损，做相反的会计分录。结转后，"本年利润"科目应无余额。

（二）利润形成的账务处理

在对本期发生的经济业务进行全面账务处理后，就可以转入利润核算了。利润的形成有两种方法可以采用，即账结法和表结法。

账结法，是指在每月月末将所有损益类科目的余额转入"本年利润"科目，结转后，各损益类科目月末均没有余额，“本年利润”科目反映年度内累计实现的净利润（或发生的净亏损）。采用账结法，账面上能够直接反映各月末累计实现的净利润（或发生的净亏损），但每月末结转本年利润的工作量较大。

表结法，是指各月月末不结转本年利润，而是通过编制利润表的过程计算出当月的净利润（或净亏损），在年末才将所有损益类科目的余额转入“本年利润”科目。采用表结法，各损益类科目的月末余额表示累计的收入或费用，“本年利润”科目在1~11月各月末不做任何记录，到12月末才结转本年利润。因此，各月末的累积净利润（或净亏损）不能在账面上直接得到反映，需要在编制利润表的过程中确定。由于平时不必结转本年利润，采用表结法能够简化核算。

因此，采用账结法计算利润，每月都要使用“本年利润”科目；采用表结法计算利润，“本年利润”科目平时没有记录，只有年末才有记录。总之，无论商业银行采用哪种方法，年度终了时都必须将“本年利润”科目结平，转入“利润分配——未分配利润”科目，结转后，“本年利润”科目应无余额。

第四节　商业银行税收业务的核算

商业银行是我国经济和金融活动的重要主体，其所承载的税收是整个国家税收的有机组成部分。由于税收直接关系到企业成本高低与国家税收多少的问题，通常显得特殊重要又十分敏感，企业管理层对税收的认知也显得异常重要。为简单起见，可以将商业银行的税收分成两大块，即所得税与流转税。本节首先阐述企业所得税有关问题，再围绕流转税，重点阐述营改增的相关政策与规定。

一、商业银行所得税的核算

（一）所得税会计的含义

所得税会计是针对会计与税收规定之间的差异，在所得税会计核算中的具体体现。我国CAS 18号所得税准则要求所得税的核算采用资产负债表债务法，与国际会计准则趋同。

资产负债表债务法是从资产负债表出发，通过比较资产负债表上列示的资产、负债按照会计准则规定确定的账面价值与按照税法规定确定的计税基础，对于两者之间的差额分别应纳税暂时性差异与可抵扣暂时性差异，确认相关的递延所得税负债与递延所得税资产。

（二）所得税会计的核算程序

采用资产负债表债务法核算所得税的情况下，商业银行一般应于每一资产负债表日进行所得税的核算。商业银行进行所得税核算一般应遵循以下程序：

1. 确定账面价值，即确定资产负债表中除递延所得税资产和递延所得税负债以外的其他资产和负债项目的账面价值。

2. 确定计税基础，即按照资产和负债计税基础的确定方法，以适用的税收法规为基础，确定资产负债表中有关资产、负债项目的计税基础。

3. 比较资产、负债的账面价值与其计税基础。对于两者之间存在差异的，分析其性质，除特殊情况外，分别应纳税暂时性差异与可抵扣暂时性差异，确定该资产负债表日递延所得税负债和递延所得税资产的应有金额，并与期初递延所得税资产和递延所得税负债的余额相比，确定当期应予进一步确认的递延所得税资产和递延所得税负债金额或应予转销的金额。

4. 计算当期应交所得税，确认所得税费用及递延所得税费用。

（三）计税基础及暂时性差异

1. 资产的计税基础。

资产的计税基础，是指收回资产账面价值过程中，计算应纳税所得额时按照税法规定可以自应税经济利益中抵扣的金额，即某一项资产在未来期间计税时可以税前扣除的金额。

资产在初始确认时，其计税基础一般为取得成本。在资产持续持有的过程中，可在未来期间税前扣除的金额是指资产的取得成本减去以前期间按照税法规定已经税前扣除的金额后的余额。如固定资产、无形资产等长期资产在某一资产负债表日的计税基础是指其成本扣除按照税法规定已在以前期间税前扣除的累计折旧额或累计摊销额后的金额。

资产的账面价值大于其计税基础时，产生应纳税暂时性差异，即在确定未来收回资产或清偿负债期间的应纳税所得额时，将导致应税金额的暂时性差异。一项资产的账面价值代表的是商业银行在持续使用或最终出售该项资产时会取得的经济利益的总额，而计税基础代表的是一项资产在未来期间可予税前扣除的总金额。资产的账面价值大于其计税基础，该项资产未来期间产生的经济利益不能全部税前抵扣，两者之间的差额需要交税，产生应纳税暂时性差异。例如，一项无形资产账面价值为300万元，意味着商业银行从该项无形资产的持续使用及最终处置中可以取得300万元的经济利益流入，计税基础如果为200万元，意味着商业银行可以从未来流入经济利益中抵扣的金额为200万元，两者之间的差额会造成未来期间应纳税所得额和应交所得税的增加。相应的，在其产生当期，应确认与其相关的递延所得税负债。

资产的账面价值小于其计税基础时，产生可抵扣暂时性差异，即在确定未来期间收回资产或清偿负债期间的应纳税所得额时，将导致产生可抵扣金额的暂时性差异。从经济含义来看，资产在未来期间产生的经济利益少，按照税法规定允许税前扣除的金额多，则商业银行在未来期间可以减少应纳税所得额并减少应交所得税。例如，一项资产的账面价值为300万元，计税基础为350万元，则商业银行在未来期间就该项资产可以在其自身取得经济利益的基础上多扣除50万元，从整体上来看，未来期间应税所得会减少，应交所得税也会减少，形成可抵扣暂时性差异，符合有关确认条件时，应确认相关的递延所得税资产。

由于资产项目的不同，计税基础的具体确定也不同，举例说明如下：

（1）固定资产。

以各种方式取得的固定资产，初始确认时入账价值基本上是被税法认可的，即取得时其入账价值一般等于计税基础。固定资产在持有期间进行后续计量时，会计与税收处理的差异主要来自于折旧方法、折旧年限的不同以及固定资产减值准备的提取。

按照会计准则的规定，商业银行可以根据情况合理选择折旧方法，如可以按直线法计提折旧，也可以按照双倍余额递减法、年数总和法等计提折旧。税法一般会规定固定资产的折旧方法，除某些按照规定可以加速折旧的情况外，基本上可以税前扣除的是按照直线法计提的折旧。

另外税法还会规定每一类固定资产的折旧年限，而会计处理时按照准则规定是由商业银行按照固定资产能够为商业银行带来经济利益的期限估计确定的。因为折旧年限的不同，也会产生固定资产账面价值与计税基础之间的差异。

持有固定资产的期间内，因计提固定资产减值准备也会产生差异，因为所计提的减值准备不能够税前扣除。

【例4－5】 甲商业银行于20×6年12月31日取得的某项固定资产，原价为500万元，使用年限为10年，会计上采用直线法计提折旧，净残值为0。假设税法规定该类固定资产采用加速折旧法计提的折旧可予税前扣除，甲商业银行在计税时采用双倍余额递减法计列折旧，净残值为0。

那么，在20×8年12月31日，可以对比计算其会计口径与税法口径的固定资产价值：

账面价值＝500－50×2＝400（万元）

计税基础＝500－500×20%－400×20%＝320（万元）

该项固定资产账面价值400万元与其计税基础320万元之间的80万元的差额，意味着将于未来期间计入商业银行的应纳税所得额，增加应交所得税，属于应纳税暂时性差异，应确认相应的递延所得税负债。

（2）以公允价值计量的金融资产。

按照CAS22号金融工具确认和计量准则的规定，以公允价值计量的金融资产，包括“以公允价值计量且其变动计入当期损益的金融资产（FVTPL）”和“以公允价值计量且其变动计入其他综合收益的金融资产（FVTOCI）”两类，两者的共同点在于期末均以公允价值计量，区别在于前者对于公允价值相对于账面价值的变动是计入当期损益，而后者对于公允价值相对于账面价值的变动是计入所有者权益中的其他综合收益，即该两类金融资产于某一会计期末的账面价值为公允价值，如果税法规定按照会计准则确认的公允价值变动在计税时不予考虑，即有关金融资产在处置或出售前计税基础保持其取得成本不变，会造成该类金融资产账面价值与其计税基础之间的差异。

（3）其他资产。

因会计准则规定与税收法规规定不同，商业银行持有的其他资产，可能造成其账面价值与计税基础之间存在差异的，如：

其一，应收股利。会计准则规定按照被投资单位宣告发放的现金股利或利润中应由本商业银行享有的部分确认应收股利，而税法规定应收股利是否纳税要视投资商业银行与被投资单位适用的所得税税率之间是否存在差别而定。如果商业银行与被投资单位适用的所得税税率相同，自被投资单位收取的现金股利或利润在计税时是免税的，即其计税基础与账面价值相同；商业银行适用的所得税税率高于被投资单位适用所得税税率的，因长期股权投资的账面价值与计税基础不同会产生对未来期间计税的影响。

其二，投资性房地产。对于采用公允价值模式计量的投资性房地产，其期末账面价值为公允价值，而如果税法规定不认可该类资产在持有期间因公允价值变动产生的利得或损失，则其计税基础应以取得时支付的历史成本为基础计算确定，从而会造成账面价值与计税基础之间的差异。

其三，其他计提了资产减值准备的各项资产。有关资产计提了减值准备以后，其账面价值会随之下降，而按照税法规定，资产的减值在转化为实质性损失之前，不允许税前扣除，即其计税基础不会因减值准备的提取而变化，从而造成资产的账面价值与其计税基础之间的差异。

2. 负债的计税基础。

负债的计税基础，是指负债的账面价值减去未来期间计算应纳税所得额时按照税法规定可予抵扣的金额。即假定商业银行按照税法规定进行核算，则在其按照税法规定确定的资产负债表上，有关负债的应有金额。

负债的账面价值大于其计税基础时，产生可抵扣暂时性差异。负债产生的暂时性差异实质上是税法规定就该项负债可以在未来期间税前扣除的金额。一项负债的账面价值大于其计税基础，意味着未来期间按照税法规定构成负债的全部或部分金额可以自未来应税经济利益中扣除，减少未来期间的应税所得和应交所得税。例如，商业银行确认预计负债300万元，但如果税法规定有关费用在实际发生前不允许扣除，其计税基础为0，商业银行确认预计负债的当期相关费用不允许税前扣除，但在以后期间费用实际发生时允许税前扣除，使得未来期间的应税所得和应交所得税降低，产生可抵扣暂时性差异，符合确认条件的，应确认相关的递延所得税资产。

负债的账面价值小于其计税基础时，产生应纳税暂时性差异。一项负债的账面价值为商业银行预计在未来期间清偿该项负债时的经济利益流出，而其计税基础代表的是账面价值在扣除税法规定未来期间允许税前扣除的金额之后的差额。因负债的账面价值与其计税基础不同产生的暂时性差异实质上是税法规定就该项负债在未来期间可以税前扣除的金额。负债的账面价值小于其计税基础，则意味着就该项负债在未来期间可以税前抵扣的金额为负数，即应在未来期间应纳税所得额的基础上调增，增加应税所得和应交所得税金额，产生应纳税暂时性差异，应确认相关的递延所得税负债。

一般情况下，负债的确认与偿还不会影响商业银行的损益，也不会影响其应纳税所得额，未来期间计算应纳税所得额时按照税法规定可予抵扣的金额为0，计税基础即为账面价值。但是，某些情况下，负债的确认可能会影响商业银行的损益，进而影响不同期间的应纳税所得额，使得其计税基础与账面价值之间产生差额，如按照会计规定确认的某些预计负债。举例说明如下：

（1）商业银行确认的预计负债。按照或有事项准则规定，商业银行应将预计的支出确认为费用，同时确认预计负债。如果税法规定，有关的支出应于发生时税前扣除。因该类事项产生的预计负债在期末的计税基础为其账面价值与未来期间可税前扣除的金额之间的差额，因有关的支出实际发生时可全部税前扣除，其计税基础为0。

（2）其他负债，如商业银行应交的罚款和滞纳金等，在尚未支付之前按照会计规定确认为费用，同时作为负债反映。税法规定，罚款和滞纳金不能税前扣除，其计税基础为账面价值减去未来期间计税时可予税前扣除的金额0之间的差额，即计税基础等于账面价值，不产生暂时性差异。

（四）递延所得税负债及递延所得税资产的确认和计量

1. 递延所得税负债的确认和计量。

应纳税暂时性差异在转回期间将增加转回期间的应税所得和应交所得税，导致商业银行经济利益的流出，从其发生当期看，构成商业银行应支付税金的义务，应作为递延所得税负债确认。

确认应纳税暂时性差异产生的递延所得税负债时，交易或事项发生时影响到会计利润或应纳税所得额的，相关的所得税影响应作为利润表中所得税费用的组成部分；与直接计入所有者权益的交易或事项相关的，其所得税影响应增加或减少所有者权益。

【例4-6】 甲商业银行于20×3年1月2日购入一台设备，买价和运杂费共计420 000元，预计使用年限为6年，预计净残值为0。会计上按直线法计提折旧，因该设备符合税法规定的税收优惠条件，计税时可采用年数总和法计提折旧，假定税法规定的使用年限及净残值均与会计相同。假定甲商业银行各会计期间均未对固定资产计提减值准备。

则甲商业银行每年因固定资产账面价值与计税基础不同应予确认的递延所得税情况如表4-1所示：

表 4－1 固定资产账面价值与计税基础不同应予确认的递延所得税 单位：元

项目	20×3 年	20×4 年	20×5 年	20×6 年	20×7 年	20×8 年
实际成本	420 000	420 000	420 000	420 000	420 000	420 000
累计会计折旧	70 000	140 000	210 000	280 000	350 000	420 000
账面价值	350 000	280 000	210 000	140 000	70 000	0
累计计税折旧	120 000	220 000	300 000	360 000	400 000	420 000
计税基础	300 000	200 000	120 000	60 000	20 000	0
暂时性差异	50 000	80 000	90 000	80 000	50 000	0
适用税率	25%	25%	25%	25%	25%	25%
递延所得税负债余额	12 500	20 000	22 500	20 000	12 500	0
当期确认或转回额	12 500	7 500	2 500	－2 500	－7 500	－12 500

（1）20×3 年资产负债表日：

该项固定资产的账面价值＝420 000－70 000＝350 000（元）

其计税基础＝420 000－120 000＝300 000（元）

因账面价值 350 000 元大于其计税基础 300 000 元，两者之间为应纳税暂时性差异，应确认与其相关的递延所得税负债 12 500 元。作会计分录如下：

借：所得税费用　　　　12 500

　　贷：递延所得税负债　　　　12 500

（2）20×4 年资产负债表日：

该项固定资产的账面价值＝420 000－70 000－70 000＝280 000（元）

其计税基础＝420 000－120 000－100 000＝200 000（元）

因账面价值 280 000 元大于其计税基础 200 000 元，两者之间为应纳税暂时性差异 80 000 元，应确认与其相关的递延所得税负债 20 000 元，但递延所得税负债的期初余额为 12 500 元，当期应进一步确认递延所得税负债 7 500 元。作会计分录如下：

借：所得税费用　　　　7 500

　　贷：递延所得税负债　　　　7 500

（3）20×5 年资产负债表日：

该项固定资产的账面价值＝420 000－70 000－70 000－70 000＝210 000（元）

其计税基础＝420 000－120 000－100 000－80 000＝120 000（元）

因账面价值 210 000 大于其计税基础 120 000，两者之间为应纳税暂时性差异 90 000 元，应确认与其相关的递延所得税负债 22 500 元，但递延所得税负债的期初余额为 20 000 元，当期应进一步确认递延所得税负债 2 500 元。作会计分录如下：

借：所得税费用　　2 500

　　贷：递延所得税负债　　2 500

（4）20×6 年资产负债表日：

该项固定资产的账面价值 = 420 000 − 70 000 × 4 = 140 000（元）

其计税基础 = 420 000 − 360 000 = 60 000（元）

因其账面价值 140 000 大于其计税基础 60 000，两者之间为应纳税暂时性差异 80 000 元，应确认与其相关的递延所得税负债 20 000 元，但递延所得税负债的期初余额为 22 500 元，当期应转回原已确认的递延所得税负债 2 500 元。作会计分录如下：

借：递延所得税负债　　2 500

　　贷：所得税费用　　2 500

（5）20×7 年资产负债表日：

该项固定资产的账面价值 = 420 000 − 70 000 × 5 = 70 000（元）

其计税基础 = 420 000 − 400 000 = 20 000（元）

因其账面价值 70 000 元大于计税基础 20 000 元，两者之间的差异为应纳税暂时性差异 50 000 元，应确认与其相关的递延所得税负债 12 500 元，但递延所得税负债的期初余额为 20 000 元，当期应转回递延所得税负债 7 500 元。作会计分录如下：

借：递延所得税负债　　7 500

　　贷：所得税费用　　7 500

（6）20×8 年资产负债表日：

该项固定资产的账面价值及计税基础均为 0，两者之间不存在暂时性差异，原已确认的与该项资产相关的递延所得税负债应予全额转回，即应将原已确认和递延所得税负债 12 500 元全额转回。作会计分录如下：

借：递延所得税负债　　12 500

　　贷：所得税费用　　12 500

有些情况下，虽然资产、负债的账面价值与其计税基础不同，产生了应纳税暂时性差异，但出于各方面考虑，准则中规定不确认相应的递延所得税负债。

2. 递延所得税资产的确认和计量。

资产、负债的账面价值与其计税基础不同产生可抵扣暂时性差异的，在估计未来期间能够取得足够的应纳税所得额用以利用该可抵扣暂时性差异时，应当以很可能取得用来抵扣可抵扣暂时性差异的应纳税所得额为限，确认相关的递延所得税资产。有关交易或事项发生时，对税前会计利润或是应纳税所得额产生影响的，所确认的递延所得税资产应作为利润表中所得税费用的调整；有关的可抵扣暂时性差异产生于直接计入所有者权益的交易或事项，则确认的递延所得税资产也应计入所有者权益。

（五）当期所得税

当期所得税是指商业银行按照税法规定计算确定的针对当期发生的交易和事项，应交纳给税务部门的所得税金额，即应交所得税，应以适用的税收法规为基础计算确定。即：

当期所得税 = 当期应交所得税

商业银行在确定当期所得税时，对于当期发生的交易或事项，会计处理与税收处理不同的，应在会计利润的基础上，按照适用税收法规的要求进行调整，计算出当期应纳税所得额，按照应纳税所得额与适用所得税税率计算确定当期应交所得税。

（六）递延所得税

递延所得税是指按照准则规定应予确认的递延所得税资产和递延所得税负债在期末应有的金额相对于原已确认金额之间的差额，即递延所得税资产及递延所得税负债的当期发生额，但不包括计入所有者权益的交易或事项的所得税影响。用公式表示即为：

递延所得税 = 当期递延所得税负债的增加 + 当期递延所得税资产的减少 − 当期递延所得税负债的减少 − 当期递延所得税资产的增加

值得注意的是，如果某项交易或事项按照会计准则规定应计入所有者权益，由该交易或事项产生的递延所得税资产或递延所得税负债及其变化亦应计入所有者权益，不构成利润表中的递延所得税费用（或收益）。

（七）所得税费用

利润表中的所得税费用由两个部分组成：当期所得税费用和递延所得税。

即所得税费用 = 当期所得税 + 递延所得税

【例 4 − 7】 A 银行 20 ×0 年度利润表中利润总额为 3 000 万元，该商业银行适用的所得税税率为25%。与计算当期所得税有关的情况如下：

20×0年发生的有关交易和事项中，会计处理与税收处理存在差别的有：

(1) 20×0年1月1日取得的一项固定资产，成本为1 500万元，使用年限为10年，净残值为0，会计处理按双倍余额递减法计提折旧，税收处理按直线法计提折旧。假定税法规定的使用年限及净残值与会计规定相同。

(2) 向关联企业提供现金捐赠500万元。

(3) 当年取得作为交易性金融资产核算的股票投资成本800万元，资产负债表日市价1 200万元。

(4) 应付违反环保法规定罚款250万元。

(5) 期末对持有资产计提了资产减值准备75万元。

分析：

首先，20×0年度当期应交所得税：

应纳税所得额＝3 000＋150＋500－400＋250＋75＝3 575（万元）

应交所得税＝3 575×25%＝893.75（万元）

其次，20×0年度递延所得税：

该公司20×0年资产负债表相关项目金额及其计税基础如表4－2所示：

表4－2　20×0年度递延所得税　单位：元

项目	账面价值	计税基础	差异	
			应纳税暂时性差异	可抵扣暂时性差异
抵债资产	16 000 000	16 600 000		600 000
固定资产：				
固定资产原价	12 000 000	12 000 000		
减：累计折旧	2 400 000	1 200 000		
减：固定资产减值准备	0	0		
固定资产账面价值	9 600 000	10 800 000		1 200 000
无形资产	6 000 000	0	6 000 000	
其他应付款	2 000 000	2 000 000		
总计			6 000 000	1 800 000

递延所得税费用＝6 000 000×25%－1 800 000×25%＝1 050 000（元）

最后，利润表中应确认的所得税费用：

所得税费用＝8 937 500＋1 050 000＝9 987 500（元）

借：所得税费用　　9 987 500
　递延所得税资产　　450 000
　贷：应交税费——应交所得税　　8 937 500
　　递延所得税负债　　1 500 000

二、商业银行营改增的会计核算

2016年5月1日起，国内金融业与建筑业、房地产业、生活服务业一起开始统一实行营业税改征增值税。此举将从制度设计上解决营业税制下“道道征收，全额征税”的重复征税问题，实现增值税税制下的“环环征收、层层抵扣”，这也是继1994年分税制改革以来又一次重大的税制改革，有利于促进经济发展方式加快转变和经济结构战略性调整，其影响将是重大而深远的。现结合商业银行会计核算进行相应的营改增核算阐述。

（一）营改增的基本改变点

营改增是基于营业税缺陷而进行的，通过分析二者差异将有助于更好地理解增值税。

1. 税制设计的基础差异。

营业税的计税相对于增值税要简单很多，即营业额与相应税率相乘就可以得知税额。但也正是因为简单而导致了诸多缺陷，比如：简单以营业额作为纳税基础，会产生重复计税，加重了税务负担；且由于不能进行抵扣，企业缺乏索取发票动力，不利于下游正规、专业化发展，等等。

改收增值税无疑能很好地解决上述问题，凭借产业链上下之间的抵扣链条，从而使整个产业链条的每一个环节仅就本环节所产生增值额征税而不会重复征税，真正实现全面的增值税理念，有利于完善和延长第二、第三产业增值税抵扣链条，进而推动整个经济的发展。

总之，营业税与增值税都属于流转税，但具体内涵不同。营业税是对在中国境内提供应税劳务、转让无形资产或销售不动产的单位和个人，就其所取得营业额征收的一种税。增值税则是以商品（含应税劳务）在流转过程中产生的增值额作为计税依据而征收的一种流转税。简单理解，营业税是对营业额征收的一种流转税，而增值税则只对流转过程中增值的部分进行征税，有增值则征税，没有增值不征税。

2. 税制设计的计税区别。

在税额计算上，营业税不能进行抵扣，按规定的营业额全额计算。其一般公式为：营业税纳税额 = 应纳税营业额 × 税率

而增值税是可以对进项税额给予抵扣的。其一般公式为：增值税应纳税额 = 当期销项税额 − 准予抵扣的当期进项税额

由于计税特点不同，二者的税率也往往不同，改为增值税后，商业银行需要从销项税率与进项税率两个方面进行确认。

3. 金融服务的税目注释。

金融服务是指经营金融保险的业务活动、包括贷款服务、直接收费金融服务、保险服务和金融产品转让。对于商业银行来说，主要包括：

一是贷款服务。将资金贷与他人使用而取得利息收入的业务活动。各种占用、拆借资金取得的收入，包括金融商品持有期间（含到期）利息（保本收益、报酬、资金占用费、补偿金等）收入、信用卡透支利息收入、买入返售金融商品利息收入、融资融券收取的利息收入，以及融资性售后回租、押汇、罚息、票据贴现、转贷等业务取得的利息及利息性质的收入，按照贷款服务缴纳增值税。

二是直接收费金融服务。指为货币资金融通及其他金融业务提供相关服务并且收取费用的业务活动。包括提供货币兑换、账户管理、电子银行、信用卡、信用证、财务担保、资产管理、信托管理、基金管理、金融交易场所（平台）管理、资金结算、资金清算、金融支付等服务。

三是金融商品转让。指转让外汇、有价证券、非货物期货和其他金融商品所有权的业务活动。其他金融商品转让包括基金、信托、理财产品等各类资产管理产品和各种金融衍生品的转让。

4. 增值税率的设定与计税。

从税率设定看，分成税率和征收率。纳税人分为一般纳税人和小规模纳税人，纳税人提供金融服务的年应征增值税销售额超过 500 万元（含本数）的为一般纳税人，未超过规定标准的纳税人为小规模纳税人。一般纳税人适用税率 6%；小规模纳税人提供金融服务以及特定金融机构中的一般纳税人提供的可选择简易计税方法的金融服务，征收率为 3%。

从增值税计税方法看，分成一般计税方法和简易计税方法。一般纳税人发生应税行为适用一般计税方法计税。一般纳税人发生财政部和国家税务总

局规定的特定应税行为，可以选择适用简易计税方法计税，但一经选择，36个月内不得变更。

小规模纳税人发生应税行为适用简易计税方法计税。

5. 商业银行增值税常用税率。

首先，商业银行的销项税率伴随着银行提供产品与服务的不同而有所差异，现将商业银行具体业务构成与相应的增值税处理列表如表4－3所示：

表4－3 商业银行增值税项目分类表

银行业务	增值税处理
利息收入	适用6%的税率，不开具增值税专用发票
佣金手续费收入	适用6%的税率，需开具增值税专用发票
同业借贷利息收入	免税或差额征税待确定
金融商品投资收益	价差收益：差额征收或者不征收增值税，更趋向于不征税，后者进项税能否抵扣有待政策明确。不开具增值税发票 持有收益：国债持有至到期利息收益免税，其他持有收益政策待定
逾期利息收入	逾期贷款利息收入免税
新增不动产进项抵扣	新增不动产的进项税可能要分期抵扣，抵扣期限可能少于20年

其次，商业银行可抵扣进项税率的具体情况如下：

对于购入动产取得增值税专用发票后，进项抵扣税率13%；购入不动产取得增值税专用发票后，进项抵扣税率11%；

对于采购办公用品、低值易耗品、电子耗材等，取得增值税专用发票后，其进项税额可以抵扣、进项抵扣税率13%；

对于购置固定资产，进项抵扣税率13%；且分两年抵扣，第一年抵扣比例为60%，第二年抵扣比例为40%；

对于采购办公用品、低值易耗品、电子耗材等，进项抵扣税率13%；

对于支付职场租赁费、装修费，进项抵扣税率为11%；

对于日常办公费、维修费、咨询费、会议费、培训费、差旅费、车辆保险费等，其进项抵扣税率分别根据对象而实行13%、11%、6%。

上述所有项目，均需要取得增值税专用发票后，其进项税额可以抵扣进项税额。

需要注意，增值税是一项政策性极强的活动，政府为了适应宏观经济与企业发展的需求，会适时调整增值税等相关政策，尤其是在近年来经济下行背景下，各类减税降费措施时有出现，银行务必切实按照当时的规定来执行，具体计算纳税相关数据。

（二）相关会计科目的设置

商业银行应在“应交税费”总账科目下设置“应交增值税”明细科目，并区分设置“销项税额”“进项税额”“已交税金”“进项税额转出”等专栏。

“销项税额”专栏，核算商业银行销售应税产品或提供应税劳务所应收取的增值税额。公司销售应税产品或提供应税劳务应收取的销项税额，用蓝字登记；销售退回应冲销的销项税额，用红字登记。

“进项税额”专栏，核算商业银行购进应税产品或接受应税劳务所支付的增值税额。当商业银行在国内采购货物或接受应税劳务，按照专用发票上注明的增值税额，记入“进项税额”。

“已交税金”专栏，记录企业已缴纳的增值税额。企业已缴纳的增值税额用蓝字登记；退回多缴的增值税额用红字登记。

“进项税额转出”专栏，记录企业的购进货物、在产品、产成品等发生非正常损失以及其他原因而不应从销项税额中抵扣，按规定转出的进项税额。

（三）日常业务账务处理举例

1. 销项税额的核算。

【例 4－8】 东方商业银行按月结算本月客户贷款利息 30 000 元。其相应的会计处理如下：

借：银行存款　　30 000

　　贷：应交税费——应交增值税（销项税额）　　1 800

　　　　利息收入　　28 200

【例 4－9】 东方商业银行发生多种金融商品（列入持有至到期投资、交易性金融资产等的债券投资、基金产品等）转让，根据持仓清单，及相关收到现金而非持有期间的收益明细列表，此批金融商品买进与卖出的差价 10 000 000 元。

首先，计算该项金融资产转让业务增值税：

增值税＝转让差价×6%＝600 000（元）

相应地，作为该增值税的附加税，城市维护建设税为 7%、教育费附加 3%、地方教育附加 2%。

其次，进行相应的账务处理：

借：税金及附加——增值税　600 000
　　税金及附加——城市维护建设税　42 000
　　税金及附加——教育费附加　18 000
　　税金及附加——地方教育附加　12 000
　　贷：应交税费——应交增值税（销项税额）　600 000
　　　　应交税费——城市维护建设税　42 000
　　　　应交税费——教育费附加　18 000
　　　　应交税费——地方教育附加　12 000

2. 进项税额的核算。

【例4-10】 东方商业银行向北京百货文化公司购进公司日常使用办公用品一批，增值税率为13%，价税合计5 000元，并取得增值税专用发票。

首先，不含税价格 =5 000/(1+13%) =4 424.78（元）

进项增值税 =5 000-4 424.78 =575.22（元）

其分录如下：

借：业务及管理费　4 424.78
　　应交税费——应交增值税——进项税额（一般）　575.22
　　贷：银行存款　5 000.00

【例4-11】 东方商业银行支付税控系统技术维护费，价税合计11 300元，并取得增值税专用发票。技术维护费可以在增值税应纳税额中抵扣，即全额作为进项转出。例如公司支付税控系统技术维护费。

借：应交税费——应交增值税——减免税款　11 300
　　贷：银行存款　11 300

【例4-12】 东方商业银行构建办公大楼，支付工程款，取得专票价税合计11 100 000元。必须分两年期抵扣，不能提前抵扣。

第一年：

借：固定资产　10 000 000
　　应交税费——应交增值税——进项税额（不动产）　660 000
　　应交税费——待抵扣进项税额（不动产）　440 000
　　贷：银行存款　11 100 000

第二年：

借：应交税费——应交增值税——进项税额（不动产） 440 000

　　贷：应交税费——待抵扣进项税额（不动产） 440 000

3. 进项转出的核算。

【例 4－13】 东方商业银行7月结算免征增值税保险产品占比50%，7月无法划分用途的税额400 000元，转出进项税额200 000元。

借：业务及管理费 200 000

　　贷：应交税费——应交增值税——进项转出（一般） 200 000

4. 代扣代缴的核算。

【例 4－14】 东方商业银行7月代理制业务员代理人佣金税前收入30 900元，代扣代缴征收率3%。

借：手续费及佣金支出 30 900

　　贷：应交税费——代扣代缴增值税——代理人 900

　　　　应交税费——城市维护建设税——代理人 63

　　　　应交税费——教育费附加——代理人 27

　　　　应交税费——地方教育附加——代理人 18

　　　　应交税费——个人所得税 10

　　　　应交税费——水利建设基金 2.1

　　　　应付手续费及佣金支出——佣金支出——实发 29 879.90

【例 4－15】 东方商业银行7月月独立董事劳务费6 180元，代扣代缴征收率3%。

借：业务及管理费 6 180

　　贷：应交税费——代扣代缴增值税——其他 180.00

　　　　应交税费——城市维护建设税——其他 12.60

　　　　应交税费——教育费附加——其他 5.40

　　　　应交税费——地方教育附加——其他 3.60

　　　　应交税费——个人所得税 10.00

　　　　应交税费——水利建设基金 0.42

　　　　银行存款 5 967.98

5. 缴纳税款的核算。

【例 4－16】 7月东方商业银行销项税5 000元，进项税3 000元，进项转出2 000元，减免税款100元，金融商品转让销项税500元，结转税款4 400元。

借：应交税费——应交增值税——转出税费（一般） 3 900
　　应交税费——应交增值税——转出税费（金融商品转让）
　　　　500
　　贷：应交税费——未交增值税——一般 3 900
　　　　应交税费——未交增值税——金融商品转让 500

【例4-17】东方商业银行申报7月增值税，假如实际缴纳830 000元。

借：应交税费——未交增值税——一般 780 000
　　应交税费——未交增值税——金融商品转让 50 000
　　贷：银行存款 830 000

第五章 商业银行权益要素核算

本章精要

作为金融企业，其所有者权益是指企业资产扣除负债后由所有者享有的剩余权益。

其一，需要确认权益的基本概念。金融企业所有者权益的来源包括所有者投入的资本、直接计入所有者权益的利得和损失、留存收益等。

其二，在金融企业资本方面，需要掌握资本核算的基本要求，包括金融企业接受投资者投入资本、公司发行股票筹集股本和可转换公司债券转为股本、重组债务转为资本的核算，也要从权益视角来掌握以权益结算的股份支付换取服务的核算等。在资本增加方面，主要是金融企业接受投资者额外投入实现增资、资本公积转增资本和盈余公积转增资本；同时，也要注意掌握资本减少的核算。

其三，金融企业资本公积方面。需要在掌握资本公积概念的基础上，掌握各种资本公积的核算。

其四，金融企业盈余公积方面，在掌握金融企业按照规定从净利润中提取的各种累积资金即盈余公积内容的基础上，认知提取盈余公积主要用途。并掌握盈余公积的核算，包括盈余公积弥补亏损、盈余公积转增资本、盈余公积发放股利。

其五，未分配利润方面。企业当期实现的利润，加上年初未分配利润或减去年初未弥补亏损和其他转入后的余额，为可供分配的利润。根据《公司法》，企业当年实现的净利润，首先弥补以前年度尚未弥补的亏损，然后按下列顺序进行分配：提取法定公积金、提取任意公积金、向投资者分配利润或股利。当然，还需要照章提取相应的风险准备金。

第一节　商业银行权益概述

一、商业银行所有者权益的概念及来源

商业银行所有者权益是指商业银行资产扣除负债后由所有者享有的剩余权益。公司的所有者权益又称为股东权益。

商业银行所有者权益的来源包括所有者投入资本、直接计入所有者权益的利得和损失、留存收益等。直接计入所有者权益的利得和损失，是指不应计入当期损益、会导致所有者权益发生增减变动的、与所有者投入资本或向所有者分配利润无关的利得或者损失。其中，利得是指由商业银行非日常活动所形成的、会导致所有者权益增加的、与所有者投入资本无关的经济利益的流入。损失是指由商业银行非日常活动所发生的、会导致所有者权益减少的、与向所有者分配利润无关的经济利益的流出。留存收益包括盈余公积和未分配利润。所有者权益金额取决于资产和负债的计量，即所有者权益 = 资产 - 负债。所有者权益项目应当列入资产负债表。

二、商业银行所有者权益的特征

商业银行所有者权益具有以下特征：

一是所有者权益是商业银行的“永久性”权益，在商业银行存续期内，商业银行没有归还的义务。

二是所有者权益是商业银行清偿债务的物质基础，是商业银行亏损的承担者。

三是所有者权益可以依法参与商业银行税后利润的分配。

四是所有者权益在数额上等于资产减去负债后的余额，所以没有专门的计量问题。

五是所有者权益与商业银行具体的资产项目没有直接的对应关系。投资者只要向商业银行投资，无论是何种投资形态，一旦进入商业银行，就成为商业银行这个特定会计主体的资产，不再是投资人的资产。

第二节　商业银行资本核算

一、资本核算的基本要求

商业银行所有者投入的资本是商业银行的所有者向商业银行投入的可长期使用的不需偿还的资本。除股份有限公司形式的商业银行之外，都通过“实收资本”科目核算所有者投入的资本，股份有限公司则通过“股本”科目进行核算。商业银行收到所有者出资超过其在注册资本或股本中所占份额的部分，作为资本溢价或股本溢价，在“资本公积”科目核算。“实收资本”或“股本”科目期末贷方余额，反映商业银行实收资本或股本总额。

所有者可以用现金投资，也可以用现金以外的其他有形资产投资；符合国家规定比例的，还可以用无形资产投资。商业银行收到所有者投入的现金，应在实际收到或者存入商业银行开户银行时，按实际收到的金额，借记“现金”“存放中央银行款项”科目，按其在注册资本或股本中所占份额，贷记“实收资本”或“股本”科目，按其差额，贷记“资本公积——资本溢价或股本溢价”科目。以实物资产投资的，应在办理实物产权转移手续时，借记“固定资产”“长期股权投资”等科目，按其在注册资本或股本中所占份额，贷记“实收资本”或“股本”科目，按其差额，贷记“资本公积——资本溢价或股本溢价”科目。以无形资产投资的，应按照合同、协议或公司章程规定，在移交有关凭证时，依照其公允价值，借记“无形资产”科目，按其在注册资本或股本中所占份额，贷记“实收资本”或“股本”科目，按其差额，贷记“资本公积——资本溢价或股本溢价”科目。

二、商业银行实收资本的核算

股份有限公司是指全部资本由等额股份构成并通过发行股票筹集资本，股东以其所持有股份对公司承担有限责任，公司以全部资产对公司债务承担责任的法人。与其他企业相比，其显著特点在于将资本划分为等额股份，并通过发行股票的方式来筹集资本。股票的面值与股份总数的乘积即为公司股本，股本等于股份有限公司的注册资本。股份有限公司应设置“股本”科目核算资本。

（一）商业银行接受投资者投入的资本

商业银行接受投资者投入的资本，借记“存放中央银行款项”“固定资产”“无形资产”“长期股权投资”等科目，贷记“实收资本”或“股本”等科目。

（二）商业银行发行股票筹集股本

当股份有限公司发行股票收到现金等资产时，应按实际收到的金额，借记“现金”“存放中央银行款项”等科目，按股票面值和核定的股份总额的乘积计算的金额，贷记“股本”科目，按其差额，贷记“资本公积——股本溢价”科目。

（三）境外上市公司和境内发行外资股公司股本

境外上市公司，以及在境内发行外资股的公司，在收到股款时，应按收到股款当日的汇率折合的人民币金额，借记“现金”“存放中央银行款项”等科目，按照确定的人民币股票面值与核定的股份总额的乘积计算的金额，贷记“股本”科目，按照收到股款当日的汇率折合的人民币金额与按人民币计算的股票面值总额的差额，贷记“资本公积——股本溢价”科目。

三、可转换公司债券转为股本的核算

可转换公司债券持有人行使转换权利，将其持有的债券转换为股票，应按可转换公司债券的余额，借记“应付债券——可转换公司（债券面值）”“应付债券——可转换公司债券（利息调整）”科目，按其权益成分的金额，借记“资本公积——其他资本公积”科目，按股票面值和转换的股数计算的股票面值总额，贷记“股本”科目，按其差额，贷记“资本公积——股本溢价”科目。

四、以权益结算的股份支付换取服务的核算

商业银行以权益结算的股份支付换取职工或其他方提供服务得，应在行权日，按根据实际行权情况确定的金额，借记“资本公积——其他资本公积”科目，按应计入实收资本或股本得金额，贷记“实收资本”或“股本”科目。

【例 5 -1】 20 ×1 年 1 月 1 日，甲商业银行向 500 名管理人员授予股票期权 100 股/人，当日股票的市场价格为 3 元/股，授予的条件是要求职工必须自授予日起在公司工作 3 年。20 ×1 年 12 月 31 日，与该商业银行签订该项股

票期权协议的500名管理人员中有20名辞职，估计剩余的480名均会继续在本商业银行中工作至20×3年底。20×3年12月31日，剩余的480名管理人员按股票期权协议取得股票。

20×1年12月31日、2012年12月31日，会计分录均为：

借：管理费用　　48 000

　　贷：资本公积——其他资本公积　　48 000

20×3年12月31日会计分录为：

借：管理费用　　48 000

　　贷：资本公积——其他资本公积　　48 000

借：资本公积——其他资本公积　　144 000

　　贷：股本　　48 000

　　　　资本公积——股本溢价　　96 000

五、资本增加的核算

我国有关法律规定，商业银行资本不得随意变动，但符合增资条件，并经有关部门批准的，可以增加资本。

（一）商业银行接受投资者额外投入实现增资

在商业银行按规定接受投资者额外投入实现增资时，商业银行应当按照实际收到的款项或其他资产，借记“存放中央银行款项”“其他应收款”“固定资产”“无形资产”“长期股权投资”等科目，按增加的实收资本或股本，贷记“实收资本”或“股本”科目，按其差额，贷记“资本公积——资本溢价或股本溢价”科目。

（二）资本公积转增资本

经股东大会或类似机构决议，用资本公积转增资本，借记“资本公积——资本溢价或股本溢价”科目，贷记“实收资本”或“股本”科目。

（三）盈余公积转增资本

经股东大会或类似机构决议，用盈余公积转增资本，借记“盈余公积”科目，贷记“实收资本”或“股本”科目。

（四）采用发放股票股利方式增资

股份有限公司股东大会批准的利润分配方案中分配的股票股利，应在办理增资手续后，按照实际发放的股票股利数，借记“利润分配”科目，贷记

“股本”科目。

六、资本减少的核算

我国有关法律规定，商业银行资本不得随意变动，但商业银行按法定程序报经批准后可以减少注册资本。商业银行按法定程序报经批准减少注册资本的，借记“实收资本”或“股本”科目，贷记“现金”“存放中央银行款项”等科目。

股份有限公司采用收购本公司股票方式减资的，按股票面值和注销股数计算的股票面值总额，借记“股本”科目，按所注销库存股的账面余额，贷记“库存股”科目，按其差额，借记“资本公积——股本溢价”科目，股本溢价不足冲减的，应借记“盈余公积”“利润分配——未分配利润”科目；购回股票支付的价款低于面值总额的，应按股票面值总额，借记“股本”科目，按所注销库存股的账面余额，贷记“库存股”科目，按其差额，贷记“资本公积——股本溢价”科目。

第三节 商业银行资本公积

一、资本公积的概述

资本公积通常是指商业银行收到投资者出资额超出其在注册资本或股本中所占份额的部分，以及直接计入所有者权益的利得和损失。资本公积从形成来源上看，它不是由商业银行实现的利润转化而来的，这是它与留存收益的根本区别，因为后者是由商业银行实现的利润转化而来的。我国公司法规定，资本公积主要用来转增资本。

商业银行通过设置“资本公积”科目核算资本溢价或股本溢价以及直接计入所有者权益的利得和损失，并应当分别“资本溢价或股本溢价”“其他资本公积”科目进行明细核算。

二、资本公积的核算

（一）商业银行接受投资者投入资本形成资本公积的核算

商业银行接受投资者投入的资本形成的资本公积，借记“存放中央银行款项”“其他应收款”“固定资产”“无形资产”“长期股权投资”等科目，贷记“实收资本”或“股本”科目，贷记“资本公积——资本溢价或股本溢价”科目。

（二）可转换债券持有人行使转换权利形成资本公积的核算

可转换债券持有人行使转换权利形成的资本公积，应按可转换公司债券的余额，借记“应付债券——可转换公司（债券面值）”“应付债券——可转换公司债券（利息调整）”科目，按其权益成分的金额，借记“资本公积——其他资本公积”科目，按股票面值和转换的股数计算的股票面值总额，贷记“股本”科目，按其差额，贷记“资本公积——股本溢价”科目。

【例5－2】为筹集长期资金，甲商业银行作为上市公司发行可转换公司债券，可转换公司债券的面值为500 000元，权益成分的公允价值为350 000元。可转换债券持有人行使转换权利日，应付债券——可转换公司债券（利息调整）科目余额为5 000元，甲公司股票的面值为33.2元，可转换公司债券转换成25 000股股票。

借：应付债券——可转换公司（债券面值）	500 000	
应付债券——可转换公司债券（利息调整）	5 000	
资本公积——其他资本公积	350 000	
贷：股本		830 000
资本公积——股本溢价		25 000

（三）权益法下长期股权投资涉及的资本公积核算

长期股权投资采用权益法核算的，在持股比例不变的情况下，被投资单位除净损益以外所有者权益的其他变动，商业银行按持股比例计算应享有的份额，借记或贷记“长期股权投资——其他权益变动”科目，贷记或借记“资本公积——其他资本公积”科目。处置采用权益法核算的长期股权投资，还应结转原记入“资本公积”的相关金额，借记或贷记“资本公积——其他资本公积”科目，贷记或借记“投资收益”科目。

【例5－3】甲商业银行20×2年3月1日通过发行普通股股票8 000 000股与乙公司股东进行交换取得乙公司有表决权股份的20%，该比率保持不变，从而导致对乙公司财务和经营决策具有重大影响，甲商业银行准备长期持有该股份。20×2年6月30日，乙公司除净损益以外所有者权益的其他增加15 000 000元。20×2年12月31日，甲商业银行处置掉该长期股权投资，取得价款 23 000 000 元，此时该项长期股权投资的账面价值为 20 000 000 元，其中成本为 15 000 000 元，损益调整为 4 000 000 元，其他权益变动 3 000 000 元，长期股权投资减值准备 2 000 000 元。

20×2 年 6 月 30 日，会计分录为：

借：长期股权投资——其他权益变动　　3 000 000

　贷：资本公积——其他资本公积　　3 000 000

20×2 年 12 月 31 日，会计分录为：

借：存放中央银行款项　　23 000 000

　长期股权投资减值准备　　2 000 000

　贷：长期股权投资——乙公司（成本）　　15 000 000

　　长期股权投资——乙公司（损益调整）　　4 000 000

　　长期股权投资——乙公司（其他权益变动）　　3 000 000

　　投资收益　　3 000 000

借：资本公积——其他资本公积　　3 000 000

　贷：投资收益　　3 000 000

（四）以权益结算的股份支付换取服务所涉及的资本公积核算

以权益结算的股份支付换取职工或其他方提供服务的，应按照确定的金额，借记“管理费用”等科目，贷记“资本公积——其他资本公积”科目。在行权日，应按实际行权的权益工具数量计算确定的金额，借记“资本公积——其他资本公积”科目，按计入实收资本或股本的金额，贷记“实收资本”或“股本”科目，按其差额，贷记“资本公积——资本溢价或股本溢价”科目。

【例 5-4】 甲商业银行由于 20×2 年效益大幅度上升，20×3 年 3 月 10 日股东大会通过，经相关主管部门批准，准备以增发的股票奖励商业银行员工，每人奖励普通股股票 1 000 股，共计 470 000 股。该公司股票目前市场价格为 5 元/股。20×3 年 5 月 10 日，办理相关过户手续，将股票支付给职工。此时该商业银行股票的市场价格为 5.5 元/股。

20×3 年 3 月 10 日，会计分录为：

借：管理费用　　2 350 000

　贷：资本公积——其他资本公积　　2 350 000

20×3 年 5 月 10 日，会计分录为：

借：管理费用　　235 000

资本公积——其他资本公积　　2 350 000

贷：股本　　470 000

资本公积——股本溢价　　2 115 000

（五）金融资产重新分类所涉及的资本公积核算

1. 将债权投资重分类为其他权益工具投资。

将债权投资重分类为其他权益工具投资的，应在重分类日按其公允价值，借记“其他权益工具投资”科目，按其账面余额，贷记“债权投资——成本”“债权投资——利息调整”“债权投资——应计利息”科目，按其差额，贷记或借记“资本公积——其他资本公积”科目。已计提减值准备的，还应同时结转减值准备。

【例 5 -5】 20×2 年 6 月 30 日，甲商业银行因持有意图和能力发生改变，原作为债权投资的债券投资不再符合作为债权投资进行核算的条件，按照规定应重分类为其他权益工具投资进行核算。当日，该持有至到期投资的账面余额为 470 000 元，已计提减值准备 50 000 元，公允价值为 430 000 元。

借：其他权益工具投资　　430 000

债权投资减值准备　　50 000

贷：债权投资　　470 000

资本公积——其他资本公积　　10 000

2. 其他权益工具投资重分类为债权投资。

将其他权益工具投资重分类为债权投资的，应在重分类日按其公允价值，借记“债权投资”科目，按其账面余额，贷记“其他权益工具投资——成本”“其他权益工具投资——利息调整”“其他权益工具投资——应计利息”科目，按其差额，贷记或借记“资本公积——其他资本公积”科目。已计提减值准备的，还应同时结转减值准备。

将其他权益工具投资重分类为采用成本或摊余成本计量的金融资产的，对于原计入资本公积的相关金额，还应分别不同情况进行处理：有固定到期日的，应在该项金融资产的剩余期限内，在资产负债表日，按实际利率法计算确定的摊销金额，借记或贷记“资本公积——其他资本公积”科目，贷记或借记“投资收益”科目；没有固定到期日的，应在处置该项金融资产时，借记或贷记“资本公积——其他资本公积”科目，贷记或借记“投资收益”科目。

（六）采用收购股票方式减资所涉及的资本公积核算

股份有限公司采用收购本公司股票方式减资的，应按股票面值和注销股数计算的股票面值总额，借记“股本”科目，按所注销的库存股的账面余额，贷记“库存股”科目，按其差额，借记“资本公积——股本溢价”科目，股本溢价不足冲减的，应借记“盈余公积”“利润分配——未分配利润”科目；购回股票支付的价款低于面值总额的，应按股票面值总额，借记“股本”科目，按所注销的库存股的账面余额贷记“库存股”科目，按其差额，贷记“资本公积——股本溢价”科目。

第四节 商业银行盈余公积

一、盈余公积的概述

盈余公积是指商业银行按照规定从净利润中提取的各种累积资金。

（一）盈余公积的内容

盈余公积按照商业银行性质，分别包括以下内容：

一般商业银行的盈余公积包括法定盈余公积和任意盈余公积。

1. 法定盈余公积，是指商业银行按照规定的比例从净利润中提取的盈余公积。

2. 任意盈余公积，是指商业银行经股东大会或类似机构批准按照规定的比例从净利润中提取的盈余公积。任意盈余公积主要是商业银行按照股东大会或类似机构的决议提取。

（二）盈余公积的主要用途

商业银行提取盈余公积主要可以用于以下几个方面：

1. 用于弥补亏损。弥补亏损的渠道主要有三条：一是用以后年度税前利润弥补。按照相关制度规定，商业银行发生亏损时，可以用以后五年内实现的税前利润弥补，即税前利润弥补亏损的期间为五年。二是用以后年度税后利润弥补。商业银行发生的亏损经过五年期间未弥补足额的，尚未弥补的亏损应用所得税后的利润弥补。三是以盈余公积弥补亏损。商业银行以提取的盈余公积弥补亏损时，应当经股东大会或类似机构批准。

2. 转增资本。商业银行将盈余公积转增资本时，必须经股东大会或类似机构决议批准。在实际将盈余公积转增资本时，要按照股东原有持股比例结转。

3. 发放现金股利或利润。商业银行无利润时原则上不分配股利，但在特殊情况下，如当商业银行累积的盈余公积比较多，而未分配利润又比较少时，为了维护商业银行形象，给投资者以合理的回报，对于符合规定条件的商业银行，也可以用盈余公积分配现金股利或股票股利。

盈余公积的提取实际上是商业银行当期实现的净利润向投资者分配利润的一种限制。提取盈余公积本身就属于利润分配的一部分，提取盈余公积相对应的资金，一经提取形成盈余公积后，在一般情况下不得用于向投资者分配利润或股利。盈余公积的用途，并不是指其实际占用形态，提取盈余公积也并不是单独将这部分资金从商业银行资金周转过程中抽出。商业银行提取的盈余公积，无论是用于弥补亏损，还是由于转增资本，只不过是在商业银行所有者权益内部结构的转换。

二、盈余公积的核算

盈余公积是商业银行按照规定从净利润中提取的各种积累基金。盈余公积可分为三种：一是法定盈余公积，是以国家法律或行政法规为依据提取的，用于弥补亏损、转增资本的在亏损年度发放红利；二是任意盈余公积，是根据商业银行董事会决议提取的，用于商业银行未来发展需要；三是公益金，是根据商业银行汇票董事会决议提取的，用于商业银行汇票员工集体福利设施。

（一）盈余公积的计提

商业银行按规定提取盈余公积的，应借记“利润分配——提取法定盈余公积、提取任意盈余公积”科目，贷记“盈余公积——法定盈余公积、任意盈余公积”科目。

【例 5 -6】 甲商业银行 20×3 年度实现税后利润 1 000 000 元，公司董事会决定提取 10% 的税后利润作为法定盈余公积，8% 的税后利润作为任意盈余公积。

借：利润分配——提取法定盈余公积	100 000	
利润分配——提取任意盈余公积	80 000	
贷：盈余公积——法定盈余公积		100 000
盈余公积——任意盈余公积		80 000

外商投资商业银行按规定提取储备基金、商业银行发展基金、职工奖励及福利基金的，借记“利润分配——提取储备基金、提取商业银行发展基金、

职工奖励及福利基金”科目，贷记“盈余公积——储备基金、商业银行发展基金”“应付职工薪酬”科目。

（二）盈余公积弥补亏损

经股东大会或类似机构决议，用盈余公积弥补亏损，借记“盈余公积——法定盈余公积、任意盈余公积”等科目，贷记“利润分配——盈余公积补亏”科目。

【5－7】甲商业银行经营出现亏损，经股东大会决议，用法定盈余公积200 000元弥补本年亏损。

借：盈余公积——法定盈余公积	200 000	
贷：利润分配——盈余公积补亏		200 000

（三）盈余公积转增资本

经股东大会或类似机构决议，用盈余公积转增资本，借记“盈余公积——法定盈余公积、任意盈余公积”或“盈余公积——储备基金、商业银行发展基金”科目，贷记“实收资本”或“股本”科目。

（四）盈余公积发放股利

经股东大会决议，用盈余公积派送新股，按派送新股计算的金额，借记“盈余公积——法定盈余公积、任意盈余公积”等科目，按股票面值和派送新股总数计算的股票面值总额，贷记“股本”科目。

需要特别说明的是，在商业银行，除了实收资本、资本公积和盈余公积之外，还要特别注意一般风险准备的管理与核算。一般风险准备是商业银行根据财政部颁布的《金融企业呆账准备提取管理办法》，按照一定比例从净利润中提取，用于弥补尚未识别的可能性损失的准备。

商业银行应于每年年度终了根据承担风险的损失的资产余额，按一定比例提取一般风险准备。一般准备的计提比例由商业银行综合考虑其所面临的风险状况等因素确定，原则上不低于风险资产余额的1%。

第五节 未分配利润的核算

一、净利润的分配顺序

商业银行当期实现的利润，加上年初未分配利润（或减出年初未弥补亏损）和其他转入后的余额，为可供分配的利润。根据《中华人民共和国公司法》等有关法规的规定，商业银行当年实现的净利润，首先是弥补以前年度尚未弥补的亏损，然后按下列顺序进行分配：

第一步，提取法定公积金。法定公积金按照税后利润的10%的比例提取。公司法定公积金累计额为公司注册资本的50%以上时，可以不再提取法定公积金。

公司的法定公积金不足以弥补上一年度公司亏损的，在提取法定公积金之前，应当先用当年利润弥补亏损。

第二步，提取任意公积金。公司在提取法定公积金后，经股东大会或类似机构决议，可以提取任意公积金。

第三步，向投资者分配利润或股利。公司弥补亏损和提取公积金后的剩余利润，有限责任公司按照股东的出资比例向股东分配利润；股份有限公司按照股东持有股份比例分配利润。

当然，基于商业银行经营的特殊性，商业银行还需要从净利润中提取一定比例的一般风险准备金。即，每年年终，根据承担风险和损失的资产余额的一定比例提取一般风险准备金，用于弥补尚未识别的可能性损失。一般风险准备金的计提比例由银行综合考虑其所面临的风险状况等因素确定，原则上一般不低于风险资产期末余额的1%。

可供分配的利润经过上述分配后，为未分配利润。因此，未分配利润是商业银行实现的净利润经过弥补亏损、提取盈余公积和向投资者分配利润后留存商业银行的、历年结存的利润。从数量上说，未分配利润是期初未分配利润，加上本期实现的税后利润，减出提取的各项盈余公积和分出利润或股利后的余额。从科目性质上看，未分配利润是商业银行所有者权益的组成部分，它有两层含义：一是留待以后年度处理的利润；二是未指定用途的利润。商业银行未分配利润应当在资产负债表的所有者权益项目中单独反映。

二、利润分配的核算

为进行利润分配核算，商业银行应设置“利润分配”科目，该科目核算商业银行利润的分配（或亏损的弥补）和历年分配（或弥补）后的余额，本科目年末余额反映商业银行的未分配利润（或未弥补亏损）。“利润分配”科目应分别“提取法定盈余公积”“提取任意盈余公积”“提取一般风险准备”“应付现金股利或利润”“转作股本的股利”“盈余公积补亏”和“未分配利润”等进行明细核算。

商业银行按规定提取盈余公积的，借记“利润分配——提取法定盈余公积、提取任意盈余公积”科目，贷记“盈余公积——法定盈余公积、任意盈余公积”科目。

商业银行按规定提取的一般风险准备，借记“利润分配——提取一般风险准备”科目，贷记“一般风险准备”科目。

经股东大会或类似机构决议，分配给股东或投资者的现金股利或利润，借记“利润分配——应付现金股利或利润”科目，贷记“应付股利”科目。

经股东大会或类似机构决议，分配给股东的股票股利，应在办理增资手续后，借记“利润分配——转作股本的利润”科目，贷记“股本”科目。

用盈余公积弥补亏损，借记“盈余公积——法定盈余公积、任意盈余公积”科目，贷记“利润分配——盈余公积补亏”科目。

商业银行用一般风险准备弥补亏损，借记“一般风险准备”科目，贷记“利润分配——一般风险准备补亏”科目。

年度终了，商业银行应将本年度实现的净利润，自“本年利润”科目转入“利润分配”科目，借记“本年利润”科目，贷记“利润分配——未分配利润”科目，为净亏损的做相反的会计分录；同时，将“利润分配”科目所属其他明细科目的余额转入“利润分配——未分配利润”明细科目。结转后，“利润分配”科目除“未分配利润”明细科目外，其他明细科目应无余额。

【例5－8】 甲商业银行20×3年度实现净利润3 000 000元，经股东大会决议，采取以下分配方案：按净利润的10%提取法定盈余公积，11%提取任意盈余公积，分配现金股利600 000元，分配股票股利500 000元；另外，本年使用盈余公积弥补了年初80 000元的亏损，分配的股票股利只形成了股本400 000元。

（1）按照规定分配当年实现的净利润：

借：利润分配——提取法定盈余公积	300 000
利润分配——提取任意盈余公积	330 000
利润分配——应付现金股利	600 000
利润分配——转作股本的利润	500 000

贷：盈余公积——法定盈余公积 300 000

盈余公积——任意盈余公积 330 000

应付股利 600 000

股本 400 000

资本公积——股本溢价 100 000

（2）使用盈余公积弥补亏损：

借：盈余公积——法定盈余公积 80 000

贷：利润分配——盈余公积补亏 80 000

（3）结转本年实现利润：

借：本年利润 3 000 000

贷：利润分配——未分配利润 3 000 000

（4）结转利润分配的各明细科目：

借：利润分配——未分配利润 1 730 000

贷：利润分配——提取法定盈余公积 300 000

利润分配——提取任意盈余公积 330 000

利润分配——应付现金股利 600 000

利润分配——转作股本的利润 500 000

（5）结转盈余公积弥补亏损

借：利润分配——盈余公积补亏 80 000

贷：利润分配——未分配利润 80 000

甲商业银行“利润分配——未分配利润”科目期初余额、本期发生额及期末余额如表5－1所示，从表5－1可以看出，甲商业银行在利润分配之后，未分配利润为1 270 000元。

表5－1　利润分配——未分配利润　单位：元

项目	借方	贷方
期初余额	80 000	
本期发生额	1 730 000	3 080 000
期末余额		1 270 000

第二篇

主导业务会计篇

开篇有益

银行会计人整天就是与各种交易打交道，日常业务活动始终成为商业银行会计的惯性话题。存款、贷款等主导业务便开始彰显价值魅力。

本篇是商业银行会计之主导业务篇。商业银行会计在持续展示其个性风采的同时，也渐进式地向着一般企业会计靠近。资本市场、金融市场、商品市场的高度融合，准则已经将资本市场、金融市场甚至衍生金融市场的众多理念通过金融工具这一载体传输给所有会计人了。同时，银行的股份情结与投资概念逐渐浓烈，伴随着中国银行业的产权改制与成功上市，其吸收股权投资的步伐与对外股权投资的萌芽举措终于将银行与一般企业的距离拉近了。当然，作为日常交易与事项的“另类”代表，特立独行的银行业始终具有其自身的特别风采。存款业务的定期与活期、单位与个人、本金与利息、初始与后续的处理；贷款业务的初始处理、定期结息、减值测试也成为商业银行会计核算的重点与难点；作为结算中心，不同票据结算、其他结算方式甚至银行卡的运行，其会计处理如何进行，也值得探究；此外，商业银行与中央银行往来、同业跨行往来、同行内部往来，其会计核算的着力点也都值得关注；新外币折算准则下的外汇买卖、外汇存贷、国际结算业务处理都是需要关注的要点，也需要一个过程适应与学习。

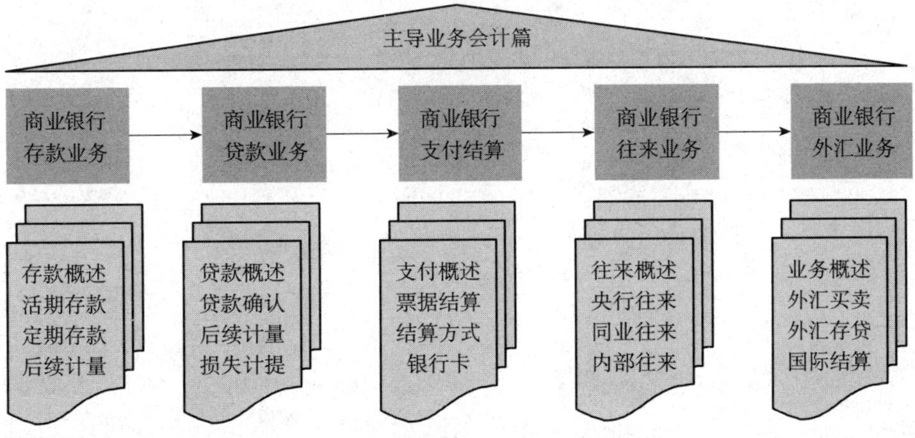

第六章
商业银行存款业务核算

本章精要

存款是商业银行立行之本，也是商业银行开展其他各种业务的基础与先导，这就注定了商业银行对存款业务的会计关注度。

本章关注存款的五个方面。第一，纷繁多变的会计处理常常需要与商业银行存款业务的基础功能相对应，务必掌握存款的不同分类与范畴，遵循其各自的管制要求，尤其是通过学习务必熟练掌握传统产品、创新产品的不同特征，认知银行开户规定与账户管理制度，这是本章的开场白；第二，针对活期存款中单位存款与个人存款的不同之处，探索针对性的存款和取款业务的业务流程和会计流程，并适应单位和个人的定期存款，采取多种形式的财务处理程序；第三，在商业银行存款业务中，定期存款业务相对复杂一些，每一种定期存款，都有其设计时的背景考虑，实务中，规定各有不同，会计确认与计量也存在着显著区别，需要分别按照单位定期存款、个人定期存款两大类别处理，在具体品种繁多的个人定期存款业务中，也需要分清整存整取、零存整取、存本取息、整存零取、定活两变和通知存款等种类，注意其不同的业务处理要求与财务处理办法；第四，在存款利息的计算问题上，会计始终承担着直接的责任，需要把握计息的时点与利率并进行相应的处理；第五，商业银行吸收存款自然是一项金融负债，就需要相应关注其后续计量，即要求掌握通过实际利率与摊余成本法来进行存款的后续计量。这是本章需要掌握的最后一个难点问题。

关于存款的核算，吸收存款时、支取存款时、定期结息时、期末测试时，各个环节的会计处理都要掌握。

第一节　商业银行存款管制概述

一、商业银行常用核算科目表

我国商业银行在三十年的改革与发展进程中，随着机构的细分化发展、业务的市场化扩展，其会计制度也经历了多次演变。目前，金融市场越来越成为整个经济界和企业界的“宠儿”。在统一的企业会计准则框架下，以商业银行为主的金融企业也成为新准则的重要阵地。CAS 基本准则、CAS24 号金融工具确认和计量、CAS25 号金融资产转移、CAS37 号金融工具列报等多个准则都与商业银行的交易与事项息息相关，同时，CAS30 号财务报表列报应用指南还明确单独规定了商业银行的专用报表格式和会计科目体系。

根据科目的出现频率与主导性，对商业银行常用会计科目摘要整理如表 6 - 1 所示：

表 6 - 1　　商业银行主要业务核算专用会计科目表

类　别	名　称	主要核算内容
资产类	存放中央银行款项	核算商业银行存放于中央银行的各种款项，包括业务资金的调拨、办理同城票据交换和异地跨系统资金汇划、提取或缴存现金等，以及按规定缴存的法定准备金和超额准备金存款
	存放同业	核算商业银行存放于境内、境外银行和非银行金融机构的款项
	贴现资产	核算商业银行办理商业票据的贴现、转贴现等业务所融出的资金，以及买入即期外币票据
	贵金属	核算商业银行持有的黄金、白银等贵金属存货的成本
	贷款	核算商业银行按规定发放的质押贷款、抵押贷款、保证贷款、信用贷款等各种贷款
	贷款损失准备	核算商业银行贷款的减值准备。计提贷款损失准备的资产包括贴现资产、拆出资金、客户贷款、银团贷款、贸易融资、协议透支、信用卡透支、转贷款和垫款等

续表

类 别	名 称	主要核算内容
资产类	存出保证金	核算商业银行因办理业务需要存出或交纳的各种保证金款项
	拆出资金	核算商业银行拆借给境内、境外其他金融机构的款项
	买入返售金融资产	核算按返售协议约定先买入再按固定价格返售的票据、证券、贷款等金融资产所融出资金
	抵债资产	核算商业银行依法取得并准备按有关规定进行处置的实物抵债资产的成本
	代理兑付证券	核算商业银行接受委托代理兑付到期的证券
负债类	向中央银行借款	核算商业银行向中央银行借入的款项
	同业存放	核算商业银行吸收的境内、境外金融机构的存款
	吸收存款	核算商业银行吸收的除同业存放款项以外的其他各种存款，如单位存款（企事业、机关社团等）、个人存款、信用卡存款、特种存款、转贷款资金和财政性存款等
	贴现负债	核算商业银行办理商业票据的转贴现等业务所融入的资金
	存入保证金	核算商业银行收到客户存入的各种保证金，如信用证保证金、承兑汇票保证金、保函保证金、担保保证金等
	拆入资金	核算商业银行从境内、境外金融机构拆入的款项
	卖出回购金融资产款	核算按回购协议先卖出再按固定价格买入的票据、证券、贷款等金融资产所融入的资金
	应付利息	核算商业银行按合同约定应支付的利息，包括吸收存款、发行债券等应支付的利息
	代理承销证券款	核算受托采用承购包销或代销方式承销证券所形成的、应付证券发行人的承销资金
	代理兑付证券款	核算商业银行受托代理兑付证券收到的兑付资金
共同类	清算资金往来	核算商业银行间业务往来的资金清算款项
	货币兑换	核算商业银行采用分账制核算外币交易所产生的不同币种之间的兑换
权益类	一般风险准备	核算商业银行按规定从净利润中提取的一般风险准备
损益类	利息收入	核算商业银行确认的利息收入，包括发放贷款（银团贷款、贸易融资、贴现和转贴现融出资金、协议透支、信用卡透支、转贷款、垫款等）、与其他金融机构（中央银行、同业等）之间发生资金往来业务、买入返售金融资产等实现的利息收入等
	手续费及佣金收入	核算商业银行确认的手续费及佣金收入，如结算手续费收入、佣金收入、业务代办手续费收入、基金托管收入、咨询服务收入、担保收入、受托贷款手续费收入、代保管收入，代理买卖证券、代理承销证券、代理兑付证券、代理保管证券、代理保险业务等代理业务以及其他相关服务实现的手续费及佣金收入等

续表

类　别	名　称	主要核算内容
损益类	汇兑损益	核算商业银行发生的外币交易因汇率变动而产生的汇兑损益
	利息支出	核算商业银行发生的利息支出，包括吸收存款（单位存款、个人存款、信用卡存款、特种存款、转贷款资金等）、与其他金融机构（中央银行、同业等）之间发生资金往来业务、卖出回购金融资产等产生的利息支出
	手续费及佣金支出	核算商业银行发生的与其经营活动相关的各项手续费、佣金等支出

在上述科目的具体应用中，鉴于不同业务的复杂性，本书将在后续章节中结合具体的核算业务，分别对其相关的主要科目应用进行解读。

二、商业银行存款业务的常规类别

存款是商业银行立行之本，是商业银行以信用方式吸收社会闲置资金的筹资活动。商业银行通过吸收存款，能够把大量、分散的再生产过程中的暂时间歇性资金和人民群众的结余待用性资金聚成巨大的货币力量，有效地投放于生产建设需要资金的地方，支持国民经济的持续、稳定、协调发展。存款是商业银行最主要的信贷资金来源，是其发放贷款的基础。大力组织存款，不断开辟和扩大信贷资金来源，是商业银行的主要任务之一。同时，从存款单位的视角看，将一定数额的资金存入商业银行是国民经济各单位、各部门办理银行转账结算的前提，各单位只有在商业银行存款账户上拥有足够的存款，才能顺利实现与其他单位进行经济结算之目的。因此，商业银行成功组织好存款吸收工作，对扩大信贷资金来源、组织好转账结算均有重要意义。

商业银行在组织和吸收存款活动中，为了便于管理，并方便客户办理存款业务，通常需要对存款业务进行分类管理。现将比较常规的分类方法和相应类别列示如表 6－2 所示。

表 6－2　　　　商业银行存款类别结构表

分类标准	基本类别	
客户类型	单位存款	个人存款
存款款项来源	一般性存款	财政性存款
存款产生来源	原始存款	派生存款
存款期限	活期存款	定期存款
存款是否计付利息	计息存款	不计息存款

续表

分类标准	基本类别	
存款流动性大小	短期存款	长期存款
存款币种	人民币存款	外币存款

三、商业银行存款业务的账户管理

(一) 存款账户的种类

银行存款的监督管理归属于商业银行，而其产权则归属于客户。为便于组织客户存款及其正常运营的需要，各存款人应按规定在银行开立相应的结算账户。这种银行结算账户是指商业银行为存款人开立的办理资金收付结算的人民币活期存款账户。存款人是指在中国境内开立银行结算账户的机关、团体、部队、企业、事业单位、其他组织、个体工商户和自然人。当然，商业银行通常可以按存款人的法人身份与自然人身份，分为单位银行结算账户和个人存款结算账户：

1. 单位银行结算账户。

根据中国人民银行自 1988 年 10 月 1 日起施行的《现金管理暂行条例》及其实施细则规定，单位除了保留必要的备用金外，其余货币资金必须存入银行。因此，每一个拥有货币资金的单位，都必须按规定开立相应的存款账户，以便于办理资金收付和同其他单位进行结算，以及办理贷款事项。

根据《人民币银行结算账户管理办法规定》，机关、团体、部队、企业、事业单位、其他组织（统称单位）应该以单位名称在银行开立单位银行结算账户。通常，将银行存款账户划分为基本存款账户、一般存款账户、临时存款账户和专用存款账户。

（1）基本存款账户。基本存款账户是存款人因办理日常转账业务结算和现金收付的需要而开立的账户。一个企事业单位只能选择一家银行或信用社的一个营业机构开立一个基本存款账户。存款人日常的资金收付、工资奖金等现金支取以及交纳税款等，只能通过该基本存款账户办理。

（2）一般存款账户。一般存款账户是存款人因借款或其他结算需要，用于办理转账结算和现金缴存的账户。单位不能通过一般存款账户办理现金支取事项。为适应企业单位向多家商业银行借款转存，方便与基本存款账户存款人不在同一地点的附属非独立核算单位对外结算等需要，企业可以在基本存款账户以外，根据规定开立一般存款账户。

（3）临时存款账户。临时存款账户是存款人因临时经营活动的需要申请开设的账户。可以开立临时存款账户的情形包括：设立临时机构、异地临时经营活动、注册验资。该种账户的有效期最长不得超过两年。临时存款账户有效期满后，确因业务需要，可以申请展期。

（4）专用存款账户。专用存款账户是为单位具有特定用途的专项资金而开立的账户。如企事业单位因基本建设、更新改造或办理信托、政策性房地产开发、信用卡等用途需要而申请开立专用存款账户。企事业单位的销货款等正常业务性资金不能进入专用存款账户。该账户一般不能提取现金，确因需要使用现金的，必须经当地人民银行批准，按照国家现金管理规定办理现金支取。

2. 个人银行结算账户。

个人银行结算账户是存款人凭个人身份证的自然人名称开立的银行结算账户。邮政储蓄银行办理银行卡业务开立的账户，也纳入个人银行结算账户管理。根据规定，个人银行结算账户用于办理个人转账收付和现金存取，主要包括：个人的工资、奖金收入；稿费、演出费的劳务收入；债券、期货、信托等投资的本金和收益；个人债权或产权转让收益；个人贷款转存；继承、赠予款项等均可转入个人银行结算账户。

（二）银行结算账户的开立

开立银行结算账户是一项严肃的工作，存款人申请开立账户时，应填制开户申请书，并提供规定的证明文件。具体要求分别是：

（1）当存款人申请开立基本存款账户时，银行需要查验其由工商行政管理机关核发的《企业法人执照》或《营业执照》正本；还要提交中国人民银行核发的开户许可证；以及有关部门的证明、批文、承包协议、居民身份证和户口簿等证明文件之一。

（2）当存款人申请开立一般存款账户时，银行需要查验开立基本存款账户规定的证明文件、基本存款账户开户登记证件以及经有关部门批准立项的文件或有关部门的证明、批文等。

（3）当存款人申请开立临时存款账户时，银行需要查验存款人工商行政管理机关核发的临时执照或有权部门同意设立外来临时机构的批文。

（4）当存款人申请开立专用存款账户时，银行需要查验存款人开立基本存款账户规定的证明文件、基本存款账户开立登记证以及经有关部门批准立项的文件或国家有关文件的规定。

（5）当存款人申请开立个人银行存款账户，商业银行应该查验其居民身份证、军人身份证件、武警身份证等法律法规和国家有关文件规定的其他有效证件。商业银行为个人开立银行账户时，根据需要还可要求申请人出具户口簿、驾驶执照、护照等有效证件。

申请开户的存款人还应送交盖有存款人印章的印鉴卡片。经开户银行审核相应的各种证件后，为其开立相应的存款账户，并登记“开销户登记簿”，编列账号，设立分户账。对于使用支票的存款账户，开户后可向开户单位发售银行统一印制的各种专用结算凭证，通过账户办理资金收付。

（三）银行存款账户的管理

为便于资金流转的有序、有效，商业银行对各单位开立的存款结算账户要加强管理、增强信贷、结算监督以及现金管理，以维护正常的经济金融秩序。

（1）基本账户唯一制。单位银行结算账户的存款人只能在银行开立一个基本存款账户，不允许在两家或两家以上的银行机构开立多个基本存款账户。

（2）双向选择自愿化。结算账户开立实施开户银行与开户单位双向自愿选择，存款人可以自主选择银行，银行也可以自愿选择存款人开立账户。任何单位和个人都不能干预存款人、银行开立或使用账户，银行也不得违反规定强拉客户在本行开户。

（3）开户实行核准制。存款人开立基本存款账户、临时存款账户和预算单位开立专用存款账户实行核准制度，经中国人民银行核准后颁发开户许可证。但存款人因注册验资和增资验资需要开立的临时存款账户除外。

（4）账户使用合法化。存款人应严格按照《中国人民银行结算账户管理办法》办理结算业务，不得出租银行结算账户，不得利用银行结算账户套取银行信用；商业银行应该严格按《中国人民银行结算账户管理办法》有关规定审核、开设银行结算账户，并监督账户的使用。存款人开立和使用银行结算账户应当遵守法律、行政法规，不得利用银行结算账户进行偷逃税款、逃废债务、套取现金及其他违法犯罪活动。

此外，还需要明确储蓄账户仅限于办理现金存取业务，不得办理转账结算；中国人民银行负责基本存款账户、临时存款账户和预算单位专用存款户开户登记证的管理。任何单位及个人不得伪造、变造及私自印制开户登记证。

单位或个人在银行的存款，其所有权和使用权属于存款单位和个人，银行应保障其合法权益。除国家政策规定外，银行不得代任何单位和个人查询、冻结、扣划存款人账户内的存款。

四、商业银行存款业务的核算科目

商业银行为核算吸收的各种存款，需设置和使用相应的会计科目，现对其设置与使用的主要会计科目进行重点解读。

1. “吸收存款”科目。

“吸收存款”科目属负债类科目，主要核算商业银行吸收的除同业存放款项以外的其他各种存款，包括单位（企业、事业单位、机关、社会团体等）存款、个人存款、信用卡存款、特种存款、转贷款资金和财政性存款等。本科目可按存款类别及存款单位，分别“本金”“利息调整”等进行明细核算。

当商业银行收到客户存入的款项时，应按实际收到的金额，借记“存放中央银行款项”等科目，贷记本科目（本金），如存在差额，借记或贷记本科目（利息调整）。在资产负债表日，银行应按摊余成本和实际利率计算确定的存入资金的利息费用，借记“利息支出”科目，按合同利率计算确定的应付未付利息，贷记“应付利息”科目，按其差额，借记或贷记本科目（利息调整）。实际利率与合同利率差异较小的，也可以采用合同利率计算确定利息费用。对于银行支付的存入资金利息，借记“应付利息”科目，贷记本科目。对于银行支付的存款本金，借记本科目（本金），贷记“存放中央银行款项”“库存现金”等科目，按应转销的利息调整金额，贷记本科目（利息调整），按其差额，借记“利息支出”科目。

本科目期末贷方余额，反映银行吸收的除同业存放款项以外的其他各项存款。

2. “利息支出”科目。

“利息支出”科目属于损益类科目，主要核算商业银行发生的利息支出，包括吸收的各种存款（单位存款、个人存款、信用卡存款、特种存款、转贷款资金等）、与其他金融机构（中央银行、同业等）之间发生资金往来业务、卖出回购金融资产等产生的利息支出。本科目可按利息支出项目进行明细核算。

资产负债表日，银行应按摊余成本和实际利率计算确定的利息费用金额，借记本科目，按合同利率计算确定的应付未付利息，贷记“应付利息”科目，按其差额，借记或贷记“吸收存款——利息调整”等科目。实际利率与合同利率差异较小的，也可以采用合同利率计算确定利息费用。

期末，应将本科目余额转入“本年利润”科目，结转后本科目无余额。

第二节　商业银行活期存款核算

活期存款是指事先不确定具体的存款期限，随时可以存取的一种存款方式。从存款的主体来看，主要分单位活期存款和个人活期储蓄存款。

一、单位活期存款的核算

单位活期存款业务核算，主要包括活期存款的存入和支取两项内容，而活期存款的存入和支取又分为现金和转账两种。这里仅以现金存入和支取活期存款的会计处理来介绍单位存款的核算。

根据存取方式不同，单位活期存款可分为支票户和存折户两种。在单位向开户银行的存入资金与支取资金过程中，支票户和存折户的处理流程与思路是统一的，二者仅仅是传票与凭证有所区别。

1. 存入现金时的确认与计量。

存款单位向银行存入现金时，应填写一式两联的现金交款单，连同现金交银行出纳部门。在商业银行临柜现场，根据现金存入先收款、后记账的原则，先由银行出纳部门审查和收妥现金后，再交会计部门。会计部门收到现金交款单时，对开户单位、现金收讫章、收款员、复核员签章是否齐全等进行审查，确认无误后，以现金交款单代现金收入传票登记存款单位分户账。

存入现金时的会计分录，一方面借记“库存现金“科目，同时贷记“吸收存款——活期存款——××单位存款户——本金”科目。

2. 支取现金时的确认与计量。

存款单位向银行支取现金时，凭其签发的加盖预留银行印鉴印章的现金支票，向商业银行会计部门提款。根据现金支付先记账、后付款的原则，应先由会计部门审查现金支票各栏填写是否齐全、正确，预留印鉴是否相符清晰，背书与指定取款人是否一致，查看取款单位账户上是否有足够的资金。经审查无误后，将支票右下角出纳对号单撕下交取款人，以现金支票代现金付出传票登记存款单位分户账。

支取现金时的会计分录，一方面借记“吸收存款——活期存款——××单位存款户——本金”科目，同时贷记“库存现金”科目。

二、个人活期存款的确认与计量

个人向银行办理活期储蓄存款开户时，由储蓄机构发给出存折，预留密码，凭存折和密码存取款项。储户也可预留印鉴，凭印鉴支取。

（一）开户与续存时的确认与计量

储户来银行初始办理存款业务时，需要先行办理开户事宜。开户时由储户填写一联“活期储蓄存款凭条”，连同现金一并交经办员。经办员经审查存款凭条和点收现金无误后，登记“开销户登记簿”编列账号，开立活期储蓄分户账。储户向银行存入款项时，银行以存款凭条代现金收入发票记账，会计分录是在借记“库存现金”科目的同时，贷记“吸收存款——活期存款——××户——本金”科目。

凭印鉴支取的，应在存款账上预留印鉴，在凭条和存折上加盖“凭印鉴支取”戳记。经复核凭条、存折和存款账的各项记载内容无误，复点现金账款相符后，存款凭条加盖“现金收讫”戳记和名章后留存，存款账加盖复核名章后专夹保管，存折加盖业务公章和名章后交储户。

储户来银行续存时，亦应开具存款凭条，并连同现金、存折一并交经办人员，经审核无误后，除不再另开立账户及存折外，其余收款、记账、登折等处理方法基本与前述开户手续相同。

（二）支取与销户时的确认与计量

储户来银行支取活期储蓄存款时，经办员打印取款凭条交储户签字，连同存折交临柜人员。经办人员核对账、折及密码无误后，以取款凭条代现金付出传票记账、登折。经复核账、折内容无误后，进行现钞配数，并在取款凭条上加盖“现金付讫”及名章后，将现金及存折交储户。其会计分录是，在借记“吸收存款——活期存款——××户——本金”科目的同时，贷记“库存现金”科目。

销户是指储户支取全部存款余额，不再续存时，需要注销其账户。储户应该按照存款余额填写取款凭证，银行凭以记账，并结算出利息的最后余额，填写在凭证上，再填制两联储蓄存款利息清单，在存折和分户账上加盖“结清”或“销户”戳记。经复核无误后，以取款凭证代现金付出传票，连同第一联利息清单，凭以支付存款本息，结清的存折付出传票的附件。

通常，销户时的会计分录是，对本金部分借记“吸收存款——活期存款——××户——本金”科目，对利息部分借记“利息支出”科目，对实际支付给客户的净现金额贷记“库存现金”科目，而将代收代缴的利息税则贷记“应交税费——代扣利息税”科目。同时，登记“开销户登记簿”，第二联利息清单连同现金交储户。

第三节　商业银行定期存款核算

与活期存款不同，定期存款是指能够在较长时期内持续存在银行的业务，这是银行为吸收长期闲置资金而设立的业务品种。定期存款可分为单位定期存款和个人定期储蓄存款，通常具有持续存款时间长、事先约定具体存期、规定相应的存储起点金额、本金和利息到期统一结算等特点。

一、单位定期存款的确认与计量

各单位对属于自己支配的专用资金在一定时期内不需要使用的，可办理定期存款业务，以获较高利息。目前，定期存款的存期有3个月、半年、1年、2年、3年、5年共6个档次，由单位根据需要选择。存款的金额起点为10 000元，多存不限，一次存入，到期支取，只能转账，不能支取现金。单位定期存款一般不能提前支取，过期支取的过期部分，按活期利率计息。定期存单一般不能流通转让。

（一）存入定期存款时的确认与计量

单位持现金或转账凭证，申请办理定期存款时，银行经办人员受理后，按现金或转账结算有关规定审查无误，办妥收款手续后，开具定期存款存单一式三联，写明存取款日期、存款单位全称、存款金额、存款利率等。第一联代转账贷方传票（或现金收入传票）与单位提交的（现金）转账凭证对转；第二联代定期存款单，加盖经办员章和业务公章后，交存款单位保管；

第三联定期存款卡片账代该户的分户账。

在通过转账存入银行定期存款时，会计分录如下：

借：吸收存款——××单位活期存款户　　×××

　　贷：吸收存款——单位定期存款——整存整取定期储蓄存款×××户　　×××

在提交现款存入银行定期存款时，会计分录如下：

借：库存现金　　×××

　　贷：吸收存款——单位定期存款——整存整取定期储蓄存款×××户　　×××

（二）提取存款时的确认与计量

定期存款期限届满，单位要求取款时，应持已到期定期存单，填写一式两联进账单，一并交银行会计部门，经办员凭定期存单抽出相同的第三联卡片账，经核对相符即予销户。同时，计算存款利息，填制利息专用传票与本金一起付清，并销户清理。会计分录如下：

借：吸收存款——单位定期存款——整存整取定期储蓄存款×××户　　×××

　　利息支出——定期存款××利息支出户　　×××

　　贷：库存现金　　×××

（三）到期转存时的确认与计量

定期存款期限届满，如果单位尚不需要使用资金，可以将已到期的定期存单要求续存本金，而将存款利息转入活期存款账户，商业银行则比照前述存入和支取时的办法处理。会计分录如下：

借：吸收存款——××单位定期存款户　　×××

　　贷：吸收存款——××单位定期存款户　　×××

对其中应该结算的利息，按照规定计算应付利息，转付到客户活期存款户。会计分录如下：

借：利息支出——××支出户　　×××

　　贷：吸收存款——××单位活期存款户　　×××

二、个人定期存款的确认与计量

随着商业银行对组织和吸收个人存款的重视，创新和设计多样化的定期储蓄存款产品是商业银行之间相互竞争的措施之一。这些定期存款以较高的利息为砝码，约定存款时间，到期支付本息，从而保证了存款时间长、存期固定化、起点金额高的特征，便于银行的资金筹措安排。目前，面向个人的定期储蓄存款包括整存整取、零存整取、存本取息、整存零取、定活两便、通知存款、教育储蓄等多种形式。以下分别进行阐述。

（一）整存整取的确认与计量

整存整取是按约定存期整笔存入，到期一次支取本息的一种储蓄产品。但它与活期储蓄不同的是：银行发给存单，到期凭存单支取本息。存款期限分为3个月、半年、1年、2年、3年、5年6个档次。存期不同，存款的利率随存款期限长短不同而存在着区别，并采取利随本清的办法。在收妥款项后，经复核各项手续齐备后，在“定期储蓄单”上加盖公章并登记开/销户登记簿。会计分录如下：

借：库存现金　×××

　　贷：吸收存款——个人定期存款——整存整取××储户　×××

存款到期，储户持存单来行支取时，调出账户同存单核对，然后计算应付利息。在存单和账户有关栏中分别填记利息金额，加盖支付日期和“结清”戳记，登记开销户登记簿，并填制两联利息清单，以存单代现金付出传票，连同一联利息清单凭以支付存款本息，另一联利息清单连同现金交储户当面点清。会计分录如下：

借：吸收存款——个人定期存款——整存整取××储户　×××

　　利息支出　×××

　　贷：库存现金　×××

　　　　应交税费——代扣利息税　×××

过期支取的，除按规定计算过期存款的活期利息外，其余手续与到期支取的相同。

提前支取的，储户应提交本人的身份证明，经审查无误后，在存单背面摘录储户证件要点，并由储户签章或签字，然后在存单上和卡片账上分别加盖“提前支取”戳记，办理付款手续，并按规定付给提前支取利息。若储户申请部分提前支付时，应在存单和账户上注明提前支取××元，按规定计付利息和代扣利息税，留存部分仍照原存单利率、期限及到期日发给新存单，并在新存单上注明起息日和原存单账号，以备查考，提前支取只能进行一次。

（二）零存整取的确认与计量

零存整取定期储蓄是开户时约定存期，平时分散存入，积零成整，到期一次支取本息的一种储蓄产品。零存整取存期分为1年、3年、5年，由储户约定存期和月存金额，一般5元起存。每月存入一次，中途如果漏存，应在次月补存，次月未补存者，仍可续存，到期时按实存金额计算利息。零存整取如果采取日积数计息，则月存次数和月存金额可以不限，但必须是以元的整数倍存储。

储户申请开户时，应填写“零存整取定期储蓄存款凭条”，并约定存期和每次存储金额，连同第一次存入的现金一并交储蓄记账员。储蓄记账员收到现金和存款凭条，经审查存款凭条大、小写金额一致，其他内容完整无误，并点收现金正确后，登记现金登记簿，开立零存整取存折和存款分户账，登记开销户登记簿。如凭印或密码支取，还应在存款分户账上预留印鉴或填写密码，并在存折和分户账上加盖“凭印（密码）支取”戳记，然后在账、折、凭条上加盖个人私章，连同现金交复核员复核。复核员经核对账、折、现金等无误后，在存款凭条上加盖“现金收讫”戳记代现金借方传票。会计分录为：

借：库存现金　　×××

　　贷：吸收存款——个人定期存款——零存整取××户　　×××

除凭条、账、折由复核员加盖个人印章外，还应在存折上加盖业务公章交储户收执。分户账按账号顺序专夹保管。储户按月续存时，应将存折与该户分户账核对相符，其余手续比照开户办理。

到期支取：储户持到期存折前来支取时，应该首先审核验明该存折是否确系本所办理、是否存期已到，然后根据存折抽出分户账核对无误后，结出利息数填制利息清单，并在存折、分户账上分别填记利息数和本息合计数，然后在存折和分户账上加盖支付日期和“结清”戳记，并同时登记现金登记簿，签章后交由复核员复核。复核员经复核账、折、利息清单等无误后，将利息清单交由储户签字，收回存折代现金付出传票，利息清单作支付利息凭证附件，配好本息款项，交由记账员根据现金登记簿所记本息合计数复点后交由储户，分户账待销记开销户登记簿后留存保管，会计分录为：

借：吸收存款——个人定期存款——零存整取××户　　×××

　　利息支出——定期存款利息支出户　　×××

　　贷：库存现金　　×××

提前支取：零存整取定期储蓄只能办理全额提前支取。存款尚未到期，储户如有急需申请提前支取时，应提交本人有效身份证件（如居民身份证、户口簿、居住证、军人证、护照等），经审查无误后，在存折和分户账上加盖“提前支取”戳记，并按规定计付利息，其余手续比照到期支取办理。

过期支取：储户持过期存折来支取时，除按结存额计算过期利息外，其余手续与到期支取相同。

（三）存本取息的确认与计量

存本取息定期储蓄指本金一次存入，由商业银行发给储户存单，利息凭存单分期支取，本金于到期时一次支取的一种储蓄产品。其按照 5 000 元起存，存期分为 1 年、3 年、5 年，利息按月或定期支取，由储户与储蓄机构协商确定，但一经确定就不得任意变更，利息不得提前支取，延后可随时支取，但不计复利。存本取息定期储蓄存款不得部分提前支取。如果储户办理全额提前支取时，应扣回原已分期多付出的利息。

1. 开户时的确认与计量。

储户申请开户时，应填写“存本取息定期储蓄开户书”，注明存期和取息期次及第一次取息月份，连同现金交储蓄记账员。记账员审查开户书内容填写正确完整，点收现金无误后，套写一式三联的“存本取息定期储蓄存单”。经办员根据取息次数和开户时利率算出每次支取的利息总数，填入存单和卡片账“取息金额”栏内。其余处理手续与整存整取相同。会计分录为：

借：库存现金　　×××

　　贷：吸收存款——个人定期存款——存本取息××户　　×××

2. 付息时的确认与计量。

储户在取息日持存单来支取利息时，应填写“存本取息定期储蓄存款取息凭条”，连同存折交储蓄记账员。记账员经审核无误，根据取息凭条顺序登记存单和卡片账的取息记录及金额，并以取息凭条代现金贷方传票付出利息。会计分录为：

借：利息支出——个人定期存款——定期存款利息支出　　×××

　　贷：库存现金　　×××

3. 取本时的确认与计量。

储户持到期或过期存单来支取本金时，除了要办理最后一次支取利息手续外，其余手续与整取相同。如果储户要求提前支取本金时，应查验有效身份证件，并填制同方向的红字利息付出传票，扣回原已分期付出的利息，再根据提前支取的有关规定计算提前支取的应付利息，如果提前支取的应付利息不够冲抵，其差额还应从本金中扣收。

对于净冲回部分的利息支出，其会计分录为：

借：利息支出——定期存款利息支出（红字）　　×××

　　贷：现金（红字）　　×××

对于全面计算出来的实际应该支付利息与其存款本金部分，其会计分录为：

借：吸收存款——个人定期存款——存本取息××户　　×××

　　利息支出——定期存款利息支出　　×××

　　贷：库存现金　　×××

（四）整存零取的确认与计量

整存零取定期储蓄存款是开户时本金一次存入，由储蓄机构发给存单，以后凭存单分期支取本金，期满结清时一次付给利息的一种储蓄产品。它一般为1 000元起存，多存不限，存期分1年、3年、5年三个档次。

1. 开户时的确认与计量。

储户申请开户时，应该填写开户书，填写存款金额、期限及分次支取的时间，连同现金一并交给储蓄记账员。储蓄记账员审查并点收现金无误后，套写一式三联“整存零取定期储蓄存单”，并在卡片账上注明每次支取的时间和金额，其余手续与整存整取相同。

2. 支取时的确认与计量。

储户按约定存期前来支取存款时，应填写整存零取定期储蓄取款凭条，连同存单一并交储蓄记账员。记账员验明该存单属本行所开并抽出卡片账经审对无误后，在存单和卡片账上填写支取记录，以取款凭条代现金贷方传票，进行账务处理。然后将存单、卡片账和取款凭条交复核员复核无误后，配款并经记账员复点后，将存单和现金交储户。

在最后一次取款时，还应按支取记录一并计付利息，以原存单作取款凭条附件办理清结手续。储户如果过期支取时，应由记账员在存单和卡片账上注明过期支取的日期，并按最后一次支取的本金额计过期息，其余处理手续与到期支取相同。

储户要求提前支取时，应审查储户有效身份证件（包括居民身份证、户口簿、军人证、居住证、护照等)，并登记存单和卡片账，提前支取的日期也应在存单、卡片账上登记。储户如果要求部分提前支取，经审核后可提前支取本金一次或两次，但须在以后月份内相应延后支取一次或两次。

（五）定活两便的确认与计量

定活两便储蓄存款是存入时不约定存期，可以随时支取，具有定期和活期双重性质的一种储蓄产品。一般 50 元起存，存单分为记名、不记名两种。记名式存单不定额，可挂失；不记名式存单定额，不可挂失。

1. 定活两便不定额储蓄的确认与计量，其处理手续与整存整取定期储蓄基本相同。

2. 定活两便定额储蓄的确认与计量，面额固定为 50 元、100 元，存单不记名、不挂失，可办理异地托收，整笔存取，期限不限。

（六）通知存款的确认与计量

个人通知存款是为方便持有较多数额货币但又无法确定存期的储户而开设的一种存期灵活、利率优惠的储蓄形式。个人通知储蓄是一次存入本金，由银行发给存折，不约定存期，支取时需提前通知银行（提前 1 天或 7 天），约定支取时间和金额，一次或多次提取存款的储蓄。个人通知储蓄存款的起存金额为 5 万元。最低支取金额为 5 万元，存款人需一次交存，一次或分次支取。利率以取款当日中国人民银行公告的利率为准。

个人通知存款的开户及支取手续与整存整取定期储蓄是基本相同的。个人通知存款的利率、档次较多。由于个人通知存款兼有定期和活期两种性质，所以其利率通常高于活期储蓄利率，低于整存整取定期储蓄同一存期档次利率。通常利息按实际存期并按同档次利率计利息。存期不满 1 个月的，按支取日活期储蓄利率计息。存期在 3 年以上的，仍按 3 年期档次利率计息。储户可在原储蓄机构办理部分提取，部分提取次数不限。提取部分的利息按实际存期同档次利率计付利息。未支取部分仍按原开户日至支取日实际存期同档次利率计付利息。

（七）教育储蓄的确认与计量

教育储蓄是储户为了支付正就读于中小学的子女将来完成非义务教育所需资金而进行的零存整取的定期储蓄。它是银行为学生量身定做的一个理财品种。凡在校四年级（含四年级）至高中的在校学生，都可以参加教育储蓄。

教育储蓄办理开户时，须持储户本人（学生）户口簿或居民身份证开立存款户，等待教育储蓄到期后，凭存折及相应证明一次支取本息。

教育储蓄为零存整取定期储蓄存款。最低起存金额为 50 元，每月固定数额分月存入，中途如有漏存，应在次月补存，未补存者按零存整取定期储蓄存款有关规定办理。教育储蓄存期分为 1 年、3 年、6 年，每一账户本金合计最高限额为 2 万元。

教育储蓄各档次利率按 1 年期、3 年期在开户日按中国人民银行公告的 1 年期整取定期储蓄存款利率计付利息；6 年期按开户日中国人民银行公告的 5 年期整存整取定期储蓄存款利率计付利息（以上为取款时能提供“证明”的储户享受）。取款时能出具“证明”的储户可以享受免收利息税的优惠。

第四节　商业银行存款利息核算

世界上没有“免费的午餐”，吸收存款也是这样，需要付出经济成本。当然，存款利息是一把“双刃剑”，在银行家眼里，是一种企业经营成本，在储蓄者心目中却是一项经济收益，而从宏观经济运行和货币调控的视角看，则是一种可以调节经济运行的杠杆，国家可以通过对利率的调整来实施对信贷资金的集中与分配、对投资与消费的引导。对于商业银行来说，准确地结算与支付利息，不仅影响到商业银行自身效益的确认与计量，还会影响各客户单位及人民群众的经济利益。

一、存款利息计算的范围和时间

（一）计算范围的确认

存款计息范围必须统一明确，商业银行对来自于经济独立核算单位的流动资金存款以及城镇居民个人的储蓄存款，均应计付利息。而对来自于机关、团体、部队、学校等单位的存款，如果其款项是由国家预算拨付的，银行可不计利息；如果其存款来源于这些单位自身营业收入的，则应计付利息；这些单位的附属机构实行独立核算或有单独业务收支的，如食堂、托儿所、招待所、校办工厂等，其存款也应计付利息。各单位存入的党费、团费、工会经费一律计付利息。

（二）计息时间的确认

活期存款通常实行按季计息制度，每季度的最后一月 20 日为结息日，按结息日中国人民银行挂牌活期利率计息，计息期间遇利率调整不分段计息。未到结息日清户时，按清户日挂牌公告的活期利率计息至清户前一日止。

定期存款根据存期的档次计算利息，于存款到期日，利随本清。定期储蓄存款按年、月、日计算，不论大月、小月，一律按30天计算，年按360天计算。在计算实际存期时，采取“算头不算尾”原则。

（三）利息计算的一般规定

银行在计算利息时，可以采用积数计息（逐日计息）和逐笔计息（按整年整月计息）两种计息方式。利息计算的基本公式如下：

利息 = 本金 × 存款期 × 利率

通常，本金、存期、利率称为利息计息的“三要素”，它们与利息成正比，当本金越大、存期越长、利率越高时，利息也就越多。本金是存款人每次存取款后当日的最后余额，一般而言，本金元位起息，元位以下不计息。计算的利息保留到分位，分位以下四舍五入。

存款期是存款人的存款时间，存期“算头不算尾”，也就是存入日计算利息，支取日不计算利息，其计算方法是存入日至支取的前一日为止。在计算存期时，应注意与利率在计算单位上的一致性，即存期以天数计算时，用日利率；存期以月计算时，用月利率；存期以年计算时，用年利率。

利率是指一定存款的利息与存款本金的比率。利率由国务院授权中国人民银行制定与公布，各金融机构执行。利率用年利率、月利率、日利率表示。其标志性符号分别为年利率%，月利率为‰，日利率为‱。

在运用利率时应注意年利率、月利率与日利率之间的相互关系。即：年利率 ÷ 12 = 月利率，月利率 ÷ 30 = 日利率。

二、单位存款利息的计算

（一）单位活期存款利息的计算

单位活期存款由于存取次数频繁，其余额经常发生变动，计息时可采用积数法。计息公式如下：

利息 = 积数 × 日利率

积数就是经常变动的存款余额之和。由于积数是按日累加的，计算时便可看作是一天的存款。所以，月利率应换算成日利率。

利用积数法计算利息，关键在于准确地确定计息积数。计算积数的方法可分为使用余额表和账页计算两种。

1. 余额表计息法。

所谓余额表计息法，就是将某存款账户的余额按日连续相加来计算积数，结息日按累计积数之和乘以日利率来计算利息的一种方法。即每天营业终了时，将各计息存款账户余额按单位或账号顺序逐户分别抄列入“计息余额表”相应账号栏内（当日余额未变化或遇节假日，应照抄前一日的余额）。如有差错冲正，计算出应调增或应调减的积数，填入余额表中该账户的“补增积数”或“补减积数”栏内。到结息日，则以该累计积数为准计算本次应计利息，将计算出的利息记入余额表中的“应计利息”栏内。

采用余额表计息的公式是：利息 = 累计应计息日积数 × （月利率 ÷30）

【例 6 -1】 某商业银行计算其存款单位——东方电子有限公司存款户利息。假定其月利率为2.4‰。20×3 年 3 月 31 日至 5 月 31 日计息积数为 2 100 700.20 元，6 月 1 日至 20 日的计息积数为 892 431.92 元，这段时期另有应加积数 740 000.00 元。

根据以上资料，第二季度的计息积数为：2 100 700.20 + 892 431.92 + 740 000.00 = 3 733 132.12 （元）

第二季度的存款利息为：3 733 132.00 × 2.4‰ ÷ 30 = 298.65 （元）

2. 分户账页计息法。

所谓分户账页计息法，就是指在营业终了时，将存款账户的昨日账面余额乘以该余额再次变动前一天所延续的日数而计算求得积数，并据此计算利息的一种方法。采用分户账页计息，一般使用设置借贷余积四栏、便于账户计息的乙种账页。在发生收付业务时，按上次最后余额乘以该余额的实存日数计算出积数，记入分户账的“积数”栏内。实存日数按“算头不算尾”的方法计算，记入分户账的“日数”栏内，到结息日时，应先根据上一次记账日期和存款余额，计算出截至结息日为止的日数和积数后，再加计所有积数。如遇错账冲正，应调整积数，即求出本季度计息总积数，然后以积数乘以日息率，得出本季度应付利息数。

【例 6 -2】 假设某银行客户——华南机械工业有限公司上一次是 3 月 21 日结出余额 2 100.00 元，本次 4 月 2 日曾经发生了新的收付发生额，结出新余额为 74 250.00 元，假定其月利率为 2.4‰。在日期计算上本着算头不算尾的原则，从 3 月 21 日计算至 4 月 2 日，共计 12 天（日数），以日数乘上一次最后余额，即为其积数。即，12 × 2 100.00 = 25 200.00 （元）积数。结息期应先根据上一次记账日期和最后余额，计算出截至结息日为止的日数和积数，然后结出积数合计数。

计算利息的公式是：积数合计数 ×（月利率 ÷30）= 利息。

以本例资料计算，在第二季度日数共为 92 天中：

第一次积数为 12 ×2 100 =25 200（元）

第二次积数为 80 ×74 250 =594 000（元）

积数合计数为 5 965 200 元。

因此，二季度存款利息为：5 965 200 ×2.4% ÷30 =477.22（元）

对比上述余额表计息法与分户账页计息法，可以说，两种方法各有利弊。余额表计息法适用于存款余额变动频繁的存款户，而分户账页计息法则适用于存款余额变动不多的存款户。具体而言，余额表计息法的准确性较高，但逐日抄写工作量大，尤其是余额不变或节假日也要抄列，因此比较麻烦；而账页计息法比较简便，在记账的同时就计算出了积数，尤其是存取不频繁时，更显其简便的特点，然而其准确性较差，错误难以及时发现和查找。银行应根据本行会计人员业务素质和业务量大小以及各账户余额变化频繁程度，选择使用某种方法，或不同科目不同账户，使用不同的计算方法。

（二）单位定期存款利息的计算

定期存款利息采取利随本清办法，即在到期日支取本金同时逐笔计算利息。计算期限一律按对年、对月计算，即对年一律按 360 天计算，对月则一律按 30 天计算；遇有零头天数，按实有天数计算。利息计算公式如下：

利息 = 本金 × 天数 ×（月利率 ÷30）

【例 6 -3】 某商业银行承办某单位存入银行汇票定期存款 900 000 元定期一年，年利率为 2.25%，3 月 20 日到期，该单位于 4 月 7 日来行支取，支取时活期存款年利率为 0.72%。其利息计算如下：

到期利息 =900 000 ×1 ×2.25% =20 250（元）

逾期利息 =900 000 ×17 ×(0.72% /360) =3 672（元）

三、个人储蓄利息的计算

（一）活期储蓄存款利息的计算

1. 活期储蓄计息管制。

(1) 不论何时存入的活期储蓄存款，如遇利率调整，不分段计息，均以结息日挂牌公告的活期储蓄存款利率计付利息。未到结息日清户者，按清户日挂牌公告的活期储蓄存款利率算至清户前一天止。

（2）活期储蓄存款按季结息，结息日为每季度末月的20日，于次日付息。

（3）转入长期不动户的活期储蓄存款不结计利息，日后储户来清户时按结清日挂牌公告的活期储蓄存款利率一次计付利息。

2. 活期储蓄存款的计息方法。

活期储蓄存款的利息计算普遍采用查“活期储蓄积数查算表”的方法。通常分为两步：

（1）活期储蓄积数查算表的结构原理。活期储蓄积数查算表每天一张，每月30张，全年359张，其中2月份29张，大月31日同30日共享一张查算表，表内分本金和计息积数两栏。每张查算表都有从本金1元至100元及200元到1 000元的计息积数。活期储蓄积数查算表是根据“本金×时期”公式编制的，本金是指存取款发生额，而时期是指业务发生日到该年度结息日止的天数（每年7月1日到次年6月30日为一个结息年度）。如，7月1日存入188元，则计息积数应为：188×360=67 680（元）。

每笔取款金额在百元以下的本金，可以直接从查算表上查出；百元以上且有零头数额的本金，则应根据表内每个积数相加求得。

（2）活期储蓄积数查算表的使用。查表计息法是开户时根据存入金额，从当天的利息积数查算表上查出应计利息积数，并记在账页上的计息积数余额栏内。以后发生存取款业务时，都要逐笔按发生额查算出计息积数。存入时，将查出的计息积数与前期计息积数余额相加；支取时，将查出的计息积数从前期计息积数余额中减去，结出新的余额。储户结清时，将前期计息积数余额减去支取金额当天的计息积数，所剩的计息积数余额乘以结清时银行挂牌公告的活期利率（日利率）即为应付利息。

【例6-4】某储户7月1日开立活期储蓄存款账户，存入120元，7月25日续存80元，11月1日支取60元。

存入时，从7月1日查算表中找出100元的利息积数为36 000元，再找出20元的利息积数为7 200元，两者相加得43 200元，为积数余额。续存时，查7月25日的查算表得80元的利息积数为26 880元，为应加积数；结出7月25日的计息积数余额为70 080元（43 200+26 880）。支取时，查11月1

日的查算表得60元的利息积数为14 400元，为应减积数；结出11月1日的计息积数余额为55 680元（70 080－14 400）。如储户至结息日未存取，若结息日挂牌公告的活期利率为1.65‰，则结息日利息为：55 680×1.65‰÷30＝3.06（元）。

3. 结息日利息入账手续。

每年6月30日结息，次日办理转账。7月1日结息入户时，应将各存款账户的应付利息记入存款的贷方，并入本金，在摘要栏内注明“×年度息”，并结出新的存款余额。同时用7月1日利息查算表查出新存款余额的应计积数记入分户账的积数栏内。为表示与上面已入账的积数无关，在上行的底线画一道红线予以隔开。根据结息日结出的各户入账利息，抄列“活期储蓄利息清单”并结出合计数，再以结息前各户存款余额合计加上利息合计与结息后存款余额合计数核对相符。根据利息清单合计数编制利息支出汇总传票，清单作为传票附件办理转账。其会计分录为：

借：利息支出——活期存款利息支出户　×××

　　贷：吸收存款——活期储蓄存款——清单所列名户　×××

（二）定期储蓄存款利息的计算

1. 整存整取的利息计算。

整存整取定期储蓄存款利息的计算与单位定期存款利息计算方法相同。

（1）如果在原定存期内遇利率调整，当利率调高时，以调整日为界，仍执行分段计息的方法。

【例6－5】 某储户在20×3年3月8日存入一笔2年期整存整取定期储蓄存款1 000元，开户时利率为6.6‰，2年期整存整取利率在20×4年5月15日调整为8.25‰，在20×4年7月11日又调整为9.75‰，则到期支取时的应付利息为：

20×3年3月8日～20×4年5月14日止，共427天

1 000×427×6.6‰÷30＝93.94（元）

20×4年5月15日～20×4年7月10日止，共56天

1 000×56×8.25‰÷30＝15.4（元）

20×4年7月11日～20×0年3月7日止，共237天

1 000×237×9.75‰÷30＝77.025（元）

总计应付利息为186.37元。

（2）提前支取。在原定存期内办理提前支取的，提前支取部分按实际存期相应档次的整存整取时期利率计算，利率调整则分段计息。

【例 6－6】某储户于 20×3 年 2 月 18 日存入一笔 2 年期整存整取定期储蓄存款 1 000 元，开户时利率为 6.6‰，该储户于 20×0 年 1 月 18 日提前一个月办理支取。因为该存款实际存期超过 1 年，但不到 2 年，应按 1 年期整存整取的时期利率计算。已知 1 年期整存整取利率在 20×3 年 2 月 18 日为 6.3‰，20×3 年 5 月 15 日调整为 7.65‰，在 20×3 年 7 月 11 日又调整为 9.15‰，则应付利息为：

第一阶段，20×3 年 2 月 18 日～20×3 年 5 月 14 日止，共 87 天，其利息计算如下：

1 000×87×6.3‰÷30＝18.27（元）

第二阶段，20×3 年 5 月 15 日～20×3 年 7 月 10 日止，共 56 天，其利息计算如下：

1 000×56×7.65‰÷30＝14.28（元）

第三阶段，20×3 年 7 月 11 日～20×3 年 1 月 17 日止，共 547 天，其利息计算如下：

1 000×547× 9.15‰÷30＝166.835（元）

因此，整个存款期间的利息为 199.39 元。

（3）过期支取。在【例 6－6】中，假如过期部分如在 20×3 年 3 月 1 日以前，则按原档次存期的时期利率计过期息，如遇率调整则分段；如在 20×3 年 3 月 1 日以后，则按支取日挂牌公告的活期储蓄利率计息。

2. 零存整取的利息计算。

（1）固定基数法。即以按月存储到期支取时每一元的应付利息作为固定基数，最后以结存金额乘以固定基数计息的方法。这种计息方法是根据零存整取定期储蓄“存款有先后，存期有长短，且存期成一等差数列”的特点，采取中间项均衡存期来设计的。其计算公式如下：

利息＝结存金额×固定基数

固定基数＝平均存期×利率

平均存期（中间项）＝(1＋存期)/2

根据上述公式，我们可以测算出在假定现行月利率为 4.5‰的条件下，

1 年期零存整取的固定基数为：

$(1+12)/2\times4.5‰=0.02925$（元）

用固定基数法计息比较方便，但固定基数法有其特殊的适用条件，即不得漏存且月存金额必须固定。

（2）月积数计息法。即根据每月结存金额计算出每月月积数，最后以累计月积数乘以利率来计息的方法。其计息公式为：

应付利息 = 累计月积数 × 月利率

3. 存本取息的利息计算。

应先按规定利率计算出应付利息总数，然后根据支取利息次数，计算出平均每次支取利息金额。其计算公式为：

每次支取利息数 = 利息总额 ÷ 取息次数 = 本金 × 取息期限 × 利率

4. 整存零取的利息计算。

因其本金是逐期递减的，为了便于计息，应先采用有关数学方法均衡本金，即先求出本金平均值，再计算利息。其计息公式为：

应付利息 = 本金平均值 × 存期 × 利率

本金平均值 =（全部本金 + 每期支取本金额）/2 × 存期 × 利率

5. 定活两便的利息计算。

根据不同的存期及确定的相应的利率来计算的。存期不满 3 个月的，按支取日挂牌公告的活期储蓄利率计息；存期 3 个月（含 3 个月）以上不满 1 年的，整个存期按支取日同档定期整存整取利率打六折计息；存期在 1 年以上的（含 1 年），无论存期多长，整个存期一律按支取日定期整存整取 1 年期存款利率打六折计息。

6. 个人通知存款。

由于个人通知存款兼有定期和活期两种性质，所以其利率通常高于活期储蓄利率，低于整存整取定期储蓄同一存期档次利率。通常利息按实际存期并按同档次利率计利息；存期不满 1 个月的，按支取日活期储蓄利率计息；存期在 3 年以上的，仍按 3 年期档次利率计息。储户可在原存储机构办理部分提取，部分提取次数不限；提取部分的利息按实际存期同档次利率计付利息；未支取部分仍按原开户日至支取日实际存期同档次利率计付利息。

第五节　商业银行存款后续计量

存款作为商业银行的一项重要负债，其后续计量也同样是相当重要的。根据CAS22号金融工具确认和计量准则第三十三条规定，商业银行企业应当采用实际利率法，按摊余成本对金融负债进行后续计量。但是，下列情况除外：

1. 以公允价值计量且其变动计入当期损益的金融负债，应当按照公允价值计量，且不扣除将来结清金融负债时可能发生的交易费用。

2. 与在活跃市场中没有报价、公允价值不能可靠计量的权益工具挂钩并须通过交付该权益工具结算的衍生金融负债，应当按照成本计量。

3. 不属于指定为以公允价值计量且其变动计入当期损益的金融负债的财务担保合同，或没有指定为以公允价值计量且其变动计入当期损益并将以低于市场利率贷款的贷款承诺，应当在初始确认后按照下列两项金额之中的较高者进行后续计量：一是按照CAS13号或有事项准则确定的金额；二是初始确认金额扣除按照CAS14号收入准则之确定的累计摊销额后的余额。

商业银行吸收的客户存款属于金融负债中的其他金融负债，即没有划分为以公允价值计量且其变动计入当期损益的金融负债。对其的后续计量，应当采用实际利率法，按摊余成本进行计量。

一、实际利率法

所谓实际利率法就是指按照金融资产或金融负债的实际利率计算其摊余成本，以及各期利息收入或利息费用的方法。

实际利率，是指将金融资产或金融负债在预期存续期间或适用的更短期间内的未来现金流量，折现为该金融资产或金融负债当前账面价值所使用的利率。

二、存款的摊余成本

商业银行吸收存款的摊余成本，是指该金融负债的初始确认金额，减去已偿还的本金，加上采用实际利率法将该初始确认金额与到期日之间的差额进行摊销形成的累计摊销额。

如果有客观证据表明该金融负债的实际利率与名义利率相差很小，也可以采用名义利率摊余成本进行后续计量。

三、定期存款的后续计量与核算

【例 6-7】 某商业银行于 20×3 年 1 月 1 日吸收客户存款 10 000 元，存期 2 年，当时名义利率为 5%，到期一次支取本金和利息。按插值法其实际利率为 4.88%。该项存款具体计量如表 6-3 所示。

表 6-3　　该项存款的初始计量与后续计量　　金额单位：元

日期	初始成本	实际利率计量的利息费用（摊余成本×4.88%）	期末摊余成本	合同利率计算有实付利息（摊余成本×5%）
20×3.1.1	10 000		10 000	
20×3.12.31	10 488	488	10 488	0
20×4.12.31	10 488	512	11 000	1 000
20×4.12.31			-11 000	

第一年初，在吸收存款时，银行编制如下会计分录：

借：库存现金　　10 000

　　贷：吸收存款——定期存款　　10 000

第一年末，在资产负债表日进行后续处理的会计分录如下：

借：利息支出　　488

　　贷：吸收存款——定期存款　　488

第二年末，在实际利率法下，先编制如下会计分录计息：

借：利息支出　　512

　　贷：吸收存款——定期存款　　512

第二年末，在实际利率法下，再一次性支取本金和利息，编制如下会计分录：

借：吸收存款——定期存款　　11 000

　　贷：库存现金　　11 000

如果实际利率与名义利率相差不大，也可以用名义利率计算摊余成本进行后续计量。

第七章
商业银行贷款业务核算

本章精要

商业银行对外贷款是整个商业银行业务运营的主战场，不仅肩负着补偿自身吸收存款所需要支付利息成本的重任，更加重要的是，对外贷款也是产生商业银行经营利润的主要渠道。

作为贷款环节的会计确认与计量，可以归结为四个构架部分：首先，需要对银行贷款管制的相关规范从会计视角进行严谨而周密的解读，如，贷款本与息、政策性与商业性、自营与委托、应计与非应计，此类术语的内涵与外延要点需要掌握，还要认知贷款管理的具体规定，熟悉贷款确认与计量所使用的会计科目；其次，严格关注银行贷款业务的初始计量，需要掌握信用贷款、各类担保贷款和银行票据贴现业务等贷款的初始处理；再次，贷款的后续计量，主要是围绕着贷款利息的计算，分别按照正常贷款、逾期贷款进行利息的计算与处理，由于新准则规定了可以采用实际利率法与摊余成本来计量金融资产中的持有至到期投资项目、贷款和应收款项，因此，也需要掌握商业银行贷款的实际利率法与摊余成本计量技术；最后，需要根据新准则关于贷款减值准备计提的规定，通过专业测试，定期进行确认与计量，尤其是对银行贷款损失准备的测试与计提，需要研讨在预计未来现金流量现值这一新的主导思维下，如何科学、理性地计提贷款减值准备，解决事关中国银行业信贷资产质量的焦点问题。

第一节　商业银行贷款管制概述

一、贷款业务的管理规范

（一）贷款业务的意义

商业银行贷款是商业银行作为贷款人身份，对借款人提供贷款服务，按约定利率收取利息，并到约定时日收回本金的一种信贷活动。商业银行是社会资金融通的桥梁与纽带，其中贷款的功能对商业银行肌体自身运营活力甚至整个经济与社会的发展至关重要。在现代商业银行的资产总额中，贷款是银行最主要的资产项目，银行收益也主要来自存贷款之间的利息差额。为偿付存款利息，保证各项开支和获得盈利，银行需要通过贷款业务充分有效地使用资金。商业银行贷款业务具有一定的风险性，经营不当会给银行造成巨大损失，商业银行发放贷款必须根据国家法律和规章制度的规定，以效益性为目的，以安全性和流动性为前提。

在商业银行提供贷款业务活动中，通常需要注意：一是通过发放贷款，能够满足国民经济运行中生产和商品流通资金的需要，支持国民经济的发展；二是银行通过信贷监督，促进企业改善经营管理，加强经济核算和资金使用，提高经济效益；三是银行加强贷款管理，加速资金周转，减少贷款损失，可以增加银行的营业收入，提高自身的经济效益。

（二）贷款业务的种类

商业银行贷款业务的种类，按照不同的划分标准，可以进行不同的分类：

1. 按发放期限长短的不同，可划分为短期贷款、中期贷款、长期贷款。短期贷款是指商业银行根据有关规定发放的、期限在1年以下（含1年）的各种贷款；中期贷款是指商业银行发放的贷款期限在1年以上5年以下（含5年）的各种贷款；长期贷款是指商业银行发放的贷款期限在5年（不含5年）以上的各种贷款。

2. 按发放对象的不同，可划分为法人客户类贷款和自然人客户类贷款。

3. 按是否提供担保可划分为信用贷款、担保贷款。担保方式可分为保证担保、抵押担保和质押担保。

4. 按是否具有政策性特征，可划分为商业性贷款与政策性贷款。政策性贷款是对某些单位或专项用途发放的贷款，这类贷款基本上通过政策性银行办理，有些商业银行也有此类业务；商业性贷款是由商业银行根据其经营原则，决定贷与不贷、贷多贷少以及是否需要抵押物等而发放的贷款。

5. 按资金来源及贷款风险承担人不同，可划分为自营贷款和委托贷款。自营贷款是指商业银行以合法方式筹集的资金自主发放的贷款，其风险由商业银行承担，并由商业银行收取本金和利息；委托贷款是指委托人提供资金，由商业银行作为受托人，根据委托人确定的贷款对象、用途、金额、期限、利率等而代理发放、监督使用并协助收回的贷款，其风险由委托人承担。商业银行发放委托贷款时，只收取手续费，不得代垫资金。

6. 按其本息是否逾期并超过一定天数，可划分为应计贷款和非应计贷款。非应计贷款是指贷款本金或利息逾期 90 天没有收回的贷款。应计贷款是指非应计贷款以外的贷款。

7. 根据贷款内在风险程度分为正常、关注、次级、可疑、损失五级贷款。从 2004 年起，商业银行普遍实施了国际金融业对银行贷款质量的公认分级标准，这种方法是建立在动态监测的基础上，通过对借款人现金流量、财务实力、抵押品价值等因素的连续监测和分析，判断贷款的实际损失程度。贷款五级分类及其标杆分别为：

正常贷款类——借款人能够履行合同，没有足够理由怀疑贷款本息不能按时足额偿还。

关注贷款类——尽管借款人目前有能力偿还贷款本息，但存在一些可能对偿还产生不利影响的因素。

次级贷款类——借款人的还款能力出现明显问题，完全依靠其正常营业收入无法足额偿还贷款本息，即使执行担保，也可能会造成一定损失。

可疑贷款类——借款人无法足额偿还贷款本息，即使执行担保，也肯定要造成较大损失。

损失贷款类——在采取所有可能的措施或一切必要的法律程序之后，本息仍然无法收回，或只能收回极少部分。

现将上述主要的分类方法和相应类别列示如表 7－1 所示。

表 7－1　　商业银行贷款主要分类情况表

分类标准	基本类别				
1. 按发放期限长短	短期贷款	中期贷款	长期贷款		
2. 按发放条件不同	信用贷款	担保贷款			
3. 按发放对象不同	法人贷款	自然人贷款			
4. 按是否具有政策性特征	商业性贷款	政策性贷款			
5. 按资金来源及风险承担人	自营贷款	委托贷款			
6. 按是否逾期并超一定天数	应计贷款	非应计贷款			
7. 按内在风险即贷款质量	正常类	关注类	次级类	可疑类	损失类

二、贷款业务的核算要求

商业银行发放贷款主要遵循安全性、流动性和盈利性原则。在进行贷款核算时，尤其是中长期贷款的确认与计量时，主要应遵循以下原则：

（一）贷款本金和利息分别进行确认与计量

商业银行发放的中长期贷款，应当按照实际贷出的贷款金额入账。期末，应当按照贷款本金和适用利率计算应收取利息，分别贷款本金和利息进行确认与计量。

（二）商业贷款与政策贷款分别确认与计量

由于政策性贷款的发放与国家相关政策导向有密切相关性，而且政策性贷款在利率上也通常具有一定的优惠，因此，商业银行应将商业性贷款与政策性贷款分别确认与计量。

（三）自营贷款与委托贷款分别确认与计量

自营贷款是指商业银行以合法方式筹集的资金自主发放的贷款，其风险由金融企业承担，并由金融企业收取本金和利息。委托贷款是指委托人提供资金，由商业银行（受托人）根据委托人确定的贷款对象、用途、金额、期限、利率等而代理发放、监督使用并协助收回的贷款，其风险由委托人承担。商业银行发放委托贷款时，只收取手续费，不得代垫资金。

（四）应计贷款与非应计贷款应分别确认与计量

非应计贷款是指贷款本金或利息逾期 90 天没有收回的贷款。应计贷款是指非应计贷款以外的贷款。当贷款本金或利息逾期 90 天时，应单独核算。当应计贷款转为非应计贷款时，理当遵守“先收回本金，后再计利息”的办法，应将已入账的利息收入和应收利息予以冲销。从应计贷款转为非应计贷款后，在收到该笔贷款的还款时，首先应冲减本金；本金全部收回后，再收到的还款则确认为当期利息收入。

三、商业银行贷款业务的管理规范

贷款是商业银行收益与风险的集中滋生地。因此，必须严格遵守商业银行的贷款政策，从贷款业务发展战略、贷款审批分级授权、贷款期限结构与品种结构、关系贷款人政策、信贷集中风险管理政策、贷款定价政策、贷款担保政策、贷款审批程序与审批政策、贷款分类政策、贷款日常管理与催收政策、不良贷款管理政策、贷款呆账准备金和损失贷款核销政策、贷款规模控制政策和贷款档案管理政策等方面，严格把关，不留缺口。尤其是要注意以下几个方面。

1. 贷款的发放和使用必须符合国家的法律法规、《贷款通则》及中国人民银行发布的有关规章制度。办理贷款业务应遵循效益性、安全性和流动性原则。

2. 对单位发放的贷款可申办展期，个人贷款可否展期应视不同品种而定。

3. 贷款应当由贷款人与借款人签订借款合同。

4. 银行对借款人应当按照借款合同和人民银行有关计息规定按期计算和结收利息。

5. 个人贷款的其他规定。一是在发放个人贷款中，除个人定期储蓄存单小额质押贷款坚持“先存后贷，存贷结合，存单质押，到期归还，逾期扣收”的原则外，其他各品种的个人贷款均坚持“有效担保，专款专用，按期偿还”的原则；二是办理个人贷款所提供的有效身份证件必须是居民身份证、军人证或户口簿等；三是可用于办理个人贷款的抵押物是指借款人或第三人具有完全产权的房屋、汽车等（必要时需办理保险）；四是可用于办理个人贷款的质押物包括实物国库券及银行代理发行的凭证式国库券（国家特别规定不能质押贷款的除外）、金融债券、AAA 级企业债券、银行出具的定期储蓄存单；五是各贷款经办网点每季与借款人至少核对一次贷款账。

四、商业银行贷款业务的核算科目

商业银行为了核算发放的各种贷款，通常需要设置和使用以下会计科目：

1. “贷款”科目。

“贷款”科目核算商业银行按规定发放的各种客户贷款，包括质押贷款、抵押贷款、保证贷款、信用贷款等。商业银行按规定发放的具有贷款性质的银团贷款、贸易融资、协议透支、信用卡透支、转贷款以及垫款等，在本科目核算；也可以单独设置“银团贷款”“贸易融资”“协议透支”“信用卡透支”“转贷款”“垫款”等科目。本科目可按贷款类别、客户，分别“本金”“利息调整”“已减值”等进行明细核算。

商业银行发放贷款时，应按贷款的合同本金，借记本科目（本金），按实际支付的金额，贷记“吸收存款”“存放中央银行款项”等科目，有差额的，借记或贷记本科目（利息调整）。资产负债表日，应按贷款的合同本金和合同利率计算确定的应收未收利息，借记“应收利息”科目，按贷款的摊余成本和实际利率计算确定的利息收入，贷记“利息收入”科目，按其差额，借记或贷记本科目（利息调整）。合同利率与实际利率差异较小的，也可以采用合同利率计算确定利息收入。收回贷款时，应按客户归还的金额，借记“吸收存款”“存放中央银行款项”等科目，按收回的应收利息金额，贷记“应收利息”科目，按归还的贷款本金，贷记本科目（本金），按其差额，贷记“利息收入”科目。存在利息调整余额的，还应同时结转。资产负债表日，确定贷款发生减值的，按应减记的金额，借记“资产减值损失”科目，贷记“贷款损失准备”科目。同时，应将本科目（本金、利息调整）余额转入本科目（已减值），借记本科目（已减值），贷记本科目（本金、利息调整）。资产负债表日，应按贷款的摊余成本和实际利率计算确定的利息收入，借记“贷款损失准备”科目，贷记“利息收入”科目。同时，将按合同本金和合同利率计算确定的应收利息金额进行表外登记。收回减值贷款时，应按实际收到的金额，借记“吸收存款”“存放中央银行款项”等科目，按相关贷款损失准备余额，借记“贷款损失准备”科目，按相关贷款余额，贷记本科目（已减值），按其差额，贷记“资产减值损失”科目。对于确实无法收回的贷款，按管理权限报经批准后作为呆账予以转销，借记“贷款损失准备”科目，贷记本科目（已减值）。按管理权限报经批准后转销表外应收未收利息，减少表外“应收未收利息”科目金额。已确认并转销的贷款以后又收回的，按原转销的已减值贷款余额，借记本科目（已减值），贷记“贷款损失准备”科目。按实际收到的金额，借记“吸收存款”“存放中央银行款项”等科目，按原转销的已减值贷款余额，贷记本科目（已减值），按其差额，贷记“资产减值损失”科目。

本科目期末借方余额，反映企业按规定发放尚未收回贷款的摊余成本。

2. “贴现资产”科目。

“贴现资产”科目核算商业银行办理商业票据的贴现、转贴现等业务所融出的资金。商业银行买入的即期外币票据，也通过本科目核算。本科目可按贴现类别和贴现申请人进行明细核算。

企业办理贴现时，按贴现票面金额，借记本科目（面值），按实际支付的金额，贷记“存放中央银行款项”“吸收存款”等科目，按其差额，贷记本科目（利息调整）。资产负债表日，按计算确定的贴现利息收入，借记本科目（利息调整），贷记“利息收入”科目。贴现票据到期，应按实际收到的金额，借记“存放中央银行款项”“吸收存款”等科目，按贴现的票面金额，贷记本科目（面值），按其差额，贷记“利息收入”科目。存在利息调整金额的，也应同时结转。

本科目期末借方余额，反映企业办理的贴现、转贴现等业务融出的资金。

3. “利息收入”科目。

“利息收入”科目核算商业银行确认的利息收入，包括发放的各类贷款（银团贷款、贸易融资、贴现和转贴现融出资金、协议透支、信用卡透支、转贷款、垫款等）、与其他金融机构（中央银行、同业等）之间发生资金往来业务、买入返售金融资产等实现的利息收入等。本科目可按业务类别进行明细核算。

资产负债表日，商业银行应按合同利率计算确定的应收未收利息，借记“应收利息”等科目，按摊余成本和实际利率计算确定的利息收入，贷记本科目，按其差额，借记或贷记“贷款——利息调整”等科目。实际利率与合同利率差异较小的，也可以采用合同利率计算确定利息收入。

期末，应将本科目余额转入“本年利润”科目，结转后本科目无余额。

4. “贷款损失准备”科目。

“贷款损失准备”科目核算商业银行贷款的减值准备。计提贷款损失准备的资产包括贴现资产、拆出资金、客户贷款、银团贷款、贸易融资、协议透支、信用卡透支、转贷款和垫款等。本科目可按计提贷款损失准备的资产类别进行明细核算。

资产负债表日，贷款发生减值的，按应减记的金额，借记“资产减值损失”科目，贷记本科目。对于确实无法收回的各项贷款，按管理权限报经批准后转销各项贷款，借记本科目，贷记“贷款”“贴现资产”“拆出资金”等科目。已计提贷款损失准备的贷款价值以后又得以恢复，应在原已计提的贷款损失准备金额内，按恢复增加的金额，借记本科目，贷记“资产减值损失”科目。

本科目期末贷方余额，反映企业已计提但尚未转销的贷款损失准备。

第二节 商业银行贷款初始计量

一、信用贷款的确认与计量

信用贷款是指贷款银行以借款人的资信而无须抵押或担保措施所发放的贷款。借款人需用贷款时应逐笔提出借款申请，经银行审批同意后逐笔签订借款合同，逐笔立据审查，逐笔发放，约定还款期限，到期一次或分次归还贷款。

（一）贷款发放的确认与计量

为了全程核算和控制商业银行信用贷款的发放和收回，在银行信贷部门依照规定严格审查并同意对外发放贷款后，会计部门收到借款合同副本及借款人填制的一式四联借款凭证时，应认真审查。审查无误后，据以开立贷款明细账户。以第一联借款凭证盖章后作为回单交借款人，以第二、三联分别代转账借、贷方传票办理转账。其会计分录为：

借：贷款——××借款户——（合同本金） ×××

贷：吸收存款——××借款户（实际支付金额） ×××

借或贷：贷款——利息调整（按照二者之间的差额） ×××

转账后，第四联加盖业务公章后由信贷部门留存备查，借款合同副本按贷款到期的先后顺序专夹保管。

（二）贷款回收的确认与计量

在银行发放贷款之后，主要面临的事项就是关注贷款的及时回收，并从会计确认与计量上实施相应的措施。由于贷款在执行过程中可能会客观地出现减值事件，因此，需要分类确认与计量：

1. 未减值贷款的确认与计量。

对于处于正常结息状态以及其他没有任何不良反应的未减值贷款，在资产负债表日，银行按贷款的合同本金和合同约定的名义利率计算确定的应收未收利息，借记“应收利息”科目，按贷款的摊余成本和实际利率计算确定的利息收入，贷记“利息收入”科目，按其差额，借记或贷记本科目（利息调整）。其思路就是向客户结算应收的利息债权依照合同计量，对内部结算当期利息收入按照实际利率结算，二者差额相应调整。

借：应收利息——××借款户（合同本金×合同利率）　×××
　　贷：利息收入（贷款摊余成本×实际利率）　×××
　　借或贷：贷款——利息调整（按照二者之间的差额）　×××

对于此种未减值贷款，在到期如数收回时，应按客户归还的金额，借记“吸收存款”等科目，按应归还的应收利息金额，贷记“应收利息”科目；按归还的贷款本金，贷记本科目（本金）；按本科目（利息调整）的余额，借记或贷记本科目（利息调整）；按其差额，贷记“利息收入”科目。

借：吸收存款——××借款单位户　×××
　　贷：应收利息　×××
　　　　贷款——本金（原始本金）　×××
　　　　贷款——利息调整（结存金额）　×××
　　　　利息收入（差额金额）　×××

2. 减值贷款的确认与计量。

资产负债表日，除了按照后期所述减值准备的计提，对于减值贷款按应该减计的金额及时计提资产减值准备外，还需要及时就减值贷款转账处理：

当发生贷款发生减值的，应将减值贷款金额包括本金和利息调整从正常贷款科目转入已减值贷款科目，以通过专门账户进行集中计量，其会计分录：

借：贷款——××借款户（已减值）　×××
　　贷：贷款——××借款户（本金）　×××
　　　　贷款——××借款户（利息调整）　×××

在资产负债表日，按照已减值贷款的摊余成本和实际利率计算确定利息收入，冲销前期已经列支的减值损失，借记“贷款损失准备”科目，贷记“利息收入”科目。同时，将按合同本金和合同约定的名义利率计算确定的应收利息金额进行表外登记。

在收回减值贷款时，应按照“先本金、后表外应收利息”的顺序，逐项收回贷款本金及贷款产生的应收利息。实际收到的金额，借记“吸收存款”等科目；按应转销相关贷款损失准备余额，借记“贷款损失准备”科目；按应转销已减值贷款余额，贷记本科目（已减值）；按已收回的表外应收利息余额，贷记“利息收入”科目，如仍有余额，借记或贷记“资产减值损失”科目。

3. 收回已转销贷款和应收利息的处理。

商业银行应按照“本金——表内应收利息——表外应收利息”的顺序，分别确认收回贷款本金及贷款产生的应收利息。对于前期已确认减值并转销的贷款，在以后又收回的，应按收回的贷款本金，借记本科目（已减值），贷记“贷款损失准备”科目；按收回的表内应收利息，借记“应收利息”科目，贷记“坏账准备”科目；按收回的表外应收未收利息，增加表外“应收未收利息”科目金额。按实际收回的金额，借记“吸收存款”等科目，贷记本科目（本金）、“应收利息”等科目。其会计分录为：

借：吸收存款——借款人户　　×××

　贷：贷款——本金——借款人户　　×××

　　应收利息——普通贷款利息收入户　　×××

二、担保贷款的核算

（一）担保贷款的规定

担保贷款是指按《中华人民共和国担保法》（以下简称《担保法》）规定的保证方式，以第三人承诺在借款人不能偿还贷款时，按约定承担一般保证责任或者连带责任为前提，而由商业银行据以发放的贷款。

（1）担保贷款按种类可以分为保证贷款、抵押贷款和质押贷款。保证贷款是指按《担保法》规定的保证方式以第三人承诺在借款人不能偿还贷款时，按约定承担一般保证责任或者连带责任为前提而发放的贷款；抵押贷款是指按《担保法》规定的抵押方式以借款人或第三人的财产作为抵押物而发放的贷款；质押贷款是指按《担保法》规定的质押方式以借款人或第三人的动产或权利为质押物而发放的贷款。

（2）担保贷款按期限分为流动资金贷款和固定资产投资贷款。流动资金贷款期限最长不超过1年；固定资产投资贷款期限一般为1～3年（最长不超过5年）。

(3) 抵押贷款的贷款发放额度，一般在抵押物价值的50%～70%以内为限发放贷款，最高不得超过80%的比例。

(4) 抵押贷款的贷款到期，在不能还款时需要转入逾期贷款进行管理；逾期1个月，仍不能还款的，银行有权通过处理抵押品来实现自身债权。

(二) 保证贷款的核算

保证贷款是指按《担保法》规定的保证方式以第三人承诺在借款人不能偿还贷款时，按约定承担一般保证责任或者连带责任为前提而发放的贷款。保证是指保证人和债权人约定，当债务人不履行债务时，保证人按约定履行债务或者承担责任的行为。保证人与债权人应当以书面形式订立保证合同。保证担保的范围包括主债权及利息、违约金、损害赔偿金和实现债权的费用。保证合同另有约定的，按照约定执行。

借款人申请保证贷款时，须填写保证贷款申请书，按照《担保法》和《贷款通则》有关规定签订保证合同或出具保函，加盖保证人公章及法人名章或出具授权书，注明担保事项，由银行信贷部门和规定审批人审查、审批并经适当公证后，由信贷部门密封交会计部门保管。会计按单位及财产类设置明细账户，纳入表外科目核算。保证贷款发放和收回的核算与信用贷款相同，只是当借款人无力偿还贷款本息时，银行应根据保证合同或借款合同向保证人收取贷款本息和逾期罚息。

(三) 抵押贷款的核算

抵押贷款是指按《担保法》规定的抵押方式以借款人或第三人的财产作为抵押物而发放的贷款。为了核算和控制抵押和质押贷款的发放和收回，应设置"抵押贷款"账户，该账户借方发生额反映抵押贷款的发放额，贷方发生额反映抵押贷款的收回数和核销数，余额若在借方，反映抵押贷款实有数。

1. 可设定抵押贷款的财产种类。

根据现行法律法规规定，可以用于抵押的财产，一般有：抵押人所有的房屋和其他地上定着物；抵押人所有的机器、交通运输工具和其他财产；抵押人依法有权处分的国有土地使用权、房屋和其他地上定着物；抵押人依法有权处分的国有机器、交通运输工具和其他财产；抵押人依法承包并经发包方同意抵押的荒山、荒沟、荒丘、荒滩等荒地的土地使用权；依法可以抵押的其他财产。

2. 抵押贷款发放与收回的核算。

抵押贷款发放与收回，通过"贷款——抵押贷款"明细科目核算，其会计分录如下：

抵押贷款发放的处理：

借：贷款——抵押贷款——××抵押户　　　　×××

　　贷：吸收存款——××户　　　　×××

抵押贷款收回的处理：

借：吸收存款——××户　　　　×××

　　贷：贷款——抵押贷款——××抵押户　　　　×××

　　　　利息收入——抵押贷款利息收入户　　　　×××

在抵押贷款中，银行会计部门需要对抵押物进行表外登记。抵押贷款收回后，抵押物及有关单据随即退回借款人，并销记表外登记。

3. 抵押贷款逾期的处理。

在抵押贷款到期不能按期收回时，商业银行应于到期当日将其贷款转入逾期贷款科目。同时向借款人填发“处理抵押品通知单”，逾期一个月借款人仍无法归还贷款的，银行有权处理其抵押物，以补偿抵押贷款。即根据对抵押物的拍卖、变卖情况分别作价入账。

当市场拍卖、变卖抵押物的价款（扣除有关费用）超过贷款本金和利息应该归还部分时，应将超过贷款本息的多余部分归还抵押人。其会计分录为：

借：库存现金（或××存款）　　　　×××

　　贷：贷款——××抵押逾期户　　　　×××

　　　　应收利息——应收抵押贷款利息户　　　　×××

　　　　其他应付款——××抵押人　　　　×××

如拍卖、变卖的价款（扣除有关费用）低于贷款本息及处理费用，债务人应以其他资产拍卖或变卖偿还贷款本息。但抵押权人（银行）不再享有优先受偿权。抵押人如果为第三人而非债务人，抵押人不再负责剩余未清偿贷款本息，而只能由债务人承担。

如果债务人拍卖或变卖其他财产之后仍然无法清偿债务，对于符合规定的低于贷款本金不足部分，从贷款损失准备中核销，应收利息从坏账准备中核销。其会计分录为：

借：现金（或××存款）　　　　×××

　　贷款损失准备　　　　×××

　　贷：贷款——××抵押逾期户　　　　×××

同时，借：坏账准备　×××

　　贷：应收利息——应收抵押贷款利息　×××

净收入高于贷款本金，但低于贷款本息之和时的核算。如拍卖所得的净收入高于贷款本金，低于贷款本息之和。则拍卖所得金额在全额补偿贷款本金和部分应收利息后，不足部分从坏账准备中核销，其会计分录为：

借：现金（或银行存款）　×××

　　坏账准备　×××

　　贷：贷款——××抵押逾期户　×××

　　　　应收利息——应收抵押贷款利息　×××

（四）质押贷款的核算

质押贷款是指按《担保法》规定的质押方式以借款人或第三人的动产或权利为质押物而发放的贷款。质押贷款的会计科目可在"贷款——抵押贷款"明细科目进行核算。具体核算与前述抵押贷款的核算基本相似。

三、票据贴现的核算

票据贴现是指票据持有人在票据到期以前，为获得资金而向银行贴付一定的利息所做的票据转让。目前，商业银行办理贴现业务的票据主要是商业汇票。商业汇票按承兑人的不同可以分为商业承兑汇票和银行承兑汇票。商业汇票一律记名，允许背书转让，期限最长不超过6个月。

（一）票据贴现的特征

严格地说，票据贴现业务属于银行贷款的一种，但贴现与一般贷款相比，其差异主要体现在以下几个方面：一是资金的投放对象不同。贴现贷款以持票人（债权人）为放款对象，而一般贷款以借款人（债务人）为放款对象；二是体现的信用关系不同。贴现贷款体现的是银行与持票人、出票人、承兑人及背书人之间的信用关系，而一般贷款体现的是银行与借款人、担保人之间的信用关系；三是计息的时间不同。贴现贷款在放款时就扣收利息，而一般贷款则是在贷款到期时或定期计收利息；四是放款的期限不同。贴现贷款通常为短期贷款，期限最长不超过6个月，而一般贷款则分为短期和中长期贷款。五是贷款的流动性不同。贴现贷款可以通过再贴现和转贴现提前收回资金，而一般贷款只有到期才可能收回资金。

从票据贴现的技术原理来看，贴现期限是从贴现日到票据到期日，即将手存未来票据通过相应的期间利息补贴而转换成申请人手存现金的行为。这就是所谓“时间就是金钱”概念，贴现利息其实就是提前使用资金的时间成本。商业银行在办理对贴现申请人的票据贴现业务时，需要从票面金额中扣除自贴现申请人实际取得贴现资金到票据到期日为止的贴限期限利息。商业银行票据贴现如图7－1所示。

图7－1　商业银行票据贴现示意图

贴现利息＝汇票金额×贴现期限×(月贴现利率/30)

实际支付贴现申请人现金额＝汇票金额－贴现利息

（二）贴现风险管理

1. 贴现风险的形成因素。

现实中，商业银行经常可能遭遇贴现损失，从其原因来看，主要包括两个环节的风险：一是非法票据形成的风险。非法票据主要是指贴现申请人所持票据开立不合理，如贴现申请人持有的、不存在商品交易的商业票据、贴现申请人不具备商业汇票承兑、申请资格，企图利用商业汇票贴现套取银行信用等。此外，票据构成要式不符合规定，如内容不全、背书不符合规定等，商业银行如果对该类票据进行贴现也可能造成信贷风险；二是票据使用人资信状况较差形成的风险。票据使用人资信状况较差，不能及时兑付票据所涉资金，不仅影响商品交易关系中债权人的合法权益，也会由此形成贴现贷款的呆账、坏账，给贴现银行造成损失。

2. 贴现风险的防范对策。

商业银行办理贴现业务过程中，为有效防范风险，必须严格按照有关规定办理相关业务。

(1) 贴现业务申办基本条件及提交的主要资料。贴现申请人欲在商业银行办理贴现业务，必须具备以下基本条件：贴现申请人在贴现银行应开立基本存款账户；与出票人或直接前手之间具有真实的商品交易关系；能够提供与其直接前手之间的增值税发票和商品发运单据复印件；贴现贷款总量不应超过资产负债比例管理的相关比例；内部控制制度必须健全、有效。

贴现申请人办理贴现时应提交贴现申请书；贴现申请人的企业法人营业执照；已承兑未到期的要式完整的承兑汇票；能够证明汇票合法性的凭证；持票人与出票人或其直接前手之间的增值税发票和商品交易合同复印件；贴现申请人近期的财务报表。

（2）贴现商业银行对贴现申请人的审查。商业银行应按照规章制度的有关规定，严格审查贴现申请人的申办资格，以保证商业银行贴现贷款的安全。重点审查持票人是否属于依法从事经营活动的企业法人以及其他经济组织；申请贴现的商业票据要式是否齐全、内容是否合法；申请贴现企业的资信状况和经营情况等。

商业银行在收到贴现申请人提交的贴现申请后，银行承兑汇票应以书面形式向承兑银行进行查询，核实汇票的真实性。未经查询的汇票一律不得办理贴现业务，同时注意，商业银行不得贴现本营业部承兑的商业票据。

（三）商业汇票贴现的核算

商业汇票持有者如急需使用资金，可持汇票向开户银行申请贴现。贴现申请人在第一联凭证上按规定签章后，将凭证及商业汇票一并送交银行信贷部门。信贷部门根据信贷管理办法及结算规定进行贴现审查后，填写“××汇票贴现审批书”，提出审查意见，按照贷款审批权限，报经相关部门审批。贷款决策部门审查同意后，应在“××汇票贴现审批书”上签署决策意见，并在贴现凭证的“银行审核”栏签注“同意”字样并加盖有关人员名章后，送交会计部门。

会计部门接到贴现凭证及商业汇票后，按照规定的贴现率，计算出贴现利息并予以扣收。将按规定贴现率计算出来的贴现利息、实付贴现金额填在贴现凭证有关栏内，办理转账手续。办妥票据贴现后，进行如下，账务处理：

借：贴现资产——商业承兑汇票或银行承兑汇票（面值）　×××
　　贷：吸收存款——贴现申请人户　×××
　　　　贴现资产——利息调整　×××

同时按汇票金额登记表外科目，收：代保管有价值品。

资产负债表日，应按实际利率计算确定的贴现利息收入的金额，会计分录如下：

借：贴现资产——利息调整　×××
　　贷：利息收入　×××

实际利率与合同约定的名义利率差异不大的，也可以采用合同约定的名义利率计算确定利息收入。

四、贴现汇票到期收回贴现款的核算

贴现银行应经常查看已贴现汇票的到期情况，对于已到期的贴现汇票，应及时收回票款。

（一）商业承兑汇票贴现款到期收回的核算

商业承兑汇票贴现款的收回是通过委托收款方式进行的。贴现银行作为收款人，应于汇票到期前，匡算邮程，以汇票作为收款依据，提前填制委托收款凭证向付款人收取票款。在“委托收款凭证名称栏”注明“商业承兑汇票”或“银行承兑汇票”及其汇票号码连同汇票向付款人办理收款，将第五联贴现凭证作为第二联委托收款凭证的附件存放，并在表外科目“发出委托收款登记簿”中进行登记。其他操作程序比照发出委托收款凭证的操作程序办理。

当贴现银行收到付款人开户行划回票款时，会计分录如下：

借：吸收存款（或辖内上存款项，或存放中央银行款项） ×××

　　贷：贴现资产——商业承兑汇票 ×××

　　　　利息收入 ×××

同时销记“发出委托收款登记簿”。

如果贴现银行收到付款人开户行退回委托收款凭证、汇票和拒付理由书或付款人未付票款通知书时，对于贴现申请人在本行开户的，可以从贴现申请人账户收取。填制两联特种转账借方凭证，在“转账原因栏”注明“未收到××号汇票款，贴现款已从你账户收取”。一联凭证作为借方凭证，另外一联特种转账借方凭证加盖转讫章，作为支款通知，随同汇票和拒绝付款理由书或付款人未付票款通知书交给贴现申请人，第五联贴现凭证作为贴现科目贷方凭证，办理转账手续。会计分录：

借：吸收存款——贴现申请人存款户 ×××

　　贷：贴现资产——商业承兑汇票 ×××

　　　　利息收入 ×××

若贴现申请人账户余额不足时，则不足部分转做逾期贷款，会计分录如下：

借：吸收存款——贴现申请人存款户　　×××
　　贷：逾期贷款——贴现申请人贷款户　　×××
　　　　贴现资产——商业承兑汇票　　×××
　　　　利息收入　　×××

（二）银行承兑汇票贴现款到期收回的核算

银行承兑汇票的承兑人是付款人开户银行，信用可靠，不会发生退票情况，贴现银行在汇票到期前，以自己为收款人，填制委托收款凭证，向对方银行收取贴现款。等收到对方银行的联行报单及划回的款项时。

借：吸收存款（或辖内上存款项，或存放中央银行款项）　×××
　　贷：贴现资产——银行承兑汇票　　×××
　　　　利息收入　　×××

期末，应对贴现进行全面检查，并合理计提贷款损失准备。对于不能收回的贴现应查明原因。确实无法收回的，经批准作为坏账损失的，应冲销提取的贷款损失准备。

借：贷款损失准备　　×××
　　贷：贴现资产——商业承兑汇票或银行承兑汇票　　×××

第三节　商业银行贷款后续计量

一、贷款利息的计算

（一）贷款利息的管制

商业银行的贷款利息，除了贴现贷款可以在贴现当时一次性计算并全额扣除之外，其他贷款都需要定期计算：

1. 短期贷款利息的计算原则。

贷款按季结息的，每季末月的 20 日为结息日；按月结息的，每月的 20 日为结息日。具体结息方式由借贷双方协商确定。对贷款期内不能按期支付的利息按贷款合同利率，按季或按月计收复利，贷款逾期后改按罚息利率计收复利。最后一笔贷款清偿时利随本清。

2. 中长期贷款利息的计算原则。

中长期贷款（期限在 1 年以上）利率实行 1 年两定或按季浮动（根据借

款合同约定)。贷款(包括贷款合同生效日起1年内应分笔拨付的所有资金)根据贷款合同确定的期限，按贷款合同生效日相应档次的法定贷款利率计息，每满合同约定的期限后(分笔拨付的以第一笔贷款发放日为准)，再按当时相应档次的法定贷款利率确定下一年度利率。中长期贷款按季结息，每季度末月20日为结息日。对贷款期内不能按期支付的利息按合同利率按季计手复利，贷款逾期后改按罚息利率计收复利。

3. 展期逾期利息的计算原则。

贷款展期，期限累计计算，累计期限达到新的利率期限档次时，自展期之日起，按展期日挂牌的同档次利率计息；达不到新的期限档次时，按展期日的原档次利率计息。逾期贷款或挤占挪用贷款，从逾期或挤占挪用之日起，按罚息利率计收罚息，直到清偿本息为止；遇罚息利率调整的，分段计息。对贷款逾期或挪用期间不能按期支付的利息按罚息利率，按季(贷款也可按月)计收复利。如同一笔贷款既逾期又挤占挪用，应择其重，不能并处。

(二) 贷款利息的计算方法

贷款利息计算按结息期不同，分为定期结息与利随本清，在实际工作中一般采用定期结息方式。

1. 定期结息的计息方法。

定期结息是指银行在每月或每季度末月20日营业终了时，根据贷款科目余额表计算累计贷款积数，登记贷款计息积数表，按规定的利率计算利。定期结息的计息天数按日历天数，有一天算一天，全年按365天或366天计算。算头不算尾，即从贷出的那一天算起，至还款的前一天止。

2. 利随本清的计息方法。

利随本清是银行按借款合同约定的期限，于贷款归还时收取利息的一种计息方法。利随本清计息方法对于贷款天数的计算，采用对年按360天，对月按30天，不满月的零头天数按实际天数计算，算头不算尾。其利息计算公式为:

利息 = 本金 × 期限 × 利率

【例7-1】 某商业银行于20×3年4月8日向国美电子商场发放贷款一笔，金额30万元，期限6个月，月利率4.35‰。假设该笔贷款于同年10月28日归还，采用利随本清的计息方法，计算银行的应收利息。

至期年息 = 300 000 × 6 × 4.35‰ = 7 830 (元)

逾期利息 = 300 000 × 20 × 2.1‰ = 1 260.00（元）

应收利息合计为 9 090 元。

银行收回贷款时，应根据计算的利息，编制贷款利息通知单或特种转账借、贷方传票，从借款单位账户收取利息。

3. 逾期贷款的计息方法。

贷款发生逾期，逾期部分应先按合同约定的利率和期限计收到期贷款利息，逾期金额应自转入逾期贷款账户之日起，将利率改按规定的比例计收罚息。

【例 7－2】 某银行于 2012 年 3 月 5 日向虹美百货发放贷款一笔，金额 260 000 元，期限 3 个月，月利率 4.35‰。该笔贷款于同年 7 月 13 日归还，其利息计算为：

到期利息 = 260 000 × 3 × 4.35‰ = 3 393.00（元）

逾期利息 = 260 000 × 38 × 2.1‰ = 2 074.80（元）

应收利息合计为 5 467.80 元。

二、贷款利息的确认与计量

按权责发生制原则，银行按季计算贷款的应收利息，贷款利息当期实际收到时计入当期损益；贷款利息自结息日起，逾期 90 天（含 90 天）以内的应收未收利息，应继续计入当期损益；逾期 90 天（不含 90 天）以后，应专设表外科目核算，实际收回时再计入损益。

（一）正常及逾期 90 天以内贷款利息的核算

1. 按照规定程序计结当期利息，并于当期收到利息时：

借：吸收存款——××户　　×××

　　贷：利息收入——××利息收入户　　×××

2. 按照规定程序计结当期利息，当期未收到利息时：

借：应收利息　　×××

　　贷：利息收入　　×××

以后时间收到时：

借：吸收存款——××户　　×××

　　贷：应收利息　　×××

（二）逾期 90 天以上应收未收利息的核算

当贷款的本金或利息逾期 90 天时，应转入“非应计贷款”账户单独核算，以便于通过分类明细账考查商业银行信贷资产的具体质量态势。

当应计贷款转入非应计贷款时，应将已入账的利息收入和应收利息予以冲销。从应计贷款转入非应计贷款后，在收到该笔贷款的还款时，应首先冲减本金，本金收回后的部分则确认为当期的利息收入。逾期 90 天以上应收未收利息应专设表外科目核算。

当应收贷款转为非应收贷款时，编制会计分录如下：

借：贷款——非应计贷款——××借款户　　　　×××

　　贷：贷款——应计贷款——××借款户　　　　×××

最后收回贷款本金与利息时，编制会计分录如下：

借：吸收存款　　　　×××

　　贷：贷款——非应计贷款——××借款户　　　　×××

　　　　应收利息——××利息收入户×××　　　　×××

　　　　利息收入（按其差额）　　　　×××

三、银行贷款的后续计量

根据 CAS 第 22 号金融工具确认和计量准则第三十二条规定，商业银行应当对持有至到期投资以及贷款和应收款项两项金融资产，应当采用实际利率法，按摊余成本计量。

只有当客观证据表明该金融资产的实际利率与名义利率相差很小时，商业银行才可以采用名义利率摊余成本进行后续计量。

（一）摊余成本法与实际利率法

商业银行发放的贷款的摊余成本，是指该金融资产的初始确认金额，减去已偿还的本金，加上采用实际利率法将该初始确认金额与到期日之间的差额进行摊销形成的累计摊销额，扣除已发生的减值损失。

（二）银行贷款的后续计量

【例 7 - 3】 某商业银行 20×2 年 1 月 1 日向新天地发展有限公司发放 5 年期 50 000 000 元贷款。合同利率为 10%，初始确认该贷款时确定的实际利率为 10.53%。贷款每年收取利息 500 万元。

根据实际利率与摊余成本法来进行贷款资产后续计量，可整理归纳列表如表 7 - 1 所示。

表 7-1　　实际利率与摊余成本法下资金流程态势表　　（单位：万元）

年度	期初摊余成本	实际利息 10.53%	现金流入	期初摊余成本
20×2	5 000	526.50	500	5 026.50
20×3	5 026.50	555.79	500	5 055.79
20×4	5 055.79	588.16	500	5 088.16
20×5	5 088.16	623.94	500	5 123.94
20×6	5 123.94	663.50	500	5 163.50

根据数学知识与现金流量规律来计算实际利率：

$500\times(1+r)^{-1}+500\times(1+r)^{-2}+59\times(1+r)^{-3}+500\times(1+r)^{-4}+(59+5\ 000)\times(1+r)^{-5}=5\ 000$

查表或用内插法计算求得 r = 10.53%

根据上表所示情况与数据，以下分别年度进行处理：

20×2 年 1 月 1 日，发放 5 年期中长期贷款 50 000 000 元，为期初摊余成本，编制会计分录如下：

借：贷款　　50 000 000

　　贷：吸收存款——活期存款××存款户　　50 000 000

第一年年终，按照实际成本法计算年终时摊余成本：

本金(50 000 000) + 实际利息(50 000 000 × 10.53%) - 合同利息(5 000 000) = 摊余成本 (50 265 000)，以下同理。

因此，20×2 年年末该贷款的摊余成本为 50 265 000 元，编制当年利息的会计分录为：

借：应收利息　　5 000 000

　　贷款——利息调整　　265 000

　　贷：利息收入　　5 265 000

20×3 年初，该贷款的摊余成本：50 265 000 元，计算其年终该贷款的摊余成本：

50 265 000 × (1 + 10.53%) - 5 000 000 = 50 557 900

因此，20×3 年年终该贷款的摊余成本为 50 557 900，编制当年利息的会计分录为：

借：应收利息　　5 000 000

　　贷款——利息调整　　557 900

　　贷：利息收入　　5 557 900

20×4 年初，该贷款的摊余成本为 50 557 9 000 元，计算其年终该贷款的摊余成本：

50 557 9 000×(1+10.53%)-5 000 000=50 881 700

因此，20×4 年年终该贷款的推余成本为 50 881 700 元，编制当年利息的会计分录为：

借：应收利息　　5 000 000

　　贷款——利息调整　　881 700

　　贷：利息收入　　5 881 700

20×5 年初，初该贷款的摊余成本：50 881 700 元，计算其年终该贷款的摊余成本：

50 881 700×(1+10.53%)-5 000 000=51 239 500 元

因此，20×5 年年终该贷款的摊余成本为 51 239 500 元，编制当年利息的会计分录为：

借：应收利息　　5 000 000

　　贷款——利息调整　　1 239 400

　　贷：利息收入　　6 239 400

20×6 年初，该贷款的摊余成本为 51 239 500 元，计算其年终该贷款的摊余成本：

51 239 500×(1+10.53%)-500=51 635 000 元，编制当年利息的会计分录为：

借：应收利息　　5 000 000

　　贷款——利息调整　　1 635 000

　　贷：利息收入　　6 635 000

20×6 年年终该贷款的摊余成本为 51 635 000 元。

如果果借款人能够按照规定期限、如数归还，则编制会计分录如下：

借：吸引存款——活期存款　　51 635 000

　　贷：贷款——本金　　50 000 000

　　　　贷款——利息调整　　1 63 5 000

如果第五年 12 月 31 日前有客观证据表明新天地发展有限公司发生严重财务困难，银行认定该贷款发生了减值 10 000 000 元，账务处理为：

借：贷款损失准备　　1 000 000

贷：贷款——本金　　1 000 000

第五年末收回贷款的摊余成本 4 166.35 万元。(51 635 000 - 10 000 000 = 41 663 500)

借：吸引存款——活期存款　　41 663 500
　贷：贷款——本金　　40 000 000
　　贷款——利息调整　　1 663 500

第四节　商业银行贷款损失准备核算

任何一家企业，包括商业银行，都应当在资产负债表日对金融资产和信贷承诺等，以预期信用损失为基础确认减值损失，计提减值准备。商业银行应当考虑金融资产和信贷承诺等的未来预期信用损失情况，及时、足额地计提减值准备，更加有效地反映和防控金融工具的信用风险。新准则将金融工具减值指定为"预期信用损失法"，这与过去根据实际已发生减值损失确认减值准备的思路根本不同。在预期信用损失法下，减值准备的计提不以减值的实际发生为前提，而是以未来可能的违约事件造成的损失的期望值来计量当前（资产负债表日）应当确认的减值准备。

一、预期信用损失的计量

预期信用损失，是指以发生违约的风险为权重计算的金融工具信用损失的加权平均值。违约风险就是发生违约的概率，而信用损失则是指根据合同应收的现金流量与预期能收到的现金流量之间的差额（以下称现金流缺口）的现值。根据现值的定义，即使企业能够全额收回合同约定的金额，但如果收款时间晚于合同规定的时间，也会产生信用损失。

按照本准则相关规定，可以将金融工具发生信用减值的过程分为三个阶段，对于不同阶段的金融工具的减值有不同的会计处理方法：

第一阶段，信用风险自初始确认后未显著增加，应当按照未来 12 个月的预期信用损失计量损失准备，并按其账面余额（即未扣除减值准备）和实际利率计算利息收入（若该工具为金融资产，下同）；第二阶段，信用风险自初始确认后已显著增加但尚未发生信用减值，应当按照该工具整个存续期的预期信用损失计量损失准备，并按其账面余额和实际利率计算利息收入；第三阶段，初始确认后发生信用减值，应当按照该工具整个存续期的预期信用损失计量损失准备，但对利息收入的计算不同于处于前两阶段的金融资产。对于已发生信用减值的金融资产，企业应当按其摊余成本（账面余额减已计提减值准备，也即账面价值）和实际利率计算利息收入。

《企业会计准则第22号——金融工具确认和计量》规定，预期信用损失是以违约概率为权重的、金融工具现金流缺口（即合同现金流量与预期收到的现金流量之间的差额）的现值的加权平均值。这一定义说明了预期信用损失的基本计算方法。

关于计量基础，不同金融工具的预期信用损失有着不同的计算基础：其中，对于金融资产，信用损失应为下列两者差额的现值：其一，依照合同应收取的合同现金流量，其二，预期能收到的现金流量。在不违反本准则第五十八条规定（金融工具预期信用损失计量方法应反映的要素）的前提下，企业可在计量预期信用损失时运用简便方法。例如，对于应收账款的预期信用损失。企业可参照历史信用损失经验，编制应收账款逾期天数与固定准备率对照表，例如，若未逾期为1%；若逾期不到30日为2%；若逾期天数为30～90（不含）日，为3%；若逾期天数为90～180（不含）日，为20%等，以此为基础计算预期信用损失。如果确有历史经验表明不同细分客户群体发生损失的情况存在显著差异，那么企业应当对客户群体进行恰当的分组，在分组基础上运用上述简便方法。企业可用于对资产进行分组的标准可能包括：地理区域、产品类型、客户评级、担保物以及客户类型（如批发和零售客户）。

关于折现率选择，商业银行应当采用相关金融工具初始确认时确定的实际利率或其近似值，将现金流缺口折现为资产负债表日的现值，而不是预计违约日或其他日期的现值。如果金融工具具有浮动利率，那么企业应当采用根据2017版指南“关于金融工具的计量”所确定的当前实际利率（即最近一次利率重设后的实际利率）对现金流缺口进行折现。对于购买或源生已发生信用减值的金融资产，企业应当采用在初始确认时确定的经信用调整的实际利率（即购买或源生时将减值后的预计未来现金流量折现为摊余成本的利率）。

关于预期信用损失的概率加权属性，是指企业对预期信用损失的估计，采用概率加权的结果，应当始终反映发生信用损失的可能性以及不发生信用损失的可能性（即便最可能发生的结果是不存在任何信用损失），而不是仅对最坏或最好的情形做出估计。实务中，这一要求可能并不需要企业开展复杂的分析。在某些情形下，运用相对简单的模型可能足以满足上述要求，而不需要使用大量具体的情景模拟。例如，一个较大的具有共同风险特征的金融工具组合（如小额贷款）的平均信用损失，可能是概率加权金额的合理估计值。而在其他情形下，企业可能需要识别关于现金流量金额、时间分布以及各种结果估计概率的具体数值。在这种情形下，预期信用损失应当至少反映发生信用损失和不发生信用损失两种可能性（即企业需要估计发生信用损失的概率和金额）。

关于计量中采集和使用的信息，商业银行对金融工具预期信用损失的计量方法应当反映能够以合理成本即可获取的、合理且有依据的、关于过去事项、当前状况以及未来经济状况预测的信息。换言之，企业应当采集上述信息，作为金融工具预期信用损失计量的依据。

关于估计预期信用损失的期间，即金融工具可能发生的现金流缺口所属的期间。最长期限应当为企业面临信用风险的最长合同期限（包括由于续约选择权可能延续的合同期限）。对于贷款承诺和财务担保合同，计量预期信用损失的最长期限应当为企业承担提供信贷或财务担保的现时义务的最长合同期限。

【例 7－4】 富通商业银行发放一笔五年期贷款，按合同面值到期一次偿还本金。合同面值为 1 000 万元，利率 5%，按年付息。本例假定实际利率为 5%。第一个会计期间（简称“第一期”）期末，由于自初始确认后信用风险无显著增加，富通商业银行按 12 个月内预期信用损失确认损失准备，损失准备余额为 20 万元。

在第二期期末，富通商业银行确定该贷款自初始确认后的信用风险已显著增加，因此对该笔贷款确认整个存续期内的预期信用损失，损失准备余额为 30 万元。

在第三期期末，由于借款人出现重大财务困难，富通商业银行修改了该笔贷款的合同条款和现金流量，将该笔贷款的合同期限延长了一年。因此在修改日（第三期期末），该笔贷款的剩余期限为三年。本次修改并未导致富通商业银行终止确认该贷款。

由于进行了上述修改，富通商业银行根据该贷款的初始实际利率 5%，重新计算修改后的合同现金流量的现值作为该金融资产的账面余额，并将重新计算的账面余额与修改前的账面余额之间的差额确认为合同变更利得或损失。在本例中假定，富通商业银行确认了修改损失80万元，账面余额降为920万元。

在考虑修改后的合同现金流量的基础上，富通商业银行评估了是否应继续对该贷款按整个存续期内预期信用损失计量损失准备，并重新计算了损失准备。富通商业银行将当前信用风险（基于修改后的现金流量）与初始确认时的信用风险（基于初始未修改的现金流量）进行比较，认为信用风险已显著增加，因此继续按整个存续期内的预期信用损失计量损失准备。在资产负债表日，该贷款按照整个存续期内的预期信用损失计量的损失准备余额为100万元。

富通商业银行对于上述合同现金流量修改的相关计算见表7－2。

表7－2 富通商业银行信用损失测算表 单位：万元

期间	期初账面余额	减值损失/利得	修改损失/利得	利息收入	现金流量	期末账面余额	损失准备	期末摊余成本
	(A)	(B)	(C)	(D = A × 5%)	(E)	(F = A + C + D − E)	(G)	(H = F − G)
1	1 000	(20)		50	50	1 000	20	980
2	1 000	(10)		50	50	1 000	30	970
3	1 000	(70)	(80)	50	50	920	100	820

注：括号内的金额代表损失。

在后续资产负债表日，富通商业银行按照本准则第五十六条规定，将该贷款初始确认时的信用风险（基于初始未修改的现金流量）与资产负债表日的信用风险（基于修改后的现金流量）进行比较，以评估信用风险是否显著增加。

修改贷款合同再过两个期间之后（第五期），与修改日的预期相比，借款人的实际业绩明显好于其经营计划。而且，借款人所属行业的前景好于此前预测。通过使用以合理成本即可获得的、合理且有依据的信息进行评估，富通商业银行发现该贷款的整体信用风险和在整个存续期内的违约风险率下降，因此富通商业银行在第五期期末调整了借款人的内部信用评级。

考虑到这一进展，富通商业银行对该贷款信用状况进行了重新评估，并确定该贷款的信用风险已经下降，与初始确认时的信用风险相比已无显著增加。因此，富通商业银行重新按 12 个月内预期信用损失计量该贷款的损失准备。

二、金融资产减值与利息收入的计算

（一）未发生信用减值的资产

对于处于信用减值第一和第二阶段的金融资产，以及按照 2017 版 CAS22 号第六十三条规定适用实务简化处理的应收款项、合同资产和租赁应收款，企业应当按照该金融资产的账面余额（即不考虑减值影响）乘以实际利率的金额确定其利息收入。

（二）已发生信用减值的资产

当对金融资产预期未来现金流量具有不利影响的一项或多项事件发生时，该金融资产成为已发生信用减值的金融资产。金融资产已发生信用减值的证据包括下列可观察信息：一是发行方或债务人发生重大财务困难；二是债务人违反合同，如偿付利息或本金违约或逾期等；三是债权人出于与债务人财务困难有关的经济或合同考虑，给予债务人在任何其他情况下都不会做出的让步；四是债务人很可能破产或进行其他财务重组；五是发行方或债务人财务困难导致该金融资产的活跃市场消失；六是以大幅折扣购买或源生一项金融资产，该折扣反映了发生信用损失的事实。显而易见，金融资产发生信用减值，有可能是多个事件的共同作用所致，未必是可单独识别的事件所致。

已发生信用减值的金融资产分两种情形：一是对于购买或源生时未发生信用减值、但在后续期间发生信用减值的金融资产，企业应当在发生减值的后续期间，按照该金融资产的摊余成本（即账面余额减已计提减值）乘以实际利率（初始确认时确定的实际利率，不因减值的发生而变化）的金额确定其利息收入；二是对于购买或源生时已发生信用减值的金融资产，企业应当自初始确认起，按照该金融资产的摊余成本乘以经信用调整的实际利率（即购买或源生时将减值后的预计未来现金流量折现为摊余成本的利率）的金额确定其利息收入。

三、金融工具减值的账务处理

（一）减值准备的计提和转回

企业应当在资产负债表日计算金融工具（或金融工具组合）预期信用损

失。如果该预期信用损失大于该工具（或组合）当前减值准备的账面金额，企业应当将其差额确认为减值损失，借记“信用减值损失”科目，根据金融工具的种类，贷记“贷款损失准备”“债权投资减值准备”“坏账准备”“合同资产减值准备”“租赁应收款减值准备”“预计负债”（用于贷款承诺及财务担保合同）或“其他综合收益”（用于以公允价值计量且其变动计入其他综合收益的债权类资产；企业可以设置二级科目“其他综合收益——信用减值准备”核算此类工具的减值准备）等科目（上述贷记科目，以下统称“贷款损失准备”等科目）；如果资产负债表日计算的预期信用损失小于该工具（或组合）当前减值准备的账面金额（例如，从按照整个存续期预期信用损失计量损失准备转为按照未来12个月预期信用损失计量损失准备时，可能出现这一情况），则应当将差额确认为减值利得，做相反的会计分录。

（二）已发生信用损失金融资产的核销

企业实际发生信用损失，认定相关金融资产无法收回，经批准予以核销的，应当根据批准的核销金额，借记“贷款损失准备”等科目，贷记相应的资产科目，如“贷款”“应收债券”“应收账款”“合同资产”“应收融资租赁款”等。若核销金额大于已计提的损失准备，还应按其差额借记“信用减值损失”科目。

【例7－5】富通商业银行对其发放的贷款以摊余成本计量。2×20年12月31日，富通商业银行向浙华公司发放一笔5年期信用贷款。贷款本金5 000万元，年利率4%，每年12月31日付息，2×25年12月31日还本。假设不考虑交易费用，该贷款的实际利率为4%。

2×21年12月31日，按约定向浙华公司收取利息。富通商业银行评估认为该贷款信用风险自初始确认以来未显著增加，并计算其未来12个月预期信用损失为80万元。

2×22年12月31日，按约定向浙华公司收取利息。富通商业银行评估认为该贷款信用风险自初始确认以来已经显著增加，并计算剩余存续期预期信用损失为300万元。

2×23年6月30日，通过相关渠道，获知浙华公司面临重大财务困难，认定该贷款已发生减值。同日，富通商业银行计算剩余存续期预期信用损失为800万元。

2×23年12月31日，未能如期收到浙华公司利息。富通商业银行计算剩余存续期预期信用损失为 1 200 万元。

2×24 年 6 月 30 日，富通商业银行计算剩余存续期预期信用损失为 1 600 万元，并以 3 500 万元价格将该贷款所有风险和报酬转让给信光辉资产管理公司。

根据上述资料，富通商业银行的相关账务处理如下（不考虑税费影响）：

1. 2×20 年 12 月 31 日，发放贷款时的会计分录如下：

借：贷款　　50 000 000

　　贷：吸收存款　　50 000 000

2. 2×21 年 12 月 31 日，如期确认利息收入和收到利息时的会计分录如下：

利息收入 = 账面余额 × 实际利率 = 5 000 × 4% = 200（万元）

借：应收利息　　2 000 000

　　贷：利息收入　　2 000 000

借：吸收存款　　2 000 000

　　贷：应收利息　　2 000 000

计提减值准备：

借：信用减值损失　　800 000

　　贷：贷款损失准备　　800 000

3. 2×22 年 12 月 31 日，如期确认利息收入和收到利息时的会计分录如下：

借：应收利息　　2 000 000

　　贷：利息收入　　2 000 000

借：吸收存款　　2 000 000

　　贷：应收利息　　2 000 000

补提减值准备：

借：信用减值损失　　2 200 000

　　贷：贷款损失准备　　2 200 000

4. 2×23 年 6 月 30 日，确认实际减值前利息收入及其相应的会计分录如下：

利息收入 = 账面余额 × 实际利率 = 50 000 000 × $[(1+4\%)^{0.5}-1]$ = 990 195（元）

借：应收利息　　990 195

　　贷：利息收入　　990 195

补提减值准备：

借：信用减值损失　　5 000 000

　　贷：贷款损失准备　　5 000 000

5. 2×23 年 12 月 31 日，未能收到利息，确认实际减值后利息收入及其相应的会计分录如下：

利息收入 = 摊余成本 × 实际利率 = $(50\ 000\ 000 + 990\ 195 - 8\ 000\ 000) \times [(1 + 4\%)^{0.5} - 1] = 851\ 374$（元）

借：应收利息　　851 374

　　贷：利息收入　　851 374

补提减值准备：

借：信用减值损失　　4 000 000

　　贷：贷款损失准备　　4 000 000

6. 2×24 年 6 月 30 日，确认利息收入：

利息收入 = 摊余成本 × 实际利率

$= (50\ 000\ 000 + 990\ 195 + 851\ 374 - 12\ 000\ 000) \times [(1 + 4\%)^{0.5} - 1]$

$= 789\ 019$（元）

借：应收利息　　789 019

　　贷：利息收入　　789 019

补提减值准备：

借：信用减值损失　　4 000 000

　　贷：贷款损失准备　　4 000 000

实现资产转移，并终止确认贷款时的会计分录如下：

借：存放中央银行款项　　35 000 000

　　贷款损失准备　　16 000 000

　　贷款处置损益　　1 630 588

　　贷：贷款　　50 000 000

　　　　应收利息　　2 630 588

四、抵债资产的确认与计量

商业银行抵债资产是指银行依法行使债权或担保物权而受偿于债务人、

担保人或第三人的实物资产或财产权利，即按照其与借款人达成的协议或法院的裁决受让的非现金资产，包括由于借款人无力偿还贷款，以原抵押或质押品抵偿而使商业银行拥有处置权的资产，与借款人协商收取的抵偿贷款本息的资产以及破产和关闭企业用于抵偿贷款的资产。抵债资产不仅包括建筑物等不动产、车辆等动产以及其他有形资产，也包括应收账款、股权、其他财产权利等无形资产。抵债是指银行的债权到期，但债务人无法用货币资金偿还债务，或债权虽未到期，但债务人已出现严重经营问题或其他足以严重影响债务人按时足额用货币资金偿还债务，或当债务人完全丧失清偿能力时，担保人也无力以货币资金代为偿还债务，经银行与债务人、担保人或第三人协商同意，或经人民法院、仲裁机构依法裁决，债务人、担保人或第三人以实物资产或财产权利作价抵偿银行债权的行为。因此可以抵债的资产必须同时具备三个条件：借款人或担保人以及相关第三人有权处分，权属明确；法律允许转让且转让成本较低；便于保管和处置，容易变现。唯有这样，才能保证银行对抵债资产拥有完整物权，保证日后处置的合法性，避免和减少资产损失。

抵债资产的会计核算是银行会计处理中的一个难点，它相比一般贷款核算更复杂，因为抵债资产的确认与计量并不同步，通常抵债资产的收取与处置变现有时间差，抵债金额与变现金额经常出现偏离，这与货币资产的处理差异很大。

（一）抵债资产的会计科目设置

为准确核算银行抵债资产业务，一般需要设置“抵债资产”科目。

“抵债资产”科目专门核算金融企业依法取得并准备按有关规定进行处置的实物抵债资产的成本。金融企业依法取得并准备按有关规定进行处置的非实物抵债资产（不含股权投资），也通过本科目核算。本科目可按抵债资产类别及借款人进行明细核算。抵债资产发生减值的，可以单独设置“抵债资产跌价准备”科目，比照“存货跌价准备”科目进行处理。

商业银行企业取得的抵债资产，按抵债资产的公允价值，借记本科目，按相关资产已计提的减值准备，借记“贷款损失准备”“坏账准备”等科目，按相关资产的账面余额，贷记“贷款”“应收手续费及佣金”等科目，按应支付的相关税费，贷记“应交税费”科目，按其差额，借记“营业外支出”科目。如为贷方差额，应贷记“资产减值损失”科目。抵债资产保管期间取得的收入，借记“库存现金”“银行存款”“存放中央银行款项”等科目，贷记“其他业务收入”等科目。保管期间发生的直接费用，借记“其他业务成本”等科目，贷记“库存现金”“银行存款”“存放中央银行款项”等科目。处置抵债资产时，应按实际收到的金额，借记“库存现金”“银行存款”“存放中央银行款项”等科目，按应支付的相关税费，贷记“应交税费”科目，按其账面余额，贷记本科目，按其差额，贷记“营业外收入”科目或借记“营业外支出”科目。已计提抵债资产跌价准备的，还应同时结转跌价准备。取得抵债资产后转为自用的，应在相关手续办妥时，按转换日抵债资产的账面余额，借记“固定资产”等科目，贷记本科目。已计提抵债资产跌价准备的，还应同时结转跌价准备。

本科目期末借方余额，反映企业取得的尚未处置的实物抵债资产的成本。

（二）抵债资产的会计处理

【例7-6】某项贷款余额为160万元，经法院裁决，借款人以一套房产清偿该笔贷款，该房产的公允价值为140万元。支付有关费用0.8万元和相关税金2.3万元。该项贷款已经计提损失准备5万元、坏账准备0.8万元，应收手续费及佣金为5万元。

（1）接手抵债资产时，以公允价值核算所接手的资产，对转账处理原相关贷款及其准备、应收款项及其准备。

借：抵债资产——房产	1 400 000	
贷款损失准备	50 000	
坏账准备	8 000	
营业外支出	223 000	
贷：贷款		1 600 000
应收手续费及佣金		50 000
应交税费		31 000

（2）将上述房间对外出租，取得租金收入30 000元。

借：库存现金	30 000	
贷：其他业务收入		30 000

（3）该房屋因年久失修，经过研究，需要进行维修，由专业房产维修公司包干维修，费用计25 000元，支票付清。

借：其他业务支出	25 000	
贷：银行存款		25 000

（4）根据市场行情，将上述房产变卖处理，一次性获得现金回收 155 万元，并交纳相关税费 10 000 元。

借：库存现金　　1 500 000

　　贷：抵债资产——房产　　1 400 000

　　　　应交税费　　10 000

　　　　营业外收入　　90 000

第八章 商业银行结算业务核算

本章精要

商业银行支付结算是商业银行自身拓展业务领域的重要平台，也是连结所有结算单位，实现国民经济“大家园”中各个单位之间各种经济结算事项顺利清结了断的唯一渠道。

本章需要关注四个环节的内容。首先，掌握事关银行结算的基本规则，由于银行结算附加了银行作为国家法定结算媒介的特殊资信，为了防范滥用银行信用、提高结算效率，必须严格执行结算纪律，包括客户与银行两个方面；其次，掌握《票据法》框架下各类票据结算业务的会计处理。由于票据本身就是一种价值的集中体现，需要严格遵循各种结算工具与方式的专门规定办理；认知票据结算业务的会计处理，包括支票、银行本票、银行汇票、商业汇票，这是本章的难点与重点所在；其三，掌握央行《支付结算办法》规定下的其他结算业务，尤其是许多单位经常使用的汇兑、委托收款、异地托收承付等三种方式，其传递程序、管制要点，都直接影响到商业银行会计的正常处理，因此需要掌握其相关的凭证传递流程、银行审核要点、收款与付款银行的会计处理等；此外，基于金融结算方式的电子技术发展步伐，银行卡已经流行于市，在这一新技术支撑下，如何认知银行卡的使用与管理规定，做好相应的会计处理也是一个课题。

总之，商业银行支付结算就是围绕着“三票一卡四方式”①的结算体系来逐步推进。

① 基于篇幅所限，国内信用证业务运行不再详细介绍，有兴趣的读者可参阅相关资料。

第一节 商业银行支付业务概述

支付结算是指单位、个人在社会经济活动中通过法定的专门票据、银行卡和汇兑、托收承付、委托收款等结算方式进行货币给付及其资金清算的行为。随着市场经济的发展，经济主体之间因为商品交易、非商品交易或其他经济事项需要通过货币结算来清偿彼此之间经济债务的情况是经常的、大量的。中国人民银行《支付结算办法》第六条明确规定："银行是支付结算和资金清算的中介机构。未经中国人民银行批准的非银行金融机构和其他单位不得作为中介机构经营支付结算业务。"因此，商业银行运用信用功能和遍布城乡的机构网络及其业务技术设施，自然担当着结算活动和资金清算的法定中介。这也是商业银行有别于其他金融企业的重要使命之一。在支付结算活动中，包括保险业、证券业、基金业、期货业、信托业、租赁业和财务公司在内的金融企业，与其他任何单位和个人一样，都必须通过商业银行的中介渠道来实现对外资金结算目的。

赋予商业银行的法定结算中介，实施统一的支付结算，其作用主要表现在：一是可以减少社会上、市场上大量现金的不必要流通，既可以减少中央银行的货币发行，又可以最大限度地方便结算双方，使结算更加方便、安全和快捷；二是通过国家监管的商业银行结算职能的有效释放，有利于发挥银行的监督职能，加快企业资金周转，提高资金使用效率，促进商品流通和经济发展；三是还能够积少成多，有利于集中闲置资金，稳定和扩大信贷资金来源。在银行开立账户的单位和个人通过银行办理支付结算，实际是资金在不同账户间转换，自然就生成了银行层面的经常性结算进程中的在途资金，这种社会资金的浮游量，在事实上又能成为银行信贷资金的一个稳定来源。

一、支付结算的基本原则

通过银行进行收款单位与付款单位双方之间的结算，必须是建立在一定的规矩之下的行为。因此，单纯从结算事项来说，收付双方与商业银行等相关各方都务必遵守以下基本原则：

（1）恪守信用，履约付款。这一原则要求参与支付结算的各方当事人都必须诚实守信，按照预先规定的各自权利，严格履行各自的职责义务。具体来说，收款人应按照协议提供商品，付款人应按照约定的付款金额和付款日期进行付款。交易双方开户银行应快捷、准确、安全地进行资金清算。

（2）物权在上，归谁给谁。也就是说，严格依照法规办事，谁的钱进谁的账，由谁支配，并按其委托将款项支付给有关收款人。这一原则要求银行在办理支付结算时，要保证存款人对存款的所有权和使用权，由其自主支配，并为其保密。除国家法律、行政法规等有关规定外，不准任何单位或个人查询、冻结、扣收其款项。

（3）银行中介，不能垫款。这一原则表明银行是支付结算的中介人，只负责把款项从付款人账户划转到收款入账户。当付款人存款不够支付时，银行即终止划款。不能将银行的资金与客户的资金混为一谈。

二、支付结算的管理规定

支付结算纪律是维护结算秩序，正确处理银行和客户结算关系，全面贯彻前述三个结算原则的重要保证。支付结算纪律分别对客户、银行规定了适用于其业务范围相匹配的纪律：

（一）客户应遵守的结算纪律

办理支付结算的单位和个人必须重合同、守信用，严格执行以下结算纪律：

（1）不准签发没有资金保证的票据，从而套取银行信用；

（2）不准签发、取得和转让无真实商品交易和债权债务的票据，从而套取银行和他人资金；

（3）不准无理拒绝付款，从而任意占用他人资金；

（4）不准违反规定开立和使用账户，从而假借银行资信骗取客户信任。

（二）银行应遵守的结算纪律

作为商业银行，必须履行“清算中介”的职责，严格遵守各项结算纪律，这些结算纪律可以归纳为“十不准”，即：

（1）不准以任何理由压票、任意退票、截留挪用客户和他行资金；

（2）不准无理拒绝支付应由银行支付的票据款项；

（3）不准无理拒付、不扣或少扣滞纳金；

（4）不准违章签发、承兑、贴现票据；

(5) 不准签发空头银行汇票、银行本票和办理空头汇款；

(6) 不准在支付结算制度之外规定附加条件，影响汇路畅通；

(7) 不准违反规定为单位和个人开立账户；

(8) 不准拒绝受理、代理他行正常结算业务；

(9) 不准放弃对企事业单位和个人违反结算纪律的制裁；

(10) 不准逃避向人民银行转汇大额汇划款项。

三、支付结算的基本工具

支付结算工具越来越多，从目前的情况看，主要分类方法有如下几种：

(一) 按支付结算业务实现形式分类

按支付结算实现的方式不同，支付结算分为现金结算和转账结算两类。现金结算是指结算双方直接用现金办理支付；转账结算是指结算双方不使用现金，而通过收付单位各自的开户银行，将款项从付款单位账户转移到收款单位账户的收付行为。根据我国现行相关规定，现金结算仅被限制在某些小额结算范围内使用，本章所讲述的结算业务仅指转账结算。

(二) 按所使用的支付结算工具分类

按所使用的支付结算工具不同，支付结算业务可分为银行汇票、银行本票、商业汇票、支票、委托收款、托收承付、汇兑、信用卡等方式。其中，支票、银行本票为同城结算方式，汇兑、托收承付和银行汇票为异地结算方式，商业汇票、委托收款、信用卡是同城和异地均可采用的结算方式。

(三) 按所依据的相关法规分类

现行的支付结算是《中华人民共和国票据法》《票据管理实施办法》，以及《支付结算办法》为法律法规依据的，依据这些法律法规的相关规定，1995 年生效的《中华人民共和国票据法》规定的结算工具主要包括指银行汇票、商业汇票、银行本票和支票，而 1997 年中国人民银行《支付结算办法》规定的结算方式是指汇兑、委托收款和托收承付方式，此外，支付结算工具还包括银行信用卡。

四、支付结算的科目设置

为适应商业银行结算活动中会计确认、计量和报告的需要，应该设置“清算资金往来”“手续费及佣金收入”和“手续费及佣金支出”三个会计科目。

1. “清算资金往来”科目。

“清算资金往来”科目属于共同类科目，主要核算商业银行之间业务往来的资金清算款项。本科目可按资金往来单位，分别“同城票据清算”“信用卡清算”等进行明细核算。

商业银行在同城票据清算业务处理上，当提出借方凭证，借记本科目，贷记“其他应付款”科目。发生退票，借记“其他应付款”科目，贷记本科目。已过退票时间未发生退票，借记“其他应付款”科目，贷记“吸收存款”等科目。当提出贷方凭证，借记“吸收存款”等科目，贷记本科目；发生退票做相反的会计分录。当提入借方凭证，提入凭证正确无误的，借记“吸收存款”等科目，贷记本科目。因误提他行凭证等原因不能入账的，借记“其他应收款”科目，贷记本科目。再提出时，借记本科目，贷记“其他应收款”科目。当提入贷方凭证，提入凭证正确无误的，借记本科目，贷记“吸收存款”等科目。因误提他行票据等原因不能入账的，借记本科目，贷记“其他应付款”科目。退票或再提出时，借记“其他应付款”科目，贷记本科目。将提出凭证和提入凭证计算轧差后为应收差额的，借记“存放中央银行款项”等科目，贷记本科目；如为应付差额做相反的会计分录。在发生其他清算业务，收到的清算资金，借记“存放中央银行款项”等科目，贷记本科目；划付清算资金时做相反的会计分录。

本科目期末借方余额，反映企业应收的清算资金；本科目期末贷方余额，反映企业应付的清算资金。

2. “手续费及佣金收入”科目。

“手续费及佣金收入”科目属于损益类科目，核算包括商业银行在内的各类金融企业确认的手续费及佣金收入，包括办理结算业务、咨询业务、担保业务、代保管等代理业务以及办理受托贷款及投资业务等取得的手续费及佣金，如结算手续费收入、佣金收入、业务代办手续费收入、基金托管收入、咨询服务收入、担保收入、受托贷款手续费收入、代保管收入，代理买卖证券、代理承销证券、代理兑付证券、代理保管证券、代理保险业务等代理业务以及其他相关服务实现的手续费及佣金收入等。本科目可按手续费及佣金收入类别进行明细核算。

金融企业确认的手续费及佣金收入，按应收的金额，借记“应收手续费及佣金”“代理承销证券款”等科目，贷记本科目。实际收到手续费及佣金，借记“存放中央银行款项”“银行存款”“结算备付金”“吸收存款”等科目，贷记“应收手续费及佣金”等科目。

期末，应将本科目余额转入“本年利润”科目，结转后本科目无余额。

3. “手续费及佣金支出”科目。

“手续费及佣金支出”科目属于损益类科目，核算包括商业银行在内的金融企业发生的与其经营活动相关的各项手续费、佣金等支出。本科目可按支出类别进行明细核算。

金融企业发生的与其经营活动相关的手续费、佣金等支出，借记本科目，贷记“银行存款”“存放中央银行款项”“存放同业”“库存现金”“应付手续费及佣金”等科目。

期末，应将本科目余额转入“本年利润”科目，结转后本科目无余额。

第二节　商业银行票据业务核算

现行的支付结算是以票据为主体，即以《中华人民共和国票据法》规定的狭义票据为准的，即包括支票、银行本票、银行汇票和商业汇票在内的四种票据。

一、支票业务的核算

支票是由出票人（在银行开户的存款单位）签发给收款单位办理结算或委托开户银行将款项支付给收款人的票据。支票结算是一种同城结算，支票分为现金支票和转账支票，是同城结算中使用最多的票据。

现金支票用于向银行提取现金，转账支票不能支取现金。现金支票在现金存、取款的核算比较简单，我们主要侧重讲解转账支票的应用。

（一）转账支票结算适用范围和规定

单位、个体经济户和个人在同城票据交换地区的商品交易、劳务供应以及其他款项的结算，均可使用转账支票。使用转账支票结算的主要规定如下：

（1）支票一律记名，即填明收款单位名称或个人姓名。在人民银行批准的地区，转账支票可以背书转让。

（2）支票提示付款期（即有效期）为10天，从签发的当日算起，到期日遇节假日顺延。

(3) 支票的金额、收款人名称，可以由出票人授权补记。未补记前不得背书转让和提示付款。支票金额起点为人民币100元。

(4) 签发单位必须在银行存款账户余额内签发支票，签发支票应使用墨汁或碳素墨水填写，金额大小写、日期和收款人不得更改，其他内容如有更改，必须由签发单位加盖银行印鉴证明。

(5) 对签发空头支票或印章与预留印鉴不符的支票，银行在作退票处理的同时，按票面金额处以5%但不低于1 000元的罚款。对屡次签发的，银行根据情节给予警告、通报批评，直至停止向收款单位签发支票。

(6) 转账支票收妥入账，即先从付款单位账户支付，才能转入收款单位账户。

(7) 已签发的支票遗失，在未支付前可向银行申请挂失，并按《中华人民共和国票据法》的有关规定办理止付手续。

(二) 转账支票结算的核算

1. 同行转账。

同行转账就是收款单位、付款单位在同一银行机构开户的转账业务。在同行转账业务中，付款单位签发转账支票交给收款单位，由收款单位填制进账单，连同支票送交开户银行办理结算，或者由付款单位代收款单位填进账单，连同签开的转账支票送交银行办理结算。

(1) 银行受理持票人送交支票的处理。

银行接到收款单位、付款单位都在本行开户的转账支票和两联进账单时，应全面审查相关内容，即：支票是否是统一印制的凭证，支票是否真实，提示付款期是否超过；支票填明的持票人是否在本行开户，持票人的名称是否为该持票人，与进账单上的名称是否一致；出票入账户是否有足够支付的款项；出票人的签章是否符合规定，与预留银行的签章是否相符，使用支付密码的，其密码是否正确；支票的大小写金额是否一致，与进账单的金额是否相符；支票必须记载的事项是否齐全，出票金额、出票日期、收款人名称是否更改，其他记载事项的更改是否由原记载人签章证明；背书转让的支票是否按规定的范围转让，其背书是否连续，签章是否符合规定，背书使用粘单的是否按规定在粘接处签章；持票人是否在支票的背面作委托收款背书。经审查无误，即可办理转账手续，以转账支票代转账借方传票从付款单位账户划出资金，并以进账单第二联代转账贷方传票转入收款单位账户。会计分录为：

借：吸收存款——付款单位（出票人户） ×××

贷：吸收存款——收款单位（持票人户） ×××

在进行银行账务处理的同时，需要将进账单第一联作回联（收账通知）给收款单位。

（2）银行受理出票人送交支票的处理。

银行接到出票人送来的支票和三联进账单时，应认真审查支票是否真实；提示付款期限是否超过；出票人的签章是否符合规定等内容。审查无误后，支票作借方凭证，第二联进账单作贷方凭证。相应会计分录为：

借：吸收存款——出票人户 ×××

贷：吸收存款——收款人户 ×××

在进账单传递处理上，第一联加盖转讫章作回单交给出票人，第三联加盖转讫章作收账通知交给收款人。

2. 跨行转账。

跨行转账就是收款单位、付款单位不在同一银行机构开户的转账。在跨行转账业务中，也分两种情况处理：

（1）倒打式处理。

即票据由收款单位开户行（即持票人开户行）首先受理的处理业务。对于收款单位开户行来说，持票人开户行接到持票人送交的支票和两联进账单时，应按有关规定认真审查无误后，在进账单第二联上按票据交换场次加盖“收妥后入账”戳记，同时在进账单第一联加盖转讫章交给持票人。商业银行根据支票汇总填制同城票据交换清单，相应会计分录为：

借：清算资金往来 ×××

贷：其他应付款——收款单位 ×××

商业银行将支票按照票据交换规定的时间提出交换，并在常规退票时间过后无异议时，即可为持票人进账。进账单第二联作为贷方凭证。相应会计分录为：

借：其他应付款——收款单位 ×××

贷：吸收存款——持票人户 ×××

如果出票人账户余额不足且当天下场退票的，根据出票人开户行的电话通知作电话记录，待出票人开户行下场退回支票后，将退回的支票退收款人。

隔天退票的，据出票人开户行电话通知作电话记录，隔天接到退回的支票时，填制转账借方凭证一联。退票时所做的会计分录为：

借：其他应付款——收款单位　　×××
　　贷：清算资金往来　　×××

在收款单位开户行，出票人开户行收到经票据交换提入的支票后，按有关规定认真审查，出票人账户有足额款项支付时，以支票作借方凭证。相应会计分录为：

借：吸收存款——出票人户　　×××
　　贷：清算资金往来　　×××

如出票人账户余额不足时，当天下场票据交换的当即通知持票人开户行，并于下场交换时退回支票。如出票人账面余额不足且隔天退票的，在通知持票人开户行后，填制一联转账借方凭证。相应会计分录为：

借：其他应收款　　×××
　　贷：清算资金往来　　×××

隔天退票时，支票退持票人开户行，并填制一联转账贷方凭证。相应会计分录为：

借：清算资金往来　　×××
　　贷：其他应收款　　×××

（2）顺打式处理。

即票据由付款单位开户行（即出票人开户行）首先受理的处理业务。对于付款单位开户行来说，出票人开户行接到出票人送交的支票和三联式进账单时，按照持票人、出票人在同一银行开户时银行受理出票人送交支票的规定审查无误后，以支票作借方凭证。相应会计分录为：

借：吸收存款——出票人户　　×××
　　贷：清算资金往来　　×××

进账单第一联加盖转讫章作回单交给出票人，进账单第二联加盖业务公章，连同进账单第三联按票据交换的规定及时提交持票人开户行。

出票人开户行收到交换提入的进账单第二联、第三联，经审查无误，进账单第二联加盖转讫章作贷方凭证。相应会计分录为：

借：清算资金往来　　×××
　　贷：吸收存款——持票人户　　×××

进账单第三联加盖转讫章作收账通知交给持票人。

（3）支票挂失的处理。

支票丢失，失票人到付款行请示挂失时，应提交第一、第二联挂失止付通知书后，按规定审查无误确未付款的，第一联挂失止付通知书加盖业务公章作为受理回单交给失票人，第二联附于登记支票挂失登记簿后专夹保管，并在出票人账户首页明显处用红字注明“××年×月×日第×号支票挂失止付”字样，凭此字据止付。

二、银行本票的核算

银行本票是由银行签发的，承诺其在见票时无条件支付确定金额给收款人或持票人的票据。单位和个人在同一票据交换区域需要支付的各种款项，均可使用银行本票。

银行本票分为不定额本票和定额本票两种。不定额银行本票由各商业银行签发和兑付。定额银行本票票面有 1 000 元、5 000 元、1 万元和 5 万元 4 种。

（一）银行本票的基本规定

（1）银行本票的出票人，为经当地人民银行批准办理银行本票业务的银行机构。

（2）银行本票可以用于转账，注明“现金”字样的银行本票，可以用于支取现金。申请人或收款人均为个人的，银行可以为其签发现金银行本票；申请人或收款人为单位的，只能为其签发转账银行本票。

（3）银行本票的提示付款期限自出票日起最长不得超过 2 个月，持票人超过提示付款期限提示付款的，代理付款人不予受理。

（4）银行本票仅限于在其票据交换区域内背书转让，但用于支取现金的银行本票不得背书转让。填明“现金”字样的银行本票丧失，可以由失票人通知付款人挂失止付；但用于转账的银行本票丧失，不得挂失止付。

（二）银行本票的核算

1. 银行本票的签发。

申请人需要使用银行本票时，应向银行填写一式三联“银行本票申请书”，第一联为存根，第二联为借方传票，第三联为贷方传票。交现金办理本票的，第二联注销。

银行受理申请人提交的第二、三联申请书时，应按有关规定认真审查无误后，转账交付的，以申请书第二联作借方传票，第三联作贷方传票。相应会计分录为：

借：吸收存款——申请人户　　×××

　　贷：清算资金往来　　×××

现金交付的，应注销第二联凭证，以申请书第三联作贷方传票。相应会计分录为：

借：库存现金　　×××

　　贷：清算资金往来　　×××

申请书第一联由申请人留存。

出票行在办理转账或收妥现金后，签发银行本票一式两联，第一联为卡片，第二联为本票。经复核无误后，在银行本票第二联加盖银行本票专用章并由授权的经办人签名或盖章，并用总行统一制作的压数机在“人民币大写”栏右端压印小写金额后交给申请人。第一联卡片上加盖经办人、复核员名章后留存，专夹保管。

2. 银行本票付款的处理。

（1）转账银行本票付款。代理付款行接到在本行开立账户的持票人交来的本票和三联进账单时，应认真审查，审查无误后，第二联进账单作贷方传票。相应会计分录为：

借：存放中央银行款项等　　×××

　　贷：吸收存款——持票人户　　×××

第一联进账单作受理回单，第三联进账单加盖转讫章作收账通知交给持票人，本票加盖转讫章，通过票据交换向出票行提出交换。

（2）现金银行本票付款。现金银行本票只能由出票行付款，当出票行接到收款人交来的注明“现金”字样的本票时，抽出专夹保管的本票卡片，经核对相符，确属本行签发，且填写内容正确时，办理付款手续，本票作借方传票，本票卡片作附件。相应会计分录为：

借：存放中央银行款项等　　×××

　　贷：库存现金　　×××

本票上未画去“现金”和“转账”字样的，一律按照转账办理。

3. 银行本票结清的处理。

出票行收到票据交换提入本票时，抽出专夹保管的本票卡片或存根，经核对相符，确属本行出票，本票作借方传票，本票卡片作附件。相应会计分录为：

借：清算资金往来　　　　　　　　　　　　×××

　　贷：存放中央银行款项等　　　　　　　　　×××

如持票人、申请人在同一开户行，则付款和结清同时进行。

4. 银行本票退款和超过提示付款期付款的处理手续。

申请人因本票超过提示付款期限或其他原因要求出票行退款时，应填制一式三联进账单连同本票交给出票行，并按规定提交证明或身份证件。出票行经与原专夹保管的本票卡片或存根核对无误后，即在本票上注明“未用退回”字样，第二联进账单作贷方传票（如系退付现金，作借方传票附件），本票作借方传票，本票卡片作附件。相应会计分录为：

借：清算资金往来　　　　　　　　　　　　×××

　　贷：吸收存款——申请人户　　　　　　　　×××

第一联进账单作回单，第三联进账单加盖转讫章作收账通知交给申请人。

三、银行汇票的核算

银行汇票是出票行签发的，由其在见票时按照实际结算金额无条件支付给收款人或者持票人的票据。银行汇票的适用范围广泛。单位和个人发生各种款项结算时，均可使用银行汇票。因为票随人到，使用灵活，兑现性也较强，所以是目前使用最为广泛的票据结算工具。

（一）银行汇票的基本规定

（1）银行汇票主要适用于单位和个人需要地支付的各种款项。

（2）银行汇票可以用于转账，也可以用于支取现金，但填明“现金”字样的银行汇票只能用于支取现金。

（3）银行汇票的出票和代理付款，全国范围限于中国人民银行和各商业银行参加“全国联行往来”的银行机构办理。

（4）签发转账银行汇票，不得填写代理付款人名称。

（5）转账银行汇票允许背书转让，填写“现金”字样的银行汇票不得背书转让，区域性银行汇票仅限于本区域内背书转让；银行汇票的背书转让以不超过出票金额的实际结算金额为准，未填写实际结算金额或实际结算金额超过出票金额的银行汇票不得背书转让。

（6）银行汇票的提示付款期限自出票日起1个月，银行汇票持票人向银行提示付款时，必须同时提交银行汇票和解讫通知，缺少任何一联，银行不予受理。

（7）申请人因银行汇票超过付款提示期限或其他原因要求退款时，应将银行汇票和解讫通知同时提交到出票银行；申请人缺少解讫通知要求退款的，出票银行应于银行汇票付款期满1个月后办理；持票人超过期限向代理付款银行提示付款不获付款的，须在票据权利时效内向出票银行作出说明，并提供本人身份证件或单位证明，持银行汇票和解讫通知向出票银行请求付款。

（8）银行汇票丧失，失票人可以凭人民法院出具的其享有票据权利的证明，向出票银行请求付款或退款。填明“现金”字样的银行汇票丧失，可以由失票人通知付款人或代理付款人挂失止付。

（二）银行汇票的核算

1. 银行汇票出票的处理手续。

申请人需要使用银行汇票时，应向银行填写银行汇票申请书一式三联，第一联为存根，第二联为借方传票，第三联为贷方传票。交现金办理汇票的，第二联注销。出票行受理申请人提交的第二、三联申请书时，应认真审查其内容是否填写齐全、清晰，其签章是否为预留银行的签章；申请书填明“现金”字样的，申请人和收款人是否均为个人，并交存现金。经审查无误后，才能受理其签发银行汇票的申请。

转账交付的，以第二联申请书作借方传票，第三联作贷方传票。相应会计分录为：

借：吸收存款——申请人户　　　　×××

　　贷：吸收存款——其他存款　　　　×××

现金交付的，以第三联申请书作贷方传票。相应会计分录为：

借：库存现金　　　　×××

　　贷：吸收存款——其他存款　　　　×××

出票行在办好转账或收妥现金后，签发银行汇票。银行汇票一式四联，第一联为卡片，第二联为汇票，第三联为解讫通知，第四联为多余款收账通知。填写的汇票经审核无误后，在第二联上加盖汇票专用章并由授权的经办人签名或盖章，在实际结算金额栏的小写额上端用统一制作的压数机压印出票金额，然后连同第三联一并交给申请人。第一联上加盖经办人、复核员名章，在逐笔登记汇出汇款账并注明汇票号码后，连同第四联一并专夹保管。

在不能签发汇票的银行开户的申请人需要使用汇票时，应将款项转交附近能够签发汇票的银行办理，出票行不得拒绝受理。

2. 银行汇票付款的处理手续。

（1）持票人在代理付款行开户。代理付款行接到在本行开立账户的持票人直接交来的汇票、解讫通知和三联进账单，应认真审查，无误后，汇票作借方传票附件，进账单比照支票或本票核算中进账单的处理进行。相应会计分录为：

借：清算资金往来　　×××

　　贷：吸收存款——持票人户　　×××

解讫通知加盖转讫章随编制的联行借方报单寄给出票行。

（2）持票人未在代理付款行开户。代理付款行接到未在本行开立账户的持票人（为个人）交来汇票和解讫通知及三联进账单时，审查无误并验明持票人身份证件后，以持票人姓名开立应解汇款账户，并在该分户账上填明汇票号码以备查考，第二联进账单作贷方传票，办理转账。相应会计分录为：

借：清算资金往来　　×××

　　贷：吸收存款——持票人户　　×××

（3）转账支付。原持票人需要一次或分次办理转账支付的，应由其填制支款凭证，并向银行交验本人的身份证件。相应会计分录为：

借：吸收存款——原持票人户　　×××

　　贷：清算资金往来　　×××

（4）支取现金。原持票人需要支取现金的，代理付款行经审查汇票上填写的申请人和收款人确为个人并按规定填明“现金”字样，以及填写的代理付款行名称确为本行的，可办理现金支付；未填明“现金”字样，需要支取现金的，由代理付款行按照现金管理规定审查支付，另填制一联现金付出传票。相应会计分录为：

借：吸收存款——原持票人户　　×××

　　贷：库存现金　　×××

（5）持票人需要转汇时，在办理解付后，可以委托兑付银行办理信、电汇结算或重新签发银行汇票。但转汇的银行汇票必须全额解付。

3. 银行汇票结清的处理。

出票行接到代理付款行寄来联行借方报单以及解讫通知时，抽出原专夹保管的汇票卡片，经核对确属本行出票，借方报单与实际结算金额相符，多余金额结计准确无误后，分别做如下处理：

（1）汇票全额付款。银行汇票全额付款，应在汇票卡片的实际结算金额栏填入全部金额，在多余款收账通知的多余金额栏填写“一0一”，汇票卡片作借方传票，解讫通知和多余款收账通知作借方传票的附件。相应会计分录为：

借：吸收存款——其他存款　　×××

　　贷：清算资金往来　　×××

同时销记汇出汇款账。

（2）汇票有多余款，申请人在本行开户的处理。申请人在本行开户，银行汇票有多余款的，应在汇票卡片和多余款收账通知上填写实际结算金额，汇票卡片作借方传票，解讫通知作多余款贷方传票。相应会计分录为：

借：吸收存款——其他存款　　×××

　　贷：清算资金往来——吸收存款——申请人户　　×××

同时销记汇出汇款账，在第四联多余款收账通知多余金额栏填写多余金额，加盖转讫章，通知申请人。

（3）汇票有多余款，申请人未在本行开户的处理。申请人未在本行开立账户，以解讫通知代其他应付款科目贷方传票，将多余金额先转入其他应付款科目。同时销记汇出汇款账，并通知申请人持申请书存根及本人身份证件来行办理领取手续。领取时，以多余款收账通知代借方传票，冲减“其他应付款”科目。

4. 银行汇票退款和挂失。

（1）退款。申请人由于汇票超过付款期限或其他原因要求退款时，应交回汇票和解讫通知，并提交证明或身份证件。出票行经与原专夹保管的汇票卡片核对无误后，即在汇票和解讫通知的实际结算金额大写栏填写“未用退回”字样，汇票卡片作借方凭证，汇票作附件，解讫通知作贷方凭证（如系退付现金，即作为借凭证的附件）办理转账。相应会计分录为：

借：吸收存款——其他存款　　×××

　　贷：吸收存款——申请人户　　×××

同时销记汇出汇款账。在多余款收账通知的多余金额栏填写原出票金额并加盖转讫章，作收账通知交申请人。

(2) 挂失。注明“现金”字样的银行汇票丧失，持票人可到原出票行或者代理付款行申请挂失，不管哪一方银行受理挂失，都要通知对方行。待挂失汇票在付款期届满一个月后，确实未支付时，凭有关证明到出票行办理退款手续。其会计处理与汇票退款业务的处理相同。

四、商业汇票的核算

商业汇票是出票人签发的，委托付款人在指定日期无条件支付确定的金额给收款人或者持票人的票据。

（一）商业汇票的基本规定

(1) 在银行开立存款账户的法人以及其他组织之间，必须具有真实的交易关系或债权债务关系，才能使用商业汇票。出票人不得签发无对价的商业汇票用以骗取银行或者其他票据当事人的资金。

(2) 商业汇票按承兑人不同，分为商业承兑汇票和银行承兑汇票。商业承兑汇票是由付款人或收款人签发并由银行以外的付款人承兑的票据，而银行承兑汇票是由在承兑银行开立账户的存款人签发并由银行承兑的票据。商业汇票的承兑人即为商业汇票的付款人。

(3) 商业汇票可以在出票时向付款人提示承兑后使用，也可以在出票后先使用再向付款人提示承兑。银行承兑汇票在承兑行承兑时，应按票面金额的万分之五向出票人收取承兑手续费。银行承兑汇票到期，出票人未能将票款交其银行时，承兑银行应无条件向持票人全额付款，并向出票人按未付金额每日处以万分之五的罚款。

(4) 符合条件的商业汇票的持票人可持未到期的商业汇票连同贴现凭证同银行申请贴现。贴现银行可持未到期的商业汇票向其他银行转贴现，也可向中国人民银行申请再贴现。

(5) 商业汇票允许背书转让。已承兑的商业汇票丧失，可以由失票人通知付款人挂失止付。

（二）商业承兑汇票的处理

1. 持票人开户银行受理汇票的处理。

使用商业承兑汇票的交易双方按约定签发商业承兑汇票，该汇票一式三联。第一联承兑人留存，第二联由承兑人承兑后交收款人留存，第三联出票人留存。承兑时，承兑人应在第二联注明“承兑”字样，并加盖预留银行印鉴。

持票人在提示付款期内委托开户行收款时，应填制托收凭证五联，并注明“商业承兑汇票”及其汇票号码，连同汇票第二联一并送交开户行。银行经审查无误，在托收凭证各联上加盖“商业承兑汇票”戳记，第一联作为回单交持票人，第二联专夹保管并登记“发出托收结算凭证登记簿”，第三、四、五联连同商业承兑汇票一并转寄付款人开户行，付款人如在同城，则通过票据交换处理。

2. 付款人开户行收到汇票的处理。

付款人开户行接到持票人开户行寄来的委托收款凭证及汇票时，应按有关内容认真审查，付款人确在本行开户，且承兑人在汇票上的签章与预留银行签章相符时，将第五联委托收款凭证交给付款人签收，第三、四联委托收款凭证在登记“收到委托收款凭证登记簿”后专夹保管。

付款人审查无误同意付款的，应当填制付款通知及时通知开户银行。

（1）付款人同意付款。付款人开户行接到付款人的付款通知或在付款人接到开户行的付款通知的次日起 3 日内仍未接到付款人的付款通知的，应按规定的划款日期办理划款，并视付款人存款账户资金足够与否，分别情况作出处理。

付款人的存款账户有足够款项支付的，以托收凭证第三联代借方传票，汇票作附件，办理转账。相应会计分录为：

借：吸收存款——付款人户　　×××

　　贷：清算资金往来　　×××

第四联托收凭证随编制的贷方报单寄给持票人开户行。

付款人的存款账户不足支付的，银行在托收凭证备注栏注明“付款人无款支付”字样，并填制三联付款人未付款项通知书，将第一联通知书和第三联委托收款凭证留存备查，将第二、三联连同第四联托收凭证及汇票寄持票人开户行转交持票人。

（2）付款人拒绝付款。银行在付款人签收日的次日起 3 天内，收到付款人填制的四联拒绝付款理由书，经核对无误后，在托收凭证和“收到托收凭证登记簿”备注栏注明“拒绝付款”字样，然后将第一联拒付理由书加盖业务公章作为回单退还付款人，将第二联拒付理由书连同第三联托收凭证一并留存备查，将第三、四联拒付理由书和第四、五联托收凭证连同汇票一并寄持票人开户行转交持票人。

3. 持票人开户行收到划回款项。

（1）持票人开户行接到付款人开户行寄来的联行报单和第四联托收凭证，应将留存的第二联托收凭证抽出同第四联托收凭证进行核对。经审查无误后，在第二联托收凭证上填注转账日期，作贷方传票办理转账。相应会计分录为：

借：清算资金往来　　×××

　　贷：吸收存款——收款人户　　×××

转账后，将第四联托收凭证加盖转讫章作收账通知交给收款人，并销记“发出托收凭证登记簿”。

（2）如果持票人开户行接到付款人开户行寄来的未付票款通知书或拒绝付款理由书和汇票以及托收凭证，经核对无误，应在原专夹保管的第二联托收凭证和“发出托收凭证登记簿”上作相应记载后，将托收凭证、未付票款通知书或拒绝付款理由书及汇票退给持票人并由其签收。

（三）银行承兑汇票的处理

1. 出票及承兑。

银行承兑汇票的承兑人为银行，银行一经承兑，汇票到期就要负绝对付款责任，其实质就是为出票人企业提供了融资额度，因此承兑时必须经过银行的信贷部门同意。承兑申请人提交三联银行承兑汇票，第一联为卡片，第二联为汇票，第三联为存根。按汇票上记载的付款银行申请承兑时，承兑银行的信贷部门按规定审查同意后，与出票人签署银行承兑协议，共三联，一联留存，另一联及副券和第一、二联汇票一并交会计部门。

会计部门接到汇票和承兑协议，审核无误后，在第一、二联汇票上注明承兑协议编号，并在第二联汇票“承兑人签章”处加盖汇票专用章并由授权的经办人签名或盖章，第一联承兑协议交给出票人，第二联汇票交给出票人并由其转交收款人，同时，按照规定标准（现行按票面金额万分之五）向出票人收取承兑手续。相应会计分录为：

借：吸收存款——承兑申请人户　　×××

　　贷：手续费及佣金收入　　×××

承兑银行根据第一联汇票卡片填制银行承兑汇票表外科目收入传票，登记表外科目登记簿。会计记录为：

收入：银行承兑汇票　　　　×××

同时将第一联汇票卡片和承兑协议副本专夹保管，并经常检查银行承兑汇票的到期情况，以备付款。

2. 持票人开户行受理汇票。

持票人在提示付款期内凭汇票委托开户行向承兑银行收取票款时，应填制托收凭证，并注明“银行承兑汇票”及其汇票号码，连同汇票一并送交开户行。

银行按规定审查后，在托收凭证各联上加盖“银行承兑汇票”戳记，其余处理与受理商业承兑汇票相同。

3. 汇票到期承兑银行收取票款。

（1）出票人足额支付票款的处理。承兑银行对到期的银行承兑汇票，应于到期日（遇法定节假日顺延）向出票人收取票款。填制二联特种转账借方传票，一联特种转账贷方传票。

会计分录为：

借：清算资金往来　　　　×××

　　贷：吸收存款——出票人户　　　　×××

一联特种转账借方传票加盖转讫章后作支款通知交给出票人。

（2）出票人无款或不足支付。出票人账户无款或不足支付时，应将不足支付的金额转入该出票人的逾期贷款（或承兑汇票垫款）户，并按每日万分之五计收罚息。相应会计分录为：

借：贷款——出票人户　　　　×××

　　贷：吸收存款——出票人户　　　　×××

将第一联特种转账借方传票作为支款通知，加盖业务公章交给出票人。

4. 支付承兑银行汇票款项。

承兑银行接到持票人开户行寄来的托收凭证及汇票时，抽出专夹保管的汇票卡片和承兑协议副本进行核对与审查。经审核无误后，于汇票到期日或到期日之后的见票当日，编制联行贷方报单，将款项划出。同城时，可通过票据交换进行处理。相应会计分录为：

借：吸收存款——出票人户　　　　×××

　　贷：清算资金往来　　　　×××

另填制银行承兑汇票表外科目付出传票，销记表外科目登记簿。相应会计记录为：

付出：银行承兑汇票　　　　×××

5. 持票人开户行收到汇票款项。

持票人开户行接到承兑银行寄来的联行报单和托收凭证或拍来的电报，比照商业承兑汇票款项划回的处理。相应会计分录为：

借：清算资金往来　　　　×××

　　贷：吸收存款——持票人户　　　　×××

第三节　商业银行结算业务核算

除上述四种支票、银行本票、银行汇票和商业汇票等四种票据结算业务之外，通常还有汇兑、委托收款、托收承付等结算方式，本节逐一阐述。

一、汇兑业务的核算

汇兑是汇款人委托银行将款项汇给外地收款人的结算方式。单位和个人的各种款项异地结算，均可使用汇兑结算方式。

（一）汇兑的基本规定

（1）汇兑分为信汇、电汇两种，由汇款人选择使用。

（2）汇款人和收款人均为个人，需要在汇入银行直取现金的，应在汇兑凭证的“汇款金额”大写栏，先填写“现金”字样，后填写汇款金额。

（3）收款人为个人且需要到汇入行领取汇款，汇款人应在汇兑凭证上注明“留行待取”字样。

（4）信汇凭收款人签章支取的，应在信汇凭证上预留其签章。

（5）汇款人确定不得转汇的，应在汇兑凭证备注栏注明“不得转汇”字样。

（6）汇款人对汇出银行尚未汇出的款项可以申请撤销，对汇出银行已经汇出的款项，可申请退汇；汇入银行对收款人拒收的汇款或经过两个月无法交付的汇款，应主动办理退汇。

（二）信汇

信汇是汇款人委托银行以邮寄凭证的方式通知汇入行付款的一种结算方式。

1. 汇出行的处理。

汇款人委托银行办理信汇时，应向银行填制一式四联信汇凭证，第一联为回单，第二联为借方传票，第三联为贷方传票，第四联为收账通知或代取款收据。汇出行受理汇款前段时间提交的信汇凭证时，应认真审查无误后，在信汇凭证的第一联盖转讫章退给汇款人。

如果属于转账交付的，信汇凭证的第二联作借方传票。相应会计分录为：

借：吸收存款——汇款人户　　×××

　　贷：清算资金往来　　×××

如果属于现金交付的，则填制一联特种转账贷方传票，信汇凭证第二联作借方传票。相应会计分录为：

借：库存现金　　×××

　　贷：清算资金往来　　×××

转账后，第三联信汇凭证盖联行专用章，与第四联随同联行邮划贷方报单寄汇入行。

2. 汇入行的处理。

汇入行接到汇出行或转汇行寄来的邮划贷方报单以及信汇凭证第三联、第四联，应审查第三联上的联行专用章与联行报单印章是否一致（转汇的由转汇行代审查），无误后按不同要求做如下处理：

（1）直接收账。收款人在汇入行开有存款账户的情况。相应会计分录为：

借：清算资金往来　　×××

　　贷：吸收存款——收款人户　　×××

前三联信汇凭证作贷方传票，第四联信汇凭证加盖转讫章后，作收账通知交给收款人。

（2）不直接收账。收款人未在汇入行开立存款账户，汇款无法直接解付收款人，按照不直接收账处理，以第三联信汇凭证作贷方传票，将汇款先转入“应解汇款”科目。相应会计分为：

借：清算资金往来　　×××

　　贷：吸收存款　　×××

登记应解汇款登记簿，在信汇凭证上编列应解汇款顺序号，信汇凭证第四联留存保管，另以便条通知收款人来行办理取款手续。

收款人持便条来行办理取款时，“留行待取”的向收款人问明情况，抽出信汇凭证第四联，并认真审查收款人的身份证件，审查信汇凭证上是否注明其证件名称、号码及发证机关以及收款人是否在“收款人签章”处签章。如系信汇留交凭签章付款的，收款人签章必须同预留签章相符。需要支取现金的，信汇凭证上有银行按规定填明的“现金”字样，应一次办理现金支付手续；未注明“现金”字样，需要支取现金的，由汇入银行按照现金管理规定审查支付。相应会计分录为：

借：吸收存款　　　　　　　　　　　　　　　　×××

　　贷：库存现金（或有关科目）　　　　　　　　　×××

需要分次支付的，应凭信汇凭证第四联注销“应解汇款登记簿”中的该笔汇款并如数转入应解汇款分户账内（该分户账以收款人姓名作为户名，不通过分录，使用销账式账页）。根据收款人要求办理分次支付手续时，不论转账支付或支付现金，都应当由原收款人填制支款凭证，从“应解汇款”科目支付。待最后结清时，将第四联信汇凭证作付出传票附件。

需要转汇的，应重新填制汇款凭证办理汇款手续，其收款人与汇款用途必须同原汇款的收款人和用途，并在第三联信汇凭证上加盖“转汇”戳记。第三联信汇凭证备注栏注明“不得转汇”的，不予办理转汇。

（三）电汇

电汇是汇款人委托银行以拍发电报或通过网络电子汇款方式通知汇入行付款的一种结算方式。

1. 汇出行。

汇款人委托银行办理电汇时，应按照信汇凭证的填写要求向银行填制电汇凭证一式三联，第一联为回单，第二联为借方传票，第三联为发电依据。汇出行受理电汇凭证审查无误后，第一联加盖转讫章退给汇款人，第二联作借方传票，其分录与信汇相同。第三联作发电依据。电汇凭证上填明“现金”字样的，应在电报的金额前加拍“现金”字样。

2. 汇入行。

汇入行接到汇出行或转汇行发来的电报，经审核无误后，应编制三联电划贷方补充报单，第一联代联行来账卡片，第二联代贷方传票，第三联加盖转讫章作收账通知，交给收款人作借方传票附件，其余各项处理均与信汇相同。

（四）退汇

退汇是指汇出行已经汇出的款项，汇入行未经解付而退给原汇款人的做法。

1. 汇款人要求退汇。

（1）汇出行。汇款人要求退汇时，对收款人在汇入行开立账户且汇款已经入账的，由汇款人与收款人自行联系退汇；对收款人未在汇入行开立账户的，应由汇款人备函或将本人身份证件连同信、电汇回单交汇出行办理退汇。汇出行接到退汇函件或身份证件以及回单，应填制四联“退汇通知书”，在第一联上批注“×月×日申请退汇”，待款项退回后再办理退款手续”字样，交给汇款人，第二、三联寄交汇入行。第四联与函件和回单一起保管。如汇款人要求用电报通知退款时，只需填制两联退汇通知书，具体比照信汇退汇通知书第一、四联手续处理，并凭退汇通知书拍发电报通知汇入行。

（2）汇入行。汇入行接到汇出行寄来的第二、三联退汇通知书或通知退汇的电报，如该笔汇款已转入应解汇款科目，尚未解付的，应向收款人联系索回便条，以第二联退汇通知书代借方传票，第四联汇款凭证作附件。作会计分录如下：

借：吸收存款　　×××

　　贷：清算资金往来　　×××

第三联退汇通知书随同邮划贷方报单寄原汇出行。如电报通知退汇的，应另填一联特种转账借方传票，并填制电划贷方报单，凭以拍发电报。

如该笔汇款业已解付，应在第二、三联退汇通知书或电报上注明解付情况及日期后，将第二联退汇通知书或电报留存，第三联退汇通知书拍发电报，通知汇出行。

（3）汇出行接到汇入行寄来的邮划贷方报单及第二联退汇通知书或退汇电报时，应以第三联退汇通知书或第二联电划贷方补充报单代贷方传票（第三联电划补充报单作贷方传票附件）。相应会计分录为：

借：清算资金往来　　×××

　　贷：吸收存款　　×××

如汇款人未在银行开立账户，先将退汇款转入“其他应付款”科目，待汇款人取款时再另填制一联现金付出传票。会计分录为：

借：清算资金往来　　×××

　　贷：其他应付款　　×××

借：其他应付款　　×××

　　贷：库存现金　　×××

在原第二联汇款凭证上注明“此款已于×月×日退汇”字样，以备查考，以留有的第四联退汇通知书注明“退汇款汇回已代进账”字样，加盖转讫章后作为收账通知交给原汇款人；如接到汇入行寄回的第三联退汇通知书或发来的电报注明汇款业已解付的，应在留存的第四联退汇通知书上批注解付情况，通知原汇款人。

2. 汇入行主动退汇。

汇款超过2个月，收款人尚未来行办理取款手续或在规定期限内汇入行已寄出通知，但因收款人住址迁移或其他原因，以致该笔汇款无人收领时，汇入行可以主动办理退汇。

(1) 汇入行。退汇时应填制一联特种转账借方传票和两联特种转账贷方传票，并在传票上注明“退汇”字样，第四联汇款凭证作借方传票附件。相应会计分录比照汇款人要求退汇核算中汇入行的处理。

(2) 原汇出行。原汇出行接到原汇入行寄来的邮划贷方报单及所附二联特种转账贷方传票，以加盖原汇入行联行专用章的两联特种转账贷方传票代贷方传票，其余手续按信汇汇入行手续处理。如汇款人未在银行开立账户，其处理比照汇款人要求退汇核算中汇出行的处理。

二、委托收款业务的核算

委托收款是收款人向银行提供收款依据，委托银行向付款人收取款项的结算方式。收款单位和个人凭已承兑的商业汇票、债券、存单等付款人债务证明办理款项的结算，均可以使委托收款结算方式。

(一) 委托收款的基本规定

(1) 委托收款在同城、异地均可使用，按款项划回方式划分为邮寄和电报两种，由收款人选用。

(2) 收款人办理委托收款应向银行提交委托收款凭证和有关的债务证明。

(3) 付款人应于接到通知的当日通知银行付款，付款人在接到付款通知日的次日起3日内未通知银行付款的，银行视同付款人同意付款。

(4) 银行在办理划款时，付款人存款账户不足支付的，应通过受托银行(收款人开户银行) 向收款人发出未付款项通知书。

(5) 在同城范围内，收款人收取公用事业费可以使用同城特约委托收款，但必须具有收付双方签订的经济合同，由付款人向开户银行授权，并经开户银行同意，报经人民银行批准。委托收款业务的核算。

（二）委托收款的核算

以异地托收收款为例，阐述其相关的核算方法。

1. 收款人开户行受理委托收款。

收款人办理委托收款时，应填制委托收款凭证（一式五联），第一联为汇单、第二联为贷方传票、第三联为借方传票、第四联为收账通知（电划时此联作为依据）、第五联为付款通知。收款人需要在第二联签章后连同付款人的有关债务证明送交开户行。

银行对收款人提交的凭证进行审核无误后，将第一联加盖业务公章退回收款人作回单，专夹保管第二联凭证并据以登记“发出委托收款结算凭证登记簿”，在第三联凭证上加盖带有联行行号的结算专用章，连同第四、第五联及有关债务证明一并寄付款人开户行。收款人开户行如不办理全国或省辖联行往来业务的，向付款人开户行直接发出委托收款凭证，均应在委托收款凭证的“备注”栏加盖“款项收妥划收××（行号）转我行（社）”戳记，以便付款人开户行向指定的转划行填发报单。

2. 付款人开户行。

付款人开户行接到收款人开户行寄来的托收凭证第三联、第四联、第五联及有关债务证明时，应审查是否属于本行凭证。审查无误后，在凭证上填注收到日期，根据托收凭证第三联、第四联凭证逐笔登记收到委托收款凭证登记簿后，专夹保管，并分别按不同情况处理：

（1）付款人承认付款。

第一，付款人为银行的处理。银行接到委托收款凭证和有关债务证明，按规定付款时，第三联委托收款凭证作借方传票，有关债务证明作借方传票附件。相应会计分录为：

借：吸收存款　　　　×××

　　贷：清算资金往来　　　　×××

第二，付款人为单位的处理。付款人应当按照规定及时通知开户银行付款。银行接到付款人的付款通知书或未接到付款人付款通知书，在付款人签收日的次日起第4天上午开始营业时，只要付款人账户足够支付全部款项，即付款，同时以第三联委托收款凭证作借方传票；如留存债务证明的，其债务证明和付款通知书作借方传票附件。相应会计分录为：

借：吸收存款 ×××

　　贷：清算资金往来 ×××

转账后，银行在“收到托收凭证登记簿”上填明转账日期。将托收凭证第四联填注支付日期后，随联行邮划贷方报单寄交收款人开户行。属于电报划款的，根据托收凭证第四联填制电划贷方报单，向收款人拍发电报。

如果付款期满时，付款人账户上没有资金支付款项或没有足够的资金支付全部款项，即按无款支付处理，付款人开户银行应在委托收款凭证和收到委托收款凭证登记簿上注明退回日期和“无款支付”字样，并填制三联付款人未付款项通知书，将一联通知书和第三联委托收款凭证留存备查，将第二、三联通知书连同第四联委托收款凭证邮寄收款人开户行。留存债务证明的，其债务证明一并邮寄收款人开户行。

（2）付款人拒绝付款。

第一，付款人为单位的，银行在付款人签收日的次日起3天内，收到付款人填制的四联拒绝付款理由书，以及付款人持有的债务证明和第五联托收凭证，经核对无误后，在托收凭证和“收到托收凭证登记簿”，备注栏注明“拒绝付款”字样，然后将第一联拒付理由书加盖业务公章作为回单退还付款人，将第二联拒付理由书连同第二联托收凭证一并留存备查，将第三、四联拒付理由书连同付款人提交或本行留存的债务证明和第四、五联托收凭证一并寄收款人开户行。

第二，付款人为银行的，需要提出拒绝付款的，比照单位拒绝付款处理。

3. 收款人开户行收到划回款项。

收款人开户行接到付款人开户行寄来的联行报单和托收凭证第四联或电报，应将留存的第二联抽出同第四联进行核对。经审查无误后，在该联凭证上填注转账日期后作贷方传票。相应会计分录为：

借：清算资金往来 ×××

　　贷：吸收存款 ×××

转账后，将第四联托收凭证加盖转讫章作收账通知交给收款人，并销记“发出托收凭证登记簿”。

如果收款人开户行接到付款人开户行寄来的未付款项通知书或付款人的拒绝付款证明和债务证明以及托收凭证，经核对无误，应在原专夹保管的托收凭证第二联和“发出托收凭证登记簿”上作相应记载后，将托收凭证、未付款项通知书或拒绝付款证明及债务证明退给收入并由其签收。

从付款人开户银行发出承付通知的次日算起（承付期内遇法定节假日顺延）。验货付款的承付期为10天，从运输部门向付款人发出提货通知的次日算起，付款人收到提货通知后即向银行交提货通知。

三、异地托收承付业务的核算

异地托收承付是根据购销合同由收款人发货后，收款人委托银行向异地付款人收取款项，由付款人向银行承认付款的结算方式。

（一）托收承付的基本规定

基于托收承付内涵的银行中介信用性质，要求采用托收承付结算时必须遵守相关规定：

在结算对象上，双方必须是国有企业、供销合作社，以及经营管理较好并经开户银行审查同意的城乡集体所有制工业企业；在结算款项上，必须是商品交易及因商品交易而产生的劳务供应款项，而代销、寄销、赊销商品则不得办理托收承付结算；双方必须签有符合《合同法》、并注明托收承付结算的购销合同；在结算金额起点上，每笔金额起点为1万元，新华书店系统每笔金额起点为1 000元；付款人承付货款分为验单付款（承付期3天）和验货付款（承付期10天）两种。

在承付事项上，付款人在承付期内，未向银行提出异议，银行即视作同意付款，并在承付期满的次日（遇节假日顺延）上午开始营业时，主动划款给收款人；付款人在承付期满日银行营业终了时，如无足额资金，其不足部分即为逾期付款。付款人开户银行对逾期支付的款项，应当根据逾期付款金额和逾期天数，每天按万分之五计算逾期付款赔偿金给收款人。此外，付款人开户银行对逾期未付的托收凭证，负责进行扣款的期限为3个月（从承付期满日算起）。期满时，付款人仍无足够资金支付尚未付清的欠款，银行应于次日通知付款人将有关交易单证（单证已作账务处理或已部分支付的，可以填制应付款项证明单）在2天内退回银行（到期日遇节假日顺延）；付款人逾期不退回单证的，银行于发出通知的第3天起，按照尚未付清欠款金额，每天处以万分之五但不低于50元的罚款，并暂停其向外办理结算业务，直至退回单证时止。

（二）托收承付的处理手续

1. 收款人开户行的受理手续。

收款人办理托收时，应填制一式五联（分别是回单、贷方凭证、借方凭证、收账通知和承付通知）邮划或电划托收承付凭证，并在第二联托收凭证上加盖单位印章后，将托收凭证和有关单证提交开户银行。

收款人开户行收到上述凭证后，应按规定认真进行审查，无误后，将第一联凭证加盖业务公章后退给收款人。对收款人向银行提交发运证件需要带回保管或自寄的，应在各联凭证和发运证件上加盖“已验发运证件”戳记。第二联托收凭证由银行专夹保管，并登记发出托收结算凭证登记簿，然后在第三联托收凭证上加盖结算专用章，连同第四、第五联凭证及交易单证一起寄交付款人开户银行。

2. 付款人开户银行的处理手续。

付款人开户银行接到收款人开户行寄来的第三、第四、第五联托收凭证及交易单证时，应严格审查，无误后，在凭证上填注收到日期和承付期。然后根据第三、第四联托收凭证登记定期代收结算凭证登记簿后，专夹保管，第五联托收凭证加盖业务公章后，连同交易单证一并及时送交付款人。

（1）全额付款的处理。付款人在承付期内没有任何异议，并且其在承付期满日营业终了前银行存款账户上有足够金额，银行便视作同意全额付款，开户行便于承付期满日次日上午开始营业时，办理划款手续，以第三联托收凭证作借方传票进行转账，分录如下：

借：××科目——付款人户　　　　×××

　　贷：辖内往来（或有关科目）　　　　×××

转账后记录登记簿，并以第四联托收凭证作资金汇划发报凭证。

（2）逾期付款的处理手续。付款人在承付期满日营业终了前，账户无款支付的，付款人开户行应在托收凭证和登记簿备注栏分别注明“逾期付款”字样，并填制三联“托收承付结算到期未收通知书”，将第一、第二联通知书寄收款人开户行，第三联通知书与第三、第四联托收凭证一并保管，等到付款人账户有款可以一次或分次扣款时，比照部分付款的有关手续办理，将逾期付款的款项和赔偿金一并划给收款人。

赔偿金的计算公式为：赔偿金金额 = 逾期付款金额 × 逾期天数 × 5‱。

逾期付款天数从承付期满日算起。承付期满日银行营业终了时，付款人如无足够资金支付，其不足部分，应当算作逾期一天，计算一天赔偿金。在承付期满的次日（如遇节假日，逾期付款赔偿金的天数计算也相应顺延，但以后遇节假日应当照算逾期天数）银行营业终了时，仍无足够资金支付，其不足部分，应当算作逾期两天，计算两天的赔偿金，以此类推。

每月单独扣付赔偿金时，付款人开户行应填制特种转账借方传票两联，并注明原托收号码及金额，在转账原因栏注明付款的金额及相应扣付赔偿金的金额。以一联特种转账借方传票作借方凭证，分录如下：

借：××科目——付款人户　　×××

　　贷：清算资金往来——辖内往来（或有关科目）　　×××

付款期满（即扣款期满），付款人账户不能全额或部分支付托收款项，开户行应向付款人发出索回单证通知，付款人于银行发出通知的次日起两日内（到期日遇节假日顺延，邮寄加邮程）必须将全部单证退回银行，经银行核对无误后，在托收凭证和登记簿备注栏注明单证退回日期和“无法支付”的字样，并填制三联“应付款项证明单”，将一联证明单和第三联托收凭证一并留存备查，将两联证明单连同第四、第五联托收凭证及有关单证一并寄收款人开户行。

付款人开户行在退回托收凭证和单证时，需将应付的赔偿金一并划给收款人。付款人逾期不退回单证的，开户行按前述规定予以罚款作为银行营业外收入处理。

（3）部分付款的处理手续。付款人在承付期满日开户行营业终了前，账户只能部分支付的，付款人开户行应在托收凭证上注明当天可以扣收的金额；同时，填制两联特种转账借方凭证，并注明原托收号码及金额，以一联特种转账借方传票作借方凭证。其分录为：

借：××科目——付款人户（部分支付金额）　　×××

　　贷：清算资金往来——辖内往来（或有关科目）（部分支付金额）　　×××

转账后，另一联特种转账借方凭证加盖转讫章作支款通知交给付款人，并在登记簿备注栏分别注明已承付和未承付金额，并批注“部分付款”字样。第三、第四联托收凭证按付款人及先后日期单独保管。

待付款人账户有款时，再及时将未承付部分款项一次或分次划转收款人开户行，同时逐次扣收逾期付款赔偿金，其处理手续同下面第（4）点。

（4）全部拒绝付款的处理手续。付款人在承付期内提出全部拒付的，应填四联全部拒付理由书，连同有关的拒付证明、第五联托收凭证及所附单证送交开户行。银行严格审核，不同意拒付的，实行强制扣款，对无理拒付而增加银行审查时间的，银行应按规定扣收赔偿金。对符合规定同意拒付的，经银行主管部门审批后，在托收凭证和登记簿备注栏注明“全部拒付”字样，然后将第一联拒付理由书加盖业务公章退给付款人，将第二联拒付理由书连同第三联托收凭证留存备查，其余所有单证一并寄给收款人开户行。

（5）部分拒绝付款的处理手续。付款人在承付期内提出部分拒绝付款，经银行审查同意办理的，依照全部拒付审查手续办理，并在托收凭证和登记簿备注栏注明“部分拒付”字样及部分拒付的金额，对同意承付部分，以第二联拒付理由书代替借方凭证（第三联托收凭证作附件），分录如下：

借：××科目——付款人户（同意承付金额）

　　贷：清算资金往来——辖内往来（或有关科目）（同意承付金额）

然后将第一联拒付理由书加盖转讫章交付款人，其余单证，如第三、第四联部分拒付理由书连同拒付部分的商品清单和有关证明邮寄收款人开户行。

3. 收款人开户行收款结账的处理。

（1）全额划回的处理。收款人开户行收到付款人开户行通过资金汇划系统汇来款项，应打印资金汇划贷方补充凭证，与留存的第二联托收凭证核对无误后，在第二联托收凭证上注明转账日期，进行转账，其中一联资金汇划贷方补充凭证作贷方凭证，第二联托收凭证作其附件。分录如下：

借：清算资金往来——辖内往来（或有关科目）　　×××

　　贷：××科目——收款人户　　×××

在另一联资金汇划贷方补充凭证上加盖转讫章作收账通知交收款人，并销记登记簿。

（2）部分划回的处理。银行收到付款人开户行部分划回的款项，在第二联托收凭证和登记簿上注明部分划回的金额，为收款人及时入账。其余手续与全额划回的相同。

（3）逾期划回、无款支付退回凭证或单独划回赔偿金的处理。收款人开户行收到第一、第二联到期未收通知书后，应在第二联托收凭证上注明“逾期付款”字样及日期，然后将第二联通知书交收款人，第一联通知书、第二联托收凭证一并保管。待接到一次、分次划款或单独划回的赔偿金时，比照部分划回的有关手续处理。

收款人开户行在逾期付款期满后接到第四、第五联托收凭证（部分无款支付是第四联托收凭证）及两联无款支付通知书和有关单证，核对无误后，抽出第二联托收凭证注明“无款支付”字样，销记登记簿，然后将其余托收凭证及无款支付通知书及有关单证退交收款人。

（4）拒绝付款的处理。收款人开户行收到付款人开户行寄来的托收凭证、拒付理由书、拒付证明及有关单证后，抽出第二联托收凭证，在备注栏注明“全部拒付”或“部分拒付××元”字样，并销记相关记录，同时，将托收凭证、拒付理由书及有关单证送回收款人，部分拒付的，对划回款项还要办理收款人入账手续。

第四节　商业银行银行卡的核算

银行卡是指商业银行经中国银行业监督管理委员会批准，面向个人和单位发行的，凭此向特约单位购物、消费和向银行存取现金，且具有消费信用的支付工具。

一、银行卡的基本规定

（1）银行卡按银行是否授信分为信用卡和借记卡。

（2）信用卡分为贷记卡和准贷记卡两类。贷记卡是指发卡银行给予持卡人一定的信用额度，持卡人可在信用额度内先消费、后还款的信用卡。准贷记卡是指持卡人须先按发卡银行要求交存一定金额的备用金，当备用金账户余额不足支付时，可在发卡银行规定的信用额度内透支的信用卡。

（3）信用卡按信誉等级分为金卡和普通卡。金卡的信誉等级比普通卡高，信用卡均规定有透支的最高限额和透支期限。金卡透支额一般不得超过5万元，普通卡透支额不得超过1万元，信用卡透支最长期限为60天。

（4）信用卡按持有对象分为单位卡和个人卡。单位卡每笔透支额以5万元为限，月透支额不得超过10万元或综合授信额度的3%；个人卡每笔透支额以2万元为限，月透支额不得超过5万元。各商业银行也可以根据情况自行规定透支额度。

(5) 借记卡是不能透支的银行卡，按功能不同分为转账卡（含储蓄卡）、专用卡、储值卡等，转账卡是实时扣账的借记卡，专用卡是具有专门用途，在特定区域使用的借记卡．储值卡是发卡银行根据持卡人要求将其现金转至卡内储存，交易时直接从卡内扣款的预付钱包式借记卡。

(6) 单位卡账户的资金一律从其基本存款账户转账存入，不得交存现金，不得将销货收入存入其账户。个人卡账户的资金以其持有的现金存入或以其工资性款项及属于个人的劳务报酬收入转账存入，严禁将单位的款项存入个人卡账户。

(7) 单位卡持卡人可持卡在特约单位购物、消费，单位卡不得用于10万元以上的商品交易、劳务供应款项的结算，且一律不得支取现金。个人卡持卡人可持卡在特约单位购物、消费，并可以存取现金。

二、银行卡交易的相关术语

(1) 银行卡交易。银行卡交易是指各发卡金融机构发行的银行卡在特约商户POS、收银一体机、压卡机及其他各种支付终端上使用、通过专业化服务系统转接的交易。

(2) 银行卡专业化服务系统。银行卡专业化服务系统是指银行卡交易信息转接、交换、清算及管理的联网联合应用系统。

(3) 专业化服务系统资金。专业化服务系统资金是指通过银行卡专业化服务系统发生的银行卡交易资金和专业化服务费用。银行卡交易资金是指专业化服务系统转接的银行卡交易本金、手续费及差错处理调整金额等；专业化服务费是指根据《银行卡专业化服务收费暂行标准》规定的POS使用费、POS维护费及POS交易耗材费等。

(4) 专业化服务系统资金清算。专业化服务系统资金清算是根据银行卡交易记录对银行卡交易资金和专业化服务费用通过各发卡金融机构和银联商务组织代理清算银行一级分行的备用账户进行资金计算、清分和划拨的全过程。

三、银行卡的日常核算

（一）发卡时的核算

单位申请使用银行卡，应按发卡银行规定向发卡银行填写申请表，发卡银行审查同意后，办理发卡手续，并按规定向申请单位收取备用金和手续费。申请单位在发卡银行开立存款账户的，直接从其存款账户转存备用金和收取手续费。其会计分录为：

借：吸收存款——××单位基本存款账户

贷：吸收存款——××单位银行卡户

手续费及佣金收入——银行卡手续费户

申请单位在非发卡行开立账户的，备用金和手续费的收取应当通过票据交换转付给开户银行。其会计分录为：

借：清算资金往来——支行辖内往来（或存放中央银行准备金） ×××

贷：吸收存款——××单位银行卡户 ×××

手续费及佣金收入——银行卡手续费户 ×××

个人申请使用银行卡，可以交存现金，也可以转账申领，但亦应向发卡银行填写申请表。发卡银行审查同意后办理发卡手续，并按规定向其收取备用金和手续费。会计分录为：

借：现金（支行辖内往来、存放中央银行准备金） ×××

贷：吸收存款——××个人信用卡户 ×××

手续费及佣金收入——××手续费户 ×××

发卡银行在办理信用卡发卡手续时，应登记银行卡账户开销户登记簿和发卡清单，并在发卡清单上记载领卡人身份证件号码，并由领卡人签收。

（二）消费时的核算

1. 特约单位开户行的核算。特约单位办理银行卡进账时，应填制进账单、签购单和汇计单一并提交开户行。特约单位开户行经审查无误后，分别不同情况处理如下：

（1）特约单位与持卡人在同一城市不同银行机构开户，其会计分录为：

借：存放中央银行款项 ×××

贷：吸收存款——特约单位户 ×××

手续费及佣金收入——银行卡手续费户 ×××

（2）特约单位与持卡人不在同一城市的同系统银行开户时，会计分录为：

借：支行辖内往来 ×××

贷：吸收存款——特约单位户 ×××

手续费及佣金收入——银行卡手续费户 ×××

2. 持卡人开户行的核算。持卡人开户行收到同城交换或联行寄来报单等经审查无误后，会计分录为：

借：银行卡存款——××单位（个人）银行卡户 ×××

贷：清算资金往来——支行辖内往来（存放中央银行准备金）

×××

（三）存取现金的核算

持卡人凭个人卡存、取现金时，应填写存现单或取现单，银行经审查无误后办理存、取款手续。持卡人在发卡行系统内银行存、取现金免费，在同城跨系统银行支取现金以及在异地银行存、取现金，受理行按规定标准收取费用。

1. 代理行对同一城市及异地跨系统银行发行的银行支取现金时，应向持卡人开户行或代理行所在地的跨系统发卡银行通汇行提出票据交换，其会计分录为：

借：存放中央银行款项（或有关科目） ×××

贷：应解汇款——持卡人户 ×××

手续费及佣金收入——银行卡手续费收入户 ×××

借：应解汇款——持卡人户 ×××

贷：现金 ×××

2. 对系统内经办行发行的银行卡支取现金，其会计分录为：

借：银行卡存款——××个人银行卡户 ×××

贷：现金 ×××

关于持卡人存入现金的账务处理与上述相反，不再赘述。

（四）银行卡授权的核算

持卡人在同城或异地支取现金或购物消费时，超过规定的支付金额的，应向发卡银行索权。发卡银行收到付现代理行或特约的索权通知时，小额支付应作授权记录并根据情况作出相应授权答复，大额支付可根据授权金额填制一联特种转账借方、贷方传票办理转账。其会计分录为：

借：吸收存款（活期储蓄存款）——××单位（个人）银行卡户

×××

贷：保证金——××单位（个人）银行卡户 ×××

转账后，予以授权。待收到寄来的签购单或取现单后作会计分录如下：

借：保证金——××单位（个人）银行卡户　　　　　×××
　　贷：联行来账（存放中央银行准备金）　　　　　×××

（五）销卡时的处理

持卡人不需要继续使用的银行卡，应持卡主动到发卡银行办理销户。其中，人卡销户可以转账结清，也可以提取现金；单位卡销户，银行卡账户余额必须转入其基本存款账户，不得提取现金。发卡银行在确认持卡人具备销户条件后，持卡人办理销户手续，收回银行卡，其账务处理略。

第九章
商业银行往来业务核算

本章精要

作为覆盖全社会、联运国内外资金命脉的商业银行，你来我往自然是时刻不能停顿的有机融合功能。这就是决定了本章的内容在整个商业银行会计核算中占据着重要的位置。

本章所关注的银行往来主题包括三个层次：首先需要厘清商业银行与中央银行的往来业务种类。站在商业银行角度看，此类业务包括商业银行吸收的国家金库存款以及财政性存款全部缴存中央银行；各商业银行吸收的一般存款按比例缴存中央银行；各商业银行营运资金不足时，向中央银行申请再贷款、再贴现；各商业银行向中央银行发行库领取现金和缴存现金。可见，商业银行存取款项、准备金、再贷款与再贴现，都将成为会计确认与计量的重要之处；其次是商业银行同业往来，即各个银行之间，由于办理跨系统汇划款项、相互拆借资金等业务所引起的资金账务往来，包括异地跨系统汇划款项、同业拆借、票据交换等。其中，参加票据交换的银行均应在中央银行开立备付金存款账户，由中央银行负责对各银行之间的资金存欠进行清算。票据交换分为提出行和提入行两个系统。各个商业银行在每次交换中当场加计应收和应付款项，最后由票据交换所汇总轧平各行处的应收、应付差额，由中央银行办理转账，清算差额。最后是同一商业银行基层组织之间的往来业务，上下级机构作为独立的会计主体，对日常经营过程中发生的各种款项往来进行核算并定期对账，由此产生了总行、分行、支行之间的系统内往来以及支行内的辖内往来的核算要求。

上对中央银行，左右联通各个商业银行，下联本行网点，三个区域都要重视。

第一节 商业银行往来业务概述

一、往来业务的主要范畴

既然是整个社会的资金结算中心，那么商业银行也时刻肩负着把线长、面广的开户单位联结在一起的使命，从点组成线、从线再到面，便成就了整个经济社会的资金网络系统。这也是商业银行进行第三方服务的重要渠道，通过往来载体的功能，能够在服务客户的同时，获得相应的服务性收入。许多商业银行通过特色化服务，正在打造服务品牌和竞争优势。

为了完成这一使命，在商业银行具体运行过程中，更多的往来资金清算关系体现在三个方面：一是商业银行与中央银行之间的业务往来，即各种资金划拨、清算业务，包括向中央银行缴存准备金、向中央银行借款、再贴现业务；二是商业银行跨系统彼此之间的业务往来，银行之间由于资金划拨、融通或相互代理货币结算而发生的各类往来业务的清算业务；三是同一商业银行系统内部之间不同分行、支行之间，由于资金划拨、融通或代理货币结算而发生的各类往来业务。商业银行与中央银行的特定业务、商业银行相互之间的往来业务、商业银行内部彼此的经常业务，这三种业务关系，便构成了经常发生的三类主要业务关系，可以用图 9－1 表示。三种关系将整个商业银行的往来结算关系凝固下来，形成了相对稳定、畅通无阻、讲求效率的关系。

图 9－1 商业银行往来业务关系图

按照不同的往来层次与对象进行区分，商业银行分为三类往来业务，如果进行进一步细分，则可以将经常发生的往来业务内容整理列示如图 9－2 所示。

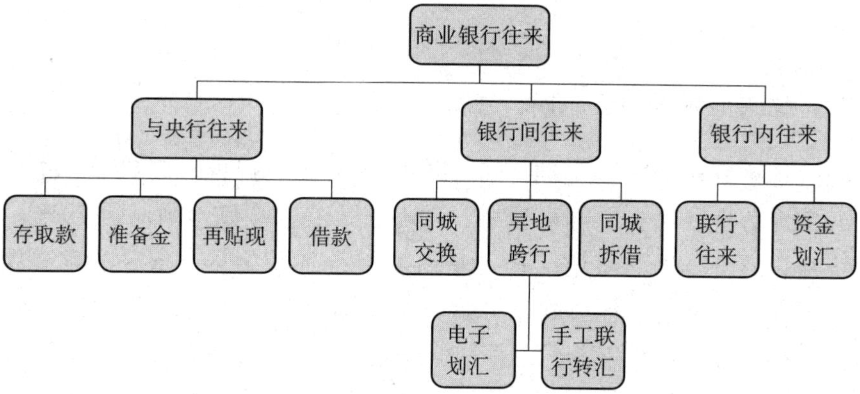

图 9－2　商业银行往来业务分布图

二、往来业务的核算要求

商业银行在往来业务处理中，显然体现了由资金结算关系到所引起的各个独立核算的银行之间的资金账务往来，体现了银行之间的债权债务关系。从会计确认、计量和报告的主体意识来看，往来业务的处理，需要严格遵循以下要求：

（1）资金分开、独立核算。不论是哪一家银行，都要始终坚持“资金主体明确、各自独立核算”的原则，严格划分各商业银行与中央银行、各商业银行之间的资金界限，确保各自的权益得到合法合理的维护。

（2）恪守信用，规范运行。各商业银行在中央银行的存款账户要严格管理，不得透支，并确保留有足够的备付金存款便于清算使用，如果备付金不足要及时调入资金，计划内借款不得超过中央银行核定的贷款额度，商业银行之间的拆借，应通过双方在中央银行的存款账户办理，不得支取现金。

（3）结算资金，及时清算。各商业银行之间临时性的资金占用应及时清算。如临时资金不足，可相互融通资金，进行资金拆借，到期应及时还本付息；相互代收、代付款项的汇划和票据交换的差额应及时办理资金划拨手续。

（4）流程透明，提高效率。各相关操作程序、传递环节、处理要求要科学、规范、透明，体现汇路畅通的要求，核算时必须做到及时、正确、快捷，要迅速传递结算凭证，及时办理转账手续，加速社会资金周转。

三、往来业务的科目设置

为适应商业银行往来业务活动中会计确认、计量和报告的需要，应该设置“存放中央银行款项”“向中央银行借款”“存放同业”“同业存放”“贴现资产”和“贴现负债”等会计科目。

1.“存放中央银行款项”科目。

“存放中央银行款项”科目属于资产类科目，专门核算商业银行存放于央行的各种款项，包括业务资金的调拨、办理同城票据交换和异地跨系统资金汇划、提取或缴存现金等。当商业银行按规定缴存的法定准备金和超额准备金存款，也通过本科目核算。本科目可按存放款项的性质进行明细核算。当商业银行增加在中央银行的存款时，借记本科目，贷记“吸收存款”“清算资金往来”等科目；而当其减少在中央银行的存款作相反的会计分录。本科目期末借方余额，反映商业银行存放在中央银行的各种款项。

与此相对应，中央银行设置负债性质的“××银行准备金存款”科目，核算与商业银行的往来业务。

2.“向中央银行借款”科目。

“向中央银行借款”科目属于负债类科目，核算商业银行向央行借入的款项。本科目可按借款性质进行明细核算。

企业应按实际收到的金额，借记“存放中央银行款项”科目，贷记本科目；归还借款作相反的会计分录。资产负债表日，应按计算确定的向中央银行借款的利息费用，借记“利息支出”科目，贷记“应付利息”科目。

本科目期末贷方余额，反映企业尚未归还中央银行借款的余额。

3.“存放同业”科目。

“存放同业”科目属于资产类科目，核算商业银行存放于境内、境外银行和非银行金融机构的款项。商业银行存放中央银行的款项，在“存放中央银行款项”科目核算。本科目可按存放款项的性质和存放的金融机构进行明细核算。当商业银行增加在同业的存款，借记本科目，贷记“存放中央银行款项”等科目；当商业银行减少在同业的存款时，作相反的会计分录。

本科目期末借方余额，反映商业银行存放在同业的各种款项。

4.“同业存放”科目。

“同业存放”科目属于负债类科目，核算商业银行吸收的境内、境外金融机构的存款。本科目可按存放金融机构进行明细核算。

当商业银行增加存款，应按实际收到的金额，借记“存放中央银行款项”等科目，贷记本科目。减少存款作相反的会计分录。

本科目期末贷方余额，反映企业吸收的同业存放款项。

5. “贴现资产”科目。

“贴现资产”科目属于资产类科目，核算商业银行办理商业票据的贴现、转贴现等业务所融出的资金。对银行买入的即期外币票据，也通过本科目核算。本科目可按贴现类别和贴现申请人进行明细核算。

当企业办理贴现时，按贴现票面金额，借记本科目（面值），按实际支付的金额，贷记“存放中央银行款项”“吸收存款”等科目，按其差额，贷记本科目（利息调整）。资产负债表日，按计算确定的贴现利息收入，借记本科目（利息调整），贷记“利息收入”科目。贴现票据到期，应按实际收到的金额，借记“存放中央银行款项”“吸收存款”等科目，按贴现的票面金额，贷记本科目（面值），按其差额，贷记“利息收入”科目。存在利息调整金额的，也应同时结转。

本科目期末借方余额，反映企业办理的贴现、转贴现等业务融出的资金。

6. “贴现负债”科目。

“贴现负债”科目属于负债类科目，核算商业银行办理商业票据的转贴现等业务所融入的资金。本科目可按贴现类别和贴现金融机构，分别“面值”“利息调整”进行明细核算。

当商业银行持贴现票据向其他金融机构转贴现，应按实际收到的金额，借记“存放中央银行款项”等科目，按贴现票据的票面金额，贷记本科目（面值），按其差额，借记本科目（利息调整）。资产负债表日，按计算确定的利息费用，借记“利息支出”科目，贷记本科目（利息调整）。贴现票据到期，应按贴现票据的票面金额，借记本科目（面值），按实际支付的金额，贷记“存放中央银行款项”等科目，按其差额，借记“利息支出”科目。存在利息调整的，也应同时结转。

第二节　与央行往来业务核算

中国人民银行是我国的中央银行，具有“发行的银行”“银行的银行”

和“国家的银行”三大职能。这些职能的发挥，必然是通过与商业银行持续不断的业务往来为载体的。商业银行作为金融企业，具体承担着对社会办理各项存贷款业务的使命。不论是中央银行运用货币政策工具，实现对货币供应量和信贷规模的控制，实现金融调控和金融监管的目标所运用的一系列货币政策工具，还是商业银行面向社会开展各种信贷、结算等活动，都必然引起商业银行与中央银行之间的资金往来。

从商业银行视角看，与人民银行往来业务的内容主要包括向央行发行库提取和缴存现金、缴存存款准备金、办理再贴现和再贷款、与其他银行资金清算、系统内上下级行之间资金头寸调拨和借入借出、跨行汇划款项和同行大额汇划款项。

在商业银行，凡是与人民银行之间发生的各种资金往来，必须通过准备金存款账户实现资金划拨。准备金存款账户既是人民银行执行货币政策的需要，也是商业银行通过人民银行办理资金收付的需要。通过准备金存款账户，商业银行可以办理系统内资金调拨、商业银行跨系统的资金清算和资金调剂、向人民银行办理借款与再贴现等。中央银行可以通过商业银行的准备金存款账户考核法定存款准备金等。

一、开立准备金存款账户

商业银行的准备金包括支付准备金和法定准备金。支付准备金也称备付金，是保证日常资金支付的备用金，而法定准备金是根据商业银行吸收存款的增减变化，按照法定比例，保留在中央银行的存款准备金。

商业银行为满足通过人民银行办理各种业务、资金清算以及考核法定存款准备金的需要，各级机构都在中央银行开立准备金存款账户。

各商业银行总行或总部开立“准备金存款账户”，属于备付金和法定存款准备金合二为一的账户，除用以考核法定存款准备金以外，主要用于通常情况下向中央银行存取现金、资金调拨、资金清算以及其他日常支付的款项。该账户余额始终不得低于按照法定存款准备率计算的准备金。

各商业银行分支机构在中央银行开立的存款账户，属于备付金存款账户，不用于考核法定存款准备金，仅用于向中央银行存取现金、资金调拨、资金清算和其他日常支付的款项，不允许透支。如果账户资金不足，可通过向上级行调入资金或向同业拆借等方式及时补充。

二、向央行账户存取款项

商业银行必须在人民银行开立存款账户，其各级行处的业务资金要全部存入当地人民银行，并以“先存后用，不得透支”的原则进行管理和运用。商业银行向人民银行存取资金的方式主要分为现金和转账两种方式。

（一）商业银行向人民银行存取款项

商业银行在办理正常业务中，也经常需要向人民银行存取款项，如商业银行系统内资金调拨、异地跨系统结算资金清算、同城票据交换差额清算、借款与再贴现、同业拆借、缴存财政款项等。当商业银行发生这些业务而向人民银行存入或支取款项，均需进行相应的核算。

1. 向人民银行存入款项。

当商业银行发生取得借款和再贴现、异地跨系统结算收入款项、同城票据交换应收差额、系统内调入资金、由拆入资金或收到同业归还拆借资金、调整减少缴存财政款项等时，都需要通过其在人民银行的准备金存款账户来反映其存放在中央银行资金的进出变化。对这些业务，商业银行的会计分录为借记“存放中央银行款项”科目的同时，贷记相关科目。

2. 向人民银行支取款项。

与前述业务方向相反，当商业银行发生归还借款和到期再贴现、异地跨系统结算支付款项、同城票据交换应付差额、系统内调出资金、向同业拆出资金或归还同业拆借资金、调整增加缴存财政款项等业务时，需要从其在人民银行的准备金存款账户支付款项。商业银行的会计分录与上述向人民银行存入款项环节的处理相反。

可见，商业银行自身设立的“存放中央银行款项”科目与其在人民银行开立的“准备金存款账户”是一一对应的关系，从中央银行监管角度看，商业银行在人民银行开立的“准备金存款账户”余额会随着商业银行办理的业务发生增减变化。为此，商业银行应随时掌握该账户的余额情况，确保不透支，法人机构还应确保该账户余额不低于法定存款准备率，如果该账户余额不足，应及时组织调入资金。

（二）商业银行向人民银行存取现金

当商业银行现金库存量超过其核定库存限额时，应该交存人民银行，而当其库存现金不足限额时，则向人民银行提取。从金融学角度看，人民银行从发行库出库，作为货币发行，相应会引起人民银行发行库里的发行基金减少、流通中货币增加、商业银行库存现金增加和准备金存款减少。当然，将商业银行业务库存现金超过限额部分交存人民银行后，人民银行交入发行库，也就作为货币回笼。回笼货币又会引起人民银行发行库的发行基金增加、流通中货币减少、商业银行业务库存现金减少和准备金存款增加。

1. 商业银行向人民银行支取现金。

商业银行向人民银行填送现金支票，待取回现金后，填制现金收入传票，原现金支票存根作为附件。在借记“库存现金”科目的同时，贷记“存放中央银行款项“科目。

【例9-1】3月12日，工商银行某中心支行填制现金支票向人民银行支取现金500 000元。工商银行该中心支行的会计分录为：

借：库存现金　　500 000

　　贷：存放中央银行款项　　500 000

2. 商业银行向人民银行存入现金。

商业银行填制“现金缴款单”，连同现金一并交人民银行发行库。发行库将款项收妥后，将缴款单的回单联退缴款的商业银行。商业银行在借记“放中央银行款项“科目的同时，贷记“库存现金”科目。

【例9-2】3月14日，工商银行某中心支行填制“现金缴款单”，向人民银行交存现金400 000元。工商银行该中心支行的会计分录为：

借：存放中央银行款项　　400 000

　　贷：库存现金　　400 000

三、法定存款准备金的核算

很显然，法定存款准备金制度是中央银行重要的金融调控手段，这项制度好像一个社会资金流量的“总开关”一样。准备金制度规定商业银行必须将其吸收存款按一定比例存交中央银行，一般情况下不能动用。准备金制度的主要作用在于：限制派生存款，调节和控制信用规模；扩大商业银行的提存准备，增强资金后备力量。

（一）缴存比例与基数

法定存款准备金的缴存比例由中央银行根据调整和控制信用规模和货币供应量的需要确定，并根据国家经济与金融发展状况进行相应调整。

各商业银行应该计入缴存法定准备金基数的一般存款包括：吸收的机关团体存款、财政预算外存款、单位存款、个人储蓄存款及其他各项存款，商业银行受托业务的负债项目减去资产项目后的贷方余额，如委托存贷款轧差后的贷方余额、代理发行与兑付债券轧差后的贷方余额等。凡轧减后为借方余额的，视同该缴存款项目为零，不允许以借方余额抵减其他缴存款项目。

（二）法定存款准备金的监管

法定存款准备金由人民银行按各商业银行法人主体进行统一考核，各金融机构法人主体在人民银行开立的存款账户属于法定准备金和备付金合一账户。同时，各金融机构吸收的一般存款也随着经营的各项存贷款业务的发生而不断发生增减变化，因此，人民银行应按规定的法定准备金缴存范围、比例等进行考核，监督各金融机构及时、足额地缴存法定准备金。

人民银行对各商业银行法定存款准备金每日进行考核。

各商业银行在每日营业终了，自下而上编制一般存款余额表，由其法人统一汇总后报送法定存款准备金账户开户的人民银行。同时，每月末，各商业银行应将汇总的全系统月末日计表报送开户的人民银行。人民银行于每日营业终了按一般存款余额的一定比例考核法定准备金。日间，人民银行要控制法定存款准备金账户的进出变化，以免发生透支；日终，该账户余额必须达到法定准备金的最低限标准。

【例 9-3】 按某商业银行目前的一般存款余额情况，假设法定存款准备金率为 7.5%。某日营业终了，该商业银行法人在人民银行开立的准备金存款账户余额不得低于 1 436 250 元。其计算方法如下：

法定存款准备金 = 一般存款余额表合计 × 缴存比例

= 38 300 000 × 7.5%

= 2 872 500（元）

每日日终，人民银行对法定准备金进行考核时，如果商业银行法人统一存入人民银行的准备金存款低于规定的一般存款余额的缴存比例，人民银行应对其不足的部分处以罚款；商业银行不按时报送一般存款余额表和按月报送月末日报表的，人民银行应责令其报送，逾期不报送的，人民银行可对其处以罚款。

四、借款与再贴现的核算

人民银行作为中央银行，是银行的银行，是充当社会信用的最终贷款者。

因此，商业银行业务经营中的合理资金需要，可以按照规定向中央银行申请借款和再贴现。

人民银行借款和再贴现的资金来源是基础货币，投放后是商业银行信贷资金的初始来源，并在商业银行的业务运行中不断扩张形成一定的贷款规模。因此，人民银行可以通过发放借款和再贴现直接影响商业银行信贷资金的增加与减少。

（一）借款与再贴现账户的开立

商业银行向人民银行办理借款和再贴现，应按贷款种类在“向中央银行借款”科目下设立各种借款账户，与之相对应，人民银行对商业银行的借款账户，使用“××银行贷款”科目核算。通常，借款按照贷款期限的不同主要设置以下几个账户：

（1）年度性贷款户。各商业银行因业务规模正常增长引起借贷资金不足，而需要向人民银行借款。这种贷款期限一般为1年，最长不超过2年。

（2）季节性贷款户。各商业银行因信贷资金先支后收或存款季节性下降、贷款季节性上升等原因引起的资金暂时不足而向人民银行的借款，通过此账户核算。此种贷款期限一般为2个月，最长不超过4个月。

（3）日拆性贷款户。各商业银行由于汇划款项未达等原因发生临时性资金短缺而向人民银行的借款，通过此账户核算。此种借款的期限一般为10天，最长不超过20天。

（二）借款的核算

1. 取得中央银行借款时的核算。

商业银行各级行处在经营过程中，当资金不足时，可根据计划和需要向开户人民银行申请借款。商业银行向人民银行申请借款时，应向人民银行提交“人民银行借款申请书”，经人民银行审查同意后，填写一式五联的借贷凭证，并在第一联上加盖预留人民银行存款户的印鉴，送交人民银行办理借款手续。待收到人民银行退交的第三联借款凭证（收账通知联）后，凭以编制转账借、贷方传票，办理转账。商业银行通过“向中央银行借款”科目核算。即在借记“存放中央银行款项”科目的同时，贷记“向中央银行借款——××借款户”科目。

2. 归还中央银行借款时的核算。

商业银行向人民银行归还借款时，应填写一式四联的还款凭证，并在第二联上加盖预留人民银行存款账户的印鉴，送交开户的人民银行办理还款手续。待收到人民银行退回的还款凭证第四联（支款通知）和借据后，以还款凭证代转账传票，借据作为附件，办理转账。其会计分录为：原额冲回借款本金，借记“向中央银行借款——××借款户”科目，如数借记“利息支出——中央银行往来支出户×××”科目，同时，贷记“存放中央银行款项”科目。

（三）再贴现的核算

再贴现是商业银行将未到期已贴现的商业汇票提交给人民银行，人民银行按汇票金额扣除从再贴现之日起到汇票到期日止的利息后，向商业银行融通资金的一种信用活动。再贴现是解决商业银行因办理票据贴现引起资金不足的一条途径，是中央银行调节货币供应与加强宏观控制的有力措施。

1. 再贴现的处理。

商业银行持已贴现未到期的商业汇票向人民银行申请再贴现时，应填制一式五联再贴现凭证（以贴现凭证代），连同商业汇票一起交人民银行。待收到人民银行退回的第四联再贴现凭证（收账通知），据以编制转账借、贷方传票办理转账。其会计分录为，以汇票面额贷记“再贴现——××汇票户”科目，并将实际支付利息借记“利息支出——中央银行往来支出户”科目，同时，借记“存放中央银行款项”科目。

2. 再贴现到期收回的处理。

再贴现汇票到期，再贴现的人民银行作为持票人向付款人收取票款。具体做法比照贴现到期收回票款的手续处理。其会计分录为，借记“再贴现——××汇票户”科目，贷记“存放中央银行款项”科目。

第三节　银行间同业往来之核算

商业银行同业往来是指各个商业银行之间，由于办理跨行转账结算，相互融通资金等业务而引起的资金账务往来。同业往来是社会资金周转不可缺少的重要组成部分，反映了各商业银行相互之间的合作关系。商业银行往来包括异地跨系统汇划款项、同业拆借等。

一、异地跨系统行汇划款项的核算

商业银行办理的异地转账结算，对于自成联行系统或建立了资金汇划清算系统的商业银行，系统内异地结算可通过系统内联行往来或资金汇划清算系统划拨款项。对于未建立联行系统或资金汇划清算系统的商业银行，其系统内异地结算以及商业银行跨系统的异地结算，均需要通过人民银行转汇。其中，多年来，主要通过人民银行的手工联行办理转汇手续，在已经开通电子联行的地方，当然是通过电子联行实施转汇。

在转汇过程中，向他行提出票据的是提出行，提回票据的是提入行。而参加票据交换的银行一般既是提出行又是提入行。各行提出交换的票据可分为代收票据和代付票据两类。凡是由本行开户单位付款，他行开户单位收款的各种结算凭证，称为代收票据（贷方票据），凡是由本行开户单位收款，他行开户单位付款的各种结算凭证，称为代付票据（借方票据）。提出行提出代收票据则表示为本行应付款项，提出代付票据则表示为本行应收款项；提入行提入代收票据则表示为本行应收款项，提入代付票据则表示为本行应付款项。各行在每次交换中当场加计应收和应付款项，最后由票据交换所汇总轧平各行处的应收、应付差额，由中央银行办理转账，清算差额。

（一）人民银行手工联行转汇模式下的核算

在许多地方，商业银行异地结算转汇业务要通过人民银行的手工联行划拨资金。办理转汇业务的相关行处亦分别称为汇出行、发报行、收报行、汇入行。手工转汇条件下，其处理的基本流程如图 9－3 所示。即通过人民银行转汇划收款业务时，汇出商业银行应将款项划交当地人民银行，汇出商业银行开户所委托的人民银行从汇出商业银行的准备金存款账户付出结算款项，并通过人民银行系统将款项划往汇入地人民银行。汇入地人民银行收到由汇出地人民银行划来的款项后，当即将款项转入汇入商业银行的准备金存款账户，并将有关凭证交商业银行汇入行，由其凭以处理转账。

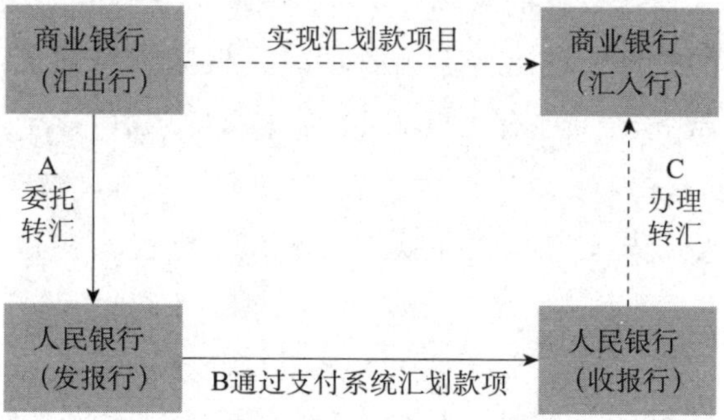

图 9－3 转汇流程示意图

其相应的账务处理分别是：

（1）作为汇出款项的汇出行，在委托人民银行转汇时，其会计分录为借记“吸收存款——××单位户”科目，贷记“存放中央银行款项”科目。

（2）作为汇入款项的汇入行，在收到由收报人民银行划来的款项，为收款人收账时，其会计分录为借记“存放中央银行款项”科目，贷记“吸收存款——××单位户”科目。

读者注意到，上述处理是作为收付款项双方的商业银行的会计处理。同时，中间也存在着发报行人民银行和收报行人民银行的处理，这里也简单地介绍一下。

作为发报行的人民银行，在受理商业银行转汇业务，通过联行往来划拨款项时，其会计分录为：

借：××银行准备金存款　　×××

　　贷：清算资金往来——联行往账　　×××

作为收报行的人民银行，收到发报行的报单，为汇入行收账并将汇划凭证送交汇入行时，其会计分录为：

借：清算资金往来——联行来账　　×××

　　贷：××银行准备金存款　　×××

（二）电子联行转汇模式下的核算

在已经开通电子联行的地方，当然是通过电子联行实施转汇。其转汇的基本程序与通过电子联行转汇相同，相关各行的账务处理分录与通过手工联行转汇也基本相同，只是发报行、收报行使用的联行科目名称不同：

1. 汇出、汇入商业银行的核算。

（1）汇出行的核算。汇出行汇出款项时，根据结算凭证逐份填制转汇清单并汇总填制划款凭证，将有关凭证送交开户的人民银行办理转汇并清算资金。

其会计分录为：借记“吸收存款——××单位户”科目，贷记“存放中央银行款项”科目。

（2）汇入行的核算。汇入行根据人民银行交来的有关凭证办理转账。其会计分录为借记“存放中央银行款项”科目，贷记“吸收存款——××户”科目。

2. 发报、收报人民银行的核算。

(1) 发报行的核算。其会计分录为:

借: ××银行准备金存款　　×××

　　贷: 清算资金往来——电子联行往账　　×××

(2) 收报行的核算。汇入行开户的人民银行收到划来款项,转入汇入行账户,并将凭证送交汇入行。其会计分录为:

借: 清算资金往来——电子联行来账　　×××

　　贷: ××银行准备金存款　　×××

二、同业拆借的核算

同业拆借是指各商业银行之间,因转汇、汇差清算、票据交换等业务而产生的存放于人民银行的存款账户余额不足,为解决临时性资金不足而相互融通资金余缺的一种短期借贷行为。商业银行在业务经营过程中,由于转汇、汇差清算、票据交换等原因引起资金临时不足,致使其人民银行存款户余额不够支付时,还可向其他商业银行拆借资金。由拆出与拆入资金的商业银行直接商定拆借条件,在签订协议后共同履行,并通过人民银行划拨资金。同业拆借可以在同业拆借市场进行,也可以在同城或异地商业银行间进行。各商业银行要合理调度资金,掌握拆出、拆入资金规模,使之与存款保持合理的比例。由此可见,同业拆借具有临时性和短期性的特点,有利于搞活商业银行的资金,提高资金使用效益。

(一) 同城拆借的处理

1. 商业银行资金拆出的处理。

(1) 拆出行的核算。当商业银行对外拆借资金时,应该以拆入行的借据为依据,向人民银行填交进账单及转账支票,并编制特种转账借、贷方传票各一联予以转账。其会计分录为借记"拆出资金——××行户"科目,贷记"存放中央银行款项"科目。

(2) 拆入行的核算。拆入行根据进账单回单联,编制特种转账借、贷方传票各一联,进行账务处理。其会计分录为借记"存放中央银行款项"科目,贷记"拆入资金——××行户"科目。

(3) 人民银行的核算。对于作为中介的人民银行来说,在收到进账单和转账支票时,以此两种凭证代转账借、贷方传票,进行转账。转账后,将进账单回单联转交拆入行。其会计分录如下：

借：××银行准备金存款——拆出行户　　×××

　　贷：××银行准备金存款——拆入行户　　×××

2. 商业银行资金收还的处理。

（1）拆出行的核算。商业银行在拆出资金按时收归回来时，应该根据进账单回单联，编制特种转账借方传票1联，贷方传票2联，予以转账。其会计分录为借记“存放中央银行款项”科目，并贷记“拆出资金——××行户”“利息收入——同业往来收入户”科目。

（2）拆入行的核算。拆入行应按事先约定的利率，计算应付利息，根据本息填制进账单和转账支票送往人民银行，并根据人民银行退还的进账单回单联及支票存根，填制转账借方传票2联，贷方传票1联，办理转账。其会计分录为借记“拆入资金——××行户”“利息支出——同业往来支出户”科目，贷记“存放中央银行款项”科目。

（3）人民银行的核算。人民银行收到拆入行的进账单和转账支票，以进账单和支票为记账传票办理转账。转账后，将进账单回单联转交拆出行。其会计分录为借记“××银行准备金存款——拆入行户”科目，贷记“××银行准备金存款——拆出行户”科目。

（二）异地拆借的处理

异地商业银行间进行拆借时，拆出行通过开户的人民银行将款项汇往拆入行开户的人民银行，转入拆入行账户；归还拆借款时，由拆入行将款项汇给拆出行。拆出行与拆入行账务处理的会计分录与前述同城拆借相同。

三、同城票据交换的核算

随着商品交易日益发展，同城结款人不在同一行处开户，如果各行间相互逐笔送交对方行转账、逐笔清偿存欠，则必然导致传递缓慢，不利于加速资金周转。为了简化手续，提高工作效率，缩短资金清算时间，加速资金周转。同城票据交换由人民银行集中监督并清算资金。同城票据交换是同一城市（包括郊区县和毗邻地区）各商业银行相互代收代付的票据，定时、定点集中相互交换并了断清算资金存欠的方法。同城票据清算的主要流程是：

（1）第一步，提出票据。各参加票据交换的行处按规定的交换场次和时间参加票据交换时，应将提出的代收、代付的票据，按提入行分别填制“票据交换借方汇总表”和“票据交换贷方汇总表”一式两联，一联与所提出的票据一并提出交换，另一联留存作传票或传票附件。

凡收款人在本行开户，付款人在他行开户的票据为代付款项票据，应填制“票据交换借方汇总表”；凡付款人在本行开户，收款人在他行开户的票据为代收款项票据，应填制“票据交换贷方汇总表”。在票据交换借方、贷方汇总表中，应填明提出交换的票据种类、金额及收、付款人等内容，并应分别按提入行加计代收、代付票据笔数、合计金额。

（2）第二步，交换票据。各个参加票据交换的行处持应提出的票据与汇总表，在规定的时间，到票据交换所交换给各个提入行。

（3）第三步，提入票据。在票据交换所，各行在将提出的系据交换给符提入行后，同时也向他行提入票据。应分别加计提入票据的应收、应付款金额合计。

（4）第四步，加计应收、应付票据总金额并轧算票据交换差额。各行在提出、提入票据后，应将提出、提入的票据分别应收票据、应付票据加计总金额。票据交换分为提出行和提入行两个系统，提出行是向他行提交票据的行处，提入行是接受他行提交票据的行处。

（5）第五步，票据交换所平衡交换差额。票据交换所对各行的应收差额、应付差额分别加计合计，应当平衡。如不平衡，各参加交换的行处应当查找，直到平衡为止。

（6）第六步，清算票据交换差额。对于商业银行而言，各应付差额行须如数开具准备金存款户支款凭证；各应收差额行则需填送存款凭证，人民银行根据各行提交的支款凭证及存款凭证办理转账。

商业银行的会计处理：

如果属于应付差额行转账的，其会计分录为：

借：××存款——××户　　×××

　　贷：××存款——××户　　×××

　　　　存放中央银行款项　　×××

如果属于应收差额行转账的，其会计分录为：

借：××存款——××户　　×××

　　存放中央银行准备金　　×××

　　贷：××存款——××户　　×××

人民银行的会计处理：

人民银行为各行清算票据交换差额的会计分录为：

借：××银行准备金存款——应付差额行户 ×××

贷：××银行准备金存款——应收差额行户 ×××

第四节　商业银行内部往来核算

在不同商业银行之间跨系统进行结算的同时，同一银行系统各分支机构之间也存在着经常性的账务往来，正是这样两者的纵横交错，形成了整个社会资金结算的网状结构，确保了资金流动的畅通无阻。因此，在以上关注银行间往来的同时，本节则主要阐述商业银行系统内部往来业务的核算。

一、商业银行联行往来的管理

（一）商业银行联行往来业务的运营体系

由于我国银行体系中，中央银行与商业银行都分别建立了系统内联行往来关系，商业银行为了加强对联行往来的管理工作与监督，切实保证结算业务有顺利进行，联行往来采取“统一领导、分级管理、集中监督、分别核算”的管理体制，实行全国联行往来、分行辖内往来、支行辖内往来三级管理的联行体制。

1. 全国联行往来。

全国联行往来由商业银行总行统一管理，适用于同一商业银行系统内不同省、市、自治区各行处之间的资金账务往来。参加全国联行往来的行处，经总行批准，由总行发给全国联行行号和联行专用章，按总行规定的联行往来制度办理联行账务，并由总行负责监督结清。

2. 分行辖内往来。

由商业银行内部省、自治区和直辖市分行管理。凡经商业银行省级分行核准，颁发给分行之间的资金账务往来，按分行辖内往来制度办理。

3. 支行辖内往来。

凡经县级支行核准，有辖内联行行号和专用章的行处，对本县内各行处之间资金账务往来，按支行辖内往来制度办理。

（二）商业银行经营组织的网络机能

从目前我国商业银行组织架构看，一般采取总分行层层授权经营的管理体制，主要分为总行、分行、支行等几个层次。有的支行下设分理处及储蓄所。其中，总行与分行属于管理机构，一般不经营各项具体业务；而支行、分理处及储蓄所作为基层网点，从事具体经营业务。支行、分理处主要办理公司业务，而储蓄所不作为独立的会计主体，业务仅限于个人业务。这种分层管理、分级经营的体制必然要求上下级机构作为独立的会计主体，对日常经营过程中发生的各种款项往来进行核算并定期对账，由此产生了总行、分行、支行之间的系统内往来以及支行内的辖内往来的核算要求。

商业银行系统内部往来是指同一银行系统内各行处之间，由于办理结算、资金调拨等业统内资金的调拨与清算以及银行间横向的资金融通，都需要通过银行之间进行。这些资金的划拨清算，很少部分是在同一个银行办理，绝大部分在两个银行间进行，除同城票据交换外，必然导致各行处之间发生相互代收、代付资金。可见，联行往来是办理同一银行系统内异地结算业务和资金划拨清算的重要工具。

从资金运行的效率适度与技术配合视角看，这种“全国联行往来、分行辖内往来、支行辖内往来”的三级管理体制，主要适用于采取手工联行模式的环境。1999 年以后，商业银行致力于联行清算系统的技术改革，推进了资金汇划清算系统（又称实时汇兑系统），从而能够将商业办理跨行结算的资金汇划与其资金清算紧密相联，消除了在途资金现象，真正实现了联行零汇出差目标。

（三）联行往来业务核算的基本环节

联行往来核算是随着相关电子技术系统的进步而逐步改进的。近年来，各家商业分行系统内联行往来的核算系统不断更新，承载业务量不断加大，资金划拨速度不断提高，账务核对更加及时严密，在途资金明显下降，资金清算更加及时。不过，联行核算总是存在着四个基本环节，即发、收报行日常往来；往来账核对；资金存欠清偿和年终结平。

1. 日常往来环节。当有关业务引起发、收报行之间资金的相互往来时，双方行处需要编制报单、收受报单以及分别记载往账和来账，这是联行往来核算的基础环节。通常主要有横向往来和纵向往来两种做法：前者是发报行直接向收报行填发报单，后者是在业务发生后，发报行向联行往来的管理行填发报单，通过管理行将资金汇划信息转发给收报行，发、收报行之间不直接发送汇划信息，但账务仍分别按往账、来账处理。

2. 往来核对环节。联行往账、联行来账核对是确保联行账务正确的关键环节，采用一定的对账方法，通过对联行往、来账的核对，确保联行往来账务的正确无误。在日常的横向往来模式下，其往来账的核对一般分散由收报行办理；在日常的纵向往来模式下，其往来账核对一般由管理行集中办理。采用计算机网络进行资金清算后，多为集中对账。

3. 存欠清偿环节。联行往来发生后，必然引起行与行之间的资金存欠。一般说，贷记联行往来，为应付他行资金；借记联行往来，为应收他行资金。对联行之间资金存欠清偿的方法有逐笔清偿和轧差清偿之分：逐笔清偿的，各联行往来清算行需要在管辖行开立清算账户并存入资金，应付他行资金时，管辖行借记该行的清算账户；应收他行资金时，管理行贷记该行的清算账户，联行往来业务引起的资金存欠逐笔得到清偿；轧差清算的，各联行往来经办行将一定时间内（一天或一旬）联行往来的发生额进行汇总后轧计差额，贷方发生额合计大于借方发生额合计为应付汇差，借方发生额合计大于贷方发生额合计为应收汇差。对于轧计的汇差采用抵拨或实拨资金的方式进行清算，从而结清联行之间的资金存欠。

4. 年终结平环节。年终结平是为了验证年内全部联行往账和来账数字是否一致，而在年度终了以后按规定处理的一个环节。联行往来账务一般要划清年度，每年年终截止当年的往账，而在年度终了后的一定时间内，清查上年度联行往来未达账项，并在未达账项查清后，将上年联行往来划转管辖行，予以汇总结平。

二、全国联行往来的核算

（一）全国联行往来的基本做法

在我国，各商业银行总行都建立了内部的清算系统，对本系统内的联行分别作出了具体规定，其基本要点主要是：

1. 直接往来，分账核算。当两个银行之间发生资金账务往来时，可直接填制寄发联行报单。填发报单的行处称为发报行，收受报单的行处称为收报行，将联行往来账务划分为往账和来账两个系统。发报行核算往账，收报行核算来账，严格划分往来账系统，往账与来账分别核算。

2. 集中监督，逐笔对账。联行往来的账目由总行电子计算中心集中进行监督，以确保联行账务的正确性。具体分为两种：一是集中监督，分散核对。即各发报行将联行往账通过联行往账报告表的形式集中至总行电子计算中心，由总行电子计算中心编制对账表寄各收报行，由其逐笔对账；二是集中监督，集中对账。即发报行和收报行将各自的联行往、来账，均通过联行往、来账报告表的形式集中至管辖分行，由管辖分行根据要求通过电脑录入传输至总行对账中心，由总行对账中心按月设户，逐笔配账，分查清。

3. 划分年度，查清结平。联行往来账务以年度为界限，分年度查清未达账项，结平往来账务。在新年度开始时，各行应将上年末联行往来科目余额，不需要通过编制会计分录，而直接过入上年联行往来科目内。待上年度联行往来未达账项全部查清后，将上年度联行往来科目余额划转到管辖行，并由总行轧平结清。

（二）全国联行往来核算的会计科目设置

总行、分行、支行之间的业务往来主要是指系统内行处之间因日常结算渍金清算和经营管理需要而相互存放、缴纳和借入（借出）的各种款项。

为了核算下级行与上级行之间涉及的资金往来业务，应设置如下会计科目：

“存放同业——系统内上存款项”科目，用来分别核算缴存上级行的活期款项和定期款项。

“同业存放——系统内款项存放”科目，用来分别核算上级行收到的系统内下级行缴存来的活期款项和定期款项。

“其他应付款——系统内借入资金”和“其他应收款——系统内借出资金”科目，用来分别核算按规定系统内行处借入和借出的资金。

（三）下级行与上级行之间涉及活期存款往来业务的核算

1. 下级行向上级行缴存或退回活期存款业务的核算。

下级行向上级行缴存或退回活期存款资金，可通过中国人民银行实汇资金和转账两种方法处理。转账包括已存上级行活期存款与定期存款相互转存、存上级行活期存款与向上级行临时借款转账等方式。

【例9-4】20×9年3月，某商业银行甲分行向总行上存活期存款8 000万元，其中：通过存总行定期存款转活期存款3 000万元，向总行临时借款2 000万元，通过中国人民银行实汇资金3 000万元。

甲分行的会计处理如下：

(1) 甲分行会计部门根据本行资金部门的资金调拨通知单办理定期存款转活期存款，作会计分录如下：

借：存放同业——系统内上存款项（活期款项）——清算款项（总行）　30 000 000

　　贷：存放同业——系统内上存款项（定期款项）——总行　30 000 000

(2) 甲分行会计部门收到本行资金部门向上级行临时借款转入活期存款的书面通知后，作会计分录如下：

借：存放同业——系统内上存款项（活期款项）——清算款项（总行）　20 000 000

　　贷：其他应付款——系统内借入资金——总行　20 000 000

(3) 甲分行会计部门根据资金部门提供的汇款书面通知书，填制汇款凭证送交中国人民银行办理汇款手续，作会计分录如下：

借：存放同业——系统内上存款项（活期款项）——清算款项（总行）　30 000 000

　　贷：存放中央银行款项　30 000 000

与甲分行的上述账务处理相对应，总行的会计处理如下；

(1) 总行会计部门根据收到的资金调拨通知单办理定期存款转活期存款，作会计分录如下：

借：同业存放——系统内款项存放（定期款项）——甲分行户　30 000 000

　　贷：同业存放——系统内款项存放（活期款项）——甲分行户（清算款项）　30 000 000

(2) 总行会计部门收到资金部门填制的甲分行从总行临时借款补充上存活期存款通知书时，作会计分录如下：

借：其他应收款——系统内借出资金——甲分行户　20 000 000

　　贷：同业存放——系统内款项存放（活期款项）——清算款项（甲分行户）　20 000 000

(3) 总行会计部门根据中国人民银行的收账通知，作会计分录为：

借：存中央银行存款　30 000 000

　　贷：同业存放——系统内款项存放（活期款项）——甲分行户　30 000 000

2. 调整缴存存款准备金的核算。

法定存款准备金由各分行按规定比例逐级汇总到总行，再由总行统一划缴中国人民银行。商业银行的基层行第一次缴存款项时，于旬末编制“一般存款科目余额表”（格式与“缴存财政性存款科目余额表”相同）报上级行，并按规定的比例计算出应缴存的金额，然后通过内部汇划将存款逐级划至总行（各商业银行汇划准备金存款的会计处理由各自总行决定，各行的具体做法在此不再详述）。第二次及以后调整缴存款时，仍于每旬末编制“一般存款科目余额表”报上级行，并按规定比例计算出应缴存的金额，然后与上旬已缴存的金额进行比较，得出本旬增加（或减少）数额，通过内部汇划与总行清算资金。各商业银行总行将汇总全行的旬末“一般存款科目余额表”报所在地中国人民银行，根据汇总的余额表的合计数，按规定的比例计算出应缴存的金额，即为全行应缴存中国人民银行存款准备金的余额。

法定存款准备金的逐级上划是通过调整“同业存放——系统内存放（活期款项）——存款准备金”的余额来实现的。调整“同业存放——系统内存放（活期款项）——存款准备金”的主要业务处理方式有通过电子汇划系统汇划、内部转账等。一级分行于旬后 4 日内向总行办理缴存手续，二级分行以下的有关缴存手续由各行自行规定。上级行发现下级行有欠缴、缴存不足或超过规定时间不缴存的现象，根据有关规定处以罚息。上级行对下级行收取的罚息作冲减“利息支出——系统内往来利息支出”处理，而下级行作冲减“利息收入——系统内往来利息收入”处理。

【例 9-5】 20×9 年 3 月 31 日，工商银行甲、乙、丙三个分行的一般性存款余额分别为；100 000 万元、150 000 万元和 200 000 万元，已上缴总行存款准备余额分别为：5 000 万元、10 000 万元和 2 000 万元。现行法定存款准备金缴存率为 6%。甲分行采取活期存款转账的方式增加存款准备；乙分行将存款准备多余部分转入定期存款；丙分行月末存总行活期存款为 5 000 万元，4 月 5 日通过中国人民银行实汇资金补缴欠缴存款准备。总行规定旬后 4 日内缴存。欠缴按日利率 3‰处以罚息。

甲分行的会计处理如下：

甲分行计算应补缴金额 = 100 000 × 6% - 5 000 = 1 000（万元）

甲分行会计部门根据资金部门提供的活期存款转账通知单，作会计分录如下：

借：同业存放——系统内款项存放（活期款项）——存款准备金

10 000 000

贷：存放同业——系统内上存款项（活期款项）——清算款项（总行）

10 000 000

乙分行的会计处理如下：

乙分行退缴存款准备金数额 = 10 000 - 150 000 × 6% = 1 000（万元）

借：存放同业——系统内上存款项（定期款项）——总行

10 000 000

贷：存放同业——系统内上存款项（活期款项）——存款准备金

10 000 000

丙分行会计处理如下：

丙分行计算应补缴金额 = 200 000 × 6% - 2 000 = 10 000（万元）

（1）丙分行会计部门根据资金部门提供的活期存款转账通知单，编制会计分录为：

借：同业存放——系统内款项存放（活期款项）——存款准备金

25 000 000

贷：存放中央银行款项　　25 000 000

（2）4 月 5 日，丙分行会计部门根据中国人民银行的汇款回单，编制会计分录如下：

借：同业存放——系统内款项存放放（活期）——存款准备金

75 000 000

利息收入——系统内往来利息收入　　22 500

贷：存放中央银行款项　　75 022 500

总行的会计处理如下：

借：同业存放——系统内款项存放（活期）——清算款项（甲分行）

10 000 000

同业存放——系统内款项存放（活期）——存款准备金（乙分行）

10 000 000

同业存放——系统内款项存放（活期）——清算款项（丙分行）

25 000 000

存放中央银行款项　　75 022 500

贷：同业存放——系统内款项存放（活期）——存款准备金

（乙分行）　10 000 000

同业存放——系统内款项存放（活期）——存款准备金

（甲分行）　10 000 000

同业存放——系统内款项存放（活期）——存款准备金

（丙分行）　100 000 000

利息支出——系统内往来利息支出　22 500

3. 经营调节基金的核算。

经营调节基金的计缴是商业银行统一法人制度的客观要求，是总行统一调度资金的重要手段，其作用等同于第二准备金。总行根据内外部经营情况，要求各分行按一定比例向总行上缴经营调节基金。总行集中的经营调节基金主要用于确保全行资金支付、总行直接经营、实现灵活调度头寸、改善资产结构、提高资产流动性的目的。计缴基数一般为全口径存款，计缴比例由总行根据实际情况确定。

（1）以实汇资金方式上缴经营调节基金。经办行会计部门根据资金部门提供的"上缴经营调节基金通知单"填制汇款凭证、办理汇款手续，以中国人民银行回单为依据，作会计分录为：

借：存放同业——系统内上存款项（活期款项）——经营调节基金

×××

贷：存放中央银行款项　×××

上级行收到下级行上缴的经营调节基金后，以中国人民银行的收账通知为依据，作会计分录为：

借：存放中央银行款项　×××

贷：同业存放——系统内款项存放（活期款项）——经营调节基金

×××

（2）以上存资金方式上缴经营调节基金。经办行资金部门根据应划交的经营基金数额，填制"上缴经营调节基金通知单"。交会计部门入账，作会计分录如下：

借：存放同业——系统内上存款项（活期款项）——经营调节基金

×××

贷：存放同业——系统内上存款项（活期款项）——清算款项

×××

或贷：存放同业——系统内上存款项（定期款项） ×××

上级行会计部门收到“上缴经营调节基金通知单”后，作会计分录如下：

借：同业存放——系统内款项存放（活期款项）——清算款项 ×××

贷：同业存放——系统内款项存放（活期款项）——经营调节基金 ×××

（四）下级行与上级行之间涉及定期存款往来业务的核算

涉及下级行与上级行之间涉及定期存款往来业务的，其会计核算与活期存款相类似，现举例说明其具体核算。

【例9-6】 20×9年2月，甲商业银行发生如下业务：

（1）5日，通过中国人民银行向总行实汇资金5 000万元作为定期存款。

（2）10日，由于活期存款比较充足，将2 000万元转存定期。

（3）16日，从总行借款1 500万元到期，由于活期存款不足，以定期存款归还借款。

甲分行的会计处理如下：

5日，甲分行会计部门根据资金部门提供的汇款书面通知书，填制汇款凭证送交中国人民银行办理汇款手续，作会计分录如下：

借：存放同业——系统内上存款项（定期款项）——总行 50 000 000

贷：存放中央银行款项 50 000 000

10日，甲分行会计部门根据资金部门提供的活期存款转存定期存款的通知书，作会计分录如下：

借：存放同业——系统内上存款项（活期款项）——总行 20 000 000

贷：存放同业——系统内上存款项（活期款项）——清算款项（总行） 20 000 000

16日，甲分行会计部门根据资金部门提供的定期存款归还借款通知书，作会计分录如下：

借：其他应付款——系统内借入资金——总行 150 000 000

贷：存放同业——系统内上存款项（活期款项）——总行 150 000 000

总行的会计处理如下：

5日，总行会计部门根据中国人民银行的收账通知，作会计分录如下：

借：存放中央银行款项　　50 000 000

　贷：同业存放——系统内款项存放（定期款项）——甲分行

　　50 000 000

10日，总行会计部门根据资金部门出具的甲分行活期转定期通知。作会计分录如下：

借：同业存放——系统内款项存放（活期存款）——清算款项（甲分行）　　20 000 000

　贷：同业存放——系统内款项存放（定期款项）——甲分行

　　20 000 000

16日，总行会计部门根据资金部门出具的甲分行定期归还借款通知，作会计分录如下：

借：同业存放——系统内存放（定期款项）——甲分行

　　15 000 000

　贷：其他应收款——系统内借出资金——甲分行　　15 000 000

三、支行辖内往来的核算

（一）支行辖内往来核算的内容和基本规定

1. 支行辖内往来核算的内容。

支行辖内往来主要核算支行辖内派出机构与被派出机构（包括储蓄所、代办所、分理处以及其他被派出机构）之间发生的代收、贷款资金划转业务。支行辖外的各种往来业务，不得使用辖内往来科目核算。

支行辖内往来核算的业务范围主要有：（1）处、所委托其派出行相互代为划转的结算资金；（2）处、所与其派出行之间相互代收、代付结算资金划转；（3）委托办理“储蓄存款异地托收”款项的划回与承付；（4）发行、兑付国库券以及各种债券本金及利息的上划与下拨；（5）同城储蓄通存通兑需通过辖内往来划转的；（6）处、所的库存限额以上的现金交回派出行或从派出行提取现金；（7）财会部门内部（台专柜）之间的有关往来款项。

2. 支行辖内往来核算的基本规定。

（1）辖内往来的核算只限于结算资金，对于处、所发生的费用均由派出机构财会部门根据有关规定直接办理。

（2）使用“清算资金往来——辖内往来”科目进行会计核算，只限于派出机构与其所属处、所之间划转，属跨越派出机构的，先经派出机构与派出机构之间通过“系统内往来”划转，然后再各自用辖内往来在辖内划转。

（3）辖内往来报单由先发生业务的处、所签发，现金的收付由现金付出方签发辖内往来报单。

（4）辖内往来账目的核对，每天由各处、所主动向派出机构对账，派出机构按月与所属处、所进行定期签证对账。

（二）支行辖内往来划收、划付款业务的核算

1. 辖内往来划收款业务的核算。

支行辖内派出机构（或被派出机构）根据有关业务凭证填制“辖内往来划收款报单”。“辖内往来划收款报单”一式两联。一联为通知联，一联为存根联。在通知联上加盖“业务章”及经办、复核人名章后，连同有关业务凭证内部传送被派出机构（或派出机构）。存根联和有关业务凭证加盖“转讫章”后，办理转账。其会计分录为：乙储蓄所的会计处理为：

借：××科目——××户　　　　×××

　　贷：清算资金往来——辖内往来——××行往来户　　　　×××

派出机构接到转来的辖内往来划收款报单（通知联）及有关凭证，作会计分录如下：

借：清算资金往来——辖内往来——××行往来户　　　　×××

　　贷：××科目——××户　　　　×××

2. 辖内往来划付款业务的核算。

按规定范围办理代付款业务时，根据有关业务凭证，填制“辖内往来划付款报单”一式两联。代付款业务的核算比照代收业务手续办理，记账时作相反的会计分录。

【例9-7】20×3年2月5日，李华在中国工商银行上海市徐汇支行甲储蓄所开立活期储蓄账户，并存入10 000元。15日，李华就近在徐汇区的乙储蓄所取现金5 000元。

甲储蓄所的会计处理为：

借：吸收存款——李华　　　　10 000

　　贷：清算资金往来——辖内往来——徐汇支行　　　　10 000

乙储蓄所的会计处理为：

借：清算资金往来——辖内往来——徐汇支行　　5 000

　　贷：现金　　5 000

徐汇支行的会计处理为：

借：清算资金往来——辖内往来——甲储蓄所　　5 000

　　贷：清算资金往来——辖内往来——乙储蓄所　　5 000

（三）辖内往来账目的核对

辖内往来的账目核对主要采取以下两种办法：

1. 逐笔划款对账。

采取逐笔划款对账，收受行记载“辖内往来”时，应校对本笔报单编号与上一笔报单编号是否衔接，报单上所列余额是否与账户余额相符，如发现余额不符，应以账务联系书或电话查询方式进行查询，查询情况要有记录。签发行接到查询后，应及时查明原因并答复收受行，由错账单位更正。

2. 按旬定期签证对账。

按旬定期签证对账的具体对账方法如下：

（1）辖内往来业务的凭证与账簿必须由会计事后稽核人员（或会计主管）按日勾对。

（2）按旬对账。每旬后 2 日内，由被派出机构根据记载“辖内往来”账户的旬末余额，逐户填制“辖内往来对账签证单”一式两联，并注明最后一笔账目的划款报单编号，逐联加盖“业务章”，一并寄派出机构。派出机构收到对账签证单后，应在两日内核对完毕。相符的，在两联对账签证单上加盖“业务章”寄回被派出机构一联；不符的，应以业务联系书或电话向对方查询，待双方查询相符后，再办理签证。

（3）勾对副本账页。各行处（包括储蓄所）的副本账页应及时打印，送管辖行会计部门指定专人逐笔勾对，月末未满的账页也应打印后送管辖行逐笔勾对，并由具体经办人员在账页上签章确认。

四、资金汇划清算系统

资金汇划清算系统是商业银行办理结算资金和内部资金汇划与清算的工具，是一套集汇划业务、清算业务、结算业务等于一体的综合性应用系统。主要适用于中国工商银行汇票系统的清算活动。这一系统的特征是以资金汇划来替代传统的联行业务，从根本上改变“先汇划，后清算，动账不动钱”的联行体制，是对联行体制的重大改革。资金汇划清算系统是办理结算资金和内部资金汇划与清算，通过电子计算机网络采用逐级传输方式来完成的划拨过程。

（一）操作流程

1. 资金汇划系统的构成。

资金汇划系统由汇划业务经办行、清算行、省分行和总行清算中心通过计算机网络组成。

经办行是具体办理结算资金和内部资金汇划业务的行处，汇划业务的发生行是发报经办行，汇划业务的接收行是收报经办行。

清算行是在总行清算中心开立备付金存款账户，办理其辖属行处汇划款项清算的分行，包括直辖市分行、总行直属分行及二级分行（含省分行营业部）。省区分行在总行开立备付金户，只办理系统内资金调拨和内部资金利息汇划。

总行清算中心是办理系统内各经办行之间的资金汇划、各清算行之间的资金清算及资金拆借、账户对账等账务的核算和管理的部门。

2. 清算基本程序。

各发报经办行根据发生的结算等资金汇划业务录入数据，全部及时发送至发报清算行；发报清算行将辖属各发报经办行的资金汇划信息传输给总行清算中心；总行清算中心对发报清算行传输来的汇划数据即时传输给收报清算行；收报清算行当天或次日将汇划信息传输给收报经办行，从而实现资金汇划业务。其过程如图 9－4 所示。

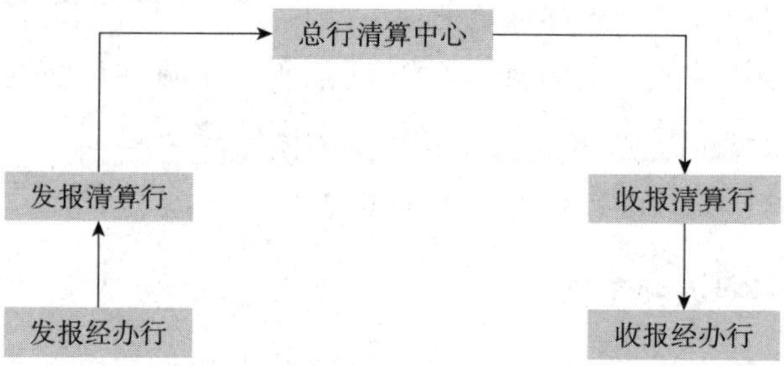

图 9－4　资金汇划系统算基本程序

图中，清算行处在信息中转的地位，既要向总行清算中心传输发报经办行的汇划信息，又要向收报经办行传输总行清算中心发送过来的汇划业务信息。资金汇划的出口/入口均反映在清算行，使其可以控制所辖属经办行的资金汇划与清算。

3. 清算基本要求。

资金汇划清算的基本做法是：实存资金，同步清算，头寸控制，集中监督。实存资金是指以清算行为单位在总行清算中心开立备付金存款账户，用于汇划款项时资金清算；同步清算是指发报经办行通过其清算行经总行清算中心将款项汇划至收报经办行，同时，总行清算中心办理清算行之间的资金清算；头寸控制是指各清算行在总行清算中心开立的备付金存款账户，保证足额存款，总行清算中心对各行汇划资金实行集中清算。清算行备付金存款不足，二级分行可向管辖省区分行借款，省区分行和直辖市分行、直属分行头寸不足可向总行借款；集中监督是指总行清算中心对汇划往来数据发送、资金清算、备付金存款账户资信情况和行际间查询查复情况进行管理和监督。

（二）会计科目及会计凭证

1. 会计科目。

（1）“存放同业——系统内上存款项”科目，属资产类，余额通常反映在借方。本科目反映各清算行存放在总行的结算备付金、省区分行存放在总行的备付金和二级分行存放在省区分行的调拨资金。该科目为省区分行、直辖市分行、总行直属分行、二级分行使用。

（2）“同业存放——系统内款项存放”科目，属于负债类，余额通常反映在贷方。本科目反映各清算行在总行的结算备付金存款、省区分行在总行的备付金存款以及二级分行在省区分行的调拨资金存款。该科目为总行、省区分行使用。

（3）“清算资金往来——辖内往来”科目。本科目反映各经办行与清算行往来款项有清算情况，属共同类科目，余额轧差反映。

2. 会计凭证。

（1）资金汇划补充凭证。资金汇划补充凭证是收报行接收来账数据后打印的凭证，是账务记载的依据和款项已入账的通知。该凭证分为“资金汇划（借方）补充凭证”和“资金汇划（贷方）补充凭证”。

（2）辖内往来汇总记账凭证。辖内往来汇总记账凭证是各经办行与清算行处理往来款项及清算所使用的凭证。

（三）资金汇划款项的处理

1. 发报经办行的处理。

经办人员根据汇划凭证录入有关内容。如为贷报业务，会计分录如下：

借：吸收存款　　×××

　　贷：清算资金往来——辖内往来　　×××

如为借报业务，会计分录相反。

业务数据经过复核、按规定权限内授权无误后，产生有效汇划数据，发送至清算行。日终处理为：首先打印“辖内往来汇总记账凭证”；打印“资金汇划业务清单”，作“辖内往来汇总记账凭证”附件。接着核对数据。手工核对当天原始汇划凭证的笔数、金额合计与“资金汇划业务清单”发送借、贷报笔数、合计数及“辖内往来”发报汇总借、贷方凭证笔数、发生额核对一致。各种汇划凭证处理如下：

（1）电子汇兑凭证第三联、邮划异地托收承付、委托收款凭证第四联、银行卡凭证、银行汇票、银行承兑汇票凭证的第二、三联、储蓄旅行支票等作“辖内往来”科目凭证的附件。

（2）对作“信汇付款指令”处理的信汇业务，应在信汇凭证第三联上加盖用于全国结算业务的结算专用章后，连同第四联邮寄收报经办行。“信汇付款指令”即在客户委托银行办理信汇业务时，发报行将款项仍通过资金汇划清算系统划拨，有关凭证通过邮局寄发。

2. 发报清算行的处理。

清算行收到发报经办行传输来的跨清算行汇划业务后，计算机系统自动记载“系统内上存款项”科目和“辖内往来”科目有关账户。经过按规定权限授权、编押及账务处理后由计算机系统自动传输至总行。如遇清算行在总行清算中心备付存款不足时，“上存总行备付金”账户余额可暂时在贷方反映，但清算行要迅速筹措资金补充备付金头寸。清算行日终处理除使用“系统内上存款项”科目和向总行传输对账数据外，其余与发报经办行相同。

3. 总行清算中心的处理。

总行清算中心收到各发报清算行汇划款项，由计算机系统自动登记后，将款项传送至收报清算行。每日营业终了更新各清算行在总行开立的备付金存款账户。

4. 收报清算行的处理。

收报清算行收到总行清算中心传来的汇划业务数据，计算机系统自动检测收报经办行是否为辖属行处，并经核押无误后自动进行账务处理。处理方式分为分散管理模式和集中管理模式两种（只能选择其一）。

（1）实时汇划业务的处理。收报清算行收到总行清算中心传来的实时汇划数据后，即时代辖属经办行记账。

（2）批量汇划业务的处理。收报清算行收到总行清算中心传来的批量汇划数据后，日终进行挂账处理。会计分录与分布式批量处理收到挂账的会计分录相同。

5. 收报经办行的处理。

收报经办行收到清算行传来的批量、实时汇划业务，经检查无误后，打印“资金汇划（借方）补充凭证”或“资金汇划（贷方）补充凭证”一式两份，并自动进行账务处理。

日终处理为：每日营业终了，收报经办行应分别按借、贷报打印“资金汇划业务清单”，与借方或贷方“辖内往来汇总记账凭证”、借方或贷方“资金汇划接收处理清单”“资金汇划借方（贷方）补充凭证”核对相符。

（四）资金清算

商业银行系统内备付金存款系指清算行和省区分行因办理客户结算业务和内部资金汇划以及正常资金调拨需要而在总行清算中心开设的备付金账户中的存款。不包括分行缴存总行的法定存款准备金、二级存款准备金、定期存款和总行规定缴存的其他资金。

1. 清算行向总行清算中心上存备付金。

可通过人民银行将款项直接存入总行清算中心。会计分录为：

借：其他应收款 ×××

　　贷：存放中央银行款项 ×××

2. 二级分行向管辖省区分行上存用于调拨的资金。

上存时填制特种转账凭证进行账务处理。会计分录为：

借：其他应收款 ×××

　　贷：存放中央银行款项 ×××

（五）对账

对账是保证总行、清算行、经办行之间资金汇划及时、准确、安全的主要手段，是会计监督体系的重要组成部分。

各清算行每日营业终了自动将汇划业务及资金清算明细数据逐级上传进行明细对账；省区分行收到上传的明细数据后与辖属各清算行汇业务明细数据及清算信息配对对账；总行收到传来的明细数据后，与各行在总行的“系统内款项存放”科目有关账户汇划业务明细数据及清算信息配对对账，并将对账结果逐级下传，发现疑问要发出对账差错信息，同时登记“对账差错登记簿”；各行每日接收总行发出的对账差错信息后，打印差错清单，在5个工作日内必须查清原因，并按规定处理完毕，保证满足上日明细账务在5个工作日内查清的要求；如发出对账差错信息5个工作日后尚未查清，总行重新发出第二次对账差错信息，保证总行、清算行、经办行之间资金汇划的及时、准确、安全。

第十章 商业银行外汇业务核算

本章精要

随着中国经济与国际经济的一体化步伐加快，国内外之间的贸易与非贸易往来的结算业务已经不再是稀罕之物了，围绕着内外商品流、信息流、人员流甚至资本流的涌动，商业银行的外汇业务也随即增加起来了。

本章需要关注四个问题。首当其冲的自然是外汇业务核算概述，在理解外汇概念与内容、汇率两种表示方法（即直接标价法与简接标价法）的基础上，还要全面、准确地理解外汇业务核算的特点，特别是需要掌握外汇分账制和以单式凭证为主，同时兼用复式凭证的特殊性。其次是掌握外汇买卖业务的核算，理解在商业银行按一定汇率卖出一种货币或买入一种货币的外汇买卖行为中，存在着汇买价、汇卖价（钞卖价）、钞买价、中间价 4 种标价及其适用的政策选择问题。掌握外汇买卖科目和外汇买卖凭证，并且掌握商业银行买汇的处理、卖汇的处理和套汇的处理；其三是掌握外汇存贷款业务的核算，外汇存款核算分为开户及存入、支取、计息等三个环节，而外汇贷款方面，则要掌握短期外汇贷款、买方信贷和进出口押汇业务，对每一种业务的重点环节都需要掌握其处理方法；其四是熟练掌握国际贸易与非贸易业务的核算，尤其是掌握信用证结算、托收与代收及以汇兑结算方式下的处理要求与技术。

第一节 商业银行外汇业务概述

经济的发展、技术的进步，越来越淡化了国界的限制，而强化了国际间的融合。国际合作与交往的深化，尤其是在当今世界经济一体化、金融自由化浪潮席卷全球的背景下，作为货币结算工具，商业银行的外汇业务日益增多，外汇业务的会计核算也已经成为整个商业银行会计核算体系中的重要组成部分。

一、外汇和汇率

（一）外汇的概念及其分类

外汇是指可以用作国际清偿的支付手段和资产，包括外国货币（即纸币、铸币）、外币支付凭证（即票据、存放中央银行款项凭证、邮政储蓄凭证等）、外币有价证券（即政府债券、公司债券、股票等）、特别提款权①和其他外汇资产。

为便于管理，通常可以对外汇按不同的标准进行分类。

1. 按照外汇的实物形态，可以分为现钞和现汇。现钞是指各种外币钞票、铸币等；现汇又称转账外汇，是国际汇兑和国际间非现金结算中用以清偿国际间债权债务的外汇。

2. 按照外汇的来源和用途，可以分为贸易外汇和非贸易外汇。贸易外汇是一国进出口贸易所收付的外汇及与进出口贸易有关的从属费用外汇，如货款、运输费、保险费、佣金、广告费等，是外汇收入的重要来源；非贸易外汇是一国进出口贸易以外所收付的各项外汇，如旅游、邮电、航运、对外承包工程等收入和支出的外汇，以及图书、电影、邮票、代理及服务、个人和团体出国差旅费等。

3. 按照外汇交易交割期，可以分为即期外汇与远期外汇。即期外汇交易又称现汇交易，指交易双方以当天外汇市场的价格成交，并在当天或第二个营业日进行交割的一种外汇业务；远期交易又称期汇交易，指外汇买卖成交后，根据合同规定，在约定的到期日，按约定的汇率办理收付交割的外汇交易。常见的远期交易主要是30天远期、90天远期和180天远期。

4. 按照流通性能，可以分为自由外汇和记账外汇。自由外汇是不需要经货币发行国当局批准，在国际金融市场上可自由兑换成其他国家货币，同时

① 特别提款权（Special Drawing Rights，SDR）是国际货币基金组织（IMF）创设的一种用于会员国之间结算国际收支逆差的储备资产，是IMF对会员国根据其份额提供的所分配的可以用来归还基金组织贷款和会员国政府之间偿付国际收支赤字的账面资产。

在国际结算中可以充当支付手段和流通的外汇。记账外汇也称双边外汇或协定外汇，是根据两国政府有关贸易清算协定所开立的清算账户下的外汇，这种外汇不能兑换成其他货币，也不能支付给第三国。

（二）汇率的概念及其分类

汇率是一国货币和另一国货币相互折算的比率，即以一国货币表示的另一国货币的价格。汇率有两种标价方法：直接标价法和间接标价法。前者是以一定单位的外国货币为标准折算成若干单位本国货币来表示的汇率；后者则是以一定的本国货币为标准折算成若干单位的外国货币来表示的汇率如我国人民币汇率表示为 1 美元 = 7.00 人民币元（即用 RMB700/USD100 表示）。除美国和英国等少数国家的汇率采用间接标价法以外，世界上绝大多数国家的汇率都是采用直接标价法。依据不同的标准，汇率可进行如下分类：

1. 基本汇率和套算汇率。

基本汇率是本国货币与基准货币或关键货币的兑换率。关键货币是各国国际收支中使用最多的货币，一般选择国际上普遍接受的可自由兑换货币，它往往是本国外汇储备中比重最大的货币。套算汇率则是根据基本汇率计算的本国货币和其他国家货币的兑换率。

2. 买入汇率、卖出汇率和中间汇率。

买入汇率又称买入价，是银行买入外汇时所使用的汇率。卖出汇率又称卖出价，是银行卖出外汇时所使用的汇率。买入价一般低于卖出价，银行位于其中，借以赚取差价。买入汇率又分为钞买价和汇买价。钞买价是外汇指定银行买入外汇现钞时所使用的汇率，汇买价则是外汇指定银行买入外汇时所采用的汇率。由于外币现钞不能在本国境内作为支付手段，银行收兑外钞后，必须将现钞运至其发行国或伦敦等国际金融中心收账或出售，并要支付运费、保险费等，这些费用都要从买入现钞汇率中扣除，因此外币现钞的买入价要低于汇买价。同样的，卖出汇率也分为钞卖价和汇卖价，只不过两者相等。中间汇率又称中间价，是买入价和卖出价的算术平均数。

3. 即期汇率和远期汇率。

即期汇率是指在买卖成交后的两个营业日内办理交割的汇率。远期汇率是指买卖双方约定在未来一定日（期两个交易日以后）进行外汇交割所使用的汇率。某一时点的远期汇率和即期汇率一般不等，二者的差额称为远期外汇升水或远期外汇贴水。

二、外汇业务的内容和特点

（一）外汇业务的内容

外汇业务就是具备相关资格的银行和其他金融机构所从事的与外汇交易及其结算相关的业务。需要注意的是，根据《银行外汇业务管理规定》，银行的外汇业务范围包括：（1）外汇存款；（2）外汇汇款；（3）外汇贷款；（4）外汇借款；（5）发行或代理发行股票以外的外币有价证券；（6）外汇票据的承兑和贴现；（7）外汇投资；（8）买卖或代理买卖股票以外的有价证券；（9）自营或代客外币买卖；（10）外汇兑换；（11）外汇担保；（12）贸易、非贸易外汇结算；（13）资信调查、咨询、鉴证业务；（14）国家外汇管理局批准的其他外汇业务。

（二）外汇业务的特点

与国内业务相比，外汇业务具有如下特点：

（1）外汇业务涉及不同国家的货币及其相互间的兑换；（2）外汇业务在金融管理和业务标准方面要符合国际惯例；（3）外汇业务要求具有完善的信息系统和高度灵活的经营管理机制；（4）外汇业务风险性较大，需要解决汇率风险和利率风险；（5）外汇业务牵涉到国内外的多个交易主体和监管机构，种类繁多，内容复杂；（6）办理外汇业务要求拥有广泛的代理行关系并在海外设有分支机构。

三、外汇业务会计核算的记账方法

商业银行在发生外币业务时，需要同时进行人民币与外币价值的核算，其具体的核算方法，可以采用比较简单的外汇统账制，也可以采用比较系统、细致的外汇分账制核算：

（一）外汇统账制

外汇统账制又称本币记账法，就是在每一笔外币业务发生时，对涉及的外国货币，均按一定的比价折合成本位币记账的一种记账方法。

（二）外汇分账制

外汇分账制又称原币记账法，是指在外汇业务发生时，凡是有人民币外汇牌价的外汇，都按照原币填制凭证、登记账簿、编制报表，而不是按汇率折成本位币记账，以全面反映各种外币资金增减变动情况。这种记账方法的具体要求是：

（1）以各种原币分别设账，即本币与各种外币分账核算。所谓分账，是指各种外币都自成一套独立的账务系统，平时每一种分账货币都按照原币金额填制凭证、登记账簿、编制报表，无论境内或港澳台及国外银行间进行外汇划转，均应填制原币报单，记原币账，如实反映各种外币的数量和价值。

（2）设置“货币兑换”科目，以沟通和联系不同货币之间的账务。外汇业务的会计核算，既要以不同外币单位计算各种货币价值，又要通过一定的汇率反映相应的等值本币。为了不同货币之间的换算和保证各种分账货币保持各自账务系统的完整和相对独立性，当外币与本币或其他外币兑换时，都通过“货币兑换”科目进行核算。“货币兑换”是为了实现外币分账而特设的一个科目，它在不同货币账务中起到相互联系和平衡作用，使各种外币资金运动与本币资金占用情况有机地、紧密地联系起来。

（3）年终并表，以本币统一反映财务状况和经营成果。年终决算时，各种分账货币，分别编制各自的资产负债表。各外币资产负债表按照年终外汇牌价折合成人民币，然后与原人民币资产负债表汇总合并成统一的资产负债表。

外汇分账制方法虽然复杂，但可以具体、全面地反映各种外汇资金的增减变化及余缺情况，便于外汇头寸调拨和外汇风险管理，因此商业银行一般都采用外汇分账制核算外汇业务。

外汇统账制记账法手续虽然比较简单，只设立一种账簿，但不能反映各种外币的增减变动和结存情况，不便于外汇资金的调拨运用与管理。

第二节　商业银行外汇买卖核算

我国现行的外汇管理体制规定，商业银行对各单位的外汇收入和外汇支出实行结汇、售汇制，即除按规定可以保留的外汇外，各单位的外汇收入应卖给外汇指定银行；按规定需要对外付汇的，应向外汇指定银行购汇。这样，外汇指定银行办理的外汇业务就需要进行外汇买卖。外汇买卖，又称货币兑换，它是指外汇银行在日常业务中，由于使用货币种类不同，需要把一种货币兑换成另一种货币，这种按一定汇价买入一种货币或卖出一种货币的业务，称为外汇买卖。

一、会计科目的设置

为了核算商业银行的外汇买卖业务，需要专门设置“货币兑换”科目。

“货币兑换”科目是资产与负债共同类科目，主要核算商业银行采用分账制核算外币交易所产生的不同币种之间的兑换，在办理外汇买卖、兑换、结售汇业务中，其在账务处理上起到联系和平衡作用，是外币和人民币科目之间的桥梁。本科目按币种进行明细核算。当商业银行发生的外币交易仅涉及货币性项目的，应按相同币种金额，借记或贷记有关货币性项目科目，贷记或借记本科目。当发生的外币交易同时涉及货币性项目和非货币性项目的，按相同外币金额记入货币性项目和本科目（外币）；同时，按交易发生日即期汇率折算为记账本位币的金额记入非货币性项目和本科目（记账本位币）。结算货币性项目产生的汇兑差额计入“汇兑损益”科目。

期末，应将所有以外币表示的本科目余额按期末汇率折算为记账本位币金额，折算后的记账本位币金额与本科目（记账本位币）余额进行比较，为贷方差额的，借记本科目记账本位币），贷记“汇兑损益”科目；为借方差额的作相反的会计分录。本科目期末应无余额。

相应的，需要对“货币兑换”总账科目下，进行分户账账簿的设置。“货币兑换”科目分户账是一种特定格式的账簿。它把人民币和外币金额记在一张账页上，账簿格式由买入、卖出、结余三栏组成，买入、卖出栏内又有外币、牌价和人民币三栏。结余栏则设借或贷“外币”，借或贷“人民币”两栏。

二、外汇买卖业务的核算

（一）买入外汇

商业银行买入外汇通常被称为结汇，是指境内企事业单位、机关和社会团体按国家外汇管制规定，将其取得的各类外汇收入按银行挂牌汇率结卖给外汇指定银行。外汇指定银行买入外币现汇或现钞时，支付人民币，应根据买入外币金额并按该外币现汇或外币现钞买入价折算成人民币金额，需要填制增加外币、减少本币的外汇买卖贷方传票。其会计处理原则是人民币与外币分别编制会计分录：

借：××科目　　外币×××
　　贷：货币兑换——汇（钞）买入价　　外币×××
借：货币兑换——汇（钞）买入价　　RMB×××
　　贷：××科目　　RMB×××

【例 10－1】 客户李钢持现钞 1 000 港元来行，要求兑换人民币。假设当日港币的钞买价是 RMB90/HKD100。则商业银行的会计分录如下：

借：库存现金　　HKD1 000.00
　　贷：货币兑换——钞买价　　HKD1 000.00
借：货币兑换——钞买价　　RMB900.00
　　贷：库存现金　　RMB900.00

【例 10－2】 银行从某出口单位买进美元 3 000 元，买入价 RMB715/USD100。其会计分录如下：

借：库存现金　　USD3 000.00
　　贷：货币兑换——钞买价　　USD3 000.00
借：货币兑换——钞买价　　RMB21 450.00
　　贷：吸收存款——出口单位户　　RMB21 450.00

（二）卖出外汇

银行卖出外汇即售汇，是指境内企事业单位、机关和社会团体持有关有效凭证，用人民币到外汇指定银行办理兑换外汇。外汇指定银行卖出外币现汇或现钞时，收进人民币，应根据卖出外币金额并按该外币现汇或外币现钞买入价折算成人民币金额，需要填制减少外币、增加本币的外汇买卖借方传票。其会计分录为：

借：××科目　　RMB×××
　　贷：货币兑换——汇（钞）卖出价　　RMB×××
借：货币兑换——汇（钞）卖出价　　外币×××
　　贷：××科目　　外币×××

【例 10－3】 丝绸公司经外汇管理局批准用汇，向银行兑换 10 000 美元汇往香港。假设当日美币汇卖价是 RMB713/USD100。其会计分录为：

借：吸收存款——丝绸公司　　RMB71 300.00
　　贷：货币兑换——汇卖价　　RMB71 300.00
借：货币兑换——汇卖价　　USD10 000.00
　　贷：汇出汇款　　USD10 000.00

（三）套汇

套汇（Arbitrage）是指客户用一种外币兑换另一种外币。作为银行则为买入一种外汇的同时，卖出一种外汇。外汇指定银行按挂牌人民币汇率，把一种外汇通过人民币折算，兑换成另一种外汇的业务活动。即两种不同外币之间没有直接比价，一种外汇要兑换成另一种外汇，均须通过人民币折算，买入的一种外币，按该种外币买入价折合成人民币，然后将折合的人民币数额以另一种外币的卖出价套算出另一种外币的金额。套汇的实质是以人民币为换算基础所进行的外汇现汇或现钞这种特殊商品之间的买卖关系，其原理可形象地用图 10－1 表示。

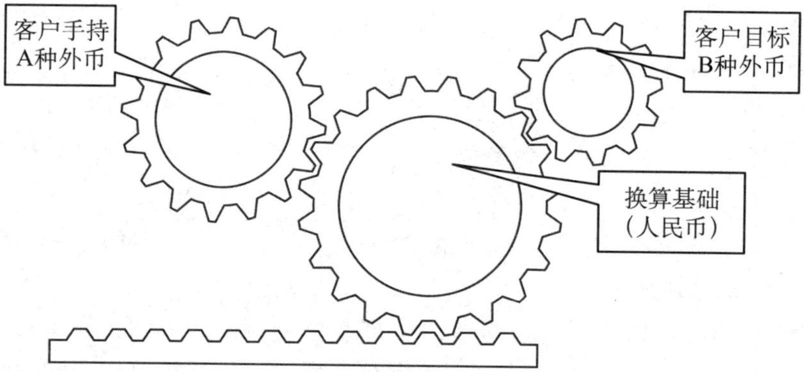

图 10－1　A 种外币与 B 种外币套汇原理图

套汇包括两种情况：一是把一种外汇兑换成另一种外汇；二是同种外币的现钞与现汇互相兑换。其套汇的会计处理也分为两类：

第一，将一种外汇兑换成另一种外汇的会计处理。商业银行的套汇业务可以分成三步，即银行买入 A 种外汇、银行通过人民币套换、银行卖出 B 种外汇，相应的分录如下：

（1）买入 A 种外汇：

借：××科目（A 种外币）　　×××

　　贷：货币兑换——汇（钞）买入价（A 种外币）　　×××

（2）通过人民币套换：

借：货币兑换——汇（钞）买入价　　RMB×××

　　贷：货币兑换——汇（钞）卖出价　　RMB×××

(3) 卖出 B 种外汇:

借: 货币兑换——汇(钞)卖出价(B 种外币) ×××

贷: ××科目(B 种外币) ×××

【例 10-4】 某商业银行经过审核东明电子公司所持外汇管理局批文，同意兑换相应外币给该公司。具体交易是：东明电子公司汇给欧元区法国某设备公司进口设备款 10 000 欧元，从其美元存款账户支付美元，购买欧元对外付汇。假设当日美元汇买价为 RMB730/USD100；欧元汇卖价为 EUR1 064/RMB100。银行的会计分录如下：

第一步，将收到的美元从客户存款转入银行兑换账户，分录如下：

借: 吸收存款 USD14 575.34

贷: 货币兑换——汇买价 USD14 575.34

借: 货币兑换——汇买价 RMB106 400.00

贷: 货币兑换——汇卖价 RMB106 400.00

第二步，将应该支付的收到的欧元转账处理，分录如下：

借: 货币兑换——汇卖价 EUR10 000.00

贷: 存放同业 EUR10 000.00

第二，将同种外币的现钞与现汇互相兑换的会计处理。其实，也可以分成三步，即银行买入 A 种外汇、银行通过人民币套换、银行卖出 B 种外汇，相应的分录如下：

(1) 买入 A 种外汇:

借: ××科目(A 种外币) ×××

贷: 货币兑换——汇(钞)买入价(A 种外币) ×××

(2) 通过人民币套换:

借: 货币兑换——汇(钞)买入价 RMB×××

贷: 货币兑换——汇(钞)卖出价 RMB×××

(3) 卖出 B 种外汇:

借: 货币兑换——汇(钞)卖出价(B 种外币) ×××

贷: ××科目(B 种外币) ×××

【例 10-5】 某外商持有美元现钞 USD1 000 元，要求汇往境外某公司。即日的美元现钞买入价 USD100 = RMB701.08，美元汇卖出价 USD100 = RMB703.50。银行的会计分录如下：

借：库存现金　　USD1 000.00
　　贷：货币兑换——钞买价　　USD1 000.00
借：货币兑换——钞买价　　RMB7 010.80
　　贷：货币兑换——汇卖价　　RMB7 010.80
借：货币兑换——汇卖价　　USD996.56
　　贷：汇出汇款　　USD996.56

第三节　商业银行外汇存贷核算

商业银行为了激活其外汇业务，既需要积极地吸收外汇存款规模，也需要有效地扩大外汇贷款业务规模，外汇存贷也是商业银行全面发展信贷业务的基础。

一、外汇存款

外汇存款是单位和个人将其所持有的外汇资金存入商业银行，并在以后随时或约期支付的一种存款。外汇存款是商业银行集聚外汇资金的重要来源，也是办理涉外转账结算的前提。因此，正确有序地组织外汇存款业务，可吸收更多的外汇资金，有利于充实外汇信贷资金来源，而且也有利于扩大我国外贸进出口业务，加强我国与世界各国和地区的经济合作与交流。

（一）外汇存款种类

为适应各种外汇款项所有者的不同需要，银行根据不同的存款对象、外币种类、存款性质、管理要求和银行可以运用的程度，对外汇存款进行相应的分类。

（1）按存入的资金形式不同，分为现汇和现钞户。目前，单位外汇存款均为现汇户，可直接支取汇出。现钞户须经过钞买汇卖处理方可支取汇出，现钞户可直接支取现钞。

（2）按存款期限不同，分为定期外币存款和活期外币存款。

（3）按支取方式不同，活期存款分为支票户和存折户存款。

（4）按存款对象及管理特点不同，分为单位外汇存款和个人外汇存款。单位外汇存款是存款者以单位或经济组织的名义存入银行的外汇。个人外汇存款是存款者以个人名义存入银行的外汇存款。单位外汇存款包括甲种外币存款以及外债专户存款，个人外汇存款包括乙种、丙种外汇存款。甲种外汇存款一般只有现汇户，没有现钞户。乙种、丙种外汇存款既有现汇账户，又有现钞账户。甲、乙、丙三种存款又可分为定期存款和活期存款。

（二）外汇存款业务的核算

1. 存入款项。

商业银行在办理客户存入外汇存款时，应由存款人填写开户申请书，可预留签字或印鉴。活期存款分存折户和支票户，存折户在初次存入时发给存折，以后存取凭存折办理；个人定期存款发给存单；单位定期存款使用“单位定期存款开户证实书”。个人外汇存款分为现钞户和现汇户，单位外汇存款均为现汇户。

（1）以国外汇款、收妥的托收款或国内联行汇款存入的，其会计分录为：

借：存放同业　　外币×××
　　贷：吸收存款（或其他科目）　　外币×××

（2）以外币现钞存入现汇账户的，应通过套汇办理。其会计分录为：

借：库存现金　　外币×××
　　贷：货币兑换　　外币×××
借：货币兑换（钞买价）　　RMB×××
　　贷：货币兑换　　RMB×××
借：货币兑换（汇卖价）　　外币×××
　　贷：吸收存款（或其他科目）　　外币×××

个人外汇存款的现钞户如办理存取，都直接通过现钞办理。

2. 支取款项。

存款人持活期存折填取款凭条（支票或定期存单证实书）支取外汇存款时，按不同要求处理。

（1）以原币汇往国外或国内异地时，其会计分录为：

借：吸收存款（或其他科目）　　外币×××
　　利息支出（定期存款支取时需付利息）　　外币×××
　　贷：汇出汇款或其他科目）　　外币×××
借：库存现金（或其他科目）　　RMB×××
　　贷：手续费及佣金收入　　RMB×××

如存款为一种外币，而需汇出另一种外币时，应通过套汇处理。

(2) 兑取人民币现金时的会计分录为：

借：吸收存款（或其他科目） 外币×××

　　贷：货币兑换 外币×××

借：货币兑换（钞或汇买价） RMB×××

　　贷：库存现金 RMB×××

定期存款支取时还需支付利息。

(3) 支取原币现钞时的会计分录为：

借：吸收存款（或其他科目） 外币×××

　　贷：库存现金 外币×××

外汇存款的现钞户或现汇户支取外币现钞以及支付外币存款利息时，单位货币以下的辅币均支付人民币。

3. 利息计算。

除国库款项和属于财政预算拨款性质的经费预算单位外汇存款不计息外，其他性质的单位外汇存款应计付利息，计付利息。

外币活期存款每年末月20日为结息日，通常采用积数计息法计算利息，所得利息以原币入账，并入原活期存款继续存储。其会计分录为：

借：利息支出 ×××

　　贷：吸收存款 ×××

定期存款采取利随本清的方法，存款人支取本金时一并支付利息。个人外币定、活期储蓄存款的利息，根据规定需以原币扣除利息收入所得税。

二、外汇贷款

（一）外汇贷款的特点

外汇贷款是指银行办理的以外币为计量单位的贷款，是外汇银行的重要信贷业务之一。外汇贷款与本币贷款相比，主要有以下特点：

(1) 借什么货币，还什么货币，收取原币利息。目前，外汇贷款货币主要有美元、英镑、欧元、日元、港元等。贷款使用的货币由借款人选择，汇率风险由借款人承担。

(2) 实行浮动利率，计收承担费。外汇贷款利率随国际资金市场的供求关系变化而浮动，一般按伦敦银行同业拆放利率（London Interbank Offered

Rate，即 LIBOR）加上银行管理费用计算得出，按 1 个月、3 个月或 6 个月浮动。对于金额较大的贷款项目，如借款单位不能按计划用款，外汇银行按规定收取承担费以弥补临时调度资金的损失。

（3）借款单位必须具有外汇收入或其他外汇来源。

（4）贷款发放方式主要是逐笔支付，一般不发放派生性存款。外汇贷款经批准后，具体的发放使用办法是按照国际惯例处理的。贷款资金直接从贷款账户对外支付，不存在贷款转作存款后对外支付，因而不会形成贷款行的派生性存款。

（5）对业务人员要求高，涉及面广，政策性强。外汇贷款主要用于向国外进口付汇，必然涉及国际金融与国际贸易等方面的知识，同时也需要业务人员熟悉国内的方针、政策。

（二）短期外汇贷款

短期外汇贷款是指银行发放的期限在 1 年以内的现汇贷款。凡出口产品，有偿还外汇能力的企业，都可以向银行申请短期外汇贷款。短期外汇贷款有固定利率贷款和浮动利率贷款两种。以下仅介绍短期外汇浮动利率贷款。

1. 贷款的发放。

实际工作中，外汇贷款一般是使用和发放紧密联系，在对外实际进口付汇时申请发放和支付。如果短期外汇贷款采用信用证结算方式，在接到国外银行寄来的单据，经审核同意付款时办理。如果采用进口代收或汇款方式，在商业银行申请对外汇出款项时办理。借款时，由借款单位填制“短期外汇贷款借款凭证”，经银行审核凭证有关内容与借款契约规定相符后，办理转账。其会计分录为：

借：贷款——短期外币贷款——外币　　×××
　　贷：存放同业（或其他有关科目）　　外币×××

如果短期外汇贷款的发放和对外支付为不同的货币，则通过套汇处理。

2. 贷款利息的计算。

外汇贷款采用的浮动利率，由总行根据国家政策和国际金融市场利率变动情况确定并公布。浮动期分 1 个月、3 个月、6 个月不等，由借款方与银行商定，在浮动期内即使利率发生变化，也按浮动期初的利率计息，浮动期满再按浮动后的利率计息。短期外汇贷款实行按季结息，即每季末月的 20 日计息一次，按浮动利率的变动时期分段计息。对于届时不能支付利息的，银行将应收利息转入贷款户，计算复利。

（1）借款单位以外汇存款偿还利息。其会计分录如下：

借：吸收存款——××外汇活期吸收存款——××户（外币） ×××

　　贷：利息收入——××贷款利息收入户（外币） ×××

（2）将利息转为贷款本金。其会计分录如下：

借：贷款——短期外币贷款——外币 ××× ×××

　　贷：利息收入——××贷款利息收入户（外币） ×××

（3）借款方不能主动偿还正常或逾期贷款利息，还本付息专户无足够余额时，分录如下：

借：应收利息（外币） ×××

　　贷：利息收入——××贷款利息收入户（外币） ×××

借款单位付息时，其会计分录如下：

借：吸收存款——××外汇活期吸收存款——××户（外币） ×××

　　贷：应收利息（外币） ×××

3. 贷款的收回。

借款人使用短期外汇贷款，应按期归还。如借款人有外汇收入的，则由借款人以自有外汇归还贷款本息。借款单位使用现汇贷款，必须按期偿还，也可以提前偿还或分批偿还。借款单位在归还贷款时，应填制还款凭证交付商业银行，经商业银行核对无误后，连同应收利息办理转账。收回贷款时，应将最后一个结息日至还款日尚未计收的利息与本金一并收回。

收回贷款时应区分不同情况进行处理。

（1）借款单位用外汇存款偿还贷款本息。其会计分录如下：

借：吸收存款——××外汇活期吸收存款——××户（外币） ×××

　　贷：贷款——短期外币贷款——外币 ×××

　　　　利息收入——××贷款利息收入户（外币） ×××

（2）借款单位经批准用本币买汇偿还贷款本息。其会计分录如下：

借：吸收存款——××活期吸收存款——××户（本币） ×××

　　贷：货币兑换——汇卖价（本币） ×××

借：货币兑换——汇卖价（外币） ×××
　　贷：贷款——短期外币贷款——外币 ×××
　　　　利息收入——××贷款利息收入户（外币） ×××

（3）借款单位用非原贷款外币存款偿还。其会计分录如下：

借：吸收存款——××外汇活期吸收存款——××户还款（外币）
×××
　　贷：货币兑换——汇买价还款（外币） ×××
借：货币兑换——汇买价（本币） ×××
　　贷：货币兑换——汇卖价（本币） ×××
借：货币兑换——汇卖价（外币） ×××
　　贷：贷款——短期外币贷款——外币 ×××
　　　　利息收入——××贷款利息收入户（外币） ×××

如借款人不能直接以外汇偿还，经批准也可以将所得产品委托外贸公司出售，用所得的人民币偿还贷款本息，但必须凭外贸公司签发的“还款凭证”，通过货币兑换办理。

【例 10－6】 某外汇银行 20×3 年 4 月 10 日贷出 100 万美元，期限半年，10 月 10 日借款人用其在该外汇银行美元存款户偿还全部贷款本息。利率采用 3 个月浮动利率，利息转入贷款本金。假定 4 月 10 日美元 3 个月浮动利率为 5%，7 月 10 日美元 3 个月浮动利率为 4.5%。有关账务处理如下：

（1）4 月 10 日发放贷款时的会计分录为：

借：贷款 USD1 000 000
　　贷：存放同业（或其他） USD1 000 000

（2）利息的计算。

①6 月 20 日结息，从 4 月 10 日到 6 月 20 日的利息为：

USD1 000 000 × 72 × 5% ÷ 360 = USD10 000

②6 月 21 日，利息转入贷款本金时的会计分录为：

借：贷款 USD10 000
　　贷：利息收入 USD10 000

③9 月 20 日结息时，从 6 月 21 日到 9 月 20 日的利息，由于该期间利率浮动，应分段计算利息：

a. 6 月 21 日至 7 月 10 日：

(USD1 000 000 + 10 000) × 19 × 5% ÷ 360 = USD2 665. 28

b. 7 月 10 日至 9 月 20 日：

(USD1 000 000 + 10 000) × 73 × 4. 5% ÷ 360 = USD9 216. 25

c. 9 月 20 日结息合计：

USD2 665. 28 360 + USD9 216. 25 = USD11 881. 53

9 月 21 日利息转入贷款本金。

借：贷款　　USD11 881. 53

　　贷：利息收入　　USD11 881. 53

④9 月 21 日至 10 月 10 日的利息：

(USD1 000 000 + 10 000 + 11 881. 53) × 20 × 4. 5% ÷ 360 = USD2 554. 70

(3) 10 月 10 日还款时的会计分录为：

借：吸收存款　　USD1 024 436. 23

　　贷：贷款　　USD1 021 881. 53

　　　　利息收入　　USD2 554. 70

【例 10 - 7】 精工机械公司向某外汇银行申请外汇贷款，该外汇指定银行 5 月 10 日贷出 50 万美元，期限半年，11 月 10 日借款人从美元存款户偿还全部贷款本息。利率采用 3 个月浮动利率，利息转入贷款本金。假定 5 月 10 日美元 3 个月浮动利率是 5. 1%，8 月 10 日美元 3 个月浮动利率为 4. 89%。

(1) 5 月 10 日，发放贷款时，需要进行如下会计处理：

借：贷款——短期外币贷款——精工机械公司贷款户

　　USD1 000 000

　　贷：存放同业（或其他）　　USD1 000 000

(2) 6 月 20 日，例行计息时，需要计算并编制会计分录如下：

5 月 10 日 ~6 月 20 日的计收利息金额为：

USD500 000 × 42 × 5. 1% ÷ 360 = USD2 975

计息后转账会计分录为：

借：贷款——短期外币贷款——精工机械公司贷款户

　　USD2 975. 00

　　贷：利息收入　　USD2 975. 00

(3) 9月20日计收利息。由于利率变化，因此需分段计息。

6月21日~8月10日利息为：

(USD500 000 + USD2 975) ×50 ×5.1% ÷360 = USD3 562.74

8月10日~9月20日利息为：(USD500 000 + USD2 975) ×42 ×4.89% ÷360 = USD2 869.47

9月20日利息合计：USD3 562.74 + USD2 869.47 = USD6 432.21

计息后转账的会计分录为：

借：贷款——短期外币贷款——精工机械公司贷款户 USD6 432.21

贷：利息收入 USD6 432.21

(4) 11月10日还款。先计算应结算的本期利息为：

9月21日~11月9日利息为 (USD500 000 + USD2 975 + USD6 432.21) ×50 ×4.89% ÷360 = USD3 439.72

收回贷款本息的会计分录：

借：外汇活期存款——××单位外汇存款户 USD512 846.93

贷：贷款——短期外币贷款——精工机械公司贷款户 USD509 407.21

利息收入 USD3 439.72

(三) 买方信贷

外汇银行的买方信贷、政府贷款和混合贷款简称为“三贷”业务。其中买方信贷是由出口方银行直接向进口商或进口方银行提供的信贷，以便进口商利用这项贷款向出口国购买技术设备和支付劳务费用，从而扩大出口国的商品出口。按照国际惯例，买方信贷的贷款额度一般约为贸易合同总额的85%，其余15%由进口商以现汇支付，同时按规定应对外预付不少于5%的现汇定金。该种贷款一般为5~7年，最长可达10年，利率低于短期外汇贷款利率。

该贷款需要签订两个合同，一是由买卖双方签订进出口贸易合同；二是由出口商银行与进口商银行签订贷款合同。买方信贷项下向国外银行的借入款，由总行集中开户，并负责偿还贷款本息。总行采用“拆入资金——借入买方信贷”科目核算。各分行发放的买方信贷外汇贷款的本息，由分行负责按期收回。分行采用“贷款——买方信贷外汇贷款”科目核算。该贷款核算由以下四个基本环节组成：

1. 对外信贷签订协议。

我方进口商使用买方信贷，在向国外借款前，先由总行统一对外签订总协议，总协议下每个项目的具体协议由总行或总行授权分行对外签订。协议签订后，均由总行根据协议商定金额，用“买方信贷用款限额”表外科目进行控制：

收入：买方信贷用款限额　　外币×××

2. 支付定金。

根据买方信贷协议的规定，须对外预付一定比例的定金。定金一般为合同金额的5%，最高不超过15%，根据不同情况进行核算。

(1) 借款单位用现汇支付定金时的会计分录为：

借：吸收存款——进口商户　　外币×××
　　贷：存放同业（或其他）　　外币×××

(2) 借款单位向银行申请现汇贷款支付定金时的会计分录为：

借：贷款　　外币×××
　　贷：存放同业（或其他）　　外币×××

(3) 借款单位以人民币购汇支付定金时的会计分录为：

借：吸收存款　　外币×××
　　贷：货币兑换　　外币×××
借：货币兑换　　外币×××
　　贷：存放同业（或其他）　　外币×××

3. 使用贷款。

买方信贷项下的进口支付方式一般采用信用证结算，贷款的借入与进口付汇同时进行。

(1) 总行对外开证并直接办理贷款时，总行的会计分录为：

借：贷款　　外币×××
　　贷：拆入资金——借入买方信贷　　外币×××

(2) 分行对外开证并办理贷款：

①分行作为开证行，在对外支付时的会计分录为：

借：贷款——买方信贷外汇贷款　　外币×××
　　贷：清算资金往来　　外币×××

同时以全国联行往来借方报单划付总行，请领外汇资金。其会计分录为：

借：清算资金往来　　外币×××

　　贷：清算资金往来——总行　　外币×××

②总行收到分行上划的全国联行往来贷方报单，对外付汇。其会计分录为：

借：清算资金往来　　外币×××

　　贷：拆入资金——借入买方信贷　　外币×××

收到分行请领外汇资金的借方报单时，会计分录为：

借：清算资金往来——××分行　　外币×××

　　贷：清算资金往来　　外币×××

同时，登记表外会计科目：

付出：买方信贷用款限额　　外币×××

若对外付汇和贷款不是同种外币，则分行不主动上划总行，而是将对外支付贷款电抄文加上分行信贷部门面函一并寄总行。总行待收到国外贷款银行通知贷款的起息日后，分别以借、贷方两份全国联行报单下划有关分行，分行再行转账。

4. 贷款本息的偿还。

买方信贷项下借入款的本息，由总行统一对外偿还，同时由经办行向国内借款人收回相应的本息。根据借款人在总行或分行开户的不同，应分别按不同会计核算手续办理。

下面以分行开户为例进行说明。

（1）总行支付国外贷款利息，并以全国联行外汇往来借方报单划付有关分行。其会计分录为：

借：利息支出　　外币×××

　　贷：存放同业（或其他）　　外币×××

借：清算资金往来　　外币×××

　　贷：利息收入　　外币×××

分行收到总行报单后，办理转账，并向借款人收取利息。其会计分录为：

借：利息支出　　外币×××

　　贷：清算资金往来　　外币×××

借：吸收存款（或其他）　　外币×××

　　贷：利息收入　　外币×××

(2) 总行偿还国外贷款，并以全国联行外汇往来借方报单划付有关分行。其会计分录为：

借：拆入资金——借入买方信贷　　　　外币×××
　　贷：存放同业（或其他）　　　　外币×××
借：清算资金往来　　　　外币×××
　　贷：清算资金往来——××分行　　　　外币×××

分行收到总行报单后，办理转账，并向借款人收回本金。其会计分录为：

借：清算资金往来——总行　　　　外币×××
　　贷：清算资金往来　　　　外币×××
借：吸收存款（或其他）　　　　外币×××
　　贷：贷款——买方信贷　　　　外币×××
　　　　外汇贷款　　　　外币×××

如借款单位是以人民币购汇偿还的，则通过货币兑换办理。

借款单位不能如期归还贷款本息时，应按照贷款契约规定的到期日，将贷款本息转入“短期外汇贷款”科目核算。

如借款人在总行开户，则由总行向国外支付贷款利息和本金后，直接向国内借款人分别收回贷款利息和本金。

(四) 进出口押汇

进出口押汇是银行以国际贸易在途商品作为抵押对进出口商融资的行为。

1. 出口押汇。

出口押汇是指出口商将全套出口单据交议付行，由该行买入单据并按票面金额扣除自议付日起到预计收汇日止的利息及有关手续费，将净额预先付给出口商的一种出口融资方式。由于出口商银行要预先垫款买入一笔尚未收妥的外汇，自然会面临一定的收汇风险。

出口押汇利息＝票面金额×预计收到票款所需天数×押汇日利率

(1) 银行接受出口商提交信用证和单据，办理出口押汇时。其会计分录为：

借：贷款——出口押汇　　　　外币×××
　　贷：利息收入　　　　外币×××
　　　　货币兑换　　　　外币×××
借：货币兑换　　　　RMB×××
　　贷：吸收存款　　　　RMB×××

（2）收回押汇贷款时的会计分录为：

借：存放同业　　　　　　　　　　　　　　外币×××

　　贷：贷款——出口押汇　　　　　　　　　　外币×××

　　　　手续费及佣金收入　　　　　　　　　　外币×××

2. 进口押汇。

进口押汇是指进口商以进口货物权做抵押，向银行申请的短期资金融通。银行根据进口商的押汇申请，先行垫款对外支付，转而向进口商办理付款赎单手续收回贷款。

银行接受进口商申请对外开出信用证时，按开证金额的一定比例向申请人收取一定数量的保证金。由于进口货物的对外付汇金额往往大于保证金，所以进口押汇就是垫付实际付汇金额与预收保证金本息的差额。进口商银行（即开证行）收到国外议付行寄来信用证项下的单据或托收项下的汇票、单据及议付报单时，若进口商要求须做进口押汇，银行则办理手续，并对外付款。其会计分录为：

借：存入保证金　　　　　　　　　　　　　外币×××

　　贷款——进口押汇　　　　　　　　　　外币×××

　　贷：贷款——进口押汇　　　　　　　　　　外币×××

　　　　存放同业　　　　　　　　　　　　　　外币×××

进口商向银行偿还进口押汇本息，赎取单据时，银行应抽出保管的有关凭证，计算并扣除自押汇日至赎单还款日的利息，收回押汇本息。其会计分录为：

借：吸收存款　　　　　　　　　　　　　　外币×××

　　贷：贷款——进口押汇　　　　　　　　　　外币×××

　　　　利息收入——进口押汇利息户　　　　　外币×××

进口押汇利息＝押汇金额×押汇天数×日利率

第四节　商业银行国际结算核算

国际结算主要指在国际贸易中，不同国家或地区之间通过银行办理货币收支，以结清商品交易引起的债权债务的行为。国际结算一般分为现汇结算和记账结算两种方式。记账结算是指根据两国政府间签订的贸易和支付协定，双方互以本国政府的名义，分别在对方指定银行开立清算账户，通过指定的清算账户进行债权债务的清算。现汇结算则是对贸易往来直接使用可自由兑换的货币，逐笔对双方的债权债务进行结算。目前进出口贸易中，以现汇结算为主，主要采用信用证、托收和汇兑结算三种方式。

一、信用证结算

信用证（L/C）是开证银行根据开证申请人（进口商）的要求和指示，向受益人（出口商）开立的一定金额、在一定期限内凭议付行寄来规定单据付款或承兑汇票的书面承诺，是银行有条件付款的书面凭证。信用证是国际贸易结算中使用最广泛的结算方式。

信用证有三个最基本的特点：首先，信用证是一种银行信用。只要单据符合信用证规定，开证行就必须对受益人承担第一付款人的责任，正是因为这样的公认性规定，才能使得相距万里之遥的出口商与客户之间能够进行成功的商品交易，很显然，银行的特殊身份赋予了这种交易的现实可执行性；其次，信用证是一项独立的文件。虽然信用证是银行以买卖双方签订的贸易合同为依据，但信用证一旦开立，就不受贸易合同条款的约束，开证行只对信用证负责。也就是说，一经开证银行审查合格，开出信用证之后，就与相应的实物运行脱离了，只要信用证条款本身没有什么问题，那么信用证就完全能够通行无阻，其是否存在瑕疵并不受到商品实物的牵连；最后，信用证处理中只认单据，不认商品，只要单据符合信用证规定，开证行就必须履行付款的责任，这就是自然而然地把客户的担心降到了最低限度，当然，银行则承担了较高的风险，必须采取必要的措施来防范风险。

信用证按付款期限划分为即期信用证和远期信用证。即期信用证是指开证行或付款行在收到符合信用证条款规定的单据后，立即履行付款义务的信用证。远期信用证是指开证行在受益人交来单据时，不立即付款，而是等到受益人开立远期汇票后再履行付款义务的信用证。

信用证最重要的分类，是按照用途分为出口信用证与进口信用证，如图 10－2 所示。这也是实际工作中经常出现的分类标准，因此，现以此为标准，来阐述信用证管理的具体内容。

（一）出口信用证的核算

出口信用证结算是出口商凭借国外进口商通过国外银行开来的信用证，

图 10－2　商业银行信用证的分类与管理要点图

按照合同条款规定，将出口单证送交国内议付寄单银行，由议付寄单银行办理审单议付，在向国外银行收取外汇后，对出口商办理结汇的一种结算方式。

承担出口信用证结算方式的商业银行，在处理此类业务手续时，主要包括信用证的受理和通知、交单议付、货款收妥结汇等三个环节，需要分清每项业务进行相应的审理与配套服务：

1. 受理与通知阶段。国内通知银行接到国外开来的信用证时，首先应对开证银行的资信、资金实力、进口商的偿付能力和保证条款等进行全面审查，并明确表示信用证能否接受或如何修改。对有关贸易条款方面的问题由出口商根据合同审查，如需修改，由出口商与进口商联系。

信用证经通知银行审核无误后，即编制信用证通知流水号，并将信用证正本及时通知境外出口商，以便其备货出运。同时，根据信用证副本缮制“国外开来保证凭信”记录卡，并依据各联不同的作用分别处理。尽管在该过程中，尚没有发生实质性的资金收付活动，但商业银行与进出口商之间，已经形成了一种潜在的权责关系，因此，商业银行应该在会计上进行表外科目记录，其会计分录如下：

收：国外开来保证凭信（外币）

通知银行办理信用证通知后，应将信用证副本及“国外开来保证凭信”记录卡留底联归档严格保管，以后有关修改和使用情况，均需随时记录，以便查考。有关信用证的修改、转证所引起的金额增减，应随时通过“国外开来保证凭信”表外科目进行增减核算，并力求做到完整、准确，加强核对。

“国外开来保证凭信”表外科目，是用以核算境外联行及国外代理行开来委托国内商业银行代为通知各信用证受益人的保证凭信。该科目余额反映了一定时期商业银行经办出口结算业务的具体情况，是商业银行匡算待收外汇资金的依据，也是管理与监督出口商及时备货出运的手段。

如国外银行在开证时已预先汇入信用证项下部分或全部保证金，授权出口地议付寄单银行在议付单据后进行扣抵，则应在信用证留底及其他有关单证上详细记录，并通过“存入保证金”科目进行核算。其会计分录如下：

借：存放国外同业或有关科目（外币）　　　　×××

　　贷：存入保证金（外币）　　　　×××

出口商按信用证规定备妥出口单证，向议付寄单银行交单议付时，即可使用保证金办理结汇，多退少补。

2. 交单议付阶段。国外开证银行履行信用证的付款责任，是以信用证规定的条款为依据，以单证相符、单单一致为前提。出口商如同意接受国外开来的信用证，必须严格按照信用证规定条款办理，备妥一切单证，按期运出商品。议付寄单银行议付信用证时，应认真审核出口商交来的单据，以保证顺利收汇。否则，如议付寄单银行议付寄出的单据与信用证条款不符，遭到国外开证银行拒付，则议付寄单银行不仅在经济上遭受损失，而且在政治上造成不良影响。

议付寄单银行接受出口商送来办理议付的信用证和单据，应及时审核，要求单证相符、单单一致，以及单据内容正确完备，并经审核无误后，在信用证上批注议付日期及运输方式，并填制“出口寄单议付通知书”销记表外科目。“出口寄单议付通知书”是议付寄单银行出口收汇的索偿证书，也是出口收汇和结汇的主要业务凭证。

需要进行相应的表外科目记录：

付：国外开来保证凭信（外币）　×××

同时，其会计分录如下：

借：应收信用证出口款项（外币）　　　　×××

　　贷：代收信用证出口款项（外币）　　　　×××

“应收信用证出口款项”是资产类科目。凡出口商交来远（即）期信用证项下出口单证，经议付寄单行议付寄单时，用此科目核算，它反映议付寄单行对国外付款银行所拥有的收取出口款项的权益。

“代收信用证出口款项”是负债类科目。凡议付寄单行议付远（即）期信用证项下出口单证时，用此科目核算，它反映议付寄单行对出口商所负代收出口款项的责任。

以上两个科目为对转科目。

如信用证规定部分货款托收，或按信用证金额超额出口，在议付时，均需在“出口寄单议付通知书”上分别注明信用证议付金额及托收金额，并另填制“出口托收委托书”，以便分别进行核算。

对在审单过程中发现的单据不符，议付寄单银行应迅速向出口商反映，以便出口商及时与有关方面协商解决。

3. 出口收结汇阶段。出口收结汇是议付寄单银行办理出口信用证业务的最后环节，是议付寄单行在议付单据或代为收妥出口款项后，按当日银行挂牌汇率，买入外汇，同时折算成相应的本币支付给出口商的结算过程。通常议付寄单银行审核单据无误后，根据信用证规定的偿付方式、寄单办法和单据种类等不同情况，进行寄单索汇。经开证银行审单相符，对外支付并与进口商办理付款赎单。出口方议付寄单行俟接到国外银行付款入账的“已贷记”或“请借记”通知书，办理出口结汇手续。其会计分录如下：

借：代收信用证出口款项　　　　（外币）×××

　　贷：应收信用证出口款项　　　　（外币）×××

借：存放国外同业或有关科目（外币）　　×××

　　贷：手续费及佣金收入——国外银行费用收入户（外币）

　　　　×××

　　　　吸收存款——××外汇活期吸收存款——××户（外币）

　　　　×××

如该出口商仅有本币账户，应按当日外汇牌价折成本币结汇入账。其会计分录如下：

借：存放国外同业或有关科目（外币）　　×××

　　贷：手续费及佣金收入——国外银行费用收入户（外币）

　　　　×××

　　　　货币兑换——汇买价（外币）　　×××

借：货币兑换——汇买价（本币）　　×××

　　贷：吸收存款——××活期吸收存款——××户（本币）×××

【例10-8】 某商业银行分行3月10日接到香港某联行开来即期信用证一份，购买服装，受益人为服装进出口公司，信用证金额为港币35 000元；

4月6日公司将全套单据向某商业银行分行办理议付，单证相符；4月15日，该分行收到香港某联行的贷记报单，办理结汇转账。设当天港币的买入价为HKD100 = ¥101.87，其会计分录如下：

3月10日收到信用证的表外核算：

收：国外开来保证凭信　　HKD35 000

4月6日寄单索汇的表外核算：

付：国外开来保证凭信　　HKD35 000

同时，编制正式有会计分录：

借：应收信用证出口款项　　HKD35 000

　　贷：代收信用证出口款项　　HKD35 000

4月15日收汇结汇的核算：

借：代收信用证出口款项　　HKD35 000

　　贷：应收信用证出口款项　　HKD35 000

借：港澳及国外联行往来——香港某联行户　　HKD 35 000

　　贷：货币兑换——汇买价　　HKD 35 000

借：货币兑换——汇买价　　RMB 35 654.50

　　贷：××活期吸收存款——某服装进出口公司户　RMB 35 654.50

【例10－9】 某分行2月10日接到美国代理行开来的即期信用证，金额为USD10 000，受益人为丝绸公司，来证规定单到开证行验单付款，分行审证后当天通知丝绸公司。3月1日，丝绸公司备货出运，送全套出口单据及跟单汇票USD10 000交分行，分行经审单合格，于3月3日寄单索汇并加计通知费、议付费USD150向开证行计收。3月20日，分行接到代理行的已贷记报单，金额为USD10 150，当天对丝绸公司结汇（假设汇买价为RMB798/USD100）。其会计分录如下：

(1) 2月10日做受证通知时：

收入：国外开来保证凭信　　USD10 000.00

(2) 3月3日议付寄单索汇时：

付出：国外开来保证凭信　　USD10 000.00

收入：应收信用证付出款项　　USD10 000.00

(3) 3月20日收妥结汇时：

付出：应收信用证付出款项　　USD10 000.00

借：存放同业　　USD10 150.00

　　贷：手续费及佣金收入　　USD150.00

　　　　货币兑换　　USD10 000.00

借：货币兑换　　RMB79 800.00

　　贷：吸收存款　　RMB79 800.00

（二）进口信用证的核算

信用证项下进口业务是指银行根据进出口公司申请，向国外出口商开立信用证或信用证保证书，凭国外银行寄来的全套信用证单据，按照信用证条款规定对外付款并向进口商办理结汇的一种结算方式。包括开立信用证、修改信用证以及审单付款三个阶段。相关分录为：

1. 开立信用证阶段。进口商根据与国外出口商签订的贸易合同填具开证申请书，向银行申请开立信用证，银行经全面审核，根据不同情况收取开证保证金，其会计分录为：

借：吸收存款——开证申请人户　　外币×××

　　贷：存入保证金　　外币×××

经批准用人民币购买外汇交纳保证金的通过外汇买卖处理，开证行还要按规定向开证申请人收取开证手续费，其会计分录为：

借：吸收存款——开证申请人户　　人民币×××

　　贷：手续费收入——开证手续费　　人民币×××

然后，办理开证手续，缮打信用证一式六联。各联用途为：第一联信用证正本，经有权人员签字后通过航空邮件寄送国外转递行；第二联信用证副本，第二次寄转递行；第三联信用证副本，开证行代统计卡；第四、第五联信用证副本，加盖进口业务章后退交申请开证单位；第六联信用证留底，随开证申请书作为应付进口保证款项科目卡片账。

信用证一旦开出，开证行就拥有了对进口商收取货款的权利，并承担了对国外银行付款的义务，因此 需要记录或有资产、或有负债，其会计分录如下：

借：应收开出信用证款项　　外币×××

　　贷：应付开出信用证款项　　外币×××

2. 修改信用证阶段。银行开立信用证后，进口商如需要修改信用证，应向银行提出申请。经银行审核同意后，应及时通知国外联行或代理行信用证修改的金额。

信用证修改如果涉及增减信用证金额，应通过“开往国外保证凭信”表外科目核算，并根据要求增加或减少保证金；如因较少信用证金额需要退还保证金，应在信用证修改书发出若干天（通常为30天）国外尚无拒收表示时，方可退还部分保证金。

信用证开出后，进口商因故需要修改信用证条款或金额时，应由进口商提出申请。银行经审核后缮打“信用证修改通知书”，修改增加金额时，会计分录与开证时相同；修改减少金额时，会计分录相反。每次修改，须按规定费率计收手续费。

增加或减少金额都必须在信用证留底联上批注并结出余额。如信用证逾期，应将逾期失效金额与出口商联系确认后，填制传票予以冲销，并将信用证留底卡余额结平。

3. 审单与付款阶段。开证行收到国外议付行寄来信用证项下单据，应先审查并编号，并填制“进口信用证单据通知书”，连同单据送进口商审查。进口商在7个工作日内审核单据，并向银行提交承付货款确认书，通知银行付款或提出拒付。信用证付款方式一般分为即期付款和远期付款两种。

（1）即期信用证项下付款。即期信用证项下付款方式有四种。

①单到国内审单付款。收到国外议付行寄来的单据，经进口单位确认付款时，应立即办理货款及国外银行议付费的对外付款手续。其会计分录为：

借：吸收存款——单位外汇活期存款——开证申请人户

外币×××

存入保证金　　外币×××

贷：存放同业——存放港澳及国外同业（或其他科目）

外币×××

若经批准进口商以本币购汇支付，则通过“货币兑换”科目核算。同时转销或有资产、或有负债科目。其会计分录为：

借：应付开出信用证款项　　外币×××

贷：应收开出信用证款项　　外币×××

②国外审单主动借记。在这种方式下，国外议付行审单后主动借记我进口方银行在议付行开立的账户，并将单据连同借方报单一并寄我开证行。开证行收到国外寄来的单据应送交进口商，但款项无须进口商确认承付。同时，银行应向进口商收取国外议付日至国内向进口商收款日之间的外汇垫付利息。

对外付款的账务处理与国内审单付款方式相同。收取利息的会计分录为：

借：吸收存款　　　　　　　　　　人民币×××

　　贷：货币兑换　　　　　　　　　　人民币×××

借：货币兑换　　　　　　　　　　外币×××

　　贷：利息收入——垫付资金利息收入户　　　外币×××

③国外审单电报索汇。国外议付行审单无误后，用加押电报向开证行索汇。开证行收到国外发来的加押电报，经审核密押相符，即可办理对外付款，并向进口单位办理收汇手续。这种方式没有垫付利息问题，其转账分录与单到国内审单付款相同，俟国外寄来单据后再转送给进口商。

④授权国外议付行向我账户行索汇。在这种方式下，国外议付行不是我开证行的账户行，由我开证行授权国外议付行在议付单据后，直接向我指定的国外代理行索偿进口信用证货款，我行凭国外账户行的借记报单计算外汇垫款利息。其会计分录与国外审单主动借记我账户相同。

（2）远期信用证项下付款。远期信用证项下付款方式，分为承兑和到期支付两个阶段。

①承兑。开证行在收到远期信用证项下单据，审核符合要求后，办理远期汇票承兑手续（可以采用发加押承兑电报对外承兑）并寄国外议付行，由议付行到期凭以索汇；或另缮制“承兑通知书”寄国外议付行以确认付款。已承兑的远期信用证项下单据需从“应收开出信用证款项”和“应付开出信用证款项”科目转出，通过“应收承兑汇票款”和“承兑汇票”科目核算。其会计分录为：

借：应付开出信用证款项　　　　　外币×××

　　贷：应收开出信用证款项　　　　　外币×××

借：应收承兑汇票款　　　　　　　外币×××

　　贷：承兑汇票　　　　　　　　　　外币×××

②付汇，远期汇票承兑到期日，银行应抽出“承兑汇票”科目卡片账注明销账日期后办理转账。其会计分录为：

借：承兑汇票　　　　　　　　　　外币×××

　　贷：应收承兑票款　　　　　　　　外币×××

借：吸收存款——进口单位　　　　外币×××

　　贷：存放同业（或其他科目）　　　外币×××

若经批准进口单位需以外币支付，则通过外汇买卖办理。

二、托收与代收结算

托收是指出口商根据买卖双方签订的贸易合同规定，于商品发运后，委托银行向国外进口商收取货款的一种结算方式；代收是进口商银行收到国外出口商银行寄来的委托代收单据，向进口商收取款项并划转国外出口商银行的一种结算方式。

托收和代收其实是同一笔贸易业务的两个方面，就出口方银行来说为出口托收，就进口方银行来说为进口代收。

进一步的分类，可参考图 10－3 所示来理解。

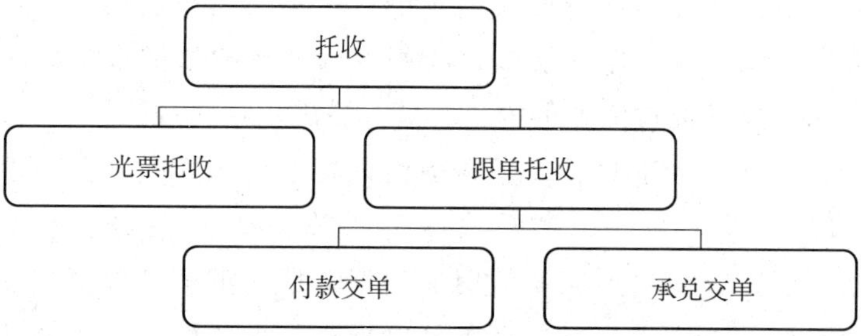

图 10－3 托收结算方式分类图

根据汇票是否附有出口货物单证，托收可分为光票托收和跟单托收两种方式。光票托收是指汇票不附带货运单据的托收方式。跟单托收是指汇票连同货运单据一起交银行委托代收。跟单托收按交单的条件不同，分为付款交单和承兑交单两种方式。付款交单是指被委托的代收银行必须在进口商付清票款之后，才能将货运单据交给进口商的一种方式。承兑交单是指被委托的代收银行于付款人承兑汇票之后，将货运单据交给付款人，付款人在汇票到期时履行付款义务的一种方式。

值得一提的是，托收与代收结算方式是在没有信用证作为付款保证的情况下办理的，被称为无证托收，属于一种商业信用。在托收与代收结算中，委托人和托收行、托收行与代收行之间的关系均是委托代理关系，因此，托收行与代收行对托收的汇票能否付款不负责任。但托收行与代收行有义务遵照委托人的指示办理。

托收业务中涉及四方当事人，即委托人、委托行、代收行和付款人。托收业务的核算包括出口托收和进口代收两个方面。

（一）出口托收的核算

1. 发出托收单据。

出口商填制一式两联出口托收申请书，与全套出口单据一起交银行办理托收。银行审单无误后，编列顺序号，填制“出口托收委托书”，寄国外代收银行委托收款。发出托收单据时，应编制的表外科目如下：

收入：应收外汇托收款项　　外币×××

2. 收妥结汇。

出口托收款项一律实行收妥结汇。当外汇银行收到国外银行贷记报单或授权借记通知书后，对委托人办理结汇会计核算，会计分录为：

借：存放同业　　外币×××

　　贷：货币兑换　　外币×××

借：货币兑换　　RMB×××

　　贷：吸收存款　　RMB×××

同时转销表外科目：

付出：应收外汇托收款项　　外币×××

（二）进口代收的核算

1. 收到进口代收单据。

商业银行收到国外行寄来的进口代收单据后，应编制顺序号，填制“进口代收单据通知书”，同时编制表外科目如下：

收入：代收外汇托收款项　　外币×××

2. 进口单位确认付款。

在进口单位确认付款并交来进口代收单据承认书后，商业银行应办理结汇付款手续，其会计分录为：

借：吸收存款　　RMB×××

　　贷：货币兑换　　RMB×××

借：货币兑换　　外币×××

　　贷：存放同业　　外币×××

同时转销表外科目：

付出：代收外汇托收款项　　外币×××

3. 拒付并退单。

如进口单位不同意承付，应提出拒付理由，连同单据退交我外汇银行，转告国外委托行；如部分拒付，应征得国外委托行同意后再按实际金额付款。拒付时转销表外科目，具体如下：

付出：代收外汇托收款项　　外币×××

三、汇兑结算

汇兑是汇款人委托银行，将款项汇给国外收款人的一种结算方式。在国际贸易结算中，该方式主要用于支付贸易从属费用或某些先款后货的非贸易结算，单位或个人均可委托银行办理。

（一）汇出国外汇款

汇兑按其信息传递方式不同，可分为电汇、信汇和票汇三种。

1. 电汇或信汇的核算。

由汇款人填交一式两联汇款申请书，提交银行办理汇款手续，相应会计分录为：

借：吸收存款　　外币×××
　贷：存放同业　　外币×××
　　手续费及佣金收入　　外币×××

2. 票汇的核算。

银行审核汇款人填写的“汇出汇款申请书”无误且汇款金额到账后，汇出行即可向汇款人开出一式五联票汇凭证办理转账，相应会计分录为：

借：吸收存款　　外币×××
　贷：清算资金往来　　外币×××
　　手续费及佣金收入　　外币×××

当收到国外汇入行解付票汇款后，相应会计分录为：

借：清算资金往来　　外币×××
　贷：存放同业　　外币×××

（二）汇入国外汇款

1. 汇款的通知和转账。

汇入行收到国外汇出行的汇款电报、信汇委托书或票汇通知书，认真审查无误后，对电、信汇方式，应填制汇款通知书，通知收款人，票汇只需等候收款人。相应会计分录为：

借：存放同业　　　　外币×××

　　贷：清算资金往来　　　　外币×××

2. 汇款解付。

收款人有现汇账户时，其会计分录为：

借：清算资金往来　　　　外币×××

　　贷：吸收存款　　　　外币×××

收款人无现汇账户时，通过人民币结汇后解付，其会计分录为：

借：清算资金往来　　　　外币×××

　　贷：货币兑换　　　　外币×××

借：货币兑换　　　　RMB×××

　　贷：吸收存款　　　　RMB×××

第三篇

综合业务篇

开篇有益

综合有其道。有人喜欢综合掌舵，有人精于惯常处置。综合，少发而联动全局也；惯常，习惯成自然的精细也。倘能以综合之道为本，驱惯常之道以用，则会计昌盛在仰俯之间矣。

本篇是在掌握商业银行会计基础篇、主导业务篇之后，进入财务报告编制之前的综合篇章。本篇所阐述的业务，属于高级会计业务范畴的活动，并不会经常性地发生于每家保险公司的每个会计期间，但是，如果发生就会引发公司盈利状况的直接变化，就可能遭遇会计核算方面的“向左走”或“向右走”现象。所以，尽管这类业务具有综合性、复杂性，有些项目具有偶然性，我们也要根据准则的相应理念去深入解剖、准确理解。

商业银行在日常经营业务中，当发生某些情形时，应该依照会计准则的规定，对或有事项进行相应的确认与计量；对商业银行业务活动中经常发生的外币业务，需要关注其相应的外币折算，这也在新准则下产生了不同于以往的核算标准；会计政策、会计估计变更和差错更正这三个关联甚至于经常可能被混淆的问题、资产负债表日后事项，也分别在本篇通过专章阐述。

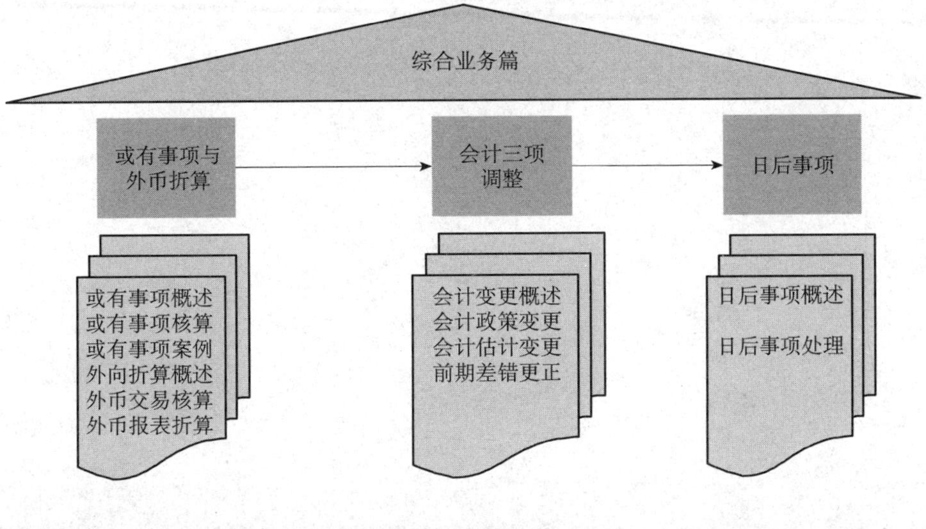

第十一章
或有事项与外币折算

本章精要

本章主要阐述或有事项这个问题。在或有事项主题上，通过四节来深化探讨。

第一节是或有事项概述。掌握或有事项的概念和特征，包括或有负债和或有资产，区别在或有负债和或有资产的差异性管理。

第二节是或有事项的确认和计量。第一，该义务是企业承担的现实义务，即与或有事项相关的义务是在企业当前条件下已承担的义务。企业没有其他现实的选择，只能履行该现时义务。第二，履行该义务很可能导致经济利益流出企业。第三，该义务的金额能够可靠地计量。在预计负债的计量上，主要掌握涉及两个问题：即最佳估计数的确定、预期可获得补偿的处理。也要考虑其他相关因素以及对预计负债账面价值的复核。

第三节是或有事项的分类与管理，包括未决诉讼或未决仲裁和债务担保、亏损合同、重组义务。

第四节是或有事项的列报，如预计负债的列报、或有负债的披露。

第一节 或有事项概述

一、或有事项的概念和特征

商业银行在经营活动中有时会面临一些具有较大不确定性的经济事项，

这些不确定事项对商业银行的财务状况和经营成果可能会产生较大的影响，其最终结果须由某些未来事项的发生或不发生加以决定。

或有事项，是指过去的交易或者事项形成的。其结果须由某些未来事项的发生或不发生才能决定的不确定事项。常见的或有事项包括：未决诉讼或未决仲裁、债务担保、产品质量保证（含产品安全保证）、亏损合同、重组义务、承诺、环境污染整治等。

或有事项具有以下特征：

第一，或有事项是因过去的交易或者事项形成的。或有事项作为一种不确定事项，是因商业银行过去的交易或者事项形成的。

第二，或有事项的结果具有不确定性。首先，或有事项的结果是否发生具有不确定性。其次，或有事项的结果预计将会发生，但发生的具体时间或金额具有不确定性。

第三，或有事项的结果须由未来事项决定。或有事项的结果只能由未来不确定事项的发生或不发生才能决定。或有事项对商业银行会产生有利影响还是不利影响，或虽已知是有利影响或不利影响，但影响有多大，在或有事项发生时是难以确定的。这种不确定性的消失，只能由未来不确定事项的发生或不发生才能证实。

二、或有负债和或有资产

或有负债，是指过去的交易或事项形成的潜在义务，其存在须通过未来不确定事项的发生或不发生予以证实；或过去的交易或事项形成的现时义务；履行该义务不是很可能导致经济利益流出商业银行或该义务的金额不能可靠计量。或有负债涉及两类义务：一类是潜在义务；另一类是现时义务。其中，潜在义务是指结果取决于不确定未来事项的可能义务。也就是说，潜在义务最终是否转变为现时义务，由某些未来不确定事项的发生或不发生才能决定。现时义务是指商业银行在现行条件下已承担的义务，该现时义务的履行不是很可能导致经济利益流出商业银行，或者该现时义务的金额不能可靠地计量。

履行或有事项相关义务导致经济利益流出的可能性，通常按照一定的概率区间加以判断。一般情况下，发生的概率分为以下几个层次：基本确定、很可能、可能、极小可能。其中，“基本确定”是指，发生的可能性大于95%但小于100%；“很可能”是指，发生的可能性大于50%但小于或等于

95%；“可能”是指，发生的可能性大于5%但小于或等于50%；“极小可能”是指，发生的可能性大于0但小于或等于5%。表11－1列示了各种可能性对应的概率区间。

表11－1　　结果的可能性所对应的概率区间

结果的可能性	所对应的概率区间
基本确定	95% < × < 100%
很可能	50% < × ≤95%
可能	5% < × ≤50%
极小可能	0 < × ≤5%

或有资产，是指过去的交易或者事项形成的潜在资产，其存在须通过未来不确定事项的发生或不发生予以证实。或有资产作为一种潜在资产，其结果具有较大的不确定性，只有随着经济情况的变化，通过某些未来不确定事项的发生或不发生才能证实其是否会形成商业银行真正的资产。

或有负债和或有资产不符合负债或资产的定义和确认条件，商业银行不应当确认或有负债和或有资产，而应当进行相应的披露。

第二节　或有事项核算

一、或有事项的确认

或有事项形成的或有资产只有商业银行在基本确定能够收到的情况下，才转变为真正的资产，从而予以确认。与或有事项有关的义务在同时满足以下三个条件时确认为负债，作为预计负债进确认和计量：（1）该义务是商业银行承担的现实义务；（2）履行该义务很可能导致经济利益流出商业银行；（3）该义务的金额能可靠的计量。

第一，该义务是商业银行承担的现实义务，即与或有事项相关的义务是在商业银行当前条件下已承担的义务。商业银行没有其他现实的选择，只能履行该现时义务。这里所指的义务包括法定义务和推定义务。

第二，履行该义务很可能导致经济利益流出商业银行。即履行与或有事项相关的现时义务时，导致经济利益流出商业银行的可能性超过50%，但尚未达到基本确定的程度。

第三，该义务的金额能够可靠地计量。即与或有事项相关的现时义务的金额能够合理地估计。

由于或有事项具有不确定性，因或有事项产生的现时义务的金额也具有不确定性，需要估计。要对或有事项确认一项负债，相关现时义务的金额应当能够可靠估计。只有在其金额能够可靠地估计，并同时满足其他两个条件时，商业银行才能加以确认。

二、预计负债的计量

当与或有事项有关的义务符合确认为负债的条件时应当将其确认为预计负债，预计负债应当按照履行相关现时义务所需支出的最佳估计数进行初始计量。此外，商业银行清偿预计负债所需支出还可能从第三方或其他方获得补偿。因此，或有事项的计量主要涉及两个问题。一是最佳估计数的确定；二是预期可获得补偿的处理。

（一）最佳估计数的确定

预计负债应当按照履行相关现时义务所需支出的最佳估计数进行初始计量。最佳估计数的确定应当分别两种情况处理：

第一，所需支出存在一个连续范围，且该范围内各种结果发生的可能性相同，则最佳估计数应当按照该范围内的中间值，即上下限金额的平均数确定。

【例 11－1】 20×1 年 12 月 27 日，甲商业银行因合同违约而涉及一桩诉讼案。根据商业银行的法律顾问判断，最终的判决很可能对甲商业银行不利。20×1 年 12 月 31 日，甲商业银行尚未接到法院的判决，因诉讼须承担的赔偿金额也无法准确地确定。不过，据专业人士估计，赔偿金额可能是 80 万元至 100 万元之间的某一金额，而且这个区间内每个金额的可能性都大致相同。此例中，甲商业银行应在 20×1 年 12 月 31 日的资产负债表中确认一项负债金额为：（80＋100）÷2＝90（万元）

第二，所需支出不存在一个连续范围，或者虽然存在一个连续范围，但该范围内各种结果发生的可能性不相同。那么，如果或有事项涉及单个项目，最佳估计数按照最可能发生金额确定；如果或有事项涉及多个项目，最佳估计数按照各种可能结果及相关概率计算确定。

【例 11－2】 20×1 年 10 月 2 日，乙银行涉及一起诉讼案。20×1 年 12 月

31 日，乙银行尚未接到法院的判决。在咨询了公司的法律顾问后，银行认为：胜诉的可能性为40%，败诉的可能性为60%。如果败诉，需要赔偿2 000 000元。此时，乙银行在资产负债表中确认的负债金额应为最可能发生的金额，即2 000 000元。

（二）预期可获得补偿的处理

如果商业银行清偿因或有事项而确认的负债所支出全部或部分预期由第三方或其他方补偿，则此补偿金额只有在基本确定能收到时，才能作为资产单独确认，确认的补偿金额不能超过所确认负债的账面价值。

商业银行预期从第三方获得的补偿，是一种潜在资产，其最终是否真的会转化为商业银行真正的资产（即商业银行是否能够收到这项补偿）具有较大的不确定性。商业银行只能在基本确定能够收到补偿时才能对其进行确认。根据资产和负债不能随意抵销的原则，预期可获得的补偿在基本确定能够收到时应当确认为一项资产，而不能作为预计负债金额的扣减。

【例 11－3】 20×1 年 12 月 31 日，乙银行因或有事项而确认了一笔金额为1 000 000元的负债；同时，银行因该或有事项，基本确定可从甲股份有限公司获得400 000元的赔偿。

本例中，乙银行应分别确认一项金额为1 000 000元的负债和一项金额为400 000元的资产，而不能只确认一项金额为600 000元（1 000 000－400 000）的负债。同时，银行所确认的补偿金额400 000元不能超过所确认的负债的账面价值1 000 000元。

（三）预计负债的计量需要考虑的其他因素

商业银行在确定最佳估计数时应当综合考虑与或有事项有关的风险、不确定性、货币时间价值和未来事项等因素。

1. 风险和不确定性。

风险是对交易或事项结果的变化可能性的一种描述。商业银行在不确定的情况下进行判断需要谨慎，使得收入或资产不会被高估，费用或负债不会被低估。但是，不确定性并不说明应当确认过多的预计负债和故意夸大支出或费用。商业银行应当充分考虑与或有事项有关的风险和不确定性，在此基础上按照最佳估计数确定预计负债的金额。

2. 货币时间价值。

预计负债的金额通常应当等于未来应支付的金额。但是，因货币时间价值的影响，资产负债表日后不久发生的现金流出，要比一段时间之后发生的同样金额的现金流出负有更大的义务。所以，如果预计负债的确认时点距离实际清偿有较长的时间跨度，货币时间价值的影响重大（通常时间为3年以上且金额较大）。那么在确定预计负债的确认金额时，应考虑采用现值计量，即通过对相关未来现金流出进行折现后确认最佳估计数。

3. 未来事项。

商业银行应当考虑可能影响履行现时义务所需金额的相关未来事项。也就是说，对于这些未来事项如果有足够的客观证据表明它们将发生如未来技术进步、相关法规出台等，则应当在预计负债计量中考虑相关未来事项的影响，但不应考虑预期处置相关资产形成的利得。

第三节　或有事项案例

一、未决诉讼或未决仲裁

诉讼，是指当事人不能通过协商解决争议，因而在人民法院起诉、应诉。请求人民法院通过审判程序解决纠纷的活动。诉讼尚未裁决之前，对于被告来说，可能形成一项或有负债或者预计负债；对于原告来说，则可能形成一项或有资产。

仲裁，是指经济法的各方当事人依照事先约定或事后达成的书面仲裁协议，共同选定仲裁机构并由其对争议依法作出具有约束力裁决的一种活动。作为当事人一方，仲裁的结果在仲裁决定公布以前是不确定的，会构成一项潜在义务或现时义务，或者潜在资产。

【例11-4】 20×1年11月1日，乙商业银行因合同违约而被丁公司起诉。20×1年12月31日，银行尚未接到法院的判决。丁公司预计，如无特殊情况很可能在诉讼中获胜，假定丁公司估计将来很可能获得赔偿金额1 900 000元。在咨询了公司的法律顾问后，乙商业银行认为最终的法律判决很可能对公司不利。假定乙商业银行预计将要支付的赔偿金额、诉讼费等费用为1 600 000元至2 000 000元之间的某一金额，而且这个区间内每个金额的可能性都大致相同，其中诉讼费为30 000元。

此例中，丁公司不应当确认或有资产，而应当在20×1年12月31日的报表附注中披露或有资产 1 900 000 元。

乙商业银行股份有限公司应在资产负债表中确认一项预计负债，金额为：

(1 600 000 + 2 000 000) ÷ 2 = 1 800 000（元）

同时在 20×1 年 12 月 31 日的附注中进行披露。

乙商业银行的有关账务处理如下：

借：管理费用——诉讼费　　30 000

　　营业外支出　　1 770 000

　　贷：预计负债——未决诉讼　　1 800 000

二、亏损合同

待执行合同变为亏损合同，同时该亏损合同产生的义务满足预计负债的确认条件的，应当确认为预计负债。其中，待执行合同，是指合同各方未履行任何合同义务，或部分履行了同等义务的合同。商业银行与其他企业签订的借贷合同、劳务提供合同、租赁合同等，均属于待执行合同，待执行合同不属于或有事项。但是，待执行合同变为亏损合同的，应当作为或有事项。亏损合同，是指履行合同义务不可避免发生的成本超过预期经济利益的合同。这里所称"履行合同义务不可避免发生的成本"反映了退出该合同的最低净成本。即履行该合同的成本与未能履行该合同而发生的补偿或处罚两者之中的较低者。

商业银行对亏损合同进行会计处理，需要遵循以下两点原则：

首先如果与亏损合同相关的义务不需支付任何补偿即可撤销，商业银行通常就不存在现时义务，不应确认预计负债；如果与亏损合同相关的义务不可撤销，商业银行就存在了现时义务，同时满足该义务很可能导致经济利益流出商业银行且金额能够可靠地计量的，应当确认预计负债。

其次，待执行合同变为亏损合同时，合同存在标的资产的，应当对标的资产进行减值测试并按相关的规定确认减值损失，在这种情况下商业银行不需要确认预计负债，如果预计亏损超过了该减值损失，应该将超过部分确认为预计负债；合同不存在标的资产的，亏损合同相关义务满足预计负债的确认条件时，应当确认为预计负债。

三、重组义务

（一）重组义务的确认

重组是指商业银行制定和控制的，将显著改变商业银行组织形式、经营范围或经营方式的计划实施行为。属于重组的事项主要包括：

1. 出售或终止商业银行的部分业务；

2. 对商业银行的组织结构进行较大调整；

3. 关闭商业银行的部分营业场所或将营业活动由一个国家或地区迁移到其他国家或地区。

商业银行应当将重组与合并、债务重组区别开。因为重组通常是商业银行内部资源的调整和组合，谋求现有资产效能的最大化；商业银行合并是在不同商业银行之间的资本重组和规模扩张；而债务重组是债权人对债务人作出让步，债务人减轻债务负担，债权人尽可能减少损失。

商业银行因重组而承担了重组义务，并且同时满足或有事项的三项确认条件时，才能确认预计负债。

首先，同时存在下列情况的，表明商业银行承担了重组义务：

1. 有详细、正式的重组计划，包括重组涉及的业务、主要地点、需要补偿的职工人数、预计重组支出、计划实施时间等；

2. 该重组计划已对外公告。

其次，需要判断重组义务是否同时满足预计负债的三个确认条件，即判断其承担的重组义务是否是现时义务、履行重组义务是否很可能导致经济利益流出、重组义务的金额是否能够可靠计量。只有同时满足这三个确认条件，才能将重组义务确认为预计负债。

例如，某银行董事会决定关闭一个分支机构。如果有关决定尚未传达到受影响的各方，也未采取任何措施实施该项决定，该银行就没有开始承担重组义务，不应确认预计负债；如果有关决定已经传达到受影响的各方。并使各方对商业银行将关闭分支机构形成合理预期，通常表明银行开始承担重组义务，同时满足该义务很可能导致经济利益流出商业银行和金额能够可靠地计量的，应当确认预计负债。

（二）重组义务的计量

商业银行应当按照与重组有关的直接支出确定预计负债金额。其中，直接支出是商业银行重组必须承担的直接支出。不包括留用职工岗前培训、市场推广、新系统和营销网络投入等支出。

由于商业银行在计量预计负债时不应当考虑预期处置相关资产的利得，在计量与重组义务相关的预计负债时，也不考虑处置相关资产可能形成的利得或损失，即使资产的出售构成重组的一部分也是如此。

第四节　或有事项列报

一、预计负债的列报

在资产负债表中。因或有事项而确认的负债（预计负债）应与其他负债项目区别开来，单独反映。如果商业银行因多项或有事项确认了预计负债，在资产负债表上一般只须通过“预计负债”项目进行总括反映。在将或有事项确认为负债的同时，应确认一项支出或费用。这项费用或支出在利润表中不应单列项目反映，而应与其他费用或支出项目（如“管理费用”“营业外支出”等）合并反映。比如，商业银行因对其他单位提供债务担保确认负债时所确认的费用，在利润表中应作为“营业外支出”的组成部分予以反映。

同时，为了使会计报表使用者获得充分、详细的有关或有事项的信息，商业银行应在会计报表附注中披露以下内容：

第一，预计负债的种类、形成原因以及经济利益流出不确定性的说明。

第二，各类预计负债的期初、期末余额和本期变动情况。

第三，与预计负债有关的预期补偿金额和本期已确认的预期补偿金额。

二、或有负债的披露

或有负债无论作为潜在义务还是现时义务，均不符合负债的确认条件，因而不予确认。但是，除非或有负债极小可能导致经济利益流出商业银行，否则商业银行应当在附注中披露有关信息，具体包括：

第一，或有负债的种类及其形成原因，包括未决诉讼、未决仲裁、对外提供担保等形成的或有负债。

第二，经济利益流出不确定性的说明。

第三，或有负债预计产生的财务影响，以及获得补偿的可能性；无法预计的，应当说明原因。

三、或有资产的披露

或有资产作为一种潜在资产，不符合资产确认的条件，因而不予确认。

商业银行通常不应当披露或有资产，但或有资产很可能会给商业银行带来经济利益的，应当披露其形成的原因、预计产生的财务影响等。

第五节　外币折算概述

一、记账本位币的定义

记账本位币是指商业银行经营所处的主要经济环境中的货币。主要经济环境，通常是指商业银行主要产生和支出现金的环境。使用该环境中的货币最能反映商业银行的主要交易的经济结果。例如，我国大多数商业银行主要产生和支出现金的环境在国内。因此，一般以人民币作为记账本位币。

二、商业银行记账本位币的确定

《中华人民共和国会计法》规定，业务支出以人民币以外的货币为主的单位，可以选定其中一种货币作为记账本位币，但是编报的财务报告应当折算为人民币，商业银行记账本位币的确定应当考虑如下因素：

一是从日常活动收入现金的角度看，所选择的货币能够对商业银行金融商品和金融劳务的销售价格起主要的作用，通常以该货币进行金融商品和金融劳务销售价格的计价和结算。

二是从日常活动支出现金的角度看，所选择的货币能够影响金融商品劳务所需人工和费用，通常以该货币进行这些业务的计价和结算。

三是融资活动获得的资金以及保存从经营活动中收取款项时，所使用的货币。即视融资活动获得的资金占其销售收入的比重大小，或者商业银行通常留存销售收入的货币。

三、境外经营记账本位币的确定

（一）境外经营的含义

境外经营是指商业银行在境外的子公司、合营企业、联营企业、分支机构。当商业银行在境内的子公司、联营企业、合营企业或者分支机构，选定的的记账本位币不同于商业银行的记账本位币时，也应当视同境外经营。

区分某实体是否为该商业银行的境外经营的关键有两项：一是该实体与

商业银行的关系：是否为商业银行的子公司、合营企业、联营企业、分支机构；二是该实体的记账本位币是否与商业银行记账本位币相同，而不是以该实体是否在商业银行所在地的境外作为标准。

（二）境外经营记账本位币的确定

商业银行选择确定记账本位币需要考虑的上述因素。同时，由于境外经营是商业银行的子公司、联营企业、合营企业或者分支机构，因此，境外经营记账本位币的选择还应当考虑该境外经营与商业银行的关系：

1. 境外经营对其所从事的活动是否拥有很强的自主性。如果境外经营所从事的活动是视同商业银行经营活动的延伸，该境外经营应当选择与商业银行记账本位币相同的货币作为记账本位币，如果境外经营所从事的活动拥有极大的自主性。境外经营不能选择与商业银行记账本位币相同的货币作为记账本位币。

2. 境外经营活动中与商业银行的交易是否在境外经营活动中占有较大比重。如果境外经营与商业银行的交易在境外经营活动中所占的比例较高，境外经营应当选择与商业银行记账本位币相同的货币作为记账本位币，反之，应选择其他货币。

3. 境外经营活动产生的现金流量是否直接影响商业银行的现金流量、是否可以随时汇回。如果境外经营活动产生的现金流位直接影响商业银行的现金流量，并可随时汇回，境外经营应当选择与商业银行记账本位币相同的货币作为记账本位币。反之应选择其他货币。

4. 境外经营活动产生的现金流量是否足以偿还其现有债务和可预期的债务。如果境外经营活动产生的现金流量在商业银行不提供资金的情况下，难以偿还其现有债务和正常情况下可预期的债务，境外经营应当选择与商业银行记账本位币相同的货币作为记账本位币。反之，应选择其他货币。

需要说明的是，境外经营记账本位币的确定不仅要从境外经营自身所处主要经济环境考虑，更重要的是从商业银行的角度考虑，其目的是为将境外经营的财务报表纳入商业银行财务报表。

四、记账本位币变更的会计处理

商业银行因经营所处的主要经济环境发生重大变化，确定变更记账本位币的，应当采用变更当日的即期汇率将所有项目折算为变更后的记账本位币，折算后的金额作为新的记账本位币的历史成本。由于采用同一即期汇率进行折算，因此，不会产生汇兑差额。当然，商业银行需要提供确凿的证据证明商业银行经营所处的主要经济环境确实发生了重大变化，并应当在附注中披露变更的理由。商业银行记账本位币发生变更的，其比较财务报表应当以可比当日的即期汇率折算所有资产负债表和利润表项目。

第六节 外币交易核算

一、外币交易的核算程序

外币交易的记账方法有外币统账制和外币分账制两种。外币统账制是指商业银行在发生外币交易时，即折算为记账本位币入账。外币分账制是指商业银行在日常核算时分别币种记账。资产负债表日，分别货币性项目和非货币性项目进行调整：货币性项目按资产负债表日即期汇率折算，非货币性项目按交易日即期汇率折算；产生的汇兑差额计入当期损益。从我国目前的情况看，绝大多数商业银行采用外币统账制，只有少数商业银行由于外币交易频繁，涉及外币币种较多，可以采用分账制记账方法进行日常核算。无论是采用分账制记账方法，还是采用统账制记账方法，只是账务处理程序不同，但产生的结果应当相同，即计算出的汇兑差额相同；相应的会计处理也相同，即均计入当期损益。本节主要介绍外币统账制下的账户设置及其会计核算的基本程序。

（一）账户设置

外币统账制方法下，对外币交易的核算不单独设置科目，对外币交易金额因汇率变动而产生的差额可在“利息支出”科目下设置二级科目“汇兑差额”反映。该科目借方反映因汇率变动而产生的汇兑损失，贷方反映因汇率变动而产生的汇兑收益。期末余额结转入“本年利润”科目后一般无余额。

（二）会计核算的基本程序

商业银行发生外币交易时，其会计核算的基本程序为：

第一，将外币金额按照交易日的即期汇率或即期汇率的近似汇率折算为记账本位币金额，按照折算后的记账本位币金额登记有关账户；在登记有关记账本位币账户的同时。按照外币金额登记相应的外币账户。

第二，期末，将所有外币货币性项目的外币余额，按照期末即期汇率折算为记账本位币金额，并与原记账本位币金额相比较，其差额记入“利息支出——汇兑差额”科目。

第三，结算外币货币性项目时，将其外币结算金额按照当日即期汇率折算为记账本位币金额，并与原记账本位币金额相比较。其差额记入“利息支出——汇兑差额”科目。

二、即期汇率和即期汇率的近似汇率

（一）即期汇率的选择

商业银行在处理外币交易和对外币财务报表进行折算时，应当采用交易发生日的即期汇率将外币金额折算为记账本位币金额反映；也可以采用按照系统合理的方法确定的、与交易发生日即期汇率近似的汇率折算。

即期汇率，通常是指中国人民银行公布的当日人民币外汇牌价的中间价。商业银行发生的外币兑换业务或涉及外币兑换的交易事项，应当按照交易实际采用的汇率折算。

（二）即期汇率的近似汇率

在汇率变动不大时，为简化核算，商业银行也可以选择即期汇率的近似汇率折算。即期汇率的近似汇率是“按照系统合理的方法确定的、与交易发生日即期汇率近似的汇率”，通常是指当期平均汇率或加权平均汇率等。加权平均汇率需要采用外币交易的外币金额作为权重进行计算。

确定即期汇率的近似汇率的方法应在前后各期保持一致。如果汇率波动使得采用即期汇率的近似汇率折算不适当时。应当采用交易发生日的即期汇率折算。至于何时不适当，需要商业银行根据汇率变动情况及计算近似汇率的方法等进行判断。

三、外币交易的会计处理

外币是商业银行记账本位币以外的货币。外币交易是指商业银行发生以外币计价或者结算的交易。包括：（1）买入或者卖出以外币计价的商品或者劳务；例如：A公司购买S公司发行的H股股票等。（2）借入或者借出外币资金。（3）其他以外币计价或者结算的交易，指除上述（1）、（2）外，以记账本位币以外的货币计价或结算的其他交易。例如接受外币现金捐赠等。

（一）初始确认

商业银行发生外币交易的，应在初始确认时采用交易日的即期汇率或即期汇率的近似汇率将外币金额折算为记账本位币金额。这里的即期汇率可以是外汇牌价的买入价或卖出价，也可以是中间价，在与银行不进行货币兑换的情况下，一般以中间价作为即期汇率。

【例 11－5】 乙商业银行的记账本位币为人民币，对外币交易采用交易日的即期汇率折算。20×8 年 1 月 1 日。从境外丙公司购入不需要安装的设备一台，设备价款为 250 000 美元，购入该设备当日的即期汇率为 1 美元＝7.6 元人民币。款项尚未支付。相关会计分录如下：

借：固定资产——机器设备　　　　（250 000×7.6）1 900 000

　　贷：应付账款——丙公司　　　　　　　　　　1 900 000

商业银行收到投资者以外币投入的资本，无论是否有合同约定汇率，均不采用合同约定汇率和即期汇率的近似汇率折算。而是采用交易日即期汇率折算，这样，外币投入资本与相应的货币性项目的记账本位币金额相等，不产生外币资本折算差额。

【例 11－6】 甲商业银行的记账本位币为人民币。对外币交易采用交易日的即期汇率折算。根据其与外商签订的投资合同，外商将分两次投入外币资本，投资合同约定的汇率是 1 美元＝8.00 元人民币。20×6 年 7 月 1 日，甲股份有限公司第一次收到外商投入资本 300 000 美元当日即期汇率为 1 美元＝7.8 元人民币；20×7 年 2 月 3 日，第二次收到外商投入资本 300 000 美元，当日即期汇率为 1 美元＝7.6 元人民币。相关会计分录如下：

20×6 年 7 月 1 日。第一次收到外币资本时：

借：存放中央银行款项——美元　　（300 000×7.8）2 340 000

　　贷：股本　　　　　　　　　　　　　　　　　2 340 000

20×7 年 2 月 3 日，第二次收到外币资本时：

借：存放中央银行款项——美元　　（300 000×7.6）2 280 000

　　贷：股本　　　　　　　　　　　　　　　　　2 280 000

根据《关于外商投资的公司审批登记管理法律适用若干问题的执行意见》（工商外企字〔2006〕81 号），外商投资公司的注册资本只能采用收到出资当日的即期汇率，不再使用合同汇率也不使用与即期汇率近似的汇率。与其相对应的资产类科目也不使用与即期汇率近似的汇率，这样，外币投入资本不会产生汇兑差额，资产类科目在期末仍分别货币性项目与非货币性项目处理。

（二）期末调整或结算

期末，商业银行应当分别外币货币性项目和外币非货币性项目进行处理。

1. 货币性项目。

货币性项目是商业银行持有的货币和将以固定或可确定金额的货币收取的资产或者偿付的负债。货币性项目分为货币性资产和货币性负债货币性资产包括存放中央银行款项等，货币性负债包括短期借款、应付债券、长期借款等。期末或结算货币性项目时，应以当日即期汇率折算外币货币性项目该项目因当日即期汇率不同于该项目初始入账时或前一期末即期汇率而产生的汇率差额计入当期损益。

2. 非货币性项目。

非货币性项目是货币性项目以外的项目，如：长期股权投资、交易性金融资产股票、基金、固定资产、无形资产等。

（1）对于以历史成本计世的外币非货币性项目，已在交易发生日按当日即期汇率折算，已在交易发生日按当日汇率折算，资产负债表日不应改变其原记账本位币金额。不产生汇兑差额。

（2）对于以公允价值计量的股票、基金等非货币性项目，如果期末的公允价值以外币反映，则应当先将该外币按照公允价值确定当日的即期汇率折算为记账本位币金额，再与原记账本位币金额进行比较。其差额作为公允价值变动损益，记入当期损益。

【例 11－7】 国内甲商业银行的记账本位币为人民币。20×7 年 12 月 10 日以每股 15 美元的价格购入乙公司 B 股 10 000 股作为交易性金融资产，当日汇率为 1 美元 =7.6 元人民币，款项已付。20×7 年 12 月 31 日，由于市价变动，当月购入的乙公司 B 股的市价变为每股 1 美元，当日汇率为 1 美元 = 7.65 元人民币。假定不考虑相关税费的影响。

20×7 年 12 月 5 日，该公司应对上述交易应作以下处理：

借：交易性金融资产　　　　　　（1.5 ×10 000 ×7.6）114 000

　　贷：存放中央银行款项——美元　　　　　　　　114 000

根据 CAS22 号金融工具确认和计量准则，交易性金融资产以公允价值计量。由于该项交易性金融资产是以外币计价，在资产负债表日，不仅应考虑美元市价的变动，还应一并考虑美元与人民币之间汇率变动的影响，上述交易性金融资产在资产负债表日的人民币金额以76 500（即1 ×10 000×7.65）入账，与原账面价值114 000元的差额为37 500元人民币，计入公允价值变动损益。相应的会计分录为：

借：公允价值变动损益　　37 500

　　贷：交易性金融资产　　37 500

37 500元人民币既包含甲公司所购乙公司B股股票公允价值变动的影响，又包含人民币与美元之间汇率变动的影响。

20×8年1月10日，甲银行将所购乙公司B股股票按当日市价每股12美元全部售出，所得价款为12 000美元，按当日汇率1美元=7.7元人民币折算为人民币金额为92 400元。与其原账面价值人民币金额76 500元的差额为15 900元人民币，对于汇率的变动和股票市价的变动不进行区分，均作为投资收益进行处理。因此，售出当日，甲银行应作会计分录为：

借：存放中央银行款项——美元　（1.2×10 000×7.7）92 400

　　贷：交易性金融资产（114 000－37 500）　　76 500

　　　　投资收益　　15 900

第七节　外币财报折算

在将商业银行的境外经营通过合并、权益法核算等纳入到商业银行的财务报表时，需要将商业银行境外经营的财务报表折算为以商业银行记账本位币反映的财务报表，这一过程就是外币财务报表的折算。可见，境外经营及其记账本位币的确定是进行财务报表折算的关键。

一、境外经营财务报表的折算

折算方法：在对商业银行境外经营财务报表进行折算前，应当调整境外经营的会计期间和会计政策，使之与商业银行会计期间和会计政策相一致，根据调整后会计政策及会计期间编制相应货币（记账本位币以外的货币）的财务报表，再按照以下方法对境外经营财务报表进行折算。

1. 资产负债表中的资产和负债项目，采用资产负债表日的即期汇率折算，所有者权益项目除“未分配利润”项目外，其他项目采用发生时的即期汇率折算。

2. 利润表中的收入和费用项目，采用交易发生日的即期汇率或即期汇率的近似汇率折算。

3. 产生的外币财务报表折算差额，在编制合并会计报表时，应在合并资产负债表中所有者权益项目下单独作为“外币报表折算差额”项目列示。

比较财务报表的折算比照上述规定处理。

【例 11－8】 国内甲商业银行的记账本位币为人民币。该公司在境外有一子公司乙公司，乙公司确定的记账本位币为美元。根据合同约定，甲商业银行拥有乙公司 70% 的股权，并能够对乙公司的财务和经营政策施加重大影响。甲商业银行采用当期平均汇率折算乙公司利润表项目。乙公司的有关资料如下：

20×7 年 12 月 31 日的汇率为 1 美元 = 7.7 元人民币，20×7 年的平均汇率为 1 美元 = 7.6 元人民币，实收资本、资本公积发生日的即期汇率为 1 美元 = 8 元人民币，20×6 年 12 月 31 日的股本为 500 万美元。折算为人民币为 4 000 万元；累计量余公积为 50 万美元，折算为人民币为 405 万元，累计未分配利润为 120 万美元。折算为人民币为 972 万元，甲商业银行、乙公司均在年末提取盈余公积。

报表折算见表 11－2、表 11－3 和表 11－4。

表 11－2　　20×7 年度利润表　　单位：万元

项　目	期末数（美元）	折算汇率	折算为人民币金额
一、营业收入	2 000	7.6	15 200
减：营业成本	1 500	7.6	11 400
税金及附加	40	7.6	304
管理费用	100	7.6	700
利息支出	10	7.6	76
加：投资收益	30	7.6	228
二、营业利润	380		2 888
加：营业外收入	40	7.6	304
减：营业外支出	20	7.6	152
三、利润总额	400		3 040
减：所得税费用	120	7.6	912
四、净利润	280		2 128
五、每股收益			

表 11-3　　20×7 年度所有者权益变动表　　单位：万元

项目	实收资本			盈余公积			未分配利润		外币报表折算差额	股东权益
	美元	折算汇率	人民币	美元	折算汇率	人民币	美元	人民币		人民币
一、本年年初余额	500	8	4 000	50		405	120	972		5 377
二、本年增减变动金额										
1. 净利润							280	2 128		2 128
2. 直接计入权益的利得和损失										-210
其中：外币报表折算差额									-210	-210
3. 利润分配										-1 520
（1）提取盈余公积				70	7.6	532	-70	-532		0
（2）对股东的分配							-200	-1 520		-1 520
三、本年年末余额	500	8	4 000	120		937	130	1 048	-210	5 775

表 11-4　　20×7 年 12 月 31 日资产负债表　　单位：万元

资产	期末数（美元）	折算汇率	折算为人民币金额	负债和股东权益	期末数（美元）	折算汇率	折算为人民币金额
流动资产：				流动负债：			
货币资金	90	7.7	693	短期借款	45	7.7	346.5
应收账款	190	7.7	1 463	应付账款	285	7.7	2 194.5
存货	2.10	7.7	1 843	其他流动负债	110	7.7	847
其他流动资产	150	7.7	1 155	流动负债合计	440		3 388
流动资产合计	670		5 159	非流动负债：			
非流动资产：				长期借款	140	7.7	1 078
长期应收款	120	7.7	924	应付债券	80	7.7	616
固定资产	550	7.7	4 235	其他非流动负债	90	7.7	693
在建工程	80	7.7	616	非流动负债合计	310		2 387
无形资产	50	7.7	385	负债合计	750		5 775
其他非流动资产	30	7.7	231	股东权益：			
非流动资产合计	830		6 391	股本	500	8	4 000
				盈余公积	120		937
				未分配利润	130		1 048
				外币报表折算差额			-210
				股东权益合计	750		5 775
资产总计	1 500		11 550	负债和权益总计	1 500		11 550

当期计提的盈余公积采用当期平均汇率折算。期初盈余公积为以前年度计提的盈余公积按相应年度平均汇率折算后金额的累计，期初未分配利润记账本位币金额为以前年度未分配利润记账本位币金额的累计。

外币报表折算差额为以记账本位币反映的净资产减去以记账本位币反映的实收资本、累计盈余公积及累计未分配利润后的余额。

二、境外经营的处置

商业银行可能通过出售、清算、返还股本或放弃全部或部分权益等方式处置其在境外经营中的利益。在包含境外经营的财务报表中，将已列入所有者权益的外币报表折算差额中与该境外经营相关部分，自所有者权益项目中转入处置当期损益；如果是部分处置境外经营。应当按处置的比例计算处置部分的外币报表折算差额，转入处置当期损益。

第十二章
会计政策、会计估计变更和差错更正

本章精要

本章阐述三个关联甚至于经常可能有被混淆的问题。

首先是在掌握会计变更的原因及具体情形前提下，分层次来解析：一是会计政策内涵及其变更的原因；二是会计估计概述、特点及其变更的原因，还要掌握对会计政策和会计估计的基本要求。

其次，分别掌握会计政策、会计估计变更的会计处理。掌握会计政策变更的会计处理方法的选择：追溯调整法和未来适用法。掌握追溯调整法的步骤和每一步的具体方法，掌握未来适用法的定义。对会计估计变更，应采用未来适用法。作为难点，需要掌握会计政策变更和会计估计变更不易划分的会计处理在这种情况下，如果不易区别会计政策变更和会计估计变更，按规定视为会计估计变更，采用了未来适用法进行处理。

最后，前期差错及其更正。明确前期差错的定义及产生的原因，前期差错通常包括计算错误、应用会计政策错误、疏忽或曲解事实以及舞弊产生的影响等。对前期差错更正的会计处理方法，采用追溯重述法进行更正。如果确定前期差错累积影响数不切实可行的，可以从可追溯重述的最早期间开始调整留存收益的期初余额，财务报表其他相关项目的期初余额也应当一并调整，也可以采用未来适用法。对非重大前期差错更正的会计处理和重大前期差错更正的会计处理。

第一节　会计变更管制概述

会计变更包括会计政策变更和会计估计变更。

一、会计政策概述及其变更的原因

（一）会计政策概述

1. 会计政策的含义。

会计政策，是指商业银行在确认、计量和报告中所采用的原则、基础和会计处理方法。其中：原则是指商业银行在会计核算过程中按照会计准则和统一会计制度规定的原则所制定的、适合于本商业银行的会计制度中所采用的会计原则。基础是指商业银行在会计核算中按照会计准则规定的所采用的会计计量基础。会计处理方法是指商业银行在会计核算中对于诸多可选择的会计处理方法中所选择的适合于本商业银行的会计处理方法。

2. 会计政策的特点。

会计政策具有以下特点：（1）会计政策由国家统一的会计制度规定；（2）会计政策是在允许的会计原则、基础和会计处理方法中作出的具体选择；（3）会计政策是商业银行进行会计核算的直接依据；（4）会计政策应保持前后各期的一致性。

3. 会计政策的主要内容。

商业银行在会计核算中所采纳的会计政策，通常应在会计报表附注中加以披露，商业银行至少应当需要披露的重要会计政策包括长期股权投资、投资性房地产、固定资产、无形资产、非货币性资产交换、资产减值、职工薪酬、股份支付、债务重组、或有事项、收入、建造合同、政府补助、借款费用、所得税、外币折算、租赁、金融工具确认和计量、金融资产转移、套期保值、合并财务报表、每股收益、分部报告、金融工具列报等。

（二）会计政策变更的原因

会计政策变更，是指商业银行对相同的交易或事项由原来采用的会计政策改用另一会计政策的行为。

为保证会计信息的可比性，使会计报表使用者在比较商业银行一个以上期间的会计报表时，能够正确判断商业银行的财务状况、经营成果、现金流量和所有者权益变动的趋势，一般情况下，商业银行应在每期采用相同的会计政策，不应也不能随意变更会计政策。否则，势必削弱会计信息的可比性，使会计报表使用者在比较商业银行的经营业绩时发生困难。但是，也不能认为会计政策不能变更，按规定，符合下列条件之一的，应改变原采用的会计政策：

1. 法律、行政法规或者国家统一的会计制度要求变更。

2. 会计政策变更能够提供更可靠、更相关的会计信息。

二、会计估计概述及其变更的原因

（一）会计估计概述

1. 会计估计的含义。

会计估计，是指商业银行对其结果不确定的交易或事项以最近可利用的信息为基础所作的判断。商业银行为了定期、及时提供有用的会计信息，将商业银行延续不断的营业活动人为地划分为各个阶段，如年度、季度、月度，并在权责发生制的基础上对商业银行的财务状况和经营成果进行定期确认和计量。在确认、计量过程中，当记入的交易或事项涉及未来事项不确定性时，例如，关于未来事项是否发生的不确定性以及关于未来事项的影响或时间的不确定性，必须予以估计入账。

2. 会计估计的特点。

会计估计具有以下特点：（1）会计估计的存在是由于经营活动中内在的不确定因素造成的；（2）会计估计的基础应当是最近可利用的信息或资料；（3）进行会计估计并不会削弱会计核算的可靠性，合理的会计估计是会计核算中不可缺少的组成部分。

3. 会计估计的主要内容。

会计核算中经常存在各种估计，会计估计和会计政策都是进行会计核算的基础。常见的需要进行会计估计的项目包括：贷款准备金；固定资产的耐用年限与净残值；无形资产的受益期；长期待摊费用的分摊期间；预计负债；收入确认中的估计；等等。

（二）会计估计变更的原因

会计估计变更，是指由于资产和负债的当前状况及预期未来经济利益和义务发生了变化，从而对资产或负债的账面价值或者资产的定期消耗金额进行的重估和调整。

商业银行在会计核算过程中，估计是不可或缺的。其原因是商业银行经营活动中内在的不确定因素，许多财务报表项目不能准确地计量，只能加以估计，比如发生的贷款减值准备、预提费用和待摊费用的摊销、应计折旧固定资产的使用年限等，都需要进行估计。但是，估计毕竟是根据过去或现有状况而对未来所作的判断，随着时间的推移，如果赖以进行估计的基础发生变化，或者由于取得了新的信息、积累了更多的经验以及后来的发展变化，可能需要对估计进行修订。

三、对会计政策和会计估计的基本要求

商业银行应当按照 CAS28 号会计政策、会计估计变更和差错更正准则的规定，结合本商业银行的实际情况，确定会计政策和会计估计，经股东大会或董事会、经理会议或类似机构批准，按照法律、行政法规等的规定报送有关各方备案。

商业银行的会计政策和会计估计一经确定，不得随意变更。如需变更，应重新履行上述程序，并按规定处理。

第二节　会计变更处理方法

一、会计政策变更的会计处理

（一）会计政策变更的会计处理方法的选择

会计政策变更的会计处理方法的选择应根据具体情况，分别按照以下规定处理：

1. 商业银行依据法律或会计准则等行政法规、规章的要求变更会计政策。

如果国家发布相关的会计处理办法，按照国家发布的相关会计处理规定进行处理。例如，由于 2006 年 2 月《企业会计准则——基本准则》和 38 项具体准则发布后，涉及的会计政策发生了较大的变动，为此，财政部专门制定了 CAS38 号首次执行企业会计准则，明确了在首次执行日，哪些事项应采用追溯调整，哪些事项不应采用追溯调整，商业银行在执行新制度过程中对于会计政策变更的处理，就应按照该准则规定进行处理。

实务中某项交易或者事项的会计处理，具体会计准则或其应用指南未作规范的，应当根据《企业会计准则——基本准则》规定的原则、基础和方法进行处理；待作出具体规定时，从其规定。

2. 由于经济环境、客观情况的改变而变更会计政策。

如果由于经济环境、客观情况的改变，商业银行需要变更会计政策，以

便提供有关商业银行财务状况、经营成果、现金流量和所有者权益等更可靠、更相关的会计信息，则应采用追溯调整法进行会计处理。

3. 会计政策变更的累积影响数不能合理确定。

如果会计政策变更的累积影响数不能合理确定，无论属于法规、规章要求变更会计政策，还是经济环境、客观情况的改变而变更会计政策，均采用未来适用法进行会计处理。例如，商业银行如果因账簿、凭证超过法定保存期限而销毁，或因不可抗力而毁坏、遗失，如火灾、水灾等，或因人为因素，如盗窃、故意毁坏等，也可能使会计政策变更的累积影响数无法计算。在这种情况下，会计政策的变更可以采用未来适用法进行处理。

（二）会计政策变更的会计处理方法

会计政策变更的会计处理方法有两种（如果国家没有发布相关的会计处理规定），即追溯调整法和未来适用法。

1. 追溯调整法。

（1）追溯调整法的主要内容。追溯调整法，是指对某项交易或事项变更会计政策时，视同该项交易或事项初次发生时就开始采用变更后的会计政策，并以此对财务报表相关项目进行调整的方法。追溯调整如同新的会计政策在一开始时就采用，但不需要重编以前年度会计报表。在追溯调整法下，应计算会计政策变更累积影响数，并将会计政策变更的累积影响数调整期初留存收益。

运用追溯调整法的步骤如下：

第一步，计算会计政策变更的累积影响数；

第二步，相关的账务处理；

第三步，调整会计报表相关项目；

第四步，附注说明。

（2）累积影响数的确定。运用追溯调整法对会计政策变更进行账务处理时，关键在于确定累积影响数。会计政策变更的累积影响数，是指按变更后的会计政策对以前各期追溯计算的变更年度期初留存收益应有的金额与现有的金额之间的差额。即会计政策变更的累积影响数，是以下两个金额之间的差额：

①在变更会计政策的当年，按变更后的会计政策对以前各期追溯计算，所得到的年初留存收益金额；

②变更会计政策当年年初的留存收益。

上述留存收益金额，包括当年和要求年度的未分配利润和按照相关规定提取并累积的盈余公积。调整期初留存收益是指对期初未分配利润和盈余公积两个项目的调整。

累积影响数通常可以通过以下各步计算获得：

第一步，根据新的会计政策重新计算受影响的前期交易或事项；

第二步，计算两种会计政策下的差异；

第三步，计算差异的所得税影响金额；

第四步，确定前期中的每一期的税后差异；

第五步，计算会计政策变更的累积影响数。

采用追溯调整法时，会计政策变更的累积影响数应包括在变更当期期初留存收益中；如果提供可比会计报表，对于比较会计报表期间的会计政策变更，应调整各该期间净损益各项目和会计报表其他相关项目，视同该政策在比较会计报表期间一直采用，对于比较会计报表可比期间以前的会计政策变更的累积影响数，应调整比较会计报表最早期间的期初留存收益，会计报表其他相关项目的数字也应一并调整。

【例 12－1】 甲商业银行 20×4 年 12 月购入一座办公楼，入账价值为 500 000 元，购入后即投入管理部门使用。该办公楼预计用 10 年，预计净残值为零，采用年限平均法计提折旧。该设备自 20×7 年 1 月 1 日起，改用双倍余额递减法计提折旧。该银行适用的所得税率为 25%，按净利润的 15% 提取盈余公积。假定税法规定按年限平均法计提折旧，办公楼的账面价值与其计税基础不一致，形成了可抵扣暂时性差异。该银行所得税采用资产负债表债务法核算。

第一步，根据资料，甲银行应计算由年限平均法改为双倍余额递减法的累积影响数如表 12－1 所示。

表 12－1　　会计政策变更的累积影响数　　金额单位：元

年度	按年限平均法提取的折旧额	按双倍余额递减法提取的折旧额	所得税前差异	所得税影响额	累计影响额
20×5	50 000	100 000	50 000	12 500	37 500
20×6	50 000	80 000	30 000	7 500	22 500
合计	100 000	180 000	80 000	20 000	60 000

第二步，对该项会计政策变更进行账务处理如下：

①调整会计政策变更累积影响数：

借：利润分配——未分配利润　　60 000

　　递延所得税资产　　20 000

　　贷：累计折旧　　80 000

②调整盈余公积：

借：盈余公积　　9 000（560 000×15%）

　　贷：利润分配——未分配利润　　9 000

第三步，调整20×7年度会计报表相关项目，如表12－2、表12－3、表12－4所示。

表12－2　　资产负债表（局部）

编制单位：甲银行　　20×7年12月31日　　金额单位：元

资产	年初数			负债和所有者权益	年初数		
	调整前	调增(减)	调整后		调整前	调增(减)	调整后
累计折旧	600 000	80 000	680 000	盈余公积	86 000	(9 000)	77 000
递延所得税资产	0	20 000	22 000	未分配利润	322 450	(51 000)	271 450

表12－3　　利润表（局部）

编制单位：甲银行　　20×7年度　　金额单位：元

项目	上年数		
	调整前	调增（减）	调整后
减：管理费用	50 000	30 000	80 000
二、营业利润	580 000	(30 000)	550 000
三、利润总额	580 000	(30 000)	550 000
减：所得税费用	191 400	(7 500)	183 900
四、净利润	388 600	(22 500)	366 100

表12－4　　所有者权益变动表（局部）

编制单位：甲银行　　20×7年度　　金额单位：元

项目	上年金额					
	实收资本（或股本）	资本公积	减：库存股	盈余公积	未分配利润	所有者权益合计
一、上年金额				86 000	322 450	
加：会计政策变更				(9 000)	(51 000)	
前期差错更正						
二、本年年初余额				77 000	271 450	

2. 未来适用法。

未来适用法，是指对某项交易或事项变更会计政策时，新的会计政策适用于变更当期及未来期间发生的交易或事项的方法。即采用未来适用法时，会计政策的变更只影响变更当期及未来各期，不需要计算会计政策变更的累积影响数，也不需要重编以前年度会计报表。例如，商业银行因账簿、凭证超过法定保存期限而销毁，或因火灾、水灾等不可抗力而毁坏、遗失，或因故意毁坏、盗窃等人为因素，使会计政策变更累积影响数无法计算，在这种情况下，会计政策的变更也可以采用未来适用法。

（三）会计政策变更在会计报表附注中的披露

商业银行应在附注中披露如下与会计政策变更有关的信息：

1. 会计政策变更的性质、内容和原因。

2. 当期和各个列报前期财务报表中受影响的项目名称和调整金额。

3. 无法进行追溯调整的，说明该事实和原因以及开始应用变更后的会计政策的时点、具体应用情况。

例如，对【例 12－1】所述情形，应在附注中披露如下信息：本银行对办公楼计提折旧的方法，从 20×7 年起改用双倍余额递减法，此项会计政策变更已采用追溯调整法。调整了盈余公积及未分配利润的期初数，利润表中的利润数。此项会计政策变更的累积影响数为 53 600 元；20×8 年度的净利润调减了 20 100 元；调减 20×6 年期初盈余公积 8 040 元，未分配利润 45 560 元。

二、会计估计变更的会计处理

（一）会计估计变更会计处理方法

会计估计变更应采用未来适用法，其处理方法为：

1. 如果会计估计的变更仅影响变更当期，有关估计变更的影响应于当期确认。

2. 如果会计估计的变更既影响变更当期又影响未来期间，有关估计变更的影响在当期及以后各期确认。

3. 如果以前期间的会计估计变更的影响数计入特殊项目，则以后期间也相应计入特殊项目。

【例 12－2】 甲商业银行对于 20×3 年 1 月 1 日起计提折旧的办公楼，价值50 000元，估计使用年限为8年，净残值为2 000元，按年限平均法计提折旧。至20×2年初，由于经济的快速发展等原因，需要对原估计的使用年限和净残值作出修正，修改后该办公楼的耐用年限为6年，净残值为1 000元。

甲商业银行对上述估计变更的处理方式如下：不调整以前各期折旧，也不计算累积影响数；变更日以后发生的经济业务改按新估计使用年限提取折旧。

按原估计，每年折旧额为6 000元，已提折旧4年，共计24 000元，固定资产净值为26 000元，则第五年相关科目的期初余额为：固定资产原值50 000元，累计折旧24 000元，固定资产净值26 000元。

改变估计使用年限后，20×2年起每年计提的折旧费用为12 500元〔(26 000－1 000)÷(6－4)〕。20×2年不必对以前年度已提折旧进行调整，只需按重新预计的使用年限和净残值计算确定的年折旧费用，编制会计分录如下：

借：管理费用　　12 500

　　贷：累计折旧　　12 500

（二）会计估计变更在会计报表附注中的披露

商业银行应当在附注中披露与会计估计变更有关的下列信息：

1. 会计估计变更的内容和原因。
2. 会计估计变更对当期和未来期间的影响数。
3. 会计估计变更的影响数不能确定的，披露这一事实和原因。

例如，对【例12－2】所述情形，应在附注中披露如下信息：本公司办公楼，原始价值50 000元，原估计使用年限为8年，预计净残值2 000元，按年限平均法计提折旧。由于新技术的发展，该设备已不能按原估计使用年限计提折旧，本公司于20×2年初变更该设备的耐用年限为6年，预计净残值为1 000元，以反映该设备的真实耐用年限和净残值。此估计变更影响本年度净利润减少数为4 875元〔(12 500－6 000)×(1－25%)〕。

三、会计政策变更和会计估计变更不易划分的会计处理

商业银行应当正确划分会计政策变更和会计估计变更，并按不同的方法进行相关会计处理。但有时很难区分会计估计变更和会计政策变更，例如，某银行原对贷款按余额的5%计提减值准备，现改按账龄分析法计提减值。对于这一事项如果从会计政策变更角度考虑，坏账准备由应收账款余额百分比

法改为账龄分析法，属于会计政策变更；但从计提比例看，计提坏账准备的比例发生了变化，属于会计估计变更。在这种情况下，如果不易区别会计政策变更和会计估计变更，按规定视为会计估计变更，按会计估计变更的未来适用法进行处理。

第三节　前期差错及其更正

一、前期差错的定义及产生的原因

前期差错，是指由于没有运用或错误运用以下两种信息，而对前期财务报表造成遗漏或误报。

1. 编报前期财务报表时能够合理预计取得并应当加以考虑的可靠信息。

2. 前期财务报表批准报出时能够取得的可靠信息。

商业银行在会计核算过程中可能会发生各种各样的差错，产生错账。会计差错按发生的原因分为会计政策使用上的差错、会计估计上的差错和其他差错。按发现及归属期间分为本期发现的、属于本期的会计差错以及本期发现、属于以前年度的会计差错，即前期差错。前期差错通常包括计算错误、应用会计政策错误、疏忽或曲解事实以及舞弊产生的影响以及固定资产盘盈等。其中：

1. 计算错误。

2. 应用会计政策错误。

3. 疏忽或曲解事实产生的错误。

4. 舞弊产生的错误。人为或故意的采用法律或国家统一会计制度等行政法规、规章所不允许的会计政策，或滥用会计政策变更。

5. 固定资产盘盈。固定资产盘盈，应按照会计准则规定将盘盈固定资产作为前期差错记入“以前年度损益调整”科目。

二、前期差错更正的会计处理

（一）前期差错更正的会计处理方法

商业银行发现前期差错时，应当根据差错的性质及时纠正。前期差错的更正应按以下规定处理：

1. 采用追溯重述法进行更正。追溯重述法，是指在发现前期差错时，视同该项前期差错从未发生过，从而对财务报表相关项目进行更正的方法。追溯重述法的会计处理与追溯调整法相同。

2. 采用未来适用法进行更正。确定前期差错累积影响数不切实可行的，可以从可追溯重述的最早期间开始调整留存收益的期初余额，财务报表其他相关项目的期初余额也应当一并调整，也可以采用未来适用法。即对于前期重要差错，本应追溯重述，但因无法取得数据等原因无法重述，则不重述。

（二）非重大前期差错更正的会计处理

非重大前期差错，是指不足以影响会计报表使用者对商业银行财务状况、经营成果、现金流量和所有者权益变动作出正确判断的会计差错。对于本期发现的，属于与前期相关的非重大会计差错，不调整会计报表相关项目的期初数，但应调整发现当期与前期相同的相关项目，属于影响损益的，应直接计入本期与上期相同的净损益项目；属于不影响损益的，应调整本期与前期相同的相关项目。

【例 12－3】 某银行在 20×2 年 12 月 31 日发现，20×1 年漏记了分支机构人员工资 3 000 元。

则 20×2 年应编制更正此差错的会计分录为：

借：管理费用　　3 000

　　贷：应付职工薪酬——应付工资　　3 000

（三）重大前期差错更正的会计处理

重大前期差错，指商业银行发现的使公布的会计报表不再具有可靠性的会计差错。重大前期差错一般是指金额比较大，通常某项交易或事项的金额占该类交易或事项的金额 10% 及以上，则认为金额比较大，如某商业银行提前确认未实现的营业收入占全部营业收入的 10% 及以上，则认为是重大前期差错。商业银行发现的重大前期差错，如不加以调整，会使公布的会计报表所反映的信息不可靠，并有可能误导投资者、债权人及其他会计报表阅读者的决策或判断。因此，重大前期差错应调整期初留存收益及会计报表其他相关项目的期初数。

【例 12－4】甲银行在 20×2 年发现 20×1 年公司漏记一项管理部门用固定资产折旧费用 300 000 元，但在所得税申报表中扣除了该项折旧（假设 20×2 年适用所得税税率为 25%，不考虑商业银行确认的应纳税暂时性差异）。该公司按净利润的 15% 提取盈余公积。

第一步，计算错误的后果：

20×1 年少计管理费用 300 000 元；少计累计折旧 300 000 元；多计所得税费用 75 000 元（300 000×25%）；多计净利润 225 000 元（300 000－75 000），多提盈余公积 33 750 元（225 000×15%），多形成未分配利润 191 250 元（225 000－33 750）。

第二步，账务处理：

1. 补提折旧。

借：以前年度损益调整　　300 000

　　贷：累计折旧　　300 000

2. 调整应交税费。

借：应交税费　　75 000

　　贷：以前年度损益调整　　75 000

3. 将“以前年度损益调整”科目的余额转入利润分配。

借：利润分配——未分配利润　　225 000

　　贷：以前年度损益调整　　225 000

4. 调整利润分配有关数字。

借：盈余公积　　33 750

　　贷：利润分配——未分配利润　　33 750

第三步，报表调整：

该公司 20×2 年度资产负债表的年初数、利润及所有者权益变动表的上年数栏分别按调整前和调整后的金额见表 12－5、表 12－6 和表 12－7。

表 12－5　　资产负债表（局部）

编制单位：甲银行　　20×2 年 12 月 31 日　　金额单位：元

资产	年初数			负债和所有者权益	年初数		
	调整前	调增(减)	调整后		调整前	调增(减)	调整后
累计折旧	600 000	300 000	900 000	应交税费	191 400	(75 000)	(116 400)
				盈余公积	86 000	(33 750)	52 250
				未分配利润	322 450	(191 250)	131 200

表 12－6　　利润表（局部）

编制单位：甲银行　　20×2 年度　　金额单位：元

项目	上年数		
	调整前	调增（减）	调整后
减：管理费用	50 000	300 000	350 000
二、营业利润	580 000	(300 000)	280 000
三、利润总额	580 000	(300 000)	280 000
减：所得税费用	191 400	(75 000)	116 400
四、净利润	388 600	(225 000)	163 600

表 12－7　　所有者权益变动表（局部）

编制单位：甲银行　　20×2 年度　　金额单位：元

项目	上年金额					
	实收资本（或股本）	资本公积	减：库存股	盈余公积	未分配利润	所有者权益合计
一、上年金额				86 000	322 450	
加：会计政策变更						
前期差错更正				(33 750)	(191 250)	
二、本年年初余额				55 850	131 200	

第四步，附注说明：

本年度发现 20×1 年漏记固定资产折旧 300 000 元，在编制 20×2 年与 20×1 年可比的会计报表时，已对该项差错进行了更正。由于此项错误的影响，20×1 年虚增净利润及留存收益 225 000 元，少计累计折旧 300 000 元。

需要说明的是，如果商业银行在资产负债表日后期间发现报告年度或前期差错，应按 CAS29 号资产负债表日后事项准则进行处理。

第十三章
资产负债表日后事项

本章精要

日后并不等于事后。本章专门探讨资产负债表日后事项的处理。

在本章第一节中，要从时间关系上理解资产负债表日后事项的定义，明确三个时间关系：其一是资产负债表日，通常是指年度资产负债表日，即12月31日，其二是财务报告批准报出日，其三就是介于前二者之间的期间，即资产负债表日后事项不是指在这个特定期间内发生的全部事项，而是指与资产负债表日存在状况有关的事项，或者虽然与资产负债表日存在状况无关，但对企业财务状况具有重大影响的事项。

资产负债表日后事项及其会计处理适用于企业处于持续经营状态，不涉及资产负债表日前、资产负债表日或资产负债表日后确定的终止营业。掌握资产负债表日后事项涵盖的期间和资产负债表日后事项的内容，即对调整事项、调整事项的特点、内容提要和非调整事项特点、内容，以及二者的异同。

在资产负债表日后事项的会计处理上，区别掌握调整事项会计处理的原则和方法，如涉及损益的事项，涉及利润分配调整的事项，不涉及损益和利润分配的事项，直接调整相关的资产、负债及所有者权益；对非调整事项会计处理，也要掌握其会计处理的原则与方法。

第一节　日后事项管制概述

一、资产负债表日后事项的定义

资产负债表日后事项，是指资产负债表日至财务报告批准报出日之间发生的有利或不利事项。财务报告批准报出日，是指董事会或类似机构批准财务报告报出的日期。

理解资产负债表日后事项定义时，应明确以下几个问题：

1. 资产负债表日，在我国一般是指年度资产负债表日，即 12 月 31 日。根据《中华人民共和国会计法》的规定，“会计年度自公历 1 月 1 日起至 12 月 31 日止”，因此，资产负债表日是指“年度资产负债表日”。

2. 财务报告批准报出日，是指董事会或类似机构批准财务报告报出的日期。通常是指对财务报告的内容负有法律责任的单位或个人批准财务报告向商业银行外部公布的日期。其中“对财务报告的内容负有法律责任的单位或个人”一般是指所有者、所有者中的多数、董事会或类似的管理单位。

3. 资产负债表日后事项包括所有有利或不利的事项，即对于资产负债表日后事项在会计处理中采用同一原则进行处理。

4. 资产负债表日后事项不是指在这个特定期间内发生的全部事项，而是指与资产负债表日存在状况有关的事项，或者虽然与资产负债表日存在状况无关，但对商业银行财务状况具有重大影响的事项。

5. 资产负债表日后事项及其会计处理适用于商业银行处于持续经营状态，不涉及资产负债表日前、资产负债表日或资产负债表日后确定的终止营业。

二、资产负债表日后事项涵盖的期间

资产负债表日后事项所涵盖的期间是指资产负债表日后至财务报告批准报出日之间。对于上市公司在这个期间内涉及完成财务报告编制日、注册会计师出具审计报告日、董事会批准财务报告可以对外公布日、实际对外公布日等几个日期。其中审计报告日期是指注册会计师完成外勤审计工作的日期；实际对外公布日通常不会早于董事会批准财务报告对外公布的日期。这几个日期用图示表示，如图 13－1 所示。

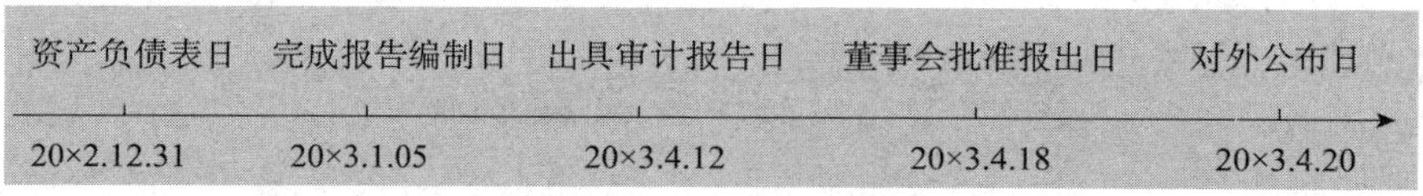

图 13－1 财务报告相关日期关系

资产负债表日后事项是以报告年度次年的 1 月 1 日起（含 1 月 1 日，下同），但应以哪个日期为截止日期？即要明确资产负债表日后事项涵盖的期间，是以报告年度次年的1月1日至董事会批准财务报告可以对外公布的日期。即以董事会批准财务报告可以对外公布的日期为截止日期。

【例13－1】 某上市商业银行20×2年的年度财务报告于20×3年1月5日编制完成，注册会计师完成整个年度审计工作并签署审计报告的日期为20×3年4月12日，经董事会批准财务报告可以对外公布的日期为20×3年4月20日（注：本章凡涉及经批准财务报告对外公布日，均假定为4月20日），财务报告实际对外公布日期为20×3年4月24日，股东大会召开日期为20×3年5月15日。

本例中，财务报告批准报出日为20×3年4月20日，资产负债表日后事项涵盖的期间为20×3年1月1日至20×3年4月20日。

如果本公司在4月20日~24日之间发生了重大事项，按规定需要调整会计报表相关项目的数字或需要在会计报表附注中披露的，经调整或说明后的财务报告再经董事会批准的报出日期为20×3年4月28日，实际对外公布的日期为20×3年4月30日，则资产负债表日后事项涵盖的期间为20×3年1月1日~20×3年4月28日。

三、资产负债表日后事项的内容

（一）调整事项

调整事项，是指对资产负债表日已经存在的情况提供了新的或进一步证据的事项。这类事项所提供的新的或进一步的证据，表明依据资产负债表日存在状况编制的会计报表已不再具有有用性，应依据新发生的情况对资产负债表日存在状况的有关金额作出重新估计，并据此对资产负债表日所反映的收入、费用、资产、负债以及所有者权益进行调整。

1. 调整事项的特点。

调整事项的特点体现在以下两个方面：

（1）在资产负债表日或以前已经存在，资产负债表日后得以证实的事项。

（2）对按资产负债表日存在状况编制的会计报表产生重大影响的事项。

2. 调整事项的内容。

调整事项的内容通常包括资产负债表日后诉讼案件结案，已确定支付的赔偿；已证实资产发生减损；购入资产的成本或售出资产的收入发生了变化；发现了财务报表舞弊或差错。具体举例说明如下：

(1) 诉讼案件结案，已确定支付的赔偿。这一事项是指，在资产负债表日以前，或资产负债表日已经存在的诉讼案件已估计了与该诉讼案件相关的预计负债，而在资产负债表日后期间诉讼案件结案，法院判决证实了商业银行在资产负债表日已经存在现时义务，确定了商业银行需要支付的赔偿款，这一事项的发生需要调整原先确认的与该诉讼案件相关的预计负债，或确认一项新负债，应对资产负债表日编制的会计报表进行调整。

【例 13-2】 甲商业银行与乙企业签订一项合同，甲商业银行因为违约致使乙企业发生经济损失，乙企业于20×2年11月提出起诉，要求甲银行赔偿违约经济损失600 000元。由于案件尚在审理过程中，法院尚未作出最终判决，甲商业银行于20×2年12月31日根据当时的资料判断很可能会败诉，估计赔偿金额为300 000元，并按此估计金额入账。但在财务报告批准报出前的3月10日经法院判决，甲商业银行需赔偿乙企业经济损失为500 000元，双方均接受此判决，不再上诉。

本例中，甲银行于20×2年12月31日结账时已经知道根据本商业银行违约和当时的资料判断很可能会败诉（即在20×2年12月31日资产负债表日，甲商业银行违约和很可能败诉的事实已经存在），但没有得到法院的最终判决，按300 000元借记“营业外支出”科目，贷记“预计负债”科目，并编制了20×2年12月31日资产负债表、20×2年度的利润表和所有者（或股东，下同）权益变动表。20×3年3月10日接到法院判决通知，已确定赔偿金额，这就对20×2年12月31日存在的状况提供了新的证据，表明根据20×2年12月31日存在情况提供的资产负债表所估计的预计负债和利润表所估计的营业外支出以及由此引起的盈余公积、未分配利润等已不能真实反映商业银行的实际情况，因此，应据此对资产负债表日编制的会计报表相关项目的数字进行调整。

(2) 已证实资产发生减损。这一事项是指，在年度资产负债表日以前，或在年度资产负债表日，根据当时资料判断某项资产可能发生了损失或永久性减值，但没有最后确定是否会发生，因而按照当时最好的估计金额反映在会计报表中。但在年度资产负债表日后期间，取得了确凿证据，表明该项资产已经发生了损失或永久性减值，应对资产负债表日所作的估计进行修正。

【例 13-3】 甲商业银行于20×2年6月1日贷给乙企业600 000元，按合同约定应在20×2年8月1日前收回贷款。在20×2年12月31日结账时甲商业银行尚未收回这笔贷款，并已知乙企业财务状况不佳，近期内难以偿还债务，甲商业银行对该笔贷款提取3%的坏账准备。20×3年3月10日，在甲银行报出财务报告之前收到乙企业已宣告破产通知，无法偿付全部欠款。

本例中，甲银行于20×2年12月31日结账时已经知道乙企业财务状况不佳（即在20×2年12月31日资产负债表日，乙企业财务状况不佳的事实已经存在)，但未得到乙企业破产的确切证据。20×3年3月10日甲银行正式收到乙企业通知，得知乙企业已破产，并且无法偿付全部货款，即20×3年3月10日对20×2年12月31日存在的情况提供了新的证据，表明根据20×2年12月31日存在情况提供的资产负债表所反映的应收乙企业账款已全部成为坏账，据此应对会计报表相关项目的数字进行调整。

（3）购入资产的成本或售出资产的收入发生了变化。这一事项是指，在资产负债表日以前或资产负债表日，根据合同规定所购入资产已经收到，按照当时确定的资产价值已经入账；或者销售的物资已经发出，当时认为与该项物资所有权相关的风险和报酬已经转移，货款能够收回，确认了收入。即在资产负债表日商业银行已经确认为资产或收入，并在会计报表上反映，但在资产负债表日后期间所取得的证据证明，已确认为资产的物资确实已经退货或销售的物资确实已经退回，应作为调整事项进行相关的账务处理，并调整资产负债表日编制的会计报表有关项目的数字。

（4）发现了财务报表舞弊或差错。这一事项是指，在资产负债表日后期间所取得的证据证明资产负债表日编制的财务报表有舞弊行为或差错问题，对于这些问题应作为调整事项，调整资产负债表日编制的会计报表有关项目的数字。一般来说财务舞弊均是重要事项。但发生的差错，可能是重要差错或非重要差错。

（二）非调整事项

非调整事项，是指表明资产负债表日后才发生或存在情况的事项。这类事项在资产负债表日并不存在、而是其后才发生或存在的事项，其事项不影响资产负债表日存在的状况，但为了对外提供更有用的会计信息，必须以适当的方式披露这类事项。

1. 非调整事项的特点。

非调整事项的特点体现在以下两个方面：

（1）在资产负债表日并没有发生或者存在，完全是在期后新发生的事项。

（2）对理解和分析财务报告有重大影响的事项。

2. 非调整事项的内容。

非调整事项的内容通常包括：

（1）发生重大诉讼、仲裁、承诺。

（2）资产价格、税收政策、外汇汇率发生重大变化。

（3）因自然灾害导致资产发生重大损失。

（4）发行股票和债券以及其他巨额举债。

（5）资本公积转增资本。

（6）发生巨额亏损。

（7）发生合并或处置子公司。

（三）调整事项和非调整事项的异同

调整事项和非调整事项的区别在于：调整事项是事项存在于资产负债表日或以前，资产负债表日后提供了证据对以前已存在的事项所作的进一步说明；而非调整事项是在资产负债表日尚未存在，但在财务报告批准报出日之前发生或存在。

调整事项和非调整事项的共同体现在：调整事项和非调整事项都是在资产负债表日后至财务报告批准报出日之间发生的，对报告年度的财务报告所反映的财务状况、经营成果都将产生重大影响。

第二节 日后事项会计处理

一、调整事项会计处理的原则和方法

商业银行发生的资产负债表日后调整事项，应当如同资产负债表所属期间发生的事项一样，作出相关账务处理，并对资产负债表日已编制的资产负债表、利润表、所有者权益变动表及现金流量表附注中作出相应的调整。

由于资产负债表日后事项发生在次年，上年度的有关账目已经结转，特别是损益类账户在结账后已无余额。因此，资产负债表日后发生的调整事项，应当分别以下情况进行账务处理：

1. 涉及损益的事项，通过“以前年度损益调整”科目核算。该科目属于损益类会计科目，贷方登记调整增加以前年度利润或调整减少以前年度亏损

的事项，及其调整减少的所得税费用（即收入的增加或费用的减少）；该科目的借方调整减少以前年度利润或调整增加以前年度亏损的事项，以及调整增加的所得税费用（即收入的减少或费用的增加）。期末将本科目贷方或借方余额，转入“利润分配——未分配利润”科目，结转后本科目应无余额。“以前年度损益调整”科目核算的内容用T形账户表示如下：

以前年度损益调整

调整减少以前年度利润； 调整增加以前年度亏损； 因以前年度损益调整增加的所得税费用； 将本科目余额转入“利润分配——未分配利润。	调整增加以前年度利润； 调整减少以前年度亏损； 因以前年度损益调整减少的所得税； 将本科目余额转入“利润分配——未分配利润。

2. 涉及利润分配调整的事项，直接调增或调减“利润分配——未分配利润”科目。

3. 不涉及损益和利润分配的事项，直接调整相关的资产、负债及所有者权益。

4. 通过上述账务处理后，还应同时调整会计报表相关项目的数字，包括：资产负债表日编制的会计报表相关项目的数字；当期编制的会计报表相关项目的年初数；提供比较会计报表时，还应调整相关会计报表的上年数；经过上述调整后，如果涉及会计报表附注内容的，还应当调整会计报表附注相关项目的数字。

【例13－4】 沿用【例13－2】且假定甲商业银行已经支付了赔偿款500 000元（注：下列所有例子均假定20×3年4月20日为财务报告批准报出日；所得税率为25%，按净利润的15%提取盈余公积，提取盈余公积之后，不再作其他分配；涉及需要调整现金流量表附注有关项目的数字略）。假定甲、乙双方20×2年所得税汇缴清算在20×3年2月15日完成，所得税采用资产负债表债务法核算。

对该项调整事项，甲商业银行应进行如下处理：

（1）支付赔偿款。

①借：以前年度损益调整　　200 000（调整营业外支出）

　　贷：其他应付款　　200 000

②借：预计负债　　300 000

　　其他应付款　　200 000

　　贷：存放中央银行款项　　500 000

应说明的是：资产负债表日后发生的调整事项如果涉及现金收支项目的，均不调整报告年度资产负债表的货币资金项目和现金流量表各项目数字。本例中，虽然已支付了赔偿款，但在调整会计报表相关数字时，只需调整上述第一笔会计分录，第二笔会计分录作为20×3年的会计事项处理。

（2）调整应交所得税。

借：递延所得税资产　　50 000（200 000×25%）（调整所得税费用）

　　贷：以前年度损益　　50 000

注：20×2年末负债账面价值500 000元，在20×3年所得税申报时可抵扣，而产生可抵扣暂时性差异500 000元；因确认预计负债300 000元时已确认相应的递延所得税资产，因此日后事项处理时再确认增加的200 000元负债对应的递延所得税资产。

（3）将“以前年度损益调整”科目余额转入利润分配。

借：利润分配——未分配利润　　150 000

　　贷：以前年度损益调整　　150 000（200 000－50 000）

（4）因净利润变动，调整盈余公积。

借：盈余公积　　22 500

　　贷：利润分配——未分配利润　　22 500（150 000×15%）

（5）调整报告年度（20×2年）会计报表相关项目的数字（会计报表略）：

①调整资产负债表有关数字：调增其他应付款200 000元；调增递延所得税资产50 000元；调减盈余公积22 500元；调减未分配利润147 750（150 000－22 500）元。

②调整利润表有关数字：调增营业外支出200 000元；调减所得税费用55 000元。

③调整所有者权益变动表有关数字：调减提取盈余公积22 500元；调减未分配利润147 750元。

（6）调整20×3年3月份资产负债表相关项目的年初余额。甲商业银行在编制20×3年1月份的会计报表时，按照调整前的数字作为资产负债表的年初数，由于发生了资产负债表日后调整事项，甲商业银行除了调整20×2年度会计报表相关项目的数字外，还应当调整20×3年3月份资产负债表相关项目的年初余额，其年初数按照上述调整后的数字填列。

对该项调整事项，乙企业应进行如下处理：

(1) 记录已收到赔偿款。

①借：其他应收款 500 000

贷：以前年度损益调整 500 000（调整营业外收入）

②借：存放中央银行款项 500 000

贷：其他应收款 500 000

(2) 调整应交所得税。

借：以前年度损益调整 125 000（调整所得税费用）

贷：递延所得税负债 125 000（500 000 × 25%）

(3) 将“以前年度损益调整”科目余额转入利润分配。

借：以前年度损益调整 375 000

贷：利润分配——未分配利润 375 000（500 000 - 125 000）

(4) 因净利润增加，补提盈余公积。

借：利润分配——未分配利润 56 250

贷：盈余公积 56 250（375 000 × 15%）

(5) 调整报告年度会计报表相关项目的数字：

①调整资产负债表有关数字：调增其他应收款 500 000 元；调增递延所得税负债 125 000 元；调增盈余公积 56 250 元；调增未分配利润 318 750（375 000 - 56 250）元。

②调整利润表有关数字：调增营业外收入 500 000 元；调增所得税费用 125 000 元。

③调整所有者权益变动表有关数字：调增提取盈余公积 56 250 元；调增未分配利润 318 750 元。

(6) 调整 20×3 年 3 月份资产负债表相关项目的年初余额。乙公司在编制 20×3 年 1、2 月份的会计报表时，按照调整前的数字作为资产负债表的年初数，由于发生了资产负债表日后调整事项，乙公司除了调整 20×2 年度会计报表相关项目的数字外，还应当调整 20×3 年 3 月份资产负债表相关项目的年初余额，其年初数按照上述调整后的数字填列。

二、非调整事项会计处理的原则和方法

资产负债表日后事项如属于非调整事项，由于这类事项与资产负债表日

存在状况无关，调整会计报表是不恰当的，因为这样做通常会导致在赚取收益或发生费用的日期之前报告这些金额。因此，对于非调整事项，不需要进行账务处理，也不需要调整会计报表。但是，财务报告应当反映最近期的相关信息，以满足财务报告及时性的要求，同时，由于这类事项可能很重大，如不加以说明，将会影响财务报告的使用者对商业银行财务状况、经营成果作出正确的估价和决策，因而需要在会计报表附注中说明事项的内容、估计其对财务状况、经营成果的影响，以提供会计数据来补充资产负债表日编制的财务报告的信息。如无法对资产负债表日后才发生或存在的事项对财务报告数据的影响作出估计，应说明其原因。

【例 13-5】 20×3 年 2 月，甲商业银行因为违约被丁企业起诉，20×3 年 3 月，甲商业银行同意付给丁企业 800 000 元的现金以使其撤回法律诉讼。

本例属于资产负债表日以后发生事项导致的索赔诉讼的结案，不论是甲商业银行，还是丁企业，均应将此事项作为非调整事项，在 20×2 年度会计报表附注中进行披露。

【例 13-6】 甲商业银行 20×2 年 9 月 5 日贷乙企业贷款 800 000 元，甲商业银行于 20×2 年 12 月 31 日编制 20×2 年度会计报表时，将这笔贷款列入资产负债表“贷款”项目内。甲商业银行 20×3 年 1 月 20 日收到乙企业发生火灾，大部分厂房和设备烧毁，已无力偿付所欠贷款的通知。

本例属于资产负债表日后因自然灾害导致资产发生重大损失。由于火灾是在 20×3 年 1 月 20 日资产负债表日后才发生的事项，对于这一非调整事项，甲商业银行和乙企业均在 20×2 年度会计报表附注中应披露与这一非调整事项有关的损失原因、金额等信息。

第四篇

财务报告篇

开篇有益

有人说，会计总是由接手一张张五颜六色的凭证开始，在一声声霹雳啪啦的键盘敲击声中度过岁月，并伴随着一份份可能引起关注的报告出笼去结束一段段特殊的日子。

本篇作为财报篇，是商业银行对相关利益者输送会计信息前的必经环节，集中了商业银行运营结果的会计信息，常常会给报表使用者提供其决策的基础性导向，也打上了会计人专业智慧与道德良心的烙印。学习本篇，务必充分吸收相关的新视点，比如，基于资产负债观的理念，更加关注资产负债表，并增设股东权益变动情况表，同时，对利润表进行完善，并强调了现金流量表。这样，“四表一注”组成了完整的财务家族。

当然，除了年度财务报告之外，其他财务报告也都需要一一关注：中期财务报告、分部报告编制、关联关系披露、合并报表编制和金融工具列报，也都需要掌握与理解。

“死数据、活情况”，只能深度分析，才能揭示其隐藏于背后的内在实质与发展规律。因此，本篇从常规分析方法、实用分析指标和综合分析体系三个层面来掌握财报分析的“金钥匙”。

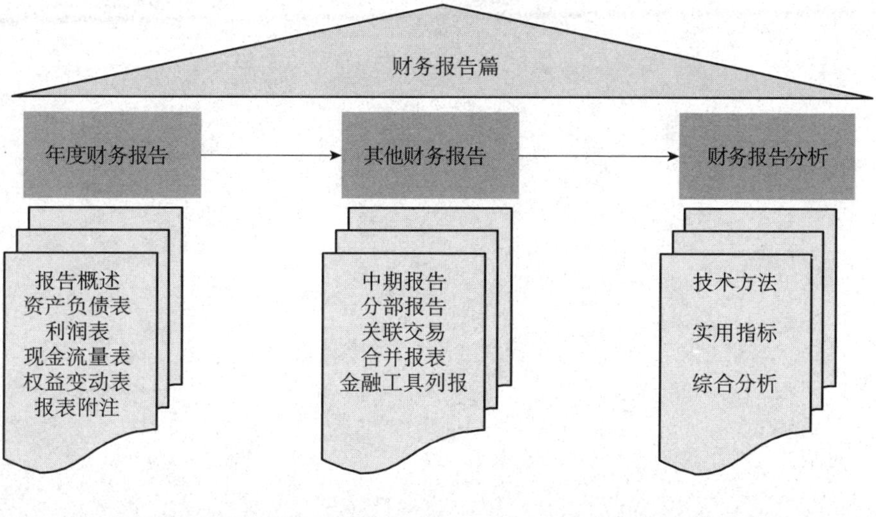

第十四章
主导性财务报告

本章精要

财务报告是会计人直接创造的产品，也是经理层甚至全体成员的劳动成果，当然也与投资者和其他报表使用者的利益息息相关。正是基于这样的背景，我们需要对财务报告这章特别加以关注。

首先是厘清财务会计报告的前提。明确财务会计报告的概念、种类，关注年度财务会计报告应当包括：会计报表；会计报表附注和财务情况说明书三个层次，而会计报表至少应当包括资产负债表、利润表、现金流量表、所有者权益变动表；附注。

第二节是资产负债表，要掌握资产负债表的结构和内容，对结构与内容一清二楚后，才能对流动资产、非流动资产、流动负债、非流动负债和所有者权益做到心中有数、取数科学。

第三节是利润表，需要从利润表的逻辑结构上来逐层分析，并对构成营业利润、利润总额、净利润的各项要素进行渐进式分析与填列。

第四节是现金流量表，要在准确分析判断经营活动产生的现金流量、投资活动产生的现金流量和筹资活动产生的现金流量的基础上，掌握其列报方法：直接法和间接法，通晓其编制程序：工作底稿法和T形账户法。

第五节是所有者权益变动表，一是认知所有者权益变动表的意义和作用，二是对所有者权益变动表的结构、内容和编制技术进行掌握。

第六节是财务报表附注。要深刻理解其价值所在，并掌握商业银行、保险公司、证券公司等财务报表附注的披露内容。

第一节 财务会计报告概述

一、财务会计报告的概念

财务会计报告是指商业银行对外提供的反映商业银行某一特定日期财务状况和某一会计期间经营成果、现金流量的文件。通常由会计报表、会计报表附注和财务情况说明书组成。会计报表又称为财务报表，是对商业银行财务状况、经营成果和现金流量的结构性表述。会计报表是财务会计报告的核心，它是根据商业银行日常会计核算资料归集、加工和整理后形成的，是商业银行会计核算的最终成果。

财务会计报告是提供会计信息的重要手段，是会计作为“商业语言”的载体，是决策者进行决策的重要经济信息来源。但是，财务会计报告所提供的信息只是一种工具，它与其他工具一样，对于那些有能力并愿意去使用的人们有直接的助益。而编制财务会计报告本身并不能确定或影响各种决策的结果，它只为人们使用这种信息提供前提条件。

二、财务会计报告的种类

财务会计报告分为年度、半年度、季度和月度财务会计报告。年度财务会计报告应当包括：会计报表；会计报表附注和财务情况说明书。会计报表至少应当包括下列组成部分：资产负债表；利润表；现金流量表；所有者权益（或股东权益，下同）变动表；附注。

会计报表附注是为便于会计报表使用者理解会计报表的内容而对在资产负债表、利润表、现金流量表和所有者权益变动表等报表中列示项目的文字描述或明细资料，以及对未能在这些报表中列示项目的说明等。

财务情况说明书是以文字形式记载商业银行某一会计期间的经营情况，并就该期间的经营情况加以说明、分析、总结的书面文件。财务情况说明书至少应当对下列情况作出说明：商业银行经营的基本情况；利润实现和分配情况；资金增减和周转情况；对商业银行财务状况、经营成果和现金流量有重大影响的其他事项。

会计报表可以根据需要，按照不同的标准进行分类。

1. 按会计报表的编报时间，可以分为月报、季报、半年报和年报。其中，月报、季报和半年报称为中期财务报告。

2. 按会计报表反映财务活动方式的不同，可以分为：静态报表和动态报表。静态报表是指综合反映商业银行某一特定日期资产、负债和所有者权益状况的报表，如资产负债表；动态报表是指综合反映商业银行一定时期的经营情况或现金流动情况的报表，如利润表或现金流量表。

3. 按会计报表编制范围不同，可以分为：个别会计报表和合并会计报表。个别会计报表是独立核算的用来反映其自身经营活动和财务状况的会计报表；合并会计报表是由母公司编制的，一般包括所有控股子公司会计报表的有关内容，反映整个集团经营成果和财务状况的会计报表。

4. 按会计报表服务的对象不同，可以分为：内部会计报表和外部会计报表。内部会计报表，是为商业银行内部管理需要而提供的报表，一般包括费用明细表、利润明细表等。外部会计报表，是供商业银行外部的政府部门、投资者和债权人等使用的会计报表，如资产负债表、利润表、现金流量表、所有者权益变动表等。

三、财务会计报告列报的基本要求

（一）商业银行应当以持续经营为基础编报财务会计报告

商业银行应当以持续经营为基础，根据实际发生的交易和事项，按照商业银行会计准则的规定进行确认和计量，在此基础上编制财务报表。商业银行不应以附注披露代替确认和计量。如果以持续经营为基础编制财务报表不再合理的，商业银行应当采用其他基础编制财务报表，并在附注中披露这一事实。

（二）财务报表项目列示的一致性

财务报表项目的列报应当在各个会计期间保持一致，不得随意变更，但下列情况除外：（1）会计准则要求改变财务报表项目的列报。（2）商业银行经营业务的性质发生重大变化后，变更财务报表项目的列报能够提供更可靠、更相关的会计信息。

（三）财务报表项目的单独列示

性质或功能不同的项目，应当在财务报表中单独列报，但不具有重要性的项目除外。性质或功能类似的项目，其所属类别具有重要性的，应当按其类别在财务报表中单独列报。所谓重要性，是指财务报表某项目的省略或错报会影响使用者据此作出经济决策的，该项目具有重要性。重要性应当根据商业银行所处环境，从项目的性质和金额大小两方面予以判断。

（四）财务报表项目的相互抵销

财务报表中的资产项目和负债项目的金额、收入项目和费用项目的金额不得相互抵销，但其他会计准则另有规定的除外。这里需要强调的是，资产项目按扣除减值准备后的净额列示，不属于抵销。非日常活动产生的损益，以收入扣减费用后的净额列示，不属于抵销。

（五）比较信息的提供

除国家另有规定外，当期财务报表的列报，至少应当提供所有列报项目上一可比会计期间的比较数据，以及与理解当期财务报表相关的说明。

财务报表项目的列报发生变更的，应当对上期比较数据按照当期的列报要求进行调整，并在附注中披露调整的原因和性质，以及调整的各项目金额。对上期比较数据进行调整不切实可行的，应当在附注中披露不能调整的原因。所谓不切实可行，是指商业银行在作出所有合理努力后仍然无法采用某项规定。

此外，商业银行应当在财务报表的显著位置至少披露下列各项：编报商业银行的名称；资产负债表日或财务报表涵盖的会计期间；人民币金额单位；财务报表是合并财务报表的，应当予以标明。

最后，商业银行至少应当按年编制财务报表。年度财务报表涵盖的期间短于一年的，应当披露年度财务报表的涵盖期间，以及短于一年的原因。对外提供中期财务报告的，还应遵循中期财务报告的规定。

四、财务报表的编制主体

上述关于财务会计报告的概述主要是侧重于基本性财务会计报告规定而言的，即每一个独立核算的企业法人所应该遵循的报告规则。这也是本章需要重点、详细进行解读的内容。当然，如果对实际运行中财务会计报告按照其编制主体的不同、编制口径的差异进行细化，则存在着汇总报表与合并报表之分、合并报表与个别报表之分。这也是需要加之具体关注的。

（一）汇总财务报表

汇总财务报表是行政管理部门或行业管理部门按照隶属关系，对所属单位或本行业各企业的财务报表的有关项目进行直接相加而汇总编制的财务报表，也可以是一个集团型企业下面，各个分支公司的个别财务报表数据的简单加总。其编制主体是有关行政管理部门、行业管理部门、企业集团或商业银行总部，以个别单位的报表格式和内容为基础，根据需要进行必要的简化和归纳。

简单地说，汇总财务报表是由具有独立法人资格、进行独立会计核算的企业，根据下属分公司或营业部报送的个别财务报表，连同本公司的会计报表汇总编制的会计报表。

通过汇总财务报表，一个独立法人企业可以了解下属分公司和营业部的财务状况和经营成果，检查它们在经营过程中的优势和不足，以提高公司总体的经营水平。同时，通过个别会计报表资料的汇总，还可以为证券公司制定总体的经营计划与财务预算提供重要的数据。

从商业银行来说，对旗下各分支机构的汇总财务报表主要采用简单加总方法编制，但在加总前，要对总行拨付下属分支机构和营业部的营运资金与下属分支机构和营业部收到总行拨入的营运资金相互抵销。同时，总行与下属分支机构和证券营业部之间的往来结算业务也应相互抵销。

汇总财务报表与合并财务报表相比，两者确定编报范围的依据不同。

汇总财务报表的编报范围，主要是证券公司下属的分公司和营业部，它们是会计主体，而不是法律主体。而合并财务报表的编制范围，主要是商业银行控股的被投资公司，它们既是会计主体，又是法律主体。

关于汇总财务报表的编制技术，相对是一项传统、简单的汇总方法，不再专门介绍。

（二）合并财务报表

合并财务报表又称合并会计报表，是指反映母公司和其所控制的全部子公司构成的企业集团整体财务状况、经营成果和现金流量的财务报表。母公司，是拥有一个或一个以上子公司的企业（或主体，下同）。子公司，是指被母公司所控制的企业。

首先，合并财务报表反映的内容是母公司和子公司所组成的企业集团整体的财务状况和经营成果，反映对象是由若干法人组成的会计主体，是经济意义的会计主体，而不是法律意义上的主体。个别会计报表反映的则是单个企业法人的财务状况和经营成果，反映对象是企业法人。

其次，合并财务报表是由企业集团中对其他企业有控制权的控股公司编制，并不是企业集团中所有企业都必须编制合并财务报表。

关于合并财务报表的编制技术，相对是一项专业、具体的合并技术，本书将在第十六章第五节专门阐述。

（三）个别财务报表

鉴于个别财务报表是整体财务报表编制方法的基础，也是学习会计报表的重中之重，本章将作为重点内容，对个别财务报表所包括的资产负债表、利润表、现金流量表、所有者权益变动表以及财务报表附注一一加以阐述。

第二节　资产负债表

一、资产负债表的性质与作用

资产负债表是反映商业银行在某一特定日期财务状况的会计报表，它是根据“资产=负债+所有者权益”这一会计等式，按照一定的分类标准和顺序，把商业银行一定日期的资产、负债和所有者权益各项目予以适当排列，并对日常工作中发生的经济业务和事项产生的数据进行整理后编制而成的。资产负债表反映的是商业银行在某一特定日期资产、负债、所有者权益的总体规模和结构。通过资产负债表可以看出商业银行拥有多少资产，在这些资产中，流动资产、非流动资产各有多少；流动资产中，货币资金有多少，应收款项有多少等。通过资产负债表可以看出商业银行所承担的债务有多少，这些债务中，流动负债有多少，长期负债有多少；通过资产负债表可以看出商业银行所有者权益有多少，在所有者权益中，实收资本（或股本，下同）有多少，资本公积有多少，盈余公积有多少，未分配利润有多少等。

资产负债表反映商业银行在某一特定日期所掌握的经济资源、债权人和投资者在商业银行中所拥有的权益。从资产负债表的功能上说，主要有四个方面的作用：一是反映资产的构成及其分布状况；二是表明商业银行所承担的债务及其偿还时间；三是反映净资产的构成及其形成原因；四是提供财务分析所需要的基本资料。

二、资产负债表的结构和内容

(一) 资产负债表的结构和内容

1. 资产负债表的结构。

资产负债表一般包括表首和正表两部分。其中，表首列示资产负债表的名称、编制单位、编制日期、报表编号、货币名称等。正表是资产负债表的主体，列示了用以说明商业银行财务状况的资产、负债和所有者权益各项目的期初和期末数。

2. 资产负债表的内容。

资产负债表的项目分为资产、负债和所有者权益三类。资产类项目主要按照项目的流动性排列，从流动资产和非流动资产分项列示。把资产分别列示，就是让会计信息使用者一看到流动资产就知道1年内它能够变现；看到非流动资产就知道变现期要超过1年等。而且从上往下看，变现能力越来越差。因此，非流动资产占的比重越大，商业银行变现能力就越差。

符合下列条件之一的资产，应当归为流动资产：

(1) 预计在一个正常营业周期中变现、出售或耗用（经营周期是指从购买用于加工的资产到其收回现金或现金等价物的这段时间）；

(2) 主要为交易目的而持有的；

(3) 预期在自资产负债表日起1年内变现的；

(4) 在自资产负债表日起1年内，交换其他资产或清偿负债的能力不受限制的现金或现金等价物。

流动资产以外的资产应当归类为非流动资产，并应按其性质分类列示。

负债类项目一般按照债务偿还期限的长短分为流动负债和长期负债并分项列示。这样分类的目的是使报表使用者看到流动负债就知道商业银行将在1年内要清偿的债务有多少，看到长期负债就知道商业银行偿还期在1年以上的债务有多少，从而判断商业银行的财务状况。

负债满足下列条件之一的，应当归类为流动负债：

(1) 预计在一个正常营业周期中清偿；

(2) 主要为交易目的而持有；

(3) 在资产负债表日起1年内到期应予以清偿；

(4) 商业银行无权自主地将清偿推迟至资产负债表日后1年以上。

当没有可靠证据表明商业银行的营业周期超过1年，商业银行应当以1年作为划分流动负债与非流动负债的标准。

流动负债以外的负债，应当归类为非流动负债。非流动负债应当按照长期负债的性质分类列示。

对于在资产负债表日起1年内到期的负债，商业银行预计能够自主地将清偿义务展期至资产负债表日起1年以上的，应当归类为非流动负债；不能自主地将清偿义务展期的，即使在资产负债表日后、财务报表批准报出日前签订了重新安排清偿计划协议，该项负债仍应归类为流动负债。

商业银行在资产负债表日或之前违反了长期借款协议，导致贷款人可随时要求清偿的负债，应当归类为流动负债。

贷款人在资产负债表日或之前同意提供在资产负债表日起1年以上的宽限期，商业银行能够在此期限内改正违约行为，且贷款人不能要求随时清偿，该项负债应当归类为非流动负债。

所有者权益则按实收资本（或股本）、资本公积、盈余公积、未分配利润等项目分项列示。资产负债表中的所有者权益类应当包括所有者权益的合计项目。

资产负债表应当列示资产总计项目，负债和所有者权益总计项目。资产类项目金额的合计与负债和所有者权益类项目的合计数必须相等。资产项目和负债项目的金额不得相互抵销。资产项目按扣除减值准备后的净额列示，不属于抵销。

商业银行由于在经营内容上不同于一般的工商企业，导致其资产、负债、所有者权益的构成项目也与一般工商企业有所区别。在资产负债表上列示时，资产通常需要列示：（1）货币资金；（2）拆出资金；（3）交易性金融资产；（4）衍生金融资产；（5）买入返售金融资产；（6）应收利息；（7）贷款；（8）债权投资；（9）其他债权投资；（10）其他权益工具投资；（11）长期股权投资；（12）投资性房地产；（13）固定资产；（14）无形资产；（15）递延所得税资产；（16）其他资产。

负债也按流动性大小列示：（1）向中央银行借款；（2）拆入资金；（3）交易性金融负债；（4）衍生金融负债；（5）卖出回购金融资产；（6）吸收存款；（7）具有本行业特点的各类应付和预售款项；（8）应付职工薪酬；（9）应交税费；（10）应付利息；（11）预计负债；（12）长期借款；（13）长期应付款；

(14) 应付债券；(15) 递延所得税负债。

所有者权益，按实收资本、资本公积、盈余公积、一般风险准备、未分配利润等项目分项列示。

另外，资产负债表除了列示各项资产、负债和所有者权益项目的期末余额以外，至少还应当提供所有列报项目上一可比会计期间的比较数据，即这些项目的年初余额，通过对年初、期末数的比较，可以看出各项资产、负债及所有者权益项目的变动情况。

（二）资产负债表的格式

资产负债表有两种格式：一种是账户式格式，另一种是报告式格式。账户式资产负债表是左右结构，左边列示资产，右边列示负债和所有者权益，资产各项目的金额合计等于负债和所有者权益各项目的金额合计。我国采用的是账户式的资产负债表。商业银行资产负债表的格式如表 14－1 所示。

表 14－1 **商业银行资产负债表** 会商银 01 表

编制单位： 年 月 日 单位：元

资产	期末余额	年初余额	负债和所有者权益（或股东权益）	期末余额	年初余额
资　产：			负　债：		
现金及存放中央银行款项			向中央银行借款		
存放同业款项			同业及其他金融机构存放款项		
贵金属			拆入资金		
拆出资金			交易性金融负债		
交易性金融资产			衍生金融负债		
债权投资			卖出回购金融资产款		
其他债权投资			吸收存款		
其他权益工具投资			应付职工薪酬		
衍生金融资产			应交税费		
买入返售金融资产			应付利息		
应收利息			预计负债		
发放贷款和垫款			应付债券		
长期股权投资			递延所得税负债		
投资性房地产			其他负债		
固定资产			负债合计		
无形资产			所有者权益（或股东权益）：		
递延所得税资产			实收资本（或股本）		
其他资产			资本公积		

续表

资产	期末余额	年初余额	负债和所有者权益（或股东权益）	期末余额	年初余额
			减：库存股		
			盈余公积		
			一般风险准备		
			未分配利润		
			所有者权益（或股东权益）合计		
资产总计			负债和所有者权益（或股东权益）总计		

另外，资产负债表除了列示各项资产、负债和所有者权益项目的期末余额外，通常还列示这些项目的年初余额，通过对年初数与期末数的比较，可以看出各项资产、负债及所有者权益的变动。所以，这种资产负债表称为比较资产负债表。

三、资产负债表的编制方法

（一）资产负债表编制的基本方法

会计报表的编制，主要是通过对日常会计核算记录的数据加以归集、整理，使之成为有用的财务信息。我国商业银行资产负债表各项目数据的来源，主要通过以下几种方式取得：

1. 根据总账账户余额直接填列。

资产负债表各项目的数据来源，大多是根据总账账户期末余额直接填列，如“应收利息”项目，根据“应收利息”总账科目的期末余额直接填列；“短期借款”项目，根据“短期借款”总账科目的期末余额直接填列。

2. 根据总账账户余额计算填列。

资产负债表的某些项目不能直接根据总账账户的期末余额填列，而是要根据若干个总账账户的期末余额合并计算填列，如“现金及存放中央银行款项”项目，根据“现金”“存放中央银行款项”账户的期末余额合计数计算填列。

3. 根据明细账户余额计算填列。

资产负债表的某些项目不能根据总账账户的期末余额或若干个总账账户的期末余额计算填列，而是需要根据有关账户所属的相关明细账户的期末余额分析计算填列。

4. 根据总账账户和明细账户余额分析计算填列。

资产负债表的某些项目不能根据总账账户的期末余额或若干个总账账户的期末余额计算填列，也不能根据有关账户所属的相关明细账户的期末余额分析计算填列，而是要根据总账账户和明细账户的期末余额计算填列。

5. 根据账户余额减去其备抵项目后的净额填列。

资产负债表的某些项目应当反映账面价值，应根据有关账户余额减去其备抵项目后的净额填列。如“固定资产”项目，根据“固定资产”账户的期末余额，减去“累计折旧”和“固定资产减值准备”备抵账户余额后的净额填列；又如，“无形资产”项目，根据“无形资产”账户的期末余额，减去“累计摊销”和“无形资产减值准备”备抵账户余额后的净额填列。

（二）资产负债表编制的具体方法

1. 资产负债表“年初余额”栏的填列方法。

在我国，资产负债表的“年初余额”栏内各项数字，根据上年末资产负债表“期末余额”栏内各项数字填列。如果当年度资产负债表规定的各个项目的名称和内容同上年度不相一致，则按编报当年的口径对上年年末资产负债表各项目的名称和数字进行调整，填入本表“年初余额”栏内。

2. 资产负债表“期末余额”栏的内容和填列方法。

资产负债表的“期末余额”栏内各项数字，根据各项目期末情况填列。

第三节　利润表

一、利润表的结构

概括地说，利润表提供了不同方面能够形成商业银行利润的相关指标，它主要反映以下几方面的内容：

一是构成营业利润的各项要素。营业利润是商业银行在经营活动过程中形成的利润，它从营业收入出发，减去营业成本、税金及附加、管理费用、利息支出、资产减值净损失，加上公允价值变动净收益（或减去公允价值变动净损失），再加上投资净收益（或减去投资净损失）后得出。

二是构成利润总额的各项要素。利润总额（或利润亏损）在营业利润的基础上，加上营业外收入，减去营业外支出后得出。

三是构成净利润的各项要素。净利润（或净亏损）在利润总额（或亏损总额）的基础上，减去本期计入损益的所得税费用后得出。

四是反映商业银行投资者每个单位投资额的回报情况，包括每股收益和稀释每股收益。

从利润表的格式性结构来看，由于不同国家和地区对会计报表的信息要求不完全相同，利润表的格式也不完全相同。目前，利润表的格式主要有多步式利润表和单步式利润表两种。我国商业银行的利润表一般采用多步式。

单步式利润表是将本期发生的所有收入收益汇集在一起，将所有的费用损失汇集在一起，然后将收入收益合计减去费用损失合计，得出本期净利润。在单步式下，利润表分为营业收入和收益、营业费用和损失、净利润三部分。营业收入和收益包括营业收入、公允价值变动净收益、投资净收益、营业外收入等。营业费用和损失包括营业成本、税金及附加、管理费用、利息支出、资产减值损失、投资损失、公允价值变动净损失、营业外支出、所得税费用等。净利润是两者计算的结果。单步式利润表对于营业收入和收益、营业费用和损失，在各类内排列时不区分先后顺序。

多步式利润表是通过多步计算，最后确定的净利润。通常分为以下几步：

第一步，反映营业利润。从营业收入出发，减去营业成本、税金及附加、管理费用、利息支出、资产减值损失加上公允价值变动净收益和投资收益，计算出营业利润。

第二步，反映利润总额（或亏损总额）。在营业利润的基础上，加上营业外收入，减去营业外支出，计算出利润总额（或亏损总额）。

第三步，反映净利润（或净亏损）。在利润总额（或亏损总额）的基础上，减去本期计入损益的所得税费用后，计算出净利润。

第四步，反映从商业银行投资者视角的当期净利润额情况，包括每股收益和稀释每股收益。

二、利润表的编制方法

（一）利润表的编制方法概述

利润表中的“本期金额”栏反映各项目的本期实际发生数，应根据本期实际发生额填列。本表“上期金额”栏内各项数字，反映上期的实际发生额，应根据上期利润表“本期金额”栏内所列数字填列。在编制年度利润表时，“本期金额”为报表年度全年的累计实际发生额。“上期金额”为上年度全年的累计实际发生额，应根据上年度利润表“本期金额”栏数字填列，如果上年度利润表规定的各个项目的名称和内容同本年度不一致，应对上年度利润表各项目的名称和数字按本年度的规定进行调整，填入本表“上期金额”栏内。

（二）利润表各项目的内容及其填列方法

利润表中的各项目，主要根据各损益类账户的发生额填列。

商业银行的利润表主要包括下列信息：（1）营业收入，其中包括利息收入、手续费及佣金收入、投资收益、公允价值变动收益、汇兑收益、其他业务收入等；（2）营业支出，其中包括税金及附加、业务及管理费、资产减值损失、其他业务支出等；（3）营业外收入；（4）营业外支出；（5）所得税费用；（6）净利润。

（三）利润表格式

根据企业会计准则的规定，我国商业银行的利润表包括项目和补充资料两部分，表 14－2 列示了商业银行的利润表格式。

表 14－2 商业银行利润表 会商银 02 表

编制单位： 年 月 单位：元

项目	本期金额	上期金额
一、营业总收入		
利息收入		
手续费及佣金收入		
投资收益（损失以“－”号填列）		
其中：对联企业和合营企业的投资收益		
以摊余成本计量的金融资产终止确认产生的收益（损失以“－”填列）分配		
净敞口套期收益（损失以“－”号填列）		
其他收益		
公允价值变动收益（损失以“－”号填列）		
汇兑收益（损失以“－”号填列）		
其他业务收入		
资产处置收益		
二、营业总支出		
利息支出		

续表

项目	本期金额	上期金额
手续费及佣金支出		
税金及附加		
业务及管理费		
信用减值损失		
其他资产减值损失		
其他业务成本		
三、营业利润（亏损以“-”号填列）		
加：营业外收入		
减：营业外支出		
四、利润总额（亏损总额以“-”号填列）		
减：所得税费用		
五、净利润（净亏损以“-”号填列）		
六、其他综合改善人民生活的税后净额		
七、综合收益总额		
八、每股收益		
（一）基本每股收益		
（二）稀释每股收益		

第四节 现金流量表

一、现金及现金流量的含义与内容

（一）现金流量的含义

现金流量也称“现金净流量”，指现金和现金等价物的流入和流出的净额。

现金流量表是以现金为基础编制的，这里的现金包括现金和现金等价物。具体包括以下内容：

1. 现金，是指商业银行库存现金以及可以随时用于支付的存款。不能随时用于支付的存款不属于现金。

2. 现金等价物，是指商业银行持有的期限短、流动性强、易于转换为已知金额现金、价值变动风险很小的投资。期限短，一般是指从购买日起三个月内到期。现金等价物通常包括三个月内到期的债券投资等。权益性投资变现的金额通常不确定，因而不属于现金等价物。商业银行应当根据具体情况，确定现金等价物的范围，一经确定不得随意变更。现金等价物的定义本身，包含了判断一项投资是否属于现金等价物的四个条件，即，（1）期限短（一般是指从购买之日起三个月内到期）；（2）流动性强；（3）易于转换为已知金额的现金；（4）价值变动风险很小。其中，期限短、流动性强，强调了变现能力，而易于转换为已知金额的现金、价值变动风险较小，则强调了支付能力。

（二）现金流量的分类

现金流量是现金流量表所要反映的一个重要指标，它反映了商业银行各类活动形成的现金流量的最终结果，它产生于不同的来源，也有不同的用途。所以，编制现金流量表首先应对现金流量进行合理的分类。CAS31 号现金流量表准则将一般商业银行现金流量分为三类：经营活动产生的现金流量、投资活动产生的现金流量、筹资活动产生的现金流量。

1. 经营活动产生的现金流量。

经营活动是指商业银行投资活动和筹资活动以外的所有交易和事项。也就是说，除归属于商业银行投资活动和筹资活动以外的所有交易和事项，都可归属于经营活动。经营活动主要包括：商业银行吸收存款、发放贷款、提供结算服务等。

2. 投资活动产生的现金流量。

投资活动是指商业银行长期资产的购建和不包括在现金等价物范围内的投资及其处置活动，包括实物资产投资、金融资产投资。这里的长期资产是指固定资产、无形资产、在建工程、其他资产等持有期限在一年或一个营业周期以上的资产。

一般来说，投资活动产生的现金流入项目主要有：收回投资所收到的现金，取得投资收益所收到的现金，处置固定资产、无形资产和其他长期资产所收回的现金净额和收到的其他与投资活动有关的现金。

投资活动产生的现金流出项目主要有：购建固定资产、无形资产和其他长期资产所支付的现金，投资所支付的现金，取得子公司及其他营业单位支付的现金净额和支付的其他与投资活动有关的现金。

3. 筹资活动产生的现金流量。

筹资活动是指导致商业银行资本及债务规模和构成发生变化的活动。这里所说的资本，包括实收资本股本，也包括资本溢价（股本溢价）。这里所说的债务，指对外举债，包括借款、发行债券等。

一般来说，筹资活动产生的现金流入项目主要有：吸收投资收到的现金，发行债券所收到的现金和收到的其他与筹资活动有关的现金。

筹资活动产生的现金流出项目主要有：偿还债务所支付的现金，分配股利、利润或偿付利息所支付的现金，支付的其他与筹资活动有关的现金。

二、现金流量表的编制程序和方法

（一）现金流量表的列报方法

现金流量表的列报方法有两种：直接法和间接法，它们通常也被称之为经营活动产生的现金流量表的报告方法。

1. 直接法。

直接法是指按现金收入和现金支出的主要类别，直接反映商业银行经营活动产生的现金流量。采用直接法编报的现金流量表，便于分析商业银行经营活动产生的现金流量的来源和用途，预测和评价商业银行现金流量的未来前景。

2. 间接法。

间接法是指以净利润为起点，调整不涉及现金的收入、费用、营业外收支等有关项目，据此计算出经营活动产生的现金流量。采用间接法编报的现金流量表，便于将净利润与经营活动产生的现金流量净额进行比较，了解净利润与经营活动产生的现金流量差异的原因，从现金流量的角度分析净利润的质量。

由于采用直接法编制现金流量表可以直接揭示经营活动产生的现金流量的收支总额，预测和评价商业银行现金流量的未来前景，所以国际会计准则鼓励商业银行采用直接法编制现金流量表；我国的 CAS31 号现金流量表准则也规定商业银行应当采用直接法编报现金流量表，同时要求提供在净利润基础上调节到经营活动产生的现金流量的信息。

（二）现金流量表的格式

财政部颁发的 CAS31 号现金流量表准则应用指南规定：现金流量表格式分别为一般企业、商业银行、保险公司、证券公司等四个类型企业予以规定。商业银行现金流量表格式如表 14－3 所示。

表 14－3 **现金流量表** 会商银 03 表

编制单位： 年　月 单位：元

项目	本期金额	上期金额
一、经营活动产生的现金流量：		
客户存款和同业存放款项净增加额		
向中央银行借款净增加额		
向其他金融机构拆入资金净增加额		
收取利息、手续费及佣金的现金		
收到其他与经营活动有关的现金		
经营活动现金流入小计		
客户贷款及垫款净增加额		
存放中央银行和同业款项净增加额		
支付手续费及佣金的现金		
支付给职工以及为职工支付的现金		
支付的各项税费		
支付其他与经营活动有关的现金		
经营活动现金流出小计		
经营活动产生的现金流量净额		
二、投资活动产生的现金流量：		
收回投资收到的现金		
取得投资收益收到的现金		
收到其他与投资活动有关的现金		
投资活动现金流入小计		
投资支付的现金		
购建固定资产、无形资产和其他长期资产支付的现金		
支付其他与投资活动有关的现金		
投资活动现金流出小计		
投资活动产生的现金流量净额		
三、筹资活动产生的现金流量：		
吸收投资收到的现金		
发行债券收到的现金		
收到其他与筹资活动有关的现金		
筹资活动现金流入小计		
偿还债务支付的现金		
分配股利、利润或偿付利息支付的现金		
支付其他与筹资活动有关的现金		
筹资活动现金流出小计		
筹资活动产生的现金流量净额		

续表

项目	本期金额	上期金额
四、汇率变动对现金的影响		
五、现金及现金等价物净增加额：		
加：期初现金及现金等价物余额		
六、期末现金及现金等价物余额		

（三）现金流量表的编制程序

编制现金流量表的程序可以分为两种：一种是工作底稿法，一种是T形账户法。

1. 工作底稿法。

采用工作底稿法编制现金流量表，就是以工作底稿为手段，以利润表和资产负债表数据为基础，对每一项目进行分析并编制调整分录，从而编制出现金流量表。在直接法下，整个工作底稿纵向分成三段：第一段是资产负债表项目，其中又分为借方项目和贷方项目两部分；第二段是利润表项目；第三段是现金流量表项目。工作底稿横向分为五栏，在资产负债表部分，第一栏是项目栏，填列资产负债表各项目名称；第二栏是期初数，用来填列资产负债表项目的期初数；第三栏是调整分录的借方；第四栏是调整分录的贷方；第五栏是期末数，用来填列资产负债表项目的期末数。在利润表和现金流量表部分，第一栏也是项目栏，用来填列利润表和现金流量表项目名称；第二栏空置不填；第三、第四栏分别是调整分录的借方和贷方；第五栏是本期数，利润表部分这一栏数字应和本期利润表数字核对相符，现金流量表部分这一栏的数字可直接用来编制正式的现金流量表。

采用工作底稿法编制现金流量表的程序是：

第一步，将资产负债表的期初数和期末数过入工作底稿的期初数栏和期末数栏。

第二步，对当期业务进行分析并编制调整分录。调整分录大体有这样几类：第一类涉及利润表中的收入、成本和费用项目以及资产负债表中的资产、负债及所有者权益项目，通过调整，将权责发生制下的收入费用转换为现金基础；第二类是涉及资产负债表和现金流量表中的投资和筹资项目，反映投资和筹资活动的现金流量；第三类是涉及利润表和现金流量表中的投资和筹资项目，目的是将利润表中有关投资和筹资方面的收入和费用列入到现金流量表投资、筹资现金流量中去。此外，还有一些调整分录并不涉及现金收支，只是为了核对资产负债表项目的期末期初变动。在调整分录中，有关现金和现金等价物的事项，并不直接借记或贷记现金，而是分别记入“经营活动产生的现金流量”“投资活动产生的现金流量”“筹资活动产生的现金流量”有关项目，借记表明现金流入，贷记表明现金流出。

第三步，将调整分录过入工作底稿中的相应部分。

第四步，核对调整分录，借贷合计应当相等，资产负债表项目期初数加减调整分录中的借贷金额后，应当等于期末数。

第五步，根据工作底稿中的现金流量表项目部分编制正式的现金流量表。

2. T形账户法。

采用T形账户法，就是以T形账户为手段，以利润表和资产负债表数据为基础，对每一项目进行分析并编制调整分录，从而编制出现金流量表。采用T形账户法编制现金流量表的程序如下：

第一步，为所有的非现金项目（包括资产负债表项目和利润表项目）分别开设T形账户，并将各自的期末期初变动数过入各该账户。

第二步，开设一个大的“现金及现金等价物”T形账户，每边分为经营活动、投资活动和筹资活动三个部分，左边记现金流入，右边记现金流出。与其他账户一样，过入期末期初变动数。

第三步，以利润表项目为基础，结合资产负债表分析每一个非现金项目的增减变动，并据此编制调整分录。

第四步，将调整分录过入各T形账户，并进行核对，该账户借贷相抵后的余额与原先过入的期末期初变动数应当一致。

第五步，根据大的“现金及现金等价物”T形账户编制正式的现金流量表。

（四）现金流量表的编制方法

商业银行应采用直接法报告经营活动的现金流量，即通过现金收入和现金支出的主要类别反映来自商业银行经营活动的现金流量。现金流量表应分别经营活动、投资活动和筹资活动报告商业银行的现金流量。现金流量一般应分别按现金流入和现金流出总额反映。但代客户收取或支付的现金以及周转快、金额大、期限短的项目的现金收入和现金支出，应以净额列示。

商业银行外币现金流量以及境外子公司的现金流量，应以现金流量发生日的汇率或平均汇率折算。汇率变动对现金的影响，应作为调节项目，在现金流量表中单独列示。

有些特殊项目，如自然灾害损失、保险索赔等，应根据发生业务的性质，分别归并到前述现金流量的类别中。

采用直接法时，有关经营活动现金流量的信息，可通过以下途径取得：(1) 商业银行的会计记录；(2) 根据以下项目对利润表中的营业收入、营业成本以及其他项目进行调整：①当期经营性应收和应付项目的变动；②固定资产折旧、无形资产摊销等其他非现金项目；③其现金影响属于投资或筹资活动现金流量的其他项目。

（五）现金流量表项目的内容和填报方法

下面举例说明商业银行现金流量表的内容和填报方法。

1. 经营活动产生的现金流量。

(1) 客户存款和同业存放款项净增加额。本项目反映客户或者同业存放在商业银行款项的净增加额。

(2) 向中央银行借款净增加额。本项目反映了商业银行本期向中央银行借入款项的净增加额。

(3) 向其他金融机构拆入资金净增加额。本项目反映商业银行本期从境内外金融机构拆入款项所取得的现金，减去拆借给境内外金融机构款项所支付现金后的金额。

(4) 收取利息、手续费及佣金的现金。本项目反映了商业银行本期从境内外客户收取的利息、手续费及佣金收入。

(5) 收到其他与经营活动有关的现金。本项目反映商业银行除了上述各项目外，与经营活动有关的其他现金流入，如捐赠现金收入、罚款收入、流动资产损失中由个人赔偿的现金收入等。其他现金流入如价值较大的，应单列项目反映。

(6) 客户贷款及垫款净增加额。本项目反映了商业银行本期发放的各种客户贷款，以及办理商业票据贴现，转贴现融出及融入资金等业务款项的净增加额。

(7) 存放中央银行和同业款项净增加额。本项目反映商业银行存放于中央银行以及存放于境内外金融机构的款项的净增加额。

(8) 支付手续费及佣金的现金。本项目反映了商业银行委托其他商业银行代办业务实际支付的手续费和佣金。

(9) 支付给职工以及为职工支付的现金。本项目反映商业银行实际支付给职工的现金以及为职工支付的现金，包括本期实际支付给职工的工资、奖金、各种津贴和补贴等，以及为职工支付的其他费用。不包括支付的离退休人员的各项费用和支付给在建工程人员的工资等。支付的离退休人员的各项费用，包括支付的统筹退休金以及未参加统筹的退休人员的费用，在“支付的其他与经营活动有关的现金”项目中反映；支付的在建工程人员的工资，在“购建固定资产、无形资产和其他长期资产所支付的现金”项目中反映。

(10) 支付的各项税费。本项目反映商业银行按规定支付的各项税费，包括本期发生并支付的税费（不包括支付的增值税进项税额），以及本期支付以前各期发生的税费和预交的税金，如支付的教育费附加、印花税、房产税、土地增值税、车船税等。不包括计入固定资产价值、实际支付的耕地占用税等，也不包括本期退回的增值税、所得税。本期退回的增值税、所得税，在“收到的税费返还”项目中反映。

(11) 支付的其他与经营活动有关的现金。本项目反映商业银行除上述各项目外，支付的其他与经营活动有关的现金，如罚款支出、支付的差旅费、业务招待费、保险费、经营租赁所支付的现金等。其他与经营活动有关的现金如果价值较大的，应单列项目反映。

2. 投资活动产生的现金流量。

(1) 收回投资所收到的现金。本项目反映商业银行出售、转让或到期收回除现金等价物以外的交易性金融资产、持有至到期投资、长期股权投资而收到的现金，以及收回长期债权投资本金而收到的现金。不包括长期债权投资收回的利息，以及收回的非现金资产。

(2) 取得投资收益所收到的现金。

(3) 收到的其他与投资活动有关的现金。本项目反映商业银行除上述各项目外，收到的其他与投资活动有关的现金。其他与投资活动有关的现金，如果价值较大的，应单列项目反映。

(4) 购建固定资产、无形资产和其他长期资产所支付的现金。

(5) 投资所支付的现金。

需要注意的是，商业银行购买股票和债券时，实际支付的价款中包含的已宣告但尚未领取的现金股利或已到付息期但尚未领取的债券利息，应在“支付的其他与投资活动有关的现金”项目中反映；收回购买股票和债券时支付的已宣告但尚未领取的现金股利或已到付息期但尚未领取的债券利息，应在“收到的其他与投资活动有关的现金”项目中反映。

（6）支付的其他与投资活动有关的现金。本项目反映商业银行除上述各项目外，支付的其他与投资活动有关的现金。其他与投资活动有关的现金，如果价值较大的，应单列项目反映。

3. 筹资活动产生的现金流量。

（1）吸收投资所收到的现金。

（2）取得借款所收到的现金。本项目反映商业银行举借各种短期、长期借款而收到的现金。本项目可根据“现金”“存放中央银行款项”“短期借款”“长期借款”等科目的记录分析填列。

（3）收到的其他与筹资活动有关的现金。本项目反映商业银行除上述各项目外，收到的其他与筹资活动有关的现金。其他与筹资活动有关的现金，如果价值较大的，应单列项目反映。本项目可根据有关科目的记录分析填列。

（4）偿还债务所支付的现金。本项目反映商业银行以现金偿还债务的本金，包括：归还借款本金、偿付到期的债券本金等。需要注意的是，商业银行偿还的借款利息、债券利息在“分配股利、利润或偿付利息所支付的现金”项目中反映，不在本项目中反映。

（5）分配股利、利润或偿付利息所支付现金。本项目反映商业银行实际支付的现金股利、支付给其他投资单位的利润或用现金支付的借款利息、债券利息。

（6）支付的其他与筹资活动有关的现金。本项目反映商业银行除上述各项目外，支付的其他与筹资活动有关的现金。如“发生筹资费用所支付的现金”“融资租赁所支付的现金”“减少注册资本所支付的现金”项目等，其他与筹资活动有关的现金，如果价值较大的，应单列项目反映。

4. 汇率变动对现金的影响。

该项目反映商业银行外币现金流量及境外子公司的现金流量折算为人民币时，所采用的现金流量发生日的汇率或平均汇率折算为人民币金额与“现金及现金等价物净增加额”中外币现金净增加额按期末汇率折算为人民币金额之间的差额。

在编制现金流量表时，对当期发生的外币业务，也可不必逐笔计算汇率变动对现金的影响，可以通过会计报表附注中“现金及现金等价物净增加额”

数额与报表中“经营活动产生的现金流量净额”“投资活动产生的现金流量净额”“筹资活动产生的现金流量净额”三项之和比较，其差额即为“汇率变动对现金的影响”。

5. 现金流量表补充资料的编制方法。

商业银行应当采用间接法在现金流量表附注中披露将净利润调节为经营活动现金流量的信息。现金流量表补充资料的格式如表 14－4 所示。

表 14－4　　现金流量表补充资料

补充资料	本期金额	上期金额
1. 将净利润调节为经营活动现金流量：		
净利润		
加：信用减值损失		
资产减值准备		
固定资产折旧		
无形资产摊销		
长期待摊费用摊销		
处置固定资产、无形资产和其他长期资产的损失（收益以“－”号填列）		
固定资产报废损失（收益以“－”号填列）		
公允价值变动损失（收益以“－”号填列）		
财务费用（收益以“－”号填列）		
投资损失（收益以“－”号填列）		
递延所得税资产减少（增加以“－”号填列）		
递延所得税负债增加（减少以“－”号填列）		
经营性应收项目的减少（增加以“－”号填列）		
经营性应付项目的增加（减少以“－”号填列）		
其他		
经营活动产生的现金流量净额		
2. 不涉及现金收支的重大投资和筹资活动：		
债务转为资本		
一年内到期的可转换公司债券		
融资租入固定资产		
3. 现金及现金等价物净变动情况：		
现金的期末余额		
减：现金的期初余额		
加：现金等价物的期末余额		
减：现金等价物的期初余额		
现金及现金等价物净增加额		

（1）“将净利润调节为经营活动现金流量”部分的内容及填列方法。

①信用减值损失。根据2017版金融工具会计准则“预期信用损失法”要求计提。本项目反映商业银行计提的包括金融资产的减值准备，例如债权投资、其他债权投资、其他权益工具投资。商业银行计提的金融资产的预期信用损失，从利润中扣除，但却没有发生现金流出。所以，在将净利润调节为经营活动现金流量时，需要进行“增加”调节。本项目可根据“信用减值损失”等科目的记录分析填列。

②资产减值准备。本项目反映商业银行计提的其他各项资产的减值准备，例如长期投资减值准备、固定资产减值准备、无形资产减值准备等。商业银行计提的各项资产的减值准备，包括在利润表中，从利润中扣除，但是，却没有发生现金流出。所以，在将净利润调节为经营活动现金流量时，需要进行“增加”调节。本项目可根据“资产减值损失”等科目的记录分析填列。

③固定资产折旧。本项目反映商业银行本期累计提取的折旧。商业银行计提的固定资产折旧，包括在管理费用中。计入管理费用中的部分，作为期间费用在计算净利润时从中扣除，但是，却没有发生现金流出，所以，在将净利润调节为经营活动现金流量时，需要予以加回。本项目可根据“累计折旧”科目的贷方发生额分析填列。

④无形资产摊销、长期待摊费用摊销。本项目分别反映商业银行本期累计摊入成本费用的无形资产的价值及长期待摊费用。商业银行摊销无形资产时，计入管理费用；长期待摊费用摊销时，有的计入管理费用，有的计入营业费用。计入管理费用、营业费用中的部分，作为期间费用在计算净利润时从中扣除，但是，却没有发生现金流出，所以，在将净利润调节为经营活动现金流量时，需要予以加回。这两个项目可根据“累计摊销”“长期待摊费用”科目的贷方发生额分析填列。

⑤处置固定资产、无形资产和其他长期资产的损失（减：收益）。本项目反映商业银行本期由于处置固定资产、无形资产和其他长期资产而发生的净损失。商业银行处置固定资产、无形资产和其他长期资产发生的损益，属于投资活动产生的损益，不属于经营活动产生的损益，所以，在将净利润调节为经营活动现金流量时，需要予以调节。本项目可根据“营业外收入”“营业外支出”等科目所属有关明细科目的记录分析填列；如为净收益，以“-”号填列。

⑥固定资产报废损失。本项目反映商业银行本期固定资产盘亏（减：盘盈）后的净损失。商业银行发生的固定资产报废损益，属于投资活动产生的损益，不属于经营活动产生的损益，所以，在将净利润调节为经营活动现金流量时，需要予以调节。本项目可根据“营业外支出”“营业外收入”等科目所属有关明细科目中固定资产盘亏损失减去固定资产盘盈收益后的差额填列。

⑦公允价值变动损失（减：收益）。由于公允价值计量与原账面价值的差额计入了当期损益，但不影响现金流量，故增加利润时调减，减少利润时调增。

⑧利息支出。本项目反映本期发生的应属于投资活动或筹资活动的财务费用。商业银行发生的财务费用，可以分别归属于经营活动、筹资活动和投资活动。其中，属于经营活动的部分，本身就应该在计算净利润时予以扣除，所以，在将净利润调节为经营活动现金流量时，不需要调节。与此相对应，属于投资活动、筹资活动的部分，在计算净利润时也从中扣除，但是，这部分发生的现金流出不属于经营活动范畴，所以，在将净利润调节为经营活动现金流量时，需要予以加回。本项目可根据“财务费用”科目的本期借方发生额分析填列；如为收益，以“－”号填列。

⑨投资损失（减：收益）。本项目反映商业银行本期投资所发生的损失减去收益后的净损失。商业银行发生的投资损益，属于投资活动产生的损益，不属于经营活动产生的损益，所以，在将净利润调节为经营活动现金流量时，需要予以调节。本项目可根据利润表中“投资收益”项目的数字填列；如为投资收益，以“－”号填列。

⑩递延所得税资产减少（减：增加）。本项目反映商业银行本期期末递延所得税资产比期初减少的金额，商业银行发生递延所得税资产，与其相对应的是所得税的减少，增加了本期的净利润，而商业银行本期期末递延所得税资产比期初减少意味着本期转回递延所得税资产比本期发生的递延所得税资产多，因而增加了本期所得税费用，但却没有发生现金流出，所以，在将净利润调节为经营活动现金流量时，需要予以加回；“递延所得税资产”的期末数大于期初数的差额，以“－”号填列。

⑪递延所得税负债增加（减：减少）。本项目反映商业银行本期期末递延所得税负债比期初减少的金额，商业银行发生递延所得税负债，与其相对应的是所得税的增加，减少了本期的净利润。而商业银行本期期末递延所得税

负债比期初增加意味着本期发生递延所得税负债比本期转回的递延所得税负债多，因而增加了本期所得税费用，但却没有发生现金流出，所以，在将净利润调节为经营活动现金流量时，需要予以加回；“递延所得税负债”的期末数小于期初数的差额，以“－”号填列。

⑫经营性应收项目的减少（减：增加）。本项目反映商业银行本期经营性应收项目的减少（减：增加）。

⑬经营性应付项目的增加（减：减少）。本项目反映本期经营性应付项目的增加（减：减少）。

⑭其他。本项目反映影响商业银行损益但不包括在以上项目的其他项目。如，商业银行在编制会计差错更正处理当年的现金流量表时，除将会计差错更正对有关科目的影响分别反映于“净利润”有关调节项目外，还应将其对本年留存收益的影响作为“净利润”的调节因素反映于“其他”项目中。

（2）“不涉及现金收支的重大投资和筹资活动”项目的内容和填列方法。

本项目反映商业银行一定期间内影响资产或负债但不形成该期现金收支的所有重大投资和筹资活动的信息。这些投资和筹资活动虽然不涉及现金收支，但对以后各期的现金流量有重大影响。

①“债务转为资本”项目，反映商业银行本期转为资本的债务金额。

②“一年内到期的可转换公司债券”项目，反映商业银行一年内到期的可转换公司债券的本息。

③“融资租入固定资产”项目，反映商业银行本期融资租入固定资产计入“长期应付款”科目的金额。

（六）现金流量表的披露要求

CAS31号现金流量表准则第十六条规定：商业银行应当在附注中披露将净利润调节为经营活动现金流量的信息。至少应当单独披露对净利润进行调节的下列项目：

（1）信用减值损失与资产减值准备；

（2）固定资产折旧；

（3）无形资产摊销；

（4）长期待摊费用摊销；

（5）待摊费用；

（6）预提费用；

(7) 处置固定资产、无形资产和其他长期资产的损益;

(8) 固定资产报废损失;

(9) 公允价值变动损益;

(10) 财务费用;

(11) 投资损益;

(12) 递延所得税资产和递延所得税负债;

(13) 经营性应收项目;

(14) 经营性应付项目。

CAS31 号现金流量表准则第十七条规定:商业银行应当在附注中以总额披露当期取得或处置子公司及其他营业单位的下列信息:

(1) 取得或处置价格;

(2) 取得或处置价格中以现金支付的部分;

(3) 取得或处置子公司及其他营业单位收到的现金;

(4) 取得或处置子公司及其他营业单位按照主要类别分类的非现金资产和负债。

CAS31 号现金流量表准则第十八条规定:商业银行应当在附注中披露不涉及当期现金收支、但影响商业银行财务状况或在未来可能影响商业银行现金流量的重大投资和筹资活动。

CAS31 号现金流量表准则第十九条规定:商业银行应当在附注中披露与现金和现金等价物有关的下列信息:

(1) 现金和现金等价物的构成及其在资产负债表中的相应金额。

(2) 商业银行持有但不能由母公司或集团内其他子公司使用的大额现金和现金等价物金额。

第五节 所有者权益变动表

一、所有者权益变动表的意义和作用

所有者权益变动表是反映商业银行在一定会计期间所有者权益(或股东权益)变动情况的会计报表。商业银行所有者权益的变动,反映了当期商业银行净资产的增加或减少情况,除了资本的投入、回购或股利分配外,所有

者权益变动综合体现了商业银行当期经营活动对净资产的影响。所有者权益变动表一般一年编制一次，属于年度报表。同时，该表反映的是一定期间所有者权益变动的信息，又属于动态报表。

所有者权益变动表具有以下意义：一是所有者权益变动表除列示直接计入所有者权益的利得和损失外，同时包含最终属于所有者权益变动的净利润，在一定程度上体现商业银行综合收益的特点；二是所有者权益变动表反映各项交易和事项导致的所有者权益增减变动，以及所有者权益各组成部分增减变动的结构性信息，便于信息使用者分析商业银行净资产的构成、来源和去向。

二、所有者权益变动表的结构和内容

（一）所有者权益变动表的结构

所有者权益变动表包括表首和正表两部分。其中，表首列示所有者权益变动表的名称、编制单位、所属报表期间、报表编号、货币名称等。正表是所有者权益变动表的主体，列示构成商业银行所有者权益各项目变动情况的本年金额和上年金额。表 14 -5 列示了商业银行的所有者权益变动表。

（二）所有者权益变动表的内容

所有者权益变动表项目分为上年年末余额、本年年初余额、本年增减变动金额和本年年末余额等四个大项。其中：

1. 本年年初余额是在上年所有者权益年末余额的基础上，加上（或减去）会计政策变更和前期会计差错更正对上年所有者权益的影响金额。

2. 本年增减变动金额项目是本表的主要部分，主要包括会计期间形成的综合收益总额、所有者投入和减少的资本、利润分配、所有者权益内部结转等项目对所有者权益增减变动的影响。

所有者投入和减少的资本，包括：所有者投入的普通股、其他权益工具持有者投入资本、股份支付计入所有者权益的金额、其他。利润分配，包括：提取盈余公积、提取一般风险准备、对所有者（股东）的分配、其他。所有者权益内部结转，包括：资本公积转增资本（或股本）、盈余公积转增资本（或股本）、盈余公积弥补亏损、设定受益计划变动额结转留存收益、其他综合收益结转留存收益、其他。

3. 本年年末余额是本年年初余额加上（或减去）本年所有者权益增减变动金额后的余额。

表 14－5 **所有者权益变动表** 会金融 04 表

编制单位：×××银行股份有限公司 20××年度 单位：元

资产	本年金额											上年金额										
	实收资本（或股本）	其他权益工具			资本公积	减：库存股	其他综合收益	盈余公积	一般风险准备	未分配利润	所有者权益合计	实收资本（或股本）	其他权益工具			资本公积	减：库存股	其他综合收益	盈余公积	一般风险准备	未分配利润	所有者权益合计
		优先股	永续股	其他									优先股	永续股	其他							
一、上年年末余额：																						
加：会计政策变更																						
前期差错更正																						
其他																						
二、本年年初余额																						
三、本年增减变动额（减少以“－表示”）																						
（一）综合收益总额																						
（二）所有者投入和减少资本																						
1. 所有者投入的普通股																						
2. 其他权益工具持有者投入资本																						
3. 股份支付计入所有者权益金额衍生金融资产																						
4. 其他																						
（三）利润分配																						
1. 提取盈余公积																						

续表

资产	本年金额											上年金额										
	实收资本（或股本）	其他权益工具			资本公积	减：库存股	其他综合收益	盈余公积	一般风险准备	未分配利润	所有者权益合计	实收资本（或股本）	其他权益工具			资本公积	减：库存股	其他综合收益	盈余公积	一般风险准备	未分配利润	所有者权益合计
		优先股	永续股	其他									优先股	永续股	其他							
2. 提取一般风险准备																						
3. 对所有者（或股东）的分配																						
4. 其他																						
（四）所有者权益内部结转金																						
1. 资本公积转增资本（或股本）应收分保未决赔款准备金																						
2. 盈余公积转增资本（或股本）																						
3. 盈余公积弥补亏损																						
4. 设定受益计划转增留存收益																						
5. 其他综合收益转留存收益																						
6. 其他																						
四、本年年末余额																						

（三）所有者权益变动表的编制方法

1.“上年年末余额”项目，反映上年年末各所有者权益各项目的余额。该项目直接根据上年所有者权益变动表的“本年年末余额”项目填列。

2.“会计政策变更”项目，反映企业由于会计政策变更对上年所有者权益各项目（主要是盈余公积、未分配利润项目）的影响金额。该项目应根据“盈余公积”“利润分配”账户所属明细分类账户分析填列。

3.“前期差错更正”项目，反映企业由于前期会计差错对以前年度所有者权益各项目（主要是盈余公积、未分配利润项目）的影响金额。该项目应根据“盈余公积”“利润分配”账户所属明细分类账户分析填列。

4.“本年年初余额”项目，反映经过调整后的上年年末余额。该项目根据所有者权益各项目的“上年年末余额”加上（或减去）“会计政策变更”和“会计政策变更”对所有者权益各项目的影响金额。

5.“本年增减变动金额”项目，反映企业当期形成的综合收益（以净利润为基础的调整结果）、所有者投入和减少的资本、利润分配、所有者内部划转等对本年所有者权益的影响金额。该项目根据该项目下的“（一）综合收益总额”“（二）所有者投入和减少资本”“（三）利润分配”“（四）所有者权益内部结转”等项目对所有者权益的影响金额的合计填列。如果是减少金额，以“－”号填列。

6.“四、本年年末余额”项目，在前述“二、本年年初余额”与“三、本年增减变动金额”的基础上加总计算。

具体数据，根据“实收资本（股本）”“其他权益工具”“资本公积”“盈余公积”“其他综合收益”“利润分配”“库存股”“以前年度损益调整”等科目的详细内容分析填列。

特别需要说明的是，作为一个新项目，“其他综合收益结转留存收益”项目，主要反映：（1）企业指定为以公允价值计量且其变动计入其他综合收益的非交易性权益工具投资终止确认时，之前计入其他综合收益的累计利得或损失从其他综合收益中转入留存收益的金额；（2）企业指定为以公允价值计量且其变动计入当期损益的金融负债终止确认时，之前由企业自身信用风险变动引起而计入其他综合收益的累计利得或损失从其他综合收益中转入留存收益的金额等。

第六节 财务报表附注

一、财务报表附注的作用

商业银行财务报表附注是对在资产负债表、利润表、现金流量表和所有者权益变动表等报表中列示项目的文字描述或明细资料，以及对未能在这些报表中列示项目的说明等。

附注是财务报表的重要组成部分，是对财务报表的补充说明，它对财务报表不能包括的内容，或者披露不详尽的内容，作进一步的解释和说明，从而有助于财务报告使用者理解和使用会计信息。

例如，财务报表采用报表格式，由于形式的限制，只能按照大类设置项目，反映总括情况，具有一定的固定性和规定性，至于各项目的构成明细等情况难以在表内反映，从而使其反映的会计信息受到一定的限制。再如，在可比性原则下，对于同样的经济业务，要求商业银行采用同样的会计方法和程序。此外，它要求前后各期采用的会计政策保持一致，不得随意变更。在实际工作中，由于会计法规发生变化，或者为了更加公允地反映商业银行的实际情况，商业银行有可能改变财务报表中某些项目的会计政策，由于不同期间的财务报表中同一项目采用了不同的会计政策，影响不同期间财务报表的可比性。为了帮助财务报表使用者掌握会计政策的变化，也需要在财务报表附注中加以说明。

需要注意的是，财务报表附注不能代替确认和计量。

二、财务报表附注的披露内容

财务报表附注应当披露财务报表的编制基础，相关信息应当与资产负债表、利润表、现金流量表和所有者权益变动表等报表中列示的项目相互参照。

财务报表附注应当按照顺序披露以下内容：

1. 财务报表的编制基础。

2. 遵循会计准则的声明。

3. 重要会计政策的说明，包括财务报表项目的计量基础和会计政策的确定依据等。

4. 重要会计估计的说明，包括下一会计期间内很可能导致资产、负债账面价值重大调整的会计估计的确定依据等。

5. 会计政策和会计估计变更以及差错更正的说明。

6. 对已在资产负债表、利润表、现金流量表和所有者权益变动表中列示的重要项目的进一步说明，包括终止经营税后利润的金额及其构成情况等。

7. 或有和承诺事项、资产负债表日后非调整事项、关联方关系及其交易等需要说明的事项。

此外，商业银行还应当在附注中披露在资产负债表日后、财务报告批准报出日前提议或宣布发放的股利总额和每股股利金额（或向投资者分配的利润总额）。

下列各项未在与财务报表一起公布的其他信息中披露的，商业银行应当在附注中披露：

（1）商业银行注册地、组织形式和总部地址；

（2）商业银行的业务性质或主要经营活动；

（3）母公司以及集团最终母公司的名称。

三、商业银行财务报表附注的内容

商业银行应当按照规定披露附注信息，主要包括下列内容：

（一）商业银行的基本情况。

（二）财务报表的编制基础。

（三）遵循会计准则的声明。

（四）重要会计政策和会计估计。

（五）会计政策和会计估计变更以及差错更正的说明。

以上这五个项目，应当比照一般企业进行披露。

（六）报表重要项目的说明。

1. 现金及存放中央银行款项的披露格式见表 14-6。

表 14-6 现金及存放中央银行款项的披露格式

项目	期末账面余额	年初账面余额
库存现金		
存放中央银行法定准备金		
存放中央银行超额存款准备金		
存放中央银行的其他款项		
合计		

2. 拆出资金的披露格式见表 14－7。

表 14－7　　拆出资金的披露格式

项目	期末账面余额	年初账面余额
拆放其他银行		
拆放非银行金融机构		
减：贷款损失准备		
拆出资金账面价值		

3. 交易性金融资产（不含衍生金融资产）的披露格式见表 14－8。

表 14－8　　交易性金融资产（不含衍生金融资产）的披露格式

项目	期末公允价值	年初公允价值
债券		
基金		
权益工具		
其他		
合计		

如有指定为以公允价值计量且其变动计入当期损益的金融资产，也应比照上述格式进行披露。

4. 衍生工具的披露格式见表 14－9。

表 14－9　　衍生工具的披露格式

类别	期末金额						年初金额					
	套期工具			非套期工具			套期工具			非套期工具		
	名义金额	公允价值		名义金额	公允价值		名义金额	公允价值		名义金额	公允价值	
		资产	负债		资产	负债		资产	负债		资产	负债
利率衍生工具												
衍生工具 1												
——												
货币衍生工具												
衍生工具 1												
——												
权益衍生工具												
衍生工具 1												
——												
信用衍生工具												
衍生工具 1												
——												
其他衍生工具												
合计												

5. 买入返售金融资产的披露格式见表 14－10。

表 14－10 买入返售金融资产的披露格式

项目	期末账面余额	年初账面余额
证券		
票据		
贷款		
其他		
减：坏账准备		
买入返售金融资产账面价值		

6. 发放贷款和垫款

（1）贷款和垫款按个人和企业分布情况的披露格式见表 14－11。

表 14－11 贷款和垫款按个人和企业分布情况的披露格式

项目	期末账面余额	年初账面余额
个人贷款和垫款 ——信用卡 ——住房抵押 ——其他		
企业贷款和垫款 ——贷款 ——贴现 ——其他		
贷款和垫款总额		
减：贷款损失准备 其中：单项计提数 组合计提数		
贷款和垫款账面价值		

（2）贷款和垫款按行业分布情况的披露格式见表 14－12。

表 14－12 贷款和垫款按行业分布情况的披露格式

行业分布	期末账面余额	比例（%）	年初账面余额	比例（%）
农牧业、渔业				
采掘业				
房地产业				
建筑业				
金融保险业				
……				
其他行业				

续表

行业分布	期末账面余额	比例（%）	年初账面余额	比例（%）
贷款和垫款总额				
减：贷款损失准备				
其中：单项计提数				
组合计提数				
贷款和垫款账面价值				

注：银行可以按行业风险集中情况自行确定行业分布。

（3）贷款和垫款按地区分布情况的披露格式见表 14－13。

表 14－13　　贷款和垫款按地区分布情况的披露格式

地区分布	期末账面余额	比例（%）	年初账面余额	比例（%）
华南地区				
华北地区				
……				
其他地区				
贷款和垫款总额				
减：贷款损失准备				
其中：单项计提数				
组合计提数				
贷款和垫款账面价值				

注：银行可以按地区风险集中情况自行确定地区分布。

（4）贷款和垫款按担保方式分布情况的披露格式见表 14－14。

表 14－14　　贷款和垫款按担保方式分布情况的披露格式

项目	期末账面余额	年初账面余额
信用贷款		
保证贷款		
附担保物贷款		
其中：抵押贷款		
质押贷款		
……		
贷款和垫款总额		
减：贷款损失准备		
其中：单项计提数		
组合计提数		
贷款和垫款账面价值		

（5）逾期贷款的披露格式见表 14－15。

表 14－15　　逾期贷款的披露格式

项目	期末账面余额					年初账面余额				
	逾期1天至90天（含90天）	逾期90天至360天（含360天）	逾期360天至3年（含3年）	逾期3年以上	合计	逾期1天至90天（含90天）	逾期90天至360天（含360天）	逾期360天至3年（含3年）	逾期3年以上	合计
信用贷款										
保证贷款										
附担保物贷款										
其中：抵押贷款										
质押贷款										
……										
合计										

注：即使是本金逾期1天，整笔贷款也应划为逾期贷款。

（6）贷款损失准备的披露格式见表 14－16。

表 14－16　　贷款损失准备的披露格式

项目	本期金额		上期金额	
	单项	组合	单项	组合
期初余额				
本期计提				
本期转出				
本期核销				
本期转回：				
——收回原转销贷款和垫款导致的转回				
——贷款和垫款因折现价值上升导致转回				
——其他因素导致的转回				
期末余额				

注：①本期转出是指贷款转为抵债资产等而转出的贷款损失准备。②本期核销是指经批准贷款予以核销而核销的贷款损失准备。

7. 金融资产的披露格式见表 14－17。

表 14－17　　金融资产的披露格式

项目	期末公允价值	年初公允价值
交易性金融资产		
其中：		
……		
债权投资		

续表

项目	期末公允价值	年初公允价值
其中：		
……		
其他债权投资		
其中：		
……		
其他权益工具投资		
其中：		
……		
合计		

8. 其他资产的披露格式见表 14－18。

表 14－18 其他资产的披露格式

项目	期末账面价值	年初账面价值
存出保证金		
应收股利		
其他应收款		
抵债资产		
……		
合计		

注：抵债资产的类别、减值准备计提、本年处置情况及未来处置计划，应同时予以披露。

9. 商业银行应当分别借入中央银行款项、国家外汇存款等披露期末账面余额和年初账面余额。

10. 商业银行应当分别同业、其他金融机构存放款项披露期末账面余额和年初账面余额。

11. 商业银行应当分别银行拆入、非银行金融机构拆入披露期末账面余额和年初账面余额。

12. 交易性金融负债（不含衍生金融负债）的披露格式见表 14－19。

表 14－19 交易性金融负债（不含衍生金融负债）的披露格式

项目	期末公允价值	年初公允价值
外币债券卖空		
其他		
合计		

如有指定为以公允价值计量且其变动计入当期损益的金融负债，也应比照上述格式披露。

13. 卖出回购金融资产款的披露格式见表14－20。

表14－20　　卖出回购金融资产款的披露格式

项目	期末账面余额	年初账面余额
证券		
票据		
贷款		
其他		
合计		

14. 吸收存款的披露格式见表14－21。

表14－21　　吸收存款的披露格式

项目	期末账面余额	年初账面余额
活期存款		
其中：公司		
……		
定期存款（含通知存款）		
其中：公司		
……		
其他存款（含汇出汇款、应解汇款等）		
合计		

15. 应付债券的披露格式见表14－22。

表14－22　　应付债券的披露格式

债券类型	发行日	到期日	利率	期初账面余额	本期增加额	本期减少额	期末账面余额
债券类别1							
合计							

注：(1) 发行次级债券的，应补充披露发行总面值、转换选择权条款、未摊销发行成本余额等。(2) 发行可转换公司债券的，应补充披露发行日可转换公司债券面值、债务成分和权益成分的初始确认金额、本期和上期支付的利息总额等。

16. 其他负债的披露格式见表14－23。

表14－23　　其他负债的披露格式

项目	期末账面余额	年初账面余额
存入保证金		
应付股利		
其他应付款		
合计		

17. 披露一般风险准备的期末、年初余额及计提比例。

18. 利息净收入的披露格式见表 14－24。

表 14－24　　利息净收入的披露格式

项目	本期发生额	上期发生额
利息收入：		
——存放同业		
——存放中央银行		
——拆出资金		
——发放贷款及垫款		
其中：个人贷款和垫款		
公司贷款和垫款		
票据贴现		
——买入返售金融资产		
——债券投资		
——其他		
其中：已减值金融资产利息收入		
利息支出：		
——同业存放		
——向中央银行借款		
——拆入资金		
——吸收存款		
——卖出回购金融资产		
——发行债券		
——其他		
利息净收入		

19. 手续费及佣金净收入的披露格式见表 14－25。

表 14－25　　手续费及佣金净收入的披露格式

项目	本期发生额	上期发生额
手续费及佣金收入：		
——结算与清算手续费		
——代理业务手续费		
——信用承诺手续费及佣金		
——银行卡手续费		
——顾问和咨询费		
——托管及其他受托业务佣金		
——其他		

续表

项目	本期发生额	上期发生额
手续费及佣金支出：		
——手续费支出		
——佣金支出		
手续费及佣金净收入		

20. 投资收益的披露格式见表14-26。

表14-26　　投资收益的披露格式

项目	本期发生额	上期发生额
交易性金融资产		
债权投资		
其他债权投资		
其他权益工具投资		
长期股权投资		
其他		
合计		

21. 公允价值变动收益的披露格式见表14-27。

表14-27　　公允价值变动收益的披露格式

项目	本期发生额	上期发生额
交易性金融工具		
指定为以公允价值计量的金融工具		
衍生工具		
其他		
合计		

22. 业务及管理费的披露格式见表14-28。

表14-28　　业务及管理费的披露格式

项目	本期发生额	上期发生额
电子设备运转费		
安全防范费		
物业管理费		
其他		
合计		

23. 分部报告。

(1) 主要报告形式是业务分部的披露格式见表14-29。

表14-29 主要报告形式是业务分部的披露格式

项目	××业务		××业务		……	其他		抵销		合计	
	本年	上年	本年	上年		本年	上年	本年	上年	本年	上年
一、营业收入											
利息净收入											
其中：分部间利息净收入											
手续费及佣金净收入											
其中：分部间手续费及佣金净收入											
其他收入											
二、营业费用											
三、营业利润（亏损）											
四、资产总额											
五、负债总额											
六、补充信息											
1. 折旧和摊销费用											
2. 资本性支出											
3. 折旧和摊销以外的非现金费用											

注：主要报告形式是地区分部的，比照业务分部格式进行披露。

(2) 在主要报告形式的基础上，对于次要报告形式，商业银行还应披露对外交易收入、分部资产总额。

24. 担保物。

按照CAS37号金融工具列报准则第二十一条和第二十二条的相关规定进行披露。

25. 金融资产转移（含资产证券化）。

按照CAS37号金融工具列报准则第二十条的相关规定进行披露。

26. 除上述项目以外的其他项目，应当比照一般商业银行进行披露。

(七) 或有事项

除比照一般企业进行披露外，还应对承诺事项作如下披露：

1. 信贷承诺的披露格式见表14-30。

表 14－30 信贷承诺的披露格式

项目	期末合同金额	年初合同金额
贷款承诺 其中：1. 原到期日在 1 年以内 2. 原到期日在 1 年或以上		
开出信用证		
开出保函		
银行承兑汇票		
其他		
合计		

注：对信贷承诺应计算并披露本期和上期信贷风险加权金额。

2. 存在经营租赁承诺、资本支出承诺、证券承销及债券承兑承诺的，还应披露有关情况。

（八）资产负债表日后事项

1. 每项重要的资产负债表日后非调整事项的性质、内容及其对财务状况和经营成果的影响。无法作出估计的，应当说明原因。

2. 资产负债表日后，企业利润分配方案中拟分配的以及经审议批准宣告发放的股利或利润。

（九）关联方关系及其交易

1. 本企业的母公司有关信息披露格式见表 14－31。

表 14－31 本企业的母公司有关信息披露格式

母公司名称	注册地	业务性质	注册资本

母公司不是本企业最终控制方的，说明最终控制方名称。

母公司和最终控制方均不对外提供财务报表的，说明母公司之上与其最相近的对外提供财务报表的母公司名称。

2. 母公司对本企业的持股比例和表决权比例。

3. 本企业的子公司有关信息披露格式见表 14－32。

表 14－32 本企业的子公司有关信息披露格式

子公司名称	注册地	业务性质	注册资本	本企业合计持股比例	本企业合计享有的表决权比例

4. 本企业的合营企业有关信息披露格式见表 14－33。

表 14－33　　本企业的合营企业有关信息披露格式

被投资单位名称	注册地	业务性质	注册资本	本企业持股比例	本企业在被投资单位表决权比例	期末资产总额	期末负债总额	本期营业收入总额	本期净利润

注：有联营企业的，比照合营企业进行披露。

5. 本企业与关联方发生交易的，分别说明各关联方关系的性质、交易类型及交易要素。交易要素至少应当包括：

（1）交易的金额；

（2）未结算项目的金额、条款和条件，以及有关提供或取得担保的信息；

（3）未结算应收项目的坏账准备金额；

（4）定价政策。

（十）风险管理

按照 CAS37 号金融工具列报准则第二十五条至第四十五条的相关规定进行披露。

第十五章 附加性财务报告

本章精要

在上一章会计报告基础篇章之后，还要分析诸多相关报表的特定事项。

第一节是分部报告。要在掌握分部报告概念的前提下，明确业务分部和地区分部、认知应当以业务分部或地区分部为基础确定报告分部。确定分部后，企业应按照一定的标准对业务分部或地区分部进行测试，符合测试标准的业务分部或地区分部，方可作为报告分部在财务报告中披露其相关的会计信息。

第二节是关联方披露概述。会计不能禁止关联方交易，但需要披露关联方关系，是非功过全由会计报告使用者评说。要在新准则之下，认知关联方关系的认定，明确关联方关系与不构成关联方关系的一条红线。

第三节是关联方交易的类型与披露。对关联方交易类型，需要分别理清；对关联方的披露，则要区别对待，规范披露。

第四节是合并财务报表。要以“控制”为标准来确定合并范围，这是一个前提问题，同时，合并报表中的抵销项目也是一个问题。当然，掌握合并财务报表的编制程序，并通过实例掌握合并资产负债表、合并利润表、合并现金流量表与合并所有者权益变动表的编制。

第五节是金融工具列报。重点强调权益工具与金融负债的区分、混合工具的分拆、金融资产和金融负债的相互抵销，最后阐述金融工具披露。

第一节　中期财务报告

一、中期财务报告的概念

中期财务报告是指以中期为基础编制的财务报告。

中期是指短于一个完整的会计年度的报告期间。中期应是在某一会计年度之内、但短于一个会计年度的会计报告期间，它既可以是一个月、一个季度或者半年度，也可以是其他短于一个会计年度的期间，例如1月1日至11月30日。因此，中期财务报告既有可能是月度财务报告、季度财务报告，还有可能是半年度财务报告甚至更长。

二、中期财务报告的内容

中期财务报告至少应当包括资产负债表、利润表、现金流量表和附注。但是，中期财务报告不仅限于3张报表和附注，还可以在中期财务报告中提供有助于中期财务报告使用者进行经济决策的其他相关信息。例如，商业银行可以在中期财务报告中提供所有者权益（或股东权益）变动方面的信息。

三、中期财务报告的编制

商业银行在确认、计量和报告各中期财务报表项目时，对项目重要性程度的判断，应当以中期财务数据为基础，不应以年度财务数据为基础。中期会计计量与年度财务数据相比，可在更大程度上依赖于估计，但是，商业银行应当确保所提供的中期财务报告包括了相关的重要信息。CAS32号中期财务报告准则对中期财务报表和中期财务报表附注的编制要求不同。

（一）中期财务报表

中期资产负债表、利润表和现金流量表应当是完整报表，其格式和内容应当与上年度财务报表相一致。当年新施行的会计准则对财务报表格式和内容作了修改的，中期财务报表应当按照修改后的报表格式和内容编制，上年度比较财务报表的格式和内容，也应当做相应调整。基本每股收益和稀释每股收益应当在中期利润表中单独列示。

1. 中期财务报告涉及的合并财务报表和母公司财务报表。

上年度编制合并财务报表的，中期期末应当编制合并财务报表。上年度财务报告除了包括合并财务报表，还包括母公司财务报表的，中期财务报告也应当包括母公司财务报表。上年度财务报告包括了合并财务报表，当报告中期内处置了所有应当纳入合并范围的子公司的，中期财务报告只需提供母公司财务报表，但上年度比较财务报表仍应当包括合并财务报表，上年度可比中期没有子公司的除外。

2. 中期财务报表涉及的比较财务报表。

商业银行在中期期末除需编制中期资产负债表、中期利润表、中期现金流量表外，还应编制前期比较财务报表，以提高财务报表信息的可比性和有用性。

（1）中期财务报告中比较财务报表的种类。

①本中期末的资产负债表和上年度末的资产负债表。

②本中期的利润表、年初至本中期末的利润表以及上年度可比期间的利润表（上年度可比期间的利润表包括上年度可比中期的利润表和上年度年初至可比中期末的利润表）。

③年初至本中期末的现金流量表和上年度年初至本可比本中期末的现金流量表。

【例 15-1】20×2 年 6 月 30 日，甲银行按照规定编制第 2 季度财务报告。

本例中，甲银行在第 2 季度财务报告中应提供以下财务报告（见表 15-1）：

表 15-1　　甲银行第 2 季度财务报告

报表类别	本年度中期财务报表时间	上年度比较财务报表时间
资产负债表	20×2 年 6 月 30 日	20×1 年 12 月 31 日
利润表（本中期）	20×2 年 4 月 1 日至 6 月 30 日	20×1 年 4 月 1 日至 6 月 30 日
利润表（年初至本中期末）	20×2 年 1 月 1 日至 6 月 30 日	20×1 年 1 月 1 日至 6 月 30 日
现金流量表	20×2 年 1 月 1 日至 6 月 30 日	20×1 年 1 月 1 日至 6 月 30 日

（2）提供比较财务报表时应注意的几点。

①商业银行在中期内如果由于新的会计准则或有关法规的要求，对财务报表项目的列报或分类进行了调整或者修订，或者商业银行出于便于报表使用者阅读和理解的需要，对财务报表项目做了调整，从而导致本年度中期财

务报表项目及其分类与比较财务报表项目及其分类出现不同，比较财务报表中的有关金额应当按照本年度中期财务报表的要求予以重新分类，同时还应当在会计报表附注中说明财务报表项目重新分类的原因及其内容。

②商业银行如果在中期内发生了会计政策变更或者重大会计差错更正事项，则应当调整相关比较财务报表期间的净损益和其他相关项目，视同该项会计政策在比较财务报表期间一贯采用或者该重大会计差错在产生的当期已经得到了更正。对于比较财务报表可比期间以前的会计政策变更的累积影响数或者重大会计差错，应当根据规定调整比较财务报表最早期间的期初留存收益，财务报表其他相关项目的金额也应当一并调整。

③对于本年度中期内发生的调整以前年度损益事项，商业银行应当调整本年度财务报表相关项目的年初数，同时中期财务报告中相应的比较财务报表也应当为已经调整以前年度损益后的报表。

（二）中期财务报表附注

中期财务报告中的附注应当以年初至本中期末为基础编制，披露自上年度资产负债表日之后发生的，有助于理解商业银行财务状况、经营成果和现金流量变化情况的重要交易或者事项。对于理解本中期财务状况、经营成果和现金流量有关的重要交易或者事项，也应当在附注中作相应披露。中期财务报告中的附注至少应当包括下列信息：

1. 中期财务报表所采用的会计政策与上年度财务报表相一致的声明。会计政策发生变更的，应当说明会计政策变更的性质、内容、原因及其影响数；无法追溯调整的，应当说明原因。

2. 会计估计变更的内容、原因及其影响数；影响数不能确定的，应当说明原因。

3. 前期差错的性质及其更正金额；无法进行追溯重述的，应当说明原因。

4. 存在控制关系的关联方发生变化的情况；关联方之间发生交易的，应当披露关联方关系的性质、交易类型和交易要素。

5. 合并财务报表的合并范围发生变化的情况。

6. 对性质特别或者金额异常的财务报表项目的说明。

7. 证券发行、回购和偿还情况。

8. 向所有者分配利润的情况，包括在中期内实施的利润分配和已提出或者已批准但尚未实施的利润分配情况。

9. 根据 CAS35 号分部报告准则规定应当披露分部报告信息的，应当披露主要报告形式的分部收入与分部利润（亏损）。

10. 中期资产负债表日至中期财务报告批准报出日之间发生的非调整事项。

11. 上年度资产负债表日以后所发生的或有负债和或有资产的变化情况。

12. 商业银行结构变化情况，包括商业银行合并，对被投资单位具有重大影响、共同控制或者控制关系的长期股权投资的购买或者处置，终止营业等。

13. 其他重大交易或者事项，包括重大的长期资产转让及其出售情况、重大的固定资产和无形资产取得情况、重大的研究和开发支出、重大的资产减值损失情况等。

商业银行在提供上述 4、9 有关联方交易、分部收入与分部利润（亏损）信息时，应当同时提供本中期（或者本中期末）和本年度年初至本中期末的数据，以及上年度可比中期（或者可比期末）和可比年初至本中期末的比较数据。

【例 15 -2】 甲银行按季度编制季度财务报表，20×2 年 4 月 10 日，甲银行向股东实施了上年度财务报告中提出的“每 10 股送 2 股并派发现金股利 0.6 元”的利润分配方案，分配方案的基数为上年度末总股本 10 000 000 股。

本例中，甲银行编制第 2 季度财务报告的财务报表附注中应作如下披露：

利润分配情况的说明：

20×2 年 4 月 10 日，本银行以 20×1 年 12 月 31 日的 10 000 000 股总股本为基数，向全体股东实施了 20×1 年度财务报告中提出的“每 10 股送 2 股并派发现金股利 0.6 元”的利润分配方案，共计送股 2 000 000 股，派发现金 600 000 元，其中每股派发现金股利为 0.6 元（含税）。

四、中期财务报告的确认和计量

1. 商业银行在中期财务报表中应当采用与年度财务报表相一致的会计政策。

2. 商业银行上年度资产负债表日之后发生了会计政策变更，且变更后的会计政策将在年度财务报表中采用的，中期财务报表应当采用变更后的会计政策，并应当在附注中说明会计政策变更的性质、内容、原因及其影响数；无法追溯调整的，应当说明原因。

会计政策变更的累积影响数能够合理确定、且涉及本年度以前中期财务报表相关项目数字的，应当予以追溯调整，视同该会计政策在整个会计年度一贯采用，同时上年度可比财务报表也应当作相应调整。

3. 商业银行财务报告的频率不应当影响其年度结果的计量，中期会计计量应当以年初至本中期期末为基础。

4. 在同一会计年度内，以前中期财务报表项目在以后中期发生了会计估计变更的，以后中期财务报表应当反映该会计估计变更后的金额，但对以前中期财务报表项目金额不作调整。同时，商业银行应当在以后中期财务报表附注中披露会计估计变更的内容、原因及其影响数；影响数不能确定的，应当说明原因。

5. 商业银行在会计年度中不均匀发生的费用，应当在发生时予以确认和计量，不应当在中期财务报表中预提或者待摊。但是，会计年度末允许预提或者待摊的费用，允许在中期财务报表中预提或者待摊。

五、中期会计政策变更的处理

商业银行在中期如果发生了会计政策的变更，应当按照 CAS28 号会计政策、会计估计变更和差错更正准则的规定处理，并在财务报表附注中作相应披露。会计政策变更的累积影响数能够合理确定、且涉及本会计年度以前中期财务报表相关项目数字的，应当予以追溯调整，视同该会计政策在整个会计年度一贯采用；同时，上年度可比财务报表也应当作相应调整。

第二节　分部报告编制

一、分部报告的概念

分部报告是指商业银行对外提供的财务会计报告中，按照确定的商业银行内部组成部分（地区分部或事业部）提供的各组成部分有关收入、资产和负债等有关信息的报告。

二、业务分部和地区分部的确定

（一）业务分部

1. 业务分部的概念。

业务分部是指商业银行内可区分的能够提供单项或一组相关金融产品或

劳务的组成部分。该组成部分承担了不同于其他组成部分的风险和报酬。业务分部与一般意义上的部门并不完全相同。对于某些商业银行来说，某一业务部门可以是一个业务分部，也可以由若干个业务部门组成一个分部；可以将提供某一金融产品或某种劳务的部门组成一个业务分部，也可以将若干种金融产品或劳务提供的部门组成一个业务分部。在这种情况下，这些若干金融产品或劳务提供部门，其产品或提供劳务应是具有相似风险和报酬的产品或劳务。

2. 确定业务分部的因素。

商业银行应该根据 CAS35 号分部报告准则的规定，在确定业务分部时，商业银行应当结合商业银行内部管理要求，并考虑下列因素：（1）各单项金融产品或服务的性质；（2）经营或服务过程的性质；（3）金融产品或劳务的客户类型，包括大宗户、零散客户等；（4）其他应该考虑的因素。

（二）地区分部

1. 地区分部的概念。

地区分部是指商业银行内可区分的、能够在一个特定的经济环境内提供产品或劳务的组成部分。该组成部分承担了不同于在其他经济环境内提供产品或劳务的组成部分的风险和报酬。

2. 确定地区分部的因素。

地区分部可以按资产所在地为基础确定，也可以按客户所在地为基础确定。在确定地区分部时，商业银行应当结合内部管理要求，并考虑下列因素：

（1）所处经济、政治环境的相似性，包括境外经营所在地区经济和政治的稳定程度等。

（2）在不同地区经营之间的关系。

（3）经营的接近程度大小。

（4）与某一特定地区经营相关的特别风险，包括气候异常变化等。如果某一地区在经营上存在着特定的风险，则不能将其与其他地区分部合并作为一个地区分部处理。

（5）外汇管理规定，即境外经营所在地区是否实行外汇管制。外汇管制的规定直接影响着商业银行内部资金的调度和转移，从而影响着商业银行经营风险。

（6）外汇风险。

（三）分部的合并

两个或两个以上的业务分部或地区分部同时满足下列条件时，可以将它们予以合并：

1. 具有相近的长期财务业绩，包括具有相近的长期平均毛利率、资金回报率、未来现金流量等。

2. 确定业务分部或地区分部所考虑的因素类似。

三、报告分部的确定

商业银行应当以业务分部或地区分部为基础确定报告分部。确定分部后，商业银行应按照一定的标准对业务分部或地区分部进行测试，符合测试标准的业务分部或地区分部，方可作为报告分部在财务报告中披露其相关的会计信息。

第一，业务分部或地区分部的大部分收入是对外交易收入，且满足下列条件之一的，应当将其确定为报告分部：

1. 该分部的收入占所有分部收入合计的10%或者以上。但当某一分部仅对内部其他分部提供金融产品或劳务，并不对外销售金融产品或提供劳务时，则不能将其作为报告分部对待。

2. 该分部的分部利润（亏损）的绝对额，占所有盈利分部利润合计额或者所有亏损分部亏损合计额的绝对额两者中较大者的10%或者以上。

3. 该分部的分部资产占所有分部资产合计额的10%或者以上。但当某一分部的营业收入、营业利润或营业亏损及其可辨认的资产，每一项均达到全部分部合计数90%以上时，则商业银行的合并财务报表即可以提供该分部在风险及经营业绩的会计信息。此时，只需在财务报表附注中予以说明即可，而无须提供分部报告。

业务分部或地区分部未满足以上条件的，可以作以下处理：

1. 不考虑该分部的规模，直接将其指定为报告分部。

2. 不将该分部直接指定为报告分部的，可将该分部与一个或一个以上类似的、未满足以上条件的其他分部合并为一个报告分部。

3. 不将该分部直接指定为报告分部且不与其他分部合并的，应当披露分部信息时，将其作为其他项目单独披露。

第二，报告分部的对外交易收入合计额占合并总收入或商业银行总收入的比重未达到75%的，应当将其他的分部确定为报告分部（即使该分部未满足上述第一条中的条件），直到该比重达到75%。也就是说，商业银行的业务分部或地区分部符合上述第一条中条件被确认为报告分部后，确定为报告分部的各业务分部或地区分部对外交易收入合计额应达到商业银行合并总收入或商业银行总收入的75%。

四、分部信息的披露

（一）主要报告形式和次要报告形式

商业银行应当区分主要报告形式和次要报告形式披露分部信息。商业银行可以采用业务分部作为主要报告形式，也可以采用地区分部作为主要报告形式。在确定分部信息的主要报告形式和次要报告形式时，应当以商业银行的风险和报酬的主要来源和性质为依据，同时结合商业银行的内部组织结构、管理结构以及向董事会或类似机构的内部报告制度。

商业银行的风险和报酬的主要来源和性质，主要与其提供的金融产品或劳务，或者经营所在国家或地区密切相关。商业银行在分析其所承担的风险和报酬时，应当注意以下相关因素：（1）金融产品或劳务的性质、过程、客户类型、销售方式等；（2）金融产品或劳务受法律、行政法规的影响等；（3）所处经济、政治环境等。商业银行的内部组织结构、管理结构以及向董事会或类似机构内部报告制度的安排，通常会考虑或结合商业银行风险和报酬的主要来源和性质等相关因素。

1. 风险和报酬主要受商业银行的金融产品和劳务差异影响的，披露分部信息的主要形式应当是业务分部，次要形式是地区分部。

2. 风险和报酬主要受商业银行在不同的国家或地区经营活动影响的，披露分部信息的主要形式应当是地区分部，次要形式是业务分部。

3. 风险和报酬同时受商业银行金融产品和劳务差异以及经营活动所在国家或地区差异影响的，披露分部信息的主要形式应当是业务分部，次要形式是地区分部。

（二）主要报告形式披露的内容

商业银行在确定报告分部和主要报告形式之后，应当按照确定的报告分部以及其主要报告形式，进行分部会计信息的披露。对于主要报告形式，商业银行应当在附注中披露分部收入、分部费用、分部利润（亏损）、分部资产总额和分部负债总额等。

1. 分部收入，是指可归属于分部的对外交易收入和对其他分部交易收入。分部的对外交易收入和对其他分部交易收入，应当分别披露。分部收入主要由可归属于分部的对外交易收入构成，通常为营业收入。

2. 分部费用，是指可归属于分部对外交易费用和对其他分部交易费用。分部的折旧费用、摊销费用以及其他重大的非现金费用，应当分别披露。分部费用主要由可归属于分部的对外交易费用构成，通常包括营业成本、税金及附加、管理费用等，但不包括与商业银行整体相关的管理费用和其他费用、营业外支出、所得税费用。

3. 分部利润（亏损），是指分部收入减去分部费用后的余额。在合并利润表中，分部利润（亏损）应当在调整少数股东损益前确定。

4. 分部资产，是指分部经营活动使用的可归属于该分部的资产，包括用于分部经营活动的流动资产、固定资产（包括融资租入的固定资产）以及无形资产等，不包括用于商业银行总部一般用途的资产及递延所得税资产。分部资产的披露金额应当按照扣除相关累计折旧或摊销额以及累计减值准备后的金额确定。披露分部资产总额时，当期发生的在建工程成本总额、购置的固定资产和无形资产的成本总额，应当单独披露。商业银行资产总额中不归属于任何一个分部的资产应作为未分配项目，在分部报告中列示。

5. 分部负债，是指分部经营活动中形成的可归属于该分部的负债，不包括递延所得税负债。商业银行负债总额中不归属于任何一个分部的负债，应当作为未分配项目在分部报告中列示。

商业银行披露的分部信息，应当与合并财务报表或商业银行财务报表中的总额信息相衔接。分部收入应当与商业银行的对外交易收入包括商业银行对外交易取得的、未包括在任何分部收入中的收入相衔接；分部利润（亏损）应当与商业银行营业利润（亏损）和商业银行净利润（净亏损）相衔接；分部总资产总额应当与商业银行资产总额相衔接；分部负债总额应当与商业银行负债总额相衔接。

（三）次要报告形式披露的内容

1. 分部信息的主要报告形式是业务分部的，应当就次要报告形式披露下列信息：

（1）对外交易收入占对外交易收入总额10%或者以上的地区分部，以外部客户所在地为基础披露对外交易收入。

（2）分部资产占所在地区分部资产总额10%或者以上的地区分部，以资产所在地为基础披露分部资产总额。

2. 分部信息的主要报告形式是地区分部的，应当就次要报告形式披露下列信息：

（1）对外交易收入占对外交易收入总额10%或者以上的业务分部，应当披露对外交易收入。

（2）分部资产占所有业务分部资产总额10%或者以上的业务分部，应当披露分部资产总额。

第三节 关联管制披露

一、关联方关系的认定

关联方关系的存在是以控制、共同控制或重大影响为前提条件的。在判断是否存在关联方关系时，应当遵守实质重于形式原则。从一个企业的角度出发，与其存在关联方关系的各方包括：

1. 该企业的母公司，不仅包括直接或间接控制该企业的其他企业，也包括能够对该企业直接控制的部门、单位等。

（1）某一企业直接控制一个或多个企业。例如，母公司控制一个或若干个子公司，则母公司和子公司之间存在关联方关系。

（2）某一企业通过一个或者若干个中间企业间接控制一个或多个企业。例如，母公司通过其子公司，间接控制子公司的子公司，表明母公司与其子公司的子公司存在关联方关系。

（3）某一个企业直接地和通过一个或者若干个中间企业间接控制一个或多个企业。例如，母公司对某一企业的投资虽然没有达到控股程度，但由于其子公司也拥有该企业的股份或权益，如果母公司与其子公司对该企业的投资之和达到拥有该企业一半以上表决权资本的控制权，则母公司直接或间接的控制该企业，表明母公司与该企业之间存在着关联方关系。

2. 该企业的子公司，包括直接或间接被该企业控制的其他企业，也包括直接或间接地被该企业控制的单位、信托基金等。

3. 与该企业同受同一母公司控制的其他企业。例如，A公司和B公司共同控制 C 公司，同时 A 公司和 D 公司共同控制 E 公司，由于 C 公司和 E 公司同时受到 A 公司的共同控制，因此，C 公司和 E 公司之间构成关联方关系。

4. 对该企业实施共同控制的投资方，这里的共同控制包括直接的共同控制和间接的共同控制。对企业实施直接或间接共同控制的投资方与该企业之间是关联方关系。但这些投资方之间并不能仅仅因为共同控制了同一家企业而视为存在关联方关系。例如，A、B、C 三个企业共同控制 D 企业，从而 A 和 D、B 和 D、以及 C 和 D 成为关联方关系。如果不存在其他关联方关系，A 和 B、A 和 C 以 B 和 C 之间不构成关联方关系。

5. 对该企业施加重大影响的投资方。这里的重大影响包括直接的重大影响和间接的重大影响。对企业实施重大影响的投资方与该企业之间是关联方关系，但这些投资方之间并不能仅仅因为对同一家企业具有重大影响而视为存在关联方关系。

6. 该企业的合营企业。合营企业是以共同控制为前提的。两方或多方共同控制某一企业时，该企业则为投资者的合营企业。例如，A、B、C、D 企业各占 F 企业有表决权资本的 25%，按照合同规定，投资各方按照出资比例控制 F 企业，由于出资比例相同 F 企业由 A、B、C、D 企业共同控制，在这种情况下，A 和 F、B 和 F、C 和 F 以及 D 和 F 之间构成关联方关系。

7. 该企业的联营企业。联营企业和重大影响是相联系的，如果投资者能对被投资企业施加重大影响，则该被投资企业视为投资者的联营企业。

8. 该企业的主要投资者个人及与其关系密切的家庭成员。主要投资者个人，是指能够控制、共同控制一个企业或者对一个企业施加重大影响的个人投资者。

（1）某一企业与其主要的投资者个人之间的关系。例如，张三是 A 企业的主要投资者，则 A 企业与张三构成关联方关系。

（2）某一企业与其主要投资者个人关系密切的家庭成员之间的关系。例如，A 企业主要的投资者张三的儿子与 A 企业构成关联方关系。

9. 该企业或其母公司的关键管理人员及与其关系密切的家庭成员。关键管理人员，是指有权力并负责计划、指挥和控制企业活动的人员。与主要投资者个人或关键管理人员关系密切的家庭成员，是指在处理与企业的交易时可能影响该个人或受该个人影响的家庭成员。

（1）某一企业与其关键管理人员的关系。例如，A 企业的总经理与 A 企业构成关联方关系。

（2）某一企业与其关键管理人员关系密切的家庭成员关系。例如，A 企业总经理张三的儿子与 A 企业构成关联方关系。

10. 该企业主要投资者个人、关键管理人员或与其关系密切的家庭成员控制、共同控制或施加重大影响的其他企业。对于这类关联方，应当根据主要投资者个人、关键管理人员或与其关系密切的家庭成员的实际影响力具体分析判断。

（1）某一企业与受该企业主要投资者个人直接控制的其他企业之间的关系。例如，A 企业的主要投资者 H 拥有 B 企业 60% 的表决权资本，则 A 和 B 存在关联方关系。

（2）某一企业与受该企业主要投资者个人关系密切的家庭成员直接控制的其他企业之间的关系。例如，A 企业的主要投资者 Y 的妻子拥有 B 企业 60% 的表决权资本，则 A 和 B 存在关联方关系。

（3）某一企业与受该企业关键管理人员直接控制的其他企业之间的关系。例如，A 企业的关键管理人员 H 控制了 B 企业，则 A 和 B 存在关联方关系。

（4）某一企业与受该企业关键管理人员关系密切的家庭成员直接控制的其他企业之间的关系。例如，A 企业的财务总监 Y 的妻子是 B 企业的董事长，则 A 和 B 存在关联方关系。

二、不构成关联方关系的情况

1. 与该企业发生日常往来的资金提供者、公用事业部门、政府部门和机构，以及与该企业发生大量交易而存在经济依存关系的单个客户、供应商、特许商、经销商和代理商之间，不构成关联方关系。

2. 与该企业共同控制合营企业的合营者之间，通常不构成关联方关系。

3. 仅仅同受国家控制而不存在控制、共同控制或重大影响关系的企业，不构成关联方关系。

三、关联方交易的类型

存在关联方关系的情况下，关联方之间发生的交易为关联方交易，关联方的交易类型主要有：

1. 购买或销售商品。购买或销售商品是关联方交易较常见的交易事项。例如，企业集团成员企业之间互相购买或销售商品，形成关联方交易。

2. 购买或销售除商品以外的其他资产。例如，母公司出售给其子公司设备或建筑物等。

3. 提供或接受劳务。

4. 担保。

5. 提供资金贷款（或股权投资）。

6. 租赁。

7. 代理。代理主要是依据合同条款，一方可为另一方代理某些事务，如代理销售货物，或代理签订合同等。

8. 研究与开发项目的转移。

9. 许可协议。当存在关联方关系时，关联方之间可能达成某项协议。允许一方使用另一方商标等，从而形成了关联方之间的交易。

10. 代表企业或由企业代表另一方进行债务结算。

11. 关键管理人员薪酬。企业支付给关键管理人员的报酬，也是一项主要的关联方交易。

四、关联方的披露

1. 商业银行无论是否发生关联方交易，均应当在附注中披露与该商业银行之间存在直接控制关系的母公司和子公司有关的信息。母公司不是该商业银行最终控制方的，还应当披露商业银行集团内对该商业银行享有最终控制权的企业（或主体）的名称。母公司和最终控制方均不对外提供财务报表的，还应当披露母公司之上与其最相近的对外提供财务报表的母公司名称。

2. 商业银行与关联方发生关联方交易的，应当在附注中披露该关联方关系的性质、交易类型及交易要素。

3. 对外提供合并财务报表的，对于已经包括在合并范围内各企业之间的交易不予披露。

第四节　合并报表编制

一、合并财务报表概述

合并财务报表，是指反映母公司和其全部子公司形成的企业集团（以下简称“企业集团”）整体财务状况、经营成果和现金流量的财务报表。

与个别财务报表相比，合并财务报表反映的是企业集团整体的财务状况、经营成果和现金流量，反映的对象是通常由若干个法人（包括母公司和其全部子公司）组成的会计主体，是经济意义上的主体，而不是法律意义上的主体。

（一）合并范围的确定

合并财务报表的合并范围应当以控制为基础加以确定。

控制，是指一个企业能够决定另一个企业的财务和经营政策，并能据以从另一个企业的经营活动中获取利益的权力。控制通常具有如下特征：

1. 控制的主体是唯一的，不是两方或多方。即对被投资单位的财务和经营政策的提议不必要征得其他方同意，就可以形成决议，付诸被投资单位执行。

2. 控制的内容是另一个企业的日常经营活动的财务和经营政策，这些财务和经营政策一般是通过表决权来决定的。在某些情况下，也可以通过法定程序严格限制董事会、受托人或管理层对特殊目的主体经营活动的决策权。如规定除设立者或发起人外，其他人无权决定特殊目的主体经营活动的政策。

3. 控制的目的是为了获取经济利益，包括为了增加经济利益、维持经济利益、保护经济利益，或者降低所分担的损失等。

4. 控制的性质是一种权力，是一种法定权力，也可以是通过公司章程或协议、投资者之间的协议授予的权力。这种权力可以实际行使，也可以不实际行使。有权力实施控制力并不一定意味着有能力实施控制力。

（二）控制标准的具体应用

1. 母公司拥有其半数以上的表决权的被投资单位应当纳入合并财务报表的合并范围。

母公司直接或通过子公司间接拥有被投资单位半数以上的表决权表明母公司能够控制被投资单位，应当将该被投资单位认定为子公司，纳入合并财务报表的合并范围。但是，有证据表明母公司不能控制被投资单位的除外。

表决权是指对被投资单位经营计划、投资方案、年度财务预算方案和决算方案、利润分配方案和弥补亏损方案、内部管理机构的设置、聘任或解聘公司经理及其报酬等的表决权。表决权比例通常与其出资比例或持股比例是一致的，但是对于有限责任公司，公司章程另有规定的除外。

当母公司拥有被投资单位半数以上表决权时，母公司就拥有对该被投资单位的控制权，能够主导该被投资单位的股东大会（或股东会下同），特别是董事会，并对其经营活动和财务政策实施控制。在这种情况下，子公司处在母公司的直接控制和管理下进行日常经营活动，子公司的经营活动成为事实上的母公司经营活动的一个组成部分，母公司与子公司经营活动已一体化。拥有被投资单位半数以上表决权，是母公司对其拥有控制权的最明显的标志，应将其纳入合并财务报表的合并范围。

母公司拥有被投资单位半数以上表决权，通常包括如下三种情况：

（1）母公司直接拥有被投资单位半数以上表决权。如 P 公司直接拥有 S 公司 80% 的表决权，在这种情况下，S 公司就成为 P 公司的子公司，P 公司编制合并财务报表时，则必须将 S 公司纳入其合并范围。

（2）母公司间接拥有被投资单位半数以上表决权。间接拥有半数以上表决权，是指母公司通过子公司而对子公司的子公司拥有半数以上表决权。如 P 公司拥有 S_1 公司 80% 的表决权，而 S_1 公司又拥有 S_3 公司 70% 的表决权。在这种情况下，P 公司作为母公司通过其子公司 S_1 公司，间接拥有 S_3 公司 70% 的表决权，从而 S_3 公司也是 P 公司的子公司，P 公司编制合并财务报表时，也应当将 S_3 公司纳入其合并范围。这里必须注意的是，P 公司间接拥有 S_3 公司的表决权形成控制是以 S_1 公司为 P 公司的子公司为前提的。

（3）母公司直接和间接方式合计拥有被投资单位半数以上表决权。直接和间接方式合计拥有半数以上表决权，是指母公司以直接方式拥有某一被投资单位半数以下的表决权，同时又通过其他方式如通过子公司拥有该被投资单位表决权，两者合计拥有该被投资单位半数以上的表决权。

2. 母公司拥有其半数以下的表决权的被投资单位纳入合并财务报表的合并范围的情况。

母公司拥有被投资单位半数或以下的表决权，满足下列条件之一的，视为母公司能够控制被投资单位，应当将该被投资单位认定为子公司，纳入合并财务报表的合并范围。但是，有证据表明母公司不能控制被投资单位的除外：

（1）通过与被投资单位其他投资者之间的协议，拥有被投资单位半数以上的表决权。

（2）根据公司章程或协议，有权决定被投资单位的财务和经营政策。这种情况是指在被投资单位的公司章程等文件中明确母公司对其财务和经营政策能够实施控制。

(3) 有权任免被投资单位的董事会或类似机构的多数成员。

(4) 在被投资单位董事会或类似机构占多数表决权。

在母公司拥有被投资单位半数或以下的表决权满足上述四个条件之一，合并报表准则视为母公司能够控制被投资单位，应当将该被投资单位认定为子公司，纳入合并财务报表的合并范围。但是，如果有证据表明母公司不能控制被投资单位的除外。

(三) 所有子公司都应纳入母公司的合并财务报表的合并范围

母公司应当将其全部子公司纳入合并财务报表的合并范围。即，只要是由母公司控制的子公司。不论子公司的规模大小、子公司向母公司转移资金能力是否受到严格限制，也不论子公司的业务性质与母公司或企业集团内其他子公司是否有显著差别，都应当纳入合并财务报表的合并范围。

下列被投资单位不是母公司的子公司，不应当纳入母公司的合并财务报表的合并范围：

1. 宣告被清理整顿的原子公司。

2. 已宣告破产的原子公司。

3. 母公司不能控制的其他被投资单位。

二、合并财务报表的编制程序

合并财务报表编制有其特殊的程序，主要包括如下几个方面：

1. 编制合并工作底稿。合并工作底稿的作用是为合并财务报表的编制提供基础。在合并工作底稿中，对母公司和子公司的个别财务报表各项目的金额进行汇总和抵销处理，最终计算得出合并财务报表各项目的合并金额。

2. 将母公司、子公司个别资产负债表、利润表、现金流量表、所有者权益变动表各项目的数据过入合并工作底稿，并在合并工作底稿中对母公司和子公司个别财务报表各项目的数据进行加总，计算得出个别资产负债表、利润表、现金流量表、所有者权益变动表各项目合计金额。

3. 在合并工作底稿中编制调整分录和抵销分录，将内部交易对合并财务报表有关项目的影响进行抵销处理。编制抵销分录，进行抵销处理是合并财务报表编制的关键和主要内容，其目的在于将个别财务报表各项目的加总金额中重复的因素予以抵销。但是，对属于非同一控制下企业合并中取得的子公司的个别财务报表进行合并时，还应当首先根据母公司为该子公司设置的备查簿的记录，以记录的该子公司各项可辨认资产、负债及或有负债等在购买日的公允价值为基础，通过编制调整分录，对该子公司提供的个别财务报表进行调整，以使子公司的个别财务报表反映为在购买日公允价值基础上确定的可辨认资产、负债及或有负债在本期资产负债表日的金额。对于子公司所采用的会计政策与母公司不一致的和子公司的会计期间与母公司不一致的，如果母公司自行对子公司的个别财务报表进行调整，也应当在合并工作底稿中通过编制调整分录予以调整。在编制合并财务报表时，对子公司的长期股权投资调整为权益法，也需要在合并工作底稿中通过编制调整分录予以调整，而不改变母公司“长期股权投资”账簿记录。

4. 计算合并财务报表各项目的合并金额。即在母公司和子公司个别财务报表各项目加总金额的基础上，分别计算出合并财务报表中各资产项目、负债项目、所有者权益项目、收入项目和费用项目等的合并金额。其计算方法如下：

(1) 资产类各项目，其合并金额根据该项目加总金额，加上该项目抵销分录有关的借方发生额，减去该项目抵销分录有关的贷方发生额计算确定。

(2) 负债类各项目和所有者权益类各项目。其合并金额根据该项目加总金额，减去该项目抵销分录有关的借方发生额，加上该项目抵销分录有关的贷方发生额计算确定。

(3) 有关收入类各项目和有关所有者权益变动各项目，其合并金额根据该项目加总金额，减去该项目抵销分录的借方发生额，加上该项目抵销分录的贷方发生额计算确定。

(4) 有关费用类项目。其合并金额根据该项目加总金额，加上该项目抵销分录的借方发生额，减去该项目抵销分录的贷方发生额计算确定。

5. 填列合并财务报表。即根据合并工作底稿中计算出的资产、负债、所有者权益、收入、费用类以及现金流量表中各项目的合并金额，填列生成正式的合并财务报表。

三、合并资产负债表

合并资产负债表是反映企业集团在某一特定日期财务状况的财务报表，

由合并资产、负债和所有者权益各项目组成。商业银行编制合并报表和其他企业编制合并报表有相同之处，比如两者都涉及长期股权投资的抵销；但是两者之间也有很大的差别，比如商业银行的合并报表的编制很少涉及内部商品购销和内部购销固定资产的抵销。

（一）对子公司的个别财务报表进行调整

在编制合并财务报表时，首先应对各子公司进行分类，分为同一控制下企业合并中取得的子公司和非同一控制下企业合并中取得的子公司两类。

1. 属于同一控制下企业合并中取得的子公司。

对于属于同一控制下企业合并中取得的子公司的个别财务报表，如果不存在与母公司会计政策和会计期间不一致的情况，则不需要对该子公司的个别财务报表进行调整，即不需要将该子公司的个别财务报表调整为公允价值反映的财务报表，只需要抵销内部交易对合并财务报表的影响即可。

2. 属于非同一控制下企业合并中取得的子公司。

对于属于非同一控制下企业合并中取得的子公司，除了存在与母公司会计政策和会计期间不一致的情况，需要对该子公司的个别财务报表进行调整外，还应当根据母公司为该子公司设置的备查簿的记录，以记录的该子公司的各项可辨认资产、负债及或有负债等在购买日的公允价值为基础，通过编制调整分录，对该子公司的个别财务报表进行调整，以使子公司的个别财务报表反映为在购买日公允价值基础上确定的可辨认资产、负债及或有负债在本期资产负债表日的金额。

（二）按权益法调整对子公司的长期股权投资

合并报表准则规定，合并财务报表应当以母公司和其子公司的财务报表为基础，根据其他有关资料，按照权益法调整对子公司的长期股权投资后，由母公司编制。

在合并工作底稿中，按权益法调整对子公司的长期股权投资时，应按CAS2 号长期股权投资准则所规定的权益法进行调整。

合并报表准则也允许企业直接在对子公司的长期股权投资采用成本法核算的基础上编制合并财务报表但是所生成的合并财务报表应当符合合并报表准则的相关规定。

（三）编制合并资产负债表时应进行抵销处理的项目

合并资产负债表是以母公司和子公司的个别资产负债表为基础编制的。

个别资产负债表则是以单个企业为会计主体进行会计核算的结果，它从母公司本身或从子公司本身的角度对自身的财务状况进行反映。这样，对于内部交易，从发生内部交易的企业来看，发生交易的各方都在其个别资产负债表中进行了反映。在这种情况下，资产、负债和所有者权益类各项目的加总金额中，必然包含有重复计算的因素。作为反映企业集团整体财务状况的合并资产负债表。必须将这些重复计算的因素予以扣除，对这些重复的因素进行抵销处理，这些需要扣除的重复因素，就是合并财务报表编制时需要进行抵销处理的项目。

编制合并资产负债表时需要进行抵销处理的，主要有如下项目：

1. 长期股权投资与子公司所有者权益的抵销处理。

母公司对子公司进行的长期股权投资，一方面反映为长期股权投资以外的其他资产的减少，另一方面反映为长期股权投资的增加，在母公司个别资产负债表中作为资产类项目中的长期股权投资列示。子公司接受这一投资时，一方面增加资产，另一方面作为实收资本（或股本，下同）处理，在其个别资产负债表中一方面反映为实收资本的增加，另一方面反映为相对应的资产的增加。从企业集团整体来看，母公司对子公司进行的长期股权投资实际上相当于母公司将资本拨付下属核算单位，并不引起整个企业集团的资产、负债和所有者权益的增减变动。因此，编制合并财务报表时，应当在母公司与子公司财务报表数据简单相加的基础上，将母公司对子公司长期股权投资项目与子公司所有者权益项目予以抵销。

子公司所有者权益中不属于母公司的份额，即子公司所有者权益中抵销母公司所享有的份额后的余额，在合并财务报表中作为“少数股东权益”处理，“少数股东权益”项目应当在“所有者权益”项目下单独列示。

当母公司对子公司长期股权投资的金额与在子公司所有者权益中所享有的份额不一致时，应按其差额计入“商誉”项目。

2. 内部债权与债务的抵销处理。

母公司与子公司、子公司相互之间的债权和债务项目，是指母公司与子公司、子公司相互之间因销售金融商品、提供金融服务以及发生结算业务等原因产生的应收利息与应付利息、其他应收款与其他应付款、持有至到期投资与应付债券等项目。发生在母公司与子公司、子公司相互之间的这些项目，企业集团内部企业的一方在其个别资产负债表中反映为资产，而另一方则在其个别资产负债表中反映为负债。但从企业集团整体角度来看，它只是内部资金运动，既不能增加企业集团的资产，也不能增加负债。因此，为了消除个别资产负债表直接加总中的重复计算因素，在编制合并财务报表时应当将内部债权债务项目予以抵销。

在某些情况下，债券投资企业持有的企业集团内部成员企业的债券并不是从发行债券的企业直接购进，而是在证券市场上从第三方手中购进的。在这种情况下，持有至到期投资中的债券投资与发行债券企业的应付债券抵销时，可能会出现差额，应当计入合并利润表的投资收益或财务费用项目。

同时，商业银行在合并报表时，如果母子公司之间存在相互销售商品、销售固定资产的情况，也需要对存货价值中包含的未实现内部销售损益和内部固定资产交易进行抵销处理。

（四）母公司在报告期内增减子公司在合并资产负债表中的反映

1. 母公司在报告期内增加子公司在合并资产负债表中的反映。母公司因追加投资等原因控制了另一个企业即实现了企业合并。根据 CAS20 号企业合并准则的规定，企业合并形成母子公司关系的，母公司应当编制合并日或购买日的合并资产负债表。但是，在企业合并发生当期的期末和以后会计期间，母公司应当根据合并报表准则的规定编制合并资产负债表。合并报表准则规定，在编制合并资产负债表时，应当区分同一控制下的企业合并增加的子公司和非同一控制下的企业合并增加的子公司两种情况。

（1）因同一控制下企业合并增加的子公司，编制合并资产负债表时，应当调整合并资产负债表的期初数。

（2）因非同一控制下企业合并增加的子公司，不应当调整合并资产负债表中的期初数。

2. 母公司在报告期内处置子公司在合并资产负债表中的反映。

在报告期内，如果母公司失去了决定被投资单位的财务和经营政策的能力，不再能够从其经营活动中获取利益，则母公司不再控制被投资单位。被投资单位从本期开始不再是母公司的子公司，即母公司在报告期内处置子公司。母公司处置子公司可能因绝对或相对持股比例变化所产生的，如降低投资比例；也可能由于其他原因不再控制原先的子公司，比如，子公司被政府、人民法院等接管，母公司就失去了对该子公司的控制权。失去控制权也可能由于合同约定所导致，比如，通过法定程序修改原先的子公司的公司章程，限制了母公司对其财务和经营政策的主导权力，使母公司不能再单方面控制该子公司，原先的子公司从处置日开始不再是子公司，不应继续将其纳入合并财务报表的合并范围。

合并报表准则规定，母公司在报告期内处置子公司，编制合并资产负债表时，不应当调整合并资产负债表的期初数。具体处理方法不再详细阐述。

四、合并利润表

（一）编制合并利润表时应进行抵销处理的项目

合并利润表应当以母公司和子公司的利润表为基础，在抵销母公司与子公司、子公司相互之间发生的内部交易对合并利润表的影响后，由母公司合并编制。

利润表作为以单个企业为会计主体进行会计核算的结果，分别从母公司本身和子公司本身反映其在一定会计期间经营成果。在以母子公司个别利润表为基础计算的收入和费用等项目的加总金额中，也必然包含有重复计算的因素。因此，编制合并利润表时，也需要将这些重复的因素予以剔除。

编制合并利润表时需要进行抵销处理的，主要有如下项目：

1. 内部营业收入和内部营业成本的抵销处理。

内部营业收入是指企业集团内部母公司与子公司、子公司相互之间发生的商品销售（或劳务提供，下同）活动所产生的营业收入。内部营业成本是指企业集团内部母公司与子公司、子公司相互之间发生的销售商品的营业成本。

对于商业银行而言，企业集团内部母公司与子公司、子公司相互之间可能发生相互提供信贷，以及相互之间持有对方债券的内部交易。在内部提供信贷的情况下提供贷款的商业银行确认利息收入，并在其利润表反映为营业收入（利息收入）；而接受贷款的商业银行则支付利息费用。在其利润表反映为利息支出。在持有母公司或子公司发行的商业银行债券（或公司债券，下同）的情况下，发行债券的商业银行支付的利息费用作为利息支出处理，并在其个别利润表“利息支出”项目中列示；而持有债券的商业银行将购买的债券在其个别资产负债表“持有至到期投资”（假定购买债券的商业银行将该债券投资归类为持有至到期投资）项目中列示，当期获得的利息收入则作为投资收益处理，并在其个别利润表“投资收益”项目中列示。在编制合并财务报表时，应当在抵销内部发行的应付债券和持有至到期投资等内部债权债务的同时，将内部应付债券和持有至到期投资相关的利息费用与投资收益（利息收入）相互抵销，即将内部债券投资收益与内部发行债券的利息费用相互抵销。

2. 母公司与子公司、子公司相互之间持有对方长期股权投资的投资收益的抵销处理。

内部投资收益是指母公司对子公司或子公司对母公司、子公司相互之间的长期股权投资的收益，即母公司对子公司的长期股权投资在合并工作底稿中按权益法调整的投资收益，实际上就是子公司当期营业收入减去营业成本和期间费用、所得税费用等后的余额与其持股比例相乘的结果。在子公司为全资子公司的情况下，母公司对某一子公司在合并工作底稿中按权益法调整的投资收益，实际上就是该子公司当期实现的净利润。编制合并利润表时实际上是将子公司的营业收入、营业成本和期间费用视为母公司本身的营业收入、营业成本和期间费用同等看待，与母公司相应的项目进行合并，是将子公司的净利润还原为营业收入、营业成本和期间费用，也就是将投资收益还原为合并利润表中的营业收入、营业成本和期间费用处理。因此，编制合并利润表时，必须将对子公司长期股权投资收益予以抵销。

由于合并所有者权益变动表中的本年利润分配项目是站在整个企业集团角度，反映对母公司股东和子公司的少数股东的利润分配情况，因此子公司的个别所有者权益变动表中本年利润分配各项目的金额，包括提取盈余公积、对所有者的分配和期末未分配利润金额都必须予以抵销。在子公司为非全资子公司的情况下，母公司本期对子公司长期股权投资按权益法调整的投资收益、本期少数股东损益和期初未分配利润与子公司本年利润分配项目也正好相抵销。

（二）合并利润表的编制

在编制合并利润表时，母公司首先应当设计合并工作底稿，将母公司、子公司个别利润表的数据过入合并工作底稿，并计算利润表各项目的合计金额。其次，编制调整分录，按照母公司备查簿中所记录的子公司可辨认资产、负债及或有负债在购买日的公允价值的资料调整子公司的财务报表，将子公司的财务报表调整成以购买日可辨认资产、负债及或有负债的公允价值为基础编制的财务报表，按照权益法调整母公司对子公司的长期股权投资。最后，编制抵销分录，将母公司与子公司之间的内部交易对合并利润表的影响予以抵销。

五、合并现金流量表

合并现金流量表是综合反映母公司及其所有子公司组成的企业集团在一定会计期间现金和现金等价物流入和流出的报表。现金流量表作为一张主要报表已经为世界上一些主要国家的会计实务所采用，合并现金流量表的编制也成各国会计实务的重要内容。

现金流量表要求按照收付实现制反映企业经济业务所引起的现金流入和流出，其有关经营活动活动产生的现金流量的编制方法有直接法和间接法两种。CAS31 号现金流量表准则明确规定企业应当采用直接法列示经营活动产生的现金流量。在采用直接法的情况下，以合并利润表有关项目的数据为基础，调整得出本期的现金流入和现金流出；分别经营活动产生的现金流量、投资活动产生的现金流量、筹资活动产生的现金流量三大类，反映企业集团在一定会计期间的现金流量情况。

合并现金流量表的编制原理、编制方法和编制程序与合并资产负债表、合并利润表的编制原理、编制方法和编制程序相同。即首先编制合并工作底稿，将母公司和所有子公司的个别现金流量表各项目的数据全部过入同一合并工作底稿；其次根据当期母公司与子公司以及子公司相互之间发生的影响其现金流量增减变动的内部交易，编制相应的抵销分录，通过抵销分录将个别现金流量表中重复反映的现金流入量和现金流出量予以抵销；最后，在此基础上计算出合并现金流量表的各项目的合并金额，并填制合并现金流量表。

合并现金流量表补充资料，既可以以母公司和所有子公司的个别现金流量表为基础，在抵销母公司与子公司、子公司相互之间发生的内部交易对合并现金流量表的影响后进行编制，也可以直接根据合并资产负债表和合并利润表进行编制。

（一）编制合并现金流量表时应进行抵销处理的项目

现金流量表作为以单个企业为会计主体进行会计核算的结果。分别从母公司本身和子公司本身反映其在一定会计期间现金流入和现金流出。在以其个别现金流表为基础计算的现金流入和现金流出项目的加总金额中也必然有重复计算因素，因此在编制现金流量表时，也需要将这些重复的因素予以剔除。

1. 母公司与子公司、子公司相互之间当期以现金投资或收购股权增加的投资所产生的现金流量应当抵销。

2. 母公司与子公司、子公司相互之间当期取得投资收益收到的现金，应当与分配股利、利润或偿付利息支付的现金相互抵销。

3. 企业集团内部以现金结算债权与债务所产生的现金流量的抵销处理。

母公司与子公司、子公司相互之间当期以现金结算应收账款或应付账款等债权与债务，表现为现金流入或现金流出，在母公司个别现金流量表中作为收到其他与经营活动有关的现金或支付其他与经营活动有关的现金列示，在子公司个别现金流量表中作为支付其他与经营活动有关的现金或收到其他与经营活动有关的现金列示。从整个企业集团来看，这种现金结算债权与债务，并不引起整个企业集团的现金流量的增减变动。因此，编制合并现金流量表时，应当在母公司与子公司现金流量表数据简单相加的基础上，将母公司与子公司、子公司相互之间当期以现金结算债权与债务所产生的现金流量予以抵销。

4. 企业集团内部当期销售商品所产生的现金流量的抵销处理。

5. 企业集团内部处置固定资产等收回的现金净额与购建固定资产等支付的现金的抵销处理。

母公司向子公司处置固定资产等非流动资产，表现为现金流入，在母公司个别现金流量表中作为处置固定资产、无形资产和其他长期资产收回的现金净额列示。子公司表现为现金流出，在其个别现金流量表中反映为购建固定资产、无形资产和其他长期资产支付的现金。从整个企业集团来看，这种固定资产处置与购置的现金收支，并不会引起整个企业集团的现金流量的增减变动。因此，编制合并现金流量表时，应当在母公司与子公司现金流量表数据简单相加的基础上，将母公司与子公司、子公司相互之间处置固定资产、无形资产和其他长期资产收回的现金净额与购建固定资产、无形资产和其他长期资产支付的现金相互抵销。

（二）合并现金流量表中有关少数股东权益项目的反映

合并现金流量表编制与个别现金流量表相比，一个特殊的问题就是在子公司为非全资子公司的情况下，涉及子公司与其少数股东之间的现金流入和现金流出的处理问题。

对于子公司与其少数股东之间发生的现金流入和现金流出，从整个企业集团来看，也影响到其整体的现金流入和流出数量的增减变动，必须在合并现金流量表中予以反映。子公司与少数股东之间发生的影响现金流入和现金流出的经济业务包括：少数股东对子公司增加权益性投资、少数股东依法从子公司中抽回权益性投资、子公司向其少数股东支付现金股利或利润等。为了便于企业集团合并财务报表使用者了解掌握企业集团现金流量的情况，有必要将与子公司少数股东之间的现金流入和现金流出的情况单独予以反映。

对于子公司的少数股东增加在子公司中的权益性投资，在合并现金流量表中应当在“筹资活动产生的现金流量”之下的“吸收投资收到的现金”项目下“其中：子公司吸收少数股东投资收到的现金”项目反映。

对于子公司向少数股东支付现金股利或利润，在合并现金流量表中应当在“筹资活动产生的现金流量”之下的“分配股利、利润或偿付利息支付的现金”项目下“其中：子公司支付给少数股东的股利、利润”项目反映。

对于子公司的少数股东依法抽回在子公司中的权益性投资，在合并现金流量表应当在“筹资活动产生的现金流量”之下的“支付其他与筹资活动有关的现金”项目反映。

六、合并所有者权益变动表

合并所有者权益变动表是反映构成企业集团所有者权益的各组成部分当期的增减变动情况的财务报表。

合并报表准则规定，合并所有者权益变动表应当以母公司和子公司的所有者权益变动表为基础，在抵销母公司与子公司、子公司相互之间发生的内部交易对合并所有者权益变动表的影响后，由母公司合并编制。合并所有者权益变动表也可以根据合并资产负债表和合并利润表进行编制。

所有者权益变动表作为以单个企业为会计主体进行会计核算的结果，分别从母公司本身和子公司本身反映其在一定会计期间所有者权益构成及其变动情况。在以母子公司个别所有者权益变动表为基础计算的各所有者权益构成项目的加总金额中，也必然包含重复计算的因素，因此，编制合并所有者权益变动表时，也需要将这些重复的因素予以剔除。

编制合并所有者权益变动表时需要进行抵销处理的项目，主要有如下项目：

（1）母公司对子公司的长期股权投资与母公司在子公司所有者权益中所

享有的份额相互抵销，其抵销处理参见本节有关“长期股权投资与子公司所有者权益抵销”。

（2）母公司对子公司、子公司相互之间持有对方长期股权投资的投资收益应当抵销。

（3）母公司与子公司、子公司相互之间发生的其他内部交易对所有者权益变动的影响应当抵销。

第五节　金融工具列报

一、金融工具列报概述

金融工具列报是金融工具会计处理的重要组成部分，包括金融工具在财务报表内列示即（金融工具列示）和在附注中的披露（即金融工具披露）。其中，金融工具列示所涉及的问题，主要包括权益工具和金融负债的区分、混合工具的分拆、金融资产和金融负债相互抵销的条件等；金融工具披露所涉及的问题，主要包括金融工具一般信息如何披露、金融工具风险如何披露等。

商业银行在披露金融工具（包括已确认和未确认的金融工具）信息时应当根据所披露金融工具的性质和特征将金融工具进行恰当归类，同时还应提供足够的信息使之与财务报表内的项目反映的信息有机地联系起来。例如在对金融资产和金融负债进行披露时，应当将其归为以摊余成本后续计量和以其他基础后续计量的金融资产和金融负债。又如，对衍生工具进行披露时，也应当将其恰当归类，如按外汇衍生工具、利率衍生工具、信用衍生工具等归类。此外，商业银行所披露的金融工具信息，应当有助于财务报告使用者就金融工具对商业银行财务状况和经营成果影响的重要程度作出合理评价。此外，还应当使财务报告使用者清楚地了解商业银行所面临的金融工具风险以及管理这些风险所运用的策略和方法。

二、权益负债区分管制

权益工具是指能证明拥有某个商业银行在扣除所有负债后的资产中的剩余权益的合同。从权益工具的发行方看，权益工具属于其所有者权益的组成内容。比如商业银行发行的普通股，商业银行发行的、使持有者有权以固定价格购入固定数量该商业银行普通股的认股权证等权益工具，就属于商业银行所有者权益的组成部分。

商业银行发行金融工具，应当按照该金融工具的实质以及金融资产、金融负债和权益工具的定义，在初始确认时将该金融工具或其组成部分确认为金融资产、金融负债或权益工具。

通常情况下比较容易分辨所发行金融工具是权益工具还是金融负债，但也会遇到比较复杂的情况。例如，商业银行发行的、须用自身权益工具进行结算的金融工具，可能因为结算方式不同，导致所确认结果不同。

商业银行发行金融工具时，如果该工具合同条款中没有包括交付现金或其他金融资产给其他单位的合同义务，也没有包括在潜在不利条件下与其他单位交换金融资产或金融负债的合同义务，那么该工具应确认为权益工具。如果商业银行发行的该工具将来须用或可用自身权益工具进行结算，还需要继续区分不同情况进行判断。如果该工具是非衍生工具，且商业银行没有义务交付非固定数量的自身权益工具进行结算，那么该工具应确认为权益工具；如果该工具是衍生工具，且商业银行只有通过交付固定数量的自身权益工具此处所指权益工具不包括需要通过收取（或交付商业银行自身权益工具进行结算的合同），换取固定数额的现金或其他金融资产进行结算，那么该工具也应确认为权益工具。

【例 15－3】 ABC 银行于 20×7 年 2 月 1 日向 EFG 公司发行以自身普通股为标的的看涨期权。根据该期权合同，如果 EFG 公司行权行权价为 102 元，EFG 公司有权以每股 102 元的价格从 ABC 银行购入普通股 1 000 股。

其他有关资料如下：

（1）合同签定日	20×7 年 2 月 1 日
（2）行权日（欧式期权）	20×8 年 1 月 31 日
（3）20×7 年 2 月 1 日每股市价	100 元
（4）20×7 年 12 月 31 日每股市价	104 元
（5）20×8 年 1 月 31 日每股市价	104 元
（6）20×8 年 1 月 31 日应支付的固定行权价格	102 元
（7）期权合同中的普通股数量	1 000 股
（8）20×7 年 2 月 1 日期权的公允价值	5 000 元

(9) 20×7 年 12 月 31 日期权的公允价值　　3 000 元

(10) 20×8 年 1 月 31 日期权的公允价值　　2 000 元

假定不考虑其他因素，ABC 银行的账务处理如下：

情形 1：期权将以现金净额结算。

ABC 银行：20×8 年 1 月 31 日向 EFG 公司支付相当于本公司普通股 1 000 股市值的金额。

EFG 公司：同日，向 ABC 银行支付 1 000×102＝102 000（元）。

(1) 20×7 年 2 月 1 日，确认发行的看涨期权：

借：存放中央银行款项　　5 000

　　贷：衍生工具——看涨期权　　5 000

(2) 20×7 年 12 月 31 日，确认期权公允价值减少：

借：衍生工具——看涨期权　　5 000

　　贷：公允价值变动损益　　5 000

(3) 20×8 年 1 月 31 日，确认期权公允价值减少：

借：衍生工具——看涨期权　　2 000

　　贷：公允价值变动损益　　2 000

在同一天，EFG 公司行使了该看涨期权，合同以现金净额方式进行结算。ABC 银行有义务向 EFG 公司交付 104 000（104×1 000）元。并从 EFG 公司收取 102 000（102×1 000）元，ABC 银行实际支付净额为 2 000 元。反映看涨期权结算的账务处理如下：

借：衍生工具——看涨期权　　2 000

　　贷：存放中央银行款项　　2 000

情形 2：以普通股净额结算。

除期权以普通股净额结算外，其他资料与情形 1 相同。因此除以下账务处理外。其他账务处理与情形 1 相同。

20×8 年 1 月，31 日：

借：衍生工具——看涨期权　　2 000

　　贷：股本　　9.2

　　　　资本公积——股本溢价　　1 980.8

情形 3：以现金换普通股方式结算。

采用以现金换普通股方式结算，是指 EFG 公司如行使看涨期权，ABC 银行将交付固定数量的普通股，同时从EFG公司收取固定金额的现金。

(1) 20×7年2月1日，发行看涨期权；确认该期权下。一旦EFG公司行权将导致ABC银行发行固定数量股份，并收到固定金额的现金。

借：存放中央银行款项　　5 000

　　贷：资本公积——股本溢价　　5 000

(2) 20×7年12月31日，不需进行账务处理。因为没有发生现金收付。

(3) 20×8年1月31日，反映EFG公司行权。该合同以总额进行结算，ABC银行有义务向EFG公司交付1 000股本公司普通股。同时收取102 000元现金。

借：存放中央银行款项　　102 000

　　贷：股本　　1 000

　　　　资本公积——股本溢价　　101 000

【例15-4】 XYZ银行于20×7年2月1日与MNO公司签订一项期权合同。根据该合同。XYZ银行有权要求MNO公司于20×8年1月31日购入XYZ银行普通股1 000股，对价为98 000元，即每股98元。因此，XYZ银行实际购入了以股份为标的的看跌期权。

如XYZ银行到时不行权，不需要作出任何支付。

其他有关资料如下：

(1) 合同签定日	20×7年2月1日
(2) 行权日欧式期权。(仅能在到期时行权)	20×8年1月31日
(3) 20×7年2月1日每股市价	100元
(4) 20×7年12月31日每股市价	95元
(5) 20×8年1月31日每股市价	95元
(6) 20×8年1月31日应支付的固定行权价格	98元
(7) 期权合同中的普通股数量	1 000股
(8) 20×7年2月1日期权的公允价值	5 000元
(9) 20×7年12月31日期权的公允价值	4 000元
(10) 20×8年1月31日期权的公允价值	3 000元

假定不考虑其他因素，XYZ银行的账务处理如下：

情形1：期权将以现金净额结算。

(1) 20×7年2月1日，确认购入看跌期权：

期权合同签定日，普通股的市场价格为100元；期权合同的初始公允价值为5 000元，此为XYZ银行于合同签定日支付给MNO公司的金额。合同签定日，期权的内在价值为零，仅有时间价值，因为其行权价格98元低于股票当时的市场价格100元。也就是说，对XYZ银行而言，行权是“不经济”的，该期权属于价外期权。

借：衍生工具——看跌期权　　5 000

　　贷：存放中央银行款项　　5 000

（2）20×7年12月31日。确认期权的公允价值下降：

股票的公允价值下降为95元，看跌期权的公允价值下降为4 000元，其中3 000元［（98－95）×1 000］属于内在价值，1 000元属于剩余的时间价值。

借：公允价值变动损益　　1 000

　　贷：衍生工具——看跌期权　　1 000

（3）20×8年1月31日，确认期权公允价值下降：

股票的公允价值仍然为95元，期权合同的公允价值下降为3 000元［（98－95）×1 000］，均属于内在价值，因为不再剩下时间价值。

借：公允价值变动损益　　1 000

　　贷：衍生工具——看跌期权　　1 000

在同一天，MNO公司行使了该看跌期权，合同以现金净额方式进行结算。MNO公司有义务向XYZ银行交付98 000元（98×1 000），XYZ银行有义务向MNO公司支付95 000元（95×1 000），XYZ银行实际收到净额为3 000元。确认期权合同的结算：

借：存放中央银行款项　　3 000

　　贷：衍生工具——看跌期权　　3 000

情形2：以普通股净额结算。

除要求以普通股净额结算而不是以现金净额结算外，其他资料如情形1。因此，与情形1相比，只有20×8年1月31日的账务处理不同。

20×8年1月31日，XYZ银行行权且以普通股净额结算。MNO公司有义务向XYZ银行交付与98 000元（98×1 000）等值的XYZ银行普通股，XYZ银行有义务向MNO公司交付与95 000元（95×1 000）等值的XYZ银行普通股。两者相抵，MNO公司有义务向XYZ银行交付与3 000元等值的XYZ银行普通股31.6股（3 000/95）。

借：股本　　31.6

　　资本公积——股本溢价　　2 968.4

　　贷：衍生工具——看跌期权　　3 000

情形3：以现金换普通股方式结算。

采用以现金换普通股方式结算，是指XYZ银行如行权，MNO公司将收到固定数量XYZ银行普通股。同时向XYZ银行支付固定金额的现金。除此结算方式外，其他资料与情形1和情形2相同。因此，XYZ银行的固定行权价为98元。如果XYZ银行行权，将以每股98元的价格向MNO公司出售本银行普通股1 000股。

(1) 20×7年2月1日。确认支付期权费获得期权：

借：资本公积——股本溢价　　5 000

　　贷：存放中央银行款项　　5 000

(2) 20×7年12月31日，不需进行账务处理。因为没有现金收付，且期权合同符合XYZ银行权益工具的定义。

(3) 20×8年1月31日。反映XYZ银行行权。该合同以总额进行结算。MNO公司有义务从XYZ银行购入1 000股XYZ银行普通股，同时支付98 000元现金：

借：存放中央银行款项　　98 000

　　贷：股本　　1 000

　　　　资本公积——股本溢价　　97 000

三、混合工具分拆处理

商业银行发行的某些非衍生金融工具，即混合工具，既含有负债成分，又含有权益成分。如可转换公司债券等。对此，商业银行应当在初始确认时将负债和权益成分进行分拆，分别进行处理。

在进行分拆时应当先确定负债成分的公允价值并以此作为其初始确认金额，再按照该金融工具整体的发行价格扣除负债成分初始确认金额后的金额确定权益成分的初始确认金额。

发行该非衍生金融工具发生的交易费用，应当在负债成分和权益成分之间按照各自的相对公允价值进行分摊。

【例15-5】 甲银行20×7年1月1日按每份面值1 000元发行了2 000份

可转换债券，取得总收入2 000 000元。该债券期限为3年，票面年利息为6%。利息按年支付；每份债券均可在债券发行1年后的任何时间转换为2.50股普通股。甲银行发行该债券时，二级市场上与之类似但没有转股权的债券的市场利率为9%。假定不考虑其他相关因素，甲银行将发行的债券划分为以摊余成本计量的金融负债。

（1）先对负债部分进行计量债券发行收入与负债部分的公允价值之间的差额则分配到所有者权益部分。负债部分的现值按9%的折现率计算如表15-2所示：

表15-2 单位：元

本金的现值： 第3年年末应付本金2 000 000元 复利现值系数为0.772 183 5	1 544 367
利息的现值： 3年期内每年应付利息120 000元 年金现值系数为2.531 291 7	303 755
负债部分总额	1 848 122
所有者权益部分	151 878
债券发行总收入	2 000 000

（2）甲银行的账务处理如下：

20×7年1月1日，发行可转换债券：

借：存放中央银行款项　　2 000 000

　　应付债券——利息调整　　151 878

　　贷：应付债券——面值　　2 000 000

　　　　资本公积——其他资本公积（股份转换权）　　151 878

20×7年12月31日，计提和实际支付利息：

计提债券利息时：

借：利息支出　　166 331

　　贷：应付利息　　120 000

　　　　应付债券——利息调整　　46 331

实际支付利息时：

借：应付利息　　120 000

　　贷：存放中央银行款项　　120 000

20×8年12月31日，债券转换前。计提和实际支付利息：

计提债券利息时：

借：利息支出　　170 501

　贷：应付利息　　120 000

　　应付债券——利息调整　　50 501

实际支付利息时：

借：应付利息　　120 000

　贷：存放中央银行款项　　120 000

至此，转换前应付债券的摊余成本为1 944 954（1 848 122 + 46 331 + 50 501）元。

假定至20×8年12月31日，甲银行股票上涨幅度较大，可转换债券持有方均于当日将持有的可转换债券转为甲银行股份。由于甲银行对应付债券采用摊余成本后续计量，因此，于转换日，转换前应付债券的摊余成本应为1 944 954元而权益部分的账面价值仍为151 878元。同样是在转换日，甲银行发行股票数量为500 000股。对此，甲银行的账务处理如下：

借：应付债券——面值　　2 000 000

　贷：资本公积——股本溢价　　444 954

　　股本　　500 000

　　应付债券——利息调整　　55 046

借：资本公积——其他资本公积（股份转换权）　　151 878

　贷：资本公积——股本溢价　　151 878

四、资产负债相互抵销

（一）金融资产和金融负债相互抵销的条件

金融资产和金融负债应当在资产负债表内分别列示。不得相互抵销。但是，同时满足下列条件的，应当以相互抵销后的净额在资产负债表内列示：

1. 商业银行具有抵销已确认金额的法定权利，且该种法定权利现在是可执行的；

2. 商业银行计划以净额结算，或同时变现该金融资产和清偿该金融负债。

不满足终止确认条件的金融资产转移，转出方不得将已转移的金融资产和相关负债进行抵销。

例如甲公司与乙公司有长期合作关系，为简化结算，甲公司和乙公司合同明确约定，双方往来款项定期以净额结算。这种情况满足金融资产和金融负债相互抵销的条件应当在资产负债表中以净额列示相关的应收款项或应付款项。

（二）不符合相互抵销条件不能将相关金融资产和金融负债相互抵销的情形

1. 商业银行将浮动利率长期债券与收取浮动利息、支付固定利息的互换组合在一起，合成为一项固定利率长期债券。这种组合的各单项金融工具形成的金融资产或金融负债不能相互抵销。

2. 商业银行将某项金融资产充作金融负债的担保物，该金融资产不能与被担保的金融负债抵销。

3. 商业银行与外部交易对手进行多项金融工具交易，同时签订总抵销协议。根据该协议，一旦某单项金融工具交易发生违约或解约，商业银行可以将所有金融工具交易以单一净额进行结算，以减少交易对手可能无法履约造成损失的风险。在这种情况下，只有交易对手违约或解约时，相关的金融资产和金融负债可以相互抵销；否则，不得相互抵销。

五、金融工具披露内容

（一）金融工具一般信息披露要求

第一，编制财务报表方面。

商业银行应当披露编制财务报表时对金融工具所采用的重要会计政策、计量基础等信息，主要包括：

1. 对于指定为以公允价值计量且其变动计入当期损益的金融资产或金融负债，应当披露下列信息：（1）指定的依据；（2）指定的金融资产或金融负债的性质；（3）指定后如何消除或明显减少原来由于该金融资产或金融负债的计量基础不同所导致的相关利得或损失在确认或计量方面不一致的情况，以及是否符合商业银行正式书面文件载明的风险管理或投资策略的说明。

2. 指定金融资产为可供出售金融资产的条件。

3. 确定金融资产已发生减值的客观依据以及计算确定金融资产减值损失所使用的具体方法。

4. 金融资产和金融负债的利得和损失的计量基础。

5. 金融资产和金融负债终止确认条件。

6. 其他与金融工具相关的会计政策。

【例 15－6】 某商业银行 20×6 年年报对指定为以公允价值计量且其变动计入当期损益的金融资产或金融负债有关的会计政策作了如下披露：

附注：指定为以公允价值计量且其变动计入当期损益的金融工具：

符合以下一项或一项以上标准的金融工具（不包括为交易目的所持有的金融工具）划分为此类，公司管理层也将其作这类指定：

——公司的该项指定可以消除或明显减少由于金融资产或金融负债的计量基础不同所导致的相关利得或损失在确认或计量方面不一致的情况。按照此标准，公司所指定金融工具主要包括：

（1）发行的长期债券。若干已发行的固定利率长期债券及次级债务的应付利息，已与"收固定，付浮动"利率互换的利息"匹配"，并在公司利率风险管理策略正式书面文件中说明。如果这些债务证券仍以摊余成本计量，则会因为相关的衍生工具以公允价值计量且其变动计入当期损益而产生"会计不匹配"的现象。通过这项指定，公司将按公允价值对这些债务证券进行后续计量，且公允价值变动计入当期损益。

（2）投资合同项下的金融资产及金融负债。这些金融资产和金融负债均以公允价值为基础进行管理，且内部报告给管理层时相关的管理数据也以公允价值为基础。在投资联结合同项下对客户负债的计量，按联结合同项下资金所购资产的公允价值来确定，其该对客户负债的公允价值变动计入当期损益；而在投资联结合同以外的其他投资合同项下对客户的负债却以摊余成本计量。如果对与客户负债相关的资产不直接指定，则这些资产将划分为可供出售金融资产，从而其公允价值变动计入所有者权益。总体上看，难以真实地反映对客户负债与相关资产的风险对冲关系。因此，公司将投资合同项下的金融资产和金融负债指定为以公允价值计量且其变动计入当期损益，以使相关公允价值变动计入当期损益。且于利润表中在同一项目下列示。

——公司风险管理或投资策略的正式书面文件已载明，该金融资产组合、该金融负债组合、或该金融资产和金融负债组合，以公允价值为基础进行管理、评价并向关键管理人员报告。根据此项标准，为履行公司保险合同项下的负债而持的某些金融资产是此类被指定金融工具的主要项目。公司有正式、书面的风险管理和投资策略文件明确以公允价值为基础管理这些金融资产，其中考虑了这些资产与相关负债之间存在的分散市场风险的关系。有关这些金融资产的报告也会报告给管理层。而且，采用公允价值计量这些金融资产与这些保险业务适用的监管规则下的监管报告要求是一致的。

——该项指定运用于某些包含一项或一项以上嵌入衍生工具的金融工具，其中嵌入的衍生工具会重大的改变该金融工具现金流量形成方式。公司拥有的这类金融工具包括发行的债务工具和持有的债务证券等。

上述指定，一经作出，将不会撤销。

第二，单项金融资产方面。

商业银行将单项或一组贷款或应收款项指定为以公允价值计量且其变动计入当期损益的金融资产的，应当披露如下信息：

（1）资产负债表日该贷款或应收款项使商业银行面临的最大信用风险敞口金额，以及相关信用衍生工具或类似工具分散该信用风险的金额。信用风险，是指金融工具的一方不能履行义务，造成另一方发生财务损失的风险。

（2）该贷款或应收款项本期因信用风险变化引起的公允价值变动额和累计变动额，相关信用衍生工具或类似工具本期公允价值变动额以及自该贷款或应收款项指定以来的累计变动额。

【例 15－7】某商业银行对指定为以公允价值计量且其变动计入当期损益的贷款和垫款有关的信息披露如下金额（单位：万元）：

对于指定为以公允价值计量且其变动计入当期损益的贷款和垫款：

——截至 20×6 年 12 月 31 日使商业银行面临的最大信用风险敞口 3 696 300

——信用风险引起的公允价值累计变动额 35 410

第三，金融负债披露方面。

商业银行将某项金融负债指定为以公允价值计量且其变动计入当期损益的金融负债的，应当披露下列信息：

1. 该金融负债本期因相关信用风险变化引起的公允价值变动额和累计变动额。

2. 该金融负债的账面价值与到期日按合同约定应支付金额之间的差额。

【15－8】某商业银行对指定为以公允价值计量且其变动计入当期损益的金融负债有关的信息披露如表 15－3 所示：

表 15－3

单位：万元

项目	公允价值指定的金融负债 20×6 年公允价值变动额	因相关信用风险变化引起累计变动额
(1) 投资合同项下对客户的负债	104 356	123 119
(2) 发行的普通债券	1 236 358	10 314 610
(3) 发行的次级债券	3 693 000	3 000 600
合计	5 033 714	4 158 329

20×6 年 12 月 31 日，指定为以公允价值计量且其变动计入当期损益的金融负债的账面价值超过到期日按合同约定应支付金额 58 300 万元。

第四，资产减值损失方面。

商业银行应当披露每类金融资产减值损失的详细信息包括前后两期可比的金融资产减值准备期初余额、本期计提数、本期转回数、期末余额之间的调节信息等。

【例 15－9】 某国内上市商业银行对客户贷款及垫款相关减值损失准备作出如表 15－4 所示的披露：

表 15－4　　减值损失准备变动情况

单位：万元

项目	20×3 年	20×4 年
1 月 1 日	208 000	55 860
本年/期计提	9 500	6 100
贷款和垫款因折现值上升导致转回	(1900)	(500)
本年/期转出	(3500)	(400)
本年/期核销	(58 000)	(6300)
收回以前年度已核销贷款及垫款	2 110	650
其他因素导致的转回		
—因出售已减值贷款或垫款	(100 000)	—
—因出售向一家被投资公司发放的贷款和垫款	(350)	—
12 月 31 日	55 860	55 410

第五，其他相关信息。

商业银行在披露金融资产或金融负债的公允价值信息时，除非这些金融资产或金融负债是账面价值与公允价值相差很小的短期金融资产或金融负债，或者是在活跃市场中没有报价的权益工具投资，以及与该权益工具挂钩并须通过交付该权益工具结算的衍生工具，否则应当按照每类金融资产和金融负债披露下列公允价值信息：

1. 确定公允价值所采用的方法，包括全部或部分直接参考活跃市场中的报价或采用估值技术等。采用估值技术的，按照各类金融资产或金融负债分别披露相关估值假设。包括提前还款率、预计信用损失率、利率或折现率等。

2. 公允价值是否全部或部分采用估值技术确定，而该估值技术没有以相同金融工具的当前公开交易价格和易于获得的市场数据作为估值假设。这种估值技术对估值假设具有重大敏感性的披露这一事实及改变估值假设可能产生的影响，同时披露采用这种估值技术确定的公允价值的本期变动额计入当期损益的数额。

商业银行在判断估值技术对估值假设是否具有重大敏感性时，应当综合考虑净利润、资产总额、负债总额、所有者权益总额（适用于公允价值变动计入所有者权益的情形）等因素。

金融资产和金融负债的公允价值应当以总额为基础披露（在资产负债表中金融资产和金融负债按净额列示的除外），且披露方式应当有利于财务报告使用者比较金融资产和金融负债的公允价值和账面价值。

商业银行在作上述披露时，对于不存在活跃市场的金融资产或金融负债，其计量不是以实际交易价格为基础。而是采用更公允的相同金融工具的公开交易价格或估值结果计量的，应当按照金融资产或金融负债的类别披露下列信息：

（1）在损益中确认原实际交易价格与公允价值之间形成的差异所采用的会计政策。

（2）该项差异的期初和期末余额。

【例 15－10】 某商业银行在附注对金融工具的公允价值作了如下披露表 15－5：

表 15－5 单位：万元

项目	20×5 年 12 月 31 日			20×4 年 12 月 31 日		
	账面价值	公允价值	未实现利得（损失）	账面价值	公允价值	未实现得（损失）
资产						
现金及存放同业款项	540	540	0	600	600	0
存放中央银行款项	3 360	3 360	0	3 540	3 540	0
拆出资金	30 030	30 020	（10）	22 020	22 020	0
交易性金融资产	49 930	49 930	0	38 950	38 950	0

续表

项目	20×5年12月31日			20×4年12月31日		
	账面价值	公允价值	未实现利得（损失）	账面价值	公允价值	未实现得（损失）
衍生金融资产	33 380	33 380	0	15 900	15 900	0
买入返售金融资产	40 440	40 450	10	35 710	35 710	0
应收利息	3 010	3 010	0	2 830	2 830	0
客户贷款及垫款	97 000	97 060	60	93 220	93 360	140
债权投资	33 380	33 380	0	23 460	28 460	0
其他债权投资	120	120	0	70	70	0
其他权益工具投资						
负债						
同业存放款项	12 430	12 430	0	12 000	12 000	0
向中央银行借款	7 730	7 730	0	6 150	6 150	0
拆入资金	3 030	3 030	0	2 390	2 390	0
交易性金融负债	18 860	18 860	0	17 100	17 100	0
衍生金融负债	96 300	96 300	0	69 300	69 300	0
卖出回购证券款	47 850	47 850	0	42 260	42 260	0
吸收存款	45 150	45 150	0	37 610	37 610	0
应付职工薪酬	33 770	33 770	0	30 370	30 370	0
应交税费	11 740	11 740	0	6 580	6 580	0
应付利息	1 330	1 330	0	1 630	1 630	0
应付债券	36 860	36 990	(130)	34 530	34 640	(110)
小计			(70)			30
税前在所有者权益中反映的未实现利得损失：						
(1) 可供出售金融资产	110			100		
(2) 指定为现金流量套期的衍生工具	(90)			(40)		
未在收益表中确认的未实现的利得和损失	(50)			90		

(1) 金融工具的公允价值。

表15－5列示了金融工具的公允价值包括了那些在资产负债表中不以公允价值计量的金融工具。同时在该表后对相关公允价值的确定原则和方法作了说明。

公允价值是指在公平交易中，熟悉情况的交易双方自愿进行资产交换或者清偿的金额。对于活跃市场中的金融工具，本银行将市场价格或者市场利率作为其公允价值最好的证据，以此确定其公允价值。

但是，本银行持有或发行的某些金融资产或金融负债不存在市场价格或市场利率。对此，本银行采用现值或其他估值技术来确定这些金融资产或金融负债的公允价值，无论是采用现值还是其他估值技术，均考虑了资产负债表日与所估值金融资产或金融负债的市场情况。

估值技术通常应用于场外交易（OTC）的衍生工具、未上市的交易资产或负债组合，以及未上市的可供出售金融资产。本银行最常用的定价模型和估值技术包括：以现值为基础的远期定价和互换模型、期权定价模型（如Black—Seholes模型或以其为基础的创新模型等），以及信用模型（如违约率模型或信用价差模型等）。

本银行使用这些技术估计的价值，显著地受到模型选择和内在假设的影响，如未来现金流量的金额和流入时间、折现率、波动性和信用风险等。

以下是本银行用于确定上表所列示金融资产和金融负债公允价值的方法和重要假定：

①交易性金融资产和金融负债包括已作为抵押品的交易性金融资产（或金融负债）、被指定为以公允价值计量且其变动计入当期的金融资产和金融负债衍生工具，以及为了交易目的而发生的其他交易或事项，参照公开市场报价确定其公允价值；如果不存在公开市场报价，则其公允价值应以定价模型或其他被普遍认可的估值技术确定。对于这些项目，其公允价值与账面价值相等。

②可供出售金融资产参照其公开市场报价确定公允价值；如不存在公开市场报价，应以定价模型或其他被普遍认可的估值技术确定。公允价值等于这些项目的账面价值。

③活期存款和没有具体到期日的储蓄账户的公允价值，假定为在资产负债表日如存款人要求支取即应付的金额。通知存款的公允价值，不低于存款人要求支取时应付金额从可支取的第一天起进行折现的现值。

④浮动利率金融工具的公允价值与其账面价值大致相等。因此，仅就浮动利率贷款而言，其公允价值不反映其信用质量的变化，原因是其减值损失的影响已通过为其确认的贷款（信用）损失准备单独作了确认。

⑤以摊余成本计量的固定利率贷款和抵押贷款的公允价值，通过比较这

些贷款发放时的市场利率与在当前市场情况下发放类似贷款所能获得的利率确定。贷款组合中的各项贷款的信用质量变动在确定该贷款组合的公允价值没有考虑。原因是其减值损失的影响已通过为其确认的贷款（信用）损失准备单独作了确认。

（2）以公开市场价格或估值技术确定公允价值。

①对于交易性证券和挂牌交易或以其他方式在活跃市场上交易的可供出售金融资产、在交易所交易的衍生工具以及其他在活跃市场上挂牌交易的其他金融工具，其公允价值直接根据其挂牌的交易价格确定。

②对于那些公开市场价格不能直接取得的金融工具，其公允价值运用估值技术或者模型确定，其中所使用的假定以资产负债表日可获得的可观察到的市场价格或市场利率为基础。绝大多数 OTC 衍生工具、许多尚未上市的工具以及其他没有在活跃市场上交易的项目，其公允价值就是这样确定的。

③对于小部分金融工具，其公允价值不能根据活跃市场的公开报价或间接地运用可观察到的市场价格或市场利率为假定的估值技术或模型确定。通常情况下，因私募方式取得的未上市证券投资就属于这类金融工具；另外，一些复杂或结构化的金融工具，也属于这类金融工具。对于这些金融工具，其公允价值间接地运用估值技术或模型估计，所使用的假设或参数根据当前市场条件进行合理的推定后确定。

表 15－6 列示了确定（以公允价值计量的）金融工具公允价值的估值技术或方法：

表 15－6 单位：万元

项目	20×5 年 12 月 31 日				20×4 年 12 月 31 日			
	公开市场价格	估值技术——可观察到的市场变量	估值技术——不可观察到的市场变量	合计	公开市场价格	估值技术——可观察到的市场变量	估值技术——不可观察到的市场变量	合计
交易性金融资产	27 320	22 520	90	49 930	22 840	16 010	100	38 950
衍生金融资产	1 360	31 340	680	33 380	3 400	9 050	3 450	15 900
其他债权投资	13 000	15 000	5 380	33 380	13 600	6 460	8 400	28 460
资产合计	41 680	63 860	6 150	116 690	39 840	31 520	11 950	83 310
交易性金融负债	17 120	1 740	0	18 860	16 130	970	0	17 100
衍生金融负债	26 000	50 200	20 100	96 300	980	27 010	2 380	30 370
负债合计	43 120	51 940	20 100	115 160	17 110	34 560	2 380	54 050

(3) 公允价值对重大假设改为合理可能替代假设的敏感性。

①本银行资产负债表中以公允价值计量的金融资产和金融负债的公允价值有些完全是按活跃市场上公开市场价格或市场利率确定的。也有一些全部或部分是根据将非可观察到的市场价格或市场利率为基础的假设运用于估值技术或模型确定的。用于后者所指情形中的模型，在确定使用之前，经过了严格的内部确认程序。

②估值技术可能会存在不确定性，其源于所选用的特定模型、所使用参数数值的大小、所使用的市场不可观察数据的范围，也可能源于影响估值的其他因素，比如流动性。为充分反映这种不确实性，应进行估值调整，并将调整金额从根据模型或其他估值技术确定的公允价值中扣除。

③根据本银行运用的控制及程序性保护措施。管理层认为，在资产负债表中列示的、运用模型或其他估值技术确定的公允价值，以及在利润表中列示的该公允价值变动具有合理性，而且是资产负债表日本银行作出的最佳估计。

④将合理可能的替代假设运用于估值模型会产生潜在影响，其定量情况为：

A. 20×5 年 12 月 31 日：

使用不利假设，公允价值减少最大金额为 109 400 万元；

使用有利假设，公允价值增加最大金额为 117 600 万元。

B. 20×4 年 12 月 31 日：

使用不利假设。公允价值减少最大金额为 57 900 万元；

使用有利假设，公允价值增加最大金额为 92 700 万元。

本银行在确定合理可能的替代假设时运用了相当多的职业判断。对于以模拟为基础的估值本银行通过提高或降低适用的置信水平，使合理可能的替代假设的估值技术，与确定估值调整所使用的技术保持一致。改变假设时，假定不同金融工具与模型之间的相关性影响非常小。

第六，其他一般信息。

商业银行应披露金融工具的其他一般信息，包括金融资产和金融负债的公允价值、金融资产转移、套期保值、担保物、金融工具有关的收入、费用、利得或损失等方面的信息。

（二）金融工具风险信息披露要求

第一，总体要求。

商业银行既应披露金融工具风险的描述性信息。同时还应披露金融工具风险的数量信息。

1. 描述性信息。

（1）风险敞口及其形成原因；

（2）风险管理目标、政策和过程以及计量风险的方法。

上述描述性信息在本期发生改变的，应当作相应说明。

2. 数量信息。

（1）资产负债表日风险敞口总括数据。商业银行在提供该数据时，应当以内部提供给关键管理人员的相关信息为基础。商业银行运用多种方法管理风险的。应当说明哪种方法能提供最相关和可靠的信息。

（2）信用风险、流动性风险、市场风险等方面的数量信息。

（3）资产负债表日风险集中信息。风险集中信息应当包括管理层如何确定风险集中点的说明、确定各风险集中点的参考因素（包括交易对手、地理区域、货币种类、市场类型等）、各风险集中点相关的风险敞口金额。

上述数量信息不能代表商业银行本期风险敞口情况的，应当进一步提供相关信息。

第二，信用风险信息。

1. 商业银行应当披露与每类金融工具信用风险有关的下列信息：

（1）在不考虑可利用的担保物或其他信用增级（如不符合相互抵销条件的净额结算协议等）的情况下，最能代表商业银行资产负债表日最大信用风险敞口的金额，以及可利用担保物或其他信用增级的信息。

（2）尚未逾期和发生减值的金融资产的信用质量信息。

未逾期金融资产指本金和利息都没有逾期的金融资产。

（3）原已逾期或发生减值但相关合同条款已重新商定过的金融资产的账面价值。假如这些金融资产在商业银行资产负债表日又出现逾期，就作为已逾期金融资产披露。

2. 最能代表商业银行资产负债表日最大信用风险敞口的金融资产金额，应当是金融资产的账面余额扣除下列两项金额后的余额：

（1）满足金融资产和金融负债相互抵销条件、已抵销的金额。

（2）已对该金融资产确认的减值损失。

【例 15－11】 某商业银行在不考虑可利用的担保物或其他信用增级的情况下，最能代表其资产负债表日最大信用风险敞口的金额如表 15－7 所示：

表 15－7　　单位：万元

项目	金额
拆放同业	94 510
买入返售资产	34 560
交易性金融资产	121 300
衍生金融资产	3 300
债权投资	30 000
其他债权投资	345 678
其他权益工具投资	67 890
客户贷款及垫款	12 390 210
其他资产（背书和承兑等）	9 360
财务担保和其他信用相关的或有负债	9 966
贷款承诺和其他信用相关的承诺	3 036
20×5 年 12 月 31 日合计	13 109 810

3. 商业银行应当按照类别披露已逾期或发生减值的金融资产的下列信息：

（1）资产负债表日已逾期但未减值的金融资产的期限分析。

（2）资产负债表日单项确定为已发生减值的金融资产信息，以及判断该金融资产发生减值所考虑的因素。

已逾期金融资产指本金或利息逾期 1 天或以上的金融资产。已发生减值金融资产指单独进行减值测试后确定的已发生减值的金融资产。

（3）商业银行持有的、与各类金融资产对应的担保物和其他信用增级对应的资产及其公允价值。相关公允价值确实难以估计的，应当予以说明。

4. 商业银行本期因债务人违约而处置担保物或其他信用增级对应的资产所取得的金融资产或非金融资产满足资产确认条件的，应当披露下列信息：

（1）所取得资产的性质和账面价值。

（2）这些资产不易转换为现金的，应当披露处置这些资产或拟将其用于日常经营的计划等。

第三，流动性风险信息。

1. 商业银行应当披露金融资产和金融负债按剩余到期日所作的到期期限分析，以及管理这些金融资产和金融负债流动风险的方法。

流动风险是指商业银行在履行与金融负债有关的义务时遇到资金短缺的风险。

2. 商业银行在披露金融资产和金融负债到期期限分析时，应当运用职业判断确定适当的时间段。列入各时间段内的金融资产和金融负债金额，应当是未经折现的合同现金流量。

商业银行可以但不限于按下列时间段进行到期期限分析：

（1）一个月以内（含本数，下同）；

（2）一个月至三个月以内；

（3）三个月至一年以内；

（4）一年至五年以内；

（5）五年以上。

3. 债权人可以选择收回债权时间的。债务人应当将相应的金融负债列入债权人要求收回债权的最早时间段内。

债务人应付债务金额不固定的，应当根据资产负债表日的情况确定用于到期期限分析的金额。

债务人承诺分期支付金融负债的，债权人应当把每期将收取的款项列入相应的最早时间段内；债务人应当把每期将支付的款项列入相应的最早时间段内。

债权人吸收的活期存款以及其他具有活期性质的存款，应当列入最早的时间段内。

第四，市场风险信息。

金融工具的市场风险，是指金融工具的公允价值或未来现金流量因市场价格变动而发生波动的风险，包括外汇风险、利率风险和其他价格风险。其中，外汇风险，是指金融工具的公允价值或未来现金流量因外汇汇率变动而发生波动的风险；利率风险，是指金融工具的公允价值或未来现金流量因市场利率变动而发生波动的风险；其他价格风险，是指外汇风险和利率风险以外的市场风险。

1. 商业银行应当披露与敏感性分析有关的下列信息：

（1）资产负债表日所面临的各类市场风险的敏感性分析。该项披露应当反映资产负债表日相关风险变量发生合理、可能的变动时，将对商业银行当期损益或所有者权益产生的影响。

（2）本期敏感性分析所使用的方法和假设。该方法和假设与前一期不同的应当披露发生改变的原因。

2. 商业银行采用风险价值法或类似方法进行敏感性分析能够反映风险变

量之间（如利率和汇率之间等）的关联性，且商业银行已采用该种方法管理财务风险的。可不按照上述1的要求进行披露，但应当披露下列信息：

（1）用于该种敏感性分析的方法、选用的主要参数和假设。

（2）所使用方法的目的以及使用该种方法不能充分反映相关金融资产和金融负债公允价值的可能性。

3. 如果按上述1或2对敏感性分析的披露不能反映金融工具内在市场风险的，商业银行应当披露这一事实及其原因。

第十六章
财务报告分析

本章精要

财务报表编制完成之后，需要进一步进行数据价值的挖掘，即开展财务报表分析。本章需要在掌握财务报表分析技术方法的基础上，紧密结合商业银行的业务运行实际态势实施具体的财务分析。

关于商业银行财务报告分析，着重从基本方法与综合方法两个方面进行：

第一节，财务报表分析的基本技术方法，主要包括三种：一是比较分析法，将商业银行财务报告中的主要项目或财务指标与选定的基准相比较，确定其差异，并据以判断、衡量银行的相对位次；二是比率分析法，有效地促进公司改善经营管理和提高经济效益，对于外部信息使用者准确地把握公司财务状况也是一种简单、快速的科学分析方法；三是因素分析法，通过连环分析法与差额分析法，寻找指标之间差异的内存原因。

第二节是综合分析方法。在进行上述常规性财务报表分析的同时，还可以进行全局性的综合体系分析，即杜邦分析法和沃尔比重分析法。这是一种能够追根求源的分析体系。整套分析层层递进，环环相扣，既联系资产负债表与利润表，又将经营分析指标串联了起来，既表现了个体，又体现了关联性，从而满足了通过财务分析进行绩效评价的需要，在经营目标发生异动时也能及时查明原因并加以修正。

第一节　商业银行财报分析的基本方法

对于财务报表使用者来说，最重要、最有意义的并不是报表中的各项具体数据，而是各项数据之间的联系及变化趋势。与此相关，用来揭示财务报表中各项数据的联系及变动趋势的方法就是财务报表分析的方法。商业银行财务报表分析的基本方法通常包括比较分析法、比率分析法、因素分析法等三种。

一、比较分析法

比较分析法是指将某项财务指标与性质相同的指标评价标准进行对比，以揭示商业银行财务状况和经营成果的一种分析方法。选择相关指标的评价标准是比较分析的重要条件。我们知道：有比较，才有鉴别；没有比较，则无从分析、评价。通过比较分析，可以发现差距，找出彼此差异的程度，从而进一步改善商业银行的财务状况和经营成果；通过比较分析，可以确定商业银行经营活动的收益性、安全性和流动性，从而判断商业银行的发展趋势是否良好；通过比较分析，还能揭示商业银行的薄弱环节和极具发展潜力的环节，为商业银行的财务决策提供依据。同时，事物总是相对而言的，这就说明，任何会计上的绝对数字或比率，只有与其他数字或比率进行比较才具有意义。因此，比较分析法是财务报表分析方法中最基本、最主要的方法。

（一）比较分析法的通常参照标准

1. 一般标准。

一般标准是被普遍接受和公认的标准。即不管哪个企业、在什么时间或分析的目的是什么，它都是适用的。典型的一般标准是商业银行资本充足率应大于8%和核心资本充足率应大于4%。这些标准应用很普遍，因为利用这些标准能揭示企业财务活动与财务风险的一般状况。

2. 行业标准。

行业标准就是以企业所在行业的特定指标数值作为财务分析对比的标准，它可以是绝对数，也可以是相对数。通过行业标准指标比较，有利于揭示本行与同业其他企业的差距。

在实际工作中的具体做法有多种：将本行的财务指标与同业公认的标准指标对比：将本企业的财务指标与同行业的先进水平指标对比；将本企业的财务指标与同行业的平均水平指标对比。

3. 目标标准。

目标标准即企业财务管理的目标，也可能来自于标杆企业的相关参照指标，它是在分析影响财务指标主客观因素的基础上制定的。如果企业的实际财务指标达不到目标而产生差距，应进一步查明原因，以便改进企业财务管理工作。

4. 历史标准。

历史标准可以是绝对数，也可以是相对散。在财务分析工作中，历史标准的具体运用方式有三种：期末与期初对比、本期与历史同期对比、本期与历史最好水平对比。财务分析中采用历史标准有利于揭示企业财务状况和经营成果的变化趋势及存在的差距。

（二）比较分析法的指标数据形式

比较分析法按照指标数据形式的不同，可分为绝对指标、相对数指标和平均数指标的比较分析法。

1. 绝对指标的比较。即利用两个或两个以上的总量指标进行对比，以揭示这些绝对指标之间的数量差异。

2. 相对指标的比较。即利用两个或两个以上的相对数指标进行对比，以揭示这些相对数指标之间的数量差异。

3. 平均数指标的比较。即利用两个或两个以上的平均数指标进行对比，以揭示这些平均数指标之间的数量差异。

此外，在财务报表分析中最常用的比较分析法是借助于比较财务报表。比较财务报表是将最近2~3期或几个期间的财务报表并列在一起编制而形成的报表。为了便于分析者掌握企业财务状况和经营成果的变化趋势和规律，比较财务报表中除列示各期报表数据外，通常还列示这些数据的增减金额及增减百分比。

（三）比较分析法的应用

要采用比较分析法进行财务分析，应当注意的几个问题：

1. 实际财务指标与标准指标的计算口径必须保持一致。所谓口径一致，是指实际财务指标所包含的内容、范围要与标准指标保持一致。

2. 实际财务指标与标准指标的时间宽容度必须保持一致。所谓时间宽容度一致，是指实际财务指标的计算期限要与标准指标保持一致，如果实际指标是年度指标，那么，标准指标也应是年度指标。

3. 实际财务指标与标准指标的计算方法必须保持一致。这里说的计算方法不仅是指计算指标的程序，而且还包括影响指标的各项因素。

4. 绝对数指标比较与相对数指标比较必须同时进行。这是因为绝对数指标与企业生产经营规模的大小有直接关系。采用绝对数指标对比虽然能反映出财务指标的表面差异，但不能深入揭示其财务现象的内部矛盾，而采用相对数指标对比则能做到这一点。

此外，在实际财务报表分析中，还应注意价格水平的不同会导致数据的差异、不同会计处理和计价方法会导致数据的不可比等复杂因素的影响。

二、比率分析法

（一）比率分析法的含义及作用

比率分析法是利用两个指标的某种关联关系，通过计算比率来考察、计量和评价财务活动状况的分析方法。比率法其实也是比较分析法的一种形式，由于它在财务分析中将相关联的不同项目、指标之间相除，以说明项目之间的关系，并解释和评价由此所反映的某方面的情况。这种分析在财务分析中处于极为重要的地位，所以通常将其作为一种专门的分析方法。

（二）比率的类型及其运用

采用比率分析法进行分析时，需要根据分析的内容和要求，计算出有关的比率。然后进行分析。财务比率可分为三类：

1. 相关比率——财务指标分析。相关比率是以两个相互联系的财务指标的数额相除后得出的，据以对企业财务状况进行分析的一种方法。通过相关比率分析，可以使财务报表分析更为全面、深刻。将这些相关比率的实际数与目标数、与上期或历史数、与同行业平均数进行对比，能够充分揭示企业财务状况的发展变化情况。

2. 构成比率——结构分析。构成比率是指某项财务分析指标的各构成部分数值占总体数值的百分比。其计算公式是：

构成比率 = 指标某部分的数值（部分）/指标总数值（总体）×100%

这样计算出来的比率，也就是通常所说的比重。在财务报表分析中常用的构成比率包括：各类资产占总资产的比率形成的企业资产构成比率，各类负债占全部债务的比率，各类营业费用占全部营业费用总额的比率，营业利润、投资收益和营业外收支净额占利润总额的百分比构成的利润构成比率。

分别将这些比率与目标数、与上期或历史数、与同行业平均数进行对比，可以充分揭示企业财务业绩构成和结构的发展变化情况。

3. 动态比率——趋势分析。动态比率分析就是运用动态比率对企业某些同类经济现象各个时期的变化加以对比分析，以掌握其发展规律和发展趋势，也称为趋势分析或水平分析。企业的经济现象是复杂的，受到多方面因素变化的影响，只从某一时期或某一时点上很难看清它的发展规律和趋势，而必须把若干数据按时期或时点的先后整理为数列，并计算出它的发展速度、增长速度、平均发展速度和平均增长速度等情况，才能探索它的发展潜力和发展趋势。

计算动态比率应掌握如下有关概念：

（1）动态数列。反映某种经济现象发展变化的一系列指标数值。按时间先后顺序排列而成的数列叫动态数列（时间数列）。动态数列中的指标可以是绝对数，也可以是相对数和平均数。

（2）时期数列。反映某种经济现象在一定时期内发展过程的结果及总量，它是各个时期的数值不断累计的结果。因此，当时期扩大时可以相应地把各时期的指标数据直接相加 t 从而反映扩大了的时期的总量。如各年度的销售额顺序排列形成时期数列，则可反映各期的累计销售额。

（3）时点数列。每个指标数值是表明在特定时点上的某种经济现象所处的状态的数值，由于各时点上的数值大部分都是现象的重复，因此，时点数列不能复加，如某年末的资金占用额是时点数，大部分是资金运动现象暂时停滞的一种重复，不能简单相加。

（4）增长量。它反映某种经济现象在一定时期内所增长（或减少）的绝对数，是比较期与基期的差额，增长量指标由于作为比较标准的时期不同，分为逐期增长量（即把前一期作为基数逐期比较）和累计增长量（即把各个比较期统一与一个固定基期比较）。增长量计算公式如下：

增长量 = 比较期数值（报告期水平）- 基期数值（基期水平）

（5）发展速度。是表明某种经济现象发展程度的相对数。它是全部数列中各比较期与基期水平之比，反映各个比较期的数值为基期的百分之几（或多少倍），从而考察总时期内各个时期的变动情况和发展速度。发展速度指标由于作为比较标准的时期不同，分为定期发展速度和环比发展速度两种。定基发展速度是报告期水平与某一固定期的水平对比；环比发展速度是各期水平与前一期水平在财务分析中使用动态比率分析，是将连续散年的财务报表中的某重要项目上进行比较，计算该项目前后期的增减方向和幅度，以说明企业财务状况或财务成果的变动趋势。其中，计算定基发展速度或环比发展速度以进行趋势分析最为常见。

定基发展速度 = 分析期某指标数据/固定基期某指标数据

环比发展速度 = 分析期某指标数据/相邻上期某指标数据

在财务报表分析中，通常应对销售收入、总资产进行趋势分析以衡量企业规模发展状态，对净利润进行趋势分析以衡量企业长期获利能力。进行趋势分析时主要应注意剔除偶发性特殊项目的影响，尤其是定基发展速度的基期选择必须具有代表性，否则将影响分析结果的准确性。

下面的例子以营业收入为例，进行趋势分析。

【例 16-1】 某商业银行 20×1～20×3 年营业收入的趋势分析如表 16-1 所示。

表 16-1 金额单位：元

项目	20×1 年度	20×2 年度	20×3 年度
营业收入	91 294 340. 62	65 771 183. 85	98 187 377. 21
定基速度	100%	72. 04%	107. 55%
环比速度	100%	72. 04%	149. 29%

从表 16-1 中可见：从总体看，该商业银行的营业收入状况不够稳定。尤其是 20×2 年的营业收入出现了大幅度的下跌，可能是由于该年市场环境或该银行产品营销战略存在失误所致。该商业银行 20×3 年经过调整后的营业收入出现了大幅回升，但还应进一步分析其回升的具体原因和发展前景。相对而言，营业收入的变动趋势 20×3 年发展最快。

在通常情况下，商业银行常用比率指标有：

1. 流动性比率。用来衡量金融机构用流动资产偿还流动负债的能力。金融机构流动性比率主要包括超额备付率、资产流动性比率、对流动性负债依赖率、存贷款比率、中长期贷款比率等。

2. 安全性比率。用来衡量金融机构财务结构稳定性的能力。金融机构安全性比率主要包括不良贷款率、不良贷款覆盖率、最大十家客户贷款比率、最大单一客户贷款比率等。

3. 资本充足性比率。用来衡量金融机构稳健经营能力。金融机构资本充足性比率主要包括资本充足率、核心资本充足率等。

4. 收益性或盈利性比率。用来衡量金融机构的获利能力。金融机构收益性比率主要包括资本利润率、资产利润率、成本收入比等。

三、因素分析法

企业的财务活动具有复杂性和多样性，使得任何一项综合性财务指标均是由许多因素组合而成的。例如，企业利润的多少受到营业收入、费用、税金等多个因素的影响和制约。而通过比较分析法和比率分析法，尽管可以确定财务报表中各项经济指标发生变动的差异。但无法进一步分析导致差异形成的原因及各项原因对差异形成的影响程度。这就需要采用因素分析法来具体分析。因素分析法适用于对多种因素构成的综合性指标的分析，如利息收入、利息支出、利润、资产利润率等指标。它是通过分析影响财务指标的各项因素，并计算其对指标的影响程度，用以说明本期实际与计划或基期相比，财务指标发生变动或差异的主要原因的一种分析方法。

进行因素分析最常用的方法有两种，即连环代替法和差额计算法，以下分别说明。

（一）连环替代法

连环替代法是将影响某项经济指标的各个因素列成算式，按照一定顺序替代各个因素，以确定各个因素变动对该项经济指标变动的影响程度的一种分析方法。分析计算时以计划指标为基础，用各个因素的实际数依次替代计划数，每次替代后实际数就被保留下来，直到所有的因素都变为实际数。

连环替代法的计算程序为：

第一步，确定分析的对象，即将该指标的实际完成数与预算编制数进行比较，求出指标变动的总差异。

第二步，根据经济指标的形成过程，明确这一指标受哪些因素变动的影响。

第三步，明确各影响因素与经济指标的数量关系，并确定每一因素的排列顺序，建立财务指标与其影响因素的关系式—因素分析式。

第四步，逐项计算各个因素的影响程度。将各因素替代后所得的指标数额与该因素替代前的指标数额相抵减，其差额即是该因素变动对这一财务指标的影响程度。

第五步，验证各因素影响程度计算的正确性。各因素影响程度的代数和应等于指标变动总差异。

若某财务指标 p 系由 a、b、c 三个因素的乘积构成，其计划指标和实际指标同有关因素的关系如下：

预算指标：$p_0 = a_0 \times b_0 \times c_0$

实际指标：$p_n = a_n \times b_n \times c_n$

以实际与预算的差异 $p_n - p_0$ 为分析对象，它同时受 a、b、c 三个因素影响。运用连环替代法可确定各因素的影响程度如下：

预算指标：$a_0 \times b_0 \times c_0 = p_0$ ①

第一次替代：$a_n \times b_0 \times c_0 = p_1$ ②

第二次替代：$a_n \times b_n \times c_0 = p_2$ ③

第三次替代：$a_n \times b_n \times c_n = p_n$ ④

实际指标：

将以上各式进行比较，可计算各因素变动的影响情况：

② - ① = $p_1 - p_0$ a 因素变动的影响

③ - ② = $p_2 - p_1$ b 因素变动的影响

④ - ③ = $p_n - p_2$ c 因素变动的影响

$p_n - p_0$ 影响合计

【例 16 - 2】 假定某商业银行股份有限公司下属某业务机构 20×2 年度发生的个人存款中 VIP 客户群利息支出的预算和实际资料如表 16 - 2 所示：

表 16 - 2 银行吸收 VIP 客户存款利息情况分析表

项目	单位	年初预算数	年终实际数
VIP 客户数量	位	500	550
每位客户平均存款额	万元	40	36
存款付息利率	%	4	5
VIP 客户存款付息总额	万元	80 000	99 000

根据表 16 - 2 中资料可知，对于 VIP 客户存款所支付的利息费用总额实际值比计划值增加 19 000 万元（99 000 - 80 000），这是分析对象。

以下分析各因素变动对利息费用支出总额的影响程度：

预算指标：500 × 40 × 4 = 80 000（万元） ①

第一次替代：550 × 40 × 4 = 88 000（万元） ②

第二次替代：550 × 36 × 4 = 79 200（万元） ③

第三次替代：550 × 36 × 5 = 99 000（万元） ④

VIP 客户数量增加对利息费用的影响：

② - ① = 88 000 - 80 000 = 8 000 （万元）

每位客户平均存款额下降对利息费用的影响：

③ - ② = 79 200 - 88 000 = -8 800 （万元）

存款利率的提高对利息费用的影响：

④ - ③ = 99 000 - 79 200 = 19 800 （万元）

全部因素的影响程度：

8 000 - 8 800 + 19 800 = 19 000 （万元）

从上例可知，连环替代法可全面分析各因素对某一经济指标的综合影响，又可以单独分析某个因素对某一经济指标的影响，这是其他分析方法所不具备的。

（二）差额分析法

差额分析法是根据各个因素实际数同计划数的差异，分别确定各该因素的变动对某项经济指标的影响程度的一种分析方法。分析计算时也要按一定顺序逐项以实际数与计划数进行对比。差额分析法实际上是连环替代法的另一种形式，即直接用实际数与计划数之间的差额来计算各因素变动对指标的影响程度。这一方法较连环替代法更为简便。

根据上述 p 指标由 a、b、c 三个因素的乘积构成，其实际与计划的差异为 $p_n - p_0$，可运用差额计算法确定各因素的影响程度如下：

a 因素变动的影响：$(a_n - a_0) \times b_0 \times c_0 = p_1 - p_0$

b 因素变动的影响：$a_n \times (b_n - b_0) \times c_0 = p_2 - p_1$

c 因素变动的影响：$a_n \times b_n(\times c_n - c_0) = p_n - p_2$

影响合计 $p_n - p_0$

上式中各字母的下标 0 为计划数，下标 n 为实际数，p_1、p_2、p_n分别为第 1、2、n 个因素变动后的结果。

仍以表 16 -2 所列数据为例，采用差额计算法确定各因素变动对利息费用的影响。

具体计算分析如下：

（1） VIP 客户数量变动的影响：

(550 - 500) × 40 × 4 = 8 000 （万元）

（2） 每位客户平均存款额变动的影响：

550 × (36 - 40) × 4 = -8 800 （万元）

（3）存款利率变动的影响：

550×36×（5－4）＝19 800（万元）

显而易见，三种因素共同影响，使得实际数与预算数的差异为19 000万元。

从上面的分析可以看出，差额分析法具有步骤简单、使用方便的特点，因此，在商业银行财务报表分析中得到了广泛使用。应用因素分析法时必须注意以下几个问题：

（1）因素分析的关联性所确定的构成某项经济指标的各个因素，必须在客观上存在因果关系，这些因素要能反映所分析的经济指标发生差异的内在原因，否则计算结果不能说明问题。

（2）因素替代的顺序性替代因素时，必须按照各个因素的依存关系，排列成一定的顺序并依次替代，不可随意颠倒，否则就会得出不同的计算结果。确定各个因素排列替代的顺序，应该考虑分析对象的经济性质，从诸因素的相互关系出发，并使分析结果有助于分清责任。

（3）顺序替代的连环性。应用因素分析法在计算每一因素变动的影响时，都是在前一次计算的基础上进行的，并且采用连环比较的方法来确定因素变动影响的结果。因为只有保持计算程序上的连环性，才能使各个因素影响之和等于分析指标变动的差异，以全面说明分析指标变动的原因。

（4）计算结果的假定性。应用因素分析法计算的各因素变动的影响数，会因替代顺序不同而有差别，因而计算结果不免带有假定性。即它只是在某种假定前提下的影响结果，离开了这种假定前提，可能就不会是这种影响结果。因此有关分析人员对分析计算的结果要紧密结合实际经济活动加以评价。

我们还要指出的是，尽管财务报表分析能够帮助利益相关者了解企业的财务状况和经营成果，但是，应该看到，财务报表分析方法其有一定的局限性，而这主要体现在财务报表分析数据来源的主体财务报表存在着一定的局限性上。

财务报表数据的局限性主要体现在如下几个方面：首先，一般报表所反映的会计信息只是历史的情况，而非商业银行将来的情况，所以，报表中的会计信息对用户来说其相关性就受到了一定程度的影响。其次，财务报表不能反映重要的、非会计计量的信息，如商业银行的管理水准，商业银行长期拥有的市场份额、员工素质、团队精神、劳动生产率、行业竞争优势，与社会各界、政府部门所长期保持的良好沟通渠道等。这些信息对人们判断金融机构未来的投资增值潜力来说也是至关重要的。最后，财务报表不能提供影响商业银行财务状况、经营成果和现金流量变动的来自国内外经济、政治、文化等环境因素的信息。因此，在进行财务分析时，应当是进行开放式的分析。除了商业银行的财务报表本身，还应该从其他渠道获取有助于更好判断商业银行其他不容忽略的信息。

第二节　商业银行财报分析的综合方法

商业银行财务报表综合分析是将各项财务分析指标作为一个整体，系统、全面、综合地对商业银行财务状况、经营成果和现金流量情况进行剖析、解释和评价，说明商业银行整体情况的好坏。财务分析的最终目的在于全面、准确、客观地揭示与披露商业银行财务状况、经营成果和现金流量，并藉以对商业银行的“三性”作出合理的评价。显然，要达到这样一个分析目的，仅仅测算几个简单的、孤立的财务比率，或者将一些孤立的财务指标堆砌在一起，彼此毫无联系地考察，是不可能得出合理、正确的结论的，有时甚至会得出错误的结论。因此，只有将商业银行的营运能力、盈利能力以及发展趋势等各项分析指标有机地结合起来，作为一套完整的体系，相互配合使用，作出系统的综合的评价，才能从总体上把握商业银行财务状况、经营成果和现金流量的优劣。

一、杜邦分析法

杜邦分析法最早由美国杜邦公司创造并采用，它是利用几种主要财务比率之间的关系来综合分析整体财务状况，特别是对盈利能力进行深入分析。该方法采用杜邦分析图，现试绘成图 16－1。按照从左到右的顺序，大致分解要四层技术指标构成过程构成其逐层分析机理。将有关分析指标按其内在联系加以排列，主要揭示以下一些关系。

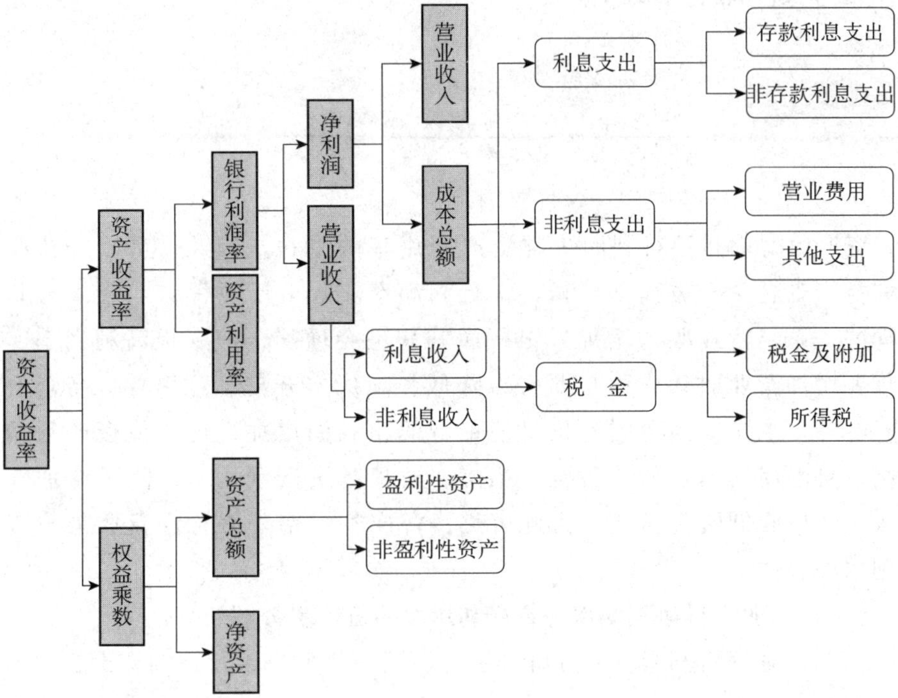

图 16－1　基于杜邦分析技术的商业银行财务分析框架

（一）资本收益率的分解

净资产收益率（或称资本收益率）= 总资产收益率 × 权益乘数

因为，净资产收益率 = 净利润/平均资本总额

$$= \frac{净利润}{平均资产总额} \times \frac{平均资产总额}{平均资本总额}$$

$$= 总资产收益率 \times 权益乘数$$

资产收益率表示单位资产所取得的净利润，是银行资产利用的综合效果；权益乘数又称财务杠杆率，表示银行的负债程度，与资本收益率具有乘数关系。权益乘数越高，表明银行负债程度越高，能给银行带来较多的杠杆利益，但同时也给银行带来较多的风险。

资本收益率是杜邦分析系统的中心，是一个综合性极强、极具代表性的财务比率，它代表的是投资者资本的盈利能力。也即银行经营活动的最终成果。由上面的分解可以看出，资本收益率是银行资产利用效果与融资状况的综合表现。

（二）资产收益率的分解

$$资产收益率=\frac{净利润}{平均资总额}$$

$$=\frac{净利润}{营业收入}\times\frac{营业收入}{平均资产总额}$$

$$=净利润率\times资产利用率$$

资产收益率是银行利润率与资产利用率的乘积。因此，可以从营业绩效与资产管理两个方面来分析。银行利润率实际上反映了营业收入与其净利润的关系。营业收入增加，银行净利润也会增加，但要提高利润率，则不仅要增加营业收入，而且要努力降低各项成本开支。这里，提高营业收入具有特殊意义，因为它不仅可使银行的净利润增加，也会使资产利用率提高，自然使资产收益率提高。当然，要提高资产利用率，除了增加营业收入，还应降低资金占用。由此可见，资产收益率是银行经营成果与资产管理的综合体现。

（三）商业银行净利润率与资产利用率的进一步分解

1. 对商业银行利润率的分解。银行利润率是反映银行控制支出、增加利润的主要指标。由于：

$$净利润=营业收入-成本总额$$

$$成本总额=利息支出+非利息支出+税金$$

所以，对于利润率指标的分解。可以通过以下附加指标而展开：

$$税收比率=\frac{纳税总额}{营业收入总额}$$

$$非利息支出率=\frac{非利息支出}{营业收入总额}$$

$$利息支出率=\frac{利息支出}{营业收入总额}$$

在其他因素不变的情况下，上述任何一个指标越低，则表示银行的盈利能力越大。对以上指标再加以分解，可以涉及银行所有支出项目与盈利水平的具体联系，如利息支出可分解为存款利息支出和非存款利息支出，非利息支出可以分解为工资福利支出、手续费支出、其他营业支出等，税金可分解为各税种，通过层层分解来衡量成本是否得到有效控制。

2. 对资产利用率的分解。对资产利用率的分解主要是从银行营业收入的角度来进行的。如把营业收入划分为利息收入和非利息收入，再与银行资产进行比较，就可以说明资产的毛收益主要是来自高利率的盈利资产还是大量的非利息收入。

对资产利用率的分解还可以通过分解银行资产来进行，银行资产从总体上可划分为盈利性资产和非盈利性资产两部分，前者能为银行带来利息收入或其他收入，后者则不能为银行带来收入，两者的结构是否合理将直接影响到银行的盈利能力。常用的分析指标是盈利资产比率：

$$盈利资产比率=\frac{盈利性资产}{资产总额}$$

该比率反映的是盈利性资产占总资产的比例，也即银行总资产中有多大比例能产生实际的收入。很显然，盈利资产比率越高，资产利用率也越高。

根据以上的分解，可将杜邦分析法用分析图来列示，见图 16－1，该图很直观地展现了银行财务状况与经营成果的总体面貌。

二、沃尔比重分析法

在进行财务分析时，人们常遇到的一个主要困难是在计算出各项财务比率后，无法判定其是偏高还是偏低。将所测算比率与自身的历史水平或计划、定额标准相比，也只能看出自身的变化，很难评价其在市场竞争中的优劣地位。为了弥补这些缺点，亚历山大沃尔在 20 世纪初编写的《信用晴雨表研究》和《财务报表比率分析》中提出了信用能力指数概念，他把选定的流动比率、产权比率、固定资产比率、存货周转率等七项财务比率用线性关系结合起来，并分别给定各自的分数比重，然后通过与标准比率进行比较，确定各项指标的得分及总体指标的累计分数，从而对企业的财务状况作出综合评价。

选用沃尔比重分析法对商业银行进行综合分析的程序如下：

第一步，选定评价商业银行财务比率的指标。通常应选择能说明问题的重要指标，在每一类指标中，还应选择有代表性的重要比率。如安全性、盈利性和流动性指标因反映商业银行财务的侧重点不同，故应分别从中选择有关比率。

下面以某商业银行为例说明。假定该银行股东大会、董事会和管理当局。为了全面评价和反映该行经济效益状况，拟采用以下几个指标作为行内分支机构评价指标体系：利润率、总资产利润率、人均利润额、中间业务收益增长率、收息率、日均存款额、人均存款增长率、优良贷款率、存贷款比率。其中，利润率、总资产利润率、人均利润额、中间业务收益增长率、收息率、日均存款额、人均存款增长率评价负债情况，优良贷款率、存贷款比率评价资产情况。

第二步，根据各项比率的重要程度，确立其重要性系数。各项比率指标的重要性系数之和应等于1。重要程度的判断可根据商业银行的经营状况、管理要求、发展趋势及分析的目的等具体情况而定。

下列以同业平均值为标准值。标准值的评分为1，其中，利润率0.10、总资产利润率0.10、人均利润额0.15、中间业务收益增长率0.05、收息率0.10、日均存款额0.15、人均存款增长率0.10、优良贷款率0.15、存贷款比率0.10。

第三步，确定各项比率的财务比率标准值和实际值。进行财务比率分析，必须选定财务比率标准值作为比较的标准。可以用来作为标准财务比率的通常是同业平均比率。它是根据同业中个别金融机构的财务与经营资料，经过综合为一个整体后，再据以求得的各项比率，如利润率的标准值等。有了财务比率标准值就可以作为评价金融机构财务比率优劣的参照物。此外，还要根据商业银行财务报表，分项计算各项指标的实际值。

第四步，计算各指标实际值与标准值的比率，称为关系比率。关系比率=实际值÷标准值。

第五步，计算各项比率指标的综合系数。这一综合系数可作为综合评价商业银行财务情况的依据。

各项比率的综合系数=标准值评分×该指标的关系比率

综合系数合计数：各项比率的综合系数合计

通常综合系数合计数为1或接近1，则表明该商业银行财务状况基本符合标准要求，如与1有较大的差距，则表明该商业银行财务状况不佳。

表16-3中，综合系数合计数为0.987，与1差距不大，反映出该分支机构综合财务状况接近同业水平。进一步观察可以发现，该分支机构各项指标与同业标准基本持平，大小幅度差不多；利润率、收息率、日均存款额、人均存款增长率、优良贷款率和存贷款比率关系比率均小于1，说明该分支机构在这些方面存在的问题是造成综合系数合计小于1的主要原因。

表 16－3

指标	标准值评分	标准值	实际值	关系比率	综合系数
A	B	C	D	E = D/C	F = BE
利润率	0.10	16%	15%	0.937 5	0.094
总资产利润率	0.10	10%	12%	1.200 0	0.120
人均利润额	0.15	14 万元	15 万元	1.071 4	0.161
中间业务收益增长额	0.05	9%	10%	1.111 1	0.056
收息率	0.10	90%	85%	0.944 4	0.094
日均存款额	0.15	4 000 万元	3 900 万元	0.975 0	0.146
人均存款增长率	0.10	12%	10%	0.833 3	0.083
优良贷款率	0.15	85%	78%	0.975 0	0.146
存贷款比率	0.10	75%	65%	0.866 7	0.087
合计	1.00				0.987

对于用作标准比率的同业平均财务比率，在实际使用该方法时，遇有下列情况时应按下列原则进行调整：（1）存贷款比率超过标准值，并非好现象，不应当多评分。这时，可以用标准值除以实际值，使关系比率小于1。（2）亏损机构的利润率、总资产利润率、人均利润额和中间业务收益增长率、人均存款增长率出现负数，在这种情况下，这些比率的关系比率值取0，该项指标得分为0。这样处理，可避免亏损时财务综合评分过低。（3）要对日均存款额、人均利润额和人均存款增长率的最高得分进行限定。这样处理，可避免个别机构财务比率或同业平均财务比率异常时，引起综合评分过度异常。（4）同业标准值一般是根据同业中部分机构抽样调查得来的，如果其中有一个极端的样本，则同业平均指标就难以反映整个同业的实际情况。而且同业内每个机构采用的会计政策不一定相同，每个机构的经营状况也可能存在较大的差异，如有的机构存在大量不良贷款，有的则不良贷款很少。把这些各不相同的机构的指标加在一起平均，也将影响标准比率的权威性。因此，采用标准比率进行比较分析时，应根据实际情况对同业平均财务比率进行一定的修正，尽可能建立一个可比的标准比率值，这是将来行业协会专业化管理指标的探索方向。

第五篇

管理视角篇

开篇有益

在本书前四篇对商业银行会计的主体内容，即会计核算的基础知识（概述、资产、负债、损益、权益）、主导业务（存款业务、贷款业务、结算业务、往来业务、外汇业务）、综合业务核算（资产减值与债务重组、会计政策与会计估计和差错更正）与财务报告部分（主导报告、附加报告、财务分析）逐一进行探讨与讲解之后，商业银行会计核算的主要内容已经宣告完成。这是成为商业银行会计核算的基本技术要求。

不过，通读前四篇也只是进入商业银行会计领域的开门基础篇，须知，商业银行是一个处于经济活动和金融交易主战场的核心队员之一，在经济大发展、金融大创新的环境，还必须从整个商业银行运营与管理的层面，来审视和分析会计核算领域的相关问题，即不再停留于简单的核算层次，而应该将核算完全融入到现实经营之中，将从会计核算的初步阶段逐步提升到财务管理的管理与控制阶段，将核算得到的数据加以科学的分析，同时开辟商业银行财务管理的新天地。本篇由两章构成。第十七章是商业银行会计核算的发展探索，主要涉及彼此递进的四个主题：会计核算基础方法创新：行业适配化；会计科目中衍生表外信息：防范脱缰化；会计视界的信息技术颠覆：业财一体化；会计视界的风险管理控制：持续精准化；商业银行的管理会计思考。第十八章专门探讨商业银行财务管理问题，包括商业银行财务管理的基本现状、基本思路、基本内容与改进导向。

当然，这些内容主要是基于核算基础上的进一步分析，并力求向商业银行财务管理转型升级。由“会计常规核算”转向“热点专题探讨”，将构成商业银行会计学习的跨越与提升，是需要结合实际认知与掌握的会计密码。

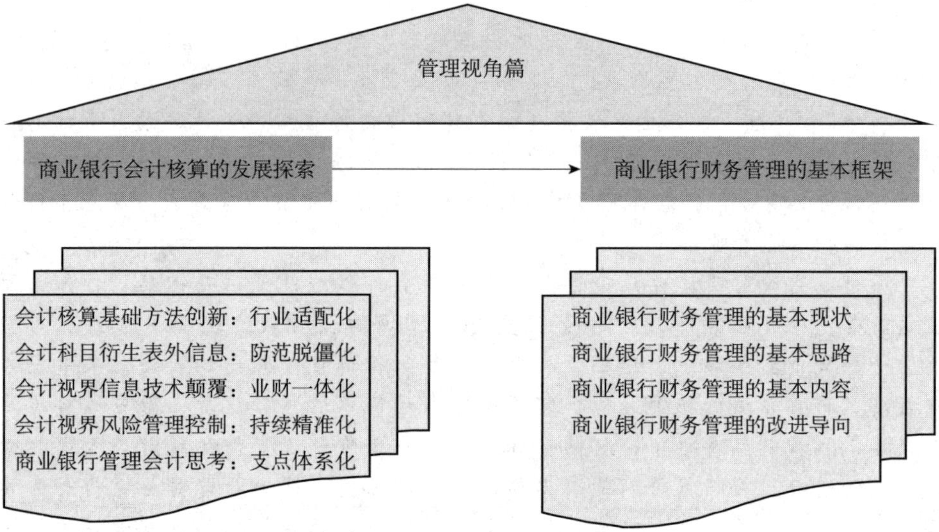
管理视角篇
商业银行会计核算的发展探索
商业银行财务管理的基本框架
会计核算基础方法创新：行业适配化
会计科目衍生表外信息：防范脱僵化
会计视界信息技术颠覆：业财一体化
会计视界风险管理控制：持续精准化
商业银行管理会计思考：支点体系化
商业银行财务管理的基本现状
商业银行财务管理的基本思路
商业银行财务管理的基本内容
商业银行财务管理的改进导向

第十七章 商业银行会计核算的发展探索

本章精要

商业银行完全不同于一般产业，是一个经营货币这种特殊商品的企业。由于银行内部各个环节都直接围绕存款与贷款、经济增值与风险控制而进行，这也形成了银行一线经营者始终拥有强烈的风险意识，任何一个环节、任何一个侧面，都拥有比一般企业更加完整、更加有效、更加庞大、更加精细的风险管理与内部控制体系。相比而言，商业银行的会计核算通过对资产、负债、损益、权益等各种要素的理解与把握，对存款、贷款、结算、往来、外汇等各种业务的常规核算，甚至于对资产减值与债务重组、会计政策与会计估计和差错更正等非经常性综合业务的规范核算，形成了规范有序的会计信息，并通过财务报告编制而向外提交。应该说，凡此种种，确属商业银行会计核算的主体职责。但是，却非商业银行会计事业的全体或最高境界。

中国市场经济建设步伐的持续加快、中国银行业经营活动的日新月异甚至中国经济新常态与中国网络技术的更新换代，都会向商业银行会计战线持续提出新的使命。这种商业银行业务运营的热点转换与内在规律，直接决定和影响着商业银行会计的现实特点。因此，本章关于商业银行会计核算的发展探索，将从四个方面探讨：首先，需要对银行业经营特征匹配条件下的会计基础方法创新进行必要的探讨，包括商业银行会计科目、会计凭证、记账方法等行业适配化革新；其次，是会计科目衍生表外信息，分析其所演绎的同业业务、理财业务、委托贷款等表外业务势头如何规范与信息披露，防范脱缰化；再次，分析在网络技术渐渐强大与渗透的情形下，银行业务与财务管理一体化，这是一个时代的趋势；最后，基于经营货币的高风险特性，需要持续精准地掌握银行与会计相关的风险管理控制，简要解读了政府部门近十年来先后出台的三个商业银行内部控制经典文献；在此基础上，构建商业银行管理会计思维下的支点体系化，即通过强化预算管理的主线、责任会计的核心、成本核算的关键以及管理会计的基本原则，从而基本形成商业银行管理会计整个体系的基本支点框架。

本章的重点在于从会计日常核算出发，沿着银行管理热点与焦点、重点这一主线，渐渐形成会计和管理、技术在实践中的结合，注重银行会计转型升级过程中存在的问题并做出具体的分析，并针对每一个问题提出了解决的方案。

商业银行会计核算无疑是会计学科的一个重要分支，是将会计基本原理和技术方法应用于商业银行的一门专业会计，它以货币为主要计量单位，采用专门核算方法，对商业银行各种经营活动进行连续、系统、全面、综合的核算和监督，为商业银行内部经营管理者及外部相关利益者提供能够反映其财务状况、经营成果和现金流量的会计信息，满足其相关需要。这也是本书前面十六章所述的内容。

既然银行会计是会计学的一个分支，那么，它必然和企业会计在基本核算方法上存在着相同之处。但是，银行毕竟是金融企业，承担着吸储放贷的使命，与一般企业的制造销售使命有所不同。所以银行会计和企业会计也存在着一定的方法论差异。这也是研读银行会计需要进一步深化的地方。本章拟从内含于银行会计的基础性差异（如：科目、会计凭证和记账方法等）分析出发，进一步引申出银行会计在新时期务必关注的表外科目与信息、业务财务一体化、风险管理控制、管理会计拓展等时代主题。

第一节　会计核算基础方法创新：行业适配化

商业银行是一个以追求利润为核心价值观的企业组织，与此相适应，其会计核算方法也一直在适配（adaptation）原则下遵循着银行经营活动所契合的核算方法。

一、商业银行会计科目的特色

在一般企业，会计科目按照其经济业务内容分为资产类、负债类、所有者权益类、成本类和损益类等五类。资产类科目核算企业拥有的资产和债权，负债类科目核算企业拥有的各种负债，所有者权益类科目核算股东对企业净资产的所有权，成本类科目核算企业在生产过程中所发生的各种直接和间接性制造费用，损益类科目核算企业财务收支和经营成果。

对于商业银行来说，最为基础的会计科目按经济业务内容分为资产类、负债类、所有者权益类、损益类及资产负债共同类。其中，资产类科目核算银行的资产和债权，负债类科目核算银行所承担的负债，所有者权益类科目核算银行投资人对银行净资产的所有权，损益类科目核算银行财务收支及经营成果，资产负债共同类科目是银行会计所特有的会计科目，核算银行的债权和债务，适用于核算联行往来、辖内往来、同城票据清算等业务。除此之外，由于商业银行业务的特殊性，还按照与资产负债表的关系，将会计科目又分为表内科目和表外科目。表内科目用以反映银行资金实际增减变动，这类科目的余额反映在资产负债表内，并自求平衡，而表外科目用以反映不涉及银行资金运动但又是重要业务的事项，这类科目的余额不反映在资产负债表内。比如，银行支票、本票、汇票等重要空白凭证是一种无面额、经填写金额并签章后即具有支付效力的空白凭证，当发生重要空白凭证业务时，虽不能引起银行资金的增减变动，但对外已经承担了经济责任，需要设置“重要空白凭证”科目来进行登记和反映；比如，在紧缩货币政策限制了银行贷款资源的环境下，通过表外业务来扩大客户融资规模，提升了融资市场能量与利润增长支点。不过，从有效管理与防范风险的角度看，这种面广量大的交易事项也不纳入银行表内核算，自然可能滋生风险问题。因此，监管层已经强制要求表外活动统一进入表内进行集中核算了。

二、商业银行会计凭证的特色

会计凭证是记录经济业务、明确经济责任和据以登记账簿的书面证明，包括原始凭证和记账凭证。在此基础上，针对自身业务特点，又将记账凭证按其使用范围不同分为基本凭证和特定凭证，基本凭证是银行根据有关原始凭证及业务事项自行编制凭以记账的凭证，如：现金收入传票、现金付出传票、转账借方传票、转账贷方传票、特种转账借方传票、特种转账贷方传票、外汇买卖借方传票、外汇买卖贷方传票等八种表内凭证和表外科目收入传票、表外科目付出传票两种表外凭证；特定凭证是银行根据各项业务的特殊需要而设计的各种专用凭证。这种凭证一般由银行印制，客户填写后交银行办理业务，或银行填制凭以办理业务，银行用特定凭证代替传票并凭以记账。比如，支票、现金缴款单、定期储蓄存单等都属于特定凭证。相对于企业会计凭证而言，银行会计凭证有其自身的特点，如：由于银行业务量大、岗位分工细，故银行大量采用单式凭证，以方便会计凭证的传递和按科目轧账，提高工作效率，此外，银行大量以客户提交的原始凭证代替记账凭证。

三、商业银行记账方法的特色

商业银行同样采用复式记账法，对发生的每项经济业务都要按照相等的金额在两个或两个以上的有关账户中相互联系地登记即采用复式借贷记账法对银行表内业务所涉及的经济事项进行会计核算。当然，对于某些特定的表外科目所涉及经济事项，一般可采用单式记账方法予以连续登记。比如，商业银行对业务上使用的重要空白凭证、未发行的国家债券、待结算凭证、待保管有价值品等应设置表外科目登记，对抵押贷款的抵押物也列入表外科目核算。诸如此类，形成了特有的表外业务。商业银行表外业务是指商业银行从事的不列入资产负债表且不影响资产负债总额的经营活动。传统的表外业务是指银行的承兑与担保，在国际结算和国际贸易中广泛使用的各类信用证是一种最广泛的传统表外业务。但是，随着金融创新的推进，银行表外业务也迅速发展，并且呈现出后来居上之势。进一步分析，表外业务下，银行一般只是充当中介人，为客户提供保证，只有当客户根据银行承诺提取资金或当约定的或有事件发生时，潜在的或有资产和或有负债才能成为银行的实际资产和负债，或有负债因某种事件或交易的发生而转化为现实的负债，如银行在国际结算中开立信用证。不过，最近几年的情形也发生了极大的变化，其规模已经不可小视，因此，下面将专门探索。

第二节　会计科目衍生表外信息：防范脱缰化

由于近年国家实行紧缩的货币政策，市场上资金面紧张，银行贷款资源有限，银行要保证利润水平不下降甚至有增长，就不得不大力发展表外业务，满足客户融资需求的同时获得收益，这也导致表外业务成为商业银行开拓市场的利器和利润增长点。然而，由于我国商业银行表外业务起步晚、基础薄，特别是在产品开发、表外业务会计核算和风险控制方面，还处于摸索完善阶段。但是，市场需求就是最好的动力，在贷款资源有限的情况下，各大商业银行纷纷大力拓展表外产品业务。

正如第一节所述，商业银行表外科目用以反映不涉及银行资金运动但属重要的业务事项，这类会计科目的余额不反映在资产负债表内，这种表外科目，除了传统情形下核算相对确定事项之外，近年来也成为银行业多元化发展态势下扩大经营、做大做强的重要渠道。随着商业银行经营活动的丰富多彩，这类表外业务是按照现行的会计准则不计入资产负债表内，不形成现实资产负债，但有可能引起损益变动的业务，包括担保类、部分承诺类两种类型业务。其中，担保类业务是指商业银行接受客户的委托对第三方承担责任的业务，包括担保（保函）、备用信用证、跟单信用证、承兑等；承诺类业务是指商业银行在未来某一日期按照事先约定的条件向客户提供约定的信用业务，包括贷款承诺等。此外，最为火爆的表外业务，则是部分同业业务、理财业务和委托贷款等此类表外业务在一定程度上掩盖了风险隐患，抬高了实体经济融资成本，一直被监管层视为扭曲的金融市场的一种表现。

一、表外业务活动需要规范

客观上讲，这些表外业务的“兴衰”，主要表现出为银行借道部分同业、理财、委托贷款业务做“非标”，在资产规模迅速扩大、获取高收益回报的同时，风险也在逐渐聚集。从各个银行对表外业务的追逐，意味着表外业务积累风险的扩大。如何围绕防范表外业务潜在风险，从规范同业业务、理财业务、委托贷款等表外业务入手，“开正门、堵旁门”，防范和控制金融风险，也是近年来银行经营者和金融监管者的共同主题。

（一）同业业务务必走上规范之路

银行同业业务是指以金融同业客户为服务与合作对象，以同业资金融通为核心的各项业务，是商业银行近年来兴起并蓬勃发展的一项新业务。具体包括：代理同业资金清算、同业存放、债券投资、同业拆借、外汇买卖、衍生产品交易、代客资金交易和同业资产买卖回购、票据转贴现和再贴现等业务。近年来，一些股份制商业银行同业业务发展迅速，同业业务量、收入、利润等在商业银行各项业务的占比和贡献明显提高。不过，在商业银行同业业务“创新”层出不穷的形势下，也成为信贷资产的出表利器，规避了监管，加大了商业银行的风险隐患。为此，2014 年 5 月，人民银行、银监会、证监会、保监会、外汇局联合印发《关于规范金融机构同业业务的通知》，银监会印发《关于规范商业银行同业业务治理的通知》，先后系统地明确了商业银行同业业务治理的总体要求，将同业业务明确为六大类型，并按照不同业务类型严格会计核算。其中“要求买入返售项下为高流动性金融资产”“同业业务经营权上收”“不得接受和提供第三方金融机构信用担保”“资本与拨备计提与风险匹配”等被业界认为是影响最大的措施。各主要商业银行均按照监管要求建立了同业业务专营部门，并主动调整业务结构，加大标准化资产投资，压缩“非标”债权投资，到期后不再续作，重点发展买入返售票据、债券等标准化业务。同业业务大部分都是通过正式的通道开展，可以说同业业务已经基本回归监管的要求。

（二）理财业务转型已在路上

理财业务是监管发力的另一重点业务领域。银行理财规模过去十年超 10 万亿元的快速增长，实质上与同业“非标”的繁荣不无关系。借道同业出表的资产，有相当一部分是由理财产品来承接的。银监会对银行理财投资“非标”比例作出限制后，整个银行理财业务迎来了前所未有的改革转型大格局。在打破刚性兑付、向资产管理本源回归的大方向下，监管部门出台了多部法规政策，规范商业银行理财业务，敦促商业银行完善理财业务的内部组织管理体系。在监管的力促下，商业银行的理财业务事业部制改革已经取得明显成效。目前已有 450 多家银行建立了理财业务事业部，理财事业部实现了银行内部人、财、物权的相对独立。与此同时，理财产品转型也卓有成效，从去年下半年开始，商业银行净值型产品余额占比持续扩大，结构性理财产品发行力度明显增强。商业银行还积极推进理财直接融资工具、理财直投业务、中小企业私募债业务以及资产证券化业务等创新模式。

（三）委托贷款逐步回归本质

作为银监会点名的五个“非标”通道之一，委托贷款近年来已逐步发展成银行进行腾挪信贷、将自营资金和理财资金投向房地产和地方融资平台融资的重要工具，规模增长迅速。银监会表示加强对委托贷款的监管，加强资金来源合规性、真实性把关，严格区分委托业务和自营业务，确保责任分担清晰。关于规范委托贷款资金来源、与自营业务风险隔离的规定，在监管思路上是高度一致的。对于委托人资格明确及与自营业务隔离，将明显抑制银行与基金子公司、证券资管以及保险资管作为通道的委托贷款业务合作模式。

二、表外信息披露需要监管

为防范表外业务的“野蛮生长”，商业银行应当完善以企业信用评估为基础的授信方法，将表外业务纳入授信额度，实行统一授信管理。其一，应当有专门的组织机构负责对表外业务风险的综合分析与管理，并建立审慎的授权管理制度，各级商业银行分支机构经营表外业务应当获得上级银行的授权。其二，应当对每项表外业务制定书面的内控制度和操作程序，并定期对风险管理程序进行评估，保证程序的合理性和完善性。其三，应当建立计量、监控、报告各类表外业务风险的信息管理系统，全面准确反映单个和总体业务风险及其变动情况。经营担保类和承诺类业务可以采用收取保证金等方式降低风险，还应当对交易背景的真实性进行审核。真实交易是指真实的贸易、借贷和履约及投标等行为。其四，商业银行应当根据表外业务的规模、客户信誉和用款频率等情况，结合表内业务进行头寸管理，规避流动性风险。此外，经营表外业务形成的垫款应当纳入表内相关业务科目核算和管理。同时，经营表外业务应当有完整、准确的会计记录，并按照有关规定进行会计核算和信息披露。各个地区商业银行应当建立表外业务内部审计制度，定期或不定期审计风险管理程序和内部控制，对风险的计量、限额和报告等情况进行再评估，还需要在外部审计师进行的年度审计中应当包括对表外业务风险情况的审查和评估。

第三节　会计视界信息技术颠覆：业财一体化

计算机和互联网已经深深地融入了我们的工作与生活，改造着生产经营与社交活动的每一个角落。越来越多的生产经营活动借助于计算机而进入自动控制时代，互联网也就把所有进入网络的人们联系在了一起，网络世界的出现所带来的不仅仅是信息处理与传输技术的革命，其更深远意义和影响还在于它已经或者正在引起整个社会组织架构及其制度安排的深刻变革。而这种变革必将引起作为企业管理信息系统组成部分的会计信息系统的一场革命。对于会计而言，一个不可逆转的趋势就是业务活动与财务管理活动正在沿着合二为一的道路去对接，甚至于趋向于一体化。

一、制造业企业生产与管理的沿革

在工业社会乃至以前的社会中，会计信息系统可以说是企业最主要甚至是唯一的信息系统。会计信息在企业组织管理架构中的相对独立性和封闭性，也逐步积累和形成了一套相对完善和成型的财务信息处理程序和方法体系。不过，以电子计算机应用为起点，会计系统——纸张、笔墨和算盘的时代开始动摇了。以互联网络技术为代表的现代信息传输技术的革命，在客观上便提出了实现企业信息集成的要求。而网络技术在企业生产与管理领域的广泛渗透，则把企业的各个部分都集成为一个相互联系的整体，一线的生产活动与二线的管理控制活动得到了时间上的同时与职能上的配合。

计算机与互联网不仅使企业生产领域里的分工开始失去其严格的界限，而且也使管理领域的分工开始变得模糊起来。

二、会计的量化信息与数据分析

如何分析互联网时代衍生出会计新趋势。其一，网络时代的企业会计系统不再是企业的一个信息孤岛。某一决策所需要的信息可能部分来自于企业会计信息系统，部分则可能来自于其他不同的信息系统。这不仅可能降低最终所需数据的可靠性，通过相互间的通信联络，各信息系统之间的传统分工与界限不再明确，最终实现企业信息集成的目标。建立中心数据库，并将各信息子系统或终端用户将交易执行情况实时补充、更新中心数据库的资料，这种分门别类的信息资源共享在企业管理中将发挥至关重要的制胜作用。其二，网络时代的内部控制是企业最重要的制度变革。内部控制是企业最重要的财务制度安排。综合分析控制环境、风险评估、信息与沟通、监管和控制活动，确保会计系统的职能除了反映以外，还将实现控制这样一个更重要的职能，即借助信息系统，控制能够实现的载体就是借助于交易授权和职责分离两大法宝。

三、会计信息的时速要求

财务和业务的一体化，是指当业务发生时，财务系统能够及时甚至实时得到相应的信息反馈与对接，从而极大地消除时间上的滞后。在企业管理精细化要求越来越高的现代，企业对财务核算的要求也会越来越高，尤其是财务分析所需的信息，在支撑企业决策时需要更规范、更准确。这些财务信息来自于业务。如果没有业务的支持，财务的信息往往是事后信息，其对事中的信息反馈比较少。因此，从目前看，我们面临的问题主要是，在业务发生的时候，财务能否很快获得信息，并及时进行更新。

对于制造型企业，从采购物资，到生产动态，哪些材料到位了、哪些没有到位，生产进程如何了、产品品质与规模是否达标，都应该瞬间及时、准确相应对反映到会计信息中。近年来，各企业都在强调业务和财务的融合问题，很多企业都在上 ERP，希望通过信息化及时反映业务信息，将业务信息及时传递到财务上，使得财务信息能更准确地反映业务；对于服务型企业，利用自己在产品、技术、市场上的优势，根据客流量的方向与变化，使企业不断地向深度和广度发展的一种战略。也就是说，高效的财务和业务融合才符合现代服务行业的发展需求。从细节上看，作为全国全网企业，财务管理的核算、结算、预算以及资金管控等，都是以整个集团结算中心和核算中心的概念进行管控。

现在通过信息化，可以使业务和财务能够融合起来，从而通过财务准确反映业务的状况，这样才能为企业提升管理、降低成本提供很好的决策依据。

四、银行的业财一体化

业财融合是全球企业管理发展的趋势，财务不仅要参与经营活动的分析，更要参与经营活动的决策。业财融合需要财务部门与业务部门紧密协作、沟通，并协同处理跨部门的风险问题。

从财务视角看业务，如今，传统银行纷纷进入了变革与发展的时期，促进业财融合能更好地适应当下社会发展的需求，为银行创造价值。在业务与财务领域的实践经验来看，它在业务工作上的顺利发展受益于自己的财务背景。合格的企业管理者应从内部和外部两方面考虑工作，并从财务的视角看业务，同时，将创利和风险导向作为价值导向。具体到如何用财务的视角看业务，每一项业务都是伴随着财务资源的配置和财务效益的产生而完成的，如果没有财务效益的产生，业务就没有价值。所以，无论是开拓市场性的业务，还是经营性的业务，都应该用财务的视角去判断其价值与风险。比如，要做一个放贷款给相应企业的业务，这时，需要业务人员用财务的眼光去分析对方企业财务情况，关注其财务是否健康，因为这关系到业务后续的回款风险。如果业务对象所在的行业很好，但是企业的财务不健全，那么就不能为了拓展业务盲目接手，而应该慎重对待。企业有投入就要有产出，做业务应时刻考虑到财务效益，要为所在的单位或者行业起到财务收益推动的作用。

根据实际需求，调配财务资源给业务人员进行配置。这样业务人员在开拓业务时就有立体的思维。这更有利于计财部有计划地开展工作，而不是任由业务人员野蛮式增长。如果单纯事后算账，结果可能是亏也可能是赢，那么，为了防止发生亡羊补牢的后果，计划配置和财务配置应当很好地引导业务发展，使得业务人员有目标、更合理地开拓市场，真正做到业财融合。财务与业务的融合也体现在对未来的发展规划中，财务通过有计划地规划，可配合与促进业务的多元化发展。比如，商业银行未来要面临的发展趋势是利率市场化，即在人民银行规定一个基本利率后，各行可以有一个差异化利率。利率市场化后，银行的资产负债配置不再像以前的存款银行那样——根据负债去配置资源，而是根据资源配置负债。通俗地讲，就是以前银行根据存款利率，然后规定贷款利率。现在是根据市场企业贷款需求情况，来安排收纳多少存款，以及存款利率的调整。

第四节　会计视界风险管理控制：持续精准化

商业银行是一个以信用为基础、以经营货币借贷和结算业务为主的高负债高风险行业。它区别于一般工商业，拥有充当经济主体之间的信用中介、支付中介、变众多社会阶层的积蓄和收入为资本以及创造信用流通工具的作用。商业银行在一国国民经济中所处的关键地位和作用以及其经营特点，导致了商业银行经营风险在整个国民经济中有着极大的影响力，一旦银行经营风险转化成现实损失，不仅可能导致银行破产，而且将对整个国民经济带来严重后果。在经济开放、市场竞争进入新的历史阶段后，如何提高商业银行的核心竞争力和风险管控力，使其在竞争中立于不败之地，已然成为不可回避且亟待解决的问题。

为此，从商业银行自身到行业监管机关，一直群策群力地进行着风险管理与控制的探索，就近年来的行动而言，中国银监会在2002年制定发布了《商业银行内部控制指引》，对整个银行这一特殊企业群体，基于利益相关者众多、行业监管务必严格，提出了内部控制的规范条款；紧接着，全球金融风暴同样挑战着中国银行业的风险防范意识与监管措施，财政部、审计署、证监会、银监会、保监会等五部委于2008年制定发布了《企业内部控制基本规范》（以下简称“基本规范”），2010年又发布了应用指引、评价指引、审计指引等配套指引；制度源于实践，根据商业银行的风险管理实践活动，银监会在完善指引时进一步关注指引的定位、考虑过于原则导向的不利影响、界定内部控制是过程还是机制、明确内部控制与风险管理的关系，于2014年9月，银监会修订发布了《商业银行内部控制指引》（以下简称“新指引”）。可以说，这些连续的内部控制规范性动作，持续将商业银行的风险管理与内部控制水平提升到了一个新的历史阶段。

一、商业银行内部控制指引的精要对比

（一）定义及目标方面的进步

和基本规范相比，新指引对内部控制的定义有两点进步：一是强调了内部控制包括“系统化的制度、流程和方法”；二是在基本规范将内部控制界定为一个“过程”的基础上，认为内部控制既是“过程”，也是“机制”。关于内部控制的目标，基本规范强调“内部控制的目标是合理保证企业经营管理合法合规、资产安全、财务报告及相关信息真实完整，提高经营效率和效果，促进企业实现发展战略”。与之相比，新指引进一步提出了两点新的观念：一是信息真实完整的目标中强调信息不仅仅是会计信息和财务信息，还包括业务记录和其他管理信息；二是突出了要保证“风险管理的有效性”，这显然是考虑了银行风险管理职能的重要性。

（二）整体规范架构上的差异

基本规范完全采用了“五要素框架”，新指引并没有单独设立章节逐一规范，而是将其贯穿于各章节中。此外，新指引在内部控制的监督与评价方面的要求更加具体，如在第43条明确了商业银行内部审计部门、内控管理职能

部门和业务部门均承担内部控制监督检查的职责；“内部控制评价”更是单独成章，对商业银行内部控制自我评价提出了详细的要求。

（三）主体职责界定上的差异

与基本规范相比，新指引对高管层职责的界定更为具体，新指引第10条明确，“高级管理层负责执行董事会决策；负责根据董事会确定的可接受的风险水平，制定系统化的制度、流程和方法，采取相应的风险控制措施；负责建立和完善内部组织机构，保证内部控制的各项职责得到有效履行；负责组织对内部控制体系的充分性与有效性进行监测和评估”。基本规范对审计委员会的职责描述更为具体，如第13条规定，“企业应当在董事会下设立审计委员会。审计委员会负责审查企业内部控制，监督内部控制的有效实施和内部控制自我评价情况，协调内部控制审计及其他相关事宜等”。

（四）内部控制措施上的差异

基本规范从更具普适性的角度强调不相容职务分离控制、授权审批控制、会计系统控制、财产保护控制、预算控制、运营分析控制和绩效考评控制等控制措施。新指引放弃了旧指引针对不同业务的具体措施，兼顾了不相容职务分离、授权审批和会计系统控制等措施，同时强调了商业银行的6个特别控制措施，即业务系统的自动控制，重要岗位的轮岗或强制休假制度，员工行为的监督制度，新机构、新业务、新产品评估制度，外包管理控制，客户投诉处理机制等。

二、商业银行内控指引的渐进完善

（一）更加强调了员工共同参与

旧指引将内部控制定义为“对风险进行事前防范、事中控制、事后监督和纠正的动态过程和机制”，新指引将内部控制定义为“商业银行董事会、监事会、高级管理层和全体员工参与的，通过制定和实施系统化的制度、流程和方法，实现控制目标的动态过程和机制”。比较可以发现，新指引对于内控的定义更强调治理层、管理层及全体员工的共同参与，这意味着商业银行内部控制的建设有赖于良好的治理文化、合规理念、协作意识的培养和建立。同时，内部控制也不再仅仅是围绕风险的事前、事中和事后管理，而是实现控制目标的动态过程和机制，由此内部控制系统的内容也更加宽泛了。

（二）更加突出了受托责任的履行

新指引关于目标和原则的界定都更加体现了确保受托责任有效履行的理

念。就目标而言，新指引也是涉及法律法规遵循、报告信息质量、风险管理有效性、战略经营目标实现四个方面，更加强调内部控制要以确保报告信息的真实、准确、完整和及时，此处的信息不仅仅是财务信息，还包括了业务记录及其他管理信息。就原则而言，新指引提出了“全覆盖、制衡性、审慎性、相匹配”的原则，尤其强调了内部控制“贯穿决策、执行和监督影响，该框架“强调必须透过董事会和管理阶层的相关监督才能有效达成内部控制目标”。

从受托责任理论角度界定为“机制”更好。内部控制作为确保受托责任履行的一种机制，具有以下两层含义：一是受托责任关系广泛深入到公司治理、风险管理层面，内部控制也必然与其相联系；二是内部控制系统的核心仍是作为“机制”的各种内部控制措施发挥作用。风险管理是银行机构的关键职能，内部控制与风险管理的关系不能模糊风险管理是商业银行经营的核心职能之一，也是风险为本的银行监管导向的主题，管风险、管内控也是银监会放在同等重要位置的监管理念，新指引中并未专门提及风险管理，但可以考虑对二者的关联性进行必要的说明。

第五节 商业银行管理会计思考：支点体系化

曾几何时，随着财务会计在人们视线中的强劲表现，管理会计一度便沉没了。不过，是金子总会发光的。近两年来，管理会计又开始重回人们的视线。这当然应该归功于财政部的大力倡导，但是，更准确地说，管理会计的复兴，完全是市场竞争加剧和企业管理提升的必然结果。任何一个企业要想让它的管理水平与竞争力得到提高，都离不开管理会计的协助。在现代管理理论的指导下，运用专业的方法和技能，通过对财务会计所记录数据的加工与延伸等为企业提供经营与管理上的决策信息，并通过对企业的内部控制来提高企业的经济效益。这就是管理会计大有用武之地。管理会计是管理与会计的有效结合，开辟了会计在现代企业中的新应用。

管理会计同样也会在商业银行的应用中拓展中很大的空间。商业银行的特殊之处在于它是以经营货币信用为业务来源，但在经营目标、经营方式还有经营特征上，与其他企业没有本质性分别。商业银行独特的商业属性与货币的商品属性，都决定了管理会计在商业银行应用中的必然。商业银行通过吸收的培养管理会计精华内容与基本方法（如本量利分析法、利润敏感性分析法、责任会计管理法、成本性态分析法以及预测分析、决策分析法等），可以为商业银行提供出创新的管理思路与方法。因此，随着商业银行在企业经营管理中对决策、控制和考核的需要，加之数据采集与计算技术的发展，管理会计的理论与方法逐步完善，管理会计在经营管理中的应用日益受到重视。近些年我国一些商业银行开始重视管理会计的应用问题，提出了一些发展战略。

通过研究和分析管理会计的活动机理，本书认为：管理会计是一项技术与机制相结合的系统，它以预算管理为主线，责任管理为核心，成本核算为基础，相关要点为保障的企业科学管理框架，也是财务会计在新时期实现转型升级的必由之路。

一、管理会计的主线是预算管理

我国已在20世纪80年代全面引进西方管理会计的理论与方法。经验和教训告诉我们，管理会计是一项系统性极强的管理机制，其应用是一个庞大的系统工程，不可以随意拆解。若将其中某一单项技术拆分应用不可能达到预期的目的，或者花大钱办小事，得不偿失。管理会计不是一门纯粹的管理技术，而是一种管理机制，这种管理机制的精髓之一就是目标管理责任制，以责任制为核心，以预算、控制、考核为主线，以核算为基础，构成管理会计的重要内容。

（一）管理会计的事前管理是以预算编制为重心

管理讲究事前管理、事中管理和事后管理，管理会计的理论与方法也是从这三方面着手的。在企业管理中，一切预测活动是为决策分析服务的，决策分析的结果就是确定下一步行动目标。为了保证决策确定的目标得以实现，必须通过编制总预算将确定的目标具体化，并通过量化形式将经营目标落实于经营管理的各个环节和各个方面，形成总预算统驭下的分级预算、分部门预算、分产品预算、分客户预算、分货币预算等，为经营管理的过程控制提供标准，为经营管理的事后评价和考核提供依据。

（二）管理会计的事中管理是动态分析为重点

管理会计事中管理的主要内容，是对预算执行情况在年度内进行监控，以期企业的经营运转按照预算量化的目标推进。分级预算、分部门预算、分产品预算、分客户预算、分货币预算确定后，必须按照管理的频率将各类预算进一步分解为月度预算或旬度预算，配之以分级核算、分部门核算、分产品核算、分客户核算、分货币核算，按月或按旬反映实际经营管理结果。预算数与实际结果之间会有差异，而差异又有有益差异与有害差异之分。对差异进行分析，确定是有益差异还是有害差异，进而制定调控措施，干预和调控有害差异向有益差异转化，保证企业的经营朝着预算确定的方向运行，这就是管理会计事中管理的基本内涵。综上可见，预算是企业未来发展的目标，是企业控制管理的标准，是企业评价与考核业绩好坏的尺度。以预算管理为主线的管理会计，是企业管理流程再造的一项系统工程，是一项管理机制，而不只是一项管理技术。

二、管理会计的核心是责任核算

（一）责任制的五维视角

推行管理会计应以引入一项管理机制为认识上的先导。同样，推行管理会计下的分级管理、分部门管理、分客户管理、分渠道管理，是这一管理机制下的具体应用。在多维视角的管理框架下，管理的循环框架均由确定责任主体、制定预算、核算、差异分析与实时调控、分析评价与考核五部分组成。但是不同类别的管理，其内容是有别的，现简要探讨如下：

1. 分级管理。

分级管理，就是按总行、一级分行、二级分行、支行的不同级次进行的、以责任管理为核心、以预算管理为主线的管理。分级管理的主要内容是实施按管理级次确定责任主体、按管理级次分解预算并确定每一级次的经营管理目标，按级次进行核算，按级次进行预算控制，按级次进行目标责任考核的管理体制。分级管理所要解决的问题是如何将每一级次机构的经营管理业绩与该级次机构负责人的经营管理目标责任考核结合起来，为考核提供客观的数据基础。

2. 分部门管理。

分部门管理，就是在同一级次的机构内部，对各经营和管理的所有部门进行的以责任管理为核心、以预算管理为主线的管理。分部门管理的主要内容是实施按部门确定责任主体、按部门分解预算并确定每一部门的经营或管理目标、按部门进行核算、按部门进行预算控制、按部门进行目标责任考核的管理体制。

3. 分产品管理。

分产品管理是实施按营销每种产品的人群确定责任主体、按责任主体分解预算并确定每一种产品的经营管理目标、按产品进行核算、按产品进行预算控制、按产品进行分析并进行目标责任考核的管理体制。分产品管理所要解决的问题，是如何将每一产品的经营管理业绩与该产品经营管理负责人的经营管理目标责任考核结合起来，与该产品经营管理相关人员群组的经营管理目标责任考核结合起来，为考核提供客观的数据基础，为分析评价每一产品盈利能力提供客观的数据基础。

4. 分客户管理。

分客户管理是实施按客户经理确定责任主体，按重点客户分解预算并确定每一重点客户的经营管理目标，按重点客户进行核算，按重点客户进行预算控制，按重点客户进行分析并对客户经理（个人、科组或处室）进行目标责任考核的管理体制。分客户管理所要解决的问题是如何将对重点客户的营销及客户对银行贡献率的大小与该客户经营管理负责人的经营管理目标责任考核结合起来，与该客户经营管理相关人员群组的经营管理目标责任考核结合起来，为考核提供客观的数据基础，为分析、评价和进一步开发重点客户提供客观的数据基础。

5. 分渠道管理。

分渠道管理是实施按银行经营管理的币种分解预算并确定每一币种的经营目标、按币种进行核算、按币种进行预算控制、按币种进行分析并进行经营决策的管理体制。分渠道管理所要解决的问题，一是分析评价每一经营货币的盈利能力，二是为进行由于货币之间的不匹配所带来的缺口损益和缺口风险进行管理和提供数据。

（二）五维核算与管理之间的关系

一方面，五维核算与管理之间相互关联。一是分级管理、分部门管理、分客户管理、分产品管理、分渠道管理的起点是预算目标的确定，而分级预算、分部门预算、分客户预算、分产品预算、分货币预算是银行总预算下按照不同管理要求进行的分预算，是总预算的分解预算。二是分级预算、分部门预算、分客户预算、分产品预算、分货币预算与总预算之间，以及各种预算之间是互动的，任一预算项下的项目金额变动，都会影响总预算和其他分预算金额的变动。三是分级管理、分部门管理、分客户管理、分产品管理、分渠道管理之间及其与综合管理之间是相互影响和相互映衬的，综合管理是以分级管理、分部门管理、分客户管理、分产品管理、分渠道管理为基础的，而分级管理、分部门管理又与分客户管理、分产品管理、分渠道管理为依托，另一方面各种管理的目标是一个，就是完成总预算确定的经营管理目标。

另一方面，它们又是有差别的管理，侧重点不同。前文已经论述，各种管理所要解决的问题不同，确定的分解目标有差别，管理的方法不同，责任确定的主体不同，核算计量的方法也是有差别的。随着科技的发展和竞争的需要，银行的营销渠道多样化，客户可以根据需要进行选择。但是，商业银行建造每一种营销渠道是要投入巨额资金的，而建造每一种营销渠道的目的是增强银行整体盈利能力。因此，必须建立并进行以责任为核心、以预算管理为主线的营销渠道管理。首先要确定每一种营销渠道的责任主体；其次要建立分渠道的预算管理体系，包括分渠道的预算编制体系、核算体系、控制与分析体系；最后要建立分渠道的评价与考核体系。同理，分渠道管理与综合管理、分级管理、分部门管理、分客户管理、分产品管理、分渠道管理之间是既相互关联又有管理差别的关系。

（三）会计核算从一维核算发展到多维核算

按照会计科目进行核算，是人们对会计核算特征的常规认识，借助于计算机与信息系统，会计科目并非消失了，而是需要进一步延伸其内涵与外延。可以说，会计核算依然存在，并从一维发展到多维，核算功能发生了巨大变化：

1. 会计科目的实质，就是对企业经营活动的分类。

会计是对经营活动的观念总结和过程控制，而观念的总结和过程的控制是以对经营活动进行科学分类为基础的。在以手工核算为主的落后时代，会计核算仅采取一种分类标准，即经济内容。所以说，传统的会计科目定义是指对企业经营活动按照经济内容的分类，而对企业经营活动按照其他标准的分类反映，由于核算手段跟不上，则通过统计来完成。但是，会计科目并不仅仅限于按经济内容标准来分类，随着核算手段的现代化，可实现按多种标准进行分类。

2. 计算机时代，会计科目可以实现多重分类。

会计核算已跳出一维空间，其分类标准已不再局限于按经济内容分类，它已扩展到按部门分类、按产品分类、按客户分类、按货币分类、按区域分类、按行业分类、按期限分类、按风险分类。只要管理需要，就可以实现同源数据下的按经济内容分类的财务会计核算、按部门分类的分部门会计核算、按产品分类的分产品会计核算、按客户分类的分客户会计核算、按货币分类的分货币会计核算、按区域分类的分区域会计核算、按行业分类的分行业会计核算、按期限分类的分期限会计核算、按风险分类的分风险会计核算，等等。从这一意义上讲，将会计划分为财务会计与管理会计已失去了实践意义，将会计分类为管理会计与核算会计更具有理论价值和实践意义。

3. 分部门核算、分产品核算、分客户核算、分货币核算的意义仅仅是为推行管理会计提供基础。

在商业银行应用管理会计的实务中有一项重要的逻辑关系，即管理会计是一种管理机制，它以责任管理为核心，以预算、控制、考核为主线，以核算为基础，构成管理会计的全部内容。在这一管理体制的内在逻辑中，核算仅仅是基础，核算为管理体制服务，在确定了预算模式、控制方式和考核内容后，才能确立核算体系，确保核算体系为管理体制服务。这一逻辑顺序不能倒过来，不能在没有建立分部门、分产品、分客户、分货币预算模式、控制方式、考核和分析体系的情况下，先行建立分部门、分产品、分客户、分货币的核算体系，这样违反了管理会计的基本规律，这样做投入大，收益小。

这里还需指出，分部门核算、分产品核算、分客户核算、分货币核算不是管理会计，它们是推行管理会计工作中的一个环节，属于事后核算的范畴，不能把建立与推行分部门核算、分产品核算、分客户核算、分货币核算简单化为管理会计在银行的应用。这种观念上的偏差和处理上的简单化，不仅理论上是错误的，而且实务上是有害的。

三、管理会计的关键是成本核算

如果没有建立起成本核算体系，更谈不上控制与绩效考核工作了。成本核算体系的建立非常重要，是推行管理会计时不能忽略的一个环节。

（一）确立商业银行适用成本概念

成本则是按一定对象所归集的费用，是对象化了的费用。将费用对象化到部门上时就是部门成本；将费用对象化到产品上时就是产品成本；将费用对象化到客户上时就是客户成本；将费用对象化到货币上时就是货币成本；

将费用对象化到营销渠道上时就是营销渠道成本。讲成本，一定要有对象化的目标，不能泛泛而论，商业银行在研究、分析和推行成本核算、成本管理工作时，尤其要注意这一点。成本核算体系的建立要与管理体制相适应，是会计工作的一项法则，不能违背。

（二）借鉴工商企业成本核算方法

较之商业银行的成本核算与管理体系，工商企业的成本核算与管理体系发展比较成熟。商业银行在建设成本核算与管理体系时，需要认真地学习、借鉴工商企业的做法。借鉴工商企业成本核算体系的成功经验，我们应该思考这样的成本细化问题。一是完全成本与变动成本，二是直接费用、间接费用与期间费用问题，三是成本计算方法的应用问题。对于商业银行，如何根据银行经营管理的特点和自身的管理要求，借鉴工商企业的成本计算方法，建立银行的成本计算与核算体系，这是需要认真研究的。在设计商业银行成本计算与核算体系时有两个问题需要着重考虑：一是品种法、分批法、分步法在商业银行的适用性。结合每种管理体制的经营特点和管理要求加以确定，二是每一种管理体制下都对应不同的成本计算方法。商业银行在建立成本核算体系工作中，不能仅将一种成本计算方法作为其内部各种管理体制下成本计算的唯一方法。在分部门管理体制下，其经营特点和管理要求决定了它所对应的成本计算方法。同理，分产品、分客户、分营销渠道的管理体制都对应各自的成本计算方法。即使在一种管理体制下，由于金融产品经营特点的不同和管理要求的差别，也可能对应不同的成本计算方法。

（三）成本核算的重要点在于内部资金价格

在管理会计应用中的重要作用商业银行在推行管理会计时，会遇到一个非常棘手的问题，即内部资金价格问题，也可以称为内部资金转移价格问题。

从内部资金价格的重要作用分析，一是内部资金价格是定价的依据。如信贷部门发放贷款，其定价不得低于从“内部资金市场”取得资金的价格；又如存款部门吸收存款的价格，不得高于“卖”到“内部资金市场”的价格；二是内部资金价格是衡量内部机构业绩的“跷跷板”。如内部资金定价高，存款部门的业绩会受益，但贷款部门的业绩会受损；相反，如内部资金定价低，存款部门的业绩会受损，但贷款部门的业绩会受益；三是内部资金价格是实施银行经营战略的工具。内部资金价格同样具有杠杆作用，用以引导资金的流向，是银行贯彻经营战略的工具之一；四是内部资金价格是进行资产负债管理的手段。例如存款部门将存款“卖”到“内部资金市场”时存在资产与负债之间利率缺口、期限缺口问题；又如信贷部门从“内部资金市场”买入资金发放贷款，也存在资产与负债之间的利率不匹配、期限不匹配等问题。这些内部资金交易的过程既可以进行量化缺口风险的工作，也可以进行缺口风险的转移和控制工作。上述四点列举了内部资金价格的作用，然而内部资金价格发挥其作用则是通过两种途径：一是虚拟的“内部资金市场”，也叫作“内部资金池”；二是实体的“内部资金市场”。

1. 内部资金定价方法。

在虚拟的“内部资金市场”下，内部资金的定价有成本法、市价法两类，其表现形式又有低进高出、平进平出和高进低出三种交易方式：一是虚拟的“内部资金市场”下的低进高出定价，是指资金供给部门和资金剩余部门以低于基准价格强行将资金“卖”给内部资金池，资金使用部门从内部资金池“买”资金用款时是以高于基准价格交易的。这种定价交易方式将部分利润强行留在内部资金池，侵占了资金供应部门和资金使用部门的部分业绩，容易挫伤各部门的积极性。二是虚拟的“内部资金市场”下的平进平出定价，是指资金供给部门和资金剩余部门以基准价格将资金“卖”给内部资金池，资金使用部门从内部资金池“买”资金用款时也是以同样的基准价格定价交易的。这种定价交易方式不存在内部资金池截留利润问题，但这种单一价格定价的合理性问题就显得十分突出。三是虚拟的“内部资金市场”下的高进低出定价，是指资金供给部门和资金剩余部门以高于基准价格强行将资金“卖”给内部资金池，资金使用部门从内部资金池“买”资金用款时是以低于基准价格定价交易的。这种定价交易方式是通过内部资金池向内部各经营管理部门让利，内部资金池每年都有“政策性”亏损，是一种扩张型战略取向的定价交易选择。

在实体的“内部资金市场”下，内部资金的定价都是通过内部各经营管理单位（部门）与内部资金市场实际交易完成的，内部资金价格随着期限、风险、外部市场价格、经营战略等各种因素的变化而变化。同时内部资金市场的交易品种不仅包括实有资金的交易品种，而且包括衍生金融交易品种。

2. 内部资金定价的步骤和原则。

内部资金价格在推广、应用管理会计工作中的作用是广泛和重要的，然而定价的方式和实现的形式也是多样和复杂的。要解决内部资金价格问题，首先，要确定是选择“虚拟的内部资金市场”交易形式，还是选择实体的内部资金市场交易形式，这一点非常重要。它涉及组织架构和机构设置问题，涉及管理体制的方方面面，而且常常被忽视。应该说，上述两种交易形式各有优缺点，银行要结合经营战略和自身的实际情况加以选择。但有一点是明确的，实体的内部资金市场交易形式不仅能够实现内部资金价格在应用管理会计方面的功能，而且能够实现银行资产负债管理中缺口风险量化和缺口风险转移的功能，而“虚拟的内部资金市场”交易形式则无法实现这些功能。其次，在确定的交易方式下研究内部资金定价问题。概括起来，内部资金定价时要注意以下几个问题：定价要有依据、定价政策要有相对稳定性、定价政策要透明、定价要公平。

四、推行管理会计的基本原则

（一）主体框架不可拆分原则

如上所述，管理会计是一项系统性极强的管理机制，其应用是一个庞大的系统工程。它以责任制为核心，以预算、控制、考核为主线，以核算为基础，构成管理会计的主体框架。在此框架内，责任主体的落实、全面预算的确定、核算反映、差异分析与适时的控制、绩效的考核，一环扣一环，环与环之间存在着极强的内在逻辑关系，不可拆分，不可倒置，不可“缺斤少两”，否则，将破坏管理会计作为一项科学管理机制的功效。

（二）责权利相结合原则

管理会计是以责任制为核心的，企业经营管理的责任随着责任主体的确定而落实到各个经营管理的责任中心。在分部门管理体制下，是以企业内部各部门为责任中心；在分产品管理体制下，是以企业内部各产品营销的部门、处室、科组或团队为责任中心；在分客户管理体制下，是以企业内部各客户经理、客户营销服务处室或客户营销团队为责任中心等。这些责任中心在充分享有经营决策权的同时，承担与其经营管理决策权相适应的经济责任，并且配套与其承担责任相对等的利益机制。责权利结合是运用管理会计必须遵守的原则，每一个环节都不能忽略。

（三）责任认定的可控性原则

由于各责任中心的业绩与其责任主体相关人员的利益是直接挂钩的，因此对其业绩的考核评价必须遵循可控性原则。将这些和费用，通过“直接收入与费用直接确认，间接收入与费用分配确认”方式，分解到各可给予其控制的责任中心。为此，须考虑如下诸点：一是责任中心责任预算的编制与确定，要注意可控性原则；二是配合各管理体制设计的核算体系，收入的核算和费用的核算要注意可控性原则；三是控制系统的设计与运行必须注意可控性原则，各责任中心不可能对自己无法控制的因素采取调控措施；四是对责任中心的分析、评价和考核，一定要贯彻可控性原则，否则，考核的结果就不合理、不公正，会挫伤各责任人的积极性。对于因不可控因素所影响的责任中心业绩，考核时一定要予以扣除，只有可控的收入或费用，才是责任中心真正的业绩。

（四）区分责任中心与责任中心责任人业绩的原则

管理会计以责任主体落实为起点，以业绩考核为落脚点，而且在进行业绩考核时，必须区分责任中心与责任中心责任人的业绩。不能简单将责任中心的业绩与责任中心责任人的业绩划等号。举一个例子，一个能力较强的零售业务经理花费同等的努力，在北京分行零售业务部门创造的利润与在青海分行零售业务部门创造的利润是不一样的，或者说在创造同等的利润情况下，所付出的努力是不一样的。道理很简单，因为所处的区域环境、经济环境、人文环境是不同的。因此，在进行业绩考核时，一定要区分责任中心的业绩和责任中心责任人的业绩，这对于一个分支机构遍布全国或全球的商业银行而言，尤为重要。不能对处于不同区域环境、经济环境和人文环境的同性质的责任中心（如所有一级分行的公司业务部门），实施同一指标值下的利益挂钩考核。在区分责任中心业绩与责任中心责任人业绩方面，需要遵循的基本原则是，同等能力的人在付出同等努力后，应该取得同等的利益。

（五）管理会计与核算会计相分离原则

从会计学科分类上，管理会计的实质是“过程的控制”，它所要解决的核心问题是生产经营过程的事前控制、事中控制和事后考评。核算会计的实质是“观念的总结”，它所要解决的核心问题是事后反映，如实、完整、及时地反映生产经营的结果和财务状况。然而在会计的管理循环中，管理会计与核算会计是管理循环中相互连接的链条，不可分割。但从内部控制角度考虑，两者必须分离，因为管理会计工作涉及经济事项和会计事项的审批。按照《会计法》要求，会计核算必须与经济业务事项和会计事项的审批、经办和财物保管分离，并相互制约。否则，就会出现内控失衡问题，就会导致其他一系列问题的产生。因此，落实内部控制要求，将管理会计与核算会计分离，是推行管理会计必须遵循的原则。

管理会计与核算会计分离的另一个好处是，强化专业化管理。管理会计专司事前、事中和事后的控制与管理工作，将责任的落实工作、预算的编审与分解工作、差异分析与控制工作、业绩考核和分析工作抓细抓实抓精；核算会计专司事后的反映工作，不仅仅要做好综合核算工作，更要按照分部门管理、分产品管理、分客户管理、分渠道管理和分营销渠道管理的要求，组织分部门核算、分产品核算、分客户核算、分货币核算和分营销渠道核算工作，做到每种专项核算既要如实、客观，又要及时、完整，充分发挥核算工作应有的基础管理功能。否则，会计工作就会顾前不顾后，或者顾后不顾前，管理控制工作抓不上去，核算工作也无精力抓实、抓细、抓到位。

第十八章 商业银行财务管理的基本框架

本章精要

会计是社会发展到一定阶段，为适应管理生产经营过程的需要而产生的对过程及结果进行记录、计算、比较和分析的工具，它是一个信息系统，通过对大量原始数据的收集和处理，反映企业财务状况和经营成果，对企业投资作出正确的决策。

从商业银行会计核算的有机构成内容看，基础要素、银行主要业务核算与综合业务核算、银行财务报告编制，应有尽有。此外，还有商业银行会计核算的发展进程中对衍生表外信息、业财一体化、风险管控精准化和管理会计支点的思考。从会计核算的技术工具看，从传统的手工记账、过去20年左右的会计电算化、日益临近的会计信息化时代，都演示了从人工到智能的会计信息收集、加工与分析、预测和管理，所有这些，都基本属于会计核算的范畴。时至今日，我们正处于会计转型升级的进程之中，这不仅是会计理论与技术的进一步发展完善，更是整个会计理论研究与会计务实的一次技术上的变革，持续地探索，更加重要的是，我们需要基于价值链的思维来审视商业银行财务管理体系，即围绕着商业银行经营效益最大化和经营管理最优化，也就是通常所说的盈利性、安全性和流动性的统一。如何借鉴成熟的西方商业银行相对完善的财务管理体系、科学的财务管理方法和先进的财务管理手段，从而形成我国商业银行的财务管理基本框架改革的思路和构架。这就是本章的使命所在。

本章将基于我国商业银行财务管理的现实基础出发，分析和探索财务管理目标、原则与手段的转型，在此基础上分析形成包括预算管理、资产负债管理、资本管理、成本管理、风险管理、业绩评价等在内的商业银行财务管理主要内容构成。进一步透析我国商业银行财务管理存在的财务决策与约束机制缺陷、信息系统落后制约银行发展、核算层与决策支持层脱节等问题，最后将分析提出如何走出一条商业银行财务管理的完善改进之路，包括银行财务管理模式要与银行整体发展战略相吻合、建立集权型财务管理机制等。财务管理，即使合计核算的升华，也是企业经营管理的有机组成，理当重视，且有所作为。

在研读商业银行会计核算的整个过程中，我们始终围绕着如何记账、算账、报账、用账，其实，这个过程的最高境界或显性或隐性地追求着如何打造一个各个部门、各种渠道彼此协同地共同构成一个创造企业价值的动态过程，即价值链。在这个价值链的每一个环节，都需要科学、合理的财务管理来更好地发挥它在商业银行内部价值链中的价值。因此，构建一个合理完善的财务管理体系有助于财务机制的运转，更有利于防范财务风险，在尽量获取高利润的同时降低成本。基于传统财务管理方式，重视对价值链的上下游相互间的能动性影响，从增强金融价值链出发，构造一个商业银行的简易财务管理体系。

第一节　商业银行财务管理的基本现状

商业银行作为一个在市场环境下生存与发展的经济主体，如何优化财务资源配置、实现财务管理目标、不断提升财务管理能力，已经渐渐成为各家商业银行普遍关心的重要课题。不过，或从经营活动态势分析，或从财务管理基础分析，都存在着一些软肋，需要引起我们的关注。

一、商业银行经营活动存在的问题分析

商业银行现有的经营管理模式依然带有计划经济的色彩：按行政区划及级别设置机构，经营体制上体现为“三级管理，一级经营”，业绩考核上偏重规模的扩张等问题突出。主要表现为：

（一）经营决策与约束机制缺陷

经营决策机制缺陷指经营决策程序缺乏科学程序和长远整体目光，对资

金的筹集和使用缺乏科学计划。对银行而言，资金的投资是银行经营的必要条件。但是由于传统模式的影响，商业银行尤其是国有银行的投资决策往往是盲目的，并没有专业的可行性研究。另外，一些地方政府从搞政绩出发，往往直接介入企业某些投资活动，对银行施加压力，迫使其违规贷款，并有少部分人利用这些投资捞取个人好处，一旦投资失败给企业、银行、国家和他人都造成严重的经济损失。经营决策机制的缺陷是专断型经营管理模式的一个突出特点。

经营约束机制缺陷包括银行内部缺乏约束力和银行外部缺乏约束力。从银行内部约束机制来看，虽然建立了不同利益主体之间的决策层约束机制，但在实际工作中，“行长经济”是业内公认的潜规则。许许多多“变通”规则的做法普遍存在、经久活跃，在行长领导下的银行中层管理部门无法真正约束行长的经营行为，行长可以随意更改经营计划或者抛开计划另搞一套，可以随意要求经营部门为非法开支提供资金。银行外部约束机制由于信息不对称，制度不完善等原因也对高层决策者缺乏约束力，导致银行内部出现了最高管理层约束真空。

（二）信贷风险防范意识不强

贷款是商业银行的主要活动和主要利润来源，商业银行和企业的信息是不对称，商业银行对企业产品市场的了解相对企业而言，处于信息劣势。银行一旦将款贷出去，就难以保证企业按照事先的承诺来使用贷款资金，而不把资金用到别的方面；如果企业到期不归还银行的贷款，银行只能借助法律来强制企业偿还贷款。因此银行面临的一个主要风险就是信用风险或交易对象无力履约的风险。从历史上看，银行信贷资金供给具有明显的周期特征：在经济复苏期间，银行信贷管理人员往往特别乐观，愿意放款，这是风险管理者甚至是监管部门要求小心风险的呼声往往得不到重视；相反，在经济衰退期间，随着贷款损失的凸显和坏账核销的上升，谨慎从事提上了议事日程，信贷人员严格放款，风险管理人员和监管部门也会以贷款损失为由慎而又慎。由此可以看出，商业银行的信用贷款受多方面因素影响，主要是经济环境、信贷人员的业务素质和道德素质、监管力度等，非常被动，自身未形成一套系统完整的风险防范机制，对风险的敏感度极低，由此抵御风险能力较差，这是银行发生不良贷款的内因之一。从宏观角度来看，导致商业银行信贷资产风险的一个重要因素是我国尚未完善的社会信用环境，存在不同程度的欺诈现象，从而对银行发放贷款形成误导，必然造成风险。

（三）财务控制功能失效

商业银行的财务信息失真问题与目前银行普遍缺乏完善而有效的内部控制体系有很大关系，健全的规章制度和完善的操作流程，是内控体系的重要组成部分，也能有效地防范风险。一些银行的制度体系存在着严重的问题，几乎适应不了日前复杂多变的形势要求。更加重要的是，缺乏有效的监控预警体系，许多银行的财务分析评价系统始终局限在企业内部，其综合性和系统性都较差，未能从宏观的、综合的角度形成系统的财务监控和预警系统。事实上，商业银行在具体实施监控时，往往都是事后控制，缺乏事前预算和事中控制，使整个财务监控缺乏全程性。这种使监控者游离于财务监控之外的实际情况，削弱了整个银行的“合力效应”，整体优势和综合功能都难以得到有效发挥。财务监控和预警是从银行整体的角度，以指标的形式对银行在经营过程中进行监测、监控，对监测结果进行识别，判定监测到的财务经济过程。

（四）信息系统落后制约发展

管理会计、成本管理、资产负债管理都需要管理信息系统的支持。先进的财务管理方法需要有先进的信息管理系统来支持，目前国内银行的技术力量大部分都投入到新产品的开发，管理信息系统的建设相对落后，不能及时提供更多有用的数据，也就不可能实现成本收益的实时监控。整体信息应用水平还是分散、局部和低层次的，由此使得财务管理在三个层次上均存在一定的问题，从而影响了商业银行的国际竞争力。一是财务会计核算层的缺陷。会计电算化只是将传统的财务会计流程搬到计算机中，使得会计流程自动化，并未从本质上改变会计流程。其结果是：会计工作是事后算账、事后报账；会计部门独立于其他业务部门，业务与财务不协同，会计信息系统与其他系统在企业内形成一个个“信息孤岛”，各项业务之间信息不能实时的沟通，无法应对瞬息万变的市场竞争环境。因此，商业银行需要的是一个高度集中的信息系统，实现会计与业务一体化，既要效率、更要效益，通过提供效率来增加效益。二是财务决策支持层的缺陷。由于“信息孤岛”、财务会计流程的缺陷、时间和空间的局限性等问题，使得供领导决策的大量信息只能通过层层报表汇总得到。支持决策手段落后，导致了财务决策信息的缺乏、滞后，时效性和准确性大受影响。可以看出，即便是商业银行建立了良好的分析与评价体系，也会因没有有效的信息化支持决策，导致银行无法比竞争对手做出更快、更好、更正确的决策。会计部门不能及时准确地提供管理者关心的会计信息，财务部门无论是在手工条件还是在电算化环境下从事会计工作，其工作的特点都是事后算账。财务与会计部门拥有大量工作人员，天天忙忙碌碌，只能在经济业务发生之后，按照会计语言进行凭证的编制与录入、记账、报告等。资金流、信息流并没有有效的集成和共享，财务部门就无法及时准确地提供管理者关心的财务信息。

二、商业银行财务管理的改革动向

为实现成为真正的现代商业银行的需要，商业银行不断探索适合自身经营体制的财务管理制度，逐步实现向现代财务管理的转型。总体说来，各类商业银行的财务管理制度改革体现为以下三个方面。

（一）财务管理目标：要进一步强化“股东财富最大化”目标

关于商业银行的财务管理目标，先后经过产值最大化、利润最大化和股东财富最大化的三个层次的探索。产值最大化，在商业银行内部反映的是以存款规模或资产规模最大化，这一理论的前提是商业银行的存款规模或资产规模代表了商业银行的实力，增长快慢代表着商业银行的发展能力和发展水平，而问题是没有反映商业银行的发展质量和效益状况。利润最大化，认为利润代表了新创造的财富，利润越多则代表着商业银行的财富增加得越多，越接近商业银行的目标。问题是没有考虑利润的取得时间，没有考虑所获利润与投入资本、费用的关系，没有考虑获取利润和所承担风险的大小。股东财富最大化，认为应当把商业银行的利润和股东投入的资本联系起来考察，用每股盈余或权益资本净利率来概括商业银行的财务目标，可以避免“利润最大化目标”的缺点。问题是仍然没有考虑每股盈余取得的时间性，没有考虑每股盈余的风险。

（二）财务管理原则：进一步强化“成本与效益原则”

一定程度上讲，商业银行之间的竞争具有一定的同质性，银行的竞争力大部分取决于各自业务流程中的成本和质量，成本效益原则是判断一切财务行为成功与否的标准，以此作为商业银行财务管理基本原则是毋庸置疑的。这也已经成为商业银行财务管理的共识，并在实践中自觉遵循。在财务费用管理手段方面，由原来的财务费用滞后管理逐步改变为事前预算、财务部门全过程参与监督的办法。这种总、分、支行分级管理的模式，有利于充分发挥财务部门的监督、辅导作用，有利于提高财务核算质量，从而有利于进一步节约财务费用，提高银行的经营效益。

（三）财务管理手段：进一步强化财务会计向管理会计的转化

近年来，商业银行开始重视提升财务管理的技术水平。部分商业银行已在逐步实现分部门、分产品和分客户核算，细分成本收益，对每一经营管理活动和业务环节按照集约化经营的要求进行投入产出分析，以成本效益来确定每一项业务、每一个机构、每一个岗位的取舍进退，从而对成本进行全方位、全过程、全员的管理和控制。有的商业银行通过外包或自行开发等方式，创建财务管理系统，以实现财务会计和管理会计的业务需求，逐步将成本和利润核算到部门、产品和客户，为经营决策和业绩考核评价提供准确的参考依据。并根据实际经营情况，建立本行财务分析预测数据库及数学模型，运用于财务分析、财务计划和预测，为掌握全行经营状况及制定未来经营方针提供准确的决策参考依据。实践证明，技术系统和科学模型的运用，提高了财务管理数据的时效性和准确性，提升了商业银行的财务管理水平。

第二节　商业银行财务管理的基本思路

商业银行作为金融中介，在经济和社会发展中的作用和地位是其他企业不能替代的，但商业银行作为企业，股东价值最大化仍然是其唯一的经营目标，从银行日常业务经营的角度来说，就是银行效益的最大化和银行经营管理活动的最优化，也就是我们通常所说的盈利性、安全性和流动性的统一。

一、摆正财务管理地位，有位才能有为

经营活动中的经营预算管理、资产负债管理、资本管理、成本管理、风险管理、业绩评价等都属于财务管理的范畴。本书认为，主要基于以下三个方面的原因：

（一）加强财务管理是实现股东价值最大化的需要

世界经济的市场化、全球化、金融化、虚拟化大势，加快了金融的改革、创新与竞争，促进了商业银行发展模式的转变，商业银行需要不断创新经营

理念，加强财务管理，从而提高经济效益。从经营预算管理、资产负债管理、资本管理到成本管理和风险管理，甚至于业绩评价，无一不是实现成本水平的持续降低和经济效益提升的重要砝码。具体的说，就是要对银行每一经营管理活动和业务环节都按照集约化经营的要求，进行投入产出分析，根据成本收益比来确定每一业务、每一个机构、每一个岗位的取舍、进退。把成本管理由计财部门一家的事转变为该部门引导、调节，全行各部门齐抓共管、共同负责。简单一句话，就是对成本进行全方位、全过程、全员的管理和控制。

（二）加强财务管理是提高商业银行竞争力的需要

如何衡量商业银行的竞争力，不应该停留于存贷款增长率等外在规模指标来衡量，而应该更多地分析银行的企业治理结构和管理与创新能力，并考察其盈利能力、资产质量、资本充足率、流动性等财务指标。发达国家银行发展的历史经验表明，科学的财务管理体系有利于银行资源的优化配置，有利于银行效益的提高和风险控制，通过有效的财务管理，不仅使商业银行创造最佳的经济效益，而且为商业银行的发展壮大奠定坚实的基础，从而提高银行竞争力。

（三）加强财务管理是适应经济金融环境变化的需要

分析研究1980年以后西方银行在新经济和金融形势下的探索，既全力以赴扩展传统业务之外的其他业务，又纷纷调整其财务管理的目标和发展战略，由以往以资产规模和资产增长为中心的目标转变为以提高资本收益率为中心的目标，将以往注重外延式发展的战略转变为注重内涵式发展的战略。这一时期，在风险管理以及资产负债管理、资本金管理、成本管理等财务管理方面出现了许多新理念和新方法，通过加强财务管理来达到增加资产收益，降低资金成本和费用，控制风险，提高银行竞争力的目的，进而实现银行“三性”即效益性、安全性、流动性的经营目标。与此同时，在中国加入WTO后，金融制度和金融环境也发生了较大变化。尤其是目前政府已经放开了存贷款利率管制，且监管层出台的金融制度和财务会计制度正在逐步与国际接轨。由此可见，加强财务管理在现代商业银行经营管理中尤其重要。

二、更新财务管理观念，信念驱动行为

新的经济环境、金融环境和技术环境，要求我们务必从管理体系、理念、

方法、手段甚至指标等方面完全实现财务管理的更新：

（一）财务管理体系的更新

从组织架构上来说，商业银行财务管理体制如何对其分支机构的财务主管实行“垂直管理”和“双线负责制”是需要深化的。包括分支机构财务负责人，在外部条线上，实施其直线上级的垂直管理，实行业务上的专门领导，在内部管理上，实行双线负责制：协助本地机构负责人开展工作并参与本地机构的重要决策；也要对上级财务领导人负责以贯彻上级有关政策，监督本机构的所有业务活动在可以控制和可行的范围之内。实行任期制，由总部在全行范围内统一调动和安排工作；薪酬由上级管理，而部分奖金由上级总部在与当地机构负责人协商后决定。这势必会完全打破长期奉行的“分级核算”格局下层级化财务主体、只对分支机构负责的情形，从而形成全行集中统一的财务管理组织体系。

（二）财务管理理念的更新

商业银行确立以风险管理为核心的稳健经营理念，在做好服务、控制风险中实现收入的最大化。尤其是注重资源的分配管理，努力控制成本开支，集中资源支持能带来效益的业务品种的市场开拓。在具体业务经营和管理中，不仅每一项产品、每一项业务都核算风险、成本和收益，即使在银行内部，提高服务和接受服务的部门或人员也都要进行成本的核算。风险管理已纳入财务管理的重要内容并具有以下这样几个特点：一是通过提供财务信息和分析等专业角度，对各类风险给予评价和结算；二是通过预算、资本分配、风险资产配置、盈利能力分析、业绩评价等财务手段进行干预和控制；三是通过参加资产负债管理委员会的决策工作，对各类风险给予分析和评价，并对相关的决策和应对策略提出专业意见；四是特别关注法律、法规和税务方面的风险，以及声誉风险和经营权风险，以维护银行的市场地位。

（三）财务管理方法的更新

商业银行实现了从财务会计到管理会计的转变，绝对不能满足财务会计的层面，侧重于事后报告和监督。通过建立健全管理信息系统，实现分部门、分产品和分客户核算、细分成本收益。实现在费用控制和财务部门控制的基础上，实现对从成本控制向全面成本管理（简称 TCM）的转变，包括利息支出、营业费用，服务费用、税金支出等。先进的财务管理方法需要有先进的信息管理系统来支持，目前国内银行的技术力量大部分都投入到新产品的开发，管理信息系统的建设相对落后，不能及时提供更多有用的数据，也就不可能实现成本收益的实时监控。在日益活跃的金融市场和拥有自主定价权的管制环境下，资产负债定价、中间业务收费由银行自主决定，利率风险可以通过一系列的金融工具来实现套期保值，银行可以经营证券、保险业务，这些条件都为西方银行进行成本管理、资产负债管理等提供了良好的市场环境。而我国由于利率和收费还在管制时期，金融衍生工具还处于研究阶段，监管当局对银行实行严格分业管理，在这种金融环境下，财务管理还缺乏一定的手段。

（四）财务主导指标的更新

商业银行应该积极借鉴国际上对商业银行经营态势的主导量化评价体系“骆驼评价方法”（CAMEL），以从资本状况、资产质量、管理水平、盈利状况和资产流动性等五个方面进行量化分析与评价即通过资本状况（Capital），关注商业银行作为高财务杠杆率金融企业的资本充足和资本结构合理性；通过资产质量（Asset Quality），直接考察银行资产经营的安全程度和银行盈利的多少；通过盈利性（Earning），从收入结构来看，考察利息收入、其他营业收入、中间业务利润占整个银行业总利润比例，以及通过成本收入率强化成本管理水平。

三、拓展财务管理视野，明确改革思路

（一）优化财务管理的目标和原则

要解决目前商业银行财务管理当中存在的问题，应该首先明确财务管理目标和原则的进化问题。

商业银行财务管理目标是指在特定的经济体制和财务管理环境中，通过对财务工作的科学组织和对资源的合理配置所要达到的具体标准。财务管理目标需要与时俱进，特别要信奉财务管理目标的变动性、层级性和可量度性，变动性强调顺应银行近期、中期和长期的财务管理目标，使商业银行的财务管理既有前瞻性，又有连续性；层次性强调财务管理最高层目标主要利润最大化，成本最小化；其次，在各个环节，又有不同的具体目标，例如，在成本中心，其财务管理目标表现为成本最小化；在利润中心，其财务管理目标表现为自然利润或虚拟利润最大化；在投资中心，其财务管理目标表现为投资效果的最佳化；可度量性。能够量化设置和计算，可以提出年利润指标、

成本降低指标、人均利润指标或利润增长率指标等；可分解性意味着按不同部门、不同责任中心、不同岗位、甚至到每个人都能分解和落实具体指标，总体计划就可落实，考核也就有了明确的依据；可操作性则是指在制定具体目标时，既要提出一个可望奋斗的标准，也要发挥人的主观能动性，通过银行各方面的努力，使目标能够切实实现。

与此同时，商业银行财务管理的进步还要注重适度的平衡原则、强性原则、比例原则和持续优化原则。平衡原则，要求必须保持财务活动的各方面平衡，如：存款与贷款、收入与支出、现金流入与现金流出、收益与风险之间、责权利之间、负债规模与所有者权益之间、各种资产之间的配置平衡，等等。弹性原则，强调必须在追求准确和节约的同时，留有合理的伸缩余地，这就是财务管理的弹性原则，防止弹性的过大或过小，因为弹性过大会造成浪费，而弹性过小会带来一定风险；比例原则是通过各因素之间的比例关系来发现管理中存在的问题，如存贷款比、资产流动性比、备付金比，使合理的比例关系得到保持。优化原则要求多方案的最优选择、最优总量的确定、最优比例关系的确定。这些都是财务管理的重要原则，管理的过程就是优化的过程。

（二）改革的基本思路和构架

提高商业银行的竞争力，应该建立一个“以成本效益原则为基础，以信息系统为平台，以预算管理为导向，以内部控制为手段，以业绩评价为依据，通过内外部审计强化监督的财务管理体系。

一是建立高度集中的管理信息系统，为构建财务管理体系打下坚实的基础。每笔业务都具有一个财务代码相匹配、相组合，实时提取数据，扩展各个业务核算系统、管理系统的数据收集、分析整理和输出功能，实现会计信息加工处理能力质的飞跃，不断满足财务管理庞大数据信息的需求，是商业银行建立现代化财务管理体系的必然选择。

二是实行“矩阵式”“扁平化”的财务管理模式，优化资源配置，严格控制财务风险。为了提高财务管理的效率，应将财务实行垂直管理，董事会或行长办公会行使战略性决策，总行财务部门行使战术性决策，分行财务部门行使常规性财务控制。总行财务部门对分支行财务主管的人事任免有参与决策权，在必要的时候可以向分支行派驻财务部门负责人，以保证分支行财务管理的质量和效率。

三是逐步推进全面成本管理，不断降低成本水平。业务流程是银行运作的生命性，全面成本管理从业务流程改革着手，以客户（包括内部客户和外部客户）需求确定必须进行的业务流程和业务活动，通过辨识、分解、评估业务流程中各个环节，对不必要的作出删除、压缩、整合的改革，把各部门的生产要素按自然的方式加以重新组合，才能从根本上消除多余的成本支出，有助于银行取得最佳的集约化经营效果。开展全面成本管理，正确选取成本核算对象实现多维度数据核算，从大数据核算中控制成本管理。

第三节　商业银行财务管理的基本内容

商业银行财务管理，是指商业银行根据内外部经营环境和自身业务发展的要求，对经营管理中的资金来源和资金运用等进行有效的组织、计划、核算、监控、分析、考核等全部相关工作，从而实现经营管理目标的一系列管理活动的总称，包括预算管理、资产负债管理、资本管理、成本管理、风险管理、业绩评价等商业银行管理的主要内容。由于受到组织构架、经营模式、管理方法等诸多方面因素的影响，商业银行财务管理有其自身固有的特点。

（一）商业银行的资金融通

包括银行的筹资、投资决策。在筹资决策中，银行筹集的资本用于满足不同种类的资金需求，银行发展性资金需求、利率敏感组合资金需求、流动性资金需求等。不同类型银行的资金需求存在着很大的差异，银行需要根据自身具体情况详尽、细致地分析其不同的资金需求种类及变化，制订切实可行的资金来源计划，并选择相应的筹资方式。而商业银行投资主要包括证券投资、信托投资、租赁投资及各种衍生金融工具投资。

（二）商业银行的资产和负债管理

商业银行的资产管理除了现金及应收账款、固定资产管理外，主要是贷款的管理。贷款是商业银行的主要资产业务，也是其赖以盈利的主要来源。而商业银行的负债管理主要包括银行负债的来源及风险。负债业务是商业银行筹措资金、藉以形成资金来源的业务，是商业银行资产业务和其他业务的基础，并在很大程度上决定着资产的规模、结构和收益水平。这也是商业银行独特的行业风格。负债比远高于一般企业，并主要靠负债的筹集和运用来取得收入。当然，这也就决定了它们所要面临更多的风险。银行负债资金的风险主要由流动性（清偿性）风险、利率风险、信贷风险和资本风险四种。这些风险会共同影响银行的正常运转，所以对风险进行管理就显得尤为重要。

（三）商业银行的内部控制

商业银行的内部控制中就包括了成本管理和风险管理。内部控制是对商业银行其他工作起到监督和推动作用的有效手段。商业银行作为经营货币信用业务的特殊企业，其成本管理范围也具有特殊性，由存款利息加上物化劳动或劳动消耗中的必要劳动部分组成。自商业银行产生，风险就与之相伴、形影不离。在一般情况下，投资者所要求的收益水平—必要报酬率会随着风险的增加而增加，只要投资者所得的报酬率高于必要报酬率，则此种投资就有价值。然而，究竟应如何衡量风险及其必要报酬率，这是财务经理及研究财务管理的学者所探求的一个重要课题。商业银行鉴于其特殊的信用中介地位，对社会经济运行的安全和稳定有着巨大的影响。因此，各国政府以及国际金融界对商业银行的健康状况和运行的安全都给予了高度的重视，制定了相应的监管措施。根据《巴塞尔协议》，确定了商业银行的风险监管指标等。这些严格的监管措施主要针对风险较大的资产负债业务，它们的出台有利于商业银行健康运行。

除了上述资金融通、资产负债管理之外，商业银行的收益分配主要包括收益管理、利润分配和股利分配。商业银行的其他业务还包括合并与收购、清算与破产。

第四节　商业银行财务管理的改进导向

一、财务管理要与银行整体发展战略相吻合

（一）财务管理模式与公司发展战略的协调及配合

企业战略目标最终仍然主要体现在有关量化的经济指标上，如企业将要达到的销售收入、实现利润、缴纳税金等。因此，财务管理模式与企业战略具有十分密切的关系，它与企业战略的协调与支持程度，对企业战略的成功与否具有很大的关系。因此，为配合企业战略目标的达成，商业银行的财务管理模式一定要服从于商业银行的整体发展战略，商业银行在资金筹集、资

金投放、资金回收等财务管理的目标及实施方法均服务于整个银行的发展战略。商业银行发展战略是商业银行未来发展全局的、长远的和决定性的谋划，是计划的“计划”。它明确了在今后相当长一段时期内商业银行行动的方向，规定其行动方针，还指明商业银行为了达到目标所要采取的方法，是商业银行经营的行动纲领，商业银行的生产经营活动都要围绕其展开。正确的发展战略是企业成功的根本保证，战略上的失败往往会导致经营的全面失败。

商业银行财务管理面临着一个多元的、复杂的、动态的财务管理环境，在这种条件下，银行财务管理的成功与否在很大程度上取决于它对环境的适应能力、应用能力和利用能力。因此现代理财环境下的商业银行财务管理不能单纯注重财务管理的具体方法与手段，也不能局限于对各项具体财务行为进行规划，而应该吸收、借鉴战略管理的原理与方法，从适应环境、利用环境的角度，充分重视财务的长远问题和战略问题的设计与谋划。

（二）商业银行实施正确财务模式的必要性

商业银行内外环境是银行财务管理活动赖以运行的基础和条件，财务管理不可避免地要受到银行环境的影响和制约。银行财务管理必须以弄清银行环境的状况和变化趋势作为基本出发点，把提高财务管理对环境的适应能力、应变能力和利用能力放在首要位置，从战略管理的高度重新认识财务管理，以战略的眼光进行财务管理工作。它有利于使财务管理的眼界更加宽广，更能适应银行战略管理的要求。

二、商业银行财务管理变革的导向

（一）商业银行财务管理终极目标的提出

财务目标是财务管理的导向器，它决定着财务管理主体的理财行为模式，控制着财务管理活动的各个环节和过程，制约着财务主体的财务行为和方式。因此，研究财务目标有助于发展和完善财务管理理论体系，有助于规范和校正商业银行的财务活动，进而确保商业银行目标的实现。

随着国有商业银行经营内容的多元化和管理的细化，银行内部的财务目标日益呈现多样化的趋势：各分行和各经营部门的财务目标是完成利润预算；项目实施的财务目标是提高净现值水平；设立新营销渠道的财务目标是提高市场占有率；产品经营和客户经营的财务目标是实现利润贡献度最大化。财务目标的多样化，从另一个角度说，是商业银行经营目标的分散化，这可能诱使商业银行内部各责任主体经营行为的短期化和局部化，从而限制银行整体经营战略的实现。因此，制订全行上下形成共识的终极财务目标，从而使多样化的财务目标拥有统一的终极财务目标具有重要意义。

而财务目标还应关注的问题是公平。效率与公平是社会经济活动的两个方面。没有效率自然不存在公平，但是不兼顾公平难以实现应有的效率。无论是利润最大化、股东财富最大化还是银行价值最大化归根结底是效率问题，失去效率，上述各类财务目标就没有现实基础。然而，缺乏公平的效率目标是不能长久的，失去了公平的财务目标必然导致产权主体之间的冲突，造成经济资源的浪费和交易费用的增大，从而降低整个社会的福利。因此，实现效率与公平是现代商业银行财务目标的归属，即终极财务目标，商业银行的一切经营管理活动都要围绕实现这一目标而展开。

同时，商业银行是专门经营货币商品的特殊企业。货币商品具有不同与其他一般商品的特殊运动规律，它不仅具有流动性、安全性，而且在流动中能实现自身价值的增值，即它还具有盈利性，所以，流动性、安全性、盈利性是一切商业银行的共同经营目标。效率与公平是国有商业银行理财的终极目标，那么，围绕这一终极目标而开展经营活动的盈利性目标、流动性目标、安全性目标可看成是所有商业银行理财效率的具体目标。公平目标主要关注的是分配领域的公平。盈利性目标、流动性目标、安全性目标和公平分配目标是互为前提、互为条件和互为作用的一个整体，是商业银行理财终极目标的不同方面，无论哪个目标没有实现，都将不能实现商业银行效率与公平的终极目标，甚至影响到商业银行的生存。

（二）效率与公平目标是现实意义的

1. 可以涵盖各种财务目标。

传统的各种财务目标的确立是以不同的产权结构主体利益为基础的，并由此构建不同流派的财务目标理论。如此界定财务目标考虑了主要产权主体的理财需求，并从其切身利益出发，来创新银行的财务管理活动的规则、方法与内容，有其合理性与激励性的一面。但在现代商业银行制度下，产权结构的日益社会化使得产权结构呈现出多元化的趋势，这种多元化、分散化的产权主体与社会公众的边界差别逐步缩小。在这种情况下，按某一产权主体来确定财务目标，其适应性将大大受到影响。而效率和公平作为现代商业银行的财务目标兼顾了这种公众化的产权主体趋势，由此作为财务管理的出发点，可用更广阔的视野对财务管理目标理论进行研究，而且兼顾公平的财务目标有利于各种效率目标的衔接与协调。

2. 反映了财务与经济资源配置的应有之意。

经济资源的配置效率是人类经济活动所追求的目标，与此同时社会利益主体在社会生产活动中的起点、机会、过程与结果的公平也是人类经济活动追求的目标，对此两大目标之间的内在关联与制度安排，任何具有资源配置功能的经济活动均不能有所偏废，财务活动也不例外。不论对财务目标的具体定位如何，但对财务在宏观和微观两个层次上具有资源配置功能已取得共识。因而效率与公平作为财务目标便触及到了财务服务于资源配置的本来意义。由此可以澄清对财务目标的种种片面认识，使商业银行的财务目标与经营目标相结合。

3. 使财务理论的研究基础更科学。

财务目标是构建财务理论体系的逻辑起点，而将效率与公平作为财务目标可以使财务理论研究具有更科学的基础。效率与公平反映了财务对资源配置的最终目标，财务理论研究充分利用经济学的研究成果，得以不断的完善和丰富。效率与公平反映资源配置的中立性原则，以此为基点的财务理论研究可以摆脱某一社会利益的局限，从增进整个社会福利的高度，把握财务目标的方向。

（三）建立集权型机制，强化统一调度和管理

资金运动是财务管理的基础，财务管理的中心是资金管理。统一管理商业银行运营资金，是健全集权型财务管理机制的关键所在。如果资金分散管理，商业银行内部又缺乏有效的调节和约束机制，就容易造成银行资金严重浪费，甚至造成部分下属分行盲目经营、盲目贷款，给银行造成更大的损失。因此，只有通过商业银行总部统一管理财务资金，才能充分发挥商业银行财务部在资金管理中合理筹资、调剂余缺、控制流向、确保回收的职能，才能保证商业银行在财务管理中的统一领导和有效监控作用，促进商业银行实现整体优势和规模效益，实现商业银行资金的安全高效。

三、建立财务监控和预警体系

建立财务经济监测与预警体系，首先进行财务指标的选择，就是从复杂的经济过程中，选择能够反映银行财务经济运行中主要方面的运行特征和各个方面关系特征的财务经济指标，这些指标由现行会计系统提供；其次，要做好财务经济变量的预处理。由于各个特征变量的具体观察值有其产生的客观条件，也存在着观察误差的可能性。财务经济监测所依据的财务经济变量循环波动的不稳定性，有必要运用数量分析方法如多元分析法，对依据逻辑关系选择的指标进行筛选，经筛选后的财务经济变量作为特征变量。

另外，其他需注意的有关问题是：财务经济比率的设计和选择，是建立财务经济监测和预警系统的前提。预警离不开监测，监测离不开财务比率。财务经济比率的经济内容就是财务过程的数量特征和财务经济过程之间的数量关系。因此，建立财务经济监测和预警系统，必须在分析系统的目标、结构、功能及其与整个经济监测和预警系统之间的关系的基础上，通过严格的理论和实证分析，科学合理的设计和选择财务比率。

财务经济指标的选择应当遵循灵敏性、超前性和稳定性原则，同时还应注意财务比率的相关性和可靠性。作为主体财务比率，至少应当包括有关财务经济的偿债能力、盈利能力、营运能力、资本增值能力和社会贡献能力五个方面，以便从不同的角度、不同的侧面综合反映财务经济状况。具体说：为评价债权人所关注的资产负债水平和偿债能力，应选择流动比率、资产负债率、应收账款周转率。为了评价投资者所关注的盈利能力和资产保值增值能力，应选择销售利润率、总资产报酬率、资本收益率和资产保值增值率。

主要参考文献
Reference

1. 中华人民共和国财政部制定：《企业会计准则 2006》，经济科学出版社 2006 年版。

2. 《企业会计准则（合订本）2017》，经济科学出版社 2017 年版。

3. 中华人民共和国财政部制定：《企业会计准则第 22 号——金融工具确认和计量》应用指南（2018），中国财政经济出版社 2018 年版。

4. 中华人民共和国财政部制定：《企业会计准则第 23 号——金融资产转移》应用指南（2018），中国财政经济出版社 2018 年版。

5. 中华人民共和国财政部制定：《企业会计准则第 24 号——套期会计》应用指南（2018），中国财政经济出版社 2018 年版。

6. 中华人民共和国财政部制定：《企业会计准则第 37 号——金融工具列报》应用指南（2018），中国财政经济出版社 2018 年版。